译文名著精选

YIWEN CLASSICS

罪与罚

[俄] 陀思妥耶夫斯基 著　岳麟 译

Ф. М. Достоевский

Преступление и Наказание

上海译文出版社

图书在版编目(CIP)数据

罪与罚 /(俄罗斯)陀思妥耶夫斯基著;岳麟译.
—上海:上海译文出版社,2011.1(2024.2 重印)
(译文名著精选)
ISBN 978-7-5327-5248-5

I.①罪… II.①陀… ②岳… III.①长篇小说—俄罗斯—近代 IV.①I512.44

中国版本图书馆 CIP 数据核字(2010)第230664号

Ф. М. Достоевский
ПРЕСТУПЛЕНИЕ И НАКАЗАНИЕ

罪与罚
〔俄〕陀思妥耶夫斯基 著 岳麟 译

上海译文出版社有限公司出版、发行
网址:www.yiwen.com.cn
201101 上海市闵行区号景路 159 弄B座
浙江新华数码印务有限公司印刷

开本 890×1240 1/32 印张 16.75 插页 4 字数 401,000
2011 年 1 月第 1 版 2024 年 2 月第 14 次印刷
印数:40,201-42,200 册

ISBN 978-7-5327-5248-5/I·3012
定价:42.00 元

译本序

偶尔看到一篇带有宗教色彩的凄美感人的神话故事，上帝和天使对人间苦难的冷漠使主人公感到莫名的恐怖。当大地还充满“赎罪”的人类的哀号、呻吟和垂死的叹息的时候，他拒绝进入上帝的天国：

> 某天，一位天使或六翼天使把我放在他的翅膀上，要带我进入福音书中的天国，去见“创世主”，我觉得自己正在大地的上空飞翔，我越飞越高，我听见从大地上向我飘来悠长而悲哀的声音，仿佛山间溪流单调的吟唱响彻寂静的群峰，不过这时我听出了人类的声音：那是夹杂着求告声的哀号，间以赞美声的呻吟，那是绝望的祈祷、与赞美一起从垂死的胸膛发出的叹息；这一切汇成一片洪亮的音响，一曲那样撕心裂肺的交响乐，使我心里充满了怜悯之情。我觉得天暗了下来，我已经看不见太阳，看不见宇宙的欢乐。我转头望着与我同行的天使。我对他说：“难道你没有听见吗？”天使平静开朗的脸看了我一眼。他说：“这是从大地上向上帝飘来的人们的祈祷。”当他这样说的时候，他洁白的翅膀在阳光下闪烁；我觉得那翅膀是黑色的，而且充满恐怖。“如果我是那个上帝，我会哭干了眼泪，”我叫道，真的觉得我正像孩子一样在哭泣。我松开天使的手，掉在了地上，我觉得我还有太多的仁慈，无法在天国里生活。①

有一位伟大的俄罗斯作家永远在倾听大地的呻吟，他就是陀思妥耶夫斯基，他关注“穷人”的卑微处境和可怕的命运，对“被伤害与侮辱的”小人物满怀怜悯之情；前面故事中的“我”不禁令人想起陀思妥耶夫斯基笔下的一个那么相似的形象——伊万·卡拉马佐夫，他怀着痛苦和悲愤的心情倾诉人类罄竹难书的苦难，以及妇女儿童所遭受的惨不忍睹的折磨和摧残。他认为，如果包括无辜的孩子在内，人人都必须

“赎罪”，以这样的苦难换取未来的和谐，那么，“和谐的要价也太昂贵了，我们根本付不起进入那种状态的代价。所以我急于退还我的入场券。”他解释道：“我不要和谐，这是出于对人类的爱，”[②]不错，他也是“还有太多的仁慈”，因而不能接受上帝的世界，无法在天国里生活。因为他所追求的不是百分之十，也不是百分之九十，而是所有人的幸福，是没有弱者的眼泪和呻吟的和谐世界。奥地利作家茨韦格就曾敏锐地注意到陀思妥耶夫斯基的这一创作特点，并在《三位大师》一书中给予了热情的肯定。心理学家弗洛伊德曾致函茨韦格感谢他赠阅《三位大师》，在信中对茨韦格作了应有的评价，称他为艺术家陀思妥耶夫斯基的阐释者。

《三位大师》（1820）是茨韦格为欧洲三位文学大师巴尔扎克、狄更斯和陀思妥耶夫斯基作传的一部著名的传记文学作品。他在书中写道：“让我们环顾一下周围吧，街道上，小店里，低矮的房子和明亮的大厅里，——那儿的人们在想些什么呢？要做幸福的、满意的、富裕的、有权势的人。陀思妥耶夫斯基的主人公之中，有谁追求这些呢？一个也没有。他们不想停留在任何地方，甚至也不想停留在幸福之中。他们永远向前奔走……”他们自己“对这个世界一无所求”[③]！

《罪与罚》是陀思妥耶夫斯基的一部最深刻最富于现实意义的作品。他以犀利的笔触无情地剖析那个时代俄国的社会现实，深入地触及社会底层的各个角落，令人窒息地感到，走投无路就是小说的主旋律。种种社会原因把穷苦无告的人们逼到左右为难、进退维谷的困境。马尔美拉陀夫在酒店里向萍水相逢的青年诉说生活的残酷，哀叹：“您可知道，先生，您可知道，一个人走投无路的时候，这是一种什么样的境遇啊？”他不禁发出绝望的哀鸣：“得让每个人有条路可走啊”！除了这

---

① 引自居约的著作《略论既无义务亦无制裁的道德》。居约，让·玛丽（1854—1888），法国实证主义哲学家，孔多塞学院（巴黎）教授。

② 见陀思妥耶夫斯基《卡拉马佐夫兄弟》，上海译文出版社 2006 年版，第 272 页。

③ 转引自《陀思妥耶夫斯基与世界文学》，弗里德连杰尔著，上海译文出版社 1997 年版，第 357 页。

位九等文官，卡杰琳娜·伊凡诺夫娜、索尼雅、杜尼雅，还有拉斯柯尔尼科夫也都无路可走。

被“贫困逼得透不过气来的”大学生拉斯柯尔尼科夫，因为付不起学费而辍学。他的挚爱兄长的妹妹杜尼雅，为了哥哥的学业和前途接受了她所不爱的有钱的律师卢仁的求婚。拉斯柯尔尼科夫是从母亲的来信得知这个消息的，母亲的信使他极为痛苦。“差不多从开始读信起，他的脸就被泪水浸湿了；可是等到看完信，他脸色惨白，抽搐得脸也扭歪了，嘴唇上掠过一阵痛苦、恼怒、凶恶的微笑”，他“沉思起来，想了好久”①。他不曾有过片刻的犹豫，他决不能接受妹妹这样的牺牲。

此时他早就在心里酝酿着一个计划。经过长久的犹豫、等待，也由于机缘巧合，他终于实现了自己的图谋——杀死了放高利贷的老太婆阿廖娜·伊凡诺夫娜，又意外地殃及无辜，被害人的异母妹妹，经常受她虐待的善良的丽扎韦塔·伊凡诺夫娜意外地闯入犯罪现场，也同时遇害。就在发生此案的前一天，拉斯柯尔尼科夫在一家小酒店无意中听到一个大学生和一个青年军官在议论阿廖娜·伊凡诺夫娜：“从大众利益的观点看来，这个害肺病的、愚蠢而凶恶的老太婆活在世界上有什么意义呢？”另一方面，“年轻的新生力量因为得不到帮助而枯萎了，这样的人成千上万，到处皆是！”那么，“把她杀死，拿走她的钱，为的是往后利用她的钱来为全人类服务，为大众谋福利……一桩轻微的罪行不是办成了几千件好事吗？”拉斯柯尔尼科夫不禁感到惊讶，因为他的“头脑里刚才也有过这样的……完全一样的想法”②。

拉斯柯尔尼科夫并不认为他犯了罪。不错，他杀了人。可是“大家都杀人，现在世界上正在流血，从前也常常血流成河”，那些人因为杀人如麻而加冕为王，还被称为人类的恩人③。在他看来，人大致可以分为两类：“平凡的”和“不平凡的”。前者必须遵守现存法律和道德法

---

①见本书第36页。
②同上，第62页。
③同上，第504页。

则，循规蹈矩。后者在为实践自己的理想而有必要时，有权利逾越某些障碍，不受现存法律和道德的约束。小说中的这位主人公是在不同的心境、不同的情况下抒发自己的见解的。他对索尼雅说："我告诉你吧：我想做拿破仑，所以我才杀了……现在你懂了吗？"他在索尼雅面前最愿意直抒胸臆："索尼雅……现在我知道，谁聪明、强硬，谁就是他们的统治者。谁胆大妄为，谁就被认为是对的。谁对许多事情抱蔑视态度，谁就是立法者。谁比所有的人更胆大妄为，谁就比所有的人更正确！……只有瞎子才看不清！"索尼雅明白了，"这个可怕的信念就是他的信仰和法则"①。

总之，陀思妥耶夫斯基塑造了一个超人的形象，对这个人物给予了强有力的批判，拉斯柯尔尼科夫这个形象和"为所欲为"、超然于善恶之外的超人思想是完全一致的。十余年之后，德国哲学家尼采的《查拉图什特拉如是说》出版，他在其中系统地阐述了他的超人哲学。

娄自良

二〇〇六年三月

---

① 见本书第404页。

第一章

一

七月初一个酷热异常的傍晚，有个青年从自己的斗室里走出来，这间斗室是他在 C 胡同里向二房东租来的。他走到街上，便慢悠悠地、仿佛踌躇不决地向 K 桥走去。

他在楼梯上顺顺当当地躲开了女房东。他的斗室是一幢很高的五层楼房的一间顶楼，与其说像个住人的地方，倒不如说像口橱柜。他的女房东住在下面一层的一套独立的房间里，他向她租赁这间斗室是包括午膳和女佣在内的。他每次外出，得经过女房东的厨房，厨房的那扇通楼梯的门差不多经常开得很大。这个青年每次经过，总觉得又痛苦又胆怯，因而感到腼腆，锁紧了眉头。他应付给女房东的钱都没有付，因此怕见她的面。

他不是胆小怕事，他压根儿不是这样的人；但是从某个时候开始，他动不动就发火，情绪紧张，仿佛犯了忧郁症。他常常深思得出神，爱孤独，甚至怕见任何人，不仅仅怕见女房东。贫困逼得他透不过气来；可是近来连这种贫困的境况他也不觉得苦恼了。他再也不做自己日常生活中必要的事务，他没有心思做了。其实，他毫不害怕女房东，不管她想出什么主意来对付他。可是站在楼梯上听她啰唆一些与他风马牛不相及的日常琐事，逼讨房租，威吓，诉苦，他就得敷衍一番，抱歉几句，说些鬼话——那不行，倒不如学猫儿的样，乘机逃下楼去，溜之大吉，免得让人看见。

可是这一次上街去，他这么怕碰见女债主，连他自己也感到惊讶了。

“我要去干的是一件什么样的事啊，却害怕一些微不足道的小事！”他心里思量，脸上泛出怪样的微笑。“嗯……对呀，事在人为嘛，只因为他胆小，才错失了时机……这是一条无可置疑的真理……我很想知道，人们最害怕的是什么？他们最害怕的是新措施、新言论……可是我废话太多。因为我尽说废话，所以我什么也不干；但是话又得说回来，或许正因为我什么也不干，所以我尽说废话。我是在这一个月里学会说废话的，因为我整天价躺在这间斗室里胡思乱想……甚至想到远古时代。现在我去干什么啊？难道我能**干这样的事**吗？难道这不是开玩笑？完全是开玩笑；那么，我是为了逗自己开心而想入非非；这是轻而易举的事！对，这或许是轻而易举的事吧！”

街上热得可怕，又闷又拥挤，到处是石灰、脚手架、砖块、尘土和夏天所特有的恶臭，这是每个没有条件租别墅去避暑的彼得堡人闻惯了的臭味——这一切一下子就使这个青年本来已经不健全的神经又受到了令人痛苦的刺激。从那些酒店里飘来一阵阵难闻的臭味，在城市的这个地区里，这样的酒店开设得特别多。虽然是工作的日子，但时刻可以碰到喝醉的人们，那难闻的臭味和喝醉的人们把这个景象令人厌恶的阴郁色彩烘托得无比浓郁。有一会儿工夫，在这个青年那清癯的脸上闪现了一下深恶痛绝的表情。顺便介绍一下：他面貌俊秀，有一对漂亮的乌黑眼睛，一头深褐色的头发，中等以上身材，癯腴适中，体格匀称。但不久他仿佛陷入了深思，甚至说得更确切些，好像有点儿出神。他信步走着，不再注意周围的一切，而且也不想再看了。有时，他只是喃喃地自言自语，因为他有独白的习惯，此刻，他自己也承认有这个习惯。同时他又意识到，他有时思想混乱，而且感到身体瘫软乏力：他差不多已经有一天多没吃东西了。

他衣衫褴褛，如果换了别人，即使一向穿得破破烂烂，也羞于在白天穿着这么破烂的衣服上街。可是在这个地区里，衣服是难以引起任何人惊奇的。因为干草市场[①]近在咫尺，妓院栉比鳞次，稠密地聚居在彼得堡中区的这些街道和胡同里的居民们多半是工厂的工人和手艺匠，有时就有怪模怪样的人们在这个地区里出现，所以遇见一个这种模样的人就大惊小怪，那才怪哩。可是这个青年满腔怒火，鄙视一切，所以他在

① 干草市场是彼得堡的一个广场，本书的情节是以这个地区为中心展开的。

街上丝毫不觉得自己衣服破烂是可耻的，虽然有时他那年轻人的敏感性很强烈。如果遇见熟人或者旧同学，那是另一回事，说真的，他压根儿不喜欢碰见他们……可是，这当儿，有个喝醉的人坐在一辆套着一匹拉货车的高头大马的笨重的大车上，不知何故被送往什么地方去，打街上驶过。当大车驶过这个青年身边时，那个喝醉的人突然向他叫喊起来："嗨，你啊，德国制帽工人！"他扯着嗓子叫喊，并向青年指指。这个青年突然站定了，手哆哆嗦嗦地抓住了自己的帽子。这是一顶圆形高筒帽，在齐默尔曼帽店[①]里买的，可是已经破旧不堪，因年久而褪尽了颜色，破洞累累，污迹斑斑，没有宽檐，歪戴在头上，构成一个不成形状的角度。但他并不觉得害臊，却有一种完全不同的心情，甚至像是一种恐惧的心理。

"我早就知道了！"他惶窘地嘟哝说。"我也这样考虑过！这糟透啦！这样的糊涂事情，或者一个细枝末节，都会破坏整个计划的！的确，这顶呢帽太惹人注意了……一顶样子很可笑的帽子嘛，所以它引人注目……我那破烂的衣服得配一顶制帽才好，哪怕是一顶薄饼样的旧制帽，只要不是这种奇形怪状的东西就行。谁也不戴这样的帽子，一俄里[②]外就会引起注意的，在人们心里留下了印象……重要的是，以后在人们心里留下了印象，那就是一件确凿的罪证。干这种事，必须尽可能少惹眼……事情很小，但细节也是很重要的！……这些细枝末节也常常会破坏全局的……"

他不必走很多路；他甚至知道，从他的房子大门口到那儿有多少步路：总共七百三十步。有一次，他在胡思乱想中，竟把这段路一步一步地数了一遍。当时，他自己也不相信这些幻想有变为现实的可能，只是这些幻想中那个荒唐的但却富于魅力的大胆行为打动了他的心。现在隔了一个月，他开始有新的看法，尽管他独个儿自言自语着，嘲笑自己的无能和缺乏决心；但他不知怎的甚至已经不由得习惯于把这个"荒

---

①开设在彼得堡的一家帽店。

②1 俄里等于 1.06 公里。

唐”的幻想当作自己的一个计划，虽然他还是缺乏自信。现在他甚至要去**试试**这个计划，他越往前走，心里越发慌。

他走到一幢很大的房子跟前的时候，心揪紧了，每根神经都战栗起来。这幢房子一边的墙临河，另一边的墙临街。房屋被分隔成许多小房间，住满了各式各样的人：裁缝、铜匠、女厨子、形形色色的德国人、出卖灵魂的姑娘和小官吏等等。所以，这幢房子的两道大门和两个院子常常有很多人出入。这里有三四个看门人。这个青年没有碰见一个看门人，心里很满意，立刻悄悄地溜进了大门，往右边的一条楼梯跑去。这条楼梯又暗又窄，是一条“后楼梯”，可是这条楼梯他已经熟悉了，察看过了。他很喜欢这儿的环境：在这么一个阴暗的地方，甚至东张西望也不会引起注意的。“如果我眼下就这么害怕，一旦我真的**干起来**，那会怎样呢？……”当他上四楼去的时候，不由得想道。在这儿，有几个退伍士兵模样的搬运夫拦住了他的路，他们正在从一套房间里搬出家具。他早已知道，住在这套房间里的是一个有家眷的德国人，一个官吏：“那么，这个德国人现在要搬走了；那么在四楼上，在这条楼梯和这个平台上，往后有一个时期，只有老太婆的寓所里住着人。无论如何……这很好……”他又想起来，一边拉老太婆寓所的门铃。门铃发出一阵轻微的叮当声，仿佛这个铃是白铁制的，而不是铜制的。在这种式样的房子里，像这样的小住宅差不多都装这种门铃。他已经记不起这种小门铃的响声，现在，这种异样的门铃声仿佛使他忽然清楚地想起一件事来……他突然哆嗦一下，这会儿他的神经太脆弱了。不多一会，门闪开了一条缝：一个老妇人显然怀疑地从门缝里打量着来客，只看见她那对小眼睛在黑暗里闪着光芒。可是，看见平台上有很多人，她壮起胆来，这才把门开大了。青年跨过门限，走进一间用板壁隔开的阴暗的前室，前室后面是个小厨房。老妇人默然站在他面前，表示问意地打量着他。这是个干瘪瘦小的老太婆，约莫有六十来岁，一对小眼睛目光尖利而又凶恶，鼻子又尖又小，头上没有包头巾。那淡黄色的、有点儿斑白的头发用发油搽得油光光的。她那如母鸡的脚一般细长的脖子上绕着一条破旧的法兰绒围巾；虽然天气炎热，那件穿坏了的、发黄的毛皮短披肩还在她肩上晃动。老太婆不停地咳嗽、呼哧。大概这个青年用异样的目光瞥过她一眼，因为那怀疑的目光突然又像刚才一样在她的眼里闪了一下。

“大学生拉斯柯尔尼科夫，一个月前上您这儿来过，”青年赶忙嘟嘟囔囔说，半躬着腰，因为他想起来，态度应该和气些。

“我记得，先生，我记得很清楚，您来过，”老太婆口齿清楚地说，她那怀疑的目光还是没有从他的脸上移开。

“这会儿……我又是为了这样的事……”拉斯柯尔尼科夫继续往下说，有点儿不好意思起来，老太婆的怀疑使他感到惊奇。

“也许她常常是这样的，那次我没有注意到罢了，”他怏怏不乐地在心里寻思。

老太婆一言不发，好像在深思；接着让到一旁，指指房间的门，让客人先进去，说道：

“请进吧，先生。”

青年走进一间不大的房间，墙上糊着黄壁纸，窗口摆着天竺葵，窗上挂着薄纱窗帘，这时夕阳把房间照得很明亮。“那么，**那时**阳光也会照耀得这么明亮的！……”在拉斯柯尔尼科夫的头脑里仿佛不由地闪过了这么一个念头。他把房间里所有的东西都扫了一眼，想尽可能察看一下，记住它的布置。可是房间里没有什么特别的摆设。家具都是陈旧的，黄木制的：一张有高高的弓形木靠背的长沙发，前面摆着一张椭圆形的桌子，靠窗间壁是一只有一面镜子的梳妆台，两边墙跟前摆着几把椅子，墙上挂了两三幅装在黄色镜框里的极便宜的油画，画的都是手里捉着鸟儿的德国少女——全部家具就是这几样东西。在角落里，一幅不大的圣像前面点着一盏小油灯。一切都纤尘不染：家具和地板都抹得亮晶晶的；所有东西都很光亮。“丽扎韦塔干的活，”青年心里想。整个寓所里都看不见一丝灰尘，“只有凶恶的老寡妇的家才这样整洁，”拉斯柯尔尼科夫继续暗自想，一边好奇地斜眼看看挂在第二个小房间门前的那幅印花布门帘。在那个房间里摆着老太婆的床和一口五斗橱，他还没有往里面张望过。这是一套只有两个房间的住宅。

“您有什么事吗？”老太婆厉声问，一边走进房间里来了。她照旧站在他面前，以便面对面地看他的脸。

“我带来了一件押品，您瞧瞧！”他从口袋里掏出一只扁平的旧银表。表的背面镌刻着一个地球仪。表链是钢制的。

“上次的押款已经到期了。一个月的期限已经在两天前满了。”

“我会再付给您一个月利息的；请您宽限几天。”

“先生，宽限或者现在就卖掉您的押品，这都由我做主。”

“阿廖娜·伊凡诺夫娜，这只表值钱吗？”

“先生，你拿来的东西都不值钱，这只表也不值几个钱。上次那只戒指我给了您两张一卢布的钞票，可是花一个半卢布就可以在珠宝店里买个新的。”

“给我四个卢布吧，我会来赎的，这是我父亲的表。我不久就会有钱。”

“如果您要抵押，一个半卢布，预扣利息。”

“一个半卢布！”青年突然叫喊起来。

“随您的便。”老太婆把表还给他。青年拿回表，心里很气愤，本来想走了；可是一想到他没有别的法子，而且他上这儿来还有别的目的，于是马上改变了主意。

“拿钱来吧！”他粗声粗气地说。

老太婆一边把手伸入口袋里摸钥匙，一边往门帘后面的那个房间走去。青年独个儿站在屋子当中好奇地侧耳谛听着，心里转着念头。他听见了她开五斗橱锁的声音。“大概是头一只抽屉。”他想。“那么钥匙是藏在她右边的口袋里……所有钥匙都串在一只钢圈上……有一把钥匙最大，比别的钥匙大两倍，带齿的，这当然不是开五斗橱的钥匙……那么一定还有一只什么首饰箱或一只小箱子……这必须弄清楚。小箱子的钥匙都是这样的……不过这是多么卑鄙啊……”

老太婆回来了。

“先生，钱给您：一个卢布的月息是十戈比，一个半卢布的月息应是十五戈比，预扣一个月利息。此外，以前借的两个卢布按同样的月息计算，应扣二十戈比。所以，共扣除三十五戈比。您那只表，我现在还应该找您一卢布十五戈比。钱请您收下。”

“怎么！现在只剩一卢布十五戈比啦！”

“一点不错。”

青年不想争论，收下钱。他望着老太婆，不急于要走，仿佛还要说句什么话，或者干件什么事；可是似乎他自己也不知道，到底……

“阿廖娜·伊凡诺夫娜，过几天，我也许还要拿一件东西来向您抵押，是一只银制的……精美的……小烟盒……我从朋友那儿拿回来，就……” 他心慌得说不下去了。

“先生，咱们到那时候再谈吧。”

“再见……您常常独个儿在家里吧，令妹不在家吗？”他一边往前室走去，一边口气尽可能随便地问。

“先生，您问她有什么事吗？”

“没有什么事。我不过问问罢了。可您马上就……再见，阿廖娜·伊凡诺夫娜！”

拉斯柯尔尼科夫十分慌张地走了。他越来越发慌。下楼的时候，他甚至好几次站定，仿佛有一件什么事突然使他吃了一惊。他终于走到了街上，感叹地说：

“天哪！这是多么可恶啊！难道我……不，这是胡说八道，真是荒唐透顶！”他断然补充说。“我怎么会有这么可怕的念头？我的良心竟能干这种坏事！这到底是卑鄙下流的，可恶，可恶！……我足足有一个月……”

但是他没法用言语或者感叹来表达自己内心的不安。一种无限厌恶的感觉还在他上老太婆那儿去的时候，就开始使他的良心感到难受和不安了。现在这种厌恶的感觉这么强烈，而且这么显明，他甚至苦恼得不知怎样才好。他在人行道上踉跄地走着，像个醉鬼，没顾到来往行人，跟他们撞个满怀，等到他走到了下一条街，这才清醒过来。他朝四下望望，才知道他是站在一家酒店附近，上这家酒店去，要从人行道上跑下一条通到地下室的楼梯。这当儿，恰好有两个喝得醉醺醺的人从酒店门里走出来，他们互相搀扶着，边骂边爬上街来。拉斯柯尔尼科夫不假思索，立刻就往下跑。他从来没有进过酒店，可是现在他头昏目眩，渴得难受。他想喝凉啤酒，尤其他认为突然感到全身瘫软乏力，是由于肚子饿。他在一个阴暗而肮脏的角落里靠一张桌面发黏的小桌坐了下来，喊了啤酒，把第一杯啤酒一口气就喝光了。他顿时觉得心里舒服些了，头脑也清醒了。“这都是胡思乱想，”他满怀希望地说。“不用着慌，不过是体力衰颓！喝一杯啤酒，吃一片面包干——立刻就会精神振作起来，头脑清醒，意志坚定！呸，这有什么了不得！……”尽管他鄙夷地啐了一口，但他显然高兴起来，仿佛突然卸下了一副重担。他还友好地向在座的人扫了一眼。甚至在这个时候，他也略微感觉到，他那变得乐观的心情也不是正常的。

这时候，酒店里只剩下了寥寥几个人。除了在楼梯上碰到的那两个喝得醉醺醺的人以外，又有一伙人——五个男人和一个姑娘——带着一架手风琴，继他们之后，走出去了。他们走了后，酒店里就显得冷冷清清、空空荡荡的。还剩两个顾客：一个已经喝醉了，但醉得并不厉害，面前摆着一壶啤酒，坐在那里，样子像个小市民；另一个是他的酒伴，这是个肥胖魁伟的大汉，上身穿一件西比尔加①，一部大胡子已经斑白。他已经喝得烂醉，躺在一条长凳上打盹儿，有时，好像睡意蒙眬似的，突然张开两臂，把指头弹得直响，并且支起上半身，但没有在长凳上坐起来，胡乱地哼着一支什么歌，一边努力追忆着歌词，像是在唱：

> 我爱妻子有一年了，
> 我爱—妻—子有一年了……

或者忽然醒来又唱道：

> 我在波德亚切街散步，

---

①一种有褶的俄罗斯旧式细腰短上衣，用毛皮镶边，有条不高的硬领。

碰见了以前的情妇……

但没有人分享他的快乐；那个一言不发的酒伴甚至带几分敌视和怀疑的神态，看着他的这些情感的迸发。这里还有一个人，样子像个退职官吏。他独个儿坐着，面前摆着一瓶酒，有时呷一口，朝四下望望。他似乎也有点儿烦躁不安。

二

拉斯柯尔尼科夫孤独成性，如我们已经说过的，他避不跟人来往，特别是在最近一个时期里。然而目前他不知为什么忽然想去跟人接触。仿佛他有了一种新的性格，并且热切地渴望去跟人接触。一个月来，他苦思焦虑，忧闷不乐，情绪紧张，以致精疲力竭。他很想去换一下不论什么样的环境透口气，哪怕时间很短也好，所以现在他在酒店里不管环境怎样龌龊，还是流连忘返。

酒店老板是在另一间屋子里，但他常常走到店堂里来，他从那儿走下几级台阶来到店堂里的时候，最先让人看见的是那双擦得锃亮、有红色大翻口的漂亮的靴子。他穿着一件腰间打裥的长外衣和一件油污斑斑的黑缎背心，不系领带。他的脸仿佛上过油，就像铁锁上过油一样。在柜台后边站着一个十四岁模样的男孩，另一个年纪更小些，顾客喊酒，他就送酒去。柜台上摆着小黄瓜、黑面包干和鱼块，这些东西都有一股难闻的气味。酒店里很闷热，叫人坐也坐不住，而且酒味这么重，似乎只要闻闻这种气味，不消五分钟，你就会酩酊大醉。

有时也有这样的情况：我们碰到的甚至是毫不相识的人，可是一见面，还没有谈过一句话，不知怎的，他就忽然意想不到地引起了我们的注意。那个坐得不远、像个退职官吏的顾客给拉斯柯尔尼科夫的正是这样的印象。青年后来好几次回忆这个初次的印象，甚至认为这是一种预感。他不断地打量这个官吏，当然，这是因为后者也目不转睛地看着他，大概很想跟他谈话。那个官吏有点儿习惯地，甚至厌倦地，而且还带点儿高傲鄙薄的神气看酒店里其他的人，包括那个老板在内，仿佛他们都是无知无识的下等人，他不屑跟他们谈话。这个人已经五十开外，中等身材，身体结实，头发斑白，头顶上秃了很大的一块，由于经常喝酒，脸浮肿而又发黄，甚至有点儿发绿，眼皮微肿，那对细小得像裂缝但却奕奕有神、微微发红的眼睛炯炯放光。可他有个很奇怪的特点：甚至他的目光似乎还闪射着喜悦的光辉——大概带有理性和智慧——但仿佛也隐约地显出精神失常的神态。他穿着一件破旧不堪的玄色燕尾服，纽扣差不多掉光了。剩下的一个也快要掉下来。他还扣着这个纽扣，看来还想保持一点体面。在黄土布的坎肩下面露出了胸衣，这件胸衣已经皱得不成样子，肮脏不堪，浸透了酒渍。脸是照官吏的式样修的，但已经修了很久，所以又长出了瓦灰色的浓密胡茬。他当真有一副官僚的气派。但他心神不定，将头发搔得乱蓬蓬的，有时把袖管磨破了的两个臂肘支在因酒汁溢出而发黏的桌上，双手托住头，闷闷不乐。末了，他直视着拉斯柯尔尼科夫，提高嗓门决然说：

“我的先生，恕我冒昧，我可以向您请教吗？因为尽管您的外表不十分华贵，但我的经验告诉我，您是个受过教育的人，不会喝酒。我一向尊重既有学问又有真挚感情的人，而且我还是个九等文官呢①。马尔美拉多夫——这是我的姓；九等文官。恕我冒昧，请问：您有工作吗？”

“不，我在念书……”青年回答道，那非凡文雅的谈吐、这么直截了当的谈话，使他有点儿惊奇。虽然，不久以前，他有过片刻工夫很想去跟人接触，不管是什么性质的接触，但是当他听到果真是对他说的第一句话的时候，他忽然又感到不快和愤怒，就像他平日讨厌跟他接近的或者只是想要接近他的一切人一样。

“那么是大学生啰，或者以前是大学生！”那个官吏高声地说。“果然不出我所料！老经验嘛，先生，屡试不爽的经验嘛！”他拿个指头按在脑门上，表示他有个灵敏的头脑。“您从前是大学生，或者搞过学术研究！对不起……”他站起来，拿了酒瓶和玻璃杯，踉踉跄跄地走

---

①1722 年彼得大帝制定了文武官员“等级表”，后来稍加修改，一直实行到 1917 年。文武官员分为十四等，一等最高，十四等最低。

到了青年跟前，在他旁边坐下来，身子稍微侧向他。他喝醉了，但是谈锋还是很健，只偶尔有点前言不搭后语，话很啰唆。他甚至这么热切地渴望跟拉斯柯尔尼科夫谈话，仿佛他也有一个月没跟人谈话了。

“先生，”他几乎庄严地说。“贫非罪，这是真理。我知道酗酒不是美德，这更是真理。可是求乞，先生，求乞是罪恶。如果您清贫，还保持着您那天生的情操的高尚，可是去求人布施，那就决不能保持这种高尚，而且谁也做不到。乞丐甚至不是被人用棒撵出的，而是用扫帚扫出人类社会的，让他受更大的凌辱嘛；这也是公道的，因为我去求人布施，这就是我首先要侮辱自己。所以我上酒店来了！先生，一个月前，我的太太挨了列别兹雅特尼柯夫先生一顿打，可是我的太太不是我那种人！您明白吗？对不起，我还要问您一句话，虽然完全是出于好奇：您在涅瓦河上干草船里宿过夜吗？”

“不，没有宿过，”拉斯柯尔尼科夫回答道。“这是什么意思？”

“唉，我就是从那儿来的，我已经宿过五夜了……”

他斟满了玻璃杯，一口气喝完了，接着沉思起来。他的衣服上，甚至头发里有些地方当真粘着一根根干草。他很可能有五天没脱衣服了，没洗脸了。他那双手尤其脏，这双手丰满而又发红，指甲里嵌满了污垢。

他的谈话显然引起了大家的注意，尽管是没精打采的注意。站在柜台后面的两个孩子吃吃地笑了起来。酒店老板似乎故意从上房里走了下来，想听听“这个有趣的家伙”在说些什么。他坐得稍远，没精打采地但架子十足地不断打着哈欠。显然，在这儿，大家早已熟悉了马尔美拉多夫，他爱用夸张的说法，大概这是由于他有个在酒店里惯常同形形色色的陌生人交谈的习惯。对有些酒徒，尤其是对那些在家里被严加管束和受苛待的人，这个习惯成为一种需要，所以他们和别的酒徒们一块儿喝酒的时候，总要自我吹嘘一番，仿佛在替自己辩解，要是有可能的话，甚至还要博得别人的尊敬呢。

“一个有趣的家伙！”酒店老板嗓音响亮地说。“你为什么不工作，你既然是个文官，干吗不去办公？”

“先生，我为什么不去办公，”马尔美拉多夫赶忙接嘴说道，他只跟拉斯柯尔尼科夫说话，好像这是他提出的问题。“我为什么不去办公吗？难道我心甘情愿过穷日子吗？一个月前，列别兹雅特尼柯夫先生动手殴打了我的妻子，可是我喝醉了酒躺在床上，怎么不难过呢？年轻人，请问，您有过没有……嗯……虽然没有把握，但还是去向人告贷？”

“有过……没有把握是什么意思？”

“就是说，绝对没有希望，因为早就料到借不到钱。比方说，您早就清楚地知道这个人，这个可敬的和对社会最有益的公民，决不会给您钱，因为，请问，他为什么要给钱？要知道，他料到我不会把钱还给他。出于同情吗？可是列别兹雅特尼柯夫先生经常注意着各种新思想，前两天他说过，在我们的时代，同情甚至为科学所禁止，在创立了政治经济学的英国就是这样。请问，他为什么要给您钱？虽然早已料到他不会借给您钱，但您还是去告贷……”

“那么您去干什么呢？”拉斯柯尔尼科夫又问。

“假如没有别的人可找，假如没有别的路可走！要知道，得让每个人有条路可走啊，因为往往有这样的时候，你一定得有条路可走！当我的独生女儿头一次出去兜生意的时候，我也从家里出来了……（因为我的女儿领了黄执照[①]过日子……）”他附带补了一句，神色稍微不安地看看青年。“没有什么，先生，没有什么！”因为站在柜台后边的两个男孩子禁不住扑哧笑了起来，酒店老板也微微一笑，所以他赶紧声明说。他的神色看来是安详的。“没有什么！他们的摇头不会使我脸红，因为一切事情大家都已经知道了，一切秘密都已经公开了：对他们的摇头，我不是抱着鄙夷的态度，而是抱着谦逊的态度。让他们摇头吧！让他们摇头吧！‘这个人[②]嘛！’年轻人，请问：您能不能……可是，

---

①帝俄时代的娼妓执照。

②见《新约·约翰福音》第19章第5节：耶稣出来，戴着荆棘冠冕，穿着紫袍，彼拉多对他们说：“你们看这个人。”彼拉多说这话是对受尽苦难和侮辱的耶稣的那种坚毅和忍耐精神表示敬佩。

不，让我更有力地更清楚地说一句：不是您**能不能**，而是您**敢不敢**此刻看着我，肯定地说，我不是猪猡？”

青年没有回答。

“嗯，”等屋子里又随之而起的哄笑沉寂后，演说家才矜持地、这会儿甚至自尊心更强地继续往下说：“嗯，就算我是猪猡，可她是一位太太！我有一副猪猡相，可是卡杰琳娜·伊凡诺夫娜，我的妻子，是个受过教育的女人，一位校级文官的女儿。就算，就算我是下流坯，但她有一颗高尚的心，充满受过熏陶的高尚的情操。但是……哦，假如她能怜惜我！先生，先生，每个人至少要在一个地方会得到人们的同情！卡杰琳娜·伊凡诺夫娜虽然是个宽宏大量的太太，可是她不公正……虽然我自己也明白，她扯我的头发，是由于她可怜我——因为我毫不害羞地反复说她扯我的头发，年轻人，”他又听见一阵吃吃的笑声，便怀着强烈的自尊心承认说，“可是，天哪，假如她哪怕有一次……可是，不！不！这都是徒劳的，不必说啦！不必说啦！……因为我所希望的已经实现了不止一次了，我已经得到过不止一次的同情；可是……这是我的性格特点，我天生是畜生！”

“可不是！”酒店老板打着哈欠，说。

马尔美拉多夫用拳头坚决地在桌上敲了一下。

“这是我的性格特点！您可知道，先生，您可知道，连她的袜子也被我卖掉喝酒了？不是皮鞋，因为这多少还合乎情理；而是袜子，她的袜子被我卖掉喝酒了！她的一条山羊毛围巾也被我卖掉喝酒了，这条围巾是从前人家送给她的，是她自己的东西，不是我的东西；我们住在一间寒冷的屋子里，今年冬天她感冒了，咳嗽起来，吐了血。我们有三个小孩。卡杰琳娜·伊凡诺夫娜起早摸黑干活，擦啦、洗啦、给孩子们洗澡啦，因为她从小就爱清洁，可是她的胸部很弱，像生痨病的样子，这我觉得出的。我哪会觉不出呀？我喝得越多，越觉得出。我也是因为那个缘故才喝酒的，我想在杯中物里寻找同情和感情……我喝酒，是为了我要使自己加倍地痛苦！”他仿佛悲痛欲绝地在桌上低下了头。

“年轻人，”他又抬起头，继续往下说。“我从您的脸色看出，您好像有什么难言之隐。您进来的时候，我就看出了，所以我立刻就来找您谈话。我把我的生活情况告诉您，并不是因为要在这些游手好闲之徒面前丢尽自己的脸，即使我不说，他们也全都知道，而是因为我要找一个富有同情心的和受过教育的朋友。您要知道，我的妻子在省里一所贵族女子高等学校里念过书，毕业时，省长和其他名流都在座，她跳了披巾舞，因而获得了一枚金质奖章和一张奖状。奖章……那枚奖章被卖掉了……已经很久啦，嗯……奖状还放在她的衣箱里呢，不久前她还拿给女房东看过。虽然她跟女房东经常吵架，但她还是想在人家面前夸耀，让人家知道，她有过好日子。我不是责备她，我可没有责备她的意思，因为这是留存在她记忆里的仅有的一件事，其余一切都已经烟消云散了！对啊，对啊；这位太太脾气急躁，高傲而又倔强。她自己洗地板，啃黑面包，但不许人家对她有半点不尊敬。她不肯原谅列别兹雅特尼柯夫的粗暴行为，就是因为这个缘故。列别兹雅特尼柯夫先生因此揍了她一顿，她就躺在床上不起来，这与其说是伤了她的肉体，倒不如说是伤了她的感情。我娶她时，她是个寡妇，有三个孩子，孩子都还很小。她的前夫是个步兵军官，她爱上了他，便离开家同他私奔。她对丈夫有深挚的爱情，但他爱赌如命，吃了官司，因而死了。他竟然也揍过她；虽然她没有原谅他——我知道确有其事，我有真凭实据——可是直到现在她还是常常一把鼻涕一把眼泪想念他，拿他教训我。我很高兴，很高兴啊，因为她认为自己从前是个幸福的人……虽然这不过是存在于她头脑里的空想。他死后，她带了三个幼小的孩子仍住在一个偏远的县城里，当时我也在那儿，她穷得走投无路，虽然我见多识广，但我甚至也无法形容她的穷困的境况。她的亲戚都不认她了。但她是个硬骨头，一个非常骄傲的女人……那时候，先生，那时候我也丧了妻，前妻留给我一个十四岁的女儿，我便向她求婚，因为我不忍心看她受这样的苦。一个受过高等教育、有教养的、出身名门的女人竟然答应嫁给我，她穷到什么样的地步，您可想而知了！可是她嫁给了我！她痛哭流涕，非常伤心地嫁给了我！因为她没有别的办法啊。您可知道，先生，您可知道，一个人走投无路的时候，这是一种什么样的境遇啊？不！这种境况您还体会不到呢……足足有一年光景，我忠诚而严格地履行着自己的义务，没有碰过这种东西（他用指头碰碰一壶半俄升[①]酒），因为我也是有感情的。虽然如此，我也没有能够讨她喜欢；可是后来我失业了，也不是因为我犯了过错，而是因为机关里裁员。于是我又喝起酒来！……将近一年半前我们经过长途跋涉，历尽千辛万苦，这才来到了这个气象雄伟、点缀着无数纪念碑的京都。我又在这儿找到了工作……找到了，又丢了。您明白吗？这次是因为我自己犯了过错而丢掉的，因为我的本性难改嘛……我们现在住着半间屋子，房东是阿玛丽雅·费奥多罗夫娜·李彼韦赫赛尔，我们怎样过日子，拿什么付房租，我都毫无把握。那儿除了我们一家以外，还住着许多人……像所多玛[②]一样乱糟糟的……嗯……是呀……同时我前妻的女儿也长大成人了，我的女儿在成长中受尽继母的虐待，这点我不想谈了。因为卡杰琳娜·伊凡诺夫娜虽然气量很大，可是这位太太性子暴躁，动不动发脾气，说话尖酸刻薄……是呀！嗯，那是没有什么值得回忆的！索尼雅没有受过什么教育，这点您也可想而知。四年前，我教过她地理和世界通史；可我自己也不大懂得这些学科，而且也没有合适的课本，我们有的是什么样的书啊……哼！……现在连这些书也没有了，所以课也不上了。我们只念了波斯王居鲁士[③]一章。后来，她年已及笄，读了几本爱情小说。还在不久前，她通过列别兹雅特尼柯夫先生借到一本刘易斯[④]的《生理学》。您知道这本书吗？她津津有味地把它念完了，甚至还给我们念了几个片断，这就是她所受的全部教育。先生，现在我向您提一个——我自己提出的——个人的问题。依您看来，一个穷苦然而清白的少女依靠诚实的劳动能挣很多钱吗？……如果她是老老实实的，没有特殊的本领，即便

---

①旧俄酒量单位，1 俄升等于 1.229 9 升。

②据《圣经》记载，所多玛和蛾摩拉两座城市因罪孽深重而被上帝用硫磺和火烧毁，见《旧约·创世记》第 19 章第 24 节。

③居鲁士（约前 600—约前 529），古代波斯国开国君王。

④乔治·刘易斯（1817—1878），英国著名的实证主义哲学家和达尔文生理学家。

她双手一刻不停地干活，一天也挣不到十五戈比。而且那个五等文官伊凡·伊凡诺维奇·克洛普什托克——您听说过这个人没有？——借口把领子做得不合尺寸并且缝歪了，不但到现在半打荷兰式衬衫的工钱还没有付给她，甚至还盛气凌人，跺脚，用下流话辱骂，把她撵了出来。可是家里几个孩子都挨着饿……再说，卡杰琳娜·伊凡诺夫娜这时焦急万分，在屋子里走来走去，脸颊上泛出红晕——患这种病的人常常是这样的，她骂道：'你这个好吃懒做的，在我们这里又吃又喝，又要取暖，'可是这儿有什么吃的喝的呢，孩子们都有三天没见面包皮啦！那时我躺着……嗐，这有什么可说的！我醉醺醺地躺着，听见我的索尼雅（她性情温柔，嗓音又那么柔和……一头淡黄色头发，那张可爱的脸蛋常常显得又苍白又瘦削），说：'嗐，卡杰琳娜·伊凡诺夫娜，难道我非去干这种事不可吗？'达里雅·弗兰卓夫娜，这个坏女人，警察很熟悉她，已经通过女房东来找过她三次。'为什么不去，'卡杰琳娜·伊凡诺夫娜嘲讽地回答道。'爱惜啥呀？好一个宝贝！'可是不要责备她，不要责备她，先生，不要责备她！她说这话的时候精神已经失常了，而且心里万分焦急，又是病魔缠身，孩子们都饿得大哭大喊。她说这话多半是有意侮辱自己，不是真有这个意思……因为卡杰琳娜·伊凡诺夫娜生就这样的性格，孩子们号哭起来，哪怕是肚子饿，她也会立刻把他们痛揍一顿。我看见，索涅奇卡五点多钟就起床了，扎上头巾，披上披肩，从家里出去了，到八点多钟才回来。她一径走到卡杰琳娜·伊凡诺夫娜跟前，默默地站在她面前把三十卢布摆在桌上。她虽然看了一眼，但是一句话也不说，只拿了我们那块绿呢大头巾（我们有这样一块合用的薄呢头巾），裹住了头和脸，在床上躺下了，脸向壁，只是两个肩膀和身子都在不住地哆嗦……可是我还是和刚才一样躺着……当时我看见，年轻人，我看见，随后卡杰琳娜·伊凡诺夫娜也是一句话不说，默默地走到索涅奇卡的床跟前去了，整个晚上跪在她的脚边，吻她的脚，不愿站起来，后来她们俩就这样拥抱着，一块儿睡着了……一块儿……一块儿……是的……可是我……醉醺醺地躺着。"

马尔美拉多夫不说话了，仿佛他的声音中断了。接着他忽然赶忙斟满酒，一口气喝完，并清了一下喉咙。

“先生，自从，”他沉默了半晌后，又往下说。“自从发生了一件不幸的事，并有几个居心不良的人去告发后——这主要是达里雅·弗兰卓夫娜捣的鬼，仿佛是因为她没有得到应有的尊重——从此以后，我的女儿，索菲雅·谢苗诺夫娜，不得不去领黄执照，并由于这个缘故，她不能跟我们一块儿住了。又因为女房东阿玛丽雅·费奥多罗夫娜也不肯让她住下去(以前她帮过达里雅·弗兰卓夫娜的忙)，而列别兹雅特尼柯夫先生也……哼……他跟卡杰琳娜·伊凡诺夫娜吵起架来，也是由于索尼雅的缘故。开头他要跟索涅奇卡接近，可是忽然瞧不起她，说：‘我是个受过高等教育的人，怎么能跟这样一个女人同住在一个住所里呢？’可是卡杰琳娜·伊凡诺夫娜不服气，极力替她抱不平……事情就闹开了……现在索涅奇卡多半是在黄昏才上我们这儿来的。她安慰卡杰琳娜·伊凡诺夫娜，常常送来尽可能多的钱……现在她住在裁缝卡彼尔纳乌莫夫那儿，向他们租了一个房间。卡彼尔纳乌莫夫是个跛子，说话结结巴巴，子女成群，他们也都口齿不清。他的妻子也口齿不清……他们都住在一个房间里，可是索尼雅独住一间，是用板壁隔开的……嗯，是呀……他们都是最穷苦的人，说话结结巴巴……是呀……不过那天我大清早就起身，穿上我的破烂衣服，举起双手向天祈祷，过后就去见伊凡·阿法那西耶维奇大人去了。您认识伊凡·阿法那西耶维奇大人吗？……不认识吗？那么您不知道这个上帝的人！这是蜡……上帝面前的蜡；像蜡在融化！……听了我的一番诉说后，他甚至扑簌簌地掉下泪来。他说：‘嗐，马尔美拉多夫，你已经辜负了一次我的期望……我再帮你一次忙，’他是这样说的，‘记住我的话，’他说，‘现在你回去吧！’我吻了他脚上的灰尘，我是在心里吻的，实际上恐怕他不会让我这样做，因为他是个大官，有新的政治和文明思想的人物；我一回到家里就说，我又弄到了差事，有一份薪俸可领了，天哪，那时候大家好快乐啊……”

马尔美拉多夫因为激动得很厉害，又停顿了一下。这当儿，有一群已经喝醉了的人从街上闯进酒店来了，从酒店门口传来一架租来的手风琴的声音和一个七岁孩子唱《小小的农庄》[①]的发颤的歌声。顿时热闹起来。酒店老板和伙计都忙着招待客人。马尔美拉多夫没有注意到那些进来的人，继续讲他的故事。他好像已经没有一丝力气了，可是他越醉，话就越多。他回忆起不久前得到了差事，仿佛兴奋起来，脸上甚至容光焕发。拉斯柯尔尼科夫全神贯注地听着。

"先生，这是五个礼拜以前的事了。不错……卡杰琳娜·伊凡诺夫娜和索涅奇卡她们一听到这个消息，天哪，好像我进了天堂。从前尽是挨骂：你像畜生一样躺着吧！可是现在呢；她们都踮着脚尖走路，不许孩子们吵嚷：'嘘，谢苗·扎哈雷奇工作得累了，他要休息！'在我上班以前，给我烧咖啡，给我煮凝乳！给我弄来了真正的乳酪，您听见没有！我真不懂，他们从哪儿弄来了十一卢布五十戈比给我置办服装？靴子啦、细棉布胸衣啦——都是最考究的，还做了一件制服，这一切东西式样都做得极其讲究，花掉了十一个半卢布。头一天，我大清早下班回家一看，卡杰琳娜·伊凡诺夫娜做了两道菜：汤和洋姜腌牛肉，这样的菜，从前我连想也没有想过。她没有什么衣服……就是说，一件好衣服也没有，可是现在她打扮得好像要去做客一般，这不是说她穿了什么新衣服，而是说她没有什么衣服也能打扮：她把头发梳得很光亮，换上了干净的领子，套了一副套袖，换了个人啦，显得年轻而又妩媚。索涅奇卡，我的小宝贝，只拿些钱来贴补家用，可是现在她对我说，她暂时不便常常上我们这儿来，除非在天黑以后，免得让人看见。您听见没有，听见没有？吃过午饭，我回来睡午觉，您想想看是怎么回事：卡杰琳娜·伊凡诺夫娜耐不住啦；一星期前，她跟房东阿玛丽雅·费奥多罗夫娜大吵过一场，可现在却叫她来喝咖啡了。她们足足坐了两个钟头，一刻不停地悄声谈话，她说：'现在谢苗·扎哈雷奇有了差事，能领一份薪俸了。他去见过大人，大人亲自出来接见他，叫别人都等着，还拉着谢苗·扎哈雷奇的手，打他们面前经过，往办公室走去。'听见没有，听见没有？'他说，'谢苗·扎哈雷奇，我当然记着您

① 根据俄国诗人阿·科利佐夫（1809—1842）的诗句谱成的一首流行歌曲。

的功劳，虽然您有这个荒唐的嗜好，可是现在您已经答应了，而且没有您的协助，我们的工作也不顺利。’（听见没有，听见没有！）他说：‘我现在相信您的诺言。’我对您说的这些话，都是她随口编造的，这不是她信口胡诌，瞎吹一通！不，老天为证，这一切她自己都很相信，她以想象来自慰！我不责备她；不，我不责备她！……六天前，我把头一个月的薪俸——二十三卢布四十戈比——分文不留，全都拿回家，她叫我小宝贝。她说：‘你真是个小宝贝！’这是在只有我们两个人的时候叫的，您明白吗？哎，我算个什么美男子，我算个什么丈夫？不，她拧了一下我的脸颊。‘你真是个小宝贝！’她说。”

马尔美拉多夫突然把话缩住了，本想笑笑，可是他的下巴忽然抖动起来。他好容易忍住了。这家酒馆、那副颓废的样子、宿在干草船上的五夜、一俄升酒以及对妻子和儿女痛苦的疼爱，把他的听众弄得如堕入五里雾中。拉斯柯尔尼科夫聚精会神地听着，但他很痛苦。他懊恼上这儿来。

“先生，先生！”马尔美拉多夫恢复了原状，又扬声说起话来。“哦，先生，或许您同别人一样，也把这当作笑料吧，以为我只是把我家里的一些琐事瞎扯一通来打扰您，可我并不认为这是笑料！因为这一切我都能感觉到……我是在飞也似掠过的幻想中度过我的一生中那最美好的一天和那个晚上的，就是说，我梦想着：往后我怎样安排这一切，给孩子们穿新衣服，让她过悠闲的日子，让我的独生女儿不再操皮肉生涯，回到家庭的怀抱里来……还有许许多多别的事儿……先生，情有可原吧。嗯，我的先生(马尔美拉多夫仿佛突然愣了一下，抬起头来，直瞅着自己的听众)，嗯，在另一天，我做了这些梦后(就是说恰好在五天前)，到晚上，我就使用狡猾的手段，像夜间的窃贼，拿了卡杰琳娜·伊凡诺夫娜的衣箱钥匙，把用剩的我的薪俸全都拿走了，拿了多少我记不清了，现在你们大家都看看我身上吧！今天是我离家后的第五天了，家里的人在找我，差事丢了，制服放在埃及桥头的一家酒店里，我用它换来了这件衣服……一切都完了！”

马尔美拉多夫用拳头敲敲脑门，咬紧牙关，闭上眼睛，一个臂肘用劲地支在桌上。可是一会儿后，他的脸色突然变了，故意调皮地、厚颜无耻地瞥了拉斯柯尔尼科夫一眼，笑起来，说：

“今天我去向索尼雅要了几个钱来买酒，解解宿醉！嗨，嗨，嗨！”

“她真的给你了？”从进来的人们那边有人叫道，边叫边哈哈大笑。

“这半俄升酒就是用她的钱买的，”马尔美拉多夫只对拉斯柯尔尼科夫说话。“她拿出三十戈比给了我，这是她身边仅有的几个钱，我亲眼看见……她一句话也没说，只默然对我看……在人世间可没见过这样的事呢，可是在那边……他们为人们发愁，为人们悲泣，而绝不责备，绝不责备！他们不责备，这更叫人难受，更叫人难受！……是的，三十戈比。可是，她现在不是也需要这些钱用吗？我亲爱的先生，您以为怎样？要知道，她现在必须保持整洁。要保持这种整洁，这种特殊的整洁，就得花钱，您明白吗？您明白吗？嗯，她也需要买化妆香膏，不买可不行啊；要穿上了浆的裙子，要穿时髦些的皮鞋，在不得不过水洼的时候，能把她那小巧玲珑的脚迈出去。先生，这种整洁是什么意思，您可懂得，懂得吗？嗐，可是我，她的生身父亲，拿了她的三十戈比买酒喝！我正在喝哪！我已经喝完了！……嗯，谁会可怜我这样的人呢？啊？先生，您现在可怜不可怜我呢？说吧，先生，可怜不可怜我？嗨，嗨，嗨，嗨！”

他想倒酒，可是已经一滴不剩了。半俄升酒都喝完了。

“你为什么要人可怜？”酒店老板叫道，又出现在他们旁边。

一阵笑声哄然而起，甚至有人在斥骂。听的人和没有听的人都笑着、骂着，他们只看着那个退职的官吏。

“可怜！我为什么要人可怜！”马尔美拉多夫忽然喊道。他霍地站了起来，情绪十分激昂，向前伸出一条胳膊，仿佛只等待着这些话似的。“你说吧，为什么要可怜我？对！不必可怜我！我应该受极刑，应该把我钉死在十字架上，不必可怜我，钉死我吧，法官，钉死我吧，钉死后，再可怜他！到那时，我自己会来让你钉死的，因为我不是渴求快乐，而是渴求悲痛和眼泪！……卖酒的，你以为，你这半俄升酒，我喝起来是甜的吗？悲痛，我在壶底里寻找悲痛，悲痛和眼泪，我尝到了、找到了；那个怜悯一切人、了解一切人和一切事的人，会怜悯我们的；他是独一无二的，他也是法官。他将会在那一天来问：‘这个女儿在哪里？她为着凶恶的患肺病的继母，为着别人的比自己年幼的孩子而出卖灵魂。这个女儿在哪里？她那人间的生身父亲是个放荡的酒鬼，她不但不畏惧他的残暴，而且还怜惜他。’他会说：‘你来吧！我已经宽恕过你一次了……已经宽恕过你一次了……你那些深重的罪孽现在都得到了宽恕，因为你爱很多人……’他会宽恕我的索尼雅的，会宽恕的，我知道，他会宽恕的……前几天，我在她那儿，我心里就有这种感觉！……他将要审判一切人，并会宽恕他们，好人和坏人，聪慧的与和善的……等到他把他们审判完毕，他就会传唤我们，说：‘你们也来吧！喝酒的来吧，懦弱的来吧，无耻的来吧！’我们大家都会去的，不觉得羞惭，站在他面前。他会说：‘你们都是猪猡！作兽像，受兽印记[①]；但你们也来吧！’聪慧的和有理智的都会说：‘上帝啊！你为什么收受这些人？’他会说：‘聪慧的人们，我所以收受他们，有理智的人们，我所以收受他们，是因为他们当中没有一个人认为自己是受之无愧的……’他会向我们伸出手来，我们会伏在他的脚下……痛哭流涕……一切我们都会明白的！到那时一切我们都会明白的！大家都会明白的！……卡杰琳娜 · 伊凡诺夫娜……她也会明白的……上帝啊，愿你的国降临！”

他又坐到长凳上，精神衰颓，虚弱无力，对谁也不看一眼，仿佛忘记了周围的人们，陷入了沉思。他的话使人产生了某种印象；片刻的静寂。但一会儿又听到了笑声和谩骂声。

“他大发议论了！”

“他胡说八道！”

“是个官吏嘛！”

诸如此类的谈话。

---

①参见《新约 · 启示录》第13章第14节和第16节。

“咱们走吧，先生，”马尔美拉多夫忽然说，他抬起头来，又对拉斯柯尔尼科夫说：“您送我回去吧……柯赛尔的房子，在院子里的那所房子。是时候啦……该到卡杰琳娜·伊凡诺夫娜那儿去了……”

拉斯柯尔尼科夫早就想走，他自己也有意思要送他回家。马尔美拉多夫的两腿比他的话语要无力得多，他沉重地压在年轻人的身上。有两三百步路。离家越近，这个酒鬼越感到惶恐。

“我现在不怕卡杰琳娜·伊凡诺夫娜了，”他不安地嘟哝说。“也不怕她扯我的头发。头发算得了什么！……我的头发没啥道理！这话是我说的！如果她扯起我的头发来，那倒好些；可我不怕扯头发……我倒……怕她的那对眼睛……是的……那对眼睛……我也怕她那脸颊上的红晕……我还怕她的气喘……这种病人在感情激动的时候，呼吸是多么急促啊，你见过没有？……我也怕孩子们号哭。要是索尼雅不养活他们，那……我不知道该怎么办！我不知道！可是我不怕挨揍……先生，要知道，这样揍我不但没有使我感到痛苦，反而使我感到快乐。因为不挨揍，我甚至活不了。挨了揍倒好些。让她揍我吧，好让她出口气……这样会好些……就是这所房子。柯赛尔的房子。他是个钳工，德国人，很有钱……领我进去吧！”

他们走进院子，就上四楼去了。越往上走，楼梯上越暗。大概已经是十一点光景。虽然在这个季节里，彼得堡没有真正的黑夜，但上面的楼梯还是很暗。

在最高一层的楼梯尽头，一扇熏得乌黑的小门洞开着。一个蜡烛头照亮了那间只有十来步长的极其简陋的屋子；从过道里就可以看到整个屋子里的情形。屋子里乱七八糟的，到处乱丢着东西，尤其是儿童的各种破衣服。后半间屋子用一条百孔千疮的被单掩遮着。被单后面大概摆着一张床。屋子里只有两把椅子和一张破旧不堪的漆布面沙发榻。沙发榻前面放着一张厨房里用的旧松木桌，没有油漆过，也没有铺上东西。桌边上摆着一个铁烛台，插在烛台上的蜡烛已经点完了。这样看来，马尔美拉多夫是住在另一间屋子里，而不是住在那半间屋子里；可是他住的是条通道。通里边的笼子般的屋子的门半开着，这些屋子是由阿玛丽雅·李彼韦赫赛尔的——套房间分隔成的。那儿人声嘈杂，喧闹非凡。人们纵声大笑。他们大概在玩牌和喝茶。有时传出几句最下流的话。

拉斯柯尔尼科夫立刻就认出了卡杰琳娜·伊凡诺夫娜。这是个骨瘦如柴的女人，身材相当高，体态匀称苗条，头发深褐色的，还很美，两颊当真泛出了肺痨病的红潮。她在那个不大的屋子里来回走着，两手交叉地按在胸口，嘴唇干裂，呼吸急促，若断若续。她像在发烧，那对眼睛闪闪放光，但目光锐利而呆滞。这张肺病病人的、神色焦躁不安的脸被那在她脸上抖动着的残烛的光照映着，给人以痛苦难受的印象。在拉斯柯尔尼科夫看来，她约莫三十来岁，跟马尔美拉多夫当真不相配……她没有听见，也没有发觉这两个进来的人。她大概想得出神了，所以没有听见，也没有看见。屋子里闷得很，可是她没有把窗子打开；从楼梯上飘来一股恶臭，但通楼梯的门没有关上；从里边那些屋子里，从那扇没有关紧的门里，飘出来一阵阵香烟的烟雾，她咳嗽起来，却没有把门掩上。那个最小的六岁女儿睡在地板上，不知怎的她坐了起来，浑身抽搐，把头埋进沙发榻。一个比她大一岁的男孩子在角落里索索发抖，啼哭着。他大概刚挨过一顿打。大女儿九岁光景，个子高高的，骨瘦如柴，穿着一件破破烂烂的旧衬衫，裸露着的两肩上披了一件破旧的薄呢披肩，大概是在两年前给她做的，因为这件披肩现在连膝头也盖没不了。她站在角落里小兄弟的身边，用那细长的胳膊搂住了他的脖子。她大概在安慰他，凑着他的耳朵悄声说着什么，用各种办法哄他别哭，但是她那对乌黑的大眼睛却恐惧地望着母亲，这对眼睛在她那瘦削的惊惶不安的脸上，显得更大了。马尔美拉多夫没有走进屋子里去，在门口跪下了，却把拉斯柯尔尼科夫推到了前面。他老婆看见一个陌生人，惘然在他面前站住了，但刹那间就醒悟过来，仿佛在思索：他进来要干什么？但是她立刻就想到了，大概他是到别家去的，因为他们的屋子是一条通道。想到这点，她就不再注意他。她走到过道门口，想把门掩上，一看见丈夫跪在门限上，突然惊叫起来。

“啊！”她发狂地喊叫起来。“你回来啦！囚犯，恶魔！……你的钱呢？你口袋里放着什么东西，给我看！衣服也不是那一件了！你的衣服呢？钱呢？你说！……”

她跑过来抄他的身。马尔美拉多夫立刻乖乖地张开两臂，让她抄口袋。一个戈比也没有。

“钱在哪里？”她叫道。“天哪，难道他把钱都买酒喝了！衣箱里还有十二个卢布呢！……”她忽然狂怒地揪住他的头发，把他拖进屋子。马尔美拉多夫乖乖地顺势跟随着她膝行过去，让她少花些力气。

“我觉得这是享乐！我觉得这不是痛苦，我觉得这是享——乐，先——生，”他叫道，因为被揪住了头发，他的身子摇来晃去，甚至脑门在地板上磕了一下。睡在地板上的一个孩子被惊醒了，哇哇地哭起来。站在角落里的那个男孩子吓得要命，瑟瑟发抖，叫喊着，跑到姐姐身边去了。大女儿从梦中惊醒了，身子抖得像树叶一般。

“钱买酒喝了！钱都买酒喝了！”这个可怜的女人绝望地叫道。“衣服也不是那一件了！他们都挨着饿，挨着饿啊！（她非常痛心，指指那几个孩子。）咳，该死的生活！你们，你们不要脸，”她忽然骂拉斯柯尔尼科夫。“从酒店里来的吗！你跟他一块儿喝过酒吗？你也跟他一块儿喝酒！滚出去！”

青年不答理，拔脚就走。这当儿，里边一道门忽然大开，有几个好奇的人在门里张望着。那些戴着小圆帽的脑瓜都毫不害臊地探出着，脸上都笑嘻嘻的，嘴里叼着香烟或烟斗。这些人都穿着睡衣，没扣上纽扣，那副夏天打扮简直不成体统；其中有几个手里还拿着纸牌。马尔美拉多夫被揪住头发拖走，叫喊着说这是他享乐的时候，他们都笑得特别开心。他们甚至走进屋子里来了；末了，传来一阵吓人的尖叫声：这是阿玛丽雅·李彼韦赫赛尔挤到前面来了，她要来按照自己的意愿恢复秩序，她已经威胁过这个可怜的女人百来次，用凌辱的命令口吻叫她明天搬家。拉斯柯尔尼科夫临走时，赶忙摸口袋，随手抓出一把在酒店里拿一卢布找来的铜币悄悄地放在窗口。后来，他已经走到楼梯上，觉得这样做不好，想要去拿回来。

“我怎么干了这样的傻事，”他在心里寻思。“他们有索尼雅，而我自己正需要钱用。”但想到钱已经不可能拿回，而他也决不要把钱拿回，就把手一挥，跑回家去了。“索尼雅不是也要买化妆香膏嘛，”他在街上走，一边往下想，一边挖苦地冷笑。“这种整洁要花钱……哼！索涅奇卡说不定今天自己也弄不到钱呢，因为猎珍贵的野兽……开采金矿……这都是冒险。所以没有我这几个钱，他们明天会日子难过……可怜的索尼雅！但是他们倒有办法，找到了一个丰富的矿井！他们可以取之不尽！他们已经得到了好处！他们都习惯了。他们开头哭泣，后来就习惯了。人是卑鄙的东西，什么都会习惯的！”

他沉思起来：

“咳，假如我错了呢，”他不由得突然扬声说，“假如人，一般的人，就是说，全人类当真不是**卑鄙的东西**，那么其他一切都是偏见，只不过是心造的恐惧，任何阻碍都不存在，而那是理所当然的！……”

三

他一夜睡得很不安稳，第二天很迟才醒来，但是睡眠并没有使他精神恢复。他醒来后，肝火旺盛，变得暴躁而又凶恶。他憎恨地打量了一下自己的斗室。这是一间很小的屋子，六步长，很简陋，壁纸发黄了，蒙着厚厚的一层灰尘，已经从壁上脱落下来了。这间斗室是这么低矮，身材稍高的人在里面就要时刻担心脑袋撞在天花板上。家具跟这间斗室是相称的：三把旧椅子损坏得还不十分厉害，屋角里立着一张油漆过的桌子，桌上摆着几本练习簿和几本书；这几本书已经蒙着一层厚厚的灰尘，显然已经很久没有人碰过它们；还有一张笨重的大沙发榻，它差不多占去一边墙壁和半间屋子的地位，从前这张沙发榻套着印花布套子，可是现在这个套子已经破旧不堪；这张沙发榻也当作拉斯柯尔尼科夫的床。他常常和衣睡在沙发榻上，没有被单，就拿自己那件穿破了的从前做大学生时穿的大衣盖在身上，床头放了一个小枕头，小枕头下面垫着他所有清洁的和穿脏了的内衣，让头枕得高些。沙发榻面前摆着一张小桌。

紊乱和邋遢到了极点。但是拉斯柯尔尼科夫在目前的精神状态中，甚至觉得这很合意。他毅然决然地不跟一切人来往，好比乌龟缩入了自己的硬壳里。连那个经常来服侍他的女仆有时往他的斗室里张望一下，也会引起他的恼怒和痉挛。只有某些过分专心致志于什么的偏执狂才会这样。两星期来，他的女房东没有给他送饭来。他直到现在还没有想去跟她交涉，虽然他没有午饭吃。女房东的女厨子和唯一的女仆娜斯塔西雅，倒也有点儿喜欢房客这样的心境，她不再经常来收拾和打扫他的屋子，每星期只有一次偶尔拿起扫帚打扫一下。现在她叫醒了他。

“起来，你干吗还在睡觉！”她俯下身子喊他。“九点多啦。我给你端来了茶；你要喝茶吗？你大概饿瘦了？”

房客睁开眼来，不觉怔了一下，认出了，原来是娜斯塔西雅。

“房东送茶来了吗？”他问，病容满面，慢慢地在沙发榻上坐起来。

“真的，女房东送来的！”

她把自己的一把破茶壶放在他面前，壶里是已经沏淡了的茶。在茶壶旁边，她放下了两小块发黄的糖。

“娜斯塔西雅，我给你几个钱，请你，”他说着，就摸起口袋来（他是和衣睡觉的），掏出一把铜币。“给我去买个小圆面包。再到灌肠铺里买几根灌肠，要便宜些的。”

“小圆面包我立刻就给你拿来，可是你喜不喜欢喝些菜汤？灌肠不用买了。很好的菜汤，昨天做的。还是昨天我给你留的，可是你很迟才回来。很好的菜汤。”

菜汤端来了，他喝起菜汤来。娜斯塔西雅在沙发榻上他身边坐下，闲扯起来。她是个乡下女人，说起话来没完没了。

“普拉斯柯维雅·巴甫洛夫娜要上警察局去控告你了，”她说。

他拧紧了眉头。

“上警察局？她要干什么？”

“你不付钱，又不搬走。她要干什么，这还用说嘛。”

“哎，见鬼，还有这样糟糕的事，”他嘟嘟囔囔说，痛恨得咬牙切齿。“不，现在对我来说……这不是办法……她真是个傻瓜，”他大声地补充说。“我今天就去找她谈谈。”

"她傻是很傻，跟我一样，可是你呢？一个聪明人，却成天睡大觉，看不出你的聪明。你说，从前你去教孩子的书，可是现在你为什么不做事？"

"我在做事……"拉斯柯尔尼科夫用严峻的口吻不乐意地说。

"你在做什么事？"

"工作嘛……"

"什么工作？"

"我想想，"他沉默了一会儿后，一本正经地说。

娜斯塔西雅忽然放声大笑起来。她动不动就发笑，有什么事情引起她发笑，她就会闷声地笑个不停，笑得前仰后合，浑身发抖，直到她心里发呕为止。

"你想出了很多钱吗？"她终于能说话了。

"我没有靴子，不能去教孩子们的书。而且我也讨厌教书。"

"你不要瞧不起教书工作。"

"教孩子们的书钱很少。几个钱派什么用？"他不乐意地继续往下说，回答得仿佛在自言自语。

"你想一下子发财吗？"

他用奇怪的眼色看了她一眼。

"是的，我想发财，"沉默了一会儿后，他坚决地回答道。

"哎哟，你要慢慢儿来呀，要不然你会把我吓死的；我已经被你吓坏了。要不要去拿个小圆面包来？"

"随你的便。"

"哦，我忘了！昨天你出去的时候，有人给你送来一封信。"

"信，我的信！谁寄来的？"

"我不知道是谁寄来的。我给了送信人三个戈比。你还给我吗？"

"那么去把信拿来吧，看在上帝的分上，拿来吧！"拉斯柯尔尼科夫着急地叫喊起来。"天哪！"

一会儿后，信拿来了。果然是母亲从 P 省寄来的。他拿到这封信，脸甚至失色了。他已经好久没有接到信；可是现在又有别的什么心事突然把他的心揪紧了。

“娜斯塔西雅，你出去吧，看在上帝的分上；这三个戈比我还给你，不过，看在上帝的分上，你快些出去！”

信在他手里抖动起来；他不愿意当着她的面拆信：他要等到屋子里**没有别的人**才看这封信。娜斯塔西雅出去了，他马上就把信按在嘴上吻了一下；过后他又久久地端详着信封上的字迹，端详着他熟悉的、曾经教过他读书写字的母亲那可爱的细小的斜体字。他慢慢地，甚至害怕什么似的把信拆开。他终于把信拆开了。一封很长的信，信纸很厚实，有两洛特[①]重；两大张信纸密密麻麻地写满了细小的字。

母亲写道：“我亲爱的罗佳，我已经有两个多月没跟你通信了，我因此很痛苦，有时夜里想得睡也睡不着。但是你一定不会责怪我这种不得已的缄默的。你知道，我是多么疼你啊；你是我们的，是我的，也是杜尼雅的唯一的亲人；你是我们的一切，是我们的希望，也是我们的指靠。当我知道你因为没有钱维持生活，已经有几个月不能上大学去念书，你的教书工作和其他收入也都失掉了的时候，我难过得简直心如刀割！靠每年一百二十卢布养老金，我能帮助你什么呢？四个月前，我寄给你的十五卢布，你也知道，还是我以这笔养老金作抵押，向我们这儿的一个商人阿法那西·伊凡诺维奇·瓦赫鲁欣借来的。他是个好人，跟你父亲还是朋友呢。但是我已经把领养老金的权利转让给他了，我应当等待债务还清，而这笔债务现在刚偿还，所以我一直没有能够寄钱给你。可是现在，谢天谢地，看来我又能寄些钱给你了，而且我们现在甚至可以夸口说，我们的运气好转了，所以我急于要把情况告诉你。第一，你可想得到，亲爱的罗佳，你妹妹跟我住在一起已经有一个半月了，而且从今以后我们再也不分离。感谢上帝，她的苦头算吃完了，让我一桩桩地讲给你听，让你知道，事情是怎样发生的，我们为什么一直瞒着你。两个月前，我接到了你的来信，说有人告诉你，杜尼雅在斯维德里加依洛夫先生家里受尽凌辱，要我把事实真相告诉你——那时候

---

①旧俄重量单位，1 洛特等于 12.8 克。

我能写信告诉你吗？要是我如实地告诉你，你也许会抛弃一切，哪怕徒步也会赶回家来的，因为你的性格和感情我都知道，你是不肯让你妹妹受人欺侮的。我自己也一点儿没有办法，我能做什么呢？那时我自己也不明真相。最尴尬的是，杜涅奇卡去年受聘到他家里去当家庭教师，预支了一百卢布，讲定从每月薪水内扣还，而在借款未还清前，不得离职。她预支这笔钱(现在我可以告诉你了，我的宝贝，罗佳)，主要是为了寄给你六十卢布，那时，你那么迫切地需要那笔钱，我们是在去年寄给你那笔钱的。那时我们瞒着你，信上说，这笔钱是杜涅奇卡从前的积蓄，但并不是这么回事，现在我如实地告诉你吧，因为现在情况忽然按照上帝的意志好转了，并且也要让你知道，杜尼雅多么爱你，她有一颗非常善良的心。斯维德里加依洛夫先生开头对她的确很粗暴，同桌吃饭时常常出言不逊，嘲笑她……但我不愿把这些令人痛恨的事一一细说，既然这一切现在都已经过去了，何必让你气恼。我说得简单些，尽管斯维德里加依洛夫先生的太太玛尔法·彼得罗夫娜和家里其他的人都待她很好，但杜涅奇卡还是很痛苦，特别是当斯维德里加依洛夫在巴克斯[①]的掌握之中的时候，这是他从前在团里的一个根深蒂固的癖好。后来怎样呢？你简直不能相信，这个狂妄自大的人早已转着杜尼雅的念头，但他常常把这个邪念掩藏在粗暴无礼的行为中和对她的鄙薄中。也许他自己也感到害臊了，并且害怕起来，因为他想起自己已经有了一大把年纪，又是一家之主，还转这种邪念，因而不由地恨起杜尼雅来了。但他所以举止粗暴和冷嘲热讽，也许只是因为想不让别人知道真相。可是他终于按捺不住了，竟然不顾廉耻，斗胆向杜尼雅公然求婚，答应给她买各种东西，并且还可以丢下一切，带她到别处乡下去，或者甚至到国外去。她的苦楚你是可以想象的！不能立刻辞职，这不仅仅是由于借了钱的缘故，而且还得想到玛尔法·彼得罗夫娜，她可能突然发生疑窦，因而引起一场家庭纠纷。而这对于杜涅奇卡也是很丢脸的事；这样的事必定要发生。这里还有许多各种各样的原因，所以杜尼雅在六个星

①意指酒醉，巴克斯是古罗马神话里的酒神。

期以前绝对没有希望离开这个可怕的家庭。当然，你是了解杜尼雅的，你知道她多么聪慧，性格多么坚强。杜涅奇卡忍耐心很强，甚至在最难堪的场合，她也如此宽宏大量，极力忍让。在写给我的信上，这些事情她甚至只字不提，免得我烦恼，虽然我们经常通信。结局是意想不到的：玛尔法·彼得罗夫娜无意中偷听到了自己丈夫在花园里恳求杜涅奇卡的话，有了误会。她什么都怪杜尼雅，认为她是祸根。于是可怕的事情就在花园里发生了：玛尔法·彼得罗夫娜甚至动手打了杜尼雅，任何解释都不愿听，并且吵闹了整整一个钟头。末了，她吩咐用一辆普通的农民大车立刻把杜尼雅送回城里，送到我这里来。她所有东西都被乱丢在大车上，内衣啦、衣服啦都没有包好，也没有叠好。这当儿又下着倾盆大雨，杜尼雅受尽凌辱，只得跟一个乡下人坐在没篷的大车上，足足走了十七里路。现在你想想看，那时我怎样回答你两个月前写来的信呢，我能写些什么呢？我自己也不知道该怎么办；我不敢如实地告诉你，因为你会很痛苦的，会感到伤心和气愤的，而且你有什么办法呢？也许你还会毁掉自己，而且杜涅奇卡也不让我写信告诉你；当时我心里很痛苦，我哪有心思在信里写些琐琐碎碎的事情。在我们这个小城里，这件事沸沸扬扬地足足谈论了一个月，甚至弄到这样的地步：我跟杜尼雅都不能上教堂去，因为大家都交头接耳，用轻视的目光打量我们，甚至还当着我们的面高声谈论。所有熟人都避开了我们，大家都不向我们点头打招呼了。我确实知道，有几个商店里的伙计和小公务员想用下流的手段侮辱我们，在我们房子的大门上涂了柏油，因此房东要我们搬家。这一切都是玛尔法·彼得罗夫娜捣的鬼，她竟然挨家挨户去责骂杜尼雅，百般诋毁她。我们这个城里的人，她都认识，这一个月当中她时常进城来；因为她有点儿爱说废话，又喜欢谈自己家里的事，特别喜欢逢人便诉说自己丈夫的坏处，这种脾气很不好，所以不多久她不但把事情传遍了全城，而且传扬到了县里。我气得病倒了，但是杜涅奇卡比我坚强。可惜你没有能够看到，她怎样忍受着一切诽谤，还安慰和鼓励我！她是个天使！上帝怜悯了我们，我们的苦难的日子终于结束了：斯维德里加依洛夫先生良心发现，懊悔了，大概对杜尼雅发慈悲了，他向玛尔法·彼得罗夫娜提出了充分而确凿的证据，证明杜尼雅是无辜的。这是一封信，这封信还是杜尼雅在玛尔法·彼得罗夫娜在花园里遇见他们以前迫不得已写给他的，拒绝他坚决要求的当面解释和秘密相会。这封信，在杜尼雅离开后，还保存在斯维德里加依洛夫的手里。在这封信里，她非常激烈地、极其愤慨地痛斥他对玛尔法·彼得罗夫娜的卑鄙行径，并警告说，他是个父亲和一家之主，还要让一个已经没有幸福可言的无力自卫的少女遭受痛苦和不幸，简直是卑鄙无耻。总而言之，亲爱的罗佳，这封信写得这么高尚和令人感动，我念信的时候，不禁痛哭起来。如今我念这封信，也不能不潸然泪下。此外，用人们也终于提出证据来为杜尼雅表白，他们所见所闻要比斯维德里加依洛夫先生本人所想象的丰富得多，这是不足为奇的。玛尔法·彼得罗夫娜大吃一惊，她向我们坦白地说：'我又痛苦极了，'但她完全相信杜尼雅的清白无辜。第二天，这是个星期日，她一径来到大教堂，噙着眼泪跪在圣母面前祈祷，求圣母赐给她力量去忍受这种新的考验和尽她的责任。后来，她走出大教堂，谁也不去找，一径来到我们这儿，把情况向我们和盘托出，痛哭流涕，懊悔异常，拥抱杜尼雅，恳求她饶恕。那天早晨，她从我们这儿走出，毫不耽搁，走遍全城所有人家，流着泪，到处述说杜尼雅的无辜以及她的情感和行为的高尚，对杜尼雅极尽阿谀之能事。这还不够，她又把杜尼雅亲笔写给斯维德里加依洛夫的信让大家看，并大声地念给大家听，甚至还让人抄录(我觉得这未免过分)。她这样一连几天跑遍了城里所有人家，有些人因为让别人占了先，表示不满，于是排定了次序，所以每家都早就有人等着她，而且大家都知道，玛尔法·彼得罗夫娜将在何时何地念这封信，然而每次念信的时候，那些已经按着次序在自己家里和在别的熟人那儿听了几遍的人又都跑来。我觉得大可不必这样做；可是玛尔法·彼得罗夫娜就是这样的脾气。她至少完全恢复了杜尼雅的名誉。在这件事情上全部可耻行为的责任都被推到她丈夫这个罪魁祸首的身上，使他蒙受了洗不清的耻辱，我甚至因此对他起了怜悯之心；加于这个狂妄的人的罪名未免太重了。有几家立刻来聘请杜尼雅去教书，可是她都谢绝了。大家忽然对她非常尊敬。这一切大大地促成了一个意外的机缘，可以说，由于这个机缘，我们的整个命运现在正在转变。你要知道，亲爱的罗佳，有个未婚的男子来向杜尼雅求婚，她已经同意了，所以我也尽快地告诉你这个喜讯。虽然这件事没有同你商量就做了，但你大概不会生我和你妹妹的气的，因为你从事情的经过中可以看出，我们不可能等待或拖延到我们接到你的回信后才作决定。而你在外地也不可能作出正确的判断。事情是这样：他，彼得·彼得罗维奇·卢仁，就是大力促成这门婚事的玛尔法·彼得罗夫娜的一个远亲，已经是个七等文官，开头他通过她表示愿意跟我们认识，他受到了我们殷勤的招待，同我们一起喝咖啡，可是第二天他送来了一封信，在信里很有礼貌地提出求婚，并要求我们速赐佳音。他是个能干的人，工作很忙，现在就要赶到彼得堡去，所以对于他每分钟时间都是宝贵的。不用说，我们开头很诧异，因为这件事发生得太快，而且太突然。那天我们一同考虑了一整天，拿不定主意。他是个可靠而富有的人，在两个地方供职，手头已经有很多钱。不错，他已经四十五岁，但他风流倜傥，还能讨女人的喜欢，而且他又是个很稳重的体面人物，只是有点儿严峻，好像很自负。但这也许只是第一眼的印象。我要提醒你，亲爱的罗佳，你们不久就要见面了，往后你在彼得堡跟他相见时，如果你乍一看，觉得他有什么缺点，那你切勿过于匆忙地遽下判断，你是有这个脾气的。我说这话是提醒你，虽然我相信，他会给你一个很好的印象。而且要了解一个人，你得仔细地、慢慢地来进行，才不致犯错误和抱成见，要不然，以后要改正错误和消除成见就困难了。从许多方面看来，彼得·彼得罗维奇至少是个很可尊敬的人。他头一次上我们家来，就对我们说，他是个实事求是的人，在许多方面，如他自己所形容的，也具有'我们最新的一代的信念'，同时又是一切偏见的敌人。他还说了许多话，因为他好像有点儿爱虚荣，并且很喜欢人家听他说话，但这算不上缺点。不用说，我不大懂，可是杜尼雅对我说，他虽然没有受过高等教育，但很有才能，脾气似乎也很好。罗佳，你妹妹的性格，你是知道的。这个姑娘坚强、懂事、有耐性、能忍让，但她也有颗炽热的心，这点我是非常了解的。不用说，双方还谈不上有什么深挚的爱情，可是杜尼雅不但是个聪慧的女子，而且也是个品德高尚的人，像个天使，把丈夫的幸福看作是自己的责任，同样地，他也会关心她的幸福。对于这点，现在我们没有充分理由加以怀疑，虽然应该承认，事情做得稍微匆促点儿。而且他是个很细心的人，当然，他会看到，杜涅奇卡跟他结婚后的生活过得越快乐，他自己婚后的幸福也就越有保障。至于性格上的某些差别、某些旧习惯，甚至思想上的某些分歧（这就是最幸福的夫妇之间也是不可避免的），杜涅奇卡告诉我说，这些事情她有把握，不必担忧，只要以后的关系是真诚的、互相尊重的，她有什么事情不可忍让呢。比方，开头我觉得他好像很粗暴；但也许这是由于他是个性格直爽的人，他一定是个这样的人。譬如，他第二次上我们家来，这时候他的求婚已经被接受了，他在谈话中提到，从前，还没有认识杜尼雅的时候，曾经决意要讨一个老实的、没有陪嫁的姑娘，他一定要讨一个出身贫寒的姑娘；因为，如他所说的，丈夫不应该蒙妻子的恩惠，如果妻子把丈夫当作恩人，那会好得多。我要补充一句，他说的这些话比我所写的更婉转更恳切，因为他的原话我记不得了，我只记住了大意，而且他的这些话绝不是预先想好的，显然是在他谈得起劲的时候随便说说的。所以后来他甚至竭力加以纠正，并且把话说得很婉转；但我还是觉得这好像有点儿粗鲁，后来我对杜尼雅也这样说过。可是杜尼雅甚至不耐烦地回答我说，'言语还不是行为'，话当然是对的。杜涅奇卡在决定婚事前，一夜没有睡。她以为我已经睡着了，从床上爬起来，在房间里来回走了一夜；末了，她跪在圣像面前狂热地祈祷了很久，到早晨才告诉我，说她决定了。

"我已经说过，彼得·彼得罗维奇现在动身往彼得堡去了。他在那儿有许多重要事务，他想在彼得堡开办一个律师事务所。他办理各种诉讼案件已经很多年，前几天他刚打赢了一桩重要的官司。他上彼得堡去，是因为他要在那儿枢密院里办一件重要的案件。所以亲爱的罗佳，他对你也许会大有帮助，甚至在各方面都会对你有帮助。我跟杜尼雅都认为，你甚至从今天起就可以筹划你的未来的事业，并且认为你的命运也已经确定了。哦，要是这件事能实现就好了！有这么大的好处，简直应该认为，这一次是上帝赐福于我们。杜尼雅只梦想着这件事。我们已经试探过彼得·彼得罗维奇的意见。他说话很慎重，他说，那当然，因为他不能没有一个秘书，不用说，让外人赚去薪水，倒不如让自己的亲戚去赚，只要他能够称职（你还会不称职吗！），但他立刻对于你在大学里念书是不是有时间在他的事务所里工作这一点，表示了怀疑。这次只谈到这里为止，可是现在杜尼雅除此以外，别的什么也不想。现在她已经有好多天狂热地筹划着，使你以后能成为彼得·彼得罗维奇的法律事务方面的助手，或者甚至成为他的合伙人，尤其是你本人是学法律的。罗佳，我完全同意她的意见，并且支持她的一切计划和希望。我认为这一切计划和希望都是可以实现的。虽然现在彼得·彼得罗维奇还支吾搪塞，这是可以理解的（因为他对你还不了解），但是杜尼雅坚信，只要她能够说服自己的未婚夫，她可以达到目的。她对这满怀信心。当然，我们都很慎重，对彼得·彼得罗维奇丝毫不提我们今后的这些理想，尤其不提你将来同他合作的话。他是个实事求是的人，大概他会表现得很冷淡，因为在他看来，这不过是一些空想而已。同样地，关于我们热切地希望他资助你念完大学的事，我和杜尼雅也没有向他提过半句。我们所以不提这件事，是因为第一，以后他会自愿帮助的，他大概不用别人说，而会主动提出的（这样的事，他还会拒绝杜涅奇卡吗），何况你能够成为他的事务所里一名得力的助手。你接受这种帮助并不是接受他好心的施舍，而是拿你应得的报酬。这是杜涅奇卡的希望，我完全赞同她的意见；第二，我们所以不提，是因为你们即将见面，我很想使你同他处于平等地位。当杜尼雅非常高兴地对他谈起你的时候，他回答说，不论何人他都先要亲自见过，跟他接近，以便了解这个人，他跟你相识的时候，他要亲自了解你。我告诉你，我的宝贝，罗佳，我觉得，从某些方面来考虑（不过，这与彼得·彼得罗维奇毫无关系，而是由于我个人的，甚至可以说，是由于我老太婆的、女人的怪脾气），我觉得他们结婚以后，如果我独个儿住，就像我现在那样，不跟他们住在一起，也许会好些。我完全相信，他是个胸襟宽广的、性情温和的人，他会主动叫我去住的，会劝我别再跟女儿分离，如果他直到目前还没有说这话，不用说，是因为他认为这是理所当然的，但是我不会接受。我一辈子见识得多啦，女婿总是讨厌丈母娘，我不但不愿成为人家哪怕是极微小的累赘，而且我自己也希望自由自在，不受拘束，我到底还有口饭吃，并且有着两个像你和杜涅奇卡那样的孩子。如果有可能的话，我搬到靠近你们两个的地方去住。罗佳，我之所以把最令人兴奋的消息留在信的结尾告诉你，是因为你应该知道，我亲爱的孩子，说不定，我们分离了将近三年以后，很快又要聚首，三个人可以拥抱一起了！我和杜尼雅将动身去彼得堡的事**大概**已经决定了。确切的日期我还不知道，但无论如何是不远的了，不会很久，甚至说不定就在下星期。一切取决于彼得·彼得罗维奇的安排，他在彼得堡察看一下后，立刻就会通知我们。由于某些原因，他希望尽可能早地举行婚礼，如果有可能的话，就在下个开斋期①结婚；如果因为时间短促，来不及准备，那就在圣母升天节斋期②以后结婚，我将要把你紧偎在心上，这是多么幸福啊！杜尼雅一想到跟你见面的快乐，就很激动，有一次她竟打趣地说，单拿这一点来说，她也愿意嫁给彼得·彼得罗维奇。她真是个天使！现在她在信上不附言了，只叫我附带一笔，她有很多话要跟你谈呢，话这么多，现在反而不知从何写起，因为她的话不是寥寥几句可以讲完的，而且只会勾起她的烦恼；她叫我紧紧地拥抱你，无数次吻你。虽然说不定我们不久就可以见面，但是我还是要在几天内给你寄些钱去，尽可能多寄些钱给你。现在大家都知道了，杜涅奇卡将要嫁给彼得·彼得罗维奇，我的信用也忽然好起来。我确实知道，现在阿法那西·伊凡诺维奇会相信我，甚至可以用养老金作抵押，把借款额增加到七十五卢布，所以我也许可以寄给你二十五卢布，或者甚至三十卢布。我希望再多寄些钱给你，但是我怕路费不够；虽然彼得·彼得罗维奇是这么好，他分担了我们一部分赴京的旅费，我是说，他自愿负担托运我们的行李和一只大衣箱的费用（设法托那儿他的熟人们运），可是我们还得计算一下到达彼得堡后使用的

---

①从圣诞节到大斋期。

②从俄历8月1日至15日。

钱，到达彼得堡后可不能没有钱使，至少头几天不能没有钱。但是我跟杜尼雅已经仔细地计算过了，路费不贵。从我们的家到车站只有九十俄里路，我们已经跟一个相熟的赶车的农民谈妥了；我跟杜尼雅可以在那里十分舒适地搭三等车走。所以，我也许能寄给你不止二十五卢布，大概可以寄去三十卢布。我已经写够了；两张信纸都写满了，再也没有余地了。我们的事情全都告诉你了；可不是，我们发生了多少桩事啊！可是现在，我的宝贝，罗佳，我要拥抱你直到我们不久相见，妈妈为你祝福。罗佳，你要爱杜尼雅，你的妹妹；你要像她爱你那样爱她。你应当知道，她爱你是无限深挚的，超过爱她自己。她是个天使。可是你，罗佳，你是我们的一切：我们的希望和我们的指靠。只要你幸福，我们也会幸福的。罗佳，你祷告上帝吗？你是不是还相信创世主和我们的救世主的慈悲？我担心的是，最近所流行的不信宗教的思想有没有对你发生影响？如果有影响，那我要为你祈祷了。你要记住，我亲爱的，还在你的孩提时代，当你父亲在世的时候，你常常坐在我的膝上咿咿呀呀地念祷文，那时我们大家多么幸福啊！别了，或者不如说**再见**吧！我紧紧地拥抱你，无数次吻你。

永远疼爱你的母亲

普尔赫里雅·拉斯柯尔尼科娃。”

拉斯柯尔尼科夫看信的时候，差不多从开始读信起，他的脸就被泪水浸湿了；可是等到看完信，他脸色惨白，抽搐得脸也扭歪了，嘴唇上掠过一阵痛苦、恼恨和凶恶的微笑。他把头放到薄薄的破枕头上，沉思起来，想了很久。他的心突突地剧跳，他的思想也剧烈地翻腾着。末了，他开始觉得这个壁纸发黄的斗室憋闷而又窄小，像口橱柜或一只衣箱。视线和思想都要求空间。他抓起呢帽走出去了。这会儿他不再害怕在楼梯上碰见人；他把这个忧虑抛到九霄云外了。他穿过V大街朝瓦西里岛的方向走去，仿佛赶往那儿去办一件什么事，可是他和往常一样不看路走着，嘴里喃喃地自言自语，甚至对自己大声地说着话，弄得行人们都莫名其妙。很多人都把他当作酒鬼。

四

母亲的来信使他痛苦极了。但是对于最重要的、基本的一点，甚至还在他读信的时候，也没有发生过片刻的怀疑。他已经拿定了主意，完全决定了："我活着一天，这门婚事就不会成功，去他妈的卢仁先生！"

"因为这件事情是很清楚的，"他暗自喃喃说，脸上浮出洋洋得意的微笑，心里愤恨地预祝着自己的决心必胜。"不行，妈妈，不行，杜尼雅，你们不应该欺骗我！……她们还表示歉意，说没有征求我的意见，没有得到我的同意就决定了！可不是！她们以为，现在已经不能断绝关系了，可是咱们看吧——到底能不能！好堂皇的借口。她们说：'彼得 · 彼得罗维奇是个忙人，他这么忙，所以婚礼得赶快举行，越早越好。'不，杜涅奇卡，我什么都看得很清楚，我知道你打算跟我谈的**许多话**是些什么话；我也知道，你整夜在房间里走来走去想些什么，你向妈妈卧室里那个喀山教堂的圣母像[1]祈祷什么。上各各他[2]去是艰苦的。哼，这样看来，已经完全决定了。阿夫多季雅 · 罗曼诺夫娜，你要嫁给一个精明能干、有见识的、手头有很多钱的人了（**已经**有很多钱，这更可靠，更打动人心），在两个地方供职，具有我们最年轻的一代的信念（妈妈在信上这么说），'**看来**是个好人呢'，杜涅奇卡自己这样说。这**似乎**比什么都重要！这个杜涅奇卡看来是为着这个而嫁给他！……好极了！好极了！……

"……但是我倒很想知道，妈妈为什么在信上对我说'最新的一代'？不过是一句描写这个人的性格的话呢，还是有更进一层的目的：叫我对卢仁先生发生好感？啊，她们想得多么周到！我还想弄清一个情况：在那天，那个夜里以及其后的日子里，他们彼此真诚相见达到了什么样的程度？他们之间所说的**话**是不是坦率的，还是双方都了解彼此是一条心的，具有一致的见解，所以用不着说出来，并且也没有必要说

---

① 一种圣像：画着一个圣母举起了右手在祝福。
② 意思是去受沉重的苦难，各各他是耶稣蒙难的地方。

出来。大概，这有点儿像是这样；从信上可以看出：妈妈觉得他**有点儿**粗鲁！可是天真的妈妈把自己的看法告诉了杜尼雅。不用说，她生气了，‘不开心地回答说’。可不是！如果事情是清楚的，就不会使人产生各种幼稚的问题；如果问题解决了，已经没有讨论的必要了，那就不会触怒什么人。她为什么在信上对我说：‘罗佳，你要爱杜尼雅，她爱你超过爱她自己’；因为她为了儿子而宁愿牺牲女儿，她是不是暗地里受到了良心的谴责，‘你是我们的指靠，你是我们的一切！’哦，妈妈！……”他心头越来越痛恨，如果现在卢仁先生来跟他见面，他准会把他杀死！

“嗯，这话很对，”他随着脑海里思潮的翻腾而继续往下想。“这话很对，‘要了解人，应该慢慢地细心地跟他接近’；可是卢仁先生是一眼就可以看透的。重要的是，‘一个能干的人，**看来**是个好人’：不错，他负责托运行李，那只很大的衣箱的运费由他负担！他怎么不是好人呢？她们俩，一个**新娘**和一个母亲，雇了一个农夫，搭一辆席篷大车（我也搭过这样的车）！不要紧！只有九十俄里路，然后我们‘十分舒适地搭三等车走’，一千里路呢。做得对：应该量力而行；可是您呢，卢仁先生，您怎么啦？要知道她是您的未婚妻啊……您应该知道，母亲预借了养老金做路费？当然啰，你们一起做买卖，这个买卖对双方都有利，股金相等，所以开支也得对半负担；俗话说得好：面包和盐放在一起，烟叶各自处理。可是这个能干的人有点儿欺骗她们：行李费比她们的旅费便宜，说不定不要花钱。她们俩为什么都看不出这点呢，还是故意视若无睹？要知道，她们都心满意足！认为这只是开花，而收获丰硕的果实是以后的事！但这儿值得注意的倒不是悭吝，不是视钱如命，而是他的**作风**，要知道，这也是他将来婚后的作风，一个预兆……可是妈妈为什么高兴呢？她带几个钱到彼得堡来？带三个卢布呢，还是带两张‘一卢布的钞票’，如她所说的……老太婆……哼！她以后在彼得堡想怎样度日呢？她不是已经有各种理由可以猜到，他们结婚后，她跟杜尼雅**不可能**住在一起，甚至在开头一个月也不可能？这个可爱的人大概漏出过几句，作过暗示，虽然妈妈矢口否认：‘我不会接受。’她怎么办呢，她依靠谁呢：依靠一百二十卢布养老金吗？这笔钱还要偿还向阿法那西·伊凡诺维奇借来的钱。往后她在这里编织冬天的三角头巾和缝制套袖，会弄坏她那双老花眼的。而编织三角头巾每年只能增加二十卢布收入，这我知道。这么看来，还得把希望寄托在卢仁先生的慷慨上：'他会邀我去住的，会劝我去住的。'别梦想啦！席勒笔下那些好心肠的人常常是这样：他们始终拿孔雀羽毛把人装扮起来，始终往好的方面想，而不是作坏的打算；虽然他们预感到坏的一面，但是事先无论如何对自己不说真话；片面的想法常常弄得他们苦恼不堪；他们拒不接受真理，等到他们所装扮的人愚弄了他们，这才恍然大悟。很想知道这位卢仁先生有没有勋章；我敢打赌说，他一定在扣眼里挂着一枚安娜勋章[1]，他同包工头或商人们一起吃饭的时候，都挂着这枚勋章。说不定，在结婚的时候也会挂上！不过关我什么事，去他妈的！

"……我不怪妈妈，愿上帝保佑她，她本来是这样的人嘛，可是杜尼雅怎么啦？杜涅奇卡，亲爱的，我了解您！我们最近一次见面的时候，您已经二十岁：我已经了解您的性格。妈妈在信上写道：'杜涅奇卡忍耐心很强。'这点我知道。两年半前我已经知道了这一点，两年半来，我一直想着这一点，我正是想着这一点：'杜涅奇卡忍耐心很强。'她能忍受斯维德里加依洛夫先生和由他所造成的一切后果，这样看来，她的确忍耐心很强。可是现在她和妈妈都以为，她也能容忍卢仁先生。他大谈从穷苦人家讨来的和蒙受丈夫恩泽的妻子的优点，并且几乎初次见面就说这样的话。就算他'失言'，虽然他是个细心的人(他也许压根儿没有失言，而是要尽快地表明自己的态度)，可是杜尼雅，杜尼雅呢？她当然了解这个人，而且往后她必须跟这个人一起生活。她将会啃黑面包和喝白开水，但她决不会出卖灵魂，决不会因贪图享受而牺牲精神上的自由；即使拿石勒苏益格和荷尔斯泰因[2]来交换，她也不

---

① 帝俄时代授予文官的勋章。

② 争夺石勒苏益格和荷尔斯泰因是导致普丹战争(1864)和普奥战争(1866)的原因。1867 年，石勒苏益格和荷尔斯泰因被合并为普鲁士的两个省。

愿接受，何况是一个卢仁先生。不，杜尼雅不是这种人，我多少知道一些，而且……不用说，她现在也没有变！……还用说嘛！斯维德里加依洛夫一家真叫人够受了。为了一年两百卢布的薪水在外省各地当家庭教师，一辈子东奔西跑也是一件苦事；可我还是认为，我的妹妹宁肯到种植场去当奴隶，或者学拉脱维亚人的样投奔波罗的海东部沿海地区的德国人[①]而决不愿玷辱自己的人格和道德，去跟一个不受她尊敬的和同她一点儿也合不来的人结合——仅仅为了贪图个人利益而跟他结为终身伴侣！就算卢仁先生是用一块纯金铸成的，或者是用一大块金刚钻做成的，她都不会同意去做卢仁先生的合法的姘妇！为什么她现在同意了呢？这是怎么回事啊？怎样解释呢？事情很清楚：为了自己，为了自己的享乐，甚至为了救自己的性命，她也不肯卖身，可是现在她为了别人而卖身！为了一个亲爱的人，为了一个她特别喜欢的人而卖身！就是这么回事：为了哥哥，为了母亲而卖身！出卖一切！啊，现在我们在必要时就会压制我们的道德感，就会把自由、安宁，甚至于良心，一切的一切，都拿到旧货市场上去出卖。不惜牺牲生命！只要我们心爱的人能够生活得幸福。不但如此，我们还编造了一套强词夺理的诡辩，去向耶稣会[②]士学习，大概这样暂时可以安慰一下自己，使自己相信这样做是必要的。要达到这个善良的目的，确实应该这样做。我们都是这样的人，一切都像白昼一样清楚。显然，这里中心人物不是别人，就是罗季昂·罗曼诺维奇·拉斯柯尔尼科夫。可不是嘛，他可以得到幸福，可以继续上大学，可以成为事务所里的合伙人，他的整个前途可以得到保障；或许以后他会成为一个有钱的人，享有荣誉和受人尊敬的人；或许晚年甚至成为一个名流！可是母亲呢？这关系到罗佳，她的宝贝，长子

---

①19 世纪 60 年代中期，由于地主残酷的剥削，拉脱维亚人纷纷从波罗的海沿岸各省逃亡到德国老板那儿去做工。

②耶稣会是天主教修会之一，16 世纪欧洲宗教改革运动兴起后，天主教是顽固地反对宗教改革的主要集团。该会为了达到其目的，不择手段，从事各种政治阴谋活动。18 世纪资产阶级思想家曾予以抨击，欧洲许多国家也曾对它实行取缔。在西方，“耶稣会士”一词常被用作“伪善者”、“阴险者”的同义语。

罗佳的一生！为了这样一个长子，怎么不能牺牲哪怕是这样一个好女儿呢！啊，可爱的、太偏的心眼儿！为什么呢？我们大概也甘心情愿接受和索涅奇卡同样的命运吧！索涅奇卡·马尔美拉多娃，世界存在一天，索涅奇卡便永垂不朽！你们俩可充分地估量过这种牺牲，这种牺牲吗？估量过吗？做得到吗？有好处吗？合理吗？杜涅奇卡，您可知道，您跟卢仁先生一起生活的命运决不会比索涅奇卡的命运好些？妈妈在信上写道：‘谈不上有什么爱情’。如果不但没有爱情，连尊敬也不能有，那怎么办？相反地，有的却是厌恶、鄙视和怨恨，那又怎么办？那么又得‘**保持整洁**’啦。是不是这样呢？这种整洁是什么意思，你们明白吗？明白吗？明白吗？你们明白不，卢仁的整洁跟索涅奇卡的整洁是没有什么区别的，也许甚至更坏，更丑恶，更卑鄙，因为您，杜涅奇卡，到底是贪图不必要的享乐，可是对于她，这简直是饿死的问题！‘杜涅奇卡，这种整洁的代价是昂贵的，很昂贵！’嗯，如果以后做不到，您会懊悔吗？多少悲痛，多少忧愁，多少诅咒，多少泪水被掩藏起来，不让人知道，因为您不是玛尔法·彼得罗夫娜？那么母亲会怎样呢？要知道，她现在就感到不安，感到烦恼了；等到她把一切都看清楚了，那会怎样呢？而我会怎样呢？……您到底把我想成怎样的人呢？杜涅奇卡，我不要您的牺牲；妈妈，我不要！我活着一天，这门婚事决不会成功，决不会成功！决不会成功！我不同意！”

他忽然从沉思中醒过来了，站住了。

“决不会成功？不让这门婚事成功，你有什么办法呢？你去阻止吗？你有什么权利？要获得这样的权利，从你本身来说，你能应许她们什么呢？**等到你从大学毕业，有了工作**，把自己的整个命运和整个前途都献给她们吗？这话我们都听到过了，这不过是一句**空话**，可是目前怎么办？目前应该做些什么，这你知道吗？但是现在你在干什么呢？你不是在剥削她们嘛。她们的经济来源是一百卢布养老金和向斯维德里加依洛夫先生们预支的薪水！你，未来的百万富翁，支配她们命运的宙斯[1]，

---

① 宙斯是希腊罗马神话中司命运的主神，也是诸神之王。

有什么办法能使她们不向斯维德里加依洛夫们和阿法那西·伊凡诺维奇·瓦赫鲁欣借钱。再过十年吗？母亲在十年内会因编织三角头巾而双目失明，也许会哭瞎的；她会因吃不饱而变得憔悴，可是妹妹呢？嗯，你想一想吧，十年后，或者十年内，妹妹会变得怎样呢？你想过吗？”

他拿这些问题折磨自己，揶揄自己，甚至觉得这是一种快乐。但是这些问题都不是新鲜的，不是突然出现的，而是亟待解决的、存在已久的老问题。这些问题已经使他苦恼了很久，已经使他痛苦到极点。他很久很久以前就有现在的这个烦恼了，这个烦恼增强了，积累起来，而最近已经成熟了，凝聚起来，具有一个可怕的、怪诞的和空想的问题的形式。这个问题使他苦恼，而且大伤脑筋，非把它解决不可。现在母亲的来信像个晴天霹雳，突然在他的头顶上打了下来。显然，现在不必怕问题不能解决而发愁了，消极地苦恼了，而必须切实行动起来，立刻快些行动起来。不管怎样得下定决心干起来，或者……

“或者完全抛弃生活！”他突然发狂地叫喊起来。“索性听天由命，永久地克制一切感情，放弃行动、生活和恋爱的一切权利！”

“您明白吗？您明白吗？先生，走投无路是一种什么样的境遇啊？”他忽然想起昨天马尔美拉多夫所提出的问题来，“因为得让每个人有条路可走啊……”

他忽然怔了一下：也是昨天的一个念头又在他的脑海里闪过。但他不是因为闪过这个念头而发怔。他知道，他**预感到**这个念头一定要“闪过”，它果然闪过了。这个念头根本不是昨天产生的。但区别在于，一个月前，甚至还在昨天，它只是个空想，可是现在……现在它忽然不是一个空想，而具有某种新的、可怕的、他从未见过的形式了。他自己也忽然意识到这点……他头上被猛击了一下，眼前出现一片昏黑。

他连忙朝四下看了看，寻找着一个什么东西。他想坐一会儿，便寻找长椅；那时他正在K林荫道上走。在前面百步外，出现了一条长椅。他尽快地走去；可是在路上他遇到了一桩小小的奇事，有一会儿工夫，他的注意力被吸引住了。

他找到长椅的时候，发觉前面二十步外有个女子在踯躅，可是开头没有注意她，就像没有注意到这之前在他眼前闪过的一切东西一样。他已经有过许多次，比方说，回家的时候，完全记不得他走过的是哪一条路，他已经习惯于这样走路了。可是这个踯躅着的女子身上有个地方使人感到奇怪，而且第一眼就引起了他的注意，所以他渐渐注意起她来——开头无意地、仿佛不愉快地，可是后来越来越专心致志地注意起来。他忽然想弄清楚，在这个女子身上哪个地方叫人奇怪？第一，她大概是个十分年轻的女子，在这样酷热的天气里走路却不戴帽子，不打伞，也没有戴手套，而且不知怎的令人可笑地摆动着两手。她穿着一件丝的、用一种轻飘飘的料子（绢）做的连衣裙，可是不知怎的，她穿得很怪，扣子差不多都没有扣上，在背后靠腰的地方，裙子的上端被扯破了；有一大块挂了下来，晃荡着。一条小三角巾系在那裸露着的脖颈上，有点儿歪斜不正。此外这个女子的步子也不稳，跌跌撞撞的，甚至摇来晃去。她终于引起了拉斯柯尔尼科夫的注意。他同这个女子在长椅旁边相遇了，可是她走到长椅跟前，忽然倒在长椅的一端，头靠在椅背上，闭上了眼睛——显然已经疲惫不堪。他仔细地把她端详了一会儿，马上就看出，她已经酩酊大醉。看她醉成这个样子，他不觉又奇怪又吃惊。他甚至想，是不是看错了。出现在他面前的是一张十分年轻的、可爱的脸，约莫十六岁，也许甚至只有十五岁——一张小小的、漂亮的脸，淡黄色头发，但脸儿红彤彤的，仿佛有点儿浮肿。这个年轻的女子看起来已经神志不大清爽；她把一条腿搁在另一条腿上，而且露得太多了。从她的神态上看来，她已经不知道自己是在大街上。

拉斯柯尔尼科夫没有坐下，也不想走，而是踌躇不决地站在她面前。这条林荫大道上常常不见人影，现在一点多钟，天气又那么热，几乎连一个人影子也不见。可是有一位先生在一边，即在相隔十五步路的马路边站住了。从他的神态看来，这位先生怀着某种目的，也想走到这个年轻的女子跟前来。他大概也是老远就看见她了，跟踪而来的；但是因为有拉斯柯尔尼科夫在这儿，他不敢走近来。他不时向拉斯柯尔尼科夫投来凶恶的目光，但又极力不让他看见自己的目光，并且不耐烦地等待着机会，一俟这个使人讨厌的衣衫褴褛的人走开，马上就走过来。事情是很清楚的。这位先生三十来岁，身体结实而肥胖，脸色红润，嘴唇鲜红，蓄着一撮小胡子，衣着很考究。拉斯柯尔尼科夫怒不可遏了；他忽然要想方设法侮辱一下这个浑身肥肉的花花公子。他暂时撇下姑娘，来到了这位先生跟前。

“咦，是您，斯维德里加依洛夫！您在这里要干什么？”他嚷道，两个拳头握得紧紧的，脸上浮出了狞笑，愤怒得嘴里泛出涎沫来了。

“这是什么意思？”这位先生厉声问，拧紧了眉头，显出傲慢而诧异的神气。

“我叫您滚开！”

“你敢，坏蛋！……”

他挥了一下皮鞭。拉斯柯尔尼科夫握紧拳头向他冲上去，甚至没有考虑到这位身体结实的先生能对付两个像他这样的人。可是这当儿有个人从后面紧紧地拉住了他。一个巡警站在他们中间。

“得了吧，先生们，不要在马路上打架。你们要干什么？您是谁？”他仔细地瞧了瞧拉斯柯尔尼科夫那褴褛的衣服，厉声问。

拉斯柯尔尼科夫也仔细地把他打量了一下。这是一张威武的士兵的脸，蓄着一撮灰唇髭，满面络腮胡子，眼神是聪慧的。

“我正要找您，”他嚷道，一边拉住了他的袖管。“我从前是大学生，拉斯柯尔尼科夫……这您可以去调查，”他对那位先生说，“您过来，我指给您看看……”

他抓住了巡警的胳膊，把他拉到一条长椅跟前去了。

“您瞧，她喝得烂醉了。刚才她在林荫大道上走，谁知道她是什么人，可不像一个做生意的。大概什么地方有人把她灌醉了，诱骗了她……头一次嘛……您可懂我的意思？就这样被撵到街上来了。您瞧，衣服被扯破了，您瞧瞧，她的衣服是怎样穿上的：人家替她穿上的，不是她自己穿上的，不是熟手，而是一个男人替她穿上的。这是一眼就看得出的。现在您向这边瞧瞧，我并不认识刚才我要跟他打架的那个花花公子，我还是头一次看见他；但他也是刚才在路上看见她的，她喝醉了，不省人事，现在他很想走过来，把她弄到手——因为她醉成了这个样子——带她到什么地方去……大概是这么回事；请您相信我，我不会弄错的。我亲眼看见他盯住她，监视着她，是我才使他不能下手。现在他等着我走开。瞧，他现在稍为走开点儿站着，假装卷香烟……咱们有什么办法不让她落到他手里？咱们该怎样送她回家——想个办法吧！”

巡警立刻明白了这是怎么回事，就动起脑筋来。这个胖子先生的目的当然是一目了然的，只有这个年轻的女子需要了解一下。这个巡警弯下腰去，把头凑得更近些去仔细看她，脸上流露出由衷的怜悯。

“哎呀，多么可怜！”他摇摇头，说。“还完全像个小孩儿呢。有人诱骗了她，准是这样。喂，小姐，”他叫喊起来，“您住在哪里啊？”女郎睁开疲倦而没精打采的眼睛，茫然看看盘问她的人，挥手叫他走开。

“喂，”拉斯柯尔尼科夫说，“这儿有几个钱（他在口袋里掏摸了一阵，摸到二十戈比，掏了出来），拿这些钱去雇一辆马车，叫车夫送她回家。不过我们应当问清楚她的住址！”

“小姐，小姐？”巡警拿了钱，又叫喊起来。“我马上给您叫一辆马车，送您回家。告诉我送您到哪儿，好吗？您住在哪儿？”

“走开！烦死啦！……”女郎喃喃说，又挥手叫他走开。

“哎哟，哎哟，多么糟啊！哎哟，多么丢脸呀，姑娘，多么丢脸呀！”他又摇起头来，害臊、同情而又不满。“这件事不好办！”他转脸对拉斯柯尔尼科夫说，一边又把他从头到脚打量了一遍。他觉得这个人当真很奇怪：衣服破破烂烂的，可是他却拿出钱来！

“您在离这儿很远的地方就看见她了吗？”巡警问他。

“我告诉您吧：她在我前面走，摇摇晃晃的，就在这儿林荫大道上走着。走到这条长椅跟前，她就倒在椅子上了。”

“哎哟，上帝，如今世界上发生了多么丢脸的事啊。这么一个黄毛丫头已经会喝得烂醉！有人诱骗了她，准是这样！你瞧，她的连衣裙也给扯破了……唉，如今出现了那么多下流的事……她也许是大家闺秀，也许是小家碧玉……如今这样的事多得很哪。她的样子好像是娇生惯养的，倒像个小姐，”他又弯下腰去看她。

说不定，他也有几个这样的女儿——“也像是娇生惯养的小姐”，装束入时，颇有大家闺秀的派头……

“重要的是，”拉斯柯尔尼科夫很着急。“不让她落入这个坏蛋的手里！他为什么还要侮辱她！他的意图是一目了然的；瞧，这个流氓，他还不肯走呢！”

拉斯柯尔尼科夫提高了嗓门说，一边用手直指着他。那个人听到了这些话，又要发怒，可是他按捺住了心头的怒火，只鄙夷地瞥了一眼。接着他慢吞吞地走开了，走了十来步，又站住了。

“不落入他的手里——这办得到，”那个巡警若有所思地说。“只要她说出地址，要不然……小姐，小姐！”他又弯下腰去。

女郎忽然睁大了眼睛，仔细地看了一眼，仿佛明白了这是怎么回事，就从长椅上站了起来，朝她来的方向走回去。

“呸，这些不要脸的东西，纠缠不休！”她说着，又挥了一下手。她走得很快，但身子还是摇晃得很厉害。那个花花公子跟住她，但在另一条林荫道上走，一边目不转睛地看住她。

“放心，我不会让她落入他手里的，”小胡子坚决地说，也跟着他们走了。“唉，如今下流的事可多啦！”他唉声叹气地重说了一遍。

这当儿仿佛有个什么东西把拉斯柯尔尼科夫咬了一口；他刹那间感到一阵心痛。

“喂，听我说，”他在后面向小胡子叫喊。

那个小胡子掉转头来。

“随他们去吧！关你什么事？让他们去吧！让他去寻开心吧（他指指那个花花公子）。关你什么事？”

巡警摸不着头脑，睁大了眼睛望着。

拉斯柯尔尼科夫笑起来了。

“哎——哎呀！”巡警说着，把手一挥，就跟随着那个花花公子和女郎走了，大概他把拉斯柯尔尼科夫当作一个疯子，或者把他当作一个比疯子更糟的人。

“他把我的二十戈比拿走了，”只剩下了拉斯柯尔尼科夫一个人的时候，他愤愤地说。“让他去向那个人要几个钱，放那个女郎跟他走，就这样把事情结束……我管什么闲事啊？我应该帮助吗？有权利帮助吗？让他们互相活活地吃掉吧——关我什么事？我怎么可以把这二十戈比送人。难道这是我的钱吗？”

虽然他说了这些奇怪的话，但他的心情是很沉重的。他坐到那条空长椅上。他觉得思想很混乱……这当儿他什么都不能思考了。他很想打个盹儿，把一切忘掉，醒来后，重新开始……

“一个可怜的姑娘！”他说着，打量了一下那条空着的长椅的一端。“她醒来后，会痛哭一场的，以后母亲会知道……开头打她耳光，然后拿鞭子抽她，痛苦，没脸见人……说不定还会把她撵出家门……即使不把她撵出，达里雅·弗兰卓夫娜之流也会听到风声的，我们的姑娘就要到处流浪……不久就会进医院（那些瞒着她们正派的母亲而暗地里干着不正当勾当的姑娘们总是这样下场），后来……后来又进医院……伏特加……酒店……再进医院……两三年后就残废了，她只活了十八岁或十九岁……难道我没见过这样的姑娘吗？她们怎么会落到这个地步呢？她们都落到了这个地步……呸！这关我什么事！据说，应该如此。据说，每年应当有百分之几……滚到什么地方……见鬼去，使其余的人保持纯洁，不受妨害。百分之几！他们这些话的确说得很漂亮：这些话是这么令人欣慰，合乎科学。只有百分之几，因此不必担忧。如果换了个字眼，那就……也许会更使人不安……要是杜涅奇卡也在这百分之几里面呢！……不是在那个百分之几里面，而是在另一个百分之几里面呢？……”

“我上哪儿去啊？”他忽然想起来了。“好奇怪。我出来是要干什么事的。我一念完信，就出来了……我是往瓦西里岛去找拉祖米兴的。现在……我想起来了，就是上他那儿去。可我去干什么呢？我为什么现在忽然想到上拉祖米兴那儿去？这真奇怪。”

他觉得自己的行动很奇怪。拉祖米兴是他从前大学里的同学。真奇怪，拉斯柯尔尼科夫在大学里差不多没有一个朋友，他不跟人往来，也不去找任何人，也不高兴人家来找他。不久大家果真也都不理睬他了。他既不参加聚会，又不参加社交活动，也不参加娱乐活动，他什么都不参加。他只是不顾自己的身体用功读书，因而受人尊敬，但是谁也不喜欢他。他很穷，有点儿骄傲自大，目空一切，不善交际；仿佛他心里蕴藏着什么秘密。在别的同学们看来，他高傲地把他们当作小孩儿，仿佛不论在发展前途上、在知识或在信仰上，他都比他们强，在他看来，他们的信仰和兴趣都是低级的。

不知什么缘故，他跟拉祖米兴很合得来，不但合得来，而且更喜欢跟他谈心，对他比对别人更坦率。其实没有一个人不跟拉祖米兴合得来。这是一个异常乐观和谈锋很健的青年，他的善良达到了憨厚的程度。但是，在这种憨厚里是蕴藏着深挚的感情和自尊心的。他的最相熟的同学们都知道这点，所以大家都喜欢他。他相当聪明，虽然有时真有点儿憨厚。他的外表却是富于表情的——身量很高，瘦削，脸常常修得很马虎，头发乌黑。有时他也胡闹，大家都管他叫大力士。一天夜里，他同一群朋友在一起，一拳打倒了一个两俄尺十二俄寸高①的警察。他酒量如海，但也可以一口不喝；他有时淘气得令人不能容忍，但也能装得很严肃。拉祖米兴还有一个值得令人注意的地方：失败从来不会使他惊慌失措，任何困难似乎都不能使他灰心丧气。他甚至能住在屋顶上，能忍饥挨冻。他很穷，但坚决要自立，干各种活儿挣钱。他挣钱的办法有的是。有一个冬天，他在屋子里没有生火炉，却认为这甚至是更令人愉快，因为在寒冷中能睡得更酣畅。现在他也被迫从大学里退学了，可是辍学没多久，他就努力创造条件，使自己能够继续求学。拉斯柯尔尼科夫已经有四个月没有上他那儿去了，拉祖米兴也不知道他的住址。两个月前，有一次他们在街上相遇，但拉斯柯尔尼科夫却避开他，甚至穿过街道走到对面去了，免得让他看见。拉祖米兴虽然看见他，但也从旁经过，不想打扰朋友。

---

① 相当于 2 米高。

五

“不久以前，我当真还想去叫拉祖米兴找工作，叫他介绍教书工作或者其他工作……”拉斯柯尔尼科夫想了起来。“可是现在他能帮我什么忙呢？假定说，他会给我介绍教书工作……假定说，他甚至肯让我分享他仅有的几个钱，如果他有钱的话，那我就可以买一双靴子，把衣服弄得体面些去教书……哼……可是往后怎么办？几个钱派什么用？难道现在几个钱够我用吗？我去找拉祖米兴，这真可笑……”

为什么现在去找拉祖米兴这个问题，使他感到出乎意外的不安。他在这个好像是寻常的行动中，不安地寻找着某种对自身有不祥之兆的意义。

“怎么，难道我只想依靠拉祖米兴来解决一切问题，把他当作唯一的救星吗？”他惊讶地责问自己。

他揉揉脑门沉思起来，说来奇怪，想了好一阵后，不知怎的无意间、几乎自然而然地，在他的脑海里蓦地出现了一个非常奇怪的念头。

“哼……去找拉祖米兴，”他忽然十分沉着地说，仿佛他作出了最后决定似的。“我去找拉祖米兴，这当然……但——不是在这个时候……我去找他……要等到**那件事**以后第二天去，也就是说在**那件事**已经完成了的时候，在一切都重新开始的时候……”

他忽然觉得自己在想一件什么事。

“等到**那件事**以后，”他叫道，一边从长椅上站了起来。“**那件事**难道会发生吗？难道真的会发生吗？”

他离开长椅走了，近乎奔跑而去；他想往回走，回家去，但是他忽然极不愿意回家：**这一切**都已经在那里一个角落里、在那口可怕的橱柜中成熟了一个多月了，他又信步往前走去。

他那神经性的战栗变成热病的战栗了，他甚至觉得发冷。在那么炎热的天气里，他却怕冷。他仿佛一股劲地、差不多无意识地，由于内心的某种要求，开始端详所遇见的一切东西，仿佛极力寻求着乐趣，可是他做不到，并且时刻陷入沉思中。当他又战栗起来，抬头朝四下观看的时候，他立刻就忘记了刚才所想的那件事，连他走过的道路也记不得了。他这样地走过了瓦西里岛，来到了小涅瓦河畔，过了桥，就拐弯向群岛走去。开头，那绿荫和新鲜的空气使他那对疲倦的眼睛感到很舒服，因为他的眼睛看惯了城市里的灰尘、石灰和那些相挤相压的高大房子。这儿没有闷热的感觉，闻不到恶臭，看不到小酒店。但是这些令人愉快的新鲜感不久就变成了痛苦和恼怒。有时他在那绿荫丛中的一所漂亮的别墅前面站定了，往篱笆里面张望，看见远处有几个装束入时的妇女站在阳台和露台上，有几个孩子在花园里奔跑。鲜花特别引起他的兴趣。这些花卉他欣赏得最久。他又看见几辆华丽的四轮马车疾驶而过，还有几对男女在并辔驰骋；他用好奇的目光看他们，他们还没有在他视野里消失，他就把他们忘得一干二净了。有一次他站住了，数起钱来；他大约还有三十戈比。“他把二十戈比交给了巡警，三个戈比还给了娜斯塔西雅偿付送信费……这样，他昨天给了马尔美拉多夫家四十七戈比或五十戈比，”他在心里寻思，不知为了什么缘故数起钱来，可是他不久甚至忘记了为什么要从口袋里掏出钱来。当他走过像一家小饭馆的饮食店的时候，他想起钱来，因为他想吃些东西。他走进这家小饭馆，喝了一杯伏特加，吃了一个大馅饼。这个馅饼他在路上才吃完。他好久没有喝伏特加了，虽然他只喝了一杯，但伏特加的酒力立刻发作了。他的两腿忽然沉重起来，他开始觉得睡意蒙眬。他回家去；可是他走到彼得罗夫岛的时候，已经精疲力竭，于是离开道路，折入一座丛林中，倒在草地上，立刻就呼呼大睡。

一个有病的人常常做印象异常鲜明的梦，梦跟现实异常相似。有时梦非常可怕，但梦境和梦的过程是如此逼真，并且充满了如此巧妙的、异想天开的而在艺术上又与整个梦完全相适应的各种细节。如果不是做梦，这个做梦的人即使是像普什金或屠格涅夫那样的艺术家也想象不出这些细节哩。这样的梦，病态的梦，常常使人难忘，并使那病态的、亢奋的人体产生了强烈的印象。

拉斯柯尔尼科夫做了一个噩梦。他梦见了他的童年，仍然是在他们从前住过的那个小城里。他七岁了，在一个假日的傍晚，同父亲去郊游。天色灰暗，空气闷热，这个地方同留在他记忆里的印象毫无差别。甚至留在他记忆里的这个地方的印象要比现在梦里所出现的模糊得多。这个小城像摆在手掌上似的一目了然，四周一棵柳树也没有；在那遥远的天边有一片黑压压的小树林。离城市尽头的一片菜园几步路的地方开设着一家酒店。这是一家大酒店，他同父亲一块儿散步打那儿经过的时候，这家酒店常常使他产生极不愉快的印象，甚至感到恐怖。那儿常常有很多人，他们叫嚷、狂笑、谩骂，不成腔地、声音嗄哑地唱歌，并且时常打架；酒店周围常常有喝醉的和模样可怕的人在徘徊……碰到他们的时候，他就紧紧地倚在父亲身上，吓得浑身发抖。酒店附近有一条道路，是一条泥土路，那儿经常尘土飞扬，道路上的尘土经常是黑糊糊的。这条道路蜿蜒曲折，在三百步外打右边绕过城市的墓地。在墓地中央有个石砌的教堂，它的圆顶是绿色的，每年跟随着父母到教堂里去望一两次弥撒，追荐他已经去世多年的老祖母，他没有见过她。他们去望弥撒的时候，总是带去一盘蜜饭，饭盛在一只白盘子里，用餐巾包着。蜜饭是甜的，米做的，面上用葡萄干嵌成了一个十字。他很喜欢这个教堂和教堂里那些古老的多半没有金属衣饰的圣像；他也喜欢那个时常摇晃着脑袋的年迈的神父。在上面盖着石板的祖母的墓旁有个小坟山，这是他的小兄弟的坟墓，他只活了六个月，他也不大知道他，而且已经记不得了。可是他们告诉过他，说他有个小兄弟。他每次去扫墓，都按照宗教仪式，毕恭毕敬地对着坟墓画十字，向坟墓鞠躬，吻它。现在他做着梦：他同父亲在通往墓地的道路上走，打那家酒店门前经过；他紧紧地握住了父亲的手，恐惧地回头望望酒店。一个奇特的情景吸引住了他的注意力。这一回，仿佛在这儿举行着游园会，聚集着一群穿着各式各样衣服的城市妇女、乡下女人、她们的丈夫和形形色色的坏家伙。他们都喝醉了，唱着歌。在酒店的台阶跟前停着一辆大车，但这是一辆稀奇古怪的大车。这种大车是套着高头大马运货物和酒桶的。他常常喜欢看那些拉货车的高头大马，它们的鬃毛都很长，四腿粗壮，步子稳健而有节奏；它们拉一座山，也不会受丝毫损伤的，倒好像拉着大车比不拉大车更轻松些。可是现在，说来奇怪，这样的一辆大车却套着一匹又矮又瘦、黄毛黑鬃的农民的驽马。他也常常看到这种马有时使尽力气拉一辆满载木柴或干草的高大车子，特别是在大车陷入了泥泞或车辙的时候，它们常常挨农夫的鞭子，有时连鼻子和眼睛也都挨揍，而他这么同情地、非常同情地看着这样凄惨的情景，差点儿哭出来，像往常一样，妈妈总是把他从小窗口拉开。但是忽然人声鼎沸：从酒店里走出来一群喝得酩酊大醉的、身体魁梧的乡下人，他们穿着红的和蓝的衬衫，披着厚呢大衣，随带着一架三弦琴，叫嚷着，唱着歌。“上车，大伙儿都上车吧！”一个农夫嚷道，他还年轻，脖颈粗壮，满脸肥肉，脸色红润，像胡萝卜。“我送大伙儿回去，上车吧！”可是立刻爆发出一阵笑声和叫喊声：

“这样一匹不中用的马能送我们回去！”

“米柯尔卡，你疯啦：这么一辆大车却套了一匹这样的牝马！”

“弟兄们，这匹黄毛黑鬃马准活二十年！”

“上车吧，我送大伙儿回去！”米柯尔卡又嚷道，他头一个跳上大车，拿起缰绳，直挺挺地站在大车前部。“枣红马刚才被马特威带走了，”他在车上嚷道。“可是这匹牝马，弟兄们，只有伤我的心：我真想把它杀掉，它白吃粮食。我叫你们上车！我要叫它飞跑！它会飞跑的！”他拿起鞭子，兴高采烈地准备抽打那匹黄毛黑鬃马。

“上车吧，为什么不上车啊！”人丛里爆发出一阵哈哈大笑声。“听见么，它会飞跑的！”

“它大概有十年没飞跑了吧。”

“它要跳起来啦！”

“不必可怜它，弟兄们，来，大家都拿条鞭子，准备！”

“对呀！抽它！”

大伙儿边哈哈大笑，边说着俏皮话爬上了米柯尔卡的大车。有六个人爬上了大车，还可以坐人。他们把一个脸色红润的胖女人也拖上了大车。她穿着一件大红布衣服，戴着一顶饰着小小的玻璃串珠的帽子，脚蹬一双暖鞋，嘴里咯吧咯吧地嗑着胡桃，一边吃吃地笑。周围的人们也都笑着。真的，怎么能不笑呢：这样一匹瘦弱的牝马将要拉一辆这么笨重的车子飞跑！两个小伙子马上在车上各自拿起一条鞭子，要帮助米柯尔卡赶车。一声叫喊："走！"这匹可怜的马就没命地拉起车来，它不但不能飞跑，连步子也几乎跨不开，它只缓步走着，呼哧着，而且被雨点般落在它背上的三条鞭子抽得蹲下去了。大车上和人丛里的哄笑声更响了，于是米柯尔卡恼火了，怒气冲冲地用鞭子不住地乱抽牝马，仿佛他当真以为它会飞跑的。

"弟兄们，让我也上去！"人丛中有个小伙子跃跃欲试，嚷道。

"上车，大伙儿都上来吧！"米柯尔卡叫喊道。"我送大伙儿回去。我抽它！"他拿鞭子抽得噼啪直响，气愤得不知道拿什么东西抽打它才好。

"爸爸，爸爸，"他向父亲喊道，"爸爸，他们干什么呀！爸爸，他们揍着那匹可怜的马哪！"

"咱们走吧，走吧！"父亲说。"那些醉鬼都在胡闹，他们都是傻瓜；咱们走吧，别看啦！"他想把他拉开，可是他从父亲手里挣脱出来，不顾一切地跑到马跟前去了。那匹可怜的马可受不了啦。它气喘吁吁，站起来，又拉车，差一点儿摔倒。

"揍死它！"米柯尔卡叫道。"既然不揍不行，那我就揍死它！"

"难道你不是教徒吗，鬼东西！"人丛里有个老头儿叫道。

"谁见过，叫这样的一匹马拉一辆这么笨重的车子？"另一个人补充说。

"你会叫它累死的！"第三个人叫道。

"别管闲事！这是我的马！我要怎么样就怎么样；再上来几个！大伙儿都上来吧！我一定要叫它飞跑！……"

一阵笑声哄然而起，淹没了一切：牝马受不了不住的抽打，无力地踢起人来。连那个老头儿也忍不住了，冷笑一声：嘿，这样一匹瘦牝马，还会踢人哪！

人丛里的两个小伙子又各自拿起一条鞭子，跑到马跟前去揍它腹部的左右两边。他们各从自己的一边跑来。

"抽它的鼻面，抽它的眼睛，抽它的眼睛！"米柯尔卡叫道。

“弟兄们，唱歌吧！”有人在大车上喊道，车上的人们都和唱起来。一阵欢乐的歌声响起来了，铃鼓叮咚响，口哨吹出叠句。那个乡下女人咯吧咯吧地嗑着胡桃，一边吃吃地笑。

……他打马儿身边跑过，跑到前面去看他们怎样抽打它的眼睛，照准它的眼睛猛抽！他哭起来了。他一阵心酸，泪水就扑簌簌地掉下来了。其中一个揍马人把鞭子碰着了他的脸，他也不觉得；他非常伤心，一边叫嚷，一边向一个长着灰胡子、头发斑白的老头儿跟前跑去。这个老头儿摇着头，斥责着这种行为。一个乡下女人抓住了他的手，想把他拉开，可是他挣脱出来，又跑到马跟前去了。那匹马已经使尽了最后一丝力气，但它又踢起人来。

“去见你妈的鬼吧！”米柯尔卡狂怒地叫喊起来。他扔下鞭子，弯下腰，从大车底下拖出一条又长又粗的辕木，两手握住它的末端，在黄毛黑鬃马的头上一个劲地挥舞起来。

“他会把它揍成肉酱的！”周围的人们都叫起来。

“他要把它揍死！”

“这是我的马！”米柯尔卡叫道，一边抡起辕木打了下去，只听到一阵沉重的猛击声。

“揍死它，揍死它！您为什么不揍啊！”人丛中有个声音叫道。

米柯尔卡又挥起辕木来，这匹倒霉的马背上又挨了一下猛揍。马屁股坐下去了，但它又跳起来拉车，使出最后的一丝力气，一忽儿晃向左边，一忽儿晃向右边，想拉动车；可是六条鞭子从四面八方一齐向它打来，那根辕木又举起来，第三下，接着第四下，有节奏地猛烈地揍在它的身上，米柯尔卡气得发狂了，恨不得一击就把它揍死。

“它死不掉！”周围的人叫道。

“现在它准会倒下，弟兄们，这会儿它要完蛋了！”人丛里有一个看热闹的人说。

“为什么不砍它一斧头！一斧头就能结果它的性命，”第三个人叫道。

“好吧，让你瞧瞧！让开！”米柯尔卡突然疯狂地叫喊起来，扔下辕木，又向大车弯下腰去拉出一根铁棒。“当心啦！”他嚷道，使出平生力气向那匹可怜的马打去。这一击好厉害；牝马摇晃了一阵，就蹲下去了。它想站起来拉车，可是铁棒又猛揍了一下它的背，它倒在地上，仿佛它的四条腿一下子给砍断了。

“揍死它！”米柯尔卡嚷道，像发疯似的跳下了大车。几个脸也红彤彤的、喝醉的小伙子随手拿起鞭子、棍棒或辕木，都向那匹奄奄一息的牝马奔去。米柯尔卡站在一边，白费力气地用铁棒揍它的背。马儿伸着头，痛苦地喘了口气，就死了。

“死啦！”人丛里有人嚷道。

“它就是为了怕死才不肯跑呀！”

“这是我的马！”米柯尔卡叫道，手里持着铁棒，两眼充血。他站着，仿佛还想揍死一个人。

“准没错儿，你不是一个教徒！”人丛里一迭声叫喊起来。

可是这个可怜的孩子发狂了。他叫嚷着，穿过人丛，向那匹黄毛黑鬃马跑去，抱住了它那没有气息的、血淋淋的头吻起来，又吻它的眼睛，吻它的嘴……接着他忽然跳起来，握紧两个小拳头，疯狂地向米柯尔卡冲上去。在这一刹那间，已经追了他很久的父亲终于一把抓住了他，把他从人丛里拉出去了。

“咱们走吧！走吧！”父亲对他说。“咱们回家去吧！”

“爸爸！他们为什么……揍死……这匹可怜的马！”他呜呜咽咽哭起来，可是他透不过气来了，他的话变成了一片叫喊声，从他那感到压抑的胸腔里冲了出来。

“他们都喝醉了，他们都在胡闹，不关咱们的事，咱们走吧！”父亲说。他用双手搂住父亲，可是他觉得胸口憋闷，闷得慌。他想舒口气，忽然大叫一声，醒了。

他醒了，浑身汗水淋漓，头发都给汗湿了，气喘吁吁，胆战心惊地支起了半截身子。

“谢天谢地，这不过是一个梦！”他说着，就坐在一棵树底下，深深地舒了口气。“可是这是怎么回事啊？我是不是在发烧：做了这样一个噩梦。”

他仿佛浑身没有一丝力气了；心绪烦乱，闷闷不乐。他把两个臂肘支在膝上，用两手托住了头。

“天哪！”他忽然大叫起来。“难道，难道我真的会拿起斧头砍她的脑袋，打碎她的脑壳……溜滑地踏过一摊发黏的温血，撬开锁，偷窃，发抖……躲藏起来，浑身溅满鲜血……拿着斧头……天哪，难道？”

他说着这些话的时候，身子瑟瑟地抖得像片树叶子。

“我这是怎么啦！”他继续想道，又坐起来，仿佛大吃一惊似的。“我知道，我不能干这种事，那么为什么我直到目前还让自己苦恼着呢？还在昨天，就是昨天，我就为着这个目的而……**去试探**过，昨天我不是完全明白了，我会受不了的……为什么我现在又……为什么我到现在还疑惑不决呢？昨天我下楼的时候，我不是说过，这是卑鄙的、下流的，可恶，可恶……我从梦里醒来的时候，这个念头使我恶心，使我恐惧……

“不，我会受不了的，会受不了的！就算我的这些计划都是无可怀疑的，就算我在这个月里所决定的事像白天一样清楚，像算术一样准确。天哪！我还是不敢！要知道，我会受不了的，会受不了的！……那么，为什么，为什么到现在还……”

他站起来了，惊讶地四下望望，仿佛感到奇怪似的：他为什么上这儿来呢；他向T桥走去。他脸色惨白，双目炯炯发光，四肢乏力，可是他的呼吸好像忽然轻松些了。他觉得，他已经卸下了这个压在身上这么久的可怕的重担。他心头忽然感到轻松而宁静了。“上帝！”他祈祷起来。“给我指点一条路吧，我抛弃这个该死的……我的梦想！”

他走过桥的时候，悄悄地、心境宁静地望着涅瓦河，望着那嫣红的夕阳。虽然他身子衰弱乏力，但他甚至不觉得疲劳。仿佛他心上那个足足化了一个月脓的疮忽然破裂了。自由了，自由了！他现在摆脱了这些魔力，摆脱了妖术和诱惑力，摆脱了恶魔的教唆。

后来，他每分钟地、逐点地追忆那会儿的情况和在那些日子里他的遭遇的时候，有一件事总是使他惊讶得甚至达到迷信的程度，虽然这件事实际上并没有异常的地方，但后来他常常觉得，仿佛这件事是他的命运的转折点。就是说，他怎样也弄不清，也没法解释，他既然又累又痛苦，而且抄捷径回家最方便，那为什么要穿过干草市场回家呢。根本不必走这条路。虽然弯路走得不多，但这显然是完全不必要的。他回家的时候，记不得走过的路，不用说，这样的事他已经有过几十次了。但他常常自问，对他这么重要的、具有决定意义的但又是非常偶然的在干草市场上(他甚至不必走这条路)相遇这件事，为什么恰好发生在他一生中的那个时刻、那一分钟，正好发生在那种心情和那种情况之下呢？正因为如此，这次相遇才会产生对他的命运具有决定意义的和最大的影响。这仿佛是命中注定的！

他走过干草市场的时候，大约是九点钟光景。所有摆货摊的、顶托盘卖物的、开小铺子的商贩都在关门收市，各自回家，就像他们的顾客一样。在那些开设在底层的小饭店附近和在干草市场上那些房子的肮脏而发臭的院子里，特别是在那些酒店里，聚集着形形色色的手艺工人和衣衫褴褛的人们。拉斯柯尔尼科夫出来逛街的时候，挺喜欢逛这些地方和附近的各条胡同。在这儿，他那破烂的衣服不会被人瞧不起，不管穿着什么样的衣服在街上走，都不会使人感到丢脸。在 K 胡同附近的一个角落里，有个小市民和一个女人，他的妻子，摆着两张台子在做买卖，出售线啦、带子啦和印花头巾啦，等等。他们也打算回家了，可是因为有个熟人走过来跟他们扯淡，就延迟了。这个熟人就是丽扎韦塔·伊凡诺夫娜，或者和大家一样，只叫她做丽扎韦塔，就是那个十四等文官的太太、放高利贷的老太婆阿廖娜·伊凡诺夫娜的妹子。拉斯柯尔尼科夫昨天上老太婆那儿去抵押过一只表，**试探**过了……他早已知道这个丽扎韦塔的情况，连她也有点儿认识他。这个老姑娘个子很高，笨手笨脚的，胆小，脾气随和，有点儿傻头傻脑，已经有三十五岁，住在姐姐那儿，起早摸黑替她干活，完全像个奴仆，看见姐姐会浑身发抖，甚至常常遭到殴打。她拿着一个包袱，沉思地站在那个小市民和他的妻子面前，用心地听着他们的话。那两个人非常热心地向她解释着一件什么事。拉斯柯尔尼科夫冷不防会看见她，一种奇怪的、像是一种非常惊讶的感觉把他攫住了，虽然遇见她没有什么值得惊讶的。

“丽扎韦塔·伊凡诺夫娜，您自己可要拿主意呀，”小市民大声地说。“明儿您六点多钟来吧，他们也会来的。”

“明儿？”丽扎韦塔沉吟地拖长声音说，仿佛拿不定主意似的。

“嗨，阿廖娜·伊凡诺夫娜吓唬过您吧！”商贩的妻子，一个机灵的女人，絮絮不休地说起话来。“我看您的样子完全像个吃奶的孩子。她又不是您的亲姐姐，她是您的异母姐姐呀，她待您多坏。”

“这会儿您不必告诉阿廖娜·伊凡诺夫娜，”丈夫插嘴说。“我劝您，明儿不必告诉她，说您要上我们这儿来，这是一件有好处的事情。以后您姐姐也会明白的。”

“那么您来不来呢？”

“明儿六点多钟；他们也会来的，您自己决定吧。”

“请我们喝杯茶吧，”妻子补充说。

“好吧，我来，”丽扎韦塔说，却还是踌躇不决，慢吞吞地走开了。

拉斯柯尔尼科夫已经走过去了，再也听不清他们的谈话。他悄悄地、偷偷地溜过去的，尽力把每句话都听在耳朵里。他先前那种惊讶的心情现在逐渐变为恐惧了，仿佛有一阵冷气打他的背上溜过。他知道了，突然出乎意外地、完全出乎意外地知道了，明晚七点整，丽扎韦塔，老太婆的妹子，她那独一无二的伴侣将不在家里，那么晚上七点整只有老太婆**独个儿在家里**。

离他的住所只有几步路了。他像个被判了死刑的囚犯，走进自己的房子里去了。他什么也不思考了，他完全丧失了思考力。可是他忽然深切地感觉到，他再没有理智的自由，再没有意志，一切都突然确定了。

不用说，即使他曾经整年整年地等待适当的时机去实行这个计划，大概也盼不到一个比此刻突然出现的更好的机会：不必冒险，也无须进行危险的探询和察看，前一天就能确切地知道，明儿，在这个时刻，这个他企图谋害的老太婆将会独个儿在家里——这到底是个千载难逢的好机会啊。

六

后来，拉斯柯尔尼科夫偶然得知了这个小市民和他的妻子叫丽扎韦塔到他们家里去的原因。事情是极平常的，这当中没有什么特别的地方。原来，有一户人家是从外地来的，很贫穷，要卖掉东西和衣服等，全都是女人用的。因为在市场上出售不值什么钱，要找一个掮客，而丽扎韦塔是干这一行的：她做掮客，生意忙，顾客多，因为她做买卖诚实无欺，价格公道：她不讨价还价。她话很少，如我们已经说过的，她为人和气而且胆小……

可是拉斯柯尔尼科夫近来变得很迷信。迷信的痕迹好久以后还留在他的心坎里，几乎是不可磨灭的了。后来他总是认为，在这件事情上，他看到了一种仿佛是奇怪而又神秘的东西，好像其中存在着一些特别的作用和巧合。还在去年冬天，有一个他相熟的大学生波柯列夫上哈尔科夫去，有一次在谈话中间把老太婆阿廖娜·伊凡诺夫娜的地址告诉了他，以备他有急需要抵押什么东西。他很久没有上她那儿去了，因为他有教书工作，还能马马虎虎地打发日子。一个半月前，他记起了这个地址；他有两件东西要去抵押：父亲的一只银表和一只镶着三颗红宝石的金戒指，这只戒指是他的妹妹临别时送给他留作纪念的。他决定拿那只戒指去抵押；他找到了那个老太婆，乍一看，就觉得这个老太婆非常讨人嫌，虽然他还不知道她有什么怪脾气。他向她借到了两张"一卢布的钞票"，在回家的路上，他走进了一家小酒店。他喊了一杯茶，坐着想心事。一个奇怪的念头在他脑子里不停地敲击，就好像小鸡要啄破蛋壳一样，这引起了他很大的注意。

几乎就在靠近他的一张桌子旁边，坐着一个大学生和一个青年军官，他根本不认识也从未见过这个大学生。他们打完一盘台球，就坐下来喝茶。他忽然听见那个大学生对那个军官谈到放高利贷的阿廖娜·伊凡诺夫娜，一个小官吏的太太，并且把她的地址告诉了他。单是这件事就使拉斯柯尔尼科夫感到有点奇怪：他刚从她那儿来，可是这儿恰好在谈论她。当然，这是偶然的巧合，可是他现在摆脱不了一个很不寻常的印象，这儿恰好有人仿佛在讨他的喜欢：大学生忽然将这个阿廖娜·伊凡诺夫娜的种种情况告诉了他的朋友。

“她很肯帮忙，”他说。“常常可以在她那儿借到钱。她像犹太人一样有钱，一下子可以借出五千卢布，但她也接受一卢布的押款。我们有许多人上她那儿去。不过这个老太婆很缺德……”

他又述说了她是多么狠心，变化无常，押款只要过期一天，她就会把押品吞没。她借出来的钱只有押品价值四分之一，而利息要五厘甚至七厘，按月计算，等等。大学生越谈越有劲，告诉他的朋友说，这个老太婆还有一个妹子，叫丽扎韦塔，这个矮小可恶的老太婆时常揍她，简直把她当作小孩来欺侮，可是丽扎韦塔至少有两俄尺八俄寸高……

“这也是个怪物！”大学生扬声说，一边哈哈大笑起来。

他们谈起丽扎韦塔来了。大学生谈到她特别有劲，并不住地笑，而那个军官津津有味地听着，叫大学生打发这个丽扎韦塔去给他修补内衣。拉斯柯尔尼科夫留心地听着每一句话，一下子全都知道了：丽扎韦塔是妹妹，老太婆的异母姐妹，她已经有三十五岁。她日日夜夜替姐姐干活，在家里做厨子和洗衣妇，除此以外，还要缝东西去卖，甚至去替人家擦地板，把挣来的钱全都交给姐姐。没有得到老太婆允许，人家叫她缝制东西或干活，她都不敢接受。老太婆已经立下了遗嘱，丽扎韦塔自己也知道，按照遗嘱，除了一些动产和椅子等，她一个钱也拿不到；钱全都捐给H省的一个修道院，作为永久追荐她的亡魂之用。丽扎韦塔是个平民，不是官太太，一个老姑娘，面貌丑陋，身材高得出奇，两条长腿好像脱了臼，老是穿着一双破羊皮鞋，身上还算干净。大学生感到奇怪和可笑的主要是丽扎韦塔接连不断地怀孕……

“你不是说，她是个丑女人吗？”军官说。

“是的，她肤色浅黑，像个乔装的士兵，可是你要知道，她长得压根儿不丑。她的脸蛋和那对眼睛多么和善啊。甚至很迷人。喜欢她的人很多就是明证。她是那么文静，那么温柔，不顶嘴，很和气，不论什么事情她都没有意见。她笑起来甚至很可爱。”

“那么你也喜欢她？”军官笑起来了。

“爱她的古怪脾气。不，我对你老实说吧。我真想杀死这个该死的老太婆，抢走她的钱，我向你保证，我不会感到良心谴责的，”他激动地补充说。

军官又哈哈大笑起来，可是拉斯柯尔尼科夫不觉一愣。这多么奇怪啊！

“我要向你提一个重要的问题，”大学生情绪激昂。“刚才我当然是开玩笑，可是你要注意：一方面是一个愚蠢的、不中用的、卑微的、凶恶的和患病的老太婆，谁也不需要她，相反地，她对大家都有害。她自己也不知道她为什么活着，而且不久她会死掉的。你懂得我的意思吗？懂吗？”

“嗯，我懂得，”军官回答道，一边用心地凝视着这个情绪激昂的朋友。

“听我说下去。另一方面是，年轻的新生力量因为得不到帮助而枯萎了，这样的人成千上万，到处皆是！成百成千件好事和倡议可以利用老太婆往后捐助修道院的钱来举办和整顿！成千上万的人都可以走上正路，几十个家庭可以免于穷困、离散、死亡、堕落和染上花柳病——利用她的钱来办这一切事情。把她杀死，拿走她的钱，为的是往后利用她的钱来为全人类服务，为大众谋福利。你觉得怎样，一桩轻微的罪行不是办成了几千件好事吗？牺牲一条性命，就可以使几千条性命免于疾病和离散。死一个人，活百条命——这就是算学！从大众利益的观点看来，这个害肺病的、愚蠢而凶恶的老太婆活在世上有什么意义呢？不过像只虱子或蟑螂罢了，而且比它们还不如，因为这个老太婆是害人精。她害别人的性命：前两天，她狠命地咬丽扎韦塔的指头，差点儿咬断了！”

“她当然不配活在世上，”军官说。“可是要知道，这是天理。”

“哎，老兄，天理必须加以改变，使之为我所用，要不然就会陷入偏见。要不是这样，世界上就没有伟大人物了。人们说什么‘责任啦，良心啦’，我不想反对责任和良心，但是我们怎样理解这些字眼呢？且慢，我还要问你一个问题。你听着！”

“不，你且慢；我要问你一个问题。你听着！”

“说吧！”

“现在你高谈阔论，谈得津津有味，可是请你告诉我：你是不是**亲手**去杀死这个老太婆？”

“当然不是这样！我是为了正义……但这不关我的事……”

“可我认为，你自己既然不敢去干，那就谈不上什么正义！咱们再打一盘台球吧！”

拉斯柯尔尼科夫心里异常激动。不用说，这是极普通的、时常听到的青年们的议论和想法，这样的议论和想法，他已经听到过不止一次，只不过方式和话题不同罢了。可是为什么他恰恰在这个时候听到这样的议论和这样的想法呢？而自己头脑里刚才也有过这样的……**完全一样的想法**。还有，为什么此刻他刚从老太婆那儿出来就产生了这个念头的时候，就听到有人谈到这个老太婆？……他总觉得这种巧合是很奇怪的。在事件进一步的发展上，这家小酒店里的这席谈话对他发生了重大的影响：仿佛这里面真的有一种定数和启示……

从干草市场回到家里，他就一屁股坐在长沙发上，一动不动地坐了足足一个钟头。这时天黑下来了；他没有蜡烛，也没有想到点蜡烛。他始终想不起来，那时他想过什么事情没有？末了，他感觉到不久前发过的热病又发作了，打起冷战来，于是愉快地想，他又可以在长沙发上躺着不起来。不多一会，强烈的像铅一般沉重的睡意在他身上压下来，仿佛压得他动弹不得。

他睡得比平日久，没有梦。第二天早晨十点钟，娜斯塔西雅走进他的屋子里来了，好容易把他推醒。她给他端来了茶和面包。茶又是沏淡了的，并且还是盛在她自己的那把茶壶里。

“嘿，睡得好熟！”她不满地叫道。“他老是睡觉！”

他费了好大劲儿才坐了起来。他感到头痛。他站起来，在自己斗室里转了一圈，又倒在长沙发上。

“又睡啦！”娜斯塔西雅叫道。“你病了，还是怎的？”

他不答理。

“你要喝茶吗？”

“等我醒来喝吧，”他勉强地说了一句，又合上了眼睛，脸扭向壁。娜斯塔西雅在他身边站了一会儿。

“他或许当真生病了，”她说着，就掉转身走了。

两点钟她又进来了，端来了一盆汤。他还是和先前一样躺着。茶没有喝过。娜斯塔西雅甚至生气了，恼怒地推他。

“你为什么睡不醒！”她叫道，一边厌恶地看着他。他支起身子坐了起来，可是对她一句话也不说，眼睛尽望着地上。

“你是不是病了？”娜斯塔西雅问，又没有得到回答。

“你还是出去走走吧，”她沉默半晌后，说。“你去吹一下清新的风吧。你要不要吃些东西？”

“过一会儿，”他有气无力地说。“你去吧！”他挥了挥手。

她又站了一会儿，同情地看了他一眼，就出去了。

过了几分钟，他抬起眼来，久久地看着茶和汤。过后拿了面包，又拿起匙子吃起来。

他食欲不振，只稍微吃了点儿，好像不知不觉地吃了两三匙子。头痛减轻些了。吃过午饭，他又伸直腿躺在长沙发上，可是再也睡不着。他一动不动地躺着，脸埋在枕头里。他头脑里不断地出现各种幻想，稀奇古怪的幻想。他想象得最多的是：他在非洲的什么地方，在埃及，在一个绿洲里。一个商队在休息，骆驼都静静地躺着；四周栽植了棕榈树；大家都在进午餐。他不时喝水，从小溪里舀水喝，这条小溪在他脚边潺潺地流淌。很凉快，一泓浅蓝色的、蓝得出奇的、清冷的溪水流过色彩斑斓的小石子和洁净的金光闪闪的沙土……他忽然很清楚地听到一阵当当的钟声，不觉怔了一下。他醒来了，微微抬起头，向窗外望去，看看是什么时候了。他霍地站了起来，完全醒了，仿佛有个人把他从长沙发上揪下来似的。他蹑着脚走到门口，悄悄地把门打开一点，侧耳谛听下面楼梯上有什么动静。他的心跳得很厉害。可是楼梯上寂静无声，仿佛大家都已经睡了……他不觉大为惊讶，他竟然昏昏沉沉地从昨天一直睡到此刻，还没有做过什么，也没有做过一点准备……也许已经敲过六点钟……他虽然不想睡觉，神志清醒了，但突然感到异常着急和慌张。不必做多大准备。他聚精会神地考虑着一切，考虑得十分周到；可是心还是剧烈地跳着，跳得这么厉害，连呼吸也感到困难了。第一，得做个环圈，缝在外套里面——只要一分钟工夫就能做成。他把手伸到枕头下面，从塞在枕头下面的内衣里面找出一件穿破了的、没有洗干净的旧衬衫。他从这件破衬衫上扯下了一条，有一俄寸宽，八俄寸长。他把这条破布折成两层，脱下身上那件宽舒而结实的粗棉布的夏外套（他仅有的一件外衣），把布条的两端缝在外套里边的左腋下。他缝上去的时候，两手发抖，但他好容易克制住了。缝得很好，当他又把外套穿上的时候，从外边看不出丝毫痕迹。针和线他早已准备好了，用纸包着放在小桌上。至于那个环圈，这是他的一个很巧妙的发明：这个环圈是挂斧头用的。可不能拿着斧头在大街上走。但是，如果藏在外套里面，还得用手扶住，这就会惹人注目的。现在，做了个环圈，只要把斧刃挂在环圈里，那么一路上斧头就会在里面腋下挂得稳稳的。他一只手插入外套的腰袋里，就可以用手扶住斧柄，不让它晃动；因为外套很宽舒，像只道地的袋，从外面看不出他的手在腰袋里扶着一个什么东西。这个环圈也是他两星期以前想出来的。

他缝上了环圈，就用几个指头伸入他那个“土耳其式”的沙发榻和地板之间的一条狭缝里，在靠近左角的地方摸索了一阵，拿出一件早已准备好的、藏在那条狭缝里的**押品**。但这压根儿不是一件押品，只不过是一块刨得很光滑的木片，它的大小和厚薄像一只银烟盒。这块木片是他在一次散步中，偶然在一个院子里拾得的。那个院子里的一个厢房是个工场。后来他在这块木片上加了一块光滑的薄铁——大概是从什么东西上拆下的一块铁片——也是他从前在街上拾得的。他把木片和铁片叠起来，铁片比木片小些，用线把它们牢固地扎成一个十字，然后用一张白纸把它们齐整而美观地包起来，扎得这么好，必须动些脑筋才能解得开。这是要让老太婆解结子的时候分散一下注意力，以便利用这片刻时间来动手。加一块铁片是为了增加重量，使老太婆一下子猜不透

“这个东西”是木头的。这些东西他预先藏在沙发榻底下。他刚刚拿出押品，在院子里什么地方忽然响起一阵叫喊声：

“早已过了六点钟啦！”

“早已过啦！天哪！”

他奔到门口，侧耳谛听了一阵，然后抓起帽子，像只猫一样，小心翼翼地、悄悄地溜下了十三级楼梯。他要去干的是一件极其重要的事——从厨房里偷走斧头。这件事得用斧头去干，他早已这样决定了。他还有一把园丁用的折刀；但是他不能用折刀，特别是不能靠自己的力气去干这件事，所以他终于决定使用斧头。同时我们也可以看出他在这件事上所采取的一切最后决定所具有的一个特点。这些决定都有一个奇怪的特征：他的决定越是到最后关头，在他看来，就显得越发荒谬，越发可笑。尽管他内心进行着痛苦的斗争，在那个时刻，他始终不相信自己的计划是可以实现的。

即使他曾经把一切都作过详细的研究，最后作出了决定，不再有任何怀疑，现在他却似乎要放弃这个计划，认为这是荒谬的、骇人听闻的和不可实现的。没有解决的问题和疑问还有一大堆哩。至于在哪儿弄到斧头，对这样的小事情他是毫不介意的，因为这是比较容易解决的。事情是这样：娜斯塔西雅时常不在家，尤其是晚上，不是到邻居家去串门子，就是到铺子里去买东西，门总是开着的。女房东就为了这件事常常跟她吵嘴。所以只要到时候偷偷地溜进厨房去拿斧头，然后，过一小时（那时候事情已经完毕了）再溜进厨房把斧头放回原处就行。可是还有疑问：假如他一小时后回来去放回斧头，娜斯塔西雅恰巧回来了呢。当然啰，应该走过去，等她再出来。万一那时候她发现斧头没有了，寻找起来，大声叫喊，那怎么办？——这就会引起猜疑，或者至少是一件引起猜疑的事吧。

但这些都是他还没有开始考虑的细节，而且也没有工夫去考虑。他正在考虑的是重要的问题，而那些琐碎的小事情，他要等到自己对一切都深信不疑的时候才考虑。而那件事是绝对不可能实现的。至少他自己觉得是这样。比方，他怎么也不能设想：他什么时候才能考虑完毕，站起来，真的上那儿去……甚至不久前他的一次**试探**(就是为最后一次察看这个地方而去探访)也不过是他的**尝试**罢了，而远不是真的去干，可他却这样说："好吧，让我去试探一下，这是不是梦想！"他马上就觉得受不了，对自己恨得要命，吐了一口唾沫，跑掉了。但是就这件事的道德方面来说，他似乎已经结束了一切分析：歪理十八条嘛。他心里已经没有有意识的反对了。可是到了最后关头，他简直不相信自己了，并且固执地、盲目地从各方面寻找反驳的理由，琢磨这些理由，仿佛有人强迫他去干那件事。最后一天到来得这么突然，一切都一下子就决定了。这最后一天对他起了几乎是机械的作用：仿佛有人拉住了他的手，无法抗拒地、盲从地，用超自然的力量，不容反对地把他拉走了。仿佛他的衣服的一角被车轮轧住了，连人带衣都被拖进车子底下去了。

开头——其实是在很久以前——就有一个问题引起了他研究的兴趣：为什么几乎一切犯罪行为都这么容易被发觉和败露？为什么几乎一切犯罪者都会留下显著的痕迹？他逐渐地得到各种不同的、新奇的结论。依他看来，最重要的原因不在于犯罪行为不是消灭物证所掩盖得了的，而在于犯罪者本人；犯罪者本人，而且几乎是每个犯罪者，在犯罪的时候，都丧失了意志和理智。相反地，正当最需要理智和细心的时候，他的意志和理智却被幼稚而且罕见的粗心大意取而代之。他深信，这种理智的糊涂和意志的衰退像疾病一样控制着人，并逐渐地发展起来，在犯罪前不久发展到了顶点；在犯罪的时候，那种情况仍旧不变，在犯罪后还要继续若干时候，这要看每个人的情况而定；以后就会像各种疾病一样消失的。问题在于，疾病产生犯罪行为呢，还是犯罪行为本身，由于它独特的性质，常常引起一种类似疾病的现象？——他觉得他还没有能力解答这个问题。

得到这样一些结论的时候，他认为，拿他本人来说，他进行这个行动的时候，是不会发生类似的现象的。在进行他的预谋行动的时候，他绝不会丧失理智和意志的。唯一的理由是，他进行这个预谋的行动"不是犯罪"……我们撇开他达到最后决定的那个过程不谈，因为我们已经扯得太远了……不过我们得补充一下，在他的头脑里，这个行动中具体的、纯物质上的困难只起了次要的作用。“只要保持全部意志和理智来对付这些困难，等到完全掌握了一切情况，这些困难在适当的时候就会迎刃而解……”可是行动还没有开始哩。他还是不大相信自己的那些最后的决定。当钟打起来的时候，情况却完全变了，变得有点儿突然，甚至差不多是出乎意料的。

他还没有走下楼梯，就有一个极普通的情况竟然使他一筹莫展。当他走到女房东的厨房门口的时候，厨房门和往常一样敞开着，他小心地往里面瞟了一眼，预先察看一下：娜斯塔西雅不在家，女房东是不是在厨房里。如果不在厨房里，她的房间门是不是关紧了？当他溜进去拿斧头的时候，也不能让她看见。可是，当他突然看到，娜斯塔西雅这会儿不但在家——在厨房里，而且她正在干活：从篮里取出内衣，分挂在绳子上，他不觉猛吃一惊！一看见他，她就停止晾衣服，并向他掉转脸来，目不转睛地看着他，直到他走过了才停止。他移开目光，走了过去，假装什么也没看见。但事情不能进行了，因为没有斧头！他遭到了严重的打击。

“我有什么理由，”他走到大门口的时候，在心里寻思，“我有什么理由可以认为，她此刻一定不在家？为什么，为什么，为什么我这样肯定？”他垂头丧气，甚至有点儿自卑。他想狠狠地把自己嘲笑一番……一股微弱的兽性的怒火在他心里窜腾。

他踌躇不决地在大门口站住了。他装出上街去散步的神气，心里感到一阵厌恶；回家——他更厌恶。“一个千载难逢的好机会错失了！”他嘟嘟囔囔说，无目的地站在大门口，脸朝着看门人那间阴暗的小屋，小屋的门也开着。他忽然一怔。在看门人的小屋里，离他大约两步路的地方，在一条板凳下面，靠右边有个亮闪闪的东西引起了他的注意……他朝四下看看——一个人也没有。他踮着脚尖走到看门人的小屋跟前，走下两级台阶，用有气无力的声音叫了一声看门人。“果然不在家！不过他一定在附近什么地方，在院子里，因为门开着。”他向那个东西直奔过去(这是一把斧头)，把它从板凳下拉了出来，这把斧头放在两块木柴中间；他还没有走出小屋，就把它挂在环圈里，两手插入了衣袋里，从看门人的小屋里走了出来；没有人发觉！“这不是理智的行动，而是魔鬼的帮忙！”他在心里寻思，脸上浮出了怪样的微笑。这个机会给他以极大的鼓舞。

他在路上慢吞吞地**大模大样地**走着，装得从容不迫，以免引起猜疑。他不大看过路人，甚至竭力不看他们的脸，尽量少惹人注意。他忽然记起他的帽子来了。“我的天哪！前天我有几个钱，可是没有买顶制帽！”他打心底里责骂起自己来。

他偶然向一家铺子瞥了一眼，看见铺子里的挂钟已经指着七点十分。得赶快走啦；但得走些弯路；从另一边绕到那所房子跟前去……

从前，他偶然想象这件事的时候，有时想，他一定很害怕。可是他现在并不觉得十分害怕，甚至一点儿也不感到恐惧。在这个时刻，他甚至还想着几个旁的念头。不过这些念头他没有想很久。当他经过尤苏波夫花园的时候，他甚至想起建造那些高大的喷泉的工程来了，并且还想到，仿佛这些喷泉使那些广场上的空气变得清新了。他渐渐相信，如果把“夏园”扩大到战神广场，甚至跟米哈伊尔宫的花园连接起来，这就是一件对本城大有裨益的好事。他突然对这种现象发生了浓厚的兴趣：为什么大城市里的人并不是由于需要，而是特别喜欢住在城市里那些既无花园又无喷泉、肮脏而又臭气四溢和堆满各种垃圾的地区？这当儿，他想起他时常在干草市场上散步，于是他刹那间惊醒过来了。“荒谬至极，”他在心里寻思。“不，最好什么也不想！”

“那么，一个被绑赴刑场的囚犯大概也留恋着在路上所见到的一切东西吧，”这个念头在他的脑海里闪过，但只是闪电般一闪即逝；他赶快不想这个念头……可是快要到了，就是这所房子嘛，就是这道大门嘛。什么地方的钟突然敲了一下。“怎么，难道是七点半了吗？不会吧，这架钟大概快了！”

他运气很好，又顺顺当当地走进了大门。而且，就在那一瞬间，偏巧有一辆高大的干草车打他跟前拉进大门，他跨过门限的时候，整个儿被遮没了。趁大车从大门拉入院子的当儿，他一溜烟似的打右边溜了进去。在大车的那一边，他听见有几个声音在叫嚷、争吵，可是没有人发觉他，也没有人碰见他。这时候，朝着这个四方大院的许多窗都开着，但他没有抬起过头——他没有力气了。上老太婆那儿去的楼梯不远，一进大门向右拐弯便是。他已经走上了楼梯……

他松了口气，一只手按住扑通扑通直跳的心。他马上摸了一下，又把斧头放放好，小心翼翼地悄悄地上楼去，不时侧耳谛听。可是这当儿楼梯上看不见一个人影；门都关上了；没有碰见一个人。不错，二楼上的那套空房间的门敞开着，有几个油漆匠在里面干活，可是他们都看也不看他一眼。他站了一会儿，沉吟一下，又上楼去了。“当然，如果他们也不在这儿，那多好啊，但是……跟他们相隔两层呢。”

这里就是四楼，这里是门，这是对面的一套房间；那套房间里是没有人住的。在三楼，老太婆住所的楼下的那套房间看来也空着：用小钉子钉在门上的那张名片拿掉了——他们搬走了！……他气喘吁吁。在他的脑海里刹那间闪过一个念头：“回去不？”他没有给自己回答，却侧耳倾听了一下老太婆住所里的动静：一丝声音也没有。接着他又听楼梯下面的动静，用心地听了很久……过后，最后一次朝四下看看，偷偷地走过去，整了整衣服，又摸摸挂在环圈里的斧头。“我的脸色变了没有……变得很苍白吧？”他心里想。“我是不是慌慌张张的？她疑心很重……要不要再等一会儿……等到心跳停止？……”

可是心不停地猛跳着。相反地，好像有意地跳得更厉害了，跳得越来越厉害了……他耐不住了，一只手慢慢地伸向门铃，拉了一下。隔半分钟又拉了一下，拉得更响。

没有人来开门。不必再拉铃，他不配干这种事。老太婆当然在家里，可是她疑心重重，何况只有她一个人。他略微知道她的习惯……他又把耳朵贴在门上窃听起来。是他的感觉非常灵敏（不大可能听清楚），还是当真可以听得很清楚，可是他忽然听出一阵像是一只手小心地摸门锁把手的沙沙声和一阵衣服在门上摩擦的窸窣声。一定有人站在门锁跟前，如同他在门外窃听着一样，躲在门里面，大概也把耳朵贴在门上……

他故意动了一下，声音更响地嘟哝了一阵，不让人以为他躲着。然后，他第三次拉铃，但拉得很轻，慢条斯理地、不慌不忙地拉了一下。后来他回想起这个情况时，这一瞬间永远鲜明而清楚地铭刻在他的心坎里；他自己也不能理解，怎么会变得这么狡猾，尤其是他仿佛有过片刻的神志不清，近乎丧失了知觉……一会儿后他听见有人拔出门钩的声音。

七

和上次一样，门又闪开了一条缝，又是两道尖利的猜疑的目光从黑暗里向他射来。这当儿，拉斯柯尔尼科夫惊慌失措了，差点犯一个严重的错误。

他怕老太婆由于只有他们两个人而惊慌起来，他也不希望他的神色引起她的猜疑，所以他拉住了门，尽力往自己一边拉，不让老太婆再把门关上。看到这个情形，老太婆并没有把门往自己一边拉回去，但也不放开门锁的把手，因而他差点儿把她连门带人拉到楼梯上来。因为她站在门口不让他进去，他就向她直奔过去。老太婆惊愕地往一边跳开了，想要说话，可是舌头仿佛不听使唤，圆睁着眼睛直瞅着他。

“您好，阿廖娜·伊凡诺夫娜，”他尽力用随便的口吻说起话来，可是声音却违背了他的意志，结结巴巴地发抖了。“我给您……带来了一件东西……咱们最好到这边……有亮光的地方去……”他撇下她，未经邀请，就走进屋子里去了。老太婆连忙跟着他跑进去；她终于开口了：

“天哪！您要干什么啊？……您是谁？您有什么事？”

“您怎么啦，阿廖娜·伊凡诺夫娜……我是您的熟人呀……拉斯柯尔尼科夫……瞧，我带来了一件押品，我前两天谈起过的……”他把押品递给了她。

老太婆本想把押品看一下，但立刻凝神地看起这个不速之客的眼睛来。她聚精会神地、凶恶而怀疑地看着。一分钟过去了，他甚至觉得她的眼神好像是含讽带讥的，仿佛她已经猜度到了他的来意。他觉得心慌了，几乎害怕起来，如果她再一言不发，这么看他半分钟，他就会害怕得撇下她跑掉。

“您干吗这样看我，好像不认识？”他突然也愤怒地说。“您肯抵押就拿去，如果不肯，我到别的地方去，我可没有工夫。”

他并没有想说这样的话，可是他突然这样说了出来。

老太婆醒悟过来了，客人的坚决语气显然鼓励了她。

“先生，您为什么这样突然……这是什么东西？”她打量着押品，问。

“一只银烟盒嘛。上次我谈起过的。”

她伸过手来。

“您脸色为什么苍白得这样难看？您的两手在发抖！洗过澡吗，先生？”

“发热嘛，”他断断续续地说。“要是没有吃的，脸色自然难看……”他好容易说出这么一句话来补充。他又觉得没有力气了。可是他回答得合情合理，老太婆就拿了押品。

“这是什么东西？”她问，又凝神地打量了一下拉斯柯尔尼科夫，一边在手里掂着这件押品。

“一件东西……一只烟盒嘛……银制的……您看看吧。”

“这个东西好像不是银制的……你扎得这么结实。”

她向窗前亮处掉转身去，一个劲儿解着绳子。虽然屋子里很闷热，但全部窗子都关着。有一会工夫，她完全撇下了他，背对他站着。他解开外套的扣子，从环圈里拿出斧头，但还没有全拿出来，只用右手在外套里拿着。他两手发软了；他觉得他的双手越来越麻木，越来越僵硬。他生怕斧头会从手里掉下……他突然感到一阵昏晕。

“他为什么把它扎成这个样儿！”老太婆恼怒地叫起来，一边慢慢地朝他走来。

再不能错失时机啦。他把斧头拿了出来，用双手高高举起，几乎不由已地、不费吹灰之力地、几乎机械地用斧背向她的头上直砍下去。他似乎没有力气了。可是他拿斧头一砍下去，他的力气就来了。

老太婆和往常一样没有扎头巾。她那带几根银丝的、稀疏的、浅色的头发照常用发油搽得油光光的，编成了一条鼠尾似的辫子，并用一把破牛角梳子盘成了一个发髻。这把梳子突出在后脑勺上。因为她个子矮，斧头恰好砍在她的头顶上。她惨叫一声，但声音很微弱，突然往地板上沉下去了，虽然她还是赶紧举起双手去抱住头。“押品”还拿在一只手里。于是他使出浑身力气又用斧背在她头顶上猛击了一两下。血如泉涌，像从打翻了的玻璃杯里倒出来一样，她仰面倒下了。他倒退一步，让她倒下，并立刻弯下腰去看她的脸；她已经呜呼哀哉。两眼突出，仿佛要跳出来似的，而脑门和脸都皱起来，抽搐得变了样。

他把斧头放在死人身边地板上，立刻去摸她的口袋，极力不让自己沾上涌出来的鲜血——她上次就是从右边的口袋里掏出钥匙的。他头脑十分清醒，神志不清和头昏都已经消失了，可是两手还在瑟瑟发抖。接着他想了起来，甚至非常谨慎小心，不让一切东西沾上血……他立刻掏出钥匙；和那时一样，钥匙都串在一个钢圈上。他拿了那串钥匙立刻就往卧室跑去。这是一个不大的房间，在一边墙上有一个很大的圣像龛。靠另一边墙摆着一张大床，收拾得很整洁，铺着一条绸面的、用零头布拼成的棉被。靠第三边墙摆着一口五斗橱。奇怪得很，他刚拿钥匙去开五斗橱，一听见钥匙哗啦一声，仿佛浑身起了一阵痉挛。他又想扔下一切东西跑掉。但立刻就打消了这个念头，要走已经迟了。当另一个惶恐不安的念头闯进他的头脑里的时候，他甚至觉得自己很可笑，他忽然觉得好像老太婆还活着，还会苏醒过来。他就撇下钥匙和五斗橱，跑回到尸体跟前，拿起斧头，又向着老太婆举起来，但没有砍下去。毫无疑问，她已经死了。他弯下腰去，凑得更近些又把她察看了一遍。他清楚地看出，脑壳已经碎裂了，甚至稍微向另一边歪斜。他想用指头去摸一下，但他把手缩回了；不必用手去摸了，已经可以看得很清楚。血已经流了一大摊。他突然发觉她的脖子上挂着一条带子，他把带子扯了一下，可是带子很结实，扯不断，而且浸透了血。他试着从怀里把它拉出来，可是被一个什么东西给钩住了，拉不出来。他急不可耐地又举起斧头，要在尸体上砍掉那条带子，可是他勇气不够，他忙碌了两分钟光景，不让斧头碰着尸体，好容易把带子割断了，取了下来，他的手和斧头都沾满了鲜血。他没有猜错——这是一个钱袋。带子上挂着两个十字架：一个是柏木的，另一个是铜的，除了这两个十字架，还有一个珐琅圣像；同这些东西一起，还挂着一只带钢圈和圆扣的油污斑斑的不大的鹿皮袋。钱袋装得鼓鼓的，拉斯柯尔尼科夫看也不看一眼，就塞入了口袋里，把十字架扔到老太婆的胸上，这会儿他带着斧头跑回到卧室里去了。

他异常慌张，抓起钥匙又去试开五斗橱。可是不知怎的又没有成功：这些钥匙都不合锁眼。这不是因为他的手抖得厉害，而是因为他自己做得不对：比方说，他发觉钥匙不对头，不合适，但他还是往锁眼里插。他突然记起来，心里明白了，这把同一些小钥匙串在一起的带齿的大钥匙，一定不是开五斗橱的（上次他也这样想过），而是开一只什么小箱子的钥匙，大概在这只箱子里藏着一切财物。他撇下五斗橱，立刻爬入床底下，因为他知道小箱子平常是放在老太婆床底下的。果然不错：有一只颇大的箱子，一尺多长，箱盖是拱形的，包着红山羊皮，钉着一枚枚钢钉。那把带齿的钥匙恰好合适，箱子打开了。上面铺着一条白被单，下面是一件兔皮袄，用一块红锦缎盖着；皮袄下面是一条绸连衣裙，再下面是一条围巾，箱底里好像是一堆旧衣服。他首先把自己那双染满鲜血的手在红锦缎上擦了擦。“这是红锦缎，鲜血揩在红锦缎上是不大显眼的，”他断定说，忽然醒悟过来了：“天哪！我疯了吗？”他惊骇地想道。

可是他一翻动这堆旧衣服，突然从皮袄下面滑出来一只黄灿灿的金表。他急忙把所有东西翻了一遍。在那堆旧衣服里面果然藏着金饰：串珠啊、表链啊，还有耳环和胸针，等等，大概这些东西都是押品，赎回的或者不来赎的。有些装在盒子里，另一些只用报纸包着，但是珍惜地整整齐齐地包了两层报纸，并用带子捆着。他急忙把这些东西塞入裤袋和外套袋里，那些一包包的东西和盒子他都没有仔细地看过，也没有打开过，而东西那么多，他来不及拿……

从老太婆躺着的房间里突然传来一阵脚步声。他立刻住手，像死人般地一动不动了。可是毫无动静，那么这是他的幻觉。忽然清楚地传来一阵轻微的叫喊声，或者似乎有人在轻轻地断断续续地哼叫，又沉寂了。于是又是一片死一般的寂静。寂静持续了一两分钟光景。他蹲在箱子旁边，等待着，好容易松了口气；可是他霍地站起来了，拿起斧头，又从卧室里直奔出去。

丽扎韦塔站在房间中央，两手捧着一个大包裹，木然望着被杀害了的姐姐，脸色惨白，像块亚麻布，仿佛没有力气叫喊了。看见他跑出来，她哆嗦起来，像片树叶般地轻微地哆嗦起来，她的脸抽搐了一阵；她举起了一只手，嘴张得很大，但还是喊不出声。她开始避开他，缓慢地往角落里退去，两眼呆定地直瞅着他，但还是喊不出声，仿佛由于气不足而喊不出声似的。他拿着斧头向她直奔过来：她的嘴唇悲哀地牵动着，就像受惊的小孩儿凝视着吓破了他们的胆的东西，想要叫喊一样。这个不幸的丽扎韦塔是那么老实，她被吓呆了，完全被吓昏了，连手也没有举起来去遮脸，虽然在这样的时刻，这是最必要的而且是一种很自然的姿势，因为斧头已经照准她的脸直劈下来。她只稍微举起空着的左手，不是去遮脸，而是慢慢地向他伸去，仿佛要推开他似的。斧尖直劈在她的脑袋上，脑门上部一下子被劈成了两半，几乎劈到头顶。她突然倒下了。拉斯柯尔尼科夫慌得厉害，夺下了她的包裹，又把它扔下，往前室跑去。

他越来越恐惧，特别是在完全出乎意外地杀死了第二个人以后。他想快些离开这儿。要是在那个时刻，他能够更准确地观察和判断一下，要是他能够了解自己处境的困难，能够知道自己的一筹莫展、荒唐和愚蠢，知道他要从这儿逃回家去，还得克服许多困难，也许还得杀人，那么他很可能扔掉一切，立刻去自首。这甚至不是由于他害怕，而只是由于他自己所干的事太惨了，太令人厌恶了。他那厌恶的心情特别强烈，并且时刻增强着。现在他决不走到箱子跟前去，连房间里也不去了。

但他渐渐地感到神思恍惚，甚至仿佛陷入了沉思中：有一会儿工夫，他仿佛把一切都抛到九霄云外了，或者不如说他忘记了主要的事情，而念念不忘一些鸡毛蒜皮的小事。但他往厨房里张望了一下，看见板凳上放着一只水桶，水桶里有半桶水，想把手和斧头洗干净。他的双手因沾满鲜血而发黏了。他把斧刃浸入水里，将放在小窗台上破碟子里的一块肥皂拿来，在水桶里洗起手来。他洗净了手，拿出斧头，把它的铁的部分洗净，洗了很久，约莫有三分钟，然后洗木柄，木柄染上了血，他甚至用肥皂试试能不能洗去血。然后用晾在厨房里绳子上的内衣擦干，接着又站在窗前久久地仔细地把斧头检查了一遍。一点痕迹也没有了。只有木柄还是潮湿的。他仔细地把斧头挂在外套里面的环圈里。然后，在厨房里阴暗的光线下，检查了一下外套、裤子和靴子。从外表上乍一看，仿佛看不出什么痕迹；只是靴子上有点污迹。他拿块破布浸湿，擦净了靴子。但他知道，检查得还不够仔细，也许还有惹人注目的地方，但他却没有看出来。他站在房间当中踌躇不决。他心里出现了一个令人痛苦和烦恼的念头——是这样的念头：他疯了，在这个时刻竟然丧失了思考力，无力保护自己，也许他根本不应该干现在所干的事……“天哪！该跑啦，该跑啦！”他嘟嘟囔囔说着，就往前室跑去。可是在这儿他受了一场惊吓，不用说，他从来没有经受过这样的惊吓。

他站住一看，不相信自己的眼睛了：门，那道外门，从前室通楼梯的门，就是他刚才拉了铃进来的门却开着，甚至开得可以伸入一个手掌：原来在这段时间里门一直没有锁上，也没有扣住门钩！说不定老太婆为谨慎起见，在他进来后没有把门扣住，可是，天哪！他后来不是看见了丽扎韦塔嘛！他怎么会，怎么会想不到她从哪儿进来！她可不会从墙壁里钻进来的。

他连忙跑到门跟前，扣住了门。

“不行，又错了！该走啦，该走啦……”

他拔出门钩，打开了门，倾听起楼梯上的动静来。

他听了很久。在下边很远的什么地方，大概在大门口，有两个人的声音响亮而刺耳地叫嚷着，他们在争吵和对骂。“他们干什么？……”他耐心地等着。末了，一下子静寂下来，好像戛然而止；他们走散了。他已经想要走，忽然下一层的通楼梯的门哗啦一声打开了，有人下楼去了，嘴里哼着一支什么曲调。“他们为什么这么吵闹！”他心里想。他又把身后的门掩上，等待着。末了，一片寂静，没有人了。他已经踏上楼梯，突然又传来一阵什么人的脚步声。

这阵脚步声听起来还很远，刚上楼来，但他清楚地记得，一听见这阵声音，不知为什么他就猜疑起来：这一定是上**这儿来**的，到四楼老太婆家里来的。为什么？脚步声很特别，不是值得注意吗？脚步是沉重的、均匀的、从容不迫的。他已经走上了第一层，还在往上走；声音越来越清楚！传来了上楼来的人沉重的喘息声。他已经开始上第三层——往这儿来了！他忽然觉得，仿佛身子僵硬了，仿佛在做梦，梦见有人在他后面追来，逼近了，想杀死他，可是他仿佛在那个地方扎了根，两手动也不能动了。

这个客人终于上四楼来了，他突然一怔，机警地赶快从过道溜回到屋子里去了，并掩上了门。于是他拿门钩轻轻地无声地扣入了铁环。本能帮助了他。扣住了门钩，他就屏息敛气地躲起来，此刻他站在门后。那个不速之客站在门外。他们现在对峙着，就像不久前他跟老太婆对峙着一样；那时门把他们隔开着，他侧耳谛听着。

客人好几次沉重地喘着气。"大概是个大胖子，"拉斯柯尔尼科夫紧握着斧头，在心里寻思。真的，像在做梦。客人拉起铃来，拉得很响。

白铁门铃叮叮当当地响了起来，他突然觉得好像房间里的东西都颤动起来。他甚至认真地谛听了一阵子。陌生人又拉了一下门铃，又等待着，突然，急不可耐地使出平生力气拉门上的把手。拉斯柯尔尼科夫恐惧地望着在铁环里跳动着的门钩，他不知所措地恐惧地等待着：门钩马上就要跳出来了。这当真是可能的：拉得多么猛啊。他想用手去按住门钩，可是那个人会发觉的。他又觉得一阵头昏。"我马上要昏倒了！"他脑海里闪过了这么一个念头。可是有个陌生人说起话来，他立刻惊醒过来了。

"她们在干什么啊，睡不醒呢，还是谁把她们掐死了？该死！"他像在桶里一样瓮声瓮气地叫起来，"喂，阿廖娜·伊凡诺夫娜，这个老妖怪！丽扎韦塔·伊凡诺夫娜，我的最漂亮的美人儿！开门！哼，该死的，她们在睡觉吗？”

他又勃然大怒，接连拉了十来次铃，用了很大的劲儿。不用说，这是个有权势的、跟这家关系密切的人。

这当儿，突然从不远的楼梯上传来了一阵细微急促的脚步声。又有一个人来了。拉斯柯尔尼科夫开头没有听清楚。

“怎么没有人？”那个来人声音响亮地蛮高兴地问第一个客人，后者又拉起门铃来。“您好，柯赫！”“从声音里听出来，大概是个很年轻的人。”拉斯柯尔尼科夫突然想。

“谁知道她们，我差不多要把门锁拉坏了，”柯赫回答道。“您认识我吗？”

“啊，对了！前天，我在‘冈布里努斯’连赢了您三局台球。”

“啊——啊——啊……”

“那么，她们不在家吗？奇怪。不过，讨厌极了。老太婆会上哪儿去？我有事呢。”

“老兄，我也有事呢！”

“哎！怎么办？那么，回去吧。哎！我想弄些钱！”那个青年突然大声地说。

“当然只好回去，她干吗约我来？这个老妖怪，她自己约我这个时候来的。我还是特地跑来的。见鬼，我真不明白，她上哪儿去了？这个老妖怪一年到头待在家里，精神萎靡，脚痛，这会儿却忽然出去溜达了！”

“不去问问看门人吗？”

“问什么？”

“她上哪儿去了，什么时候回来？”

“哼……见鬼……去问……她什么地方也不会去的……”他又拉了一下门把手。“见鬼，没有办法，走吧！”

“等一等！”那个青年突然叫喊起来。“您可要注意：拉起门来的时候，您可看见门在动吗？”

“真的吗？”

“这样看来，门没有锁上，只扣住了门钩！您听见门钩的响声吗？”

“真的吗？”

“您怎么不懂？这样看来，她们有一个在家里。如果她们都出去了，那就会在外面锁上门，而不会在里面扣住门钩。您可听见，门钩在当啷当啷地响？人在家里，才能在里面扣住门钩，您懂吗？这样看来，她们都在家里，但不开门！”

“对啊！真是这样！”柯赫感到惊讶，叫道。“她们在里面干什么！”他又发狂地拉起门来。

“等一等！”那个青年又叫起来。“您别拉了！恐怕出乱子了……您已经拉过铃，拉过门——她们不开；这样看来，她们两姐妹不是晕厥了，就是……”

“什么？”

“这样吧：我们去叫看门人来，让他来叫醒她们。”

“对！”两个人都下楼去了。

“别忙！您留在这儿，我跑下去找看门人。”

“我为什么留在这儿？”

“这有什么关系呢？……”

“好吧……”

“我将来要当侦查员！显然，显——而——易见，这儿出了乱子！”青年发急地叫着跑下楼去。

柯赫留下了，他又轻轻地拉了一下门铃，门铃叮叮当当地响了一阵。过后仿佛思索着和检查着，他轻轻地扭动了一下门把手，把它拉了一下，又放开了，想再次证实，门是不是只用门钩扣住着。接着，他气喘吁吁地弯下腰，朝锁眼里张望；可是钥匙插在里面的锁眼里，所以什么也看不见。

拉斯柯尔尼科夫紧紧地握住斧头站着，他仿佛在做梦。等到他们进去，他甚至准备跟他们厮打。他们敲门和商量着的时候，他好几次忽然想从门里面喊他们，立刻把这件事结束。有时他想跟他们对骂，戏弄他们，直到门打开为止。“但愿快些！”这个念头在他的脑海里闪过。

“但是他，见鬼……”

时间一分钟一分钟地消逝着，没有人来。柯赫着急起来。

“咳，见鬼！……”他等得不耐烦了，突然叫喊起来。他离开岗位也下楼去了，他急急地跑下楼去，靴子在楼梯上橐橐地响。脚步声沉寂了。

“天哪，怎么办？”

拉斯柯尔尼科夫拔出门钩，稍微打开门，什么声音也没有了，他突然不假思索便走了出来，尽可能紧地掩上了身后的门，下楼去了。

他已经走下三层楼梯，下面突然响起一阵喧闹声——往哪儿躲啊！没有地方可躲了。他正要往回跑，再躲进房间里去。

“哎，妖魔，鬼东西！捉住他！”

有个人叫嚷着，从房间里奔出来，跑下楼去了。他不是在奔跑，而是好像从楼梯上滚下去，一边放开喉咙大声叫喊：

“米季卡！米季卡！米季卡！米季卡！去他妈的！”

这阵叫喊声以一阵尖叫声结束了；最后一阵声音是从院子里传来的；一片寂静。但是就在那一瞬间，有几个人高声地你一句我一句谈着，喧闹地上楼来了。他们有三四个人。他听见了那个年轻人的响亮的声音。“他们来了！”

他一筹莫展地迎着他们走去：听天由命！他们把他拦住，那就完了；他们让他过去，也完了：他们会记住他。他们已经逼近了；他们只相隔一条楼梯了，可是忽然出现了救星！在只跟他相隔几级楼梯的右首是一套空房间，门洞开着，这就是二楼上那套有几个工人在油漆的房间，可是现在他们都仿佛有意地走开了。大概是他们刚才叫嚷着下楼去。地板刚油漆过，房间中央放着一只木桶和一块瓦片，那块瓦片里盛着油漆，放着一把刷子。他一溜烟似的溜进开着的门里去了，躲在壁后，适巧他们也已经走到了楼梯的平台上。他们拐个弯又往上跑，打门前经过，高声地谈着话，上四楼去了。他等了一会儿，蹑着脚走出来，就往下跑。

楼梯上一个人也没有！在大门口也不见人影。他慌忙地跨过门限，往左拐弯，来到了大街上。

他很清楚地、十分清楚地知道，这个时候他们已经走进了房间，看到门没有扣上，一定会感到很惊讶的。因为刚才门是扣上的；他们已经在看尸体，他们立刻就猜度到，并且恍然大悟，原来凶手刚才是在这儿，及时往什么地方躲起来了，然后打他们跟前溜过，逃跑了；他们大概也会猜想到，当他们上楼来的时候，他待在那套空房间里。但他无论如何不敢走得很快，虽然离头一个拐弯处只有百来步路了。“要不要溜进一道大门里去，在那不熟识的楼梯上待一会儿？不，真糟！要不要把斧头扔掉？要不要叫一辆马车？真糟呀！真糟呀！”他终于走到了一条胡同口；他折入了胡同，吓得半死不活；他到了这儿，已经有一半获救了，这点他是明白的。因为在这儿他不大会引起怀疑，而且这儿来往的人很多，他好比一粒沙子混在他们里面。但这些烦恼已经把他弄得精疲力竭了，他勉强地走着，汗如雨下，脖颈被汗湿了。“瞧，这个人喝醉了！”当他向河边走去的时候，有人向他叫道。

他现在神志不清；越往前走，神志越糊涂。但他记得，当他向河边走去的时候，突然害怕起来；这儿行人稀少，更惹人注意，他想退回到胡同里去。虽然他快要倒下了，但还是绕道而行，从另一个方向走回家去。

他糊里糊涂地走进了他所住的那幢房子的大门；他已经走上了楼梯，这才想起了斧头。他还有一桩重要的事儿要做呢：把斧头放回原处，并且要尽可能少惹人注意。不用说，他已经没有思考能力了，他不把斧头放回原处，以后把它扔入人家的院子里，这或许要好得多。

但是一切都很顺当。看门人的屋子的门已经掩上了，但没有锁上，这样看来，看门人大概在屋子里。但他丧失了思考力，一径走到看门人的屋子跟前，打开了门。如果看门人问他：“有什么事？”他也许会把斧头直接交给他。但是看门人又不在屋子里，他赶快把斧头放在长凳下面原来的地方，甚至拿木柴照原来的样子把它遮住。以后，他一直走到自己家里，没有碰见过一个人；女房东的门已经关上了。他走进自己的屋子，和衣往长沙发上倒下了。他睡不着，但头昏昏沉沉的。如果那时候有个人走进他的屋子里，他准会霍地站起来大声叫喊。一些不连贯的思想片断在他的脑海里翻腾；但他不知道自己在想什么，甚至不管他怎样努力，也不能把思想集中于一点……

第二章

一

他这样躺了很久。有时他仿佛睡醒了，于是发觉夜早已来临，但他并不想起床。末了他发觉，天已经明亮起来。他仰躺在长沙发上，由于不久前他昏迷过，他还是呆愣愣的。一阵阵可怕的、绝望的号哭声凄厉地从街上传到了他的耳朵里，每夜两点多钟他都听到窗下这样的号哭声。现在这一阵阵号哭声又把他闹醒了。“啊！那些酒鬼也已经从酒店里出来了，”他心里想。“两点多啦。”他霍地跳起来，仿佛有人把他从沙发榻上拉起来似的。“怎么！已经两点多啦！”他坐在沙发榻上，这当儿他又想起一切事来！忽然在一刹那间他把什么都想起来了！

开头他以为，他要发疯了。他打着可怕的寒颤；但这阵寒颤也是由于热病所引起的，其实，还在睡觉的时候，他已经在发烧。现在他忽然抖得这么厉害，连牙齿都格格打战，浑身哆嗦。他打开了门，侧耳倾听起来：这幢房子里一切都已经酣睡沉沉，他愕然打量了一下自己身上和自己斗室里周围的一切东西，他不明白：昨天进来的时候，怎么没有扣住门钩，就倒在长沙发上，不但没有脱衣服，而且还戴着帽子；帽子掉落了，滚到了枕头旁的地板上。“如果有人进来过，那他会怎样想呢？他以为我喝醉了；可是……”他向窗前扑去。天已经大亮，他急忙察看身上，一切都得察看一下，从头到脚，全身衣服都要检查一遍：有什么痕迹没有？但他做不到：他冷得瑟瑟发抖。于是他开始把身上衣服脱下来，又一件一件地检查了一遍。他把衣服全都翻过了，连一根线一块布也不放过。他不相信自己的眼睛，反复地检查了三遍。但似乎什么痕迹也没有；只在从磨破了的裤管边上挂下来的那一丝丝布毛边上还留着一点点凝结了的浓血。他拿起一把大折刀，割去了这些布毛边。似乎再没有什么痕迹了。他蓦地想起来，从老太婆的箱子里拿来的钱袋和一切东西都还藏在口袋里！他一直没有想到把它们拿出藏起来！就连现在检查衣服的时候，他也没有想到它们！这是怎么啦？他立刻扑过去把这些东西取了出来，扔在桌上。他把所有东西都拿了出来，连口袋也都翻了出来看个仔细，是不是还有东西留在里面，然后把这堆东西都搬到屋角去了。在那边屋角里，靠墙脚有个地方糊壁纸扯破了，从墙上脱落下来了；他立刻把所有东西都塞入了糊壁纸后面的一个窟窿里。“放进去了！所有东西都看不见了，钱袋也看不见了！”他乐呵呵地想，一边欠一欠身子，惘然看看屋角里那个越发隆起的窟窿。他蓦地吓得怔了一下：“天哪，”他绝望地悄声说。“我怎么啦？这算藏好了吗？谁这样藏东西？”

不错，他并不打算拿东西；他只想拿些钱，所以他没有准备藏东西的地方。“可是现在，现在我有什么可高兴的呢？”他想。“谁这样藏东西？我真的昏头昏脑啦！”他精疲力竭地坐到长沙发上，一阵难受的寒颤立刻又使他哆嗦起来。他无意识地把放在旁边椅子上那件他从前做大学生时穿的冬大衣拉了过来。这件大衣很暖和，但已经穿得破旧不堪。他把大衣盖在身上，立刻就沉入了睡乡，并且说起梦话来。他迷迷糊糊地睡去了。

不到五分钟，他又一骨碌爬了起来，立刻又发狂似的向自己那件夏季外套扑过去。“我怎么又睡熟了，我什么事也没有做哪！果真如此，果真如此：胳肢窝下面的那个环圈还没有拆掉呢！我忘了，忘了这样一件重要的事！一个这么重要的罪证！”他扯下环圈，赶忙把它扯得粉碎，塞入了垫在枕头下面的内衣里。“扯成了碎片的粗麻布决不会引起疑窦的；我觉得是这样，我觉得是这样！”他站在屋子当中反复地说，并且又非常仔细地四下看看，看看地板，又看看其他地方：还有什么东西遗落没有？他深信，他丧失了一切能力，连记忆力也丧失了，连简单的思考力也没有了，他因而感到难受的痛苦。“啊，莫非已经开始了，莫非惩罚已经降临到我身上了？对，对，一点儿不错！”真的，那些从裤管上割下来的一丝丝布毛边，都乱扔在屋子当中地板上，会让第一个进来的人看见的，“我这是怎么啦！”他又高声叫喊起来，像失魂落魄似的。

这时，他头脑里产生了一个奇怪的念头：也许他的衣服染满了鲜血，也许有许多血迹，只是他看不见，没有发觉，因为他的脑力衰退了，思想不能集中了……头脑糊涂了……他忽然想起来，钱袋上也有血迹。“哎呀！这样看来，他口袋里一定也有血迹，因为我那时把血迹还没有干的钱袋塞入了口袋里！”他立刻把那只口袋翻了出来——果然不错，口袋的衬布上也血迹斑斑！“这样看来，我还没有完全丧失理智，我既然能记起来，能想得到，可见我还有思考力和记忆力！”他洋洋得意地想着，一边愉快地深深舒了口气。“那不过是发热后的体力衰颓，片刻的神思恍惚，”他把左边裤袋的衬布也拉了出来。这当儿阳光照射在他的左靴上：他那从破靴里露出的袜子上好像也有血迹。他脱下了靴子。“果真是血迹！袜尖浸透了血；”大概，他那时不当心踩了那摊血……“现在这怎么办呢？把这只袜子、布毛边和袋衬布藏到哪儿去呢？”

他把这些东西抓在手里，站在屋子中央。“扔入炉子里吗？他们首先会在炉子里翻寻的。烧毁吗？拿什么东西来烧呢？连火柴也没有一根。不，最好把这些东西扔到什么地方去。对！还是扔掉好！”他反复地说着，又坐到长沙发上。“马上，此刻就走，别耽搁啦！……”但他没有走，他的头却又倒在枕头上了；一阵难受的寒颤又使他不能行动了；他又把大衣拉到身上。这个念头久久地、断断续续地在他脑海里萦回了几小时：“马上就走，别耽搁啦！不论到什么地方去，把这些东西全都扔掉，免得让人看见，快些，快些！”他好几次在长沙发上挣扎着想站起来，但总是做不到。一阵猛烈的敲门声把他惊醒了。

“开门，你活着还是死啦？他总是睡觉！”娜斯塔西雅用拳头敲打着门，叫喊着。“他成天价像条狗一样睡觉！他当真是条狗！开门，开门呀。十点多啦。”

“也许他不在家！”一个男人的声音说。

“哎哟！这是看门人的声音……他来要干什么？”

他直跳起来，坐在长沙发上。心扑通扑通跳得直响，甚至感到发痛。

“谁把门钩扣上了？”娜斯塔西雅反问。“他把自己锁在屋子里！怕人家会把他偷走吗？开门，傻瓜，醒醒吧！”

“他们有什么事？看门人来干什么？大家都知道啦。抗拒呢，还是开门？完了……”

他欠起半截身子俯身向前，拔出了门钩。

他的屋子是那么小，不必下床就能拔出门钩。

果然不错：看门人和娜斯塔西雅站在门口。

娜斯塔西雅不知怎的用奇怪的眼神把他打量了一下。他现出挑衅和绝望的神情瞥了看门人一眼。看门人默默地递给了他一张对折起来的灰纸，用封瓶的火漆封住的。

“办公室里送来的一张传票，”他说着，就把传票交给了他。

“什么办公室？……”

“叫你到警察局办公室去。大家都知道，这是什么样的办公室。”

“到警察局去！……有什么事？……”

“我怎么知道。传你去，你就得走一趟。”他用心地把他打量了一下，并看看四下，转身就走了。

“你好像病得很厉害？”娜斯塔西雅问，一边目不转睛地看他。看门人也回过头来看了他一会儿。“他昨天就在发烧，”她补上一句。

他没有回答，把传票拿在手里不拆。

“那么你别起来吧，”娜斯塔西雅继续往下说，看见他从长沙发上放下脚来，不禁起了怜悯之心。“你病了，那就别去，不必着急。你手里拿的是什么东西？”

他看了一眼：他右手拿着割下来的一丝丝布毛边、一只袜子和一片片扯碎了的袋衬布。他拿着这些东西睡熟了。接着他想了想，记起来了：他发着烧，似醒非醒的，所以手里紧握着这些东西又睡熟了。

“哎呀，他收集了这些破烂东西，拿在手里睡觉，好像拿着宝贝一样……”娜斯塔西雅傻里傻气地大笑起来。他立刻把这些东西都塞到大衣下面，一边目光定定地看着她。虽然他在这个时刻还不能够作十分有条理的思考，但他觉得，如果人家来逮捕他，他们不会用这样的态度对待他的。“可是……警察局？”

“喝些茶吗？要不要喝？我去端来；茶还有哩……”

“不……我要出去……我马上就要出去，”他嘟嘟囔囔说着，站起来了。

“怕你楼梯也走不下呢？”

“我要出去……”

“随你的便。”

她跟随着看门人出去了。他立刻跑到明亮的地方去检查袜子和布毛边：“有血迹，但不十分显眼；血迹给弄脏了，蹭掉些儿，已经褪了色。不知道这件事的人是什么也看不出的。所以娜斯塔西雅站得远点儿就什么也不能发觉，谢天谢地！”于是他哆哆嗦嗦地拆开了传票，念起来；他念了很久，终于搞清楚了。这是区警察局发来的一张普通的传票，叫他今天九点半到区分局局长办公室去。

“什么时候有过这样的事啊？警察局从来不找我！为什么恰恰今天？”他思忖着、苦恼着，摸不着头脑。“天哪，但愿快些！”他急忙跪下做祷告，连他自己也不禁放声大笑起来——他不是笑祷告这个主意，而是笑他自己。他急忙穿上衣服。“反正要完了，把袜子穿上！”他忽然想起来：“再弄脏些，就看不出痕迹了。”但他一穿上袜子，立刻就厌恶而恐惧地把袜子脱掉了。他脱掉了袜子，可是想到他没有别的袜子，又拿起来穿上了——他又放声大笑起来。“这全都是假定的，相对的；这只是一种形式，”这个想法忽然兜上了他的心头，只是一闪即逝；但他不觉浑身战栗起来。“我不是穿上啦！结果我还是穿上了！”但是笑容立刻就收敛了，变成悲观绝望的神色。“不，我受不了……”他心里想。他的两腿瑟瑟发抖。“因为我害怕，”他喃喃地自言自语。脑袋因发热而感到昏晕疼痛。“这是一种狡猾的手段！他们想引诱我上钩，突然中他们的计，”他走到楼梯上的时候，还在暗自思忖。“糟糕的是，我几乎神志不清……我会胡言乱语的……”

他在楼梯上想起来了，那些东西还藏在糊壁纸后面的窟窿里，“大概，故意等他不在家的时候来搜查，”他一想起来就站住了。但是一筹莫展和以一死了事的心理（如果可以这样说的话）突然把他攫住了。于是他把手一挥，又下楼去了。

“但愿快些！……”

街上又热得难受；这几天甚至没有下过一滴雨。又是灰尘，又是砖块和石灰；又是从铺子和小酒店里冲出来的那股臭气；又是随时可以碰到的喝醉的人、芬兰小贩和七歪八斜的出租马车。强烈的阳光照得他的眼睛发花了，他头昏得厉害——在阳光强烈的天气里，一个身子发烧的人突然来到街上，往往有这样的感觉。

走到昨天走过的那条街的拐弯处，他痛苦不安地张望了一下，又望望**那所**房子……立刻就把目光移开了。

“如果他们问起来，我也许会说，”他走近办公室的时候，心里想。

办公室离他的家只有四分之一里路。办公室刚搬到新址四楼上的新房间里。旧址他去过的，但这已经是很久以前的事了。他走进大门，看见右首有一条楼梯，一个庄稼汉模样的人手里拿着一本簿子走下楼来：“那么他就是看门人；那么办公室就在这里，”他跑上楼去碰碰运气。他不愿问人。

“我进去，跪下，直认不讳……”他边想边上四楼去了。

楼梯又陡又窄，污水淋漓。四楼全部住所的厨房都朝这条楼梯开着门，差不多是整天开着的，因而闷热极了。腋下夹着小簿子的看门人、听差和上警察局来的形形色色的男男女女都川流不息地打这条楼梯跑上跑下。办公室的门也敞开着。他走了进去，在前室里站住了。这儿经常有一些乡下人站着等候。这儿也异常闷热，而且这些刚油漆过的房间那股混合着带臭味的干性油的、还未消散的油漆味儿往鼻子里直冲，简直叫人恶心。他等待了一会儿，认为还得往前走，就往隔壁一个房间走去。那些房间都又小又低。急不可耐的心情使他越发想往前走。谁也没有注意他。在第二个房间里有几个录事在办公，他们都在振笔疾书，身上只比他穿得稍微体面些，模样儿都很古怪。他找了其中的一个录事。

“你有什么事？”

他拿出警察局的传票。

“您是大学生吗？”那个录事看了一下传票，又问。

“是的，从前是大学生。”

录事把他打量了一下，但是神气很冷淡。这个人头发异常蓬乱，眼神里流露出他有个固执的想法。

“这个人不会告诉你什么的，因为他对什么都不感兴趣，”拉斯柯尔尼科夫心里想。

“请您到那儿去跟文书谈吧，”录事说，用指头朝前面点点尽头的一个房间。

他走进那个房间（按照顺序这是第四个房间）里去了，这儿地方窄小，挤满了人——他们都穿得比外面几个房间里的干净些，其中有两个妇女。一个穿着素色的丧服，坐在文书对面的桌旁，一面听文书口授一面写。另一个是一位太太，一个胖胖的、脸上红彤彤，有许多斑的、惹人注目的女人。她服饰华丽，胸前别着一枚和茶碟子一般大的胸针，站在一边等候着。拉斯柯尔尼科夫把传票递给了文书。文书匆匆地瞥了一眼，说：“请等一等，”他又给那个穿丧服的女人口授着什么。

他较为舒畅地透了口气。“一定不是那件事！”他慢慢地振作起精神，竭力鼓起勇气，镇定下来。

“多么傻啊，稍微粗心大意，就会出卖自己！……嗯，很可惜。这儿空气不足，”他补上一句，“很闷热……头脑昏得更厉害了……神志也……”

他感到心乱如麻。他害怕不能控制自己。他极力专心致志地想一件什么事，要想一件什么事，一件完全不相干的事，但压根儿做不到。那个文书却引起他极大的注意：他总是看着他的脸，想猜出什么来。这是一个很年轻的人，约莫二十二岁，有一张黝黑的、活泼的脸，看起来比他的年纪老些，衣着时髦，像个花花公子，在后脑勺上头发对分梳开，梳得很均匀，搽过油，那些拿刷子刷得干干净净的白皙的指头上戴着几只嵌宝戒指和金戒指，坎肩上挂着一根金链子。他跟一个来到这个房间的外国人还说了两句法国话，说得还不错。

“露依莎·伊凡诺夫娜，您坐一会儿，”他忽然对那个穿得很漂亮的、脸上红彤彤的女人说，她总是站着，好像不敢坐，虽然旁边有把椅子。

“谢谢[1]，”那个女人轻轻地说，衣服窸窣作响，坐到椅子上。她那条浅蓝色的镶白花边的连衣裙在椅子周围散开了，像个气球，几乎占据了半间屋子。芳香扑鼻。可是那位太太大概因为占据了半间屋子，身上散发出一阵阵香气而坐立不安，虽然她羞怯地涎皮赖脸地微笑着，但显然很不自在。

那个穿着丧服的女人终于办完了手续，站起来了。突然，传来一阵闹声，有个警官神气活现地走进来了，他不知道怎的养成了一个特别的习惯，每走一步就扭动一下肩膀，把那顶缀着一个帽徽的制帽扔在桌上，就在圈椅上坐下了。那个服饰华丽的女人一看见警官就霍地从座位上站起来，异常高兴地行了个屈膝礼；但警官并不理睬她，她却不敢当着他的面再坐下。这是区分局副局长，两撇略带火红色的唇髭天平般地向左右两边伸展着，五官异常细小，但是除了有点儿傲慢无礼以外，没有显现出什么特点。他不大高兴地斜睨了一下拉斯柯尔尼科夫，因为他穿得太破烂了，虽然他一副寒酸相，但是他那英俊的气概并没有被破烂的衣服所掩盖；拉斯柯尔尼科夫因为一时疏忽而直瞅着他，看得太久了，后者甚至恼火了。

“你有什么事？”他叫道，因为他那闪电般的目光没有使这么一个衣服破烂的人害怕，大概感到惊讶。

“是你们传我来的……有传票……”拉斯柯尔尼科夫漠然回答道。

“是一桩向他追索债务的案件，就是向这个大学生。”文书慌忙说，把目光从传票上移开了。“这里！”他把一本练习簿递给拉斯柯尔尼科夫，指指练习簿上的一个地方，“您去看吧！”

“债务？什么债务？”拉斯柯尔尼科夫心里想。“但是……这样看

---

①原文为德文。

来，一定不是那件事！”他高兴得哆嗦了一下。他突然如释重负，心头感到说不出的轻松。

“先生，通知您几点钟来？”中尉警官叫道，不知为什么越来越生气。“通知您九点钟来，可是现在已经十一点多啦！”

“我一刻钟以前才接到传票，”拉斯柯尔尼科夫转过脸去，大声回答道，他突然发这么大的脾气，连他自己也意想不到，甚至对这个回答他有点儿感到满意。“我在发烧，我抱病而来，不错吧。”

“不许大声叫嚷！”

“我没有大声叫嚷，我平心静气地对您说话，可是您对我大声叫嚷；我是大学生，不许人家对我哇啦哇啦。”

副局长勃然大怒，开头甚至说不出话来，只是唇髭下面唾沫飞溅。他从椅子上直跳起来。

“住——口！您是在警察局里。先生，不——要——放肆！”

“您也是在警察局里，”拉斯柯尔尼科夫大声叫道，“您不但大声叫嚷，而且还抽香烟，您不尊重我们。”说了这句话后，拉斯柯尔尼科夫感到难以形容地快乐。

文书微笑地看着他们。大发雷霆的中尉警官显然很窘。

“这不关您的事！”末了，他有点儿做作地高声叫道。“请您作出向您要求的答辩。让他看看，亚历山大·格里戈里耶维奇。有控告您的状子！您不还钱！模样儿倒很漂亮！”

可是拉斯柯尔尼科夫不再听他的话，猛地夺过那张控告他的状子，想快些揭开谜底。他看了一遍又一遍，还是摸不着头脑。

“这是怎么回事？”他问文书。

“这是凭借据向您索债，追讨欠款。您应当或者负担一切诉讼费用，缴纳罚金和其他费用，或者提出书面答复，说明什么时候还钱，而在欠款未还清以前，不得离开京都，不得出卖或隐藏自己的财产。债权人可以拍卖您的财产，并依法控告您。”

“我……没有欠什么人的钱！”

“这不关我们的事。有人交来一张过了期的、被拒付的一百十五卢布的借据，要求我们追索欠款。这张借据是您在九个月前出立给八等文官太太扎尔尼采娜寡妇的，而扎尔尼采娜寡妇后来又把它转让给七等文官切巴洛夫，所以我们传您来作答辩。”

“她不是我的女房东吗？”

“她是你的女房东，那又怎么样呢？”

文书望着他，脸上流露出同情而又宽恕的微笑，但略带洋洋得意的神气，仿佛望着一个刚开始学习射击的新手，在问：“嗯，现在你觉得怎样？”可是他现在管他妈的什么借据，什么追索欠款！目前这也值得担忧，甚至值得注意吗！他站着、念着、听着、回答着，甚至自己提出问题，但这一切行动都是不自觉的。胜利地保全了自己，脱离了迫于眉睫的危险——这就是他在这个时刻的感觉。他不作预测，也不加分析；对未来不作猜想，也不加推测；他不怀疑，也不追问。这是一个充分表现出直觉的、纯然是动物本能的快乐时刻。可是，这当儿在办公室里好像雷电交加一样，突然发生了一件事。那个还在因为对他不恭敬而震怒的、气得面红耳赤的、显然还想维持受损的尊严的中尉警官，忽然迁怒于那个倒霉的“服饰华丽的女人”，虽然从他进来的时候起，她一直带着傻里傻气的微笑望着他。

“你这个贱货，”他忽然放开喉咙叫嚷起来（那个穿丧服的女人已经走了），“昨天夜里你家里出了什么事啦，啊？又是丢脸的事，吵闹得满街都知道了。又是打架、酗酒。你想进感化院嘛！我不是已经对你说过，我已经警告过你十次，第十一次我可不能饶恕了！可是你又……又……你这个贱货！”

连拉斯柯尔尼科夫手里的传票也掉落了，他惊讶地望着遭到这么无礼辱骂的那个服饰华丽的女人；可是不久他就明白了，这是怎么回事，他对这件事甚至立刻发生了很大的兴趣。他高兴地听着，甚至想哈哈大笑一阵……他的全部神经都兴奋起来了。

“伊里亚·彼得罗维奇！”文书殷勤地说话了，但马上又把话缩住了，等待着时机，因为他凭经验知道，你只有采用强制手段才能叫这个中尉警官不发脾气。

至于那个服饰华丽的女人，开头中尉警官的大发雷霆吓得她瑟瑟发抖；但是说来奇怪：骂得越多越厉害，她却越变得温柔可爱；她对那个可怕的中尉警官笑得越发迷人了。她在原地踏步，不断地行屈膝礼，急不可耐地等待着插嘴的机会，终于等到了。

“长官[①]先生，我家里没有吵闹过，也没有打过架。”她突然放连珠炮般地说起来，好似豌豆撒落在地上一般，虽然她厚着脸皮说着俄国话，可是她的发音却带着极重的德语重音，“没有发生什么丢脸的事，他们都喝得醉醺醺来的，让我把这件事的全部经过告诉你。长官先生，不是我的过错……我的家庭是高尚的、规规矩矩的。长官先生，我从来不干丢脸的事。可是他们来的时候都已经喝得烂醉，后来又要三瓶酒，于是有个人竟然跷起脚，用脚弹起钢琴来了。在一个高尚的家庭里，这太不成体统了。他把钢琴完全[②]弄坏了，这完全是下流的行为，我就这样对他说。可是他拿起一瓶酒，猛击每个人的背。于是我马上叫来了看门人。卡尔来了，他抓住了卡尔，打他的眼睛，又打亨利埃特的眼睛，还打了我五记耳光。长官先生，在一个高尚的家庭里，这是多么无礼呀，我就叫喊起来。他打开临河的窗，像头小猪般地向窗外尖叫起来；这真丢人。站在窗前，对着街，像小猪般地号叫，这成什么体统？呸—呸—呸！卡尔在他背后拉住他的燕尾服，把他从窗口拖开了，长官先生，这是真实情况，他把他的燕尾服[③]撕破了。于是他大叫大嚷，必须[④]赔偿他十五卢布。长官先生，我自已拿出五卢布赔偿他的燕尾服。这是个下流的客人，长官先生，他常常胡闹！他说：我将来要发表[⑤]长篇讽刺文章骂您，因为在所有报上我都能发表骂您的文章。”

“那么，他倒是个作家？”

“是呀，长官先生，在一个高尚的家庭里……长官先生，他是个多么下流的客人呀……”

“嗯—嗯—嗯，够啦！我已经对你说过啦，说过啦，我不是对你说过了……”

---

①②③④⑤原文为德文。

“伊里亚·彼得罗维奇！”文书又意味深长地说话了。中尉警官瞟了他一眼；文书微微摇了摇头。

“……已经对你说过了，最可尊敬的拉维莎·伊凡诺夫娜，我最后一次警告你，这是最后一次了，”中尉警官继续往下说。“在你那高尚的家庭里，哪怕再闹出一次丑事来，我用高尚的话来说，那我要把你查办[①]。听见吗？这样说来，他是个文人，或者是个作家，在‘高尚的家庭里’，因为后襟被人撕破了，而拿了五个卢布赔偿费，是不是？他们这些作家都是这个样儿！”于是他向拉斯柯尔尼科夫投了轻蔑的一瞥。“前天在一家小饭馆里也发生过同样的事：有个文人吃了饭，不肯付钱；他还说：‘我要写一篇文章讽刺你们。’上星期，另一个文人在轮船上用最下流的话骂一个五等文官的家眷——他的妻子和女儿。前几天，有个文人被撵出了糖果店。作家、文人、大学生、宣传者，他们都是这样的一批家伙……呸！你去吧！我会到你家里来看的……你可要注意！听见吗？”

露依莎·伊凡诺夫娜匆忙而殷勤地朝各方面行着屈膝礼，边行屈膝礼，边向门外退去；可是在门口她的屁股撞了一个仪表堂堂的警官，这位警官神色坦然，容光焕发，两边脸颊上留着极其漂亮的、浓密的、淡黄色的络腮胡子。这就是分局长尼柯季姆·福米奇。露依莎·伊凡诺夫娜连忙行个屈膝礼，两膝弯曲得几乎碰到了地板，步子又快又小，跳跳蹦蹦地从警察局里飞奔出去了。

“又是霹雳，又是雷电交加，又是旋风，又是台风？”尼柯季姆·福米奇亲切而友好地对伊里亚·彼得罗维奇说。“你又发脾气啦，又动肝火啦！我在楼梯上就听见了。”

“对啊，怎么样！”伊里亚·彼得罗维奇带着君子风度漫不经心地说（甚至不是说“怎么样”，不知何故，竟说成“咋——么——样！”），他手里拿着一沓公文走到另一张桌子跟前去了，每走一步，就装腔作势地扭动一下肩膀：他往哪儿走，肩膀就往哪儿扭。“您瞧：

---

①原文为德文。

这位是个作家先生，哦，不，是个大学生，我是说从前是大学生，立了借据，但他不还钱，又不肯搬家，他不断地被人控告，可是他却在这儿抗议，说我在他面前抽香烟！他自己的行为不正派，您瞧瞧，瞧瞧他现在这副讨人喜欢的样子！”

“贫非罪，朋友，这有什么可指责的！大家都知道，他性子暴躁，动不动生气。您大概受了他的气，忍不住了，”尼柯季姆·福米奇和蔼地向拉斯柯尔尼科夫转过脸去，继续往下说。“可是这是您的不对了：我告诉您，他是个极—高—尚的人，但性子暴躁，火暴性格嘛！他一冒火，就要发脾气，脾气发过——就完了！没有事了！归根结底，他心地是善良的。他在团里大家都叫他‘火药中尉’……”

“别提这个团啦！”伊里亚·彼得罗维奇感叹地说，他虽然还在生气，但是这个玩笑却开得使他很满意。

拉斯柯尔尼科夫忽然想对他说句会叫人异常高兴的话。

“请原谅，长官，”他忽然对尼柯季姆·福米奇很放肆地说起话来。“请您站在我的地位设想一下……如果我有什么不对，我甚至愿意请求他原谅。我是个穷大学生，而且身上有病，被贫穷所逼(他正是这样说：“所逼”)。从前我是大学生，因为现在我不能维持生活，但我就会得到钱……我有个母亲和妹妹住在某省……她们将要寄钱给我，我……就可以把钱还清。我的女房东是个善良的女人，可是她因为我丢了教书工作，有三个多月没有付房租，她极为不满，连午饭也不供给我了……我完全记不得，这是一张什么借据！现在她凭这张借据要我还钱，请您说吧，我怎样还她钱！……”

“这不关我们的事……”文书又说话了。

“对，对，我完全同意您的意见；但是请允许我解释一下，”拉斯柯尔尼科夫又赶忙接嘴说，他不是对文书说话，而是对尼柯季姆·福米奇说话；但也尽力对伊里亚·彼得罗维奇说话，虽然后者固执地装作一副翻寻公文的样子，并且鄙夷地不理睬他。“请让我解释一下，我租她的屋子已经有三年光景，从外省来到这儿就住在她那儿，先前……先前……为什么我不如实直说呢……我一开头就答应，我将娶她的女儿，我口头上这样答应，随便答应的……这是个少女……其实我也喜欢她……虽然我并不爱她……总而言之，我年纪轻，我的意思是，当时女房东非常相信我，我多多少少过了一个时期这样的生活……我没有好好地考虑……”

“先生，根本没有人叫您谈男女间的暧昧关系，而且我们也没有工夫听，”伊里亚·彼得罗维奇用洋洋得意的口吻粗鲁地插嘴说；但拉斯柯尔尼科夫急不可耐地打断了他的话，虽然他突然觉得说话异常吃力。

“不过，对不起，对不起，让我多少，还是全都告诉你们吧……这是怎么回事……我也要谈谈……虽然我同意你们的意见，谈这个没有必要；可是一年前，这个姑娘害伤寒病死了，我仍旧住在她那儿。当女房东搬到现在所住的那套房间里来的时候，她曾经对我说……而且很友好地对我说……她绝对相信我……她问我，肯不肯出立这张一百十五卢布的借据，她认为我欠了她这么一笔钱。请允许我说一句：她确是这样说的，只要我给她出立这张借据，她又会借钱给我，要借多少就多少，她决不，决不——这是她亲口说的——她决不拿这张借据去控告我，除非我自愿还钱……现在，我丢了教书工作，没有饭吃的时候，她却来控告了，要我还钱……现在我怎么说呢？”

“先生，我们可不要听这些动听的话。”伊里亚·彼得罗维奇粗暴无礼地打断他。“您应该提出保证，设法还债，至于您的恋爱故事和这些悲剧跟我们风马牛不相及。”

“你……倒是铁石心肠……”尼柯季姆·福米奇嘟嘟囔囔说，坐到桌边，也开始签署公文。他好像有点儿不好意思。

“您写吧，”文书对拉斯柯尔尼科夫说。

“写什么？”他不知怎的格外粗暴地问。

“您听着。”

拉斯柯尔尼科夫觉得，他作了一番自白后，文书对他更不客气，更瞧不起他；但说来奇怪，他忽然对人家的意见毫不介意，这个转变好像是一刹那间发生的，是在一分钟内发生的。如果他肯稍微思考一下，不用说，他就会感到奇怪，他怎么会在一分钟前跟他们谈这样的话，甚至用自己的感情去打动他们？这些感情是哪儿来的？相反地，即使现在房间里坐着的忽然不是局长，而是他的最亲密的朋友们，他似乎也不想对他们说一句推心置腹的话，他的心忽然变得多么空虚啊。他突然意识到心里出现了一种悲观情绪，感到自己是令人痛苦地无限地孤独，而且没有依傍。他突然变得这么悲观可不是由于这两个卑鄙无耻的行为：既不是由于他曾向伊里亚·彼得罗维奇披肝沥胆，也不是由于他屈服于那两个警官。啊，现在他哪会想到自己的这些卑鄙行为啊，想到这些自尊心、警官们、德国女人们、索债和警察局等等！如果此刻他被判处火刑，他不会发慌的，甚至也未必会用心地听完判决书。他发生了一桩十分陌生的、新的、意想不到的而且从来没有发生过的事情。他不是理会到，而是清楚深刻地体会到，他已经再也不能像刚才那样流露感情或者用任何其他方式去向这些坐在区分局里的人们申诉了。即使这些人是他的同胞手足，而不是警官，甚至不论生活情况如何，他也不会去向他们申诉的；以前，他从来没有过如此奇怪而又可怕的感觉。最令人痛苦的是，这与其说是知觉，倒不如说是意识或者意念；一种直觉，他一生中所有的最痛苦的感觉。

文书开始向他口授这一类案件的一种普通的答辩书的格式；就是：我无力偿还债务，答应在将来某一天偿还，我不离开城市，不拍卖或捐赠财产等等。

“您不能写字啦，您拿不住笔啦，”文书说，一边满怀好奇心地仔细打量着拉斯柯尔尼科夫。“您病了吗？”

“是呀……我头晕……请您往下说吧！”

“完了，请签名。”

文书收回了答辩书，就去办别的公事了。

拉斯柯尔尼科夫交还了笔，但他没有起身就走，却把两个臂肘支在桌上，用两手抱住了头，仿佛他的头顶上被人钉了一枚钉子。他突然想到一个奇怪的念头：立刻站起来，走到尼柯季姆·福米奇跟前去，把昨天所干的事向他和盘托出，然后同他一起到家里去，指给他看藏在屋角一个窟窿里的那些东西。这个冲动是这么强烈，他甚至已经站起来要去干。“考虑一会儿岂不更好吗？”在他的脑海里闪过这样一个念头。“不，还是不考虑好，卸下这副重担吧！”可是他突然站住不动了，像被钉在那儿一样，因为尼柯季姆·福米奇热情洋溢地对伊里亚·彼得罗维奇谈着话，这几句话飞到了他耳朵里：

“这是不可能的，这两个人会释放的。第一，一切事情都是自相矛盾的；您想想看：如果这是他们干的，他们去叫看门人来干吗？自己告发自己？还是他们耍手段？不可能，这未免太不可思议！而且，当大学生彼斯特里雅柯夫进去的时候，两个看门人和一个妇女都在大门口看见过他：他跟三个朋友在一起走，走到大门口才跟他们分手。他向看门人打听房客的时候，三个朋友还跟他在一起。如果他抱着这样的意图而来，他还会打听房客吗？那个柯赫在底层一个银匠那儿坐了半个钟头才上老太婆那儿去，他从银匠那儿出来上楼去是在七点三刻。现在请您想想吧……”

“可是，请问，他们的供词怎么会有这样的矛盾呢：他们都肯定地说，他们敲过门，门是扣着的，可是三分钟后，他们同看门人一道上楼去，却发现门没有扣上。”

“问题就在这里：凶手一定扣住了门钩坐在里面；如果柯赫不干蠢事，不去找看门人，那么一定能够把凶手逮住。而他正是趁这个机会跑下楼去，打他们跟前溜过，逃走的。柯赫用双手画十字说：‘如果我站在那儿不走，他会跑出来用斧头把我劈死的。’他要到教堂里去做俄罗斯式的谢恩祷告，嗨——嗨！……”

“谁也没有看见凶手吗？”

“哪能看见呢？那所房子像挪亚的方舟，”文书说，他坐在自己的位子上留心地听着。

“事情是很清楚的，事情是很清楚的！”尼柯季姆·福米奇热情地反复说。

“不，事情并不清楚，”伊里亚·彼得罗维奇坚持地说。

拉斯柯尔尼科夫拿起帽子，往门外走去，可是他没有走到门口就……

他清醒过来的时候，发觉自己坐在椅子上，有个人在右边扶着他，左边也站着一个人，手里端着一只黄玻璃杯，盛满了黄澄澄的水；尼柯季姆·福米奇站在他面前，目光定定地看着他；他从椅子上站了起来。

“这是怎么啦，您病了吗？”尼柯季姆·福米奇口气相当严厉地问。

“他签名的时候，几乎拿不住笔，”文书说了，就坐到自己的位子上，又办起公事来。

“您病了很久吗？”伊里亚·彼得罗维奇从自己位子上大声问道，他也在翻阅公文。病人晕倒的时候，他当然也来看，可是，等到后者清醒过来，他立刻走开了。

“昨天开始的……”拉斯柯尔尼科夫嘟嘟囔囔回答道。

“昨天您出过门没有？”

“我出去过。”

“身子不舒服吗？”

“不舒服。”

“什么时候出去的？”

“晚上七点多钟。”

“请问，您上哪儿去？”

“上街。”

“简单明了。”

拉斯柯尔尼科夫厉声地断断续续地回答道，脸色惨白，那对发红的乌黑眼睛没有被伊里亚·彼得罗维奇的目光看得低下去。

“他快要站不住了，你还……”尼柯季姆·福米奇说。

“不——要——紧！”伊里亚·彼得罗维奇不知怎的用异样的口吻说。尼柯季姆·福米奇还想说下去，可是他瞥了也对自己凝神地看着的文书一眼，就不说话了。大家一下子都沉默了。好奇怪。

“嗯，好吧，”伊里亚·彼得罗维奇结束道。“我们不留您啦。”

拉斯柯尔尼科夫走了。他还能很清楚地听到，他一走出，热烈的谈话忽然又开始了，尼柯季姆·福米奇问得特别响亮……一走到街上，他的神志就完全清醒了。

“搜查，搜查，立刻就要进行搜查了！”他暗自反复地说，急匆匆地赶回家去。“这些强盗！他们起疑啦！”刚才的恐惧心理又把他整个儿攫住了。

二

“要是已经搜查过了，那怎么办？要是我恰好在家里碰到他们，那又怎么办？”

这就是他的家。平安无事，不见人影；没有人来查看过。连娜斯塔西雅也没有进去过。可是，天哪！他怎么把这些东西还藏在洞里？

他跑到屋角，一只手伸到壁纸后面，开始把东西都掏出来，塞进口袋里。共有八件：两只小盒，里面装着耳环或这一类东西——他没有仔细看过；还有四只不大的上等山羊皮盒子。一条链子只用报纸包着。还有一个东西也用报纸包着，好像是个勋章……

他把这些东西分放在大衣的各个口袋里和那只还留着的右边裤袋里，尽力藏得不惹人注目。他也拿了那只装满东西的钱袋，然后离开屋子。这会儿他甚至让门敞开着。

他急匆匆地坚决地走了，虽然觉得精神失常，但人还是清醒的。他怕人跟踪，怕跟踪他的命令在半小时或一刻钟后会下达；因此无论如何得预先灭迹。他多少还有些力气，还有些判断力的时候……必须把事情办好。那么上哪儿去呢？

这早已决定了：“把这些东西都扔到河里，在水里灭迹，那就没有事了。”这个主意他还在夜里神思恍惚中就决定了。他记得，那时他好多次想爬起来往外跑：“快些，快些，把这些东西全都扔掉。”可是扔掉这些东西似乎不很容易。

他在叶卡捷琳娜运河的堤岸上已经徘徊了半小时，或许更多些时间，好多次走到他所经过的河埠去察看。但他认为无法行事：不是有木筏停靠在河埠，就是有妇女在河埠洗衣服，或者有船停泊着，到处是人，而且在这儿堤岸上，从各处都可以看见他，从四面八方都可以看见他，发觉他：有人故意走下去，停住步，把什么东西扔入水里，这是令人可疑的。要是盒子不往下沉而浮在水面上呢？当然是这样。每个人都会看见的。他还没有往水里扔东西，大家碰到他，都已经这样看他，他们都这样打量他，仿佛只关心他一个人似的。“这是什么缘故呢，还是我自已的心理作用，”他心里想。

末了，他忽然想起来，往涅瓦河那边去不是更好吗？那儿人少，不大惹人注目，无论如何方便些，而重要的是离这儿远些。他忽然奇怪起来：他怎么会在这个危险的地方烦恼不安地徘徊了半个钟头，而不能早些想出这个主意来！他没有把事情考虑周到，而白浪费掉了半个钟头，这都是因为这个主意是在睡梦中、在神思恍惚中决定的！他不能把思想集中，并且丧失了记忆力，他知道这一点。得赶快决定啦！

他打 B 大街往涅瓦河走去；可是在路上，忽然头脑里又有了一个主意：“往涅瓦河去干吗？为什么要扔入水里？到一个很远的地方去不是更好吗？哪怕再往岛上去，在那儿某处，在一个偏僻的地方，在森林里的一丛灌木底下把这些东西埋藏起来，记住那株树。”虽然他觉得这时他无力作明确的判断，但他觉得这个主意准没有错。

但命运不让他往岛上去，事情发生了变化：他从 B 大街往广场走去，忽然看见左首有个院子的入口，这个院子围着没有门窗的墙。在大门入口右首，与一所四层楼房贴邻的那堵没有粉刷过的、也没有门窗的墙延伸到院子里很远的地方。左首，也是从大门口起，有一道板墙跟这堵墙平行，深入院子有二十来步远，然后折向左边。这是个冷落、偏僻的地方，堆置着某些材料。再往前，在院子深处，从板墙后面露出了一座低矮的、熏黑了的石砌棚屋的角落，这显然是一个工场的一部分。这里大概是制造马车或钳工的工场，或是这一类的地方，差不多从大门口起，到处都蒙着大量乌黑的煤灰。“在这儿随便什么地方扔下就走！”他忽然想起来。院子里一个人影子也不见，他溜进大门，恰好看见，靠近大门的板墙跟前有个槽(在有许多工人、手艺匠和马车夫等的房子里常常装着这样的槽)，而在槽上面，就是在板墙上，用粉笔写了一句在这种场合所常见的俏皮话："这里严禁站立。"[①]好极了，如果他进去站一会儿，这是不会引起疑窦的。"在这儿把所有东西扔成一堆，拔脚就走！"

他又朝四下看了看，已经把一只手伸入了口袋里。这当儿他无意间在外墙跟前，在大门和槽之间一俄尺宽的地方，发现一块没有凿过的大石头，大概有一普特半重，紧靠着那堵临街的石墙。这堵墙的外面就是大街和人行道，听得见行人匆匆地走过的脚步声，这里常常有不少行人经过。可是在大门外谁也看不见他，除非有人从街上进来，但这是很可能的，所以得赶快进行。

他弯下腰，两手紧紧地抱住了石头上部，用足力气把石头翻了过来。石头下面已经压成了一个不大的凹坑：他立刻把袋里的东西都扔入了凹坑里。钱袋放在面上，但凹坑还没有填满。接着他又抱住石头，一下就把石头扳回来了，石头恰好扳回到原处，只是稍微搁得高了点。他扒拢了泥土，用脚将四边踩平，不留一点痕迹。

于是他走出院子，朝广场走去。一阵强烈的、好容易被抑住的喜悦又像不久前在警察局里一样，刹那间把他攫住了。"罪证消灭了！有谁，有谁会想到往这块石头底下去寻找？这块石头说不定从盖房子的时候起就放在这儿了，而且还要放置许多年呢。即使被人找到了：谁会想到是我干的？事情结束了！罪证消灭了！"他笑起来了。是的，他后来记得，他的这阵笑声是神经质的、轻微的、听不见的，他穿过广场时，他的笑声一直没有停止过。可是当他走上前天偶然碰到那个姑娘的K林荫大道时，他的笑声忽然中止了。他的脑海里出现了另一些念头。他忽然觉得，他现在很不愿意打那条长椅跟前经过，那个姑娘离去后，他曾经坐在那里拿不定主意；他也很不愿意再碰见那天被拿去了二十戈比的那个小胡子："去他的！"

---

①意思是禁止小便。

他边走边心不在焉地愤然四下望望。他的全部思想现在环绕着一个重要的问题而活动着——他自己也感觉到，这当真是个很重要的问题，而现在，正是现在他的确面临着这个重要的问题——两个月来，这甚至还是头一次。

“见鬼！”他在勃然大怒之下忽然想道。“如果开始了，那就开始吧。去它的，去它的新生活！天哪，这是多么愚蠢啊！……今天我说了多少谎话，干了多少卑鄙的事啊！刚才我多么卑鄙地向这个最可恶的伊里亚·彼得罗维奇拍马献媚！其实这也都是胡言乱语！我应当瞧不起他们这些人，我也应当痛恨我这种摇尾乞怜的行为！大错特错！大错特错！……”

他忽然站住了；一个新的、完全意料不到的、但异常简单的问题一下子把他弄糊涂了，并且使他痛苦不堪。

“如果你干这件事当真是一种蓄意的行为，而不是由于一时糊涂，如果你当真抱着一个明确的、坚定不变的目的，那你为什么直到现在连那个钱袋里藏着什么东西也没有瞧过一眼呢？你为什么连你拿到了些什么东西，为了什么而忍受种种痛苦，并且有意识地去干这种卑鄙龌龊和下流的勾当也不知道呢？可是现在你要把这个钱袋连同所有东西都一股脑儿扔入水里，而这些东西你看也没有看过一眼……这到底是怎么回事啊？”

对呀，就是这样；正是这样。其实他先前也知道这一点，他压根儿没有把这当作一个新的问题；他在夜里决定把这些东西扔入水里的时候，他的决心是毫不动摇的、坚定的，仿佛应该如此，非这样干不可……是呀，他完全了解而且牢记着这一点；他差不多昨天就作出这个决定了，是在他坐在衣箱上，从衣箱里拿出那些盒子的时候决定的……可不是这样！……

“这是因为我病得很厉害的缘故，”末了，他闷闷不乐地断定说。“我把自己弄得很痛苦，我折磨着自己，我不知道该怎么办……昨天，前天，在这一段时间里，我一直自寻烦恼……等到我恢复了健康……我就不会自寻烦恼了……可是我不能恢复健康，怎么办？天哪！我多么讨厌这一切啊！……”他不停地往前走。他非常想解解闷儿。但他不知道怎么办，怎样着手。一种从未有过的、不可克制的情感几乎越来越强烈地时刻控制着他：这是他对所遇到的一切人和周围的一切事物所发生的反感，一种无限的、几乎是生理上的、顽强的、愤怒的、憎恨的反感。他觉得，他所遇到的一切人都是可恶的——他们的脸、他们的举止和他们的行动都是叫人讨厌的。如果有人跟他谈起话来，他当真会啐他的脸，或者咬他一口……

他走到小涅瓦河的堤岸上，突然在瓦西里岛上的一座桥旁边站住了。“哦，他就住在这儿，住在这所房子里，”他心里想。“这是怎么回事，我无意中又来到了拉祖米兴的家！又和上次一样……这倒很有意思：我自愿来的呢，还只是顺便走到这儿？这反正一样；我说过……前天……我说过，在——以后另定日期去找他，所以我是要来的！我现在似乎也不能进去……”

他上五楼去找拉祖米兴。

拉祖米兴在家里，待在他的斗室里。这时他正在工作，写东西。他亲自来开门。他们已经有四个月没有见面了。拉祖米兴坐着，穿了一件已经破烂的睡衣，光脚上穿了一双便鞋，头发蓬乱，脸没有刮过，也没有洗过。他脸上露出惊讶的神色。

“是你呀？”他叫喊起来，一边上上下下打量进来的朋友；接着他不说话了，吹起口哨来。

“你怎么弄得这个样儿？老兄，你是我们朋友中间一向穿得最好的，”他补充说，一边看拉斯柯尔尼科夫身上那破烂的衣服。“请坐，你大概累了！”当拉斯柯尔尼科夫倒在一张比他自己的坏得更厉害的漆布面土耳其式沙发上时，拉祖米兴忽然发觉他的客人病了。

“你病得很厉害，你知道吗？”他要按他的脉搏；拉斯柯尔尼科夫挣脱了手。

“不必，”他说。“我来……是因为我没有书教了……我想要……但我并不想教书……”

“你知道吗？你说话神志不清！”拉祖米兴说，一边定睛地观察他的脸色。

“不，我没有神志不清……”拉斯柯尔尼科夫从沙发上站起来。他上楼来找拉祖米兴的时候，没有想到他会见到他的朋友。现在一见到他，刹那间就想到，他眼下最不愿意跟世界上任何人接触。他直冒火。一跨进拉祖米兴家的门，他就恨透了自己。

“再见！”他忽然告别，往门外走去。

“你别走，别走，怪脾气！”

“不必啦！……”他重说了一遍，又把手挣脱出来。

“那么你来干什么！你是不是发傻脾气？这……几乎是侮辱人。我不让你这样走。”

“好，我告诉你吧：我来找你，是因为除了你以外，我没有相熟的人，谁肯帮助我……开始……因为你为人最好，我的意思是你懂事些，有判断力……可现在我明白了，我什么也不需要，你听见吗，我根本不需要……别人的帮助和同情……我自己……独个儿……哦，够啦！别管我！”

“你等一等，扫烟囱工人①！你完全疯啦！一切都随你的便，不关我的事。你要知道，我也不教书了，而且我也不喜欢教书。旧货市场里有个叫赫鲁维莫夫的书商，他也可以说在搞教育工作。现在我可不愿意把这项工作去换五个富商家里的教书工作。赫鲁维莫夫从事出版工作，发行自然科学书籍，销路很广！单是书名就很值钱！你老是说我是傻瓜！老天为证，老兄，还有比我更傻的呢！现在他也投合潮流了。他自己一点不懂，当然是我鼓励他。这是两印张多些的德文原作，我认为，这是最浅薄的胡扯：总而言之，讨论妇女是不是人的问题？当然啰，郑重地证明妇女是人。赫鲁维莫夫准备出版这本关于妇女问题的著作；我正在翻译，他将把这两印张半的原作排成六印张。加上半页最吸引人的书名，每本定价半卢布。一定畅销！我的稿酬是一印张六个卢布，就是说，全部稿费十五卢布，我已经预支了六个卢布。搞完这个工作，我

---

① 意指他身上肮脏得像个扫烟囱的工人。

们还要翻译一本论述鲸鱼的书，然后从《忏悔录》[1]第二部中摘录一些最无聊的废话，翻译出来。有人告诉赫鲁维莫夫说，卢梭是拉吉舍夫[2]式的人物。我当然不反对，管他妈的！你要不要翻译《妇女是不是人？》这篇文章的第二印张？如果你愿意翻译，那么你此刻就把原文带去，笔和稿纸都拿去——这些东西都免费供给，再拿三个卢布去，因为我已经预支了稿费，第一印张和第二印张都预支了，所以你可分得三个卢布。你译完一印张，还可以拿三个卢布。我还得向你声明，请你别以为我帮了你的忙。相反地，你一进来，我就想，你会对我有所帮助的。第一，我不大懂正字法；第二，我的德文有时简直不行，所以与其说我在翻译，倒不如说我在写作，并且还以此自慰：这样会更好些。天晓得，说不定，这不是更好些，而是更糟些……你搞不搞呢？”

拉斯柯尔尼科夫默然拿了几张德文论文，并拿了三个卢布，一言不发地走了。拉祖米兴惊讶地望着他的背影。可是拉斯柯尔尼科夫已经走到第一条街上，忽然折回去，又上楼来到拉祖米兴的家里，把那几张论文和三个卢布放在桌上，还是一言不发地走了。

“你发酒疯啦，还是怎的！”拉祖米兴嚷道，终于恼火了。“你干吗演滑稽剧！我也被你弄糊涂了……见鬼，你回来干吗？”

“我不要……翻译……”拉斯柯尔尼科夫嘟嘟囔囔说着，下楼去了。

“那么你要干什么？”拉祖米兴在楼上喊叫。拉斯柯尔尼科夫一言不发，继续跑下楼去。

“喂，你这个家伙！你住在哪儿？”

没有得到回答。

“去你的！……”

可是拉斯柯尔尼科夫已经走到了街上。在尼古拉耶夫桥上，遇到了

---

①《忏悔录》是让·雅克·卢梭（1712—1778）的一部自传性著作，作于18世纪70年代，这部著作在他逝世后才问世。

②亚·尼·拉吉舍夫（1749—1802），俄国哲学家、经济学家与作家，启蒙运动者。主张摧毁专制制度与农奴制。

一件使他大为不快的事，他的神志又清醒过来。一辆四轮马车驶过来，车夫向他叫喊了三四遍后，在他背上猛抽了一鞭，因为他险些儿被马踩死。车夫的鞭子抽得他恼火了，他跳开了，让到栏杆旁边(不知为什么，他在桥当中行走，这是车道而不是人行道)，他愤怒得咬牙切齿。不消说，四周爆发出一阵笑声。

“活该！”

“一个扒手。”

“当然是假装喝醉，故意钻到车轮底下去；你就得对他负责。”

“他们是干这一行的……老兄，他们是干这一行的……”

可是他站在栏杆旁边的时候，还是莫名其妙地愤然望着那辆疾驶而去的四轮马车，一边揉着背；他忽然觉得，有个人把钱塞在他手里。他一看，原来是个上了年纪的商人太太，她包着头巾，脚上穿一双羊皮鞋，跟她一起还有一个女郎，这个姑娘戴着帽子，打一顶绿阳伞，大概是她的女儿。“拿吧，年轻人，看在基督的分上。”他拿了钱，她们就走了。一个二十戈比的银币。她们看他的衣服和外表，很可能把他当作一个在街上求乞的叫花子。给他二十戈比的银币，这大概是因为他挨了鞭子，这一鞭引起了她们的怜悯。

他把这个二十戈比的银币紧紧地握在手里，走了十来步路，脸转向涅瓦河，朝皇宫望去。天空没有一丝云彩，河水几乎是浅蓝色的，在涅瓦河里，这是很少见的。大教堂的圆顶光彩夺目，不论从哪里看这个圆顶，都没有像站在这儿离钟楼二十来步路的桥上看得清楚；透过洁净的空气，连它的每种装饰都可以看得清清楚楚。挨了鞭子的疼痛消失了，拉斯柯尔尼科夫也把挨了鞭子的事忘了；一个不安的、模模糊糊的念头现在完全占据了他的心灵。他站着，久久地、目光定定地望着远方；这个地方他特别熟悉。从前到大学里去上课的时候，他常常——多半是在回家的时候——也许有过百来次，在这个地方停下来，凝眸看这片确实很壮丽的景色，而且每次几乎都有一种模模糊糊的、不可解释的印象使他惊讶。这片壮丽的景色常常在他心里引起一种无法解释的凄凉感。在他看来，这个华丽的画面是静寂的、毫无生气的……由此产生的令人难受的和谜一般的印象每次都使他感到纳罕，因为对未来缺乏自信心，他现在便不去解释它了。现在他忽然清楚地想起了自己以前的那些疑问和那些困惑莫解的事。他觉得，他现在不是偶然地想起那些疑问和那些困惑莫解的事。单是这一点就使他感到奇怪而且不可思议：他竟然和从前一样又站立在那个地方！仿佛当真以为他现在能够思考那些问题了，并且又和从前一样，对还在不久前发生过兴趣的那些旧论题和那些情景又感兴趣了……他甚至觉得这几乎是令人可笑的，同时他的胸口却被压抑得发痛了。现在他觉得，一切往事、以前的各种想法、以前的各种问题、以前的各种论题、以前的各种印象和那片景色，还有他本人和一切的一切……在下边的一个深渊里，在脚底下约略可见的地方隐没了。他觉得，他似乎腾空而起飞往什么地方去了，而一切东西都在他的视野里消失了……他不知不觉地做了个手势，蓦地感觉到被紧紧地捏在拳头里的那个二十戈比的银币。他摊开手，凝视了一下这个银币，手一挥，就把这个银币扔入了水里；接着他掉转身子走回家去了。他觉得，这当儿他仿佛拿了一把剪刀，把自己跟一切人和一切往事截然剪断了。

他回到家里已经是黄昏时分，因此，足足走了六个钟头。他是从哪儿回家的，怎样回家的，他一点儿都记不得了。他脱去衣服，像一匹被骑得精疲力竭的马儿，浑身发抖，往沙发榻上一躺，把大衣拉过来盖在身上，立刻就迷迷糊糊地沉入了睡乡……

天色已经十分昏暗，这时，他被一阵可怕的叫喊声惊醒了。天哪，这是一阵什么叫喊声啊！一阵阵那么不自然的声音，那样的哀号、狂叫、咬牙切齿声、眼泪、殴打和谩骂，他还没有听见过，也没有看见过。他也想象不出这样的残暴和这样的狂乱。他恐惧地支起半截身子，坐在床上，不时呆呆地发愣，心里很痛苦。可是打架、哀号和谩骂声却越来越闹了。现在他忽然听到女房东的声音，不觉猛吃一惊。她痛哭、尖叫、边哭边数落，匆忙地、急促地、不连贯地，所以弄不清楚她在哀求什么——当然在哀求别再揍她，因为她在楼梯上遭到了毒打。由于愤怒和发狂，揍她的人的声音变得那么怕人，听起来只是一片嘶哑声，但这个揍她的人也还在说什么，也说得很快，含糊不清，急不可耐，上气不接下气。拉斯柯尔尼科夫忽然像一片树叶子般地哆嗦起来：他听出了这个声音；这是伊里亚 · 彼得罗维奇的声音。伊里亚 · 彼得罗维奇在这儿殴打女房东！他用脚踢她，把她的头朝楼梯上猛撞——这是很清楚的。从各种声音中，从号叫和殴打声中就可以听出来！这是怎么回事啊，天翻地覆了吗？他听见人们从各层楼，打楼梯跑来了；传来了说话声和叹息声，他们都跑上来了，叩门了，把门哗啦打开了，跑到一起来了。“但这是为什么呢，为什么呢……怎么会有这样的事！”他重说了一遍，当真以为自己发疯了。可是，不，他听得太清楚了！……那么，他们马上要上他这儿来了，如果是这样，“因为……一点不错，全是由于那件事……由于昨天的……天哪！”他想把门钩扣住，但抬不起手来……那有什么用呢！恐惧好比冰块包围住了他的心，使他痛苦，使他麻木了……但是这阵喧闹声大约持续了十来分钟，终于渐渐地沉寂了。女房东哼叫着，呻吟着。伊里亚 · 彼得罗维奇还在威吓，还在辱骂……可是他终于好像安静下来了；已经听不见他的声音了。“难道他走了吗！天哪！”不错，女房东也走了，她还在哼叫，还在哭……她的门砰地关上了……人散去了，打楼梯回到各自的屋子里去了。他们叹息着、争论着、互相呼喊着，一会儿把话说得很响，像在叫喊，一会儿又压低到像在窃窃私语。人一定很多，整座房子里的人差不多都跑来了。“可是，天哪，哪会有这样的事！他为什么，为什么到这儿来！”

拉斯柯尔尼科夫浑身软弱乏力，倒在长沙发上，但已经不能合眼了；他躺了约莫半个钟头，心里痛苦非凡，并且吓得要命，真受不了呀，这么大的惊吓他是从来没有经受过的。忽然有一道亮光照亮了他的斗室；娜斯塔西雅拿了一支蜡烛，端着一盘汤走进来了。她仔细地把他打量一下，看见他不在睡觉，就把蜡烛放在桌上，摆开端来的东西：面包、盐、一只盘子和一把匙子。

“你大概有一天多没吃东西了吧。你身上在发热，可是整天在外面闲逛。”

“娜斯塔西雅……他们为什么揍女房东？”

她定睛地看了他一眼。

“谁揍过女房东？”

“刚才……半个钟头以前，伊里亚·彼得罗维奇，副局长，在楼梯上……他为什么毒打她？……他来干什么？……”

娜斯塔西雅拧紧了眉头，默然看着他，这样地看了很久。他被看得不高兴起来，甚至感到害怕了。

“娜斯塔西雅，你干吗不说话？”末了，他有气无力地怯生生地说。

“这是血，”她终于轻轻地回答道，仿佛在自言自语。

“血！什么血！……”他嘟哝说，脸发白了，向墙壁挨过去，娜斯塔西雅还在默默地打量他。

“谁也没有揍过女房东，”她说，声音严厉而又坚决。他望着她，几乎喘不过气来。

“我亲耳听见的……我没有睡着……我坐着，”他更胆怯地说。“我听了很久……分局长来过……大家都上楼来过，房子里的住户全都跑来了……”

“谁也没有来过。这是你身上的血在叫喊。血没地方流的时候，它就会凝结起来，于是你就胡思乱想了……你要吃东西吗？”

他不答理。娜斯塔西雅一直弯着腰站在他面前，目光定定地看着他不走。

“给我喝些水吧……娜斯塔西尤什卡。”

她下楼去了，过了两分钟，她回来了，拿来了一只带柄的白瓷杯，盛满了水；但以后的事情他不记得了。他只记得他喝了一口冷水，水从杯子里直淌到胸上。以后他什么也不知道了。

三

但是，在患病期间，他不是完全不省人事的：他发着热，说着胡话，昏昏沉沉的。后来他想起了许多事情。他一会儿觉得身边聚集着许多人，他们都想捉住他，把他送到什么地方去，他们都热烈地争论着他的事情，并且争吵不休。一会儿屋子里忽然只有他一个人，人们都散去了，他们都怕他，只偶尔把门开成一条缝窥伺他，威吓他，互相商量着什么，笑着、戏弄他。他记得，娜斯塔西雅常常在他身边；他还认出了一个人，好像跟他很熟，但到底是谁——他怎么也想不起来，因而苦恼得简直要哭了。有时他觉得，他已经躺了一个月光景，后来却又觉得还是在那一天。但是**那件事——那件事**他完全不记得了；然而他时刻想到，他忘记了他不应该忘记的事，——他烦恼、痛苦、追忆、哼叫、发狂或者陷入了可怕难受的恐惧中。于是他挣扎着站起来，想逃跑，但总是有人用力地拦阻他，他又陷入了衰弱乏力和不省人事的状态中。他终于完全清醒过来了。

这发生在上午十点钟光景。在上午这个时刻，如果天气晴朗，太阳常常像一条长带似的在他的右边墙上移动，照射到门边的角落。娜斯塔西雅和另外一个人站在他的床边，那个人怀着强烈的好奇心看着他，他根本不认识这个人。这是个年轻的小伙子，穿着长褂，留着胡子，模样儿像个送款人。女房东从半开着的门缝里窥视着。拉斯柯尔尼科夫支起了半截身子。

“娜斯塔西雅，这个人是谁？”他指着这个小伙子，问。

“你瞧，他醒了！”她说。

“他醒了，”送款人回答道。知道他已经醒了，在门缝里偷看着的女房东立刻把门掩上，躲了起来。她一向是怕羞的，怕跟人谈话，作解释；她四十来岁，是个胖女人，满身肥肉，两条黑眉毛，一对乌黑的眼睛，肥胖和那没精打采的神态使她显得很和善；她甚至长得很不错。她过分地怕羞。

“您……是谁？”他又问那个送款人。可是这当儿门又开得很大，拉祖米兴因为身量高，稍微俯下头，走了进来。

“真像一间船舱，”他走进来的时候叫喊道。“我老是撞痛脑门。这也算个房间呢！老兄，你醒了吗？是巴谢尼卡刚才告诉我的。”

“他刚醒，”娜斯塔西雅说。

“他刚醒，”送款人脸上挂着微笑，附和说。

“请问您是谁？”拉祖米兴突然问他。“我姓符拉祖米兴，不是像大家叫我的那样姓拉祖米兴。我姓符拉祖米兴，是大学生，贵族子弟，他是我的朋友。哦，您是哪一位？”

“我是谢洛巴叶夫商行的送款人，我到这儿来有件事情。”

“请这儿坐，”拉祖米兴自己坐在桌子另一边的一把椅子上。“老兄，你睡醒了，这好极啦。”他对拉斯柯尔尼科夫继续说。“你差不多有三天多没吃没喝啦。不错，茶和匙子都给你端来了。我已经带左西莫夫来看过你两次。你记得左西莫夫吗？他把你仔细地检查了一遍，马上就说，不要紧——大概你受了刺激，精神失常，那是由于饮食恶劣。他说，你啤酒喝得太少，洋姜吃得不够，所以你病倒了，可是这不要紧，会过去的，会好的。左西莫夫真了不起！他已经开始给你进行有效的治疗。哦，我不耽误您了，”他又对送款人说。“请您说一说您有什么事？罗佳，您瞧，他们商行里已经第二次派人来了；不过上次派来的不是这一位，而是另一位，我跟那个人谈过。上次来的是谁？”

“那大概是在前天。那是阿历克赛·谢苗诺维奇；他也是我们商行里的。”

“可他比您精明，您觉得怎样？”

“是的；他的确比我能干。”

“很好；那么您往下说吧。”

“阿法那西·伊凡诺维奇·瓦赫鲁欣，我想，这个人您已经听说过不止一次了，应令堂的请求，委托我们商行汇给您一笔钱，”送款人直接对拉斯柯尔尼科夫说起话来。“如果您神志清醒了，我要交给您三十五卢布，因为和上次一样，谢苗·谢苗诺维奇又接到了阿法那西·伊凡诺维奇应令堂的请求而委托汇款的通知，您知道这个人吗？”

“是的……我记得……瓦赫鲁欣……”拉斯柯尔尼科夫若有所思地说。

“您听见吗；他知道商人瓦赫鲁欣这个人！”拉祖米兴大声说。“他哪里神志不清？可是现在我发觉，您也是个能干的人。对啊！人都爱听聪明的话。”

“就是他，瓦赫鲁欣，阿法那西·伊凡诺维奇，令堂曾经委托他汇过一笔钱给您，这会儿也应令堂的请求，几天前通知谢苗·谢苗诺维奇，汇给您三十五卢布，希望能对您有所帮助。”

“‘希望能对您有所帮助，’这句话您说得好极了；‘令堂’这个词儿也用得不错。您看怎么样：他的神志是不是清醒了，啊？”

“我认为那没有关系。只要能写收据就行。”

“他能签字！您有回单簿吗？”

“这就是回单簿。”

“拿来吧，嗳，罗佳，你坐起来。我扶住你；拿住笔，给他签拉斯柯尔尼科夫这个字吧，老兄，因为钱对于我们比糖浆还要甜呢。”

“我不要，”拉斯柯尔尼科夫说着，就推开了笔。

“笔为什么不要？”

“我不签字。”

“咳，见鬼；不签字怎么行？”

“我不要……钱……”

“不要这笔钱！咳，老兄，您胡说，我可以作证！请您别着急，这只是因为……他又在说胡话。不过他清醒的时候，也常常是这样……您是个通情达理的人，我们来指导他，只要拿住他的手，他就会签字，来吧……”

“不过，我可以再跑一趟。”

“不，不，干吗麻烦您。您是个通情达理的人……喂，罗佳，别耽误客人的时间啦……你看，他等着哪，”他一本正经地要去扶拉斯柯尔尼科夫的手。

“放开，让我自己来……”拉斯柯尔尼科夫说着，就接过笔，在回单簿上签了个名字。送款人交付了钱就走了。

“好极了！老兄，现在你要吃东西吗？”

“我想吃，”拉斯柯尔尼科夫回答道。

“您那儿有汤吗？”

“有昨天的汤，”娜斯塔西雅回答道，她一直站在这儿。

“是土豆大米汤吧？”

“土豆大米汤。”

“我知道又是这样的汤。端来吧，茶也端来给我。”

“我去端来。”

拉斯柯尔尼科夫怀着十分惊奇并带几分莫名的恐惧的心情看着这一切。他决意默然等着：还会发生什么事？“大概我没有说胡话吧，”他在心里寻思。“看来，这真的是……”

两分钟后，娜斯塔西雅端来了汤，说，茶马上就端来。同汤一起带来了两把匙子、两只盘子和一套调味瓶：盐瓶、胡椒瓶、撒在牛肉上的芥末等等，已经好久没有看见这些东西那么整齐地摆在桌上。台布是洁白的。

“娜斯塔西尤什卡，叫普拉斯柯维雅·巴甫洛夫娜送两瓶啤酒来倒不错。咱们来喝个痛快。”

“嘿，你这个厚脸皮！”娜斯塔西雅嘟嘟囔囔说着，就照他的吩咐去办了。

拉斯柯尔尼科夫仍然惊奇而紧张地细瞧着。当下拉祖米兴在沙发榻上他的身边坐了下来，像头熊一样笨手笨脚的，用左手搂住了他的头，虽然他自己也能坐起来；用右手把一匙子汤送到他嘴边，他好多次先把汤吹凉，免得烫了他的嘴。其实汤并不烫嘴。拉斯柯尔尼科夫贪婪地喝下了一匙子汤，接着又接连喝了两匙子。可是给他喝了几匙子后，拉祖米兴忽然不让他喝了，说，应该问问左西莫夫，可不可以让他再喝。

娜斯塔西雅拿着两瓶啤酒走进来了。

“你要喝茶吗？”

“要喝。”

“娜斯塔西雅，快去端茶来，因为喝茶似乎不要医生批准。啤酒倒拿来了！”他坐到自己的椅子上，把汤和一盘牛肉移到身边，就狼吞虎咽地吃起来，仿佛有三天没吃东西似的。

“罗佳，老兄，我现在每天要在您这儿吃饭了。”他嘴里塞满了牛肉，嘟哝说，“这是巴谢尼卡，你的女房东请客，她真心实意地请我吃饭。我当然不叫她请客，但也不拒绝。娜斯塔西雅把茶也端来了。快手快脚的！娜斯杰尼卡，你要喝啤酒吗？”

“嘿，你这个淘气鬼！”

“那么喝杯茶？”

“好，喝杯茶。”

“你倒吧。等一等，我给你倒；你坐下。”

他立刻拿起茶壶，倒了茶，接着又另倒了一杯，并撇下早餐，又坐到长沙发上去了。他仍用左手搂住了病人的头，把他扶起，一茶匙一茶匙地喂他，又不停地、特别卖力地把茶吹凉，仿佛吹凉茶是恢复健康的一个最重要的和最有效的办法。拉斯柯尔尼科夫一言不发，也不拒绝，虽然他觉得有足够力气支起身子，不必靠别人搀扶就能够在长沙发上坐起来，不但能够用双手拿住匙子或茶杯，而且还可以走路哩。但是由于某种奇怪的、差不多是一种兽性的狡黠，他忽然想暂时把自己的力气掩藏起来，等待时机，如果有必要，甚至佯装还没有完全清醒，听听并弄清楚这到底是怎么回事？但他抑制不住厌恶的心情：他喝了十来匙子茶，忽然把头挣脱出来，任性地推开匙子，又倒在枕头上了。现在他的头下面当真垫了几个真正的枕头——套着干净的枕套的绒毛枕头；这他也发觉了，并且注意起来。

“应该叫巴谢尼卡今天给我们送些木莓果酱来，给他做些饮料，”拉祖米兴说着，回到自己的位子上去了，并且又喝起汤和啤酒来。

“她到哪儿去给你弄木莓？”娜斯塔西雅问，把盘子托在张开着的五个指头上，嘴里含着一块糖喝起茶来。

“我的朋友，木莓她会到铺子里去买的。要知道，罗佳，这儿发生了许多桩你还不知道的事呢。你用哄骗手段躲开了我，不让我知道你的地址，我恨透了你，决意把你找到，罚你一下。我当天就去找。我走啊走的，四处打听！我忘记了你现在住的这个地方。其实我从来没有记住过这个地址，因为我并不知道这个地址。至于你从前住的那个地方——我只记得是在五角街——哈尔拉莫夫的房子。我四处寻找这所哈尔拉莫夫的房子——可是后来弄清楚了，这根本不是哈尔拉莫夫的房子，而是布赫的——有时会把读音搞错嘛！我恨透了。我非常气愤，第二天我就到居民住址查询处去试试。你要知道：我花了两分钟时间就查到了你的地址。那儿登记着你的名字呢。”

“登记着！”

“可不是；可我亲眼看到，有人怎么也找不到柯别列夫将军的住址。嗯，说来话长。我一到这儿，立刻就知道了你的一切情况；一切事情，老兄，一切事情我都知道了；她也知道的：我认识了尼柯季姆·福米奇，他们也给我介绍了伊里亚·彼得罗维奇，我又认识了看门人和扎苗托夫，亚历山大·格里戈里耶维奇先生，本区警察局的文书，而最后还认识了巴谢尼卡——这真是个很大的收获；她也知道……”

“你拍马屁，”娜斯塔西雅嘟哝说，脸上浮出了狡黠的微笑。

“您最好把糖放在茶里，娜斯塔西雅·尼基福罗夫娜。”

“哼，你这条公狗！”娜斯塔西雅忽然叫起来，她禁不住扑哧一笑。“我姓彼得罗娃，而不是姓尼基福罗娃，”她收起了笑容，忽然补充说。

“以后我一定记住。老兄，那么我就说得简单些，开头我想在这儿到处通上电流，一下子就根除这里的一切偏见；可是巴谢尼卡得胜了。老兄，我怎么也想不到她是这样一个……一见就使人倾心的女人……对吗？你觉得怎样？”

拉斯柯尔尼科夫默然不语，虽然他那惊慌不安的目光一刻也没有从他身上移开过，现在他还是固执地看着他。

“甚至很，”拉祖米兴丝毫没有因为他的沉默而发窘，仿佛得到了回答而随声附和似的，“甚至各方面都很顺利，都能如愿以偿。”

“嘿，你这个坏东西！”娜斯塔西雅又大声叫道，这场谈话显然使她感到难以形容的快乐。

“老兄，你没有能够一开始就把事情处理好，这很可惜。你不应该这样对待她。要知道，这个人，可以说，是最不可思议的！好，这以后再谈……只是，比方说，怎么会弄到这个地步，以致她竟然不供给你午饭？或者，这张借据？你是不是疯了，竟会出立借据！再比方说，她的女儿，娜塔里雅·叶戈罗夫娜还活着的时候，向你提过的这门婚事……这件事我全都知道！不过我明白，这是一根碰不得的心弦，[①]我也知道，我是一头笨驴；请你原谅。至于愚蠢，你怎么个想法，要知道，老兄，普拉斯科维雅·巴甫洛夫娜可不是乍一看就可以想象到的那么傻，对吗？”

“是呀……”拉斯柯尔尼科夫望着一边，从牙缝里含糊地说，但是他明白，让他谈下去更有好处。

“对不对？”拉祖米兴叫道，显然因为得到了回答而大为高兴。“但她也不是很聪明的，对吗？她完完全全是个不可思议的女人！老兄，请你相信，我实在有点儿猜不透……她一定有四十岁。她说三十六岁，她当然可以这样说。可我向你起誓，我多半是在理性上，只用形而上学的观点来判断她。老兄，我们之间开始了一种象征性的关系，这就是你的代数学嘛！我可不明白这是什么道理！嗯，这一切都是废话，不过她看到你已经不是大学生，你的教书工作也丢了，体面的衣服没有了，而且小姐也死了，她不必再把你当作亲戚看待了，所以她忽然害怕起来；可你也有责任，因为你躲在家里不出去，跟她断绝了旧的关系，所以她想要把你赶出屋。她早就有了这个主意，但又怕这张借据变成废纸。何况你自己满有把握地说过，你妈会还钱的……”

“我说这话是卑鄙无耻的……我的母亲几乎靠人家救济……可我撒了个谎，想使她让我住下去，继续供给我伙食……”拉斯柯尔尼科夫大声而毫不含糊地说。

“你做得对。事情只是坏在这上面：这时候出现了一个精明能干的人，七等文官切巴洛夫先生。巴谢尼卡没有他的撺掇，想不出这条计策的，她已经觉得害臊了；可是这个精明人却恬不知耻，不用说，他首

---

①意思是这是一件必须慎重处理的事情。

先问：这张借据有没有还钱的希望？回答是：有希望的，因为他有这样一个母亲，即使她自己挨饿，也宁愿拿自己的一百二十五卢布[①]养老金来接济罗杰尼卡。何况他还有这样一个妹妹，为了哥哥，她宁愿去当奴隶。他凭这一点才……你为什么吓了一跳？老兄，你的底细现在我全都知道了。当你还是巴谢尼卡未来的女婿的时候，难怪你对她那么坦率。因为你是我的好朋友，现在我才对你说这些话……问题就在这里：一个正直而富于感情的人总是诚实坦率的，但精明的人却把你的话记在心里，然后把你吃掉。好像是付什么账，她把这张借据转让给了这个切巴洛夫，而他不要脸，竟然要求警察局追索欠款。当我知道这件事的时候，为了免受良心呵责，我也想痛斥他一顿。当时我跟巴谢尼卡颇有交情，我担保你还钱，要求她撤回控告。老兄，我替你作了保，听见吗？我们叫来了切巴洛夫，塞给他十个卢布，拿回了借据，我很荣幸能把它还给您——她现在相信您了——喏，拿去吧，我已经把它撕碎了。”

拉祖米兴把借据放在桌上；拉斯柯尔尼科夫瞥了一眼，一言不发，就向壁扭转脸去。连拉祖米兴也感到厌恶了。

“我明白了，老兄，”过了一会儿，他说道。“我又干了傻事。我想叫你开心，说些废话来安慰你，可我似乎只是使你生气。”

“我在昏迷中没有认出你吗？”拉斯柯尔尼科夫也沉默了半晌后问，没有扭转头来。

“你没有认出我，你甚至为这件事而生气，特别是我有一次带来了扎苗托夫。”

“扎苗托夫？……是那个文书吗？……他来干什么？”拉斯柯尔尼科夫马上扭转头来，两眼直瞅着拉祖米兴。

“你这是怎么啦……你为什么惊慌不安？他希望跟你认识；因为我跟他好多次谈起你，所以他想跟你认识……要不然，我哪能知道这么多你的事？老兄，他这个人很不错，非常好……当然这是就某一方面来说。现在我们是朋友了；我们差不多天天见面。因为我搬到这个地区来

① 前面提到的是一百二十卢布。

了。你还不知道吗？我刚搬来。我同他到拉维扎那儿去过两次。你记得拉维扎，拉维扎·伊凡诺夫娜吗？”

“我胡扯过什么没有？”

“可不是！你神志不清。”

“我胡说了些什么？”

“啊，这个嘛！你胡说了些什么？当然，是大家都在胡说的那件事……哦，老兄，现在我不能浪费时间，我还有事呢。”

他从椅子上站起来，拿了制帽。

“我胡说了些什么？”

“你又问啦！你怕泄露什么秘密吗？放心吧：你没有一句话提到过那位伯爵夫人。你说什么有一只叭喇狗，又说什么耳环啦、链子啦、克列斯托夫岛啦、看门人啦、尼柯季姆·福米奇啦、警察局副局长伊里亚·彼得罗维奇啦，你说了很多话。此外，您甚至很关心自己的一双袜，很关心！您愁眉苦脸地说：把袜拿给我，我只要这双袜。扎苗托夫亲自在各个角落里找你的袜，用他那双浸过香水、戴着戒指的手把这个脏东西交给了您。您这才放下心，您日日夜夜把这个东西握在手里：夺也夺不下。大概现在放在你的被窝里。你还要裤管边上的布毛边，你苦苦哀求！我们问你：还要什么布毛边？我们都闹不清楚……嗯，现在谈正经吧！这儿有三十五卢布；我拿了十个卢布，两小时后，我会送账单来的。我也要让左西莫夫知道，虽然他早该到这儿来了，因为已经十一点多啦。可是您，娜斯杰尼卡，在我没有回来以前，要常常来看看，他要什么喝的或者别的东西……我马上去对巴谢尼卡说，需要些什么东西。再见！”①

“叫她巴谢尼卡！唉，你这个刁钻鬼！”他出去的时候，娜斯塔西雅在后面说；接着她把门打开，偷听起来，可是听得不耐烦了，就跑下楼去。她很想知道，他在那儿跟女东家谈些什么；她显然被拉祖米兴迷住了。

---

①这段对话的原文中“您”和“你”的用法没有统一。

她走出屋子，一带上门，病人就掀开被子，像个疯子般一骨碌跳下床来。他万分焦急地、不耐烦地等待着他们快些离去，他们一走，他就可以立刻干起来。可是干什么呢，干什么事情呢？仿佛故意为难似的，他现在忘得一干二净了。“天哪，你只要告诉我：他们到底晓不晓得这件事？万一他们知道了呢。当我躺着的时候，他们不过是假装不知道，戏弄我，要是他们突然走进来，告诉我说，一切事情他们早已知道了，他们不过是……那么我现在怎么办？好像故意为难似的，我忘得一干二净了；我突然忘了，但刚才我还记得！……”

他站在屋子中央，痛苦而困惑地四下看看；他走到门跟前，打开门，侧耳谛听了一会儿；但这不是他所想象的那回事。他蓦地仿佛想了起来，就往壁纸后面有个窟窿的那个角落跑去，仔细地查看起来，把手伸入窟窿里去掏，但他什么也没有掏到。他走到炉子跟前，打开炉门，又在灰里掏起来：一丝丝从裤管边上撕下来的布毛边和扯破了的袋布都和被他丢弃时一样，还在这里；这样看来，没有人来检查过！这当儿，他想起了拉祖米兴刚才所说的那双袜。不错，这双袜放在长沙发上被窝里，可是已经穿得那么破，那么脏，扎苗托夫当然不能看出什么痕迹来。

“啊，扎苗托夫！……警察局！……警察局为什么传我去？传票在哪儿？哎呀！……我弄错了：那是上一回的事！当时我也检查过袜，可是现在……现在我在病中。扎苗托夫来干什么？拉祖米兴为什么带他来？……”他衰弱无力地嘟哝说，又坐到长沙发上。“这是怎么回事啊？我还在说胡话，还是这是真的？看来这是真的……啊，我想起来了：逃走，赶快逃走，一定，一定得逃走！是的，可是逃往哪儿去呢？我的衣服在哪儿啊？靴子没有了！被他们拿走了！被他们藏起来了！我明白！这件外套他们没有注意到！谢天谢地钱放在桌上！借据放在这儿……我拿了钱就走，去另租一间屋子，他们就找不到了！……对啊，不是有居民住址查询处吗？他们会找到的！拉祖米兴会找到的。还是溜之大吉……远走高飞……逃到美国去，去他们的！把借据带走……将会有用处的。再带些什么东西呢？他们以为，我病了！他们也不知道，我会走掉，嗨，嗨，嗨！看他们的眼色，我就知道，他们全都知道！但愿能跑下楼梯！要是那儿有人，有警察守着呢！这是什么，是茶吗？啤酒还没有喝完，还剩了半瓶，冷的！”

他拿起啤酒瓶，瓶里还剩了一玻璃杯啤酒，津津有味地一口气喝完了，仿佛浇灭了胸中的火焰。但是还不到一分钟，酒力就往他的头脑里直冲上来，背上掠过一阵略微感觉得到的、甚至令人愉快的凉气。他躺下来，把被子盖在身上。他那本来是病态的、混乱的思想越来越乱了。不多一会，一阵轻松愉快的蒙眬睡意把他攫住了。他把头在枕头上放妥帖后，又把那条柔软的棉被更紧地裹住了身子，现在他不再盖那件破旧的大衣。他轻轻地叹了口气，就睡熟了，睡了有益于健康的酣畅的一觉。

他醒来了，听见有人走到他跟前来了，便睁开眼来，看见了拉祖米兴。他把门开得很大，站在门口，拿不定主意：要不要进去？拉斯柯尔尼科夫赶忙在长沙发上稍微支起身子，直瞅着他，仿佛一个劲儿地回忆着什么事情似的。

“啊，你没有睡着，我又来了！娜斯塔西雅，把包裹拿到这儿来！”拉祖米兴向楼下叫喊。“账单马上就给你……”

“什么时候啦？”拉斯柯尔尼科夫问，一边惊惶不安地朝四下望望。

“老兄，你睡了一个好觉：晚上啦，快六点啦。你足足睡了六个多钟头了……”

“天哪！我这是怎么啦！……”

“这有什么不好？对你的身体很有益嘛。你要赶到哪儿去？有约会吗？现在时间都是我们的了。我已经等了你三个钟头啦；我已经来过两次，你都睡得很甜。左西莫夫我也去找过两次：他都不在家！不要紧，他会来的！……我也去办了一些自己的事。今天我和舅舅一同搬了家，他现在住在我家里，真是见鬼，我们谈正经吧……！娜斯杰尼卡，把包袱拿到这儿来。我们立刻就……老兄，你身体怎样？”

“我身体很好；我没有病……拉祖米兴，你已经来了很久吗？”

“我不是说过，我已经等了三个钟头了。”

“不，那么在这之前呢？”

“在这之前是什么意思？”

“你什么时候到这儿来的？”

“我不是对你说过还没有多久，难道你不记得了吗？”

拉斯柯尔尼科夫沉思起来。他好像在做梦，梦见了不多久前的事。他独自记不起来，询问地望着拉祖米兴。

“嘿！”拉祖米兴说，“你忘了！不久前，我觉得你似乎还是神志不清……现在你睡了一觉，精神恢复了……真的，你看起来好得多啦。好样儿的！嗯，我们谈正经吧！你马上就会想起来的。你瞧瞧这个，亲爱的朋友。”

他解开包袱，显然对这个东西异常感兴趣。

“老兄，你可相信，我特别关心这点。往后必须把你弄得像个人。咱们就从头上开始吧。你可看见这顶有帽檐的盔形圆制帽？”他说着，从包袱里拿出来一顶相当好的但极普通的、价钱便宜的制帽。“试一试吧？”

“等一会儿试吧，以后试吧，”拉斯柯尔尼科夫说，不满地把手一挥。

“不，罗佳老兄，别拒绝啦，往后会错过时机的。我会一夜睡不着觉的，因为我买的时候随便挑了一顶，没有试过……大小正好呢！”他试了试后，洋洋得意地大声叫道。“大小正好呢！老兄，帽子——这是服装中顶重要的东西，一种自我介绍。我的朋友托尔斯嘉柯夫每次到任何公共场所去，别人都戴着呢帽或制帽，他不得不把自己的头盖摘下。人家以为他是个奴才，可他只是因为自己的鸟巢见不得人；好一个怕羞的家伙！嗳，娜斯塔西雅，给您两顶帽子：您要这顶帕默斯顿[①]（他从角落里取出拉斯柯尔尼科夫的一顶破旧的圆呢帽，不知为什么管它叫帕

① 帕默斯顿勋爵（1784—1865），反动的英国政治家。曾经有一种样式特别的长大衣以他的名字命名。

默斯顿）呢，还是要这顶精致的帽子？罗佳，你估一下，猜猜看，我花了多少钱？娜斯塔西尤什卡？”看到拉斯柯尔尼科夫默不作声，他就对她说。

“你大约花了二十戈比银币，”娜斯塔西雅回答说。

“二十戈比银币，傻瓜！”他叫道，心里很生气。“现在你也不止值二十戈比银币呢。我花了八十戈比呢！而且还是旧货。不错，买这顶帽子是讲好条件的：这一顶你戴坏了，明年他们会免费送你一顶，我不是胡扯！好吧，现在咱们来看看美国[1]，我们在中学时代都这样叫裤子。我预先向你声明，我很喜欢这条裤子，”他在拉斯柯尔尼科夫面前弄平直了一条夏天穿的灰色薄呢裤，“没有一个破洞，也没有一点污迹，而且很体面，虽然穿旧了。配上这样一件背心，颜色又一样，这才算得上时髦。穿旧了的东西，那有什么关系，说实话，这反而好些，因为更柔软嘛。要知道，罗佳，你要立身于社会，我认为，常常注意季节就够了。如果一月里你不吃芦笋，那你就能节省几个卢布；这次买东西也是如此。现在是夏天，所以我买夏天的东西，因为到秋天当然需要暖和些的料子，你不得不把它们扔掉……而且到那时，这些东西即使不是由于式样过时，也会因为料子本身不结实而出现破洞。嗯，你估估看！依你看，值多少钱？花了两卢布二十五戈比呢！要记住，也是同样的条件，这条裤子你穿坏了，明年你可以不必花钱得到一条新的！在弗佳耶夫的铺子里做生意有这么个规矩：如果你买了一件东西，那你就会一辈子感到满意，因此你再也不去了。嗯，现在咱们再来看看靴子——这是一双什么样的靴子啊？不错，这是一双旧靴子，但是可以穿两个月，因为这双靴子是外国制造的，外国货嘛：英国大使馆的一位秘书上星期在旧货市场卖掉的；他只穿过六天，他急需钱用。价钱是一卢布五十戈比。便宜吗？”

“也许不合脚！”娜斯塔西雅说。

“不合脚！这是什么东西？”他从口袋里拉出来一只拉斯柯尔尼科

---

① 指裤子，英文 States（美国）和俄文 штаны（裤子）发音相近。

夫所穿的发硬了的、粘满泥巴和破洞累累的旧靴子，“我带样子去的，他们就照这个怪物的尺寸改制。购买这些东西我着实花过一番心血。至于内衣，我已经跟女房东谈妥了。先给你三件粗麻布衬衫，前襟的式样是最时髦的……嗯，我来结算一下：帽子八十戈比，其他衣服两卢布二十五戈比，总共三卢布五戈比；靴子一卢布五十戈比——因为这双靴子很好——共计四卢布五十五戈比，内衣共计五卢布——照批发价钱——总共九卢布五十五戈比。找回四十五戈比，五戈比的铜币九个，请收下。这样，罗佳，现在你的衣服都齐备了，因为，依我看来，你的大衣不但还可以穿，而且派头很大：在沙乐美[①]定制的大衣到底不错！至于袜和其他东西，让你自己去买；我们还有二十五卢布，至于巴谢尼卡以及房租，你放心好了；我告诉你吧：她可以让你尽量赊欠。老兄，现在让我们来给你更换内衣吧，也许病魔现在正躲在你的衬衫里呢……”

“别管我！我不要换！”拉斯柯尔尼科夫挥手拒绝，厌恶地听着拉祖米兴紧张而又诙谐地报购买衣服的账……

“老兄，这不行；我干吗四处奔走！”拉祖米兴坚持地说。“娜斯塔西尤什卡，别害臊，帮个忙，这样才对！”虽然拉斯柯尔尼科夫不愿意更换内衣，可他还是给拉斯柯尔尼科夫更换了。后者在沙发榻上放头的一边横倒了，有两分钟工夫他没有说过一句话。

“他们总是不走！”他心里想。“这些东西是用什么钱买的？”末了，他眼睛望着墙壁，问。

“钱？难道你不知道吗！钱是你自己的。刚才有人送钱来过，是瓦赫鲁欣差来的，令堂汇钱来了；难道这你也忘了吗？”

“我现在记起来了……”拉斯柯尔尼科夫愁闷不乐地沉吟了很久后，说。拉祖米兴拧紧了眉头，不安地望着他。

门开了，进来的是一个身量很高的胖子，拉斯柯尔尼科夫觉得，跟这个人好像也有点儿相识。

---

①沙乐美是彼得堡的一家著名的裁缝店，专为富人和显贵们做衣服。

“左西莫夫！你到底来了！”拉祖米兴兴高采烈地叫道。

四

左西莫夫是个身量很高的胖子，脸虚胖，苍白得没有一丝血色，但刮得很光滑；一头直的淡黄发，戴着一副眼镜，在一只胖得有点儿像发肿的指头上戴着一只又粗又大的金戒指。他约莫二十七岁，穿着一件时髦的、既轻且薄的、宽舒的夏季外套，一条浅色的夏季裤子。他身上的一切东西都显得宽舒、漂亮、簇新；内衣是无可指摘的，表链沉甸甸的。他的举止慢条斯理，仿佛精神萎靡，同时又故意装得很随便；他自命不凡，虽然极力加以掩饰，但时刻流露出来。所有跟他相识的人都认为跟他难以相处，但都说他精通医学。

“老兄，我去找过你两次了……你瞧，他醒了！”拉祖米兴叫道。

“我看见，我看见；现在您觉得好些吗？”左西莫夫问拉斯柯尔尼科夫，一边凝神地看着他，一边在沙发榻上他脚边坐了下来，尽可能坐得舒服点。

“他还是不开心，”拉祖米兴继续往下说。“我们刚给他换过内衣，他差点儿哭了。”

“那当然啰；内衣可以慢些儿换，如果他不愿意换……脉搏正常。头还有点儿痛，对吗？”

“我没有病，我压根儿没有病！”拉斯柯尔尼科夫倔强而愤怒地说，忽然在长沙发上微微支起身子，双目炯炯发光，但马上又倒在枕头上，转身向壁。左西莫夫凝神地打量他。

“很好……一切都正常，”他没精打采地说。“他吃过什么东西没有？”

他们告诉了他，并且问他可以吃些什么东西。

“什么都可以吃……汤啊、茶啊……蘑菇和黄瓜当然不可以吃，牛肉也不可以吃，还有……哦，这不必说了！”他向拉祖米兴使了个眼色。“不必再吃药水或别的药了；明天我再来看他……或者今天就来……嗯，不要紧啦……”

“明天晚上我陪他去散步！”拉祖米兴决然说。“上尤苏波夫花园去，然后再往‘水晶宫’[①]去。”

“明天我不来惊动他，不过……稍微……好吧，咱们在那儿再见。”

“哎呀，糟糕啦，今天我恰好搬进新宅，在家里请客，我的新宅离这儿很近。最好他也去。哪怕他躺在我们中间沙发上也好！你也来吧？”拉祖米兴忽然对左西莫夫说。“别忘记，你答应过了。”

“我大概会来，或许晚些。你预备些什么菜？”

“没有什么菜，只备些茶、伏特加和鲱鱼。还有肉馅饼。几个自己的朋友聚聚。”

“哪些人？”

“这儿的几个邻居，差不多都是新交，不错，老舅舅除外，他也是第一次来：昨天刚到彼得堡来料理一些事情；五年来我们只见过一次面。”

“他是个什么样的人？”

“他当了一辈子县邮政局长……领到了一笔养老金，他已经六十五岁，这不值得谈……可是我喜欢他。波尔菲里·彼得罗维奇也来：这里警察局的侦查科长……法科大学毕业的。对，你也认识……”

“他也是你的亲戚吗？”

“是个远亲；你干吗皱眉头？因为你们吵过一次架，你不来吗？”

“我可瞧不起他……”

“那挺好啦。哦，还有几个大学生、一个教师、一个官吏、一个音乐家、一个军官和扎苗托夫……”

“请你告诉我，你或他，”左西莫夫向拉斯柯尔尼科夫点点头。“跟那个叫什么扎苗托夫的有什么关系？”

“啊，这些满腹牢骚的家伙！原则嘛……你完全被原则给束缚住了，就会像站在弹簧上一样身不由己；你就不敢按照自己的意志行动；可是我认为，做个好人——这就是原则，此外，我什么也不想知道。

---

①“水晶宫”是一家饭店。

扎苗托夫是个非常好的人。”

“他受贿。”

“受贿算得了什么！受贿又怎么样呢！”拉祖米兴突然叫道，他有点儿做作地恼火了。“难道我向你夸赞过他受贿吗？我只从某一点来看，才说他是个好人。如果全面地去考察一个人，那还会有很多好人吗？我毫不怀疑，我只值一个烤葱头，而且还得赔上你！……”

“这不够，我给你两个……”

“可我只给你一个！你又开玩笑了！扎苗托夫还是个小孩儿，我还得揪他的头发，因为必须把他拉过来，而不是把他推开。你把人推开，那你就不能使他改好，尤其是男孩子。对男孩子要加倍审慎。哎呀，你们这些自以为进步的傻瓜，什么也不懂！你们不尊重人，并且还侮辱自己……我告诉你，有一件事情也许是我们大家所共同关心的。”

“我很想知道。”

“我说的是一个油漆匠的事，就是关于一个油漆工人的事……我们要救他出狱！可是现在没有什么麻烦了。现在真相已经大白！我们只要加把力。”

“你说的是个什么样的油漆工人？”

“怎么，我没有告诉过你吗？难道没有告诉过你？哦，我只告诉了你事情的开端……就是一件谋杀那个放高利贷的老太婆，一个官太太的案件……嗯，那个油漆工人现在也被牵连在内……”

“我比你早就听到了这件凶杀案，我对这个案件甚至很感兴趣……多多少少……是由于一个原因……我也在报上看到了！可是……”

“丽扎韦塔也被杀死了！”娜斯塔西雅忽然对拉斯柯尔尼科夫说，她一直在屋子里，倚立在门边听着。

“丽扎韦塔？”拉斯柯尔尼科夫声音很低地嘟哝说。

“难道你不认识那个掮客丽扎韦塔吗？她常常到这儿楼下来。还给你修补过衬衫。”

拉斯柯尔尼科夫转身向壁，在那肮脏的、有白色花卉的黄壁纸上选中了一朵有一条条褐色纹理的粗俗的白花，仔细地端详起来：这朵白花有几片花瓣，那锯齿形的边缘是什么样儿的，有几条纹理？他觉得他的手和脚都麻木得像瘫痪了一样，但他一动也不想动，只是死瞅着花。

“那么这个油漆匠怎么样呢？”左西莫夫非常不满地打断了娜斯塔西雅的插嘴。她叹了口气，不说话了。

“他也被当作凶手！”拉祖米兴热心地继续往下说。

“有些什么证据吗？”

“那些算什么证据！就证据来说，那种证据不能算作证据，得进行一番调查！正如他们开头带走和怀疑这两个人一样，他们叫什么……柯赫和彼斯特里雅柯夫。呸！这做得多么愚蠢啊，连旁人也不服气！彼斯特里雅柯夫今天或许会来找我……顺便说说，罗佳，你知道这个案件的，这还是在你发病以前发生的。这个案件发生后第二天，你在谈论这个案件的警察局里昏倒了……”

左西莫夫好奇地看了拉斯柯尔尼科夫一眼；后者也没有动一下。

“喂，拉祖米兴，我倒要瞧瞧你的本领：你多么爱管闲事。”左西莫夫说。

“就算是这样，我们还是要营救他！”拉祖米兴用拳头猛击了一下桌子，叫道。“这不是最使人气愤的事吗？问题不在于他们撒谎，撒谎总是可以原谅的。撒谎算不上坏事，因为这会使人去弄明白真相的。不，令人可恨的是，他们撒了谎，而且还相信自己的谎言。我尊敬波尔菲里，但是……比方说，开头什么东西把他们搞糊涂了呢？门扣住着，等到他们叫来了看门人，门却开着：这样看来，柯赫和彼斯特里雅柯夫就是凶手！这就是他们的逻辑。”

“你别发急；他们只不过被拘留起来，不可能……顺便说说，我碰见过这个柯赫；原来他去向老太婆赎回过了期的押品，啊？”

“是的，他是个骗子！他也干票据贴现。他是个工厂老板。见他妈的鬼！你可要明白，我为什么生气？我痛恨他们那过时的、陈腐的和落后的一套……但是从这个案件中可以发现新的途径。根据那些心理上的材料就可以看出，应该怎样找到真正的线索。他们说：‘我们掌握了许多材料！’但材料并不是一切；至少一半要看你怎样分析这些材料！”

“你能分析材料吗？”

“当你感觉到，本能地感觉到，你能为这个案件出些力的时候，你就不能保持缄默，假如……哎呀！你知道这个案件的详细情况吗？”

“我等着听这个油漆工人的消息呢。”

“好啊！让我告诉你，是怎么回事：凶杀案发生后，第三天早晨，他们还在审问柯赫和彼斯特里雅柯夫的时候——虽然那两个人都能证明自己的每个行动，而且所提出的证明又是无可反驳的！——忽然出现一个最意想不到的证据。有个叫杜什金的农民，开设在那所房子对面的一家小酒店的老板，跑到警察局来了，带来一只装着一副金耳环的首饰盒，报告了事实的全部经过：‘前天晚上，大概刚过八点钟’，这是日期和时间，你可注意到？‘油漆匠米柯拉来找我，在这以前，还在白天，他已经来找过我，他拿来这只装着一副金耳环和宝石的盒子，向我抵押两个卢布，我问他，这是哪儿来的？他说，是在人行道上拾得的。我不再问他，’这是杜什金所说的话，‘我给了他一张钞票，一张一卢布的钞票，因为我想，他不向我抵押，也会向别人去抵押，他反正会去换酒喝掉，这些东西还是放在我这儿妥当些：藏得越远，拿起来越方便嘛，如果出了事，或者听到什么谣言，我立刻就交出去。’嗯，当然啰，他说的全是假话，信口开河，因为我知道这个杜什金，他自己就是个放高利贷的、窝藏赃物的，他不是为了将来交出这个值三十卢布的东西，而是从米柯拉手里骗过去。他只不过胆小。去他的，你听下去；杜什金继续往下说：‘我从小就认识这个乡下人米柯拉·杰敏季耶夫，我们是同省又是同县人，我们都是梁赞省扎拉斯基县人。米柯拉虽然不是酒鬼，但也喝些酒，我们都知道他在这所房子里干活，跟米特莱一同油漆，他同米特莱也是同乡。他拿到了那张一卢布的钞票，马上就把它兑开了，一口气喝了两杯酒，拿了找头就走了，那时我没有看见米特莱和他在一起。第二天我们听到了消息，说阿廖娜·伊凡诺夫娜和她的妹子丽扎韦塔·伊凡诺夫娜被人用斧头劈死了，这两个人我们都认识，因此这副耳环引起了我的疑心——因为我们都知道，死者生前常常放债。我到那所房子里去找他们，谨慎小心地悄悄地打听，不露声色，我首先问：米柯拉在这里吗？米特莱说，米柯拉出去玩了，天亮才回家，喝得醉醺醺的，在家里逗留了约莫十分钟，又出去了；可是以后米特莱就没有再见过他，他独个儿干完了活。他们是在二楼上干活，跟那两个被害者同一条楼梯上下。听到了这些话，我对谁也没有说，'这是杜什金说的话，'我尽可能把这件谋杀案打听明白，回到家里心里总是感到怀疑。今天上午八点光景，'这是第三天啦，你明白吗？'我看见米柯拉走进来找我，虽然他酒醉还没有醒，但不是醉得很厉害，懂得对他所说的话。他坐到长凳上，一言不发。当下，除开他，酒店里只有一个陌生人，另一个人在长凳上睡大觉，我跟这个人相熟，还有两个小堂倌。我问，"你看见过米特莱吗？"他说，"没有看见。""你没有到这里来吗？"他说："我有两天多没来了。""昨天夜里你在哪儿过夜？"他说："在佩斯基，科洛缅斯科耶[1]居民们那儿。"我说："耳环是哪儿来的？""在人行道上拾得的。"他说这句话的神气有点儿怪，并且不朝我看。我说："你可听见，就在那天晚上，就在那个时刻，在那条楼梯上发生过什么事情没有？"他说："没有听到。"可是他瞪着眼听着，脸勃然变色，白得像粉笔。我一边向他述说这件事，一边暗暗地观察他，可是他拿起皮帽，站起来要走。我想留住他。我说："慢着，米柯拉，你不喝一杯吗？"并向一个小堂倌挤挤眼，叫他把着门，我从柜台后面走出去：他立刻从我身边跳开，跳到街上拔脚就逃，逃进一条胡同里去了。我从此没有看见过他。我的疑问得到了解答，他犯了罪，没有错儿……'"

"可不是！"左西莫夫说。

"且慢！听我说完！不用说，他们马上去搜捕米柯拉。他们把杜什金扣留起来进行了搜查。米特莱也被扣留起来。他们也在科洛缅斯科耶居民们那儿进行了搜查，只过了两天多，米柯拉突然被带来了：他

---

① 科洛缅斯科耶是彼得堡郊区的一个地名。

们在某个关卡附近的一家客店里逮捕了他。他来到那儿，拿下脖子上的一个银十字架，用它换了一什卡利克酒[①]。他们把酒给了他。不多一会，一个妇女跑到牛棚里去，往壁缝里张望：他在隔壁板棚里的梁上挂了一根宽腰带，做成一个环圈；他站到一根木头上，要把脖子套入环圈里；那个妇女没命地叫喊起来，人们都跑来了：'你为什么要这样！'他说：'你们带我到警察分局去，我全都招认。'他们相当客气地把他送到警察分局，就是这里的警察分局。于是向他问这问那，叫什么名字，干什么的，多少年纪——'二十二岁'——等等。对这个问题：'您跟米特莱一起干活的时候，在那个时刻，您在楼梯上看见过什么人没有？'他回答说：'当然有人经过，可我们没有注意。''您听见什么动静、什么喧闹声等没有？''没有听见什么特别的声音。''你可知道，米柯拉，就在那一天，那个寡妇和她的妹妹同时被人杀害了，并被抢走了东西？''我一点儿也不知道。前天，我在小酒店里，头一次听阿法那西·巴甫雷奇说的。''耳环是哪儿来的？''在人行道上拾得的。''为什么第二天你没有去跟米特莱一起干活？''因为我去喝酒了，''你在哪儿喝酒？''在一个地方。''你为什么逃避杜什金？''因为我很害怕。''你害怕什么？''他们会去控告我。''既然你认为自己没有罪，你怕什么？……'左西莫夫，不管你信不信，问确实是这样问的，我肯定这是事实，人家告诉我的话绝对可靠！怎么样？怎么样？"

"哦，不，但是证据是有的。"

"现在我不谈证据，我谈的是问题，谈他们怎样理解实质！哎，真是见鬼！……因为他们百般威逼他，所以他招认了。他说：'我不是在人行道上拾得的，而是在我跟米特莱一起油漆的那套房里拾得的，''怎样拾得的？''这样拾得的：我跟米特莱油漆了一天，油漆到八点钟，我们打算回家，可是米特莱拿了一把刷子，用油漆抹我的脸；他抹了我一脸油漆跑掉了，我去追他。我追赶着他，我狂喊大叫；从楼上直跑到大门口——我撞到看门人和几位先生的身上，可是有几位先生跟

---

① 俄国液体度量单位，约合 0.06 升。

他在一起，我记不得了，看门人因此痛骂我，另一个看门人也骂我，看门人的老婆走出来，也骂我们。有一位先生带着一位太太走进门来，他也骂我们，因为我跟米季卡横在地上：我揪住了米季卡的头发，把他按倒地上拿拳头揍他，米季卡也从我的身子底下揪住我的头发，用拳头揍我，我们这样互相揪打不是恶意的，而是因为我们友好才这样闹着玩。后来米季卡逃掉了，跑到大街上去了，我去追他，但没有追上，我就独个儿回到那套房间里去了——因为我必须去收拾。我收拾了东西，等着米特莱，他或许会回来的。在过道的门旁墙角，我一脚踩着了一只盒子。我一看，有一只盒子用纸包着。我打开了纸包，看见盒子上有几个小钩，我把钩子都拔了出来，原来盒子里装着一副耳环……’”

“在门后？放在门后？在门后？”拉斯柯尔尼科夫突然叫喊起来。他看着拉祖米兴，目光浑浊而又惊慌，一边用一条胳膊支着身子在沙发榻上慢慢地坐起来。

“对，怎么啦？你怎么啦？你为什么问？”拉祖米兴也从座位上稍微欠起身子。

“没有什么！……”拉斯柯尔尼科夫声音微弱地回答道，又把头放到枕头上，并且又向壁扭转脸去。有一会工夫，他们都默然不语。

“他大概打瞌睡了，蒙眬地睡着了，”拉祖米兴末了说，一边疑惑地看着左西莫夫；后者微微摇着头，表示不同意。

“好，往下说吧，”左西莫夫说。“以后怎样？”

“以后怎样？他一看见耳环，一下子就把那套房间和米季卡丢在脑后了，拿起呢帽，就跑去找杜什金，我已经说过了，他在杜什金那儿抵押了一个卢布，可是向他撒了个谎，说这是在人行道上拾得的，并且立刻就去喝酒。至于谋杀的事，他还是说：‘我一点儿也不知道，前天才听说的。’‘你为什么到现在才来？’‘我害怕。’‘你为什么要上吊？’‘因为我有顾虑。’‘你有什么顾虑？’‘怕他们告发我。’这就是事情的全部经过。现在你想想看，他们从这里得到了什么？”

“有什么可想的，这就是线索嘛，至少是个线索。一个铁的事实。你认为要释放你的油漆匠吗？”

“但是他们现在把他当作凶手了！他们都毫不怀疑……”

“你胡说；你不够冷静。那么耳环呢？你必须承认，如果耳环是同一天同一个时刻从老太婆衣箱里落到尼古拉[1]手里的，那么你就得承认，这副耳环落到他手里一定有原因？在侦查这个案件中，这具有相当重要的意义。”

“怎样落到他手里！怎样落到他手里吗？”拉祖米兴扬声叫道。“你是一个医生，你应当首先研究人，比别人有更多机会研究人的本性，难道你——难道你根据这些材料看不出这个尼古拉的本性吗？难道你不能一眼就看出，他受审时所供述的一切情况都是千真万确的事实吗？耳环正如他所供述的那样落入他手里的。他踩着了一只盒子就拾了起来！”

“千真万确的事实！但他直认不讳，说他开头就撒谎？”

“听我说。用心地听：看门人、柯赫、彼斯特里雅柯夫、另一个看门人、第一个看门人的妻子、那时坐在她的屋子里的一个女人、七等文官克留柯夫，这当儿他从马车上下来，挽着一位太太走进大门去——总共有八个或十个证人，他们都异口同声说，尼古拉把米特莱按倒地上，并压在他身上用拳头揍他，而后者也揪住了他的头发，也用拳头揍他。他们都横在道路上，妨碍交通；大家都骂他们，可是他们都像‘小孩儿’一般(用证人们的话来说)，横在路上扭作一团、尖声怪叫、打架、哈哈大笑，两个人都争先恐后地哈哈大笑，做出最可笑的脸相，像小孩儿一般，互相追逐，跑到大街上去了。你听见吗？现在你得用心听呀：楼上尸体还是温热的，你听见么，我们发现尸体的时候，还是温热的！如果是他们，或者只有尼古拉一个人杀死了她们，撬开了衣箱，抢走了东西，或者只抢了东西，那么请你让我提个问题，只提一个问题：这样的精神状态，就是说尖叫、哈哈大笑、在大门口孩子般地打架——跟斧头、流血、恶毒的诡计、谨慎小心和抢劫相称吗？他们在五分钟或十分钟之前刚杀过人——因为发现尸体还是温热的——

[1] 即米柯拉。

知道马上有人要到这儿来，立刻撇下尸体，没有锁上门就离开房间，扔掉了赃物，然后像小孩儿一般，在马路上打滚，哈哈大笑，引起大家的注意，而且有十个证人都一致证实了这个情况！”

“不用说，很奇怪！那当然是不可能的，但是……”

“不，老兄，不是**但是**，而是如果耳环是同一天、同一时刻出现在尼古拉手里的，那么这的确构成了一个重要的、不利于他的物证——但他的口供充分说明了这个物证，所以这还是一个**引起争论**的物证，——我们也得考虑到那些证明他无辜的事实，何况这些都是**不可反驳的**事实。从我们的法学的特征来看，你以为他们仅仅根据心理上的不可能性，仅仅根据精神状态将会承认，或者能承认这样的事实是可以推翻任何被认为是犯罪物证的不可反驳的事实吗？不，他们不会承认的，决不会承认的，因为他们发现了盒子，而这个人又要上吊，‘如果他不是自觉有罪，就不会干这样的事！’这是个很重要的问题，我是为这而着急！你要明白！”

“我知道你容易感情冲动。且慢，我忘记问你：有什么证据能证明这盒耳环确实是老太婆箱子里的东西。”

“这已经证实了，”拉祖米兴拧紧了眉头，仿佛不乐意地回答道。“柯赫把东西认出来了，并指出了原主。原主肯定地证明，这盒耳环确是他的东西。”

“那就糟了。现在还有一个问题：当柯赫和彼斯特里雅柯夫上楼去的时候，有没有人看见尼古拉，有什么事实可以证明这点？”

“问题就在于没有人看见过他，”拉祖米兴恼怒地说。“这真糟啊；连柯赫和彼斯特里雅柯夫上楼去的时候，也没有注意到他们，虽然他们的证明现在已经没有多大意义了。他们说：‘他们看见那套房间的门开着，屋子里大概有人在干活，可是他们经过时，没有注意，而且也记不清，那时有没有工人在里面。’”

“嘿，那么唯一的辩护理由仅仅是他们曾经互相揪打和哈哈大笑。假定这是有力的证明，但是……现在我问你，你怎样解释事实呢？……如果他当真像他所供述的那样拾得耳环的话，你怎样解释拾得耳环这个事实呢？”

“怎样解释吗？这有什么可解释的：事情不是很清楚嘛！至少侦查这个案件的途径是明确的，证实了的，这条途径正是这盒耳环所指出的。这盒耳环是真正的凶手所失落的。当柯赫和彼斯特里雅柯夫敲门的时候，真正的凶手是在楼上，待在扣上的门里。柯赫干了傻事，下楼去了；于是凶手溜出来了，也跑下楼去了，因为他无路可走嘛。他在楼梯上躲进了空屋里，避开了柯赫、彼斯特里雅柯夫和看门人，这当儿德米特里和尼古拉适巧跑出去了。看门人和那些人上楼的时候，他躲在门后，等到脚步声沉寂了，他就满不在乎地下楼去了，正是在这个时候，德米特里和尼古拉跑到了街上，人们都散去了，大门口一个人也没有。或许他们也看见过他，不过没有注意罢了；有多少行人来来往往啊？他站在门后的时候，从口袋里掏出这盒耳环，没有发觉它掉落在地上，因为他顾不上这个。这盒耳环清楚地证明，他正是站在那个地方。问题就在这里！”

“强词夺理！不是这么回事，老兄，您强词夺理。这完全是强词夺理！”

“为什么，为什么？”

“因为一切太凑巧了……凑在一起……像在演戏一样。”

“嘿！”拉祖米兴叫道，可是这当儿门开了，进来了一个陌生人，屋子里的人谁也不认识他。

五

这位先生年纪已经不轻，举止古板，道貌岸然，脸上流露出一副谨小慎微、满腹牢骚的神气。他开头在门口站了一会儿，满不高兴地带着露骨的惊讶的神色环视四周，他的目光像在问：“我来到了什么地方啊？”他怀疑地、甚至佯装有点儿惊慌和近乎受辱的样子，扫视了一下拉斯柯尔尼科夫那间又窄又低的“船舱”。他又那么惊讶地把目光转移过去，接着死瞅着拉斯柯尔尼科夫本人，后者没有穿外衣，头发蓬乱，脸没洗过，躺在那张又小又脏的长沙发上，也呆呆地看着他。过后，他又那么慢条斯理地看起衣服破烂、没有刮过脸和一头乱发的拉祖米兴来。拉祖米兴也大胆地用好奇的目光直瞅着他的眼睛，没有从座位上站起来。紧张的沉默持续了片刻工夫，末了，果然不出所料，气氛稍为转变了。大概因为看到某个十分显著的情况而领悟了，在这儿，在这个“船舱”里大摆架子是得不到什么的，这位进来的先生就变得温和些了，有礼貌了，并且对左西莫夫谈起话来，虽然口气有点儿严厉，但他发问时，每个音节都念得很清楚：

“这位是罗季昂 · 罗曼内奇 · 拉斯柯尔尼科夫，大学生，或者从前是大学生？”

左西莫夫慢吞吞地微微动了一下，要是拉祖米兴(人家不是向他发问)不抢先回答，他也许会作答的。

“躺在长沙发上的就是他！您有什么事吗？”

“您有什么事吗？”这句很不客气的话使这位古板的先生感到很难堪；他几乎掉转脸去看拉祖米兴，但他到底及时克制住了，马上又向左西莫夫回过头来。

“这个就是拉斯柯尔尼科夫！”左西莫夫没精打采地说，一边向病人点了点头，然后打了个哈欠，不知怎的把嘴张得非常大，并且好久地保持着这个姿势。接着他慢条斯理地把手伸入坎肩袋里，掏出一只极大的、凸形的、有盖的金表，打开表盖瞥了一眼，又那么慢条斯理地懒洋洋地把它放回口袋里。

拉斯柯尔尼科夫本人一直默默地仰卧着，虽然他什么也不想，但却死瞅着这位来客。此刻他那已经转了过来不再看壁纸上奇异花卉的脸显得异常苍白，并流露出异常痛苦的神情，仿佛他刚刚动过痛苦的手术，或者刚刚受过严刑拷打似的。可是这位来客却渐渐地引起了他越来越大的注意，于是他觉得奇怪起来，接着怀疑起来，甚至于仿佛害怕起来。当左西莫夫指着他说“这个就是拉斯柯尔尼科夫”的时候，他连忙支起半截身子，仿佛直跳起来似的在床上坐了起来，近乎挑衅地但用若断若续的微弱的声音说道：

“是的！我是拉斯柯尔尼科夫！您有什么事？”

客人仔细地打量了一下，接着引人注意地说：

“我是彼得 · 彼得罗维奇 · 卢仁。我十分希望，我的名字对您已经不是完全陌生的了。”

可是拉斯柯尔尼科夫冷不防这一着，所以呆呆地若有所思地看着他，一句话也没回答，仿佛彼得 · 彼得罗维奇的名字他还是初次听到似的。

“怎么啦？难道您到现在还没有得到任何消息吗？”彼得 · 彼得罗维奇有点儿不满地问。

拉斯柯尔尼科夫不答理，却慢慢地把头放到枕头上，两手垫在脑后，看起天花板来了。卢仁脸上流露出苦闷的神色。左西莫夫和拉祖米兴怀着更强烈的好奇心打量起卢仁来，末了，他显然发窘了。

“我预先考虑过，并且计算过，”他嘟嘟囔囔说起来，“信已经寄出了十多天，实际上差不多有两个星期了……”

“喂，您为什么老是站在门口？”拉祖米兴突然插嘴说。“如果您要说什么话，请坐下来，您跟娜斯塔西雅两个人站在那儿挤得很……娜斯塔西尤什卡，让他走！……请进来，这儿有一把椅子！挤进来吧！”

他挪开桌旁自己的椅子，腾出了桌子与自己两膝之间的地位，有点儿紧张地等待着客人“挤入”这个间隙中来。在这样的时刻，绝不能谢绝，客人慌忙地磕磕绊绊地挤过了那个窄小的地方。他走到椅子跟前，坐了下来，疑心地打量着拉祖米兴。

“不过，您别见怪，”拉祖米兴唐突地说。“罗佳已经病了四天多，有三天工夫神志昏迷，可是现在清醒了，甚至想吃东西了。这位就是他的医生，刚给他诊治过；我是罗佳的同学，也在大学里念过书，现在我照看着他；所以您不必顾虑我们，也不必拘束，请继续谈您的事吧。”

“多谢你们。我来找他，在这儿谈话不惊动病人吗？”彼得 · 彼得罗维奇对左西莫夫说。

“不—不，”左西莫夫懒洋洋地说，“您甚至会使他开心的，”他又打了个哈欠。

“哦，他一早就醒了！”拉祖米兴继续往下说，他那副亲切的样子是这么真挚，彼得 · 彼得罗维奇甚至沉吟了一下，开始鼓起勇气，或许这是由于这个衣衫褴褛的人竟厚颜无耻地自称为大学生也不无关系。

“令堂……”卢仁说话了。

“哼！”拉祖米兴哼得很响。卢仁疑问地看了他一眼。

“没有什么，我没有什么意见；您往下说吧……”

卢仁耸了耸肩膀。

“……我还在她们那儿的时候，令堂就给您写来了信。我来到了这儿，故意隔几天，等到我确信您已经知道了一切情况后，才来看您；可是现在我觉得奇怪……”

“我知道，我知道！”拉斯柯尔尼科夫忽然说话了，流露出最不耐烦的神情。“就是您？未婚夫？嗯，我知道！……够了！”

彼得 · 彼得罗维奇很生气，可是他不说话了。他坚决地要马上弄明白这是怎么回事？沉默持续了片刻工夫。

然而拉斯柯尔尼科夫回答时，脸稍微转向他，忽然又凝神细细地瞧起他来，表现出那么强烈的好奇心，仿佛刚才还没有把他看够似的，或者仿佛他身上有个什么新的东西引起了他的惊奇：甚至为着把他看个仔细，故意从枕头上微微支起身子。真的，在彼得 · 彼得罗维奇的整个外表上仿佛有个特别的东西引起人的惊奇，的确有个东西似乎证实了，现在如此无礼地称他做“未婚夫”，不是没有理由的。第一，可以看出，甚至是太显著了：彼得 · 彼得罗维奇逗留在京都的几天中，竭力把自己打扮得衣冠楚楚，等候着未婚妻到来，不过这是无可非议的，也是情有可原的。在这样的情况下，甚至自以为，也许甚至过分得意地自以为佳运亨通了，这也是可以原谅的，因为彼得 · 彼得罗维奇也算个未婚夫了。他的全身衣服都是刚落针的，很合身，也许不好的只是太新了，过分暴露出某种目的。连那顶漂亮的新式圆呢帽也证实了这个目的：彼得 · 彼得罗维奇不知怎的对这顶呢帽十分爱护，小心翼翼地拿在手里。连那副惹眼的淡紫色的真正的朱旺手套也证明了这点，虽然这副手套他从来不戴在手上，只拿在手里当作装饰品。在彼得 · 彼得罗维奇的衣服上，浅淡的和青春的色泽占了优势。他穿着一件漂亮的淡褐色的夏季上装，配了一条浅色的又轻又薄的裤子，一件同样料子的背心，那件薄薄的衬衫还是刚买来的，系着一条带玫瑰色条纹的轻飘飘的细麻布领带，最好不过的是：这一切东西对彼得·彼得罗维奇甚至都很合适。他容光焕发，甚至显得眉目俊秀，本来看起来就不满四十五岁。乌黑的连鬓胡子像两个肉饼令人喜爱地遮没了两边脸颊，在那刮得精光的、闪闪发亮的下巴两边长得又密又美。头发也梳得精光，虽然有了几根银丝，在理发店里卷过的，但并不因此显出卷过的头发所常有的一种可笑或愚蠢的样子，因为卷过的头发免不了使人的脸有一副去行婚礼的德国人的神采。如果在这张相当漂亮而矜持的脸上有什么真正使人感到不快或者引起反感的地方，那么这是由于其他的原因。拉斯柯尔尼科夫无礼地细细地打量了一下卢仁先生后，恶狠狠地微微一笑，又倒在枕头上，仍然看起天花板来。

可是卢仁先生竭力克制着，好像决意暂且不理会这些古怪的举动。

“看到您病得这个样子，我心里很难过，”他又开腔了，努力打破沉默。“要是我知道您身体不好，早就来看您了。可是您要知道，我忙得很哪！……我在枢密院里还要办理一件我的律师业务方面的重要事务。您也能猜度到的那些事，我不谈了。也就是说，我时刻等候着令堂和令妹到来……”

拉斯柯尔尼科夫稍微动了一下，想要说什么；他脸上流露出有点儿激动的神情。彼得·彼得罗维奇把话缩住了，等待着，可是因为没有人说话，他又往下说：

“……时刻等待着！我给她们找到了一个住所，让她们暂时住一阵……”

“在哪儿？”拉斯柯尔尼科夫有气无力地问。

“离这儿不很远，是巴卡列耶夫的房子……”

“这是在沃兹涅先斯基街，”拉祖米兴插嘴说。“那所房子有两层，是一家小旅馆；商人尤辛开设的；我去过。”

“是的，是一家小旅馆……”

“一个非常可怕的地方：肮脏、臭气四溢，而且是个可疑的场所；常常出事；谁知道那儿住着一些什么人！……我为一件可耻的事上那儿去过。房租倒便宜。”

“情况我当然没有能够摸得那么清楚，因为我也是刚到这里。”彼得·彼得罗维奇小心谨慎地反驳道。“但是有两个很清洁的小房间，因为只住很短一个时期……我已经找到一套正式的房间，那是我们将来的住宅，”他转脸对拉斯柯尔尼科夫说。“这套房间现在正在装修；我自己也暂住在李彼韦赫赛尔太太的房子里，离这儿只有几步路，跟我的一个青年朋友安德烈·谢苗内奇·列别兹雅特尼柯夫同住一室；巴卡列耶夫的房子也是他告诉我的……”

“跟列别兹雅特尼柯夫？”拉斯柯尔尼科夫慢吞吞地说，仿佛想起一件什么事来了。

“是的，安德烈·谢苗内奇·列别兹雅特尼柯夫，他在部里供职。你认识吗？”

“哦……不认识……”拉斯柯尔尼科夫回答道。

“对不起，您这样问，我倒以为你认识他。我曾经是他的监护人……一个很可爱的青年……他很关心……我很高兴见到年轻人：你可以向他们学到新的东西。”彼得·彼得罗维奇满怀希望地打量了一下屋子里所有的人。

“这指的是哪一方面？”拉祖米兴问。

“可以说，指的是最重要的方面，也就是最本质的方面，”彼得·彼得罗维奇连忙接嘴说，仿佛提出这个问题使他很高兴。“要知道，我已经有十年没有来彼得堡了。我们的一切新事物、我们的一切改革和新思想——这一切我们都是在外省听说的。但要看得更清楚，要看到一切东西，那就得到彼得堡来。嗯，我的意思是，当你观察我们的年轻一代的时候，你就可以获益匪浅。我坦白地说：我很高兴……”

“高兴什么？”

“您的问题内容很广泛。我可能弄错，可是我觉得我似乎发现一种更明确的见解，可以说，发现更多的批评精神、更多的求实精神……”

“这是对的，”左西莫夫从牙缝里含糊地说。

“你胡说，哪来的求实精神，”拉祖米兴反驳道。“求实精神是不容易获得的，不会从天上掉下来的。我们差不多有二百年光景脱离了实际生活……不错，各种思想层出不穷，”他对彼得·彼得罗维奇说。“善良的愿望是有的，虽然是幼稚的；甚至正直的行为也能发现，虽然骗子多得不得了；但求实精神还是没有！求实精神得来不易啊。”

“我不同意您的看法，”彼得·彼得罗维奇反驳道，显然很高兴。“当然，着迷和犯错误是有的，但这应该加以宽恕：着迷证明对事业有热情，也证明事业是处在一种不合理的外部环境中。如果说事情做得少，那是时间不够。我撇开方法不谈。照我个人的看法，也可以说，某些事情甚至已经做了：各种新的有价值的思想被传播着；某些新的有价值的作品被流传着，它们代替了那些旧的、空想的和浪漫主义的作品；文学具有更成熟的形式；许多有害的成见被根除了，受到了嘲讽……一句话，我们和过去永远绝缘了，而这，依我看来，已经是个成就……”

“背书！自我介绍，”拉斯柯尔尼科夫忽然开腔了。

“什么？”彼得·彼得罗维奇问，他没有听清楚，但是没有得到回答。

“这都是正确的，”左西莫夫赶忙插嘴说。

“不对吗？”彼得·彼得罗维奇高兴地瞥了左西莫夫一眼，继续往下说。“您会同意的，”他继续对拉祖米兴说，但带点儿洋洋得意和目空一切的神气，几乎喊出“年轻人”来，“至少就科学和经济学的真理……来说，有了巨大的成就，或者，正如他们现在所说的，进步。”

“老生常谈！”

“不，这不是老生常谈！比方说，假如从前人们常常对我说：‘去爱人吧’，于是我去爱了，那么结果怎样呢？”彼得·彼得罗维奇继续往下说，也许说得太急了。“结果是我把长褂扯成两半跟亲友分穿，于是我们俩都半裸着身体。俄罗斯有一句谚语：‘同时追几只兔子，结果是一无所获。’科学告诉我们：你爱人，首先只爱你自己，因为世上一切都是以个人利益为基础的。你只爱自己，那你就会把自己的事情安排好，你的长褂才能保持完整。经济学的真理补充说：社会上私人的事业办得越多，也就是所谓完整的长褂越多，那么社会的基础就越巩固，社会上的公共事业也就办得越多。所以，为我个人发财，也就是为大家发财，从而使亲友所得到的就会比一件破长褂更多的东西，[①]这已经不是个人私下的馈赠，而是普遍繁荣的结果。道理是简单的，但是可惜，这个道理那么久没有传到我们这儿，被狂喜和幻想给淹没了，但似乎并不需要多大的机智去理解……”

“对不起，我也不是机智的，”拉祖米兴厉声打断了他的话。“所以我们别再谈下去啦。我提出这个问题是有目的的，但是三年来，我对这种闲扯和自慰，对所有这些絮絮不休的没完没了的老生常谈，对千篇一律地复述这些老生常谈已经厌烦极了，老天为证，不但我自己说这些话，而且别人在我面前说这些话时，我也会脸红的。当然啰，您急于想自诩博学，这是大可原谅的，我也不责备您。现在我只要知道，您是个什么样的人，因为近来有那么多各种各样的企业家要参加公众的事业，他们为自己的利益而曲解他们所染指的各种事业，以致把整个事业都完全糟蹋了。嗯，够啦！”

“先生，”卢仁先生怀着异常强烈的自尊感，又不满地说话了：“您是不是毫无礼貌地暗示，我也是……”

“哦，别那么想，别那么想……我哪会！嗯，得啦！”拉祖米兴断然说，急遽地向左西莫夫转过身去，又把刚才跟他谈的话继续谈下去。

彼得·彼得罗维奇是个聪明人，他立刻表示相信他的这番解释。但是一会儿后，他决意要走。

“我希望，现在我们已经开始相识，”他对拉斯柯尔尼科夫说。“因为有您所知道的那些情况，等您恢复健康后，我们将会更加亲密

---

① 卢仁所宣扬的是英国伦理学家、法学家和资产阶级功利主义者边沁（1748—1832）的政治经济学说。边沁认为“个人的利益是唯一的现实的利益”，“社会利益只是一种抽象，它不过是个人利益的总和”。

的……特别是，我希望您早日恢复健康……”

拉斯柯尔尼科夫连头都没有转过去。彼得·彼得罗维奇从椅子上站起来了。

“凶手一定是去抵押过东西的人！”左西莫夫断定说。

“一定是去抵押过东西的人，”拉祖米兴附和说。“波尔菲里没有说出自己的想法，但还在盘问那些向她抵押过东西的人……”

“他在盘问抵押过东西的人？”拉斯柯尔尼科夫大声地问。

“是的，有什么意见吗？”

“没有什么意见。”

“他是怎样找到这些人的？”左西莫夫问。

“柯赫供出了一批人；另一些人的名字是写在包东西的纸上的，有的是听到消息后，自己去投案的……”

“唔，凶手大概是个狡猾的老贼！好大的胆！一点儿也不发慌！”

“问题在于，他根本不是一个这样的人！”拉祖米兴插嘴说。“你们的错误就在这里。可是依我看，他并不狡猾，也没有经验，大概还是头一次犯罪！如果认为这是预谋杀人，凶手一定是个狡猾的老贼，那是难以令人置信的；应该认为这是个没有经验的人，他不过是侥幸地逃脱的，而侥幸的事不是常有的吗？或许他没有预料到那些阻碍！这件事他是怎样干的呢？他拿了几件值十卢布或二十卢布的东西，把它们塞满了口袋，并把老太婆的箱子里那堆旧衣乱翻了一阵——而在五斗橱第一格抽屉中一只首饰盒里，除了几张钞票外，还发现了一千五百卢布现金！他不懂得抢劫钱财，只会杀人！我对你说吧，他是头一次犯罪，头一次犯罪；他发慌了！他不是有计划地而是靠侥幸的机会逃脱的。”

“这似乎是不久前所发生的一个年老的官太太被谋杀的案件吧，”彼得·彼得罗维奇向左西莫夫转过脸去，插嘴说。他已经拿了帽子和手套站着，但临走时，他还想说几句颇有见识的话。他显然想要造成一个有利的印象，他的虚荣心压倒了理智。

“是的，您听说过吗？”

“可不是，她是我的邻居……”

“您知道详细情况吗？”

“那我不能说；但是另一种情况……可以说，整个问题使我很感兴趣。且不说近五年来下层阶级的犯罪案件增多起来；且不说各处不断地发生的抢劫和纵火案；我觉得最奇怪的是，在上层阶级中，犯罪案件也日益增多，可以说也随着增多。据说，有一个地方，一个从前在大学里念过书的人在大道上抢劫邮车；而在另一个地方，几个社会地位优越的人制造假钞票；在莫斯科逮捕了一批伪造最近发行的有奖债券的罪犯，主犯之一是个教世界通史的讲师；还有我们驻外国使馆的一位秘书由于金钱或者由于某种不明的原因……而被人杀害了。如果现在这个放债的老太婆是被一个社会地位更高的人士杀害的，因为乡下人不会拿金饰去抵押，那么应该怎样从某一方面来解释我们社会上那些文明人士的道德堕落呢？”

“经济上发生了很多变化嘛……”左西莫夫回答道。

“应该怎样解释吗？”拉祖米兴吹毛求疵地问。“可以这样解释：正是因为我们根深蒂固地过分缺乏求实精神的缘故。”

“怎么可以这样说呢？”

“您所说的那个讲师在莫斯科就是这样回答他为什么伪造有奖债券这个问题的：‘大家都用各种手段发财，所以我也急于想发财。’他的原话，我不记得了，但意思是，不花本钱，尽快地、不劳而获地发财！大家都习惯于坐享其成，仰赖别人，吃别人嚼烂的东西。嗯，伟大的时钟敲响了[①]，每个人都本相毕露……”

“可是道德呢？也可以说，做人的原则呢……”

“您忙什么呀？”拉斯柯尔尼科夫突然插嘴说。“这是根据您的理论得出的结论！”

“怎么说是根据我的理论？”

“根据您刚才的说法，那么杀人是可以允许的了……”

“根据我的说法！”卢仁大声叫道。

---

①意指1861年俄国废除了农奴制度。

“不，可不能这样说！”左西莫夫回答道。

拉斯柯尔尼科夫躺着，脸色煞白，上唇抖动着，呼吸急促。

“一切事物都有一个准则，”卢仁高傲地继续往下说。“经济思想不是叫你去杀人，只消想一想……”

“这是真实的吗？您……”拉斯柯尔尼科夫忽然又插嘴说，气愤得连声音也发抖了，从声音里可以听出一种侮辱人的乐趣。“这是真实的吗？您向您的未婚妻说……在她答应嫁给您的时候，您最感到高兴的是……因为她贫穷……因为讨一个穷苦人家的女儿对您更有好处，以后您可以管束她……可以辱骂她，因为她蒙受了您的恩泽……”

“先生！”卢仁又气又恨地大声叫嚷道，满脸通红，一副尴尬相。“先生……您完全曲解了我的意思！请您原谅，可是我应该对您说，您所听到的，或者不如说，传到您耳朵里的流言，是荒诞无稽的……所以我……我怀疑……有人……一句话……这是一支冷箭……一句话，令堂……在没有发生这事以前，我就觉察出她虽然有不少优点，但也有个略微狂热的和罗曼蒂克的头脑……可是我万万想不到，她会这么想入非非地去理解事情，把事情想象成……到底……到底……”

“您可知道？”拉斯柯尔尼科夫大声叫道，一边靠着枕头坐了起来，刺人的炯炯目光逼视着他。“您可知道？”

“知道什么？”卢仁站定了，带着受辱和挑衅的神气等待着。沉默持续了片刻工夫。

“如果您敢……再提一下……家母……我就叫您滚下楼去！”

“您这是怎么啦！”拉祖米兴叫道。

“噢，原来如此！”卢仁脸色发白，咬住了嘴唇。“先生，我对您说，”他开始把话说得从容不迫，竭力压制着心头的怒火，但他的神色还是气呼呼的。“刚才我一进来就看出了，您对我很不客气，可是我故意不走，想要知道多些。对一个病人和亲戚，我可以毫不计较，但是现在……您……永远不……”

“我没有病！”拉斯柯尔尼科夫叫喊起来。

“那更不应该……”

“滚吧！”

可是卢仁还没有把话说完，就打桌子和椅子中间挤过去，往外走了；拉祖米兴这会儿站起来让他走。卢仁对谁也不看一眼，对左西莫夫连头也不点一下，虽然后者早就向他点着头，叫他别跟病人吵架。卢仁往外走去，当他弯下腰走出门去的时候，小心翼翼地把帽子举到肩头那么高。当时连他那个伛偻着的背好像也表现出，他受了多么严重的侮辱啊。

“怎么可以，怎么可以这样呢？”大惑不解的拉祖米兴说，频频摇头。

“你们都走吧，走吧！”拉斯柯尔尼科夫发狂地喊叫起来。“你们都使我痛苦，你们到底走不走！我可不怕你们！我现在谁也不怕了，给我滚开！我要独个儿在这儿，独个儿，独个儿，独个儿！”

“咱们走，”左西莫夫向拉祖米兴点了点头，说。

“这怎么可以，难道我们可以这样撇下他。”

“咱们走吧！”左西莫夫坚持地重说了一遍，拔脚就走。拉祖米兴沉吟了一下，就跑去追他。

“如果不依他，那会更糟，”左西莫夫已经走到了楼梯上，说。“可不能惹他恼火……”

“他怎么啦？”

“只要好好儿劝慰他一番就行！刚才他精神很好……你要知道，他有什么心事！一桩放不下的心事，所以他很苦恼……我很担心；一定是这么回事！”

“或许这位先生就是彼得·彼得罗维奇吧！从谈话中可以听出来，他要跟他的妹妹结婚。罗佳在害病前接到过一封信，信上提到了这件事……”

“对呀；他现在来了，真该死；他也许会把事情弄糟的。你看到没有，他对什么都漠不关心，问他的话，他都置之不理，独独对这件谋杀案最关心……”

“是呀！是呀！”拉祖米兴赶忙接嘴说。“我已经看得很清楚了！

他很关心，而且也很害怕。在害病那一天，他在警察局里被人吓唬过；他昏了过去。”

“晚上，你给我更详细地讲讲，以后我再告诉你一件事。他的情况很值得注意，半小时后我再去看他……不过他不会发什么炎症……”

“多谢你！晚上我在巴谢尼卡那儿等你，我叫娜斯塔西雅注意他……”

只剩下拉斯柯尔尼科夫一个人了，他着急而又苦恼地打量了一下娜斯塔西雅；但她还是迟迟不走。

“你现在要喝茶吗？”她问。

“现在不要喝！我要睡觉！你走吧……”

他抽搐地转身向壁；娜斯塔西雅走了。

六

可是她一走出屋子，他就一骨碌爬了起来，扣住了门钩，打开拉祖米兴刚才拿来并由他重新捆扎过的那包衣服，穿了起来。说来奇怪：他这时似乎忽然变得十分镇定，不像刚才那样疯疯癫癫，神志不清；也不像最近一个时期那样吓得丧魂落魄。这是一种奇怪的、突如其来的镇定的开始。他的行动是明确的，表露出一种坚定意向。“今天，今天就！……”他喃喃地自言自语。他心里明白，自己身子还是软弱无力的，但是使他变得冷静沉着和主意坚决的那种极度的精神紧张却给了他力量和自信；他也希望不要在街上摔倒。全身换上了新衣服后，他瞥了一下放在桌上的钱，沉吟了一下，就把那些钱放入了口袋。总共是二十五个卢布。他也拿了几个五戈比的铜币，这几个铜币是拉祖米兴买衣服的十个卢布的找头。接着他轻轻地拔出门钩，走出屋子，下楼去了，并往敞开着的厨房门里张望了一下：娜斯塔西雅背向他站着，躬着腰在吹东家的茶炊。她什么也没有听见。谁想得到他会出去呢？一会儿，他已经来到了街上。

已经八点钟，夕阳西斜。天气还是那么闷热；他贪婪地吸着那臭气难闻、尘土飞扬、被城市污染了的空气。他又有点儿头昏了；在他那发红的眼睛里和他那消瘦的、灰白而又发黄的脸上忽然表露出旺盛的精力。他不知道，也没有想过上哪儿去；他只知道：“**这件事**今天该结束了，一下子就把它结束，立刻结束它；否则他就不回家，因为**他不愿意这样活下去。**”怎么结束呢？他应该怎么办呢？这点他一点也不知道，而且也不愿想。他驱除了这个念头，因为这个念头使他很痛苦。他只感觉到并且知道，一切都得改变，不是这样变，就得那样变，“不管怎样”，总得变，他怀着悲观绝望、固执的自信和决心反复地说。

他照旧打从前常常去散步的那条路径直地往干草市场走去。还不到干草市场，在一家小铺子前面的马路上站着一个黑头发的年轻的街头乐师，他正在演奏一支十分动听的情歌，替一个站在人行道上他前面的十五岁模样的姑娘伴奏。这个姑娘打扮得像个小姐，穿了一条钟式裙，肩上披了一件斗篷，戴着手套，头上戴一顶插了一根火红色羽毛的草帽；这些东西都破旧了。她用街头卖唱的、颤动的但却相当悦耳和嘹亮的声音唱出那支情歌，等待着铺子里的人丢给她两个戈比。拉斯柯尔尼科夫在两三个听众旁边站定听起来，一边掏出一个五戈比的铜币塞在姑娘手里。那个姑娘唱到最动人的高音上戛然停住了，回头向琴师大声叫道：“得啦！”他们俩就慢步往前走了，向另一家铺子走去。

“您爱听街头卖唱吗？”拉斯柯尔尼科夫忽然对一个年纪已经不轻、跟他一同站在乐师身旁、模样儿像个游手好闲之徒的过路人说起话来。那个人莫名其妙地看了他一眼，大吃一惊。“我很喜欢听，”拉斯柯尔尼科夫接着说下去，但他的神气像是他压根儿不在谈街头卖唱。“在寒冷、昏暗和潮湿的秋天晚上，我爱听人们在琴师伴奏下唱歌，一定要在潮湿的晚上，那时所有的行人脸上都带苍白发青的病容；或者在天不刮风，湿雪笔直地飘落下来的时候，那更好。您明白我的意思吗？那些瓦斯灯透过湿雪闪耀着……”

“我不明白……对不起……”那位先生嘟哝说，被拉斯柯尔尼科夫的发问和他那令人奇怪的神气给吓坏了，穿过街道向对面走去。

拉斯柯尔尼科夫径直地往前走，来到了干草市场的拐角，这儿就是那天跟丽扎韦塔谈话的那个小商贩同他妻子摆摊的地方；但是现在他们都不在这儿摆摊了。他认出了这个地方，就站定了，朝四下望望，跟一个站在堆面粉的大仓库的入口处打着哈欠、穿着一件红衬衫的年轻小伙子攀谈起来。

“有个小商贩和他的老婆，一个乡下女人，是在这儿拐角上做买卖的吗？”

“形形色色的人都在这儿做买卖，”小伙子回答道，高傲地打量了一下拉斯柯尔尼科夫。

“他叫什么名字？”

“他受洗礼的时候起了什么名字，就叫什么名字。”

“你是不是扎赖斯克人？哪个省的？”

小伙子又打量了一下拉斯柯尔尼科夫。

“大人，我们那儿不是省，是县。我的哥哥出门去了，我待在家里，不知道……大人，请您宽恕。”

“楼上是不是小饭店？”

“这是一家小酒馆，有台球房；还有漂亮的女人呢……顶呱呱的！”

拉斯柯尔尼科夫穿过了广场。在那边拐角上，密密麻麻地聚集着一大群人，全都是乡下人。他挤入了人最多的地方，端详着每张脸。不知为什么，他很想跟每个人谈谈。可是那些乡下人都没有注意他，他们一堆堆地挤在一起，悄声而嘈杂地交谈着。他站了一会儿，沉吟了一下，就打右边人行道向B大街走去。他穿过广场，拐进了一条胡同……

他从前常常经过这条很短的胡同，这条胡同转个弯从干草市场通到了花园街。近来他心头烦闷的时候，甚至非常想在这些地方溜达溜达，“让自己更烦闷”。现在他踅入了这条胡同，却什么也不想了。这是一所大房子，整所房子里开设着小酒馆和其他饮食店；从这些酒馆和饮食店里不时跑出来穿得像去“串门子”的女人——她们都不包头巾，只穿着连衣裙。在人行道上，有两三个地方，主要是底层的入口，都成群结队地聚集着这样的女人。走进了底层，只要再走下两级石阶就可以进各种娱乐场所去玩儿。其中有个娱乐场，这时有一阵阵敲击声和吵闹声传到了街上。吉他叮叮咚咚地弹奏着，人们在唱歌，一片欢乐的气氛。在入口处攒集着一大群女人；有的坐在台阶上，有的坐在人行道上，有的站着跟人谈话。近旁有个喝醉的士兵在马路上闲荡，他大声地谩骂着，嘴里叼着一支烟，好像想往什么地方去，但仿佛记不得上哪儿去。一个衣衫褴褛的人在跟两个穿得同样破烂的人吵架，有个喝得烂醉的人横躺在街上。拉斯柯尔尼科夫在一大群女人跟前站住了。她们声音嗄哑地谈着话；她们都穿着印花布连衣裙，脚上蹬着山羊皮的鞋，都没有包头巾。有几个已经四十开外，但也有几个十六七岁模样的，她们的眼睛差不多都被打得发青。

他不知怎的，被那儿底下的歌声、敲击声和吵闹声给吸引住了……可以听到那儿有人，在一阵阵狂笑和尖叫声中，在调子雄壮、声音尖细的假嗓伴唱下，还有吉他伴奏着，用脚跟打着拍子，在疯狂地跳舞。他聚精会神地、忧郁沉思地听着，在入口处躬着腰，从人行道上好奇地往过道里张望着。

你啊，我的漂亮的懒崽子，
别无缘无故揍我呀！——

歌手那尖细的歌声婉转动听。拉斯柯尔尼科夫非常想听清楚他们唱着什么歌，仿佛这是一件顶重要的事情似的。

“要不要进去？”他在心里寻思。“他们都在哈哈大笑！他们都喝醉了。我要喝醉不？”

“亲爱的老爷，您不进去吗？”其中一个女人问，她的嗓音相当响亮，还不十分嘶哑。她很年轻，甚至不讨人嫌，在那堆女人里面，她是唯一的一个。

“嘿，好一个标致的女人！”他回答道，稍微挺直腰板打量她。

她嫣然一笑；她很爱听恭维话。

“您也长得很标致，”她说。

“您多么瘦啊！”另一个女人声音低沉地说。“刚出医院吗？”

“她们都像是将军的女儿，她们都是翘鼻子的！”一个走近来的微醺的男子忽然插嘴说，他穿着厚呢大衣，纽扣都没有扣上，丑脸上堆起了一副狡猾的笑容，“嘿，好开心啊！”

“来了，那就进去玩玩吧！”

“我要进去的！亲爱的！”

他飞快地跑下去了。

拉斯柯尔尼科夫往前走了。

“喂，老爷！”那个女人在后面叫喊道。

“什么事？”

她不好意思起来。

“亲爱的老爷，我永远高兴陪您玩几个钟头，可是，现在我不知怎的不好意思向您开口。可爱的先生，请您给我六个戈比，买杯酒喝！”

拉斯柯尔尼科夫把口袋里的几个钱都掏出来了：三个五戈比的铜币。

“嘿，这个先生心肠多好！”

“您叫什么名字？”

“您问杜克丽达吧。”

“不，这怎么可以，”其中一个女人忽然说话了，一边向杜克丽达摇摇头。“我真不懂，怎么可以这样向人家讨钱！如果换了我，我会害羞得钻入地缝里去的……”

拉斯柯尔尼科夫好奇地打量了一下说这句话的人。这是一个麻脸女人，约莫三十岁，身上伤痕累累，上唇有点发肿。她沉着而严肃地边说边责备。

“这是什么地方……”拉斯柯尔尼科夫边想边往前走去。“我在哪里读到过：有一个人被判了死刑，一小时后就要执行，他这样说或想道：如果他必须在高耸的峭壁上或在一块只容两脚站立的弹丸之地过活——而周围是一个深渊，一片汪洋；永远是漆黑一片；永远是孤独无依；永远是狂风暴雨；——他还是愿意在这块一俄尺宽的地方站一辈子，站一千年，永久地站着——即使这样过活也还是比马上死好！

只要能活着、活着、活着！不管怎样活，只要能活着！……这话一点不错！天哪，这话一点不错！人是卑鄙的！因此管他们叫卑鄙东西的那个人也是卑鄙的。”过了一会儿，他补充说。

他走到了另一条街上。“啊！‘水晶宫’！拉祖米兴刚才谈起过‘水晶宫’。可我到底想要干什么呢？对了，想看报！……左西莫夫说，他在报上读到过……”

“有报纸吗？”他走进一家很宽敞、甚至是很清洁的酒馆问，这家酒馆有几个房间，不过顾客不多。有两三个顾客在喝茶。在稍远的一个房间里坐着一堆人，一共有四个，他们都在喝香槟。拉斯柯尔尼科夫发觉扎苗托夫也在里面，但是他离得很远，看不清楚。

“这有什么关系！”他想。

“喝伏特加吗？”堂倌问。

“我喝茶。请你给我拿几份报来，前五天的报，我给你几个酒钱。”

“知道了。这是今天的报纸。喝伏特加吗？”

旧报和茶都拿来了。拉斯柯尔尼科夫坐下翻阅起来。“伊兹列尔[①]，伊兹列尔，阿兹特克人[②]，阿兹特克人，伊兹列尔，巴尔托拉，马西莫[③]，阿兹特克人，伊兹列尔……呸，见鬼！啊，这些都是新消息：一个女人从楼梯上跌了下来；一个平民因酗酒而丧命；佩斯基发生火警；彼得堡区发生火警；又是彼得堡区发生火警；又是彼得堡区发生火警；伊兹列尔，伊兹列尔，伊兹列尔，马西莫……啊，在这里……”

他要找的到底找到了，他念起来；一行行字在他的眼里跳动，但他念完所有“消息”后，又贪婪地在以后几天的报上找着最近的消息。因

---

①伊凡·伊凡诺维奇·伊兹列尔是彼得堡郊外“矿泉”花园的主人。

②即墨西哥印第安人。

③巴尔托拉，马西莫，阿兹特克人。1865年夏天在彼得堡举办矮人展览会，展出了青年马西莫和少女巴尔托拉，广告上宣传说，他们是从前南美洲的一个强大的种族阿兹特克人的后裔。西班牙人征服美洲后，阿兹特克人被灭绝了。当时彼得堡各报都刊登展出阿兹特克人的广告性的简讯。

为心急慌忙，他翻着报纸的时候，双手发抖。忽然有个人在桌旁他身边坐下来。他一看，是扎苗托夫，就是那个扎苗托夫，他还是那副模样，戴着几只嵌宝戒，挂着一条表链，那头搽过油的乌黑鬈发梳成了分头，背心很考究，常礼服有点儿磨破了，衬衫是穿旧了的。他爱说爱笑，至少是很乐观，脸上浮现出和蔼的微笑。他那张黝黑的脸因喝过香槟酒而有点儿发红了。

“怎么！您在这儿？”他困惑地说，他的口气仿佛跟拉斯柯尔尼科夫相识已经多年似的。“拉祖米兴昨天还对我说过，您的神志还没有完全清醒。真奇怪！要知道，我上您那儿去过……”

拉斯柯尔尼科夫知道他会走过来的。他放下报纸，向扎苗托夫转过脸去。他的嘴角上露出一丝冷笑，在这一丝冷笑里流露出一种从未有过的含有怒气的不耐烦的情绪。

“我知道您来过，”他回答道。“我听说过。您寻找过袜……您可知道，拉祖米兴被您气死了。他说，您带他到拉维扎·伊凡诺夫娜那儿去过，谈到她的时候，您拼命向火药中尉眨眼睛，可是他不懂您的意思，您记得吗？他哪会不懂——事情很清楚的……对吗？”

“他真是个捣蛋鬼！”

“火药中尉吗？”

“不，是您的朋友拉祖米兴……”

“扎苗托夫先生，您的日子过得很好；您可以不花钱到最快乐的地方来！刚才谁给您倒了香槟？”

“我们……刚喝过……又给我倒了吗？！”

“这是酬劳呀！这是您应享的权利！”拉斯柯尔尼科夫笑起来了。“这算不得什么，好朋友，这算不得什么！”他拍了一下扎苗托夫的肩膀，补充说。“我不是恶意的，‘完全是因为我们友好，开开玩笑罢了，’老太婆案件里您的那个工人用拳头揍米季卡的时候，也是这么说的。”

“您怎么知道这个案件？”

“我也许比您知道得更多些。”

“您这个人多么奇怪……对了，您的病还没有好哩。您不应该出来……”

“您认为我很奇怪吗？”

“是呀。您在看什么报？”

“前几天的报纸。”

“有许多火警消息吧。”

“不，我不看火警消息。”他立刻令人莫名其妙地打量了一下扎苗托夫；他又撇着嘴，挖苦地微笑。“不，我不是看火警消息，”他继续往下说，一边向扎苗托夫挤挤眼。“好小伙子，您承认吧，您急于想知道我在看什么消息吗？”

“我根本不想知道；我问问罢了。难道问也不能问吗？您为什么老是……”

“嗳，您是个受过教育的、有学问的人，啊？”

“我念过中学六年级，”扎苗托夫带点儿自尊心说。

“六年级！嘿，我的小宝贝！梳着小分头，戴着嵌宝戒指——一个有钱的人！嘿，多么可爱的孩子！”拉斯柯尔尼科夫面对着扎苗托夫发出一阵神经质的哈哈大笑。扎苗托夫急忙让开了，他并不是生气，而是猛吃一惊。

“嘿，多么奇怪！”扎苗托夫很严肃地重说了一遍。“我认为您还在说胡话。”

“我说胡话？你胡说，小宝贝！……那么我很怪吗？您觉得我很有趣吗？很有趣吗？”

“很有趣。”

“要不要谈谈，我在报上看什么消息，寻找什么新闻？瞧，我叫他们拿来了好多份报纸呢！可疑吗？”

“好，您谈谈吧。”

“您的耳朵竖起了吗？”

“竖起耳朵，这是什么意思？”

“为什么要竖起耳朵，这我以后再说；可是现在，我最亲爱的朋友，我要向您声明……不，还是说：‘我招认’……不，这也不对：‘我供述，您笔录，’——这样说才对！那么我来招供：我在看……我在留意，我在寻找……我在寻……”拉斯柯尔尼科夫眯缝起眼睛等待着。“我寻找谋杀一位官太太的消息，我是为了这个目的而上这儿来的，”末了，他差不多悄声说，脸几乎贴到了扎苗托夫的脸上。扎苗托夫直瞅着他，一动不动，也不把脸挪开。后来扎苗托夫最感到奇怪的是，他们足足有一分钟光景没有谈过一句话，他们这样彼此对看了足足有一分钟。

“您看那个消息干什么？”他忽然大惑不解地而且不耐烦地高声叫道。“跟我有什么相干！这到底是怎么回事？”

“就是那个老太婆嘛，”拉斯柯尔尼科夫继续往下说，声音还是那么低沉，对扎苗托夫的高声叫喊毫不在意。“就是那个老太婆嘛，您可记得，在警察局里他们谈起她的时候，我昏倒了。现在您明白了吧？”

“到底是怎么回事啊？‘您明白了吧？’这是什么意思……”扎苗托夫几乎惊惶不安地问。

拉斯柯尔尼科夫那毫无表情的、严肃的脸勃然失色了。他忽然又和刚才一样神经质地哈哈大笑起来，仿佛完全丧失了自制力似的。他顿时异常清楚地想起了不久前的那一瞬间，当时他手执利斧站在门口，门钩跳动着，他们在门外骂，要破门而入，可他忽然想要向他们叫喊，跟他们吵架，向他们伸舌头，撩惹他们，哈哈，哈哈，哈哈大笑！

“您不是发疯，就是……”扎苗托夫说，接着把话缩住了，仿佛在他的脑海里蓦地闪过的一个念头，使他猛吃一惊。

“就是？什么‘就是’？这到底是什么意思？嗯，请您告诉我！”

“没有什么！”扎苗托夫愤然回答道。“全都是胡说八道！”

两个人都默不作声了。拉斯柯尔尼科夫发出一阵突如其来的歇斯底里的狂笑后，忽然沉思起来，忧闷不乐。他臂肘支在桌上，一只手托住了头。他好像完全忘记了扎苗托夫。沉默持续了很久。

“您为什么不喝茶？茶要凉了，”扎苗托夫说。

“啊？什么？茶？……好吧……”拉斯柯尔尼科夫从玻璃杯里喝了

一口茶，又往嘴里塞入一片面包，忽然看了扎苗托夫一眼，大概想起了一切事情，全身仿佛怔了一下：这当儿，他的脸上又恢复了含讽带讥的神气。他又喝起茶来。

“眼下发生了不少这样的欺诈案，”扎苗托夫说。“还在不久前，我在《莫斯科新闻》上看到过一篇新闻，说有一伙伪造债券的罪犯在莫斯科被捕了。这是个集团。他们伪造债券。”

“噢，这已经是很久以前的事了！还在一个月前我就看到了，”拉斯柯尔尼科夫沉着地回答道。“依您看，这些人都是骗子吗？”他冷笑一声补充说。

“怎么不是骗子？”

“他们？他们都是孩子，毛头小伙子①，可不是骗子！有五十个同谋者！这怎么行？有三个同谋者已经太多了；而且还得使每个人信任别人更甚于信任自己！只要有一个同谋者喝醉了，泄露了秘密，那么全盘计划就会告吹！毛头小伙子！他们雇用一些不可靠的人到银行里去兑换债券：这么一件事能随便让一个什么人去干吗？嗯，就算这些毛头小伙子能侥幸成功，就算每个人换来了一百万卢布，那么以后会怎样呢？一辈子将如何呢？每个人将会一辈子牵连在一起的！这无疑是自杀！何况他们又不懂怎样兑换：有个人在银行里兑换，拿到五千卢布，两手就发抖了。他点完四千，但不点第五千，一心想放入口袋赶快逃走。那当然引起了怀疑。事情被一个傻瓜给毁了！难道能这样干吗？”

“他两手发抖？”扎苗托夫接嘴说。“对，这是可能的。对，我完全相信这是可能的。有时候人会发慌。”

“发慌？”

“您大概不会发慌吧？不，我可不行！为了一百卢布赏金而去干这样可怕的事！拿假债券去兑换——上哪儿去？——到银行去，那儿的人都是富有经验的。不，我会发慌。您不会发慌吗？”

拉斯柯尔尼科夫忽然又非常想“伸舌头”。一阵寒意掠过了他的

---

①原文为法文。

背脊。

“我不会这样干的，”他打远处谈起来。“我会这样去兑换：我把第一千反复点四遍，每张钞票都仔细地看过，然后才点第二千；我开始点第二千，点到一半，抽出一张五十卢布的钞票，拿到亮处，把它翻转来，又朝着亮光瞧瞧——是不是假的？我说：‘我怕吃进假钞票：我有一个女亲戚前几天因为吃进一张假钞票损失了二十五卢布。’我把故事述说一遍。我开始点第三千的时候，不，对不起：我好像点完第二千里面的七百的时候搞错了，我疑惑起来，于是扔下第三千，复点第二千——五千卢布都是这样点的。等到我点完，就从第五千和第二千里面各抽出一张，又走到亮处去瞧瞧，我又疑心起来，‘请掉换’——搞得那个办事员晕头转向，不知道怎样打发我走！我终于点完钞票走了，打开门——不，对不起，我又折回去，询问一件什么事，要求解释——我会这样干的！”

“嘿，您说了多么可怕的话呀！”扎苗托夫笑着说。“这不过说说罢了，实际干起来，您一定会发慌。我告诉您，我认为不但您和我，连惯于干这一行的亡命之徒也不能保证不被识破。不必找例子——有着现成的例子呢：在我们这个地区里一个老太婆被人杀害了。大概是个不怕死的人，大天白日，冒一切危险，总算侥幸地逃脱了——但他还是双手发抖；他没有能够抢走东西，他发慌了；这从案情上可以看出来……”

拉斯柯尔尼科夫好像受了侮辱。

“事情很清楚啦！那么现在您逮住他吧！”他大声叫道，幸灾乐祸地撺掇扎苗托夫。

“嗯，他会被捕的。”

“谁？您吗？您去逮住他吗？您会感到棘手的！在你们看来，重要的是：是不是有人滥花钱？他本来没有钱，忽然大肆挥霍——怎么不是他呢？假如有这么一个小孩儿想用这个办法来哄骗你们一下，你们也会上当的。”

“问题就在于，他们总是这样干的，”扎苗托夫说。“他冒生命危险，用狡猾的手段杀了人，后来马上就在酒店里被逮住了。他们也是在挥霍金钱的时候被逮捕的。这些人都没有像您那么狡猾。您当然不会上酒店去吧？”

拉斯柯尔尼科夫锁紧了眉头，目光定定地看着扎苗托夫。

“您好像很感兴趣，想要知道我在这种场合会怎样行动？”他不高兴地问。

“我想要知道，”扎苗托夫坚决而认真地回答道。他的口气和目光变得十分严肃了。

“很想知道？”

“很想知道。”

“好吧。我会这样干的，”拉斯柯尔尼科夫谈起来，忽然又将自己的脸挨近了扎苗托夫的脸，又直瞅着他，而说话的声音又是那么低沉，所以这会儿连后者也不觉一怔。“我会这样干的：我会拿走钱和东西，从那儿出来，什么地方也不去，一径上某个地方去，那儿是个荒僻的地方，只有一堵围墙，差不多一个人影子也不见——是个什么菜园或是这一类的地方。我先前在那儿察看过，在这个院子里，在一堵板墙跟前的一个角落里，放着一块有一普特或一普特半重的石头，大概自从盖起房子的时候起，就有那块石头了；我会把那块石头搬开——石头下面一定有个坑——我会把所有东西和钱都放入这个坑里。放入这些东西后，我又会把石头推到原来的地方，放得和先前一样，并用脚踩踏一下，然后回家。一年、两年或三年我都不去拿——哼，您去找吧！一点儿痕迹也没有呢！”

“您疯啦，”不知为什么扎苗托夫几乎也悄声说，并且不知为什么突然从拉斯柯尔尼科夫身边稍微让开。后者双目炯炯发光，脸色煞白，上嘴唇抖动着、抽搐着。他竭力挨近扎苗托夫，两片嘴唇翕动起来，但一句话也不说；这样过了半分钟光景；他才知道他在做什么，但控制不住了。一句可怕的话，像那时候门钩一样，在他的嘴上跳动起来：马上就要脱口而出；话就要脱口而出，就要冲出来了！

“如果老太婆和丽扎韦塔是我杀死的，那又怎么样呢？”他突然说，接着醒悟到他在说些什么。

扎苗托夫惊讶地看了他一眼，脸色白得像台布。他微微一笑，脸扭歪了。

“这怎么可能呢？”他轻轻地说。

拉斯柯尔尼科夫愤怒地瞥了他一眼。

“您可要说实话，您相信了吗？啊？相信了吗？”

“我绝对不相信！我现在比任何时候更不相信！”扎苗托夫急忙说。

“您到底招认了！小麻雀被捉住了。如果现在‘您比任何时候更不相信’，那么从前您不是相信过吗？”

“我绝对不相信！”扎苗托夫大声叫道，他显然发窘了。“您吓唬我，想叫我把案情告诉您？”

“您真的不相信吗？那天我从警察局里出来，你们背后在谈论些什么？火药中尉为什么在我昏倒后盘问我？喂，你过来，”他向堂倌叫道，一边站起来，拿了帽子，“多少钱？”

“一共三十戈比，”堂倌回答道，一边跑了过去。

“另外给你二十戈比小账。瞧，我有那么多钱！”他的手索索发抖，向扎苗托夫伸了过去，手里拿着几张纸币。“红的和蓝的，总共二十五卢布。哪来的吗？我的新衣服哪来的吗？您要知道，我曾经连一个戈比也没有呢！大概他们传讯过女房东了……嗯，够了！闲扯得够了[①]！再见，最愉快地再见！……”

他从酒店里走出去了，一种奇怪的歇斯底里的感觉使他浑身哆嗦起来，在这种感觉里也带有几分难以抑制的快乐，可是他脸色阴郁，非常疲劳。他仿佛发过病似的扭歪了脸。他的倦意很快地增强起来。他受过刺激后，现在精力突然旺盛起来，这是由从未有过的刺激和从未有过的愤怒所引起的，但随着心情逐渐平静，他的精力又很快地衰退了。

---

①原文为法文。

可是待到只剩下一个人的时候，扎苗托夫又在那个地方若有所思地坐了很久。拉斯柯尔尼科夫无意间使他改变了对某一点的想法，并且也使他有了自己的看法。

“伊里亚·彼得罗维奇是个窝囊废！”他断然说。

拉斯柯尔尼科夫刚打开酒店的门，不料在台阶上跟进来的拉祖米兴撞了个满怀。这两个人甚至只相隔一步路，彼此却没有看见，以致他们几乎头跟头相撞了。他们彼此对看了一会儿。拉祖米兴猛吃一惊，但一股怒火，真正的怒火，忽然在他的眼里闪射出可怕的光芒。

“嘿，原来你在这儿！”他大声地嚷道。“你跳下床跑了出来！可我甚至在长沙发底下也找过你呢！我们还上顶楼去找过！为了你，我几乎要揍娜斯塔西雅……可你却在这儿！罗奇卡！这是怎么回事啊？你老实说吧！你可要坦白！听见吗？”

“就是这么回事嘛：你们使我非常讨厌，我要独个儿待在家里，”拉斯柯尔尼科夫沉静地回答道。

“独个儿？你还不能走路呢，你的脸色还很苍白，你还气喘吁吁！傻瓜！……你在‘水晶宫’里干了什么？马上坦白地说吧！”

“让我走！”拉斯柯尔尼科夫说完，就要走。拉祖米兴因此大为恼火：他紧紧地抓住了他的肩膀。

“让你走？你敢说‘让你走’？你可知道，现在我要拿你怎样？把你抱住、捆起来，夹在腋下带回家去锁起来！”

“我告诉你，拉祖米兴，”拉斯柯尔尼科夫悄声地、显然十分沉着地说道。“难道你没有看到，我不愿领受你的好意吗？你为什么乐于关心……不愿领你好意的人？关心那个认为你的好意是难以忍受的人？你为什么在我发病的时候来找我？也许我乐于一死？难道今天我对你说得还不够清楚嘛：你使我痛苦，你使我……讨厌！你真的乐于使人痛苦！我老实告诉你，你这一切行为严重地妨碍我恢复健康，因为你这一切行为不断地使我恼火。为了不惹我恼火，左西莫夫刚才走了。看在上帝的分上，你也走吧！你到底有什么权利硬是不放我走？难道你没有看到，我现在说话，神志不是十分清爽吗？请你教教我，我到底应该怎样恳求你，才能使你不跟我纠缠不休，不要对我行好？让我忘恩负义吧，让我对不起人吧，只要你们别管我。看在上帝的分上，你们别管我！别管我！别管我！”

开头他说得平心静气，因为他打算发泄一下心头之恨而预感到一阵高兴；可是结果，他却变得怒气冲冲，气急败坏，如同刚才跟卢仁谈话时一样。

拉祖米兴站了一会儿，沉吟一下，就放开了他的手。

“去你的！”他几乎若有所思地悄声说。“你等一等！”当拉斯柯尔尼科夫要走的时候，他突然叫住他。“听着。我告诉你，你们没有一个不是空谈家和吹牛大王！你们稍受挫折，就会大惊小怪，像母鸡下蛋一样！甚至在这方面也学别人的样。你们没有独立生活的迹象。你们都是鲸蜡膏①做的，你们血管里流的是乳浆，而不是血液！你们当中不论哪一个，我都不相信！在一切情况下，你们首先仿佛都不像个人！且一慢！”发觉拉斯柯尔尼科夫又要走，他加倍恼怒地叫道。“听我说完！你可知道，今天我因为搬入了新宅，请几个朋友到家里聚聚，也许他们现在都已经来了，我叫舅舅留在家里招待客人，我刚才回去过了。要是你不是一个傻瓜，不是一个庸夫俗子，不是一个愚蠢透顶的家伙，不是一篇佶屈聱牙的译文……要知道，罗佳，我知道，你是一个聪明人，可是你很傻！——要是你不是一个傻瓜，那么你今天还是到我家里去。坐一个晚上，这要比踏破鞋子②好些。你既然已经出来了，那就非去不可！我给你弄几把软靠手椅，我的房东有……沏一杯茶，几个朋友……不，我让你躺在沙发上——无论如何要跟我们在一起……左西莫夫也要来。你去不去？”

“我不去。”

“你胡—胡说！”拉祖米兴不耐烦地大声叫道。“你怎么知道？你

---

①鲸蜡膏是一种用鲸鱼颅骨里的液体制成的药膏。这里用作一句骂人的话，意指拉斯柯尔尼科夫性格过于懦弱。

②意指无目的地闲逛。

不能对自己的行为负责！而且这件事你也一点不知道……我跟人家争吵过许多次啦，但后来又去找他们……感到害臊，又会去找人的！你要记住，波钦柯夫的房子，在三楼……”

“拉祖米兴先生，您只要能够帮助人，大概让人家揍你一顿也不计较吧。”

“揍谁？揍我！谁敢这么想，我就拧掉他的鼻子。波钦柯夫的房子，四十七号，在文官巴布什金的寓所里……”

“拉祖米兴，我不来！”拉斯柯尔尼科夫转身便走。

“我可以打赌，你会来的！”拉祖米兴在后面叫道。“要不然，你……要不然，我就不把你当作朋友！喂，等一等！扎苗托夫在那儿吗？”

“在那儿。”

“你看见过吗？”

“我看见过。”

“跟他谈过话吗？”

“谈过。”

“谈些什么？去你的，请别说啦！波钦柯夫的房子，四十七号，巴布什金的住所，别忘了！”

拉斯柯尔尼科夫走到花园街，在街角拐弯了。拉祖米兴沉思地望着他的背影。末了，他把手一挥，走进房子里去了，但走上一半楼梯便站住了。

“见鬼！”他几乎大声地继续往下说道。“他倒说得蛮有道理，仿佛……我也是个笨蛋！难道疯子不能说得头头是道吗？我觉得，左西莫夫也有点儿为这担忧！”他用指头敲敲脑门。“嗯，要是……现在我怎么让他独个儿走？恐怕他会溺死的……哎哟，我可没有想到这一点！我是想不到的！”于是他跑回去追赶拉斯柯尔尼科夫，但已经不见他的影踪了。他啐了一口，便快步跑到“水晶宫”去，赶快向扎苗托夫去打听。

拉斯柯尔尼科夫径直地往某桥走去，在桥当中栏杆旁站住了，两个臂肘支在栏杆上，顺着河眺望起来。跟拉祖米兴分手后，他是这么软弱乏力，好容易走到了这儿。他很想在街上找个地方坐一下，或者躺一会儿。他俯身看看河，无意识地望望那落日余晖的粉红色的反照，在渐渐变浓的暮色中显得暗沉沉的一带房屋，以及左边沿岸某处顶楼上的一扇很远的窗子；夕阳把这扇窗子映照得像在火焰中熊熊地燃烧一般，一会儿就消失了。他又望望河里那片变得黑黝黝的水，似乎看得很用心。末了，有许多红圈儿在他的眼前旋转起来，那些房屋都行走起来了，行人、河岸、马车——这一切东西都在四下里旋转和跳起舞来。他突然愣了一下，这种奇异的、奇形怪状的幻象也许又会使他不致昏厥。他觉出有个人并排地站在他的右边；他瞥了一眼——看见一个身量很高的女人，扎着头巾，鹅蛋脸又黄又憔悴，那对塌陷的眼睛有点儿发红，她直瞅着他，但她显然什么也没有看见，也没有认出人来。她忽然用右手支在栏杆上，举起右脚，跨过栏杆，接着又把左脚跨了出去，就扑通一声掉入了河里。那片污浊的水发出一阵轰响，刹那间把投河的女人吞没了，但一会儿后，那个投河的女人浮了起来，悄悄地随波逐流往下游漂去，头和脚都浸在水里，背朝上，她那曲突不平的、膨胀得像个枕头似的裙子在水面上漂浮。

“一个女人投河了！一个女人投河了！”几十条嗓子一齐叫喊起来。人们都跑拢来了，两岸上都挤满了人，在桥上，人们都涌到拉斯柯尔尼科夫的周围，从他的后面挤上来。

“天哪，这是我们的阿夫罗西尼尤什卡呀！”附近传来一阵哭哭啼啼的女人的呼喊声，“天哪，救命啊！好心的先生们，救她上来啊！”

“弄条船来，弄条船来！”人丛里响起了一阵叫嚷声。

可是船已经用不着了：一个巡警循着河埠的石级跑下去，脱去大衣，又脱掉靴子，纵身跳入了水里。没有花多大力气：投河的女人已经漂到离河埠石级两步远的水面上，他用右手抓住了她的衣服，又用左手赶紧抓住由另一个巡警递给他的一根竿子，投河的女人马上被拉了上来。她被放在河埠的花岗石板上，不久就醒来了，支起身子坐起来，连连打喷嚏，而且还咳呛起来，双手在湿淋淋的衣服上乱擦一阵。她一句话也不说。

“她喝得烂醉了，天哪，她喝得烂醉了，”又是那个女人的声音伤心地说，她已经站在阿夫罗西尼尤什卡的身边，“几天前，她也想上吊过，人家把她从绳子上救了下来。刚才我到铺子里去买东西，叫一个小姑娘看住她——她又寻死了！她是做工的，天哪，我们的一个女工，她住在附近街角上第二所房子里，就在那边……”

人们都散去了，几个警察还在盘问这个投河的女人，有人大声地谈着警察局……拉斯柯尔尼科夫怀着冷漠的奇怪的心情看着一切人。他感到厌恶了。“不，可恶……投河……不值得，”他喃喃地自言自语。“不会有什么结果，”他补了一句。“不用等啦。警察局，这是怎么回事啊……为什么扎苗托夫不在警察局？警察局九点多才开始办公……”他把背转向栏杆，朝四下看看。

“怎么办呢！走吧！”他断然说，从桥上走下去，向警察局所在的那个方向走去。他的内心空虚而又麻木。他不思不想，连烦恼也没有了。他从家里出来，为的是要“把这件事情了结”！刚才所有的那股勇气消失了。他变得十分冷漠。

“嗯，这是一条出路！”他在心里寻思，一边沿着河岸悄悄地没精打采地走着。“我还是要去了结的，因为我要……但这是一条出路吗？这没有什么！一俄尺的地位会有的——嗨！但是这是个什么样的结局啊！难道就这样了结吗？我要不要告诉他们？唉……见鬼！我累了，快些在什么地方躺一会儿，或者坐一下！最可耻的是，我干了那么愚蠢的事。这也不算什么。呸，想着多么傻的念头啊……”

往警察局去得一直走，到第二个转角再往左走。警察局离这里只有几步路了。但他却在第一个转角上站定了，沉吟了一下，折入一条胡同，绕弯儿走了一阵，穿过两条街，——也许没有什么目的，但也许想耽搁一会，拖延时间嘛。他眼睛望着地下走。突然，仿佛有个人凑着他的耳朵窃窃地说起什么来。他抬头一看，看见自己正好站在**那所**房子的大门口。自从**那天**晚上以来，他没有到这儿来过，也不经过这儿了。

一种不可抗拒的和无法解释的愿望迫使他继续往前走。他走进一所房子，跨过大门门限，接着进入右首的第一个入口，打那条熟悉的楼梯往四楼上跑。那条又窄又陡的楼梯黑糊糊的。他在楼梯的每个平台上都停留一会儿，好奇地四下看看。在一层楼平台上，有个窗安上了窗框。“那时候还没有安窗框呢，”他思忖道。这是二楼上尼古拉什卡和米季卡干过活的那套房间：“门锁着；门也油漆过了：那么要出租了。”这里是三楼……这里是四楼……“在这儿！”他犹疑不决：这套房间的门敞开着，里面有人，他听到了说话声；这是他万万想不到的。他踌躇了一阵，就跑上最后几级楼梯，走进那套房间里去了。

这套房间也在装修；有几个工匠正在里边干活；这仿佛使他猛吃一惊。他不知为什么有了这么个想法：他将要看到的一切东西都会同他离开它们时一模一样的，连那两具尸体也许还躺在地板上原来的地方呢。可是现在四壁萧然，一件家具也没有；好奇怪！他走到窗前，在窗台上坐了下来。

有两个工匠在干活。这是两个年轻的小伙子，一个年纪大些，另一个年轻得多。那发黄的、破碎的旧壁纸已经被扯掉了，他们在壁上糊了洁白簇新的紫花壁纸。不知为什么，拉斯柯尔尼科夫非常不喜欢这些新壁纸；他敌视地看看这些新壁纸，仿佛觉得很可惜，一切就这样被它们改变了。

这两个工匠显然走得晚了，现在匆匆地把糊壁纸卷起来，准备回家。拉斯柯尔尼科夫进去时，他们几乎没有注意到。他们正在谈论什么。拉斯柯尔尼科夫交叉地抱着两臂侧耳倾听起来。

“她大清早就来找我，”那个年纪大的对年纪小的说。“大清早她就打扮得那么漂亮。我说：‘你怎么啦，在我面前摆阔气，你为什么打扮给我看？’她说：‘季特·瓦西里耶维奇，从今以后我要讨你喜欢，’所以她打扮得这么漂亮！她照时装杂志里的装束打扮的，完全学时装杂志里的装束！”

“叔叔，时装杂志是什么东西？”年轻人问。他显然在向这个“叔叔”请教。

“老弟，时装杂志嘛，这是一幅幅彩色的图画，每星期六从国外邮寄给本地的裁缝，教人怎样装束，有男人的，也有女人的服装式样。都是画出来的。男子多半穿着腰部打裥的大衣，可对妇女来说却是很好的提示人[①]，老弟，真是不能再好了！”

“在这个彼得堡什么东西没有！”那个年轻的工匠热情洋溢地叫道。“各种各样的东西都有！”

“对，老弟，什么东西都有，”那个年纪大的工匠教训地说。

拉斯柯尔尼科夫站了起来，往另一间屋子里走去，从前在那儿摆着一只小箱子、一张床和一口五斗橱；他觉得这间屋子里没有家具，显得非常小。壁纸还是原来的壁纸；在角落里，壁纸上清楚地显现出供圣像的神龛的痕迹。他看了一下，又走回到窗前去了。那个年纪大的工匠打眼梢注意着他。

“您有什么事吗？”他忽然问拉斯柯尔尼科夫。

拉斯柯尔尼科夫没有回答，可是他站起来，走到过道去拉了一下铃。还是那个铃，还是那阵白铁的叮当声！他又拉了一下，再拉了一下；他倾听了一会，记起来了。他愈来愈清晰、愈来愈真切地想起了从前那痛苦而可怕的混乱的心情，他每拉一下铃就哆嗦一下。他觉得越来越高兴。

“您有什么事吗？您是谁？”工匠大声地问道，一边走到他跟前去。拉斯柯尔尼科夫又走进门里去了。

“我想租房子，”他说。“我来看看。”

“没有人夜里来租房子；您应该同看门的一起来。”

“地板刷过了；要油漆吗？”拉斯柯尔尼科夫继续往下问。“血没有了？”

“什么血？”

“老太婆同她的妹妹都被人杀害了。这儿有过一摊血。”

“你是什么人？”工匠惊讶地叫道。

“我？”

---

①这里意指时装杂志为妇女服装的式样提供了样板。

“是啊。”

“你要知道吗？……咱们到警察局去，我在那儿告诉你。”

两个工匠都莫名其妙地望着他。

“咱们该走了，已经迟了。咱们走吧，阿廖什卡。该把门锁上，”那个年纪大的工匠说。

“好，咱们走吧！”拉斯柯尔尼科夫漠然回答道，他在头里走，慢吞吞地下楼去了。“喂，看门人！”他走到大门口喊道。

有两个看门人、一个乡下女人、一个穿长褂的小市民，此外，还有几个人，站在房子的入口处，看着过路人。拉斯柯尔尼科夫一径向他们走去。

“您有什么事吗？”其中一个看门人问。

“你去过警察局吗？”

“我刚去过。您有什么事？”

“那儿有人吗？”

“有人。”

“副局长在那儿吗？”

“他到局里去过。您有什么事？”

拉斯柯尔尼科夫没有回答，若有所思地站在他的身旁。

“他是来看房子的，”那个年纪大的工匠走过来说。

“什么房子？”

“我们在干活的那套房间。他说：‘为什么把血洗净了。’他又说：‘这儿发生过凶杀案，我来租房子的。’他拉起门铃来了，几乎把门铃拉断了。他说，咱们上警察局去，我会在那儿把情况全都说出来。他纠缠不休。”

看门人困惑地拧紧了眉头，打量着拉斯柯尔尼科夫。

“您是什么人？”他口气更严厉地问。

“我是罗季昂 · 罗曼内奇 · 拉斯柯尔尼科夫，从前是大学生，我住在希尔的房子里，就在这里的一条胡同里，离这儿不远，住在十四号里。你可以问看门人……他知道我。”拉斯柯尔尼科夫有点儿没精打采地、若有所思地说，没有转过脸去，凝视着变得昏暗了的街道。

“您到那套房间里去干什么？”

“去看看嘛。”

“有什么可看的？”

“带他到警察局去吧？”那个小市民突然插嘴说，但他没有把话说下去。

拉斯柯尔尼科夫回过头去斜眼瞅他，聚精会神地打量了一下，又没精打采地悄声说：

“咱们走吧。”

“带他走！”那个小市民鼓起勇气，赶忙接嘴说。

“他打听**那件事**干什么？他有什么用意，啊？”

“他有没有喝醉，这只有上帝知道，”工匠嘟嘟囔囔说。

“您有什么事？”看门人又嚷道，他真的恼火了。“你为什么纠缠不休？”

“你怕上警察局去吗？”拉斯柯尔尼科夫嘲讽地对他说。

“我怕什么？你为什么纠缠不休？”

“无赖！”那个乡下女人叫道。

“跟他谈什么？”另一个看门人嚷道，这是个身材魁梧的汉子，穿着一件厚呢大衣，没扣上扣子，腰间挂着一串钥匙。“滚！……真是个无赖……滚！”

他一把抓住拉斯柯尔尼科夫的肩膀，把他猛推到街上。后者往前直冲了一阵，但没有摔倒，又挺直了身子，默然看看那些人，就往前走了。

“好怪的人，”工匠说。

“现在人都变得很怪，”乡下女人说。

“应该带他到警察局去，”那个小市民补充说。

“用不着理睬他，”那个身材魁梧的看门人断然说道。“十足是个无赖！他要干什么，不是很清楚。可是你去理睬他，他就会跟你纠缠不休……我们知道这种人！”

“我到底去不去呢，”拉斯柯尔尼科夫思忖道，一边在十字路口马路当中站定了，朝四下望望，仿佛等待着谁的决定似的。可是哪儿也没有反应；一切都像他踩过的石头一般死寂。他觉得一切都死气沉沉，觉得很孤独……忽然，远远地，离他二百步的地方，在街道尽头，他在苍茫的暮色中辨认出一群人，听到了说话声和呼喊声……人堆里停着一辆马车……有灯火在街心闪烁起来。“出什么事啦？”拉斯柯尔尼科夫向右拐弯，往那个人堆走去，他仿佛什么事都要过问，想到这点，不禁冷笑一声。因为他决意上警察局去自首。心里十分明白，事情马上就要结束了。

七

街心停着一辆老爷坐的豪华的四轮马车，套着一对灰色烈马；马车里没有乘客，车夫已经从座位上爬下来了，站立在马车旁边；两匹马被握住了笼头。四周簇聚着一大堆人，几个警察站在大众前面。其中一个警察提着一盏点亮的灯，弯下了腰，用灯照马路上车轮旁边的一个什么东西。人们都谈论着、叫喊着、叹息着；车夫困惑地不时重复说：

“真倒霉！天哪，真倒霉！”

拉斯柯尔尼科夫尽力往人堆里挤，终于看见了引起骚动和好奇的对象。地上躺着一个刚被马踩伤的人，显然已经不省人事了。他穿得破破烂烂，但衣服倒是“高贵的”，满身鲜血淋淋。血从脸上和头上直淌下来；脸被轧坏了，撕破了，变了样。伤势显然十分严重。

“天哪！”车夫哭诉道。“这怎么提防啊！如果我把车子赶得很快，或者不叫喊他，那是我的过错；可是我赶得一点也不匆忙，不快也不慢。大家都看见的：我跟人家一样赶车。喝醉的人不能点蜡烛——这是大家都知道的！……我看见他穿大街时踉踉跄跄的，差点儿摔倒——我就叫喊起来，又喊了一遍，再喊了一遍，并勒住了马；可是他直倒在马蹄下！不是他故意这样做，就是他已经喝得烂醉了……马还小哪，容易受惊——它们都狂奔起来，他一叫喊，它们更害怕了……祸就是这样闯下的。”

“祸就是这样闯下的，”人堆里有个人作证。

“他叫喊过，这是实话，向他叫喊过三遍。”另一个人的声音回答道。

“确实叫喊过三遍，大家都听见的！”第三个人嚷道。

不过车夫并不十分愁闷，也不惊慌。看来，马车的主人是个阔人，他在什么地方等着马车。不用说，警察煞费苦心地处理这件刚发生的车祸。他们眼下要做的事是把受伤的人抬到分局，然后再抬到医院里去。谁也不知道他姓甚名谁。

这时拉斯柯尔尼科夫挤进了人堆，把腰弯得更低些去看那个受伤的人。灯光忽然照亮了这张惨遭横祸的人的脸；他认出了这个人。

“我认识他，我认识他！”他叫喊起来，一边竭力往前挤。“这是个退职的九等文官，他叫马尔美拉多夫！他就住在这儿附近柯赛尔的房子里……赶快去找大夫！我付钱，钱我有！”他从口袋里掏出钱来给一个警察看。他十分着急。

那几个警察很满意，因为他们知道了被踩伤的人是谁。拉斯柯尔尼科夫也说出了自己的身份，并把自己的地址告诉了他们；他全力相助，好像他的亲爹被轧伤了一样。他劝警察快些把不省人事的马尔美拉多夫抬回家去。

“就在这儿，走过三所房子便是，”他慌忙地说。“柯赛尔的房子，就是那个有钱的德国人的房子……大概刚才他喝醉了，回家去。我认识他……他是个酒鬼……他的家住在那边，他有妻子、几个孩子和一个女儿。送医院还得等一会儿呢，在这所房子里大概有个大夫！我付钱，我付钱！……无论如何亲人会照料他的，会马上服侍他的，要不然，没有送到医院他就会死的……”

他甚至赶忙把钱悄悄地塞入了警察的手里；这样做无疑是合情合理的，在这儿急救无论如何方便些。受伤的人被抬走了；人们都来帮忙。柯赛尔的房子相距三十步路。拉斯柯尔尼科夫紧随在后面，小心翼翼地扶住了他的头，指点着路。

“往这边走，往这边走！抬上楼去，要让头朝上；拐弯……对啦！

我付钱，多谢，”他嘟哝说。

卡杰琳娜·伊凡诺夫娜跟往常一样，有了空闲，便马上在自己斗室里的窗子和炉子之间来回踱步，两臂交叉地紧抱在胸前，一边自言自语，不断咳嗽。近来伊凡诺夫娜差不多时常跟自己的大女儿，十岁的波列尼卡谈话，虽然她不懂的事还很多，但是知道妈妈喜欢她，所以常常睁着那对聪慧的大眼睛看她，竭力装出非常懂事的样子。这会儿，波列尼卡正在给小兄弟脱衣服，因为他整天身体不舒服，所以让他上床睡觉。这孩子等着给他换衬衫，衬衫夜里要洗的，他不声不响地坐在椅子上，板着脸，坐得端端正正的，一动也不动，两条小腿伸得笔直，脚后跟并紧，脚趾张开。他侧耳倾听着妈妈跟姐姐的谈话，撅着嘴，瞪着眼，一动也不动，完全是一副聪慧的孩子临睡前坐着让人脱衣服时通常所应有的姿势。一个比他还小的女孩子穿得破破烂烂的，站在屏风旁边，也等着替她脱衣服。通楼梯的门开着，多少可以消散一些从别的屋子里飘来的烟草的烟雾，这个可怜的害肺病的女人常常被烟气呛得久久不停地咳嗽，咳得很痛苦。这一星期来，卡杰琳娜·伊凡诺夫娜似乎比以前更消瘦了，脸颊上的红潮比以前更鲜明了。

“波列尼卡，你不会相信，而且也想象不到，”她边说，边在屋子里踱步，“我们住在外祖父家里过着多么快乐和阔绰的生活啊。这个酒鬼害了我，还害了你们！外祖父是个上校文官，快要当省长了；他只差一步了，所以人们都来拜访他，说：‘伊凡·米哈依雷奇，我们都把您当作我们的省长呢。’当我……咳！当我……咳—咳—咳！该死的生活！”她大声地叫道，两手抓住了胸口，要把痰咳出来。“当我……唉，当我在最后一次的舞会上……在贵族领袖的公馆里……公爵夫人别席美尔娜雅看见了我——后来我嫁给你爸爸的时候，她为我祝过福，波丽雅，她马上问：‘那个是不是在毕业典礼上跳披肩舞的可爱的姑娘？’……（“破旧的东西要补好；你去拿枚针来，照我教你的方法马上去补，要不然，明儿……吭！明儿……咳—咳—咳！……破洞会更大！”她费劲地叫道。）……那时还有宫廷侍从谢果尔斯基公爵刚从彼得堡来……他跟我跳过玛祖卡舞，第二天就想来求婚；可是我婉言拒绝了，说我早已有了心上人。波丽雅，这个心上人就是你爸爸；你的外祖父大发脾气……水预备好了吗？嗯，把衬衫给我；那双长袜呢？……丽达，”她叫小女儿，“你今天夜里不要穿衬衫睡觉；不管怎么样……把长袜拿出来同衬衫放在一起……一块儿洗……这个衣衫褴褛的人，酒鬼，为什么还不回来！他把衬衫穿得像一块抹布了，破破烂烂了……我要放在一块儿洗呢，免得接连两夜受罪！天哪！咳—咳—咳—咳！又咳嗽了！这是怎么回事啊？”她大声叫道，瞥了一下站在过道里一群看热闹的人和抬着一个什么东西挤进她屋子里去的那些人。“这是怎么回事啊？他们抬着什么东西？天哪！”

“放在哪儿？”鲜血淋漓、不省人事的马尔美拉多夫被抬进了屋子的时候，一个警察朝四下看看，问。

“放在沙发上！把他放在沙发上，头放在这边，”拉斯柯尔尼科夫指点着。

“他在街上被轧伤了！这个醉鬼！”过道里有人叫道。

卡杰琳娜·伊凡诺夫娜站着，脸色惨白，呼吸急促。孩子们都吓呆了。小丽多奇卡惊叫起来，跑到波列尼卡身边，把她抱住，浑身打着哆嗦。

马尔美拉多夫被放在沙发上后，拉斯柯尔尼科夫就跑到卡杰琳娜·伊凡诺夫娜跟前去了。

“看在上帝的分上，要镇静，别惊慌！”他又急又快地说。“他穿过街道的时候，被一辆四轮马车给轧伤了，别着急，他会醒来的，我叫他们抬到这儿来……我到你们这儿来过，您可记得……他会醒的，钱由我付！”

“他达到目的了！”卡杰琳娜·伊凡诺夫娜绝望地大声叫嚷，向丈夫猛扑过去。

拉斯柯尔尼科夫不久就发觉了，这个女人不是立刻就会昏厥的人。在这个惨遭横祸的人的脑袋下面忽然放了一个枕头——这是谁也没有想到过的；卡杰琳娜·伊凡诺夫娜给他脱去衣服，察看着，忙碌着，毫不惊慌；她忘记了自己，咬住颤动着的嘴唇，压抑着要从胸腔里冲出来的号叫。

当下拉斯柯尔尼科夫央求一个人去请大夫。看来，隔一幢房子就是大夫的寓所。

“我已经差人去请大夫了，”他向卡杰琳娜·伊凡诺夫娜反复地说。“您不用着急，钱由我付。没有水吗？……您给我一条餐巾，毛巾也好，不论什么手巾都可以，快拿来；还不知道他伤势怎样……他受伤了，但不会死的，您放心……看大夫怎么说！”

卡杰琳娜·伊凡诺夫娜向窗前奔去；那儿，在角落里一把破椅上摆着一个盛满水的大瓦盆。这是准备夜里洗孩子们和丈夫的内衣用的。卡杰琳娜·伊凡诺夫娜在夜里洗衣服，一星期至少两次，有时还不止两次，因为他们已经穷得几乎没有可更换的内衣了。家里每人只有一件内衣，但肮脏是卡杰琳娜·伊凡诺夫娜所不能容忍的，她常常宁愿在夜里等到大家都睡了的时候，干这个她体力够不上的活儿而累得要命，为的是到早晨能够在拉过屋子的绳上晾干洗净的内衣，让他们穿上干净的，而不愿看到家里邋邋遢遢。她应拉斯柯尔尼科夫的要求，把瓦盆端来了，但差点儿同那盆水一齐摔倒了。可是拉斯柯尔尼科夫已经找来了一条毛巾，把它在水里浸湿，给马尔美拉多夫洗净血迹斑斑的脸。卡杰琳娜·伊凡诺夫娜站在旁边，双手按住胸口痛苦地喘着气。她自己也需要人扶持了。拉斯柯尔尼科夫这才明白，他劝他们把这个轧坏了的人抬到这儿来，也许做得不对，那个巡警也困惑地站着。

“波丽雅！”卡杰琳娜·伊凡诺夫娜叫道。“去找索尼雅，快去。如果她不在家，你就对邻居说，你爸爸被马踩伤了，叫她一回到家，立刻就到这儿来……快去，波丽雅！喏，包上头巾！”

“快跑！”坐在椅子上的那个男孩子嚷道。过后，他又默默地端坐在原来的位置上，瞪着眼，脚后跟朝前，脚趾张开着。

当下，屋子里挤得水泄不通。警察都走了，有一个留下来暂时看守着。他费劲地把那些从楼梯上涌下来看热闹的人赶回楼梯上去。可是李彼韦赫赛尔太太的全体房客几乎都从里边屋子里跑出来了。开头他们只挤在门口，可是后来却成群结队地涌进屋子里去了。卡杰琳娜·伊凡诺夫娜恨透了。

“你们至少要让人安静地死！”她向这群人叫嚷起来。“你们看什么戏呀！还抽着香烟！咳—咳—咳！你们还戴着帽子进来！……那个人戴着帽子……出去！至少得尊敬遗体！”

她咳呛得喘不过气来，可她的威吓却生效了。他们显然有点儿害怕卡杰琳娜·伊凡诺夫娜；那些房客都带着一种奇怪的内心满足，一个接一个地挤回到门口去了。有人惨遭横祸的时候，甚至在他的至亲好友中也常常可以察觉出这样的一种心理：没有一个例外，尽管他们由衷地怜悯和同情这个惨死的人。

从门外传来了一阵谈话声，他们在谈论医院，并且责备着，说什么不应该在这儿闹得乱哄哄的。

“他不应该死！”卡杰琳娜·伊凡诺夫娜叫嚷着，跑过去把门开得很大，想痛骂他们一顿，但在门口她碰见了李彼韦赫赛尔太太，她刚听到出了不幸的事故，便赶来恢复秩序。这是个最爱吵架的、不正派的德国女人。

“哎呀，天哪！”她双手一拍。“您的酒鬼丈夫被马踩死啦，应该把他送医院！我是房东！”

“阿玛丽雅·柳德维戈夫娜！我请您回想一下您所说的话，”卡杰琳娜·伊凡诺夫娜傲慢地开腔了（她常常口气傲慢地跟女房东谈话，让她“记住自己的身份”，这会儿她甚至也不肯放过这个泄愤的机会）。“阿玛丽雅·柳德维戈夫娜……”

“我干脆告诉您，您绝不可以放肆地把我叫做阿玛丽雅·柳德维戈夫娜；我是阿玛尔-伊凡！”

“您不是阿玛尔-伊凡，您是阿玛丽雅·柳德维戈夫娜。我可不会像列别兹雅特尼柯夫先生之流那样不要脸，拍您马屁，他现在在门外笑呢（门外真的响起了一阵笑声和叫喊声：“她们吵起来了！”），所以我会永远叫您做阿玛丽雅·柳德维戈夫娜，虽然我压根儿搞不清楚，您为什么不喜欢这个名字。您看看谢苗·扎哈罗维奇出了什么事；他要死了。我请求您立刻把这扇门关上，谁也不许进来。至少要让人安静地死！要不然，我老实告诉您，明儿省长大人就会知道您的行为。公爵还在我做姑娘的时候就认识我了，他也没有忘记谢苗·扎哈罗维奇，还帮过他好多次忙哩。谢苗·扎哈罗维奇有许多朋友和靠山，这是大家都知道的。他有高尚的自豪感，因此跟他们疏远了。他自知有这个倒霉的弱点，可是现在(他指指拉斯柯尔尼科夫)，有一位慷慨的青年帮助我们，他有钱而且交游广阔。谢苗·扎哈罗维奇从小就认识他，您可以放心，阿玛丽雅·柳德维戈夫娜……”

这些话说得快极了，她越说越快，可是一阵咳嗽一下子把卡杰琳娜·伊凡诺夫娜那滔滔不绝的雄辩给打断了。这当儿那个将死的人醒过来了，呻吟起来。她又跑到他跟前去了。病人睁开眼来，因为还认不出，也弄不清楚这个人是谁，所以仔细地瞧着弓着身子站在他身边的拉斯柯尔尼科夫。他呼吸困难，深长而微弱；嘴角淌着鲜血，脑门上冷汗涔涔。他认不出拉斯柯尔尼科夫，他的眼珠子不安地转动起来。卡杰琳娜·伊凡诺夫娜目光忧伤而严厉地望着他，但泪水从她的眼眶里扑簌簌地掉下来了。

“天哪！他的胸膛整个儿被轧伤了！鲜血直淌！鲜血直淌！”她绝望地叫道。“他的整件上衣得脱下！谢苗·扎哈罗维奇，假如你能够的话，把你的身子稍微侧转点儿，”她向他叫道。

马尔美拉多夫认出了她。

“神父！”他声音嗄哑地说。

卡杰琳娜·伊凡诺夫娜退到了窗跟前，脑门靠在窗框上，绝望地扬声叫道：

“啊，可诅咒的生活呀！”

“神父！”将死的人沉默了一会儿后，又说话了。

“去请了！”卡杰琳娜·伊凡诺夫娜向他叫道；他听从她的叫嚷，不再说话了。他那怯生生的、忧郁的目光在寻找她；她又回到他跟前去了，站在枕头旁边。他心神安定些了，但是没有安定多久。不久他的目光落在他的爱女小丽多奇卡身上，她站在角落里瑟瑟发抖，像在发病似的。她用惊讶的、稚气的目光凝视着他。

“啊……啊……”他焦躁不安地向她点点头。他想说什么。

“还要说什么话吗？”卡杰琳娜·伊凡诺夫娜叫道。

“她光着脚哪！光着脚哪！”他嘟哝说，疯子般的目光盯住了小姑娘那双光脚。

“别说话啦！”卡杰琳娜·伊凡诺夫娜恼怒地叫道。“她为什么光着脚，你自己不是知道嘛！”

“谢天谢地，大夫来了！”喜出望外的拉斯柯尔尼科夫叫喊道。

大夫进来了，是一个整洁的德国小老头儿。他带着怀疑的神情四下看看，走到病人跟前去按他的脉搏，一边聚精会神地摸摸病人的头。在卡杰琳娜·伊凡诺夫娜的协助下，解开了浸透了鲜血的衬衫，病人的胸膛袒露出来了；胸脯不成样子了，被踩得血肉模糊；右胸的几根肋骨折断了。左胸上，恰好在心脏上面有一大块致命的、发紫的伤痕，这是被马蹄猛地踩过的痕迹。大夫把眉头皱紧了。警察告诉他，说这个被轧坏了的人滚入了车轮下面，在马路上被拖了三十来步。

“奇怪，他怎么还能醒过来，”大夫悄悄地对拉斯柯尔尼科夫说。

“您认为怎样？”他问。

“马上就要死了。”

“难道不能救了吗？”

“没救了！他就要断气……而且头部伤势严重……嗯。也许可以放血……不过……这也无济于事。他只能再活五分钟或十分钟。”

“那么您还是放血吧！”

“可以……不过我预先向您声明，这是完全无效的。”

这当儿又传来一阵脚步声，过道里看热闹的人们让开了，一个神父带着一份圣餐在门口出现。这是一个头发斑白的小老头。警察在发生车祸的时候就去请他。大夫立刻把座位让给了他，跟他互换了一个意味深长的眼色。拉斯柯尔尼科夫恳求大夫稍待一会儿。大夫耸耸肩膀留下了。

人们都往后退了。忏悔仪式不久就结束了。临终的人未必很清楚这是怎么回事；他只能发出一阵断断续续的、含糊不清的声音。卡杰琳娜·伊凡诺夫娜拉住了丽多奇卡，又把那个男孩子从椅子上拉下，退到壁角炉子跟前跪下来，但她叫孩子们都跪在她面前。那个小姑娘只是瑟瑟发抖；男孩子裸露着两个膝头跪在地上，不慌不忙地举起小手，循规蹈矩地画着十字，在地上磕头，大概他觉得这样做非常有趣。卡杰琳娜·伊凡诺夫娜咬住嘴唇，眼里噙着泪水；她也在做祷告，间或拉直孩子身上的衬衫，还把围巾披在小姑娘那裸露得太多的肩膀上，这条围巾是从五斗橱里拿出来的。她并不站起来，仍旧在祈祷。这当儿里面那几个房间的门又被那些好奇的人给打开了。在过道里看热闹的人越来越拥挤，楼上的房客都跑来了，不过他们没有一个跨进门槛里去。只有那支残烛的微光照着这个场面。

这时，跑去找姐姐的波列尼卡从过道上穿过人丛急匆匆地挤进来了。她走进去了，因为狂奔了一阵而有点儿气急。她摘下了头巾，两只眼睛找着母亲，走到跟前，说："姐姐来了！我在街上碰到的！"妈妈叫她跪在自己身边。有个姑娘打人丛里悄悄地胆怯地挤了进来。她突然在这个屋子里，在贫困、破烂、死亡和绝望中出现，使得大家都感到奇怪。她穿得也不好；她的衣着是极便宜的，一副街头妓女的打扮，合乎自己那个特殊阶层的喜爱和派头，并且显然无耻地暴露了自己的目的。索尼雅在过道里门限前站住了，但没有跨进门限去。她手足无措地朝四下打量了一下，似乎什么也没有意识到，而且忘记了，她穿的是一件在这个地方不适宜穿的、煞费苦心才买到的一种花缎衣服，衣服的下摆长得令人可笑，她那条宽大的钟式裙把门堵住了；她也忘记了，脚上蹬的是一双淡色皮鞋，并且还带着一把妇女用的小阳伞①，虽然夜里用不着带，但她还是带了；甚至还忘记了她头上那顶插着一根色泽鲜艳的火红色羽毛的令人发笑的圆草帽。帽子轻薄地歪戴着，脸显得瘦削而又苍白，神色惊惶，嘴张开着，吓得两眼呆定。索尼雅十八岁了，个子瘦小，但有一头相当漂亮的淡黄发，一对妩媚动人的淡蓝色眼睛。她凝神地看看床，又看看神父；她赶过一阵路，所以也气喘吁吁的。末了，一

---

①原文为法文。

阵窃窃私语，还有人丛里所说的几句话，大概都飞到了她的耳朵里。她低下了头，一步跨过了门限，在屋子里站住了，但还是站在门口。

忏悔和授圣餐的仪式完毕了。卡杰琳娜·伊凡诺夫娜又走到丈夫床跟前。神父倒退了几步，告别时说了两句话，安慰卡杰琳娜·伊凡诺夫娜。

“这些孩子叫我怎么办啊？”她指指那几个孩子，愤怒地厉声插嘴说。

“上帝是慈悲的；求至高无上的神救助吧，”神父说话了。

“嘿！他是慈悲的，可是对我们却不！”

“这是一桩罪过，一桩罪过，太太，”神父摇摇头，说。

“这不是一桩罪过吗？”卡杰琳娜·伊凡诺夫娜指指临终的人，嚷道。

“也许那些无意中闯了祸的人愿意赔偿你们的损失，至少会按他的收入给予赔偿的……”

“您不明白我的话！”卡杰琳娜·伊凡诺夫娜把手一挥，恼怒地嚷道。“他们为什么应该赔偿？要知道，他喝醉了，他自己滚到马蹄下去的！什么收入？他没有收入，只给我们带来了痛苦。要知道，他是个酒鬼，所有东西都被他换酒喝了。他常常偷走我们的东西，跑到酒店里去，他们和我的生命都被他在酒店里给毁了！谢天谢地，他快要死了！可以少受些损失了！”

“在临终的时刻应该宽恕他，可是说这样的话是一桩罪过，太太，这样的情感是极大的罪过！”

卡杰琳娜·伊凡诺夫娜忙乱地服侍着病人，端水给他喝，给他抹去头上的汗和血，摆正枕头，只偶尔抽空掉转脸去跟神父谈几句。现在她几乎发狂地突然向他扑了过去。

“唉，天哪！这不过是一句空话！宽恕！如果他没有被轧伤，今天就会喝得烂醉回家。他只有一件衬衫，而且已经穿旧了，穿得破烂不堪了，他会倒在床上死睡不醒，可我得洗衣服洗到天亮，洗他的破衣服和孩子们的衣服，然后在窗外晾干，天一亮，我就坐下来补缀——这就是我夜里的生活！……为什么还要说宽恕！我已经宽恕他了！”

一阵长久的、怕人的咳呛打断了她的话。她往手帕里吐了一口痰，拿给神父看，另一只手痛苦地按住胸口，手帕上沾满了鲜红的血……

神父低下头，不说话了。

马尔美拉多夫已经咽着最后一口气；他目不转睛地看着卡杰琳娜·伊凡诺夫娜的脸，她又俯下身去看他。他一直想对她说句什么话；他使劲地转动着舌头，含糊不清地说起话来；可是卡杰琳娜·伊凡诺夫娜心里明白，他在要求她宽恕，立刻命令地向他叫道：

“别说啦！不用说啦！……我知道你要说什么话！……”病人不说话了；可是，这当儿，他那溜来溜去的目光落到了门口，他看见了索尼雅……

他一直没有发觉她：她站在角落里阴暗的地方。

“这个是谁？这个是谁啊？”他突然声音嘎哑地、上气不接下气地问，神色惊慌，目光非常可怕地望着站在门口的女儿，一边使劲地支起身子。

“躺下，躺一下！”卡杰琳娜·伊凡诺夫娜叫道。

可是他用一只手勉强地支撑着身子。他疯狂地、目不转睛地把女儿打量了一会儿，仿佛不认识她似的。他从来没见过她穿这样的衣服。他忽然认出了她，这个遭人歧视、悲痛万分、装束入时而内心羞惭的女儿。她顺从地等着轮到她跟临死的父亲告别，脸上流露出无限痛苦的神情。

“索尼雅，我的女儿！请你原谅！”他叫道，想把手伸给她，但是一失去支撑，身子就从沙发上摔了下去，脸朝下掉在地板上。他们急忙跑过去把他抬起来，放到沙发上，但是他已经奄奄一息了。索尼雅有气无力地大叫一声，跑过去抱住了父亲，一动不动地拥抱着他。他死在她的怀抱里了。

“他达到目的了！”卡杰琳娜·伊凡诺夫娜看着丈夫的尸体，叫道。“嗐，现在我该怎么办呀！我拿什么来埋葬他！明儿我拿什么给他们，给他们吃啊？”

拉斯柯尔尼科夫走到了卡杰琳娜·伊凡诺夫娜跟前。

“卡杰琳娜·伊凡诺夫娜，”他对她说，“上星期，您这个死去的丈夫把他的生活和境况全都告诉了我……真的，他怀着热烈的敬意谈到了您。从那天晚上起，我知道了，他对你们是多么忠诚，特别是对您。卡杰琳娜·伊凡诺夫娜，他尊敬您，爱您，尽管他有个不幸的弱点；从那天晚上起，我们交了朋友……请允许我现在……聊表心意……对我的亡友尽一份绵薄之力。这里是……二十个卢布，请收下，我想：如果这几个钱对你们有所帮助，那么……我……总而言之，我还要来的，我一定要来的……我也许明儿再来……再见！”

他快步走出了屋子，尽快地挤出人丛下楼去了；可是他在人丛里突然碰到了尼柯季姆·福米奇，他因获悉发生了车祸而要来亲自处理。自从在警察局里发生了那件事以后，他们没见过面，可是尼柯季姆·福米奇却立刻认出了他。

“啊，是您？”他问拉斯柯尔尼科夫。

“他死了，”拉斯柯尔尼科夫回答道。“大夫来过了，神父也来过了，应办的事都办了。您别惊动那个可怜的女人。她本来就有肺病。您要尽力安慰她……我知道，您好心肠……”他直瞅着他的眼睛，微笑地补充说。

“您身上怎么有血迹，”尼柯季姆·福米奇说，在灯光下，他看见了拉斯柯尔尼科夫的坎肩上有几点鲜红的血迹。

“是呀，我沾上了血……我浑身都是血迹！”他神态异样地说，接着微微一笑，点了点头，就下楼去了。

他悄悄地、不慌不忙地走下楼去，他身子发烧，可他却毫不觉得；现在他心里充满一种从未有过的、突然涌现的具有一股充沛强大的生命力的广大无边的感觉。这种感觉可以和一个被判处死刑、突然获得出乎意外的赦免的囚犯的感觉相似。他走下半条楼梯，被归去的神父赶上了；拉斯柯尔尼科夫默然给他让路，他们彼此默默地点点头打个招呼。但是他走下楼梯的最后几级的时候，忽然听见一阵急促的脚步声。有个人追赶着他。这是波列尼卡；她边追他，边喊：“喂！喂！”

他向她掉转头去。她跑到楼梯的最后一级，就在他面前站定了，跟他只相隔一级梯级。一道暗淡的光从院子里照射进来。拉斯柯尔尼科夫看清楚了小姑娘那瘦削的但却很可爱的脸蛋在向他微笑，快乐而稚气地望着他。她是带着一个显然她乐于接受的使命而跑来的。

“喂，您叫什么名字？……还有，您住在哪儿？”她气急败坏地、急促地问。

他两手按在她的肩上，快乐地打量着她。他这么高兴地看着她，连他自己也不知道是什么缘故。

“谁叫您来的？”

“索尼雅姐姐叫我来的，”小姑娘回答道，笑得更快乐了。

“我知道，索尼雅姐姐叫您来的。”

“妈妈也叫我来。索尼雅姐姐叫我来的时候，妈妈也走过来说：‘波列尼卡，快去！’”

“您喜欢索尼雅姐姐吗？”

“我最喜欢她！”波列尼卡口气特别坚决地说，她的笑容突然变得严肃了。

“您会喜欢我吗？”

小姑娘没有回答，他看到她把脸挨近了他，那丰满的小嘴天真烂漫地凑过来吻了他一下。她那瘦得像火柴杆一样的两条胳膊忽然紧紧地搂住了他，头靠在他的肩上，小姑娘嘤嘤地啜泣起来，脸越来越紧地贴在他的身上。

“爸爸是怪可怜的！”过了半晌，她说道，一边抬起了那张满是泪痕的脸，用两手擦去眼泪。“现在常常发生这样的车祸，”她装出一副特别矜持的样子，出人意外地补充说。当孩子们忽然想学“大人”的口气说话的时候，他们都竭力装出这么一副特别矜持的样子。

“爸爸喜欢您吗？”

“他最喜欢丽多奇卡，”她挺认真地接下去说，笑也不笑，说话的神气完全像个大人。“他喜欢她，因为她年纪最小，身体又不好。他常常带糖果来给她吃。他教我们读书，也教过我语法和神学，”她充满自尊心地补充说。“可是妈妈没有说什么，不过我们都知道，她很喜欢我们读书，爸爸也知道她喜欢，可是妈妈要我学法语，因为我已经该受教育了。”

“您会做祷告吗？”

“噢，我们当然会做！我们早已会做祷告了；我已经长大了，我自己常常默默地祷告，可是柯里亚和丽多奇卡都是跟着妈妈大声地祈祷的；他们先念：‘圣母’，接着祷告：‘上帝啊，求你宽恕索尼雅姐姐，求你保佑她，’然后又祷告：‘上帝啊，求你宽恕我们的继父，求你保佑他，’因为我们以前的那个父亲已经死了，这个是我们的继父，我们也给那个父亲祷告。”

“波列奇卡，我叫罗季昂；你们什么时候也给我做祷告：‘你的仆人罗季昂’，只要这样祷告就行。”

“往后，我一辈子替您祷告，”小姑娘热心地说，忽然又笑起来，一边向他扑上来，又紧紧地搂住了他。

拉斯柯尔尼科夫把自己名字告诉了她，也把地址告诉了她，答应明天一定再来。小姑娘就高高兴兴地回去了。他走到街上已经十点多了。五分钟后，他在桥上站住了，站在不久前一个女人投河的地方。

“够了！”他坚决地俨然说。“蜃景滚开吧，心造的恐惧滚开吧，幻影滚开吧！……我活着！难道我现在没有活着吗？我的生命还没有跟老太婆一同死去！她应该进天国了——活够了，老大娘，该安息了！现在是理智和光明……也是意志和力量……统治的时代……现在咱们瞧着吧！现在我们来较量较量吧！”他傲慢地补充说，仿佛他在向某种黑暗势力挑战。“我已经愿意在一俄尺宽的地方过日子了！……

“此刻我衰弱无力，可是……我觉得病已经霍然痊愈了。我刚才出来的时候，就知道病会好的。巧极了：到波钦柯夫的房子只有几步路了。即使不是几步，也一定要去看看拉祖米兴……让他赢了这场打赌吧！让他高兴高兴——没关系，让他高兴吧！……力量，力量是需要的：没有力量，你什么也得不到；而力量要靠力量来获得的，但是他们就是不懂得这个道理。”他自豪而且自信地补充说，勉强拖着脚步走下桥去。自豪感和自信心在他心里每分钟都在增强；他会立刻变成一个和以前不同的人。然而，究竟是什么事使他发生这样的变化呢？连他自己也不知道；他好比抓住了一根稻草，忽然觉得，他能活下去，他还活着，他的生命没有跟老太婆一同死去。也许他的结论下得过于仓促，但他没有想到这一点。

“可我请她也给仆人罗季昂做祷告呢，”这个念头蓦地在他的脑海里闪过。“对呀，这是……以防万一！”他补充说，觉得自己的举动很幼稚，不禁笑了起来。他的心情好极了。

他没有费多大力气就找到了拉祖米兴：在波钦柯夫的房子里，大家都已经知道了这个新房客，看门人立刻就给他指点了路。走上半条楼梯，他就听见了有许多人聚在一起吵嚷，谈得很热烈。通楼梯的门洞开着；传来了一阵阵叫嚷声和争吵声。拉祖米兴的屋子相当宽敞，有十五个客人聚在一起。拉斯柯尔尼科夫在前室里站住了。这儿，在间壁后边摆着两个大茶炊，还有各种酒类、盛满点心和菜肴的盘子和大盆子，房东的两个女仆都忙个不停，这些东西都是从房东的厨房里端来的。拉斯柯尔尼科夫叫人去喊拉祖米兴。后者兴高采烈地跑了出来。一眼就可以看出，他已经喝得非常之多，虽然拉祖米兴几乎从来没有大醉过，可是这会儿可以看出他有点儿醉意了。

“喂，”拉斯柯尔尼科夫赶忙说。“我只是来告诉你，你已经赢了这场打赌，而且当真没有人知道，他会发生什么事。我不能进去：我没有力气了，马上就会昏倒的。所以我马上就要走，祝你晚安，再见！你明儿来看我吧……”

“那么我送你回家！你不是说，你没有力气了，那么……”

“你的客人怎么办？这个鬈发的人是谁？就是刚才向这里张望了一下的那一个。”

“这个吗？谁知道他是什么人！我舅舅的一个熟人。大概，或许他自己跑来的……我让舅舅招待他们；他这个人顶呱呱；可惜，你现在不能跟他认识一下，去他们的，现在我顾不上他们了！他们现在也顾不上我，而且我也需要呼吸一下新鲜空气，所以，老兄，你来得正好；再过一会儿，说真的，我会动手打人！他们都说这么荒唐的话……你简直想象不到，人会这样胡说八道；可是怎么不能想象呢？我们自己难道不也是胡说八道吗？让他们去胡说八道吧：可是以后他们就不会胡说了……坐一会儿吧，我去叫左西莫夫来。”

左西莫夫甚至向拉斯柯尔尼科夫猛扑过去，可以看出，他怀着特别强烈的好奇心；他的脸马上变得和颜悦色了。

“马上去睡吧，”他断然说，尽可能仔细地打量着病人，“夜里您最好服一包药。您服吗？我还是刚才配的……这是一包药粉。”

“哪怕服两包也行，”拉斯柯尔尼科夫回答道。

他立刻服了药粉。

“你亲自送他回去，那很好，”左西莫夫对拉祖米兴说。“我们且看他明天怎样，可是今天也不坏！比前些时候已经好多了。活到老，学到老嘛……”

“你可知道，我们出来的时候，左西莫夫对我悄悄地说了些什么话，”他们一走到街上，拉祖米兴就贸然说。“老兄，因为这些人都是傻瓜，所以我把一切都坦率地告诉你。左西莫夫叫我跟你在路上谈谈，也叫我要你谈谈，然后把我们的话都告诉他，因为他认为……你……是个疯子，或者像个疯子。这话你自己去想一想吧！首先，你比他聪明得多；其次，如果你不是疯子，那你不必理会他的这种荒唐的看法；第三，这个胖子的本行是外科医生，现在，他对精神病发生了浓厚的兴趣，你今天跟扎苗托夫的那场谈话改变了他对你的看法。”

“扎苗托夫把一切话全都告诉你了吗？”

“全都对我说了，他做得很对。我现在弄清楚了全部底细，扎苗托夫也明白了……对呀，总而言之，罗佳……问题在于……我现在有点儿醉意……这没关系……问题在于这个想法……你明白吗？他们当真都以为……你明白吗？我的意思是，他们谁也不敢大声宣扬，因为这是最荒唐的胡说，特别是在这个油漆匠已经被捕的时候，这一切无稽之谈就站不住脚了，永远破产了。为什么他们都是傻瓜呢？那时我轻轻地揍了一下扎苗托夫——这话只能在咱们之间谈谈，老兄；请你别暗示，说你知道这件事；我发觉他是很敏感的；这事发生在拉维扎家里——可是今天，今天，一切都弄清楚了。主要是这个伊里亚·彼得罗维奇捣的鬼！他的根据是你那一天在警察局里昏倒过，可是后来他也觉得害臊了；因为我知道……”

拉斯柯尔尼科夫聚精会神地听着。拉祖米兴说着酒话。

“那天，我所以昏倒是由于闷热和油漆味儿，”拉斯柯尔尼科夫说。

“这还用说嘛！不仅仅是由于油漆味儿：你发了一个月烧啦；左西莫夫可以作证！只是这小子现在很悲观，你简直不能想象！他说：‘我比不上这个人的小指头！’就是说，比不上你的小指头。老兄，有时他是个好人。可是这顿教训，你今天在‘水晶宫’对他的这顿教训，太有效了！开头你吓唬他，吓得他发抖了！你几乎又使他对这种荒谬的胡说信以为真，后来，你忽然又向他伸舌头：‘给，你得到的就是这个东西！’妙极了！他现在被击败了，羞得无地自容了！你实在了不起，应该这样对付他们。哎，可惜我不在场！他现在非常希望你去。波尔菲里也想跟你认识……”

“嘿……这个人也……他们为什么把我当作疯子？”

“他不是把你当作疯子。老兄，我似乎对你说了太多的废话……要知道，你只对这感兴趣，刚才他大为惊奇呢；现在他明白了，你为什么感兴趣，一切情况都弄清楚了……那时，这使你多么气愤呀，你因此又发病了……老兄，我有点儿醉了，天晓得，他有怎么个想法……我告诉你：他对精神病发生了浓厚的兴趣。不过你别介意……”

他们有半分钟工夫都不说话了。

“喂，拉祖米兴，”拉斯柯尔尼科夫终于开口了。“我要向你直说：刚才我在一个死人的家里，一个官吏死了……我把身边所有的钱都给了他的家属……刚才还有个人吻了我，假如我杀了人，也会……一句话，我在那儿还看见了另一个人……帽子上插了一根火红色的羽毛……不过，我又在说胡话了；我没有力气了，你扶住我……楼梯就在这边……”

“你怎么啦？你怎么啦？”拉祖米兴发慌了，问道。

“头有点儿昏，不过这没有什么，倒是我心头很烦闷，烦闷得慌！仿佛那个女人……真的！你瞧，这是什么东西啊？你瞧！你瞧！”

“什么东西？”

“你怎么看不见啊？你可看见我屋子里有灯光？透过隙缝……”

他们已经站在靠近女房东厨房门的最后一段楼梯前面。他们在楼梯下面真的发现了拉斯柯尔尼科夫小室里有灯光。

“奇怪！也许是娜斯塔西雅，”拉祖米兴说。

“这个时候她是从来不到我的屋子里来的，而且她早已睡了。可是……我倒不怕！再见！”

“你这是什么意思？我陪你去，咱们一块儿进去！”

“我知道你要同我一块儿进去，可我想在这儿跟你握手告别。好吧，握一握手，再见啦！”

“你怎么啦，罗佳？”

“没有什么；咱们走吧；你可以做个见证……”

他们上楼去了，拉祖米兴的脑海里闪过这样一个念头：左西莫夫也许说得对，“哎哟！我胡言乱语弄得他心神不定！”他喃喃地自言自语。他们走到门口的时候，蓦地听见屋子里有说话声。

“这是怎么回事啊？”拉祖米兴叫喊道。

拉斯柯尔尼科夫抢上一步去开门，他把门开得很大。门打开后，他就在门限上木然站住了，像扎了根一样。

他的母亲和妹妹坐在他的沙发榻上，已经等候了一个半小时。他为什么片刻也没有等待过她们到来呢，为什么想也没有想到过她们呢？虽然这个消息他今天又说过一遍：她们已经动身了，在路上了，就要到了。在这一个半小时里，她们都争先恐后地向现在站在她们面前的娜斯塔西雅打听，她把情况全都告诉了她们。听她说到，他“今天逃跑了”，身上还有病，并从她的话里觉察出，他一定神志不清时，她们都吓坏了。“天哪，他发生了什么事啦！”母女俩都啜泣起来，在等待他回来的一个半小时里，她们都伤心透了。

一阵欢乐的和狂热的呼喊声迎接着拉斯柯尔尼科夫的出现。母女俩都向他扑了过来。可是他木然站在那里，像个死人。一阵难以忍受的、突然涌起的感觉像一阵霹雳似的向他袭来。他没有张开双臂去拥抱她们：他做不到了。母亲和妹妹都紧紧地拥抱着他，吻他，又是笑又是哭……他只向前迈了一步，身子晃了晃，便昏倒在地板上了。

惊慌、恐惧的叫喊、呻吟……站在门口的拉祖米兴飞也似的跑进屋子，用他那强有力的两臂把病人抱了起来，转瞬间就把他放在沙发榻上了。

“不要紧，不要紧！”他向母女俩叫道。“这是昏厥，不要紧！刚才医生说过，他已经好多了；他完全恢复了健康！端水来吧！瞧，他醒过来了，病好了！”

他一把抓住了杜涅奇卡的手……几乎把她的手扭得脱臼了，他叫她弯下腰去看，“他已经醒来了”。母女俩都非常感动，感激地望着拉祖米兴，好像他是一位天神；她们已经听娜斯塔西雅谈起过，对于她们的罗佳，在他患病的时候，这个“机灵的年轻人”就是这样的一位天神。那天晚上，普尔赫里雅·亚历山大罗夫娜·拉斯柯尔尼科娃在跟杜尼雅密谈时，就把他叫做“机灵的年轻人”。

第三章

一

拉斯柯尔尼科夫在长沙发上坐了起来。

他乏力地向拉祖米兴摆了摆手，阻止对他母亲和妹妹讲那滔滔不绝的、前言不搭后语的和热情洋溢的安慰话。他拉住了她们俩的手，有一会儿工夫他默然不语，看看这个，又看看那个。他看得他母亲害怕起来了。他的眼神里透出一股强烈得令人痛苦的感情，但也带有呆滞的，甚至仿佛是疯狂的神情。普尔赫里雅·亚历山大罗夫娜呜呜咽咽哭了起来。

阿夫多季雅·罗曼诺夫娜脸色惨白；她那只被哥哥握着的手在索索发抖。

“你们回去吧……同他一块儿回去吧！”他断断续续地说，一边指指拉祖米兴。“到明天，明天一切事情……你们到达好久了吗？”

“晚上到的，罗佳，”普尔赫里雅·亚历山大罗夫娜回答道，“火车误点了。可是，罗佳，我现在决不离开你了！我要在你这儿过夜，守着你……”

“你们别让我痛苦啦！”他说着，愤怒地把手一挥。

“我留在他这儿！”拉祖米兴叫道。“我一刻也不离开他。我家里的那几个客人，去他们的，让他们去生气吧！反正有我舅舅招待他们！”

“我怎样，怎样感谢您呢！”普尔赫里雅·亚历山大罗夫娜又紧紧地握住了拉祖米兴的手，可是拉斯柯尔尼科夫又打断了她的话：

“我受不了，我受不了，”他恼怒地反复说。“别让我痛苦啦！够了，你们回去吧……我受不了！……”

“咱们走吧，妈妈，哪怕出去一会儿也好，”杜尼雅发慌了，嘟嘟囔囔说。“我们显然使他很痛苦。”

“三年没看见他啦，难道我不能看看他吗！”普尔赫里雅·亚历山大罗夫娜又呜呜咽咽哭了起来。

“慢着！”他又叫住了她们，“你们老是打断我的话，我的思路被打断了……你们去看过卢仁吗？”

“没有，罗佳，但他已经知道我们来到了。罗佳，彼得·彼得罗维奇真是个好人，我们听说今天他来看过你了，”普尔赫里雅·亚历山大罗夫娜有点儿胆怯地补充说。

“是呀……他真是个好人……杜尼雅，不久前我曾经对卢仁说过，我要把他赶下楼去，我把他撵走了……”

“罗佳，你说什么啊！你，大概……你不愿意告诉我们……”普尔赫里雅·亚历山大罗夫娜惊慌地说起来，但她眼睛看着杜尼雅，把话缩住了。

阿夫多季雅·罗曼诺夫娜凝眸瞧着哥哥，等着他说下去。娜斯塔西雅已经把这场争吵就她所能理解的告诉了母女俩，她们都摸不着头脑，等着他说下去，心里感到很痛苦。

“杜尼雅，”拉斯柯尔尼科夫费力地继续往下说。“我不愿意让这门婚事成功，所以你明天应当头一句话就拒绝卢仁，叫他立刻滚蛋。”

“天哪！”普尔赫里雅·亚历山大罗夫娜叫喊道。

“哥哥，你要想一想，你说的是什么话呀！”阿夫多季雅·罗曼诺夫娜开始生气地说，可是立刻忍住了。“或许现在你身子不舒服，累了，”她温柔地说。

“我在说胡话吗？不……你是为了我才嫁给卢仁的。可是对你的这种牺牲我不领情。所以，你写封信，在明天前写好……拒绝他……明天早上让我看一遍，这件事就算结束了！”

“我不能照办！”姑娘受了委屈，大声叫道。“你凭什么权利……”

“杜涅奇卡，你也是好大的火气，别说啦，明天……难道你没有看见……”母亲急坏了，向杜尼雅奔过来。“哎哟，咱们还是走吧！”

“他在说胡话！”薄醉的拉祖米兴叫喊起来。“要不然他怎么敢！明天他就不会说这样的糊涂话……今天他当真把他撵走了。这是事实。那个人也恼火了……在这儿夸夸其谈，自诩博学，然后夹着尾巴溜走了……”

“那么，真有其事吗？”普尔赫里雅·亚历山大罗夫娜叫喊道。

“哥哥，明天再谈吧，”杜尼雅说，不觉起了怜悯之心。“咱们走吧，妈妈……罗佳，再见！”

“你听我说，妹妹，”他用仅有的一点力气在她们后面重复地说。“我没有说胡话；这门婚事是卑鄙的。让我做坏蛋吧；可你不应该……有一个就够了……虽然我是个坏蛋，可我不会认这样的妹妹。要么我，要么卢仁！你们走吧……”

“你疯啦！专制魔王！”拉祖米兴咆哮起来，可是拉斯柯尔尼科夫不再回答，也许他没有力气回答了。他在沙发榻上躺下了，侧身向壁，疲惫不堪。阿夫多季雅·罗曼诺夫娜用好奇的目光看看拉祖米兴；她那对乌黑的眼睛炯炯发光：拉祖米兴甚至被这样的目光看得愣了一下。普尔赫里雅·亚历山大罗夫娜好像猛吃一惊似的站住了。

“我决不走！”她几乎绝望地对拉祖米兴低声说。“我要留在这儿，不管睡在哪里……你送杜尼雅回去吧。”

“你们要把事情弄糟吗！”拉祖米兴恼火了，也低声地说。“咱们出去，哪怕到楼梯上站一会儿也好。娜斯塔西雅，照亮！我向你们保证，”他已经走到了楼梯上，把声音压低了一半继续往下说。“不久以前，他几乎要揍我，也要揍医生！你们可知道这是怎么回事！要揍医生！医生连忙避开了，免得惹他生气，我也走了，可是我跑到楼下守着，他立刻穿上衣服，溜出去了。如果你们惹他生气，现在他又会溜走，夜里，他会对自己干出什么事来的……”

“哎呀，您说什么呀！”

“而且您不回去，阿夫多季雅·罗曼诺夫娜也不能只身住在旅馆里！您考虑一下，您住在哪儿！彼得·彼得罗维奇，这个坏蛋，难道不能给你们找个更好的住所吗……不过，你们要知道，我喝了些酒，所以……我说话粗鲁；请你们别介意……”

“我找这儿的女房东去，”普尔赫里雅·亚历山大罗夫娜坚持地说。“我恳求恳求她，让个地方给我和杜尼雅宿一夜。我可不能这样撇下他，我不能！”

他们站在楼梯平台上女房东的门口谈这些话的。娜斯塔西雅站在楼梯的下面一级给他们照着亮。拉祖米兴异常激动。还在半小时以前，他送拉斯柯尔尼科夫回家来的时候，废话连篇，精神却十分饱满，头脑几乎是清醒的，尽管这天晚上他喝了大量的酒。现在他甚至觉得很高兴，同时他喝下的酒仿佛又一下子以加倍的力量往他的头脑里直冲。他同这两个女人站在一起，握住了她们俩的手，劝慰她们，态度异常坦率地向她们说明了理由。大概，为了加强说服力，他几乎每说一句话，就把她们的手握得更紧，直握得她们的手发痛，好像夹在老虎钳里一样。他两眼直勾勾地盯着阿夫多季雅·罗曼诺夫娜，似乎丝毫不觉得害臊。她们有时痛得从他那瘦骨嶙峋的大手里抽回手去，可是他不但没有注意到这是怎么回事，而且更用劲地把她们往自己的身边拉。如果她们叫他身子颠倒地从楼梯上滚下去，为她们效劳，他也会不假思索，毫不迟疑地立刻就照她们的吩咐去做的。普尔赫里雅·亚历山大罗夫娜焦躁不安地想念着她的罗佳，虽然她觉得这个小伙子脾气很古怪，把她的手握得这么痛，但当时因为她把他看作一位天神，所以没有注意到这些古怪的动作。阿夫多季雅·罗曼诺夫娜尽管也感到焦躁不安，尽管她天性刚强，但跟她哥哥的朋友那炯炯发光的奇怪的目光相接触的时候，却不禁感到了诧异，甚至差不多惊慌起来。只是由于娜斯塔西雅对她们所说的关于这个古怪的人的话引起了她无限的信任，她才不想逃避他，拉着她的母亲走掉。她也明白，或许她们现在不能逃避他了。但是十分钟后，她定心了：拉祖米兴有个特点，不管情绪怎样，他会一下子就流露出自己的真实感情，所以人们很快就会认出，对方是个什么样的人。

“不能去找女房东，这是最荒唐的！”他叫喊道，竭力劝阻普尔赫里雅·亚历山大罗夫娜。“虽然您是他的母亲，如果您留在这儿，会使他发疯，那时候谁知道他会干出什么事来！这么办吧：娜斯塔西雅现在在他那里坐一会儿，我送你们俩回去，因为你们妇女只身不便在街上行走；我们彼得堡这个地方常常发生……哦，那算不了什么！……然后我立刻跑回到这里来，我绝对保证，一刻钟后我会来告诉你们消息：他怎样了？睡了没有？等等。然后，听我说，然后立刻从你们那儿跑回家去——我家里有客人，他们都喝醉了，我把左西莫夫带来，这是一位替他治病的医生，现在他在我家里，他不喝酒；这个人不喝酒，他从来不喝酒！我拉他到罗奇卡那儿，然后立刻跑到你们那儿去；这样，一小时内，你们就可以听到两次关于他的消息——一次是从医生那儿得来的，你们要知道，是从医生本人那儿得来的；这可不是我自己编造的！如果情况不好，我保证，我会亲自带你们到这儿来；如果情况很好，那么你们就可以睡觉了。可我在这儿，在过道里过夜，他不会听见的。我叫左西莫夫宿在女房东那儿，这样方便些。现在谁对他有用，是您，还是医生？要知道，医生对他更有用，更有用。好吧，你们回家吧！可不能到女房东那儿去；我可以去，你们不能去：她不会让……因为……因为她是个傻头傻脑的女人。她会由于我而妒忌阿夫多季雅·罗曼诺夫娜，我告诉您，她也会忌妒您……一定会忌妒阿夫多季雅·罗曼诺夫娜。这完完全全是个不可思议的女人！不过我也很傻……这没有什么！咱们走吧！你们相信我的话吗？嗳，你们相信不相信我？”

“妈妈，咱们走吧，”阿夫多季雅·罗曼诺夫娜说。“他答应了，一定会做到的。他救了哥哥，如果医生当真同意在这儿过夜，这不是再好不过的事吗？”

“您……您……您能理解我的意思，因为您是一个天使！”拉祖米兴兴高采烈地叫喊道。“咱们走吧！娜斯塔西雅！立刻上楼去，坐在他身边，带着灯，我一刻钟后就回来……”

普尔赫里雅·亚历山大罗夫娜虽然还不十分相信，但不再反对了。拉祖米兴挽住母女俩的胳膊，把她们拉下楼去。但他还没有使她放心：“虽然他是机灵的，好心肠的，但他能履行诺言吗？要知道他喝过酒呢！……”

“我明白，你们认为我喝过酒！”拉祖米兴猜到了她的心思，把她的思路打断了。他在人行道上迈开大步走起来，以致两个妇女几乎都跟不上他，而他却没有发觉。"废话！那么……我喝了酒，就像个糊涂虫啦，不是这么回事；我有醉意不是由于喝了酒。可我一见到你们，酒力就往我的头脑里直冲……别把我的话当真！不必介意：我胡说八道；我配不上你们……我根本配不上你们！……我把你们送回家，立刻就在这儿河里，往自己头上浇两桶水，我会清醒过来的……但愿你们知道，我怎样爱你们俩！……你们不要笑，你们不要生气！……你们可以生别人的气，可别生我的气！我是他的朋友，所以，我也是你们的朋友。我很希望……我有过这样的预感……去年，有过这样的片刻工夫……但是我根本没有预感到，因为你们好像从天而降。可我也许会整夜失眠的……这个左西莫夫前几天就怕他发疯……所以不应该让他受刺激……"

"您说什么！"母亲叫喊道。

"难道医生这样说的吗？"阿夫多季雅·罗曼诺夫娜着急地问。

"是的，他不会发疯，绝对不会发疯。他也给过这种药，一种药粉，我看见过，可是你们来了……哎！……你们明天来就好了！我们出来，这是对的。一小时后，左西莫夫会亲自来向你们报告一切情况的。这个人滴酒不沾！我也不再喝酒……我为什么喝得这样多呢？因为他们把我拖入了一场辩论，这些人都该死！我发过誓，不参加辩论了！……他们说这种荒唐的话！我差点儿跟他们打起架来！我让舅舅在家里招待……哦，你们可相信：他们坚决认为个性绝对不存在，这就是他们所津津乐道的！仿佛不是他们本身，仿佛同他们本人毫无相似之处！他们都认为这是最大的进步。但愿这是他们荒谬的偏见，但事实上……"

"我告诉您吧，"普尔赫里雅·亚历山大罗夫娜怯生生地插嘴说，可是这只有推波助澜。

"你们以为怎样？"拉祖米兴叫道，把嗓门提得更高。"你们以为，我因为他们胡说而不满吗？废话！我喜欢人家胡说！胡说是一切动物中只有人才能享受的唯一的特权。人是从错误中得到真理的！因为我是人，所以我也胡说八道。如果你不犯十四次错误，那你就得不到一个真理，也许得犯一百十四次错误，这是好事嘛；可是我们都没有本领发表错误的意见！你对我发表错误的意见，发表你自己的不正确的意见，那我就会吻你。发表自己的不正确的意见——要比转述别人的一个真理更有意义；在第一种情况下，你才是一个人；而在第二种情况下，你不过是只鹦鹉！真理不会避开你，但生命可以被扼死；例子俯拾即是。现在我们是怎样呢？就科学、文化、思维、发明、理想、愿望、自由主义、理性、经验和一切的一切、一切的一切、一切方面来说，我们无一例外地还都是中学预科生！喜欢靠别人的智慧过日子，成为我们根深蒂固的习惯了！是不是这样？我说得对吗？”拉祖米兴叫道，一边摇着被他握得紧紧的这两个妇女的手。“是不是这样？”

“天哪，我可不知道，”可怜的普尔赫里雅·亚历山大罗夫娜回答道。

“对，对……虽然我并不完全同意您的见解，”阿夫多季雅·罗曼诺夫娜严肃地补充说，并立刻大叫起来，因为这会儿他把她的手捏得痛极了。

“对？您说，对？这样看来，您……您……”他兴高采烈地叫喊起来。“您是善良、纯洁、理智和完美的源泉！来，握握手，伸过手来……您也来跟我握握手，我立刻要在这里跪下来吻你们的手！”

他在人行道当中跪下来，幸而这当儿人行道上阒无一人。

“别这样，我请求您，您这是要干什么？”不知所措的普尔赫里雅·亚历山大罗夫娜叫喊道。

“起来，起来！”杜尼雅笑起来了，她也着慌了。

“你们不让我吻你们的手，我决不起来！这样就行，够啦，我起来了，咱们走吧！我是个倒霉的傻瓜，我配不上你们，我喝醉了，我很惭愧……我不配爱你们，可我向你们下跪——这是每个人的义务，只要他不是十足的畜生！我下跪过了……你们的旅馆到了，单就这一点来说，罗季昂不久前撵走了你们的彼得·彼得罗维奇，是做得对的！他怎么会叫你们住这样的旅馆。这是荒唐的！你们可知道，来借这个旅馆的是些什么样的人？可是您是他的未婚妻！您是他的未婚妻，对吗？我老实对您说吧，这样看来，您的未婚夫是个卑鄙的家伙！”

“喂，拉祖米兴先生，您忘记啦……”普尔赫里雅·亚历山大罗夫娜开腔了。

“对呀，对呀，您说得很对，我放肆了，我很惭愧！”拉祖米兴恍然大悟。“但是……但是……你们不会因为我说这样的话而生我的气吧！因为我说的是真心话，而不是由于……哼！这是卑鄙无耻的；总而言之，不是因为我对你们……哼！……好吧，我不用说明原因，我不敢说！他进来的时候，我们就知道了，这个人不是我们一道的人。这不是因为他在理发店里卷过头发，也不是因为他急于要表现自己的才智，而是因为他是个密探和投机者；因为他是个犹太人和小丑，这是一眼就看得出的。您以为他有才智吗？不，他是个笨伯，是个傻瓜！哼，他配做您的丈夫吗？哎哟，天哪！您瞧，女士们，”他忽然在上旅馆去的楼梯上站住了！“虽然我家里的客人们都喝醉了，但他们都是正直的人；虽然我们都胡说，所以我也胡说，然而我们的胡说最后还是会达到真理的，因为我们的路走得对头，而彼得·彼得罗维奇走的……是邪路。虽然我现在痛斥他们，但我尊重他们；虽然我甚至并不尊重扎苗托夫，但我很喜欢他，因为他是条小狗！连左西莫夫这头畜生我也尊敬，因为他为人正直而且精通本行……可是够了，话都说了，也得到了你们的原谅。你们原谅了吗？是不是这样？好，咱们走吧。这条走廊我熟悉，我到这儿来过；在这个地方，在三号房间里，发生过一件丑事……你们住在这里哪个房间？几号？八号？那么夜里你们可要锁上门，千万别让人进去。一刻钟后我带消息来，再隔半小时，我还要带左西莫夫来，你们等着吧！再见，我走啦！”

“天哪，杜涅奇卡，这会发生什么事吗？”普尔赫里雅·亚历山大罗夫娜惶恐不安地对女儿说。

“妈妈，您放心，”杜尼雅回答道，一边摘下帽子，卸下披肩。“上帝派了这位先生来帮助我们，虽然他是从酒宴上来的。您放心，可以依赖他。他已经为我的哥哥做了一切事情……”

“哎哟，杜涅奇卡，谁知道他来不来！我怎么可以撇下罗佳！……

我万万想不到会这样见到他！他是多么冷酷，好像他不高兴看见我们……”

她泪光闪闪。

“不，妈妈，不能这样说。您没有看仔细，因为您老是在哭。他因为病得厉害，心里很烦躁，原因就在这里。”

“哎呀，这个病！会发生什么事吗，会发生什么事吗！他跟你怎么说，杜尼雅！”妈妈说，一边怯生生地看着女儿的眼睛，想猜透她的心思，而杜尼雅也替罗佳说话，这使她得到了一半安慰。这样看来，她原谅他了。“我相信，明天他会改变主意的，”她穷根究底地补上一句。

“可我相信，他明儿还会说那样的话……关于这件事，”阿夫多季雅·罗曼诺夫娜断然说，当然，这是症结的所在，因为普尔赫里雅·亚历山大罗夫娜现在非常害怕谈到这点。杜尼雅走到妈妈跟前吻了一下。妈妈默然紧紧地拥抱她，接着焦躁不安地坐着等拉祖米兴回来，一边怯生生地注视着女儿。女儿抱着两臂，也等待着，兀自沉思地在房间里来回踱步。阿夫多季雅·罗曼诺夫娜有一个习惯：她常常沉思地从这个角落到那个角落来回踱步。在这样的时候，母亲总是有点儿怕打断她的沉思默想。

拉祖米兴在微醺中忽然对阿夫多季雅·罗曼诺夫娜发生了强烈的爱情，这当然是可笑的。但只要看一下阿夫多季雅·罗曼诺夫娜，特别是现在，当她抱着两臂，沉郁而若有所思地在屋子里踱步的时候，也许有很多人就会原谅他。至于他那反常的心理状态，更不用说了。阿夫多季雅·罗曼诺夫娜妩媚动人——那高高的个子，异常匀称的体态，强壮有力，过于自信，在她的每个姿势中都显露出这种自信，但这丝毫无损于她的举止的娴雅和温柔。她的面貌酷肖她的哥哥，但美人的称号她是受之无愧的。她的头发深黄色，比她哥哥的头发稍微淡些；一双差不多是乌黑的眼睛奕奕有神，含有自傲的眼神；但有时，虽然只有片刻工夫，却显得异常仁慈。她的脸色是苍白的，但不是病容的苍白；她的脸透露出健康的容光。她的嘴略小一点，下唇鲜红，随下巴一同微微突出——这是她那漂亮的脸蛋上唯一的缺点，但是这个缺点却赋予她以一种独有的倔强性格，并且仿佛也赋予她以一种傲慢的表情。她的脸常常显露出一副严肃多于快活的、沉思的表情；可是微笑对这张脸是多么相称啊；快乐的、青春的、畅怀的欢笑对她也多么相称啊！热情、坦荡、有点儿憨厚、正直、勇士般孔武有力和喝醉的拉祖米兴，从来没有见过这样的女人，所以一见到她就着了迷，这是可以理解的。何况恰巧碰上了这样的一个好机会，让他头一次看到了杜尼雅跟哥哥重逢时那相亲相爱和欢乐的情景。接着他又看到了她哥哥那无礼的、忘恩负义的和无情的命令，使得她气得下唇瑟瑟发抖——他就不能自持了。

但是，刚才他在微醺中站在楼梯上胡言乱语，说什么拉斯柯尔尼科夫的那个古怪的女房东普拉斯柯维雅·巴甫洛夫娜不但会由于他而忌妒阿夫多季雅·罗曼诺夫娜，而且也会妒忌普尔赫里雅·亚历山大罗夫娜，这倒是心里话。虽然普尔赫里雅·亚历山大罗夫娜已经四十三岁，但她风韵犹存，而且看起来比她的实际年龄轻得多，那些直到老年依然心境开朗、头脑灵敏、正直、诚实而热情的妇女往往是这样。我附带说一句，保持这一切甚至是老年仍能留住美色的唯一方法。她的头发已经开始斑白，稀少了，眼睛周围早已出现了一条条细微的皱纹，忧虑和痛苦使两边脸颊凹陷和干瘪了，然而这张脸还是很漂亮。这简直是一幅杜涅奇卡的肖像。只不过年纪大了二十岁，此外，下唇也生得不一样：普尔赫里雅·亚历山大罗夫娜的下唇不向前突出，她情感丰富，但并不使人感到肉麻。她胆小，肯忍让，但是有一定的限度：她能作很多让步，并且乐于接受人家的意见，甚至也能同意去做违背她的信念的事，但始终坚持一条正直的、有原则的和最低限度的信念的界线，任何情况都不能使她超越这条界线。

拉祖米兴离去后，隔了二十分钟，传来了两下轻轻的、但很急促的敲门声；他回来了。

“我不进来，没有工夫！”门开启时，他慌慌忙忙说。“他呼噜呼噜地睡得很熟，睡得酣畅而且安宁，上帝保佑，让他睡十个钟头吧。娜斯塔西雅坐在他那儿；我叫她等我回去后再离开。我现在去带左西莫夫来，他会向你们报告的，然后你们去睡觉；我看你们都累坏了。”

他在走廊上跟她们告别，就跑下楼去了。

“一个多么机灵……忠实的青年啊！”兴高采烈的普尔赫里雅·亚历山大罗夫娜扬声叫道。

“看来是个好人！”阿夫多季雅·罗曼诺夫娜带着几分热情回答道，又在屋子里来回踱步。

隔了一小时光景，走廊里又响起了脚步声，并传来了另一阵笃笃的敲门声。两个妇女所以等待，是因为这会儿她们十分相信拉祖米兴的话了；真的，他竟然把左西莫夫带来了。左西莫夫马上就同意离开酒宴去看望拉斯柯尔尼科夫，但却不情愿地而且疑虑重重地来见这两个妇女，他不相信喝醉的拉祖米兴的话。可是他的自尊心立刻受到了抚慰，甚至得到了满足：他明白了，她们当真像等待先知那样等着他。他足足坐了十来分钟，把普尔赫里雅·亚历山大罗夫娜完全说服了，并且安慰了她一番。他的话里流露出异常的同情。但说话的态度是沉着的、带几分矫揉造作的严肃，完全像个二十七岁的青年医生在发表重要的医学问题的意见，没有一句话脱离本题，也没有流露一点意思要跟这两个妇女建立更密切的私人关系。他进去的时候就发觉阿夫多季雅·罗曼诺夫娜美貌惊人，在会见她们时，他甚至极力不看她，并且只跟普尔赫里雅·亚历山大罗夫娜谈话。这一切使他极其满意。他谈到了病人，说他现在情况很好。据他的观察，病人的病，除了最近几个月来生活上恶劣的物质条件以外，还有几个精神上的原因，“可以说是许多复杂的精神和物质的影响，以及惊慌、忧虑、操劳和某些想法等等所促成的。”暗中看到阿夫多季雅·罗曼诺夫娜非常用心地听着，左西莫夫便在这个题目上大做文章。普尔赫里雅·亚历山大罗夫娜焦虑不安地怯生生地问：“是否有点儿像精神错乱，”对于这个问题，他安详而带坦然的微笑回答说，他的话被过分夸大了；当然，病人显然有一种固执的想法，有一种偏执狂的征象——因为他，左西莫夫，现在正在特别注意这些异常有趣的医学问题——但得回想一下，几乎直到今天病人还常常说糊涂话，而……而且，当然啰，他的亲人们的到来会使他恢复健康，会使他消除忧虑而促进病情好转的，“只要能够避免再受特别的刺激，”他意味深长地补了一句。于是他站了起来，矜持而冷淡地告辞了。于是她们向他祝福，热烈地感谢他，央求他。阿夫多季雅·罗曼诺夫娜甚至主动地向他伸过手去跟他握手，他得意洋洋地走了，觉得不虚此行，尤其觉得自己应付得蛮得体。

“咱们明儿再谈吧；现在你们一定要去睡觉！”拉祖米兴坚持地说，同左西莫夫一道走了。“明儿我尽可能早些来向你们报告消息。”

“这个阿夫多季雅·罗曼诺夫娜真是一个迷人的女子！”他们俩走到街上的时候，左西莫夫几乎馋涎欲滴地说。

“迷人的女子？你说她是迷人的女子！”拉祖米兴大叫起来，蓦地向左西莫夫扑了过去，卡住了他的脖子。“如果你再胆敢……你懂吗？懂吗？”他叫道，一边抓住他的领子，摇了摇，把他逼到了墙跟前。“听见吗？”

“放手，酒鬼！”左西莫夫挣脱出来。接着，当拉祖米兴放开他的时候，他目光定定地直瞅着拉祖米兴，忽然哈哈大笑起来。拉祖米兴站在他面前，垂着两手，陷入了忧郁而严肃的沉思中。

“当然啰，我是个笨伯，”他脸上笼罩着阴云，说。“但……你也是。”

“错了，老兄，我可不是像你那样的笨蛋。我决不痴心梦想。”

他们默然走了一阵，当他们走近拉斯柯尔尼科夫的住所的时候，忧心忡忡的拉祖米兴这才打破了沉默。

“喂，”他对左西莫夫说。“你倒很不错，可是你啊，除了你所有的种种恶劣的品质以外，还是个色鬼，这我知道，而且又是个道德败坏的家伙。你是个神经质的、软弱无力的家伙，你胡作非为，养尊处优，无恶不作——我管这叫道德败坏，因为这简直是使人道德败坏。你装得那么温柔多情，说实话，我简直不明白，在这种情况下，你怎么能做个好医生，甚至做个热心的医生。你睡的是羽毛褥子（你是医生嘛！），夜里常常起来替人治病！三年后，你就不会起来替人治病……是呀，见鬼，这算得了什么，重要的是，你今天将要在女房东的家里过夜（好容易说服她答应了！），可我睡在厨房里：你有更亲密地认识她的机会了！但这不是像你所想的那么回事！老兄，连这种影子也没有呢……”

“我根本不想。”

“老兄，这是腼腆、缄默、羞怯和残酷无情的贞淑，可是她唉声叹气的时候，就像蜡在融化，简直像蜡在融化！我求你，帮我摆脱她！她是个非常可爱的女人！……我会报答你的……我会不惜牺牲头颅来报答你的！”

左西莫夫笑得比先前更响亮了。

“嘿，你被迷住啦！她跟我有什么关系？”

“我向你保证，这不会有多大麻烦的，你爱说什么废话就说什么废话吧，只不过要坐在她身边说。何况你是个医生，替她治病吧。我保证，你不会后悔的。她家里有架旧式小钢琴；你知道，我能弹几下，我弄到了一支歌曲，一支真正的俄罗斯歌曲：《我洒着热泪……》，她爱唱真正的俄罗斯歌曲，就从歌曲入手吧；而且你是个钢琴名手，教师①，鲁宾斯坦②……我保证，你不会后悔的！”

“你答应过她什么没有？订过什么约吗？也许答应过结婚吧……”

“没有，没有，完全没有这回事！她也根本不是那种人；切巴洛夫曾经追求过她……”

“噢，那么把她抛弃吧！”

“可不能这样就抛弃！”

“为什么不能？”

“是呀，不知怎的不能这样抛弃，就是不能这样抛弃！老兄，这里有魅力这个因素。”

“那你为什么勾引她？”

“我根本没有勾引过她，也许因为我自己傻，甚至受了她的勾引，可是她会满不在乎，你也好，我也好，反正一样，只要有人坐在她身边唉声叹气就够了。这种情况，老兄……这种情况我无法向你形容——

---

①原文为法文。

②安·格·鲁宾斯坦(1829—1894)，俄国钢琴家和作曲家。

而且你精通数学，现在还在研究，我知道……唔，你就教她微积分吧，老天为证，我一点不开玩笑，我说的是正经话，她根本无所谓：她会看着你，唉声叹气，这样叹一整年气。顺便说说，我曾经向她很久地，连续两天大谈普鲁士贵族院（因为跟她有什么可谈的呢？），她只是唉声叹气、浑身冒汗！不过你别谈爱情——她会羞得发抖的——可你要装出不能离开她的样子，这就够了。怪舒服的；完全像在家里一样——看看书，坐坐，躺躺，写些东西……你甚至可以小心地吻她……”

“我找她干什么？”

“哎呀，我真不知道怎样给你解释！要知道，你们俩是天生的一对！我以前也想到过你……你反正要结婚！早些或晚些，对你都不是一样吗？老兄，这是享受羽毛褥子的开端——哎呀！而且不仅仅有羽毛褥子！你在这里会恋恋不舍的；这里是世界的尽头，是个锚地，是个静寂的避难所，是地球的中心，是三条鱼支撑着的世界的基础①；这里有煎饼，油腻腻的鱼肉烤饼，晚上的茶炊，轻轻的叹息，暖和的、敞胸的女短褂和烧得暖烘烘的火炕——你好像死了一样，但你是活着的，一举两得嘛！哦，老兄，见鬼，我说得过分了，该睡觉啦！我告诉你：夜里我有时会醒来，那我就跑去看他。不过，不要紧，我瞎说，不会有什么事。你尤其不必担忧，如果你愿意，也跑去看他一次。但是，如果你发觉什么，比方，他说胡话，或者发烧，或者出什么事，那你立刻就来叫醒我。但不会出什么事的……”

二

第二天七点多钟，拉祖米兴醒来了，他忧心忡忡，神色严肃。这天早晨，他心里突然出现了许多从未有过的、意想不到而又困惑莫解的问题。他从来没有想到过，有一天他会这样醒来。他纤悉无遗地牢记着昨天所发生的一切事情，心里明白他发生了一桩不平常的事，并且产生了一个印象，这个印象他从未有过，而且完全不同于以前的一切印象。同

---

①古代传说世界是靠三条鱼支撑的。

时他又清楚地意识到，在他头脑里出现的那个梦想是绝对不可能实现的——因为毫无实现的可能性，他甚至感到惭愧了，所以他马上就想起了别的事，想起了更迫切的和困惑莫解的问题，这些问题都是“该死的昨天”遗留给他的。

他回忆起了一件最可怕的事：昨天他多么“卑鄙下流”啊。这不仅仅是由于他喝醉了，而且还由于那仓促间发生的愚蠢的忌妒，而利用这个女子的处境，当面大骂她的未婚夫；可是他不但不知道他们之间的相互关系和义务，而且也没有好好地了解这个人。他有什么权利这么仓促而轻率地对他作出判断？谁委任他做的法官！难道像阿夫多季雅·罗曼诺夫娜那样的人会贪图金钱而愿意嫁给一个不应受尊敬的人吗？看来，他也是有优点的。那个旅馆呢？真的，这是个什么样的地方，他怎么能知道呢？要知道，他正在装修房子……呸，他的行为是多么卑鄙啊！他喝醉了，这算什么辩白？这是个笨拙的借口，这使他更加卑鄙！醉后说真言，真言都吐露出来了，“就是说，蕴藏在他那满怀妒意的粗暴的心灵深处的全部脏东西都暴露无遗了！”难道他，拉祖米兴，可以抱哪怕一点这样的幻想吗？跟这么一个姑娘比起来，他是个什么样的人呢？他是一个喝醉的歹徒，昨天吹过牛的家伙。“难道可以作这样无耻的可笑的对比吗？”拉祖米兴想到这点，不觉满脸通红。突然好像故意为难似的，在这一刹那间，他清楚地回想起了，他昨天站在楼梯上对她们说过，什么女房东会由于他而忌妒阿夫多季雅·罗曼诺夫娜的……这简直叫人难堪。他在厨房里灶头上用拳头猛击了一下，打碎了一块砖，弄伤了手。

“当然啰，”一会儿后，他有点儿自卑地暗自嘟嘟囔囔说。“当然啰，这一切卑鄙行为现在永远不能抹掉或改正了……所以想也无益，因此到她们那儿去一句话也不必说，尽自己的责任……也不必声明，而……而且不要请求原谅，什么话也不说……当然，现在一切都完了！”

然而，他穿衣服的时候，比平日更细心地查看着衣服。他没有别的衣服，如果他有，也许他不会穿这套衣服。“我就故意不穿。”但无论如何再也不能做一个玩世不恭和邋遢的人了。他没有权利使别人感到受辱，尤其是那些正需要他的帮助、叫他去看望她们的人。他拿刷子细心地刷干净了衣服。他身上的内衣向来还算体面；他特别讲究内衣的清洁。

这天早晨，他细心地洗了一下脸——娜斯塔西雅有肥皂——他洗了头发、脖颈，特别是手。当发生要不要刮一下自己的胡茬(普拉斯柯维雅·巴甫洛夫娜有很好的刀片，还是已故的扎尔尼采先生的遗物)这个问题的时候，他甚至顽强不屈，采取了否定的态度："让它留着吧！她们会这样想的，我所以修面是因为……她们一定会这样想的！绝对不刮！"

"而……而且最糟的是，他多么粗鲁、肮脏，举止粗野；而……而且，假如说，他知道，虽然他知道得不多，但他到底是个正派的人……嗯，正派的人，这有什么可骄傲的呢？人人都应当做正派的人嘛，而且不仅要做正派的人……他到底(他记起来了)干过这些勾当……说不上不诚实，然而那还不是一样吗！……他常常有些什么样的念头啊！哼……这些跟阿夫多季雅·罗曼诺夫娜有什么关系！是呀，活见鬼！得了吧！往后我还是故意要弄得肮里肮脏的、油腻腻的，做出粗野的举动，那有什么关系！往后我还要！……"

在普拉斯柯维雅·巴甫洛夫娜的客厅里宿了一夜的左西莫夫走进来了，看见他正在这样自言自语。

他回家去了，临走时，匆忙地看了一下病人。拉祖米兴告诉他，拉斯柯尔尼科夫睡得像土拨鼠一样。左西莫夫吩咐说，他没有睡醒以前，不许唤醒他。他答应在十点多钟再来看他。

"只要他待在家里就行，"他补充说。"呸，见鬼！病人不听医生的话，这怎么治病！他会上她们那儿去呢，还是**她们**会到这儿来，你不知道吗？"

"我想，她们会上这儿来的，"拉祖米兴回答道，他明白这样问的用意。"当然啰，他们将要谈谈家务事。我会走掉的。你作为一个医生，当然有比我更多的权利。"

“我可不是神父；我一到就走；我还有许多别的事呢。”

“有一件事我可不放心，”拉祖米兴拧紧了眉头插嘴说：“昨天我喝醉了，在回家的路上对他说了许多蠢话……说了许多……我还对他说：你担心他……好像会发疯……”

“昨天你也向那两个女人谈起过那件事吧。”

“我知道，这是愚蠢的！我应该挨揍！那么你当真有一个不可改变的想法吗？”

“哦，我瞎说；什么不可改变的想法！你带我到他那儿去的时候，你自己把他说成一个偏执狂者，而且我们昨天还火上加油，也就是说，你昨天谈了这些事……那个油漆匠的事；谈得很有趣，也许那时他因为听到这件事而神经错乱了。要是我确实知道那天警察局里所发生的事，什么有个流氓说他有嫌疑……侮辱他！哼……那我昨天就不许你说这些话了。要知道，这些偏执狂者都会小题大做，真假不分的……从扎苗托夫昨天所述说的那件事里，就我所记得的，我已经搞清楚了一半。啊，对了！我知道有这么一个案件：有个四十岁的忧郁症病人受不了一个八岁男童每天在桌旁饶舌，就把他杀死了！可是他完全是由于衣衫褴褛、警察分局的蛮横无理才发病和受到这样的怀疑。强加于一个发狂的忧郁症患者！何况他有着强烈的、独特的虚荣心！这也许就是致病的原因！是呀，见鬼！……顺便说说，其实这个扎苗托夫也是个好小子，只是，哼……他昨天不该说这些话。他的话太多了！”

“他对谁说的？对我说的，还是对你说的？”

“对波尔菲里说的。”

“对波尔菲里说的，那又怎么样呢？”

“顺便问问，你对那些人，就是说，对他的母亲和妹妹能起什么作用吗？今天她们对他应该更加小心……”

“她们是说得通的！”拉祖米兴不乐意地回答道。

“他为什么这样对待卢仁？他是个有钱的人，而且她好像也不是不喜欢他……她们不是一个钱也没有吗？”

“你打听这干什么？”拉祖米兴生气地叫道。“我怎么知道她们有没有钱？你自己去打听吧，也许你能打听到……”

“嗳，你有时候真傻！昨天喝的酒还留在肚子里吧……再见；代我谢谢你的普拉斯柯维雅 · 巴甫洛夫娜，让我在她那儿过夜。她锁上了门，没有从门里回答我向她说的日安[1]，可是她七点钟就起身了，茶炊是从厨房里经过走廊给她端去的……我没有蒙她接见……”

九点整，拉祖米兴来到了巴卡列耶夫旅馆。两个妇女早已带着歇斯底里的焦急心情等待着他。她们七点钟，也许更早些就起身了。他进去时，脸色阴沉，笨拙地点头招呼，因而立刻就生气了——当然是生自己的气。他万万想不到，女主人，普尔赫里雅 · 亚历山大罗夫娜，会突然向他奔过来，拉住他的双手，几乎要吻他。他怯生生地打量了一下阿夫多季雅 · 罗曼诺夫娜；但是在这张骄傲的脸上这会儿也流露出感谢和友好的表情，表示出他意想不到的极大的敬意（不是嘲讽的目光和无意的露骨的蔑视！），弄得他怪不好意思。如果她们一见到他就骂，他真的反倒觉得快乐些。幸而，他准备好了话题，并且赶快把谈话转入了这个话题。

听到“他还没有醒来”，但“情况很好”这些话，普尔赫里雅 · 亚历山大罗夫娜就说，这好极了，“因为有些事情她非常需要预先商量一下”。接着问他喝过茶没有，并邀请他一块儿喝茶；她们等待着拉祖米兴，还没有喝过茶呢。阿夫多季雅 · 罗曼诺夫娜按了一下铃，被叫来的是一个肮脏的、衣服破烂的人，她叫他送茶来。茶终于摆在桌上了，但这么脏和这么不体面，使这两个女人都感到害臊。拉祖米兴痛骂这家旅馆，但一想起卢仁，他就不骂了，怪不好意思的。当普尔赫里雅 · 亚历山大罗夫娜接连不断地向他提出问题的时候，他高兴极了。

对这些问题，他回答了三刻钟。她们不断地打断他的话，向他追问。他赶紧把罗季昂 · 罗曼诺维奇最近一年的生活中凡他所知道的一切最重要的和非说不可的事都告诉了她们，最后详细地述说了他的疾病。但他把许多事情省略了，这是必须省略的，其中也包括在警察局里

---

①原文为法文。

所发生的那件事和一切后果。他的述说使她们听得津津有味；但是当他想到他已经讲完，并且已经使这两个听众感到满足的时候，他却发觉，她们似乎觉得他还没有开始哩。

“告诉我，告诉我吧，您怎么个看法……哎呀，对不起，我到现在还不知道您的大名呢？”普尔赫里雅 · 亚历山大罗夫娜急忙说。

“德米特里 · 普罗柯菲依奇。”

“那么，德米特里 · 普罗柯菲依奇，我很—很想知道……总而言之……他现在对各种事物有怎么个看法。我的意思是，我怎么对您说呢，我还是这么说吧：他喜欢什么，不喜欢什么？他常常这样发脾气吗？他有些什么愿望，如果可以这样说的话，他有些什么理想？现在什么东西对他影响最大？一句话，我很想……”

“咳，妈妈，叫人家一下子怎么能回答这许多问题！”杜尼雅说。

“咳，天哪，德米特里 · 普罗柯菲依奇，我万万想不到会这样见到他。”

“这是很自然的，”德米特里 · 普罗柯菲依奇回答道。“我的妈过世了，舅舅每年上我这儿来，他几乎每次都认不出我，连外貌也认不出了，可他是个聪明人；嗯，在你们离别的三年中，发生了多少变化啊。我对你们说些什么呢？我认识罗季昂已经有一年半了：他抑郁寡欢、傲慢、自豪；最近（也许是在好久以前）他疑虑重重，患了忧郁症。他慷慨、善良。他不喜欢流露感情，宁愿让人家认为他残酷无情，而不愿用言语表白自己的心。有时，他完全不像一个患忧郁症病人，而且冷酷、麻木不仁达到了毫无人性的程度，固然他仿佛有两种相反的性格在交替地更换着。有时他一言不发！他说他老是没有时间，人家老是打扰他；可他整天价躺在床上什么事也不干。他不嘲笑人，这不是因为他没有说俏皮话的本领，他似乎没有时间花在这种小事情上。他从来不听完人家的话，对当前大家都发生兴趣的事情，他丝毫不感兴趣。他自视甚高，但他的自傲似乎也不是没有一些道理的。嗯，还有什么？……我觉得你们的到来会对他发生有益的影响。”

“唉，上帝保佑！”普尔赫里雅 · 亚历山大罗夫娜叫道，拉祖米兴对她的罗季昂的评语使她感到惊讶。

末了，拉祖米兴更大胆地打量了一下阿夫多季雅·罗曼诺夫娜。在谈话中间，他时常偷偷地瞅她，但是只偷瞅一下，立刻就把目光移开了。阿夫多季雅·罗曼诺夫娜一会儿靠桌边坐下，聚精会神地听着；一会儿又站起来开始踱步，按照她往常的习惯，抱着两臂，抿紧了嘴，从这个角落踱到那个角落，有时提个问题，但并不住步，神情若有所思。她也有不听完人家的话这个习惯。她穿了一条料子很薄的深色连衣裙，脖子上系一条透明的围巾。拉祖米兴从许多迹象上立刻就看出，这两个妇女境况极其穷困。如果阿夫多季雅·罗曼诺夫娜穿得像个皇后，他倒不会惧怕她；现在也许正是因为她穿得寒酸，正是因为他发觉了这种贫困的境况，所以他心里不觉害怕起来；而且他对自己所说的每句话，对自己所做的每个手势也感到害怕了。对于一个本来已经丧失了自信心的人，这当然是令人局促不安的。

"您说了许多有趣的话儿来描绘我哥哥的性格，而且……您说得很公正。这很好；我认为您很敬重他，"阿夫多季雅·罗曼诺夫娜脸上挂着微笑说。"应该有个女人在他身边，这话似乎也说得对。"她沉思地补了一句。

"这话我可没有说过，可是您的话或许说得也对，只是……"

"什么？"

"要知道，他没有一个心上人；也许他永远不会有心上人，"拉祖米兴断然说。

"您的意思是，他没有恋爱的本领吗？"

"您要知道，阿夫多季雅·罗曼诺夫娜，您非常像您的哥哥，什么都像！"他忽然唐突地说，连他自己也觉得出乎意外。可是想起他刚才对她所说的关于她哥哥的话，不觉脸上一阵热，刷地红了起来，怪不好意思的。阿夫多季雅·罗曼诺夫娜看到他这副样子，不禁放声大笑起来。

"你们两个都不能了解罗佳，"有点儿见怪的普尔赫里雅·亚历山大罗夫娜接嘴说。"我不是说现在，杜涅奇卡。彼得·彼得罗维奇在这

去看；信上有一点使我很担忧……您马上就会看出来，这是怎么回事……德米特里·普罗柯菲依奇，请您坦率地把您的意见告诉我吧！您最了解罗佳的性格，而且最能给我们出主意。我预先告诉您，杜涅奇卡立刻就作出了决定，可我，我还不知道该怎么办，我……我要听听您的意见。”

拉祖米兴展开一张上面写着昨天的日期的便条；念了起来：

普尔赫里雅·亚历山大罗夫娜夫人：

兹有意外之事羁身，不克到车站迎迓，特派干练人员一名前来迎接。又因在枢密院有几件紧要公事亟待办理，并让夫人能同令郎，也让阿夫多季雅·罗曼诺夫娜能同伊兄聚首，明晨仆也不能前来晤面，准于明晚八点正趋前拜谒。仆不揣冒昧，附带提出一项恳切要求，必须声明，此乃是仆之坚决要求：吾辈会晤时，罗季昂·罗曼诺维奇不必参加，盖昨日仆去探望彼病时，彼对仆粗暴无礼，大肆污蔑；此外，仆要求夫人亲自对某一点作必要和详细说明，希望听取夫人解释。假如不顾仆之请求，竟然遇见罗季昂·罗曼诺维奇，仆只能立即退出，夫人必须对此负责，勿谓言之不预也。仆特具此函，盖恐发生此种情况：仆去探望罗季昂·罗曼诺维奇时，彼之病况十分严重，但两小时后霍然痊愈，因此能离开寓所前来探望夫人。仆曾目睹昨日彼在一被马踩死之醉汉家中，以殡葬为借口送给该醉鬼女儿，一不规矩女子，达二十五卢布之多，仆因此大为震惊，盖仆知悉此款夫人得来非易也。最后，请代为向令嫒阿夫多季雅·罗曼诺夫娜致意，也请求夫人接受仆之敬礼。

仆彼得·卢仁

“德米特里·普罗柯菲依奇， 现在我怎么办呢？”普尔赫里雅·亚历山大罗夫娜说，她差点儿哭出来了。“我怎么能叫罗佳不来？昨天

他坚决要求拒绝彼得·彼得罗维奇，而现在我们又奉命不让他来！要是他知道，准会特意来的……那时会闹出什么事来啊？”

“照阿夫多季雅·罗曼诺夫娜的主意办吧，”拉祖米兴马上沉静地回答道。

“咳，天哪！她说……谁知道她在说些什么，她没有对我说明她的用意！她说，最好，也就是说，不是最好，而是一定要叫罗佳也特地在今天晚上八点钟来，他们必须见见面……可我不愿给他看信，而想通过您，想个什么好办法，不让他来……因为他是很容易激动的……而且我一点也不知道，那个死了的酒鬼是个什么样的人，那个女儿又是个什么样的人，他为什么把仅有的几个钱都送给了这个女儿……这些钱……”

“妈妈，这些钱你得来可不容易啊，”阿夫多季雅·罗曼诺夫娜补充说。

“昨天他情绪极不正常，”拉祖米兴若有所思地说。“要是您能知道昨天他在酒馆里干了什么事就好了，虽然他做得不错……哼！昨天我们一块儿回家的时候，他确实对我谈起过一个什么死人和一个什么女子，可我一句话也没有听懂……其实我自己昨天也……”

“妈妈，我们最好一块儿上他那儿去。我可以向您保证，到了那儿，我们马上就会有办法的。我们也该走了——天哪！十点多啦！”她突然叫道，一边瞥了一下她那只闪闪发亮的珐琅面的金表，这只表是用一条很细的威尼斯链子挂在她的脖子上的，跟她的其他装束极不相称。“未婚夫的礼物”，拉祖米兴心里想。

“唉，该走啦！……该走啦，杜涅奇卡，该走啦！”普尔赫里雅·亚历山大罗夫娜焦急不安地忙乱起来。“他又会想，我们昨天受的气还没有消呢，所以这么久没有去看他。咳，天哪。”

她边说，边匆忙地披上披肩，戴上帽子；杜涅奇卡也穿戴起来。拉祖米兴发觉，她的手套既旧且破。但是服装上这种显著的寒酸相甚至使这两个妇女显出某种特殊的尊严，这是那些一贯穿得寒酸的人所常有的尊严。拉祖米兴尊敬地望着杜涅奇卡，并以护送她为荣。他暗自思忖道：“在狱中修补自己袜子的女王倒像个真正的女王，甚至要比在最豪

华的庆祝典礼上或朝见时更像些。”

“天哪！”普尔赫里雅·亚历山大罗夫娜扬声叫道，“我哪里想得到竟会怕跟儿子，我亲爱的、亲爱的罗佳见面，我现在多么害怕啊！……德米特里·普罗柯菲依奇，我很害怕！”她怯生生地瞥了他一眼，补充说。

“妈妈，您别害怕，”杜尼雅边说，边吻她，“您还是相信他吧。我相信。”

“咳，天哪！我也相信，可我一夜没有合过眼呢，”这个可怜的女人叫道。

他们来到了街上。

“你要知道，杜涅奇卡，到早晨，我才稍微睡去，忽然梦见死去了的玛尔法·彼得罗夫娜……她全身素白……走到了我跟前，跟我握手，向我摇头，她的神气那么严厉，好像在责备我……这是好兆吗？咳，天哪！德米特里·普罗柯菲依奇，玛尔法·彼得罗夫娜已经死了，您还不知道吧！”

“是的，我不知道；玛尔法·彼得罗夫娜是谁？”

“她是暴死的！您要知道……”

“妈妈，以后谈吧，”杜尼雅插嘴说。“他还不知道玛尔法·彼得罗夫娜是谁呢。”

“哟，您不知道吗？可我以为，您已经全都知道了。请您原谅，德米特里·普罗柯菲依奇，这几天我简直成了糊涂虫。说真的，我把您敬为天神呢，所以我满以为，您已经全都知道了。我把您当作亲人看待……我说这样的话，您可别见怪。哎，天哪，您的右手怎样啦？弄伤了吗？”

“是的，弄伤了，”洋洋得意的拉祖米兴嘟哝说。

“我有时说话太直率了，所以杜尼雅常常纠正我的话……可是，天哪，他住的是一间什么样的屋子啊！他到底醒了吗？这个女人，他的女房东，把这样的地方当作房间？您听我说，您说他不喜欢表白自己的心意，那么也许是由于我的……那些弱点……我会使他讨厌吧？……德米特里·普罗柯菲依奇，您能不能教教我？我应该怎样对待他？您要知道，我简直一点办法也没有呢。”

“要是您看到他愁眉不展，您别向他多问，尤其是不要问他身体好不好：他会讨厌的。”

“哎，德米特里·普罗柯菲依奇，做娘的是多么痛苦啊！就是这条楼梯嘛……一条多么怕人的楼梯啊！”

“妈妈，您连脸也发白了，您可要镇定，我亲爱的妈妈，”杜尼雅说，一边向母亲做出亲热的样子。“他看见您，应当感到高兴，您何苦这样折磨自己。”她补了一句，两眼炯炯发光。

“你们等一等，让我先上去瞧瞧他醒了没有？”

两个女人悄悄地跟着拉祖米兴上楼去了，当他们走到四楼女房东门口的时候，她们发觉，女房东的门闪开了一条狭缝，两只尖利的乌黑眼睛在黑暗里注视着母女俩。当她们的目光相接触的时候，门忽然砰地关上了，关得这么响，普尔赫里雅·亚历山大罗夫娜被吓得差点儿惊叫起来。

三

“他的病好了，他的病好了！”左西莫夫迎着进去的人们快乐地叫喊道。他已经来了十来分钟，坐在长沙发上昨天坐过的那一头。拉斯柯尔尼科夫坐在另一头，已经穿好了衣服，甚至细心地洗过脸，梳过头发，他好久没有这样做了。屋子里一下子挤满了人，可是娜斯塔西雅还是赶紧跟随着客人们挤了进去，想听听他们谈些什么。

特别是跟昨天的情况比较起来，拉斯柯尔尼科夫的确差不多可算病好了，只是脸色还很苍白，心不在焉，忧闷不乐。从外表看起来，他像是一个受了伤的人，或者像个受过严重的肉体痛苦的人：他双眉紧锁，嘴闭得严严实实的，眼神像在发热病。他很少说话，不大愿意说话，仿佛是被迫的或者履行义务似的，有时他在动作上显得很慌乱。

只要胳臂扎上绷带或者指头套上一个塔夫绸的套子，那他就会完全像个，比方说，指头上生了脓疮或者胳膊受了伤、或者受了这一类创伤的人。

可是母亲和妹妹一走进屋子，这张苍白而阴郁的脸刹那间就开朗了，仿佛被光照亮了似的，但这只是使他那脸上的表情似乎增添了更严重的痛苦，而不是像从前那样一副烦恼不安和心不在焉的神情。脸上的容光不久就变得黯淡了，而痛苦却丝毫没有消失。左西莫夫怀着一股刚开始给人治病的青年医生所有的热情观察着和研究着自己的病人，惊讶地发觉，他并没有因亲人的到来而感到高兴，却流露出一种痛苦地掩藏着的决心，好像准备忍受一两小时不可避免的拷问一样。随后他又看到，他们后来所谈的话几乎每一句仿佛都触及并刺痛了他那病人的创伤；但是今天他能够克制自己，并且能够把昨天他那偏执狂者所有的感情掩藏起来，这也使他有点儿惊讶，因为昨天一句无足轻重的话几乎使他变成了疯子。

“是呀，现在我自己也觉得，我几乎已经恢复了健康。”拉斯柯尔尼科夫一边说，一边亲吻母亲和妹妹，普尔赫里雅·亚历山大罗夫娜被吻得立刻眉开眼笑了。“我不再**像昨天那样**谈这件事了，”他向拉祖米兴转过脸去，补充说，并友好地握他的手。

“今天他甚至使我很惊讶，”左西莫夫开腔了，他看见有人进来心里十分高兴，因为他跟这个病人已经有十来分钟无话可谈了。“要是三四天后他还是这个样儿，那么又会和从前一样，也就是说，又会像一个月或者两个月……或者，也许三个月……以前一样吧？这病由来已久……啊？现在您得承认，或许这是您自己的过错？”他微露谨慎小心的笑意补了一句，仿佛还是怕刺激病人似的。

“很可能，”拉斯柯尔尼科夫冷冷地回答道。

“我这样说，”左西莫夫兴致勃勃地接下去说。“是因为现在您能否完全恢复健康，主要决定于您本人。现在，可以跟您谈话的时候，我要让您明白，您必须消除促成您的疾病的各种基本的、可以说是根本的原因，那么您的病就能治好，要不然，病甚至会恶化。我不知道这些基本原因是什么，可您应该知道这些基本原因。您是个聪明人，您当然对自己进行过观察。我觉得，您发病的原因跟您从大学里退学多少有些关系。您不能再没有工作，所以我觉得，工作和向自己提出一个坚定的目标，对您将会有莫大的裨益。”

“对呀，对呀，您说得完全对……我要赶快回到大学里去，那么一切都会……非常顺利……”

左西莫夫多少想讨好这两个妇女才提出这些颇有见识的劝告，他一说完话，就向自己的病人瞥了一眼。当他发觉病人脸上分明在嘲笑的时候，不用说，有点儿发窘了。但这只持续了片刻工夫。普尔赫里雅·亚历山大罗夫娜立刻向左西莫夫道了谢，尤其感谢他昨晚到旅馆来看她们的盛情厚意。

“怎么，他夜里也来看过你们？”拉斯柯尔尼科夫问，仿佛吃惊似的。“那么，你们旅途中劳累了也不睡觉吗？”

“哎哟，罗佳，他们在两点钟以前就走了。我跟杜尼雅从前在家里不到两点钟也不睡觉。”

“我也不知道怎样感谢他，”拉斯柯尔尼科夫突然拧紧了眉头，低下了眼睛，继续往下说。“钱的问题撇开不谈，请您原谅我提到钱的问题(他转脸向左西莫夫)，我也不知道，为什么我值得您这么特别的关怀？我简直不明白……而……而且这甚至使我万分苦恼，因为我不明白；我向您坦白地说吧。”

“您别恼火，”左西莫夫强作笑颜。“假定说，您是我的第一个病人，我们这班刚开始给人治病的医生，都爱我们的头几个病人，就像爱我们的孩子一样，而且有些人几乎爱上了他们。可是我的病人不很多。”

“至于他，我没有话说，”拉斯柯尔尼科夫指指拉祖米兴补充说。“除了遭到侮辱和麻烦以外，他再也没有得到我的什么。”

“胡说！今天您心里不是很难过吗？”拉祖米兴叫道。

如果他的目光敏锐些，就会看出，这绝不是伤感的情绪，甚至是一种根本相反的心情。可是阿夫多季雅·罗曼诺夫娜却觉察到了这点。她惊惶不安地凝视起哥哥来了。

“妈妈，我不敢提到您，”他仿佛背着一早就背熟了的功课，继续往下说。“今天我才多少明白了些，昨天您在这儿等我回来时，心里一定是非常痛苦的。”他说了这句话后，脸上忽然泛出微笑，默默地向妹子伸过手去。但是在这样的微笑中这会儿却流露出半点不假的真实感情。杜尼雅立刻握住并热烈地握着伸给她的那只手，又高兴又感激。自从昨天发生了一场小风波以后，他对她这样亲热还是头一次呢。看见兄妹俩这么默默地言归于好，妈妈的脸上顿时显现出快乐和幸福的光彩。

“我就是喜欢他这点！”常常爱夸张的拉祖米兴低声说，在椅子上一股劲地扭转身去。“他常常这样做！……”

“这一切他做得多么好啊，”母亲暗自思忖道。“他的气量多么大，他多么简单而委婉地结束了昨天跟妹子的一场误会——只在适当的时候伸过手去，并亲切地看她……他的眼睛多么漂亮，他的脸多么美丽啊！……他甚至比杜涅奇卡还好看……可是，天哪，他穿的是什么样的衣服，他穿得多么坏啊！阿法那西·伊凡诺维奇铺子里那个送信的瓦西里，还比他穿得好些！……我恨不得，恨不得向他扑过去，拥抱他……痛哭一场，可我害怕，我害怕……天哪！他是多么……！他说得很亲切，可我害怕！我害怕什么啊？……”

“唉，罗佳，你不会相信的，”她忽然接嘴，赶紧回答他的话。“我跟杜涅奇卡昨天是……多么不幸啊！现在，一切都过去了、结束了，我们大家又都感到幸福了——可以告诉你了。你要明白，我们跑到这儿来，是想要拥抱你，几乎一下火车就一径跑到这儿来，可是那个女人——啊，就是她！你好，娜斯塔西雅！……她忽然对我们说，你躺在床上大发酒狂，刚才悄悄地离开医生，神志不清地跑到街上去了，他们都跑去找过你。你不会相信的， 我们是多么焦急啊！我不禁立刻想起我们的一个熟人，你父亲的一个朋友波塔契柯夫中尉的惨死——你想不起他了吧，罗佳——他也是大发酒狂而跑到屋外去，失足堕入了院子里的一口井里，第二天才把他拖上来。当然啰，我们把事情夸大了些。我们想去找彼得·彼得罗维奇，甚至想请他帮忙……因为我们孤孤单单的，没有依靠，”她用诉苦的声音拖长地说，但忽然把话缩住了，因为想了起来，现在提到彼得·彼得罗维奇还不妥当，尽管“我们大家又都非常快乐了”。

“对呀，对呀……这当然叫人烦恼……”拉斯柯尔尼科夫嘟嘟囔囔回答道，但是他的神态是这么心不在焉，几乎漠不关心，杜涅奇卡不禁惊讶地打量起他来。

“我还要说些什么呢，”他边努力追忆，边继续往下说。“哦，对了：妈妈，还有你，杜涅奇卡，你们别以为，我今天不愿先去看你们，而等着你们先来看我。”

“罗佳，你这话是什么意思！”普尔赫里雅·亚历山大罗夫娜也感到惊讶了，不由得提高嗓音说。

“他是由于一种责任感而这样回答我们吗？”杜涅奇卡思忖道。“他要和好，要请求原谅，仿佛是在办公事或背书。”

“我一醒来就想出去，可是为了衣服，我不能出去；昨天我忘记告诉她……告诉娜斯塔西雅……叫她洗净这片血迹……我现在刚刚才穿上。”

“血，什么血！”普尔赫里雅·亚历山大罗夫娜惊慌不安地问。

“这没有什么……，你们不必担忧。这片血迹是这样沾上的：昨天我去逛马路，有点儿神志不清，偶然碰到了一个被轧伤的人……是个文官……”

“神志不清？你不是什么都记得吗，”拉祖米兴插嘴说。

“这是对的，”拉斯柯尔尼科夫不知怎的特别关切地回答道。“我什么都记得，甚至极微小的事情我也记得，可是真奇怪：我为什么要干这种事呢，为什么要上那儿去呢，为什么要说那些话呢？我可说不清楚。”

“这是极常见的现象，”左西莫夫插嘴说，“事情有时是以巧妙而狡黠的方式完成的，可是行动的支配和行动的起始却往往是混乱的，取决于各种不正常的印象，好像在做梦。”

“他几乎把我当作疯子，这倒也好，”拉斯柯尔尼科夫心里想。

“健康的人或许也有这样的情况，”杜涅奇卡说，一边不安地望着左西莫夫。

“你的意见相当正确，”左西莫夫回答道。“从这方面说来，当真，我们大家差不多总是像疯子，只不过区别是微乎其微的：‘病人’比我们稍为疯些，所以必须辨别这个界线。正常的人几乎没有，这是对的。几十个人当中只有一个，说不定，几十万人当中只能碰到一个，而且那也是罕见的例子……”

左西莫夫大谈他所喜爱的话题时不小心吐露出“疯子”这个词儿，所有的人听到这个词儿，都不禁皱起了眉头。拉斯柯尔尼科夫坐着，仿佛毫不介意似的，神情若有所思，在那苍白的嘴唇上泛出怪样的微笑。他还在想什么。

“那么这个被轧伤的人怎样了？我把你的话打断了！”拉祖米兴急忙叫喊道。

“什么？”拉斯柯尔尼科夫仿佛睡醒了，说。“哦，是呀……我帮着把他抬回家的时候，沾上了血……顺便说说，妈妈，昨天我做了一桩不可原谅的事；我真的昏了头。昨天我把您寄给我的钱都给了……他的妻子……充作殡葬费用。现在，她成了寡妇，害着肺病，一个怪可怜的女人……遗下三个小孩子，没有吃的……家里一无所有……还有一个女儿……如果您看到这种情况，也会把钱送给她的……可是我得承认，我没有什么权利做这桩善事，特别是我知道这些钱您得来不易。首先应当有这样做的权利，才能帮助别人，要不然，只好说：畜生，如果你们觉得不满，那就去死吧！[①]”他放声大笑起来，“杜尼雅，是不是这样？”

“不，不是这样，”杜尼雅坚决地回答道。

“噢！那么你也……打算！……”他嘟嘟囔囔说，脸上浮出嘲讽的微笑，几乎憎恨地打量着她。“我应该考虑到这点……嗯，这也是值得赞扬的；对你有更大的好处……要是你达到一个界线，你不能越过它，那你就会倒霉；但是你越过了它，也许你会更倒霉……其实，这都是胡说八道！”他愤然补了一句，对自己那种情不自禁的神往感到不满。

---

①原文为法文。

“妈妈，我只想说，我要请您原谅，”他突然断断续续地结束了自己的话。

“够了，罗佳，我相信，你做的一切事情都是好的！”母亲很高兴地说。

“您不要相信，”他撇着嘴回答道，脸上微露笑容。接着一片沉默。在这场谈话中，在他们的沉默中、当他们言归于好和告别时，气氛始终是紧张的，他们都觉出这种紧张的气氛。

“他们好像都怕我，”拉斯柯尔尼科夫暗自想道，一边皱眉蹙额地望着母亲和妹妹。当真，普尔赫里雅·亚历山大罗夫娜越是沉默不语，心里越害怕。

“没有看见她们，我倒爱她们，”在他的脑子里闪过这么一个念头。

“你要知道，罗佳，玛尔法·彼得罗夫娜死了！”普尔赫里雅·亚历山大罗夫娜霍地站了起来。

“这个玛尔法·彼得罗夫娜是什么人？”

“咳，天哪，就是玛尔法·彼得罗夫娜·斯维德里加依洛娃呀！我还给你写过信，信上谈了许多关于她的话。”

“啊——啊——啊，对了，我记得……她死了吗？啊，真的吗？”他突然怔了一下，仿佛苏醒了似的。“她当真死了吗？她害什么病死的？”

“你想想看，她是暴死的！”普尔赫里雅·亚历山大罗夫娜被他的好奇心所鼓舞，急忙说。“恰好是在我给你寄信的时候，正是那一天！你要明白，这个可怕的人看来是她致死的原因。据说，他曾经把她毒打过。”

“难道他们是这样过日子的吗？”他向妹妹转过脸去，问。

“不，甚至恰恰相反。他对她总是很耐心，甚至很体贴。在许多场合，对她的脾气甚至过分迁就，整整七年了……不知怎的，他忽然丧失了耐心。”

“既然他能忍耐七年，可见，他根本不是那么可怕吧？杜涅奇卡，你似乎在替他辩护？”

“不，不，这是一个可怕的人！我简直想象不出有比他更可怕的人，”杜尼雅几乎发抖地回答道，双眉紧锁，沉思起来了。

“他们这件事是在早晨发生的，”普尔赫里雅·亚历山大罗夫娜急切地继续往下说。“这件事发生以后，她立刻吩咐套马，打算吃了午饭立刻就到城里去，因为她常常在发生这样的事以后上城里去；据说，那天吃午饭，她的胃口很好……”

“她挨了打吗？”

“……其实，她常常有这个……习惯，一吃完午饭，立刻就上浴场去，免得迟到……要知道，不知怎的她在进行浴疗；他们那里有冷泉，她每天按时在冷泉里沐浴，她一跳入水里，突然中风了。”

“可不是！”左西莫夫说。

“他毒打过她吗？”

“这还不是一样，”杜尼雅回答道。

“哼！妈妈，您倒喜欢谈这种无聊的事。”拉斯柯尔尼科夫恼火地、仿佛无意地突然说。

“咳，我亲爱的，我不知道从何谈起，”普尔赫里雅·亚历山大罗夫娜脱口而出。

“怎么，你们都怕我吗？”他强作笑颜，问。

“的确是这样，”杜尼雅说，目光严厉地直瞅着哥哥。“妈妈上楼来的时候，甚至吓得画起十字来了。”

他的脸仿佛抽搐得变了样。

“咳，杜尼雅，你说什么呀！罗佳，你别生气……杜尼雅，你说这样的话干吗！”普尔赫里雅·亚历山大罗夫娜不知所措地说。“的确，我上这儿来的时候，在火车里一路上梦想着：我们将怎样见面，我们将怎样畅谈一切……我快乐得忘记了旅程！我说着什么啊！现在我也很快乐……杜尼雅，你不该说这样的话！罗佳，我看见你，已经够快乐的了……”

“够了，妈妈，”他发窘地嘟哝说，眼睛不朝她看，紧紧地握住了她的手。“我们将有充裕的时间可以谈个痛快！”

说了这句话后，他忽然害臊起来，脸色煞白：不久前的一阵可怕的像尸体一般冰冷的感觉，又掠过了他的心坎；他忽然又十分清楚地理会到，他刚才撒了一个弥天大谎；他也理会到，现在他不但决不能倾吐衷曲，而且再也不能跟任何人谈什么。这个痛苦的想法对他的影响是这么强烈，有一会儿工夫，他几乎想得出神了。他从座位上站了起来，眼睛不看任何人，从屋子里走出去了。

“你要干什么？”拉祖米兴嚷道，一把拉住了他的胳膊。

他又坐下了，默然四下望望；所有的人都莫名其妙地看着他。

“你们为什么都这样闷坐着！”他忽然出乎意外地嚷道。“你们谈谈吧！真的，干吗这样坐着！你们谈谈啊！我们大家谈谈……我们聚在一起，却默默地坐着……嗯，谈谈吧！”

“谢天谢地！可我还以为，他又发生了昨天一样的事，”普尔赫里雅·亚历山大罗夫娜在胸前画了个十字，说。

“罗佳，你这是怎么啦？”阿夫多季雅·罗曼诺夫娜疑心地问。

“哦，没有什么，我想起了一件事，”他回答道，突然笑起来。

“嗯，要是这样，那就好了！我还以为……”左西莫夫嘟哝说，从沙发榻上站了起来。“我该走了；我也许还要来……如果我再来……”

他鞠了个躬走出去了。

“真是个好人！”普尔赫里雅·亚历山大罗夫娜说。

“是呀，一个很好的、非常好的、既有学问而又聪明的人……”拉斯柯尔尼科夫忽然开腔了，说得出乎意外地快，而且异常流利，这是从来没有过的。“我记不得了。从前，在发病前，我在哪儿见过他……好像在什么地方见过……这个人也是好人，”他向拉祖米兴点了点头：“杜尼雅，你喜欢他吗？”他忽然问她，并且不知为什么放声大笑起来。

“很喜欢，”杜尼雅回答道。

“呸，你真是个……忘恩负义的人！”拉祖米兴说，又羞又窘，满脸通红，从椅子上站起来。普尔赫里雅·亚历山大罗夫娜微露笑容，可是拉斯柯尔尼科夫却哈哈大笑起来。

“你上哪儿去？”

“我也……我也该……”

“你绝对不应该走，你别走！左西莫夫走了，所以你也要走。你别走……几点钟啦？十二点了吗？杜尼雅，你这只表多么精巧！你们怎么又不说话了？光我一个人说着话！……”

“这是玛尔法·彼得罗夫娜送给我的，”杜尼雅回答道。

“很贵呢，”普尔赫里雅·亚历山大罗夫娜补充说。

“啊——啊——啊！这只表好大，几乎不像只女表。”

“我喜欢这种式样，”杜尼雅说。

“那么，这不是未婚夫的礼物，”拉祖米兴心里想，不知道为什么高兴起来。

“可我以为这是卢仁的礼物呢，”拉斯柯尔尼科夫说。

“不，他还没有送过杜尼雅礼物。”

“啊——啊——啊！妈妈，您可记得，我曾经恋爱过，并且想结婚，”他忽然说，一边望着母亲，他谈到这件事时那种出人意外的说话方式和语调，使她感到惊讶。

“啊，我亲爱的，对呀！”普尔赫里雅·亚历山大罗夫娜跟杜涅奇卡和拉祖米兴互递了个眼色。

“嗯！对呀，我亲爱的！我应该对你们说些什么呢？我记得的实在不多。她是个弱不禁风的姑娘，”他仿佛突然又沉思起来，低下了头，接着又往下说：“一个病恹恹的姑娘；她爱帮助穷人，常常想进修道院。有一次她对我谈起这件事，热泪盈眶；对啊，对啊……我记得……我记得很清楚。一个面貌丑陋的姑娘……真的，我不知道我那时为什么爱上了她，似乎是因为她常常害病……如果她瘸得更厉害些，或者背更驼些，说不定我会更爱她……（他沉思地微微一笑。）这只不过是……一场春梦罢了……”

“不，这不是一场春梦，”杜涅奇卡兴奋地说。

他神色紧张，注意着妹妹，但是没有听清楚，或者甚至没有听懂她的话。接着，他陷入了深思中，站了起来，走到了母亲跟前，亲吻了她一下，然后回到原来的位子上又坐下了。

“你现在还爱她吧！”普尔赫里雅·亚历山大罗夫娜大为感动地问。

“她？现在？啊，对了……您说的是她！不，现在这一切仿佛都是在那个世界上了……很久啦。而且一切事情仿佛根本不是在这个世界上发生的……”

他聚精会神地看着他们。

“现在我……好比在千里以外望着你们……天晓得，我们谈这干什么！为什么问长问短？”他不满地补充说，过后就不说话了，咬着指甲，又沉思起来。

“罗佳，你住的这间屋子多么不好，像一具棺材，”普尔赫里雅·亚历山大罗夫娜忽然说话了，打破了令人难受的缄默。“我认为你这么抑郁不乐，悲观绝望，一半是由于住在这间屋子里的缘故。”

“屋子？……”他心不在焉地回答道。“对，这间屋子确实有很大关系……我也有这个想法……可是，妈妈，要是您知道就好了，您现在说着多么奇怪的话啊，”他忽然补上一句，并怪模怪样地冷笑一声。

再过片刻，他简直会受不了这一伙人、这两个亲人、这阔别了三年后的团聚和这种亲切的谈话语气，尽管他们已经根本不能再谈下去了。可是有一件刻不容缓的事情不管怎样今天一定得解决——还不多久，他醒来的时候就这样下定了决心。现在他把这件事当作一条出路而高兴起来。

“杜尼雅，我告诉你，”他严肃而冷淡地说。“我当然请你原谅昨天的事，可我认为有责任再提醒你，我决不放弃我的主要的看法。要么我，要么卢仁，任你选择。让我做坏蛋，你可不应该做坏蛋。有一个就够了。如果你嫁给卢仁，那我立刻就不认你是我妹妹。”

“罗佳，罗佳！这不是又和昨天一样了吗，”普尔赫里雅·亚历山大罗夫娜伤心地嚷道。“你为什么老是把自己叫做坏蛋，这我可受不了！昨天你也是这个样儿……”

“哥哥，”杜尼雅坚决地回答道，口气也是冷冷的。“你的看法是错误的。我考虑了一夜，找出了错误的原因。问题在于，你以为，好像我自愿献身于某人，为某人而牺牲。其实根本不是这么回事。我只是为自己找出路，因为我自己精神上很痛苦；如果我能够给亲人带来好处，我当然会很高兴的，但这决不是我作出这个决定的主要动机……”

“她撒谎！”他暗自想，一边愤愤地咬着指甲。“好一个骄傲的人！她死不承认，她想以恩人自居。啊，品格不高尚！她们爱你，就是恨你……啊，我多么……憎恨她们这些人！”

“总而言之，我所以嫁给彼得·彼得罗维奇，”杜涅奇卡继续往下说。“是因为两害相权，必取其轻。我决不辜负他对我的期待，所以我决不欺骗他……现在你干吗这样笑？”

她也恼火了，她的眼睛里冒出怒火。

“你决不辜负？”他问，一边挖苦地冷笑。

“在一定限度内。从彼得·彼得罗维奇的求婚态度和方式上，我立刻就看出了他需要的是什么。当然，他也许自视甚高，但是我希望，他也会尊重我……你为什么又笑啦？”

“为什么你又脸红？妹妹，你撒谎，只是由于你那女性的固执，你故意撒谎，表示你决不向我让步……你不能尊敬卢仁：我见过他，跟他谈过话。所以，你是贪钱财而出卖自己；所以，不管怎样，你的行为是卑鄙的。我很高兴，你至少还会脸红！”

“你错了，我没有撒谎！……”杜涅奇卡嚷道，她不能保持冷静了。“如果我不相信他会尊重我，不相信他会重视我，那我不会嫁给他；如果我不是坚信我能尊敬他，我也不会嫁给他。幸而对这一点我能够毫不怀疑，甚至今天我也深信不疑。这样的婚姻不是如你所说的卑鄙行为！即使你是对的，即使我真的要干卑鄙的事——你对我说这样的话，难道你还有手足之情吗？为什么你要求我表现或许连你自己也没有的英雄气概？这是专制，这是暴力！如果我要害什么人，那只害我自己……我还没有害过什么人！……你为什么这样看着我！你的脸色怎么这样难看？罗佳，你怎么啦？罗佳，亲爱的！”

“天哪！你说得他昏厥了！”普尔赫里雅·亚历山大罗夫娜叫道。

“不，不……胡说……没有什么！……头稍微有点儿昏。根本没有昏厥……你老是惦记着我的昏厥！……哼！对啊……我要说什么呢？对了，今天你怎么会相信你能尊敬他，他……也会重视你，你是不是这样说？你似乎说过，今天？还是我听错了？”

“妈妈，给哥哥看看彼得·彼得罗维奇的来信吧，”杜涅奇卡说。

普尔赫里雅·亚历山大罗夫娜双手发抖，把信递了过去。他怀着强烈的好奇心接过信来。可是把信展开以前，不知怎的，他忽然惊讶地看了杜涅奇卡一眼。

“奇怪，”他慢吞吞地说，仿佛有个新的想法使他猛吃一惊。“我何必多管闲事？干吗大惊小怪？你爱嫁给谁，就嫁给谁好了！”

他仿佛在自言自语，但说得很响，仿佛大惑不解似的，朝妹妹看了好一会儿工夫。

他终于展开了信，还是很惊奇的样子；接着他慢条斯理地用心地念起来，念了两遍。普尔赫里雅·亚历山大罗夫娜特别发急；所有的人都料到将会发生什么事。

“我觉得这很奇怪，”他沉吟了一下后开腔了，一边把信还给了母亲，但他不是在对谁个说话。“他是搞法律工作的，是个律师，连他的谈吐也是这副……派头……可是他信写得文理不通。”

所有的人都不觉一怔；这是他们意想不到的。

“他们这些人写的信都是这个样儿，”拉祖米兴断断续续地说。

“难道你看过信了吗？”

“看过。”

“我们给他看过，罗佳，我们……刚才还商量过，”发窘了的普尔赫里雅·亚历山大罗夫娜说话了。

“这是司法界的文体，”拉祖米兴插嘴说。“如今司法界的公文都是用这种文体写的。”

“司法界的？对，正是司法界的、公文式的……不是文理欠通，但也不够合乎语言规范；是公文式的！”

“彼得·彼得罗维奇并不隐瞒他受过的教育很少。他甚至吹嘘说，他靠自己奋斗的。”阿夫多季雅·罗曼诺夫娜说，有点儿被哥哥那新的语调激怒了。

“嗯，如果他自我吹嘘，他有理由可以吹嘘——这点我不反对。妹妹，因为我看了信后提出了很轻率的意见，你好像很生气。你以为，我故意提出这些小问题来恼你么。根本不是那么一回事，我是从文体上联想到一个在目前情况下绝不是多余的看法。信上有这么一句话：‘必须对此负责。’这句话是值得注意的，它的含义是很明显的。此外，还有威胁性的话，说什么如果我来了，他马上退出。这个‘退出’的威胁就是这样一个意思：如果你们不服从他，那么你们就会被他抛弃。他把你们叫到了彼得堡，现在他要把你们抛弃了。嗯，你怎么个想法：如果卢仁的那句话是他(他指指拉祖米兴)，或者是左西莫夫，或者是我们中间谁写的，会不会叫人生气呢？”

“不—不，”杜涅奇卡精神振奋地回答道。“我很明白，这句话说得太天真了，或许他简直不会写信……哥哥，你说得很对。我甚至没有料到……”

“这是用司法界的语汇写的，而用司法界的语汇只能写成这个样儿，或许比他想要写的更粗鲁无礼。但是，我应当稍微使你失望：在这封信里还有一句话，一句对我的诽谤，相当卑鄙的诽谤。昨天我送钱给一个寡妇，是个害肺病的、痛不欲生的女人，不是‘以殡葬为借口’，而是付殡葬费用的，这笔钱不是交给女儿——像他在信上所写的，一个‘不规矩的’年轻女子(昨天我还是头一次看见她)，而是交给寡妇本人的。在这里面我看出一个十分迫切的愿望，想诽谤我，挑拨我跟你们吵架。又是司法界的语汇，也就是说，过分明显地暴露出目的，并且很天真地急于求成。他是个聪明人，可是要做出聪明的行为，光靠聪明是不够的。他的真面目暴露无遗了，并且……我认为，他没有重视你。我对你这样说，只是为了让你吸取教训，因为我由衷地希望你幸福……”

杜涅奇卡没有回答；她的这个主意还是刚才拿定的，她只是等着晚上到来。

“罗佳，那么你打什么主意呢？”普尔赫里雅·亚历山大罗夫娜问，他那出人意料的、从未有过的、一本正经的口气比刚才更使她不安了。

“‘打主意’，这话是什么意思？”

“彼得·彼得罗维奇在信上说，叫你晚上别上我们这儿来，如果你来了，他会跑掉的。那么你……来不来呢？”

“当然，这不应该由我来决定，首先应该由您来决定，如果彼得·彼得罗维奇的这个要求并不使您感到屈辱的话；其次，应该由杜尼雅来决定，如果她也不觉得屈辱的话。你们认为怎么办最妥当，我就照你们的主意办，”他口气冷冰冰地补充说。

“杜涅奇卡已经拿定了主意，我完全赞同她的意见，”普尔赫里雅·亚历山大罗夫娜赶忙插嘴说。

“我决意请求你，罗佳，我坚决地请求你一定要到我们那儿去参加这次会面，”杜尼雅说。“你来吗？”

“我来的。”

“我也请您八点钟到我们那儿去，”她对拉祖米兴说。“妈妈，我也邀请他来。”

“那好极了，杜涅奇卡，就照你们的主意办，”普尔赫里雅·亚历山大罗夫娜补充说。“就这么办吧。我也放心了；我不喜欢虚假和撒谎；我们还是说实话好……彼得·彼得罗维奇现在生气不生气，随他的便！”

四

这当儿门轻轻推开，一个姑娘羞怯地四下望望走进房间里来了。所有的人都惊讶而好奇地向她转过脸去。拉斯柯尔尼科夫一下子没有认出她。这就是索菲雅·谢苗诺夫娜·马尔美拉多娃。昨天他还是头一次看见她，但那时，在那样的环境里穿着那样的衣服，反映在他的头脑里的完全是另一个人的形象。现在这是一个朴素的，甚至穿得不很体面的姑娘，还很年轻，差不多像个小姑娘，温文尔雅，神态安详，但有点儿怯生生的。她穿的是很朴素的家常便服，头上戴一顶式样过时的旧帽子；只是手里和昨天一样也拿着一把伞。忽然看到房间里有那么多人，她不但忸怩不安，而且慌乱失措，害怕得像小孩一般，甚至要退出去了。

“啊哈……是您？”拉斯柯尔尼科夫异常惊讶，蓦地害臊起来。

他立刻就记起来，母亲和妹妹已经从卢仁的信上约略知道了一个“不规矩”的年轻女子。他刚才还抗议过卢仁的诽谤，说他还是头一次看见这个女子，可是她忽然走进来了。他也想起来，他对“不规矩”这个词儿没有提过半句抗议。这些思想在他的脑海里模糊地闪了一下。可是他更凝神地瞥了一眼，忽然看出，这个被侮辱的人是那么柔顺，对她不禁起了怜悯之心。当她吓得要逃跑的时候，他心里难过极了。

“我压根儿没想到您会来，”他慌忙地说，一边用目光留住她。“请坐。您大概是从卡杰琳娜 · 伊凡诺夫娜那儿来的吧。对不起，不是这边，这儿坐……”

索尼雅进来的时候，拉祖米兴坐在门旁的一把椅子上，这是拉斯柯尔尼科夫仅有的三把椅子中的一把；拉祖米兴立刻站了起来，让她往里边走。拉斯柯尔尼科夫开头向她指指长沙发上左西莫夫坐过的那一头；可是他想起来了，叫她坐在这张长沙发上未免太亲昵了，因为这张长沙发就是他的床，于是赶紧向她指指拉祖米兴坐过的那把椅子。

“你这儿坐，”他对拉祖米兴说，叫他坐在左西莫夫坐过的那个地方。

索尼雅坐下了，吓得几乎瑟瑟发抖，一边怯生生地朝那两个妇女瞥了一眼。大概她自己也不明白，她怎么能坐在她们身边。一想到这点，她是那么惊慌，忽然又站了起来，十分慌乱地对拉斯柯尔尼科夫说：

“我……我……来打扰你们一会儿工夫，请你们原谅，”她说得结结巴巴。“是卡杰琳娜 · 伊凡诺夫娜叫我来的，她没有人可差……卡杰琳娜 · 伊凡诺夫娜恳切地请您明儿去参加安魂祈祷，明儿早晨……到米特罗法尼耶夫大教堂里去做日祷，过后，就上我们那儿去……上她那儿……去吃饭……赏她一个脸吧……她叫我来请您。”

索尼雅结结巴巴地说了一遍，就不做声了。

“我一定设法来……一定来，”拉斯柯尔尼科夫也稍微欠起身子回答道，也说得结结巴巴，却没有把话说完……“请坐吧，”他忽然又说话了。“我要跟您谈谈。您或许很忙，请给我几分钟时间……”

他推给她一把椅子。索尼雅又坐下了，又怯生生地、愁眉不展地、更快地向那两个妇女瞥了一眼，突然又低下头去。

拉斯柯尔尼科夫那苍白的脸刷地红起来了；他仿佛浑身抽搐着；两眼炯炯发光。

“妈妈，”他坚决而固执地说。“这个索菲雅·谢苗诺夫娜·马尔美拉多娃，就是那个遭惨死的马尔美拉多夫先生的女儿，我昨天亲眼看到他被马踩死，我已经对您谈起过了……”

普尔赫里雅·亚历山大罗夫娜稍微眯缝起眼睛，瞥了索尼雅一眼。在罗佳那固执的和挑衅的目光的逼视下，她虽然忸怩不安，但决不放过这个机会。杜涅奇卡严肃地凝眸直瞅着这个可怜的女子的脸，并困惑地打量着她。索尼雅听到介绍她的话，又抬起眼来，但比先前更慌乱了。

“我要问您，”拉斯柯尔尼科夫很快地向她转过脸去。“今儿你们没有发生什么事吧？没有人，比方说，警察，来找过你们麻烦吧？……”

“没有，没有发生什么事……因为死亡的原因是十分清楚的，没有人来找过我们麻烦；只有那些房客大发脾气。”

“为什么？”

“尸体停放很久了……现在天气炎热，发臭了……所以今天晚祷的时候将要把尸体移到墓地上去，在小教堂里停放到明天。卡杰琳娜·伊凡诺夫娜开头不答应，现在她自己也明白了，不能再……”

“那么今儿？”

“她请您赏个脸明儿到教堂去参加安魂祈祷，然后上她那儿去赴丧宴。”

“她要办丧宴？”

“是的，备些冷盘嘛；她一再嘱咐我要谢谢您，因为您昨天帮了我们的忙……没有您的帮助，那就没法买棺成殓了。”她的嘴唇和下颏忽然都抖动起来，可是她拼命克制着，忍耐着，并又连忙低下眼去尽往地下看。

在谈话中间，拉斯柯尔尼科夫凝神地细瞧着她。她的面孔消瘦，十分消瘦，脸色苍白，长得不很端正，有点儿尖削，小鼻子和下颏都是尖尖的。她算不上漂亮，但是那对浅蓝色的眼睛却是那么明亮，当它们闪闪发亮的时候，她脸上的表情是那么温柔、天真，你就会身不由己地被她吸引住。除此以外，她的脸儿，而且她的整个模样儿都表现出一个性格特点：她虽然有十八岁，但是她的模样儿差不多还像个小姑娘，看起来比她的年纪轻得多，差不多完全像个小孩儿。这点有时甚至也可笑地表现在她的某些动作上。

“这么一点儿钱难道卡杰琳娜·伊凡诺夫娜够用吗？她还准备冷盘……”拉斯柯尔尼科夫问，坚决地把谈话继续下去。

“棺木将买普通的……一切从简嘛，所以不要花很多钱……我跟卡杰琳娜·伊凡诺夫娜刚才把一切费用都计算过了，还能留下些钱办回丧宴……卡杰琳娜·伊凡诺夫娜很想这么办。可不能……这对她是一种安慰，您要知道，她就是这样的一个人嘛……”

“我明白，我明白……自然……您为什么打量我的屋子？我妈妈也说，这间屋子像具棺木。”

“您昨天把钱都送给了我们！”索涅奇卡突然用有力而急促的低语答道，并且突然又低下眼去。她的嘴唇和下颏又哆嗦起来。拉斯柯尔尼科夫那贫困的境况早已使她感到惊讶，现在这句话突然不由得漏出嘴来。接着一片沉默。杜涅奇卡的眼睛不知怎的发亮了，而普尔赫里雅·亚历山大罗夫娜甚至和蔼地看着索尼雅。

“罗佳，”她说，一边站起来。“咱们当然一块儿吃饭。杜涅奇卡，咱们走吧……罗佳，你最好出去散一会儿步，然后休息一下，躺一会儿，早些上我们那儿去……我怕……我们把你累坏了。”

“对，对，我要来的，”他回答道，一边慌忙地站起来……“不过我还有事哪……”

“难道你们不一起吃饭吗？”拉祖米兴惊奇地望着拉斯柯尔尼科夫，叫喊起来。“你这是什么意思？”

“对，对，我要来的，自然，自然……你稍待一会儿。妈妈，你们现在不需要他了吗？也许我可以把他留下来？”

“哦，不，不！德米特里·普罗柯菲依奇，请您也来吃饭，好吗？”

“请您也来，”杜尼雅邀请说。

拉祖米兴鞠了个躬，脸上容光焕发。有一会儿工夫，不知怎的，突然大家都觉得奇怪地害臊起来。

“别了，罗佳，再见；我不喜欢说‘别了’，别了，娜斯塔西雅……哎哟，我又说‘别了’！……”

普尔赫里雅·亚历山大罗夫娜本来也打算对索涅奇卡点点头，但是不知怎的却没有这样做。她匆匆地走出屋子去了。

可是阿夫多季雅·罗曼诺夫娜仿佛等待着，因为接着就要轮到她了。当她跟随着母亲打索尼雅身边走过的时候，就殷勤而彬彬有礼地鞠了个九十度的躬告别。索涅奇卡发窘了，有点儿匆忙和惊慌地答了礼，脸上甚至流露出痛苦的神情，仿佛阿夫多季雅·罗曼诺夫娜那彬彬有礼的和殷勤的态度引起了她的难受和痛苦。

“杜尼雅，再见！”拉斯柯尔尼科夫在过道里叫道，“来握握手！”

“我已经跟你握过手了，你忘记了吗？”杜尼雅温柔而忸怩地向他转过身去，回答道。

“好，再握一次吧！”

他紧紧地捏住了她的指头。杜涅奇卡向他微微一笑，脸刷地红了。她赶忙把手抽回去，跟着母亲走了，也不知为什么显得十分快乐。

“这好极了！”他对索尼雅说，快乐地看了她一眼，就回到自己屋子里去了。“上帝让死者安息，但生者必须活下去！是这样吗？是这样吗？是不是这样？”

索尼雅甚至惊奇地望着他那忽然变得喜气洋洋的脸；他沉默了半晌，目光定定地瞅着她。她的先父对他所讲的关于她的话，这时突然在他的脑际闪过……

“天哪，杜涅奇卡，”普尔赫里雅·亚历山大罗夫娜一走到街上便说起话来。“咱们出来了，我现在实在高兴。我心头轻松些了。嗯，昨天在火车里，我哪里想得到我竟会为这个理由而高兴！”

“妈妈，我又要对您说，他的病还很严重哩。难道您没有看出来吗？大概他因为想我们而想得心烦意乱了。应该原谅他，应该多多原谅他。”

“可是你不原谅人！”普尔赫里雅·亚历山大罗夫娜马上急躁而忌妒地接嘴说。“杜尼雅，你要知道，我瞧瞧你们兄妹俩，你的面貌跟他一模一样，不但面貌像，而且心地也是一个样：你们俩都害忧郁症；你们俩都是性情忧郁、脾气急躁；你们俩都是高傲自大、胸怀豁达……杜涅奇卡，他会不会成为一个自私自利者，啊？……可是我一想到今天晚上我们将会发生什么事，我的心就麻木了！”

“您放心吧，妈妈，事情总会解决的。”

“杜涅奇卡！你只消想一想我们目前的处境！要是彼得·彼得罗维奇拒绝，那怎么办？”可怜的普尔赫里雅·亚历山大罗夫娜一不留神忽然脱口而出。

“要是他这样做，他还算人吗！”杜涅奇卡鄙夷地厉声回答道。

“咱们现在离开了他，这做得很对，”普尔赫里雅·亚历山大罗夫娜赶忙插嘴说。“他有事要赶往什么地方去；他应该出去走走，呼吸一下新鲜空气……他那儿闷得慌……可是在这里，哪里有可以呼吸新鲜空气的地方？在这几条街上也是憋闷得像在没有一扇通风小窗的屋子里一样。天哪，这是一个什么样的城市啊！……站住，快让开，要不你会被碾死的。运什么东西啊！这不是一架钢琴吗。真的……他们都乱推人……我也非常怕这个年轻的女子……”

“妈妈，哪一个年轻的女子？”

“就是刚才在他那儿的索菲雅·谢苗诺夫娜嘛……”

“为什么怕她？”

“杜尼雅，我有这样的一种预感。你相信不相信呢，她一进来，我立刻就想到，她就是祸根……”

“她压根儿没有关系，”杜尼雅突然不愉快地叫道。“妈妈，您何必神经过敏！他昨天才跟她相识，今天她进来的时候，他还认不出呢。”

“你瞧着吧！……她使我不安，你瞧着吧，瞧着吧！我害怕极了：她看着我，用这样的目光看着我。他开始介绍的时候，我在椅子上几乎坐不住了，你记得吗？我觉得奇怪：彼得·彼得罗维奇在信上把她说成这个样儿，可他却把她介绍给我们，还介绍给你！这样看来，他跟她是很亲热的。”

“不必管信上怎么写！我们也被人议论过的，人家也在信上议论过我们，您忘记了吗？可我相信，她……是个好人，这些话都是诽谤！”

“上帝保佑她！”

“彼得·彼得罗维奇是个卑鄙下流、无事生非的家伙，”杜涅奇卡突然毫无顾忌地说。

普尔赫里雅·亚历山大罗夫娜低下头去。谈话中断了。

“喂，我有话要跟你谈谈……”拉斯柯尔尼科夫边说，边把拉祖米兴拉到窗前去了……

“那么我去告诉卡杰琳娜·伊凡诺夫娜，说您要来的……”索尼雅急忙说，要告辞了。

“等一等，索菲雅·谢苗诺夫娜，我们没有秘密的事，您不妨碍我们……我还要跟您谈几句话……喂，”他忽然转过脸对拉祖米兴说，没有把话说完，仿佛停顿一下似的。“你不是知道这个人……他叫什么！……叫波尔菲里·彼得罗维奇吗？”

“可不是！他是我的亲戚。有什么事吗？”拉祖米兴补充说，好奇心冲动起来了。

“现在是他在办理这个案件……就是那桩谋杀案……昨天您不是说过……他在办理？”

“是啊……怎么样？……”拉祖米兴忽然瞪着眼睛。

“他正在调查押户。我也有几件东西押在她那儿。是一些不值钱的东西：我妹妹的一枚戒指，我来这儿的时候，她送给我留作纪念的；还有我父亲的一只银表，只值五六个卢布，但这对我是很珍贵的，是一件纪念品嘛。现在我怎么办呢？我不愿失去这些东西，特别是那只表。刚才我们谈起杜涅奇卡的表的时候，我的心就扑通扑通直跳，生怕妈妈要看那只表。这是父亲的唯一的遗物。如果表丢了，她准会病倒的！女人嘛！请你教教我，该怎么办！我知道，应该到警察局去登记，可是去找波尔菲里本人不是更好？你觉得怎样？事情得赶快办。你瞧着吧，午饭前妈妈准会问的！”

“绝对不要去警察局，一定要去找波尔菲里！”拉祖米兴异常兴奋地嚷道。“嗯，我真高兴啊！为什么不走，马上就走，路不远，一定能见到他！”

“好吧……咱们走……”

“他一定非常非常高兴跟你相识！我向他谈起过你许多次了……昨天我也谈起过你。咱们走吧！……那么，你认识这个老太婆喽？很好！……这好极了！啊，对……索菲雅·伊凡诺夫娜……”

“索菲雅·谢苗诺夫娜，”拉斯柯尔尼科夫纠正说。“索菲雅·谢苗诺夫娜，这是我的朋友，拉祖米兴，他是个好人……”

“如果你们现在要走……”索尼雅开口说，对拉祖米兴看也不看一眼，而且因此更窘了。

“咱们走吧！”拉斯柯尔尼科夫决定了。“索菲雅·谢苗诺夫娜，我今天就来看您。不过请您告诉我，您住在哪儿？”

他不是慌乱，而似乎是很着急，并避开了她的目光。索尼雅脸涨得通红，把地址交给了他。他们一同出去了。

“你不锁门吗？”拉祖米兴问，一边跟着他们下楼去了。

“从来不锁！……不过这两年来我一直想买把锁，”他漫不经心地补充说。“不用锁门的人不是很幸福吗？”他笑着对索尼雅说。

他们在街上大门前站住了。

“索菲雅·谢苗诺夫娜，您是不是往右走？顺便问问：您是怎样找到我的？”他问，仿佛想要对她谈些别的话。他老是想看看她那对柔和而明亮的眼睛，但是不知怎的，总没有机会……

“昨天您不是把地址告诉了波列奇卡。”

“波丽雅？哦，对了……波列奇卡！这个……小姑娘……是令妹吗？我给了她地址吗？”

“您怎么忘了？”

“不……我记得……”

“我的先父生前谈起过您……不过那时我还不知道您的姓名，而且他自己也不知道……我所以现在来……因为我昨天知道了您的姓名……今天来打听拉斯柯尔尼科夫先生住在这儿什么地方……我不知道，您也租屋住……再见……我去告诉卡杰琳娜·伊凡诺夫娜……”

她终于可以走了，感到非常高兴；她低着头，急匆匆地走着，想快些逃出他们的视线，尽快地走完这二十步路往右拐向大街，终于只剩了她一个人。她急匆匆地走着，目不旁视，沉思、回忆、思索每一句话和每一种情况。她从来没有过这样的心情。一个陌生的、朦胧的新世界在她的心坎里浮现出来。她忽然想了起来，拉斯柯尔尼科夫今天要上她那儿去，或许还是早晨，或许此刻就要去！

“但愿不要今天去，千万不要今天去！”她嘟嘟囔囔说，心揪紧了，像一个惊慌的孩子恳求着什么人似的。“天哪！上我那儿去……到这个屋子里去……他会看见……天哪！”

不消说，这当儿她不会注意到，有个素不相识的先生聚精会神地注意着她，盯她的梢。他是从大门口盯起的。当他们三个人——拉祖米兴、拉斯柯尔尼科夫和她站在人行道上话别的时候，这个过路人恰好打他们的身边绕过，仿佛蓦地一怔，无意中听到了索尼雅的这句话：“我便打听：拉斯柯尔尼科夫先生住在什么地方？”他目光一扫，仔细地打量了一下他们三个人，特别注意在同索尼雅谈话的拉斯柯尔尼科夫；接着他又打量了一下房子，并记住了这所房子。这一切都是在他经过时那一瞬间进行的。这个过路人甚至极力不露形迹，又往前走了，但是放慢了脚步，仿佛等待着什么人似的。他等着索尼雅；他看见他们告别了，索尼雅立刻就要回家。

“她住在哪儿？我在什么地方见过这张脸，”他在心里寻思，一边追忆着索尼雅的脸……“应该打听清楚。”

他走到拐角上，便穿过街往对面走去，还回过头来看看，发觉索尼雅在他后面走，跟他同路，她却什么也没有觉察到。她走到拐角上，恰好也踅入那条街。他就跟在她后面，从对面人行道上目不转睛地看住她；走了五十来步路，他又回到索尼雅那一边来了，追上她，还跟在她后面走，跟她只隔五步路。

这是个五十来岁的人，中等以上身材，身体粗壮，肩膀宽阔，向上拱起，他的模样儿看起来有点儿像驼背。他的衣着考究而又舒适，摆出一副架子十足的绅士气派。他拿着一根漂亮的手杖，每走一步就在人行道上拄一下。手上戴着一副新手套。他那张大颧骨的阔脸盘相当讨人喜欢，容光焕发，不像彼得堡人的脸。他的头发还很浓密，真正的淡黄色，已经出现了几根银丝；那部浓密的大胡子像把铲子，比头发的颜色更淡些。他有一对淡蓝色的眼睛，目光冷冷的，聚精会神，若有所思；两片嘴唇鲜红。总之，这是个讲究摄生的人，看起来要比实际年龄轻得多。

当索尼雅走到河岸上的时候，在人行道上只有他们两个人了。他打量着她，发觉了她那若有所思和心不在焉的神情。索尼雅到了家，就拐进大门去了，他跟在后面，仿佛有点儿感到惊讶。她走进院子，就往楼梯所在的右角走去，她的屋子是打这条楼梯上去的。“咦！”这个不相识的绅士低声说，一边跟着她也上楼去。这当儿索尼雅才发觉他。她走到了三楼上，踅入一条走廊，便按九号的门铃，门上用粉笔写着“裁缝卡彼尔纳乌莫夫寓”字样。“咦！”那个陌生人又低声说，由于这个奇怪的巧合而感到惊奇。他按了八号的门铃。两扇门只相隔六步。

“您住在卡彼尔纳乌莫夫的房子里！”他说，边打量着索尼雅，边笑。“昨天他给我改了一件背心。我住在这儿，跟您是邻居。我住在列斯丽赫，盖尔特鲁达·卡尔洛夫娜太太的房子里，多么巧啊！”

索尼雅把他仔细地打量了一下。

“我们是邻居，”他不知怎的特别高兴地继续往下说。“我前天才上城里来。再见。”

索尼雅不答理；门开了，她溜进自己的屋子里去了。她不知为什么害臊起来，仿佛感到害怕似的……

拉祖米兴在往波尔菲里家去的路上，异常兴奋。

“老兄，这好极了，”他反复地说了几遍。“我很高兴！很高兴！”

“你高兴什么？”拉斯柯尔尼科夫暗自想。

“我不知道，你也向老太婆抵押过东西。这……这……已经很久了吗？我的意思是，你上她那儿去已经很久了吗？”

“好一个天真的傻瓜！”

“什么时候吗？……”拉斯柯尔尼科夫站住了，回忆起来，“我好像是在她死前三天去的。不过当时我不是去赎回押品，”他赶忙接嘴说，对这些东西表示急切的特别的关心。“我身边又只剩下了一个银卢布……由于昨天那阵该死的神志昏迷！……”

他特别着重地说神志昏迷这几个字！

“嗯，是呀，是呀，是呀，”拉祖米兴急忙随声附和他毫无所知的事。“所以那天……你有点儿惊慌……要知道，你在神志昏迷中也说着什么戒指和表链！嗯，对啊，对啊……这很清楚，现在全都明白了。”

“原来是这样！他们都有这个想法！这个人将代我去受极刑，可是我很高兴，因为我在神志昏迷中提到戒指的原因**解释清楚**了！他们都不怀疑了！……”

“咱们能见到他吗？”他大声问。

“能见到他，能见到他，”拉祖米兴急忙说。“老兄，他是个好人，你会知道的！他有点儿笨拙，我的意思是，他是个举止文雅的人，可是我说他笨拙，这是从另一方面来说的。他是个聪明人，很聪明，甚至聪明透顶，不过他的思想方法很特别……他不相信人，疑虑重重，厚颜无耻……喜欢骗人。我不是说欺骗，而是说愚弄……一种屡试不爽的老法子……他是个专家，精通本行……他去年破获了一件案子，也是一件谋杀案。这件案子差不多没有线索。他非常非常想跟你认识！”

“他为什么非常想？”

“我的意思是，他不是……要知道，最近你害病了，我已经好多次跟他谈起过你……嗯，他听我说……知道你是学法律的，因为迫于环境不能念完大学，他说：‘多么可惜呀！’我断定……我的意思是，这一切合在一起了，不光是这一点；昨天扎苗托夫……要知道，罗佳，昨天我喝醉了，在回家的路上，对你瞎扯了一通……所以，老兄，我怕你言过其实，要知道……”

“你这话是什么意思？他们为什么把我当作疯子？嗯，他们也许是对的。”

他强作笑颜。

“对呀……对呀……我的意思是，呸，不！……嗯，我所说的一切话（别的话也是）都是胡说八道，都是酒话。”

“你为什么抱歉！我多么讨厌这一套啊！”拉斯柯尔尼科夫十分恼怒地嚷道。但他有点儿装模作样。

“我知道，我知道，我明白。你要相信，我明白。我甚至不好意思说……”

“如果不好意思，那就别说吧！”

两个人都不说话了。拉祖米兴十分高兴，拉斯柯尔尼科夫觉察到这一点，感到很厌恶。他惶恐不安，因为拉祖米兴刚才谈起了波尔菲里。

“我也应该向这个人唱《拉撒路之歌》[①]，”他思忖道，脸色惨白，心扑通扑通直跳，“要诉说得自然些。不诉说最自然。要装得不诉说什么的样子！不，**硬装**又不自然了……嗯，结果会怎样呢……咱们等着瞧吧……此刻……我去，是好是坏？这是飞蛾扑火，自投罗网。心扑通扑通直跳，这不吉祥！……”

---

① 意思是装出一副可怜相向人诉苦。在革命前的俄国，穷人常常唱《拉撒路之歌》乞求怜悯和布施。

“他住在这所灰色的房子里，”拉祖米兴说。

“最重要的是，波尔菲里知道不知道，我昨天上这个老妖怪的家里去过……也问过那摊血？马上就要弄清楚这一点，一进去，就看他的脸色；要不然……即使我完了，也要弄清楚！”

“你知道吗？”他忽然转脸问拉祖米兴，脸上浮出狡猾的微笑。“老兄，今天我发觉，你一早就非常兴奋，是吗？”

“兴奋？我一点儿也不觉得兴奋，”拉祖米兴不觉一怔。

“不，老兄，真的，看得出的。你刚才坐在椅子上的那种姿势是从来没有过的。你坐在椅子的边上，不知怎的痉挛地扭动着。你无缘无故地直跳起来。你一会儿发脾气，一会儿不知为什么脸忽然变得像最甜的冰糖。你甚至涨红了脸；尤其是她们邀请你去吃饭的时候，你满脸通红。”

“没有的事；你撒谎！……你说这样的话干吗？”

“你为什么像小学生一样抵赖！呸，见鬼，他又脸红了！”

“你真是一头猪猡！”

“你干吗害臊？你是罗密欧！等着吧，今天我要在某处把这件事说出来，哈，哈，哈！我要使妈妈开心……也要让另一个人……”

“听我说，听我说，听我说，这可开不得玩笑，要知道，这……这你说了后，会怎么样呢，见鬼！”拉祖米兴惶惑了，吓得浑身发冷。“你要告诉她们什么？我，老兄……呸，你真是一头猪猡！”

“你简直像一朵春天的玫瑰！我告诉你，这个比方对你是多么确切。两俄尺十俄寸高的罗密欧！今天你洗得多么干净啊，指甲也洗干净了，啊？你什么时候有过这个样子？你当真搽过发油啦！俯下头来！”

“猪猡！！！”

拉斯柯尔尼科夫笑得似乎不能自持了。他哈哈大笑着走进波尔菲里·彼得罗维奇的宅子里去了。拉斯柯尔尼科夫有必要这样做：从屋子里可以听到，他们是笑着进去的，他们在前室里还在放声大笑。

“这儿不准说话，要不然，我要……打碎你的脑壳！”拉祖米兴抓住拉斯柯尔尼科夫的肩膀，怒气冲冲地悄声说。

五

拉斯柯尔尼科夫已经走进了屋子。他进去的时候摆出这么一副神气：好像竭力忍着，以免扑哧笑出声来。怪难为情的拉祖米兴跟在他后面进去了，神色十分沮丧，横眉立目，脸红得像芍药。他又高又瘦，笨手笨脚。这时，他的脸庞和整个姿态当真滑稽可笑，证实拉斯柯尔尼科夫的发笑不是没有理由的。拉斯柯尔尼科夫不等介绍，就向站在屋子当中疑问地看着他们的主人鞠了个躬，伸过手去跟他握手，显然还极力抑制着快乐的情绪，想至少用三言两语来自我介绍一番。可是他好容易做出一副正经的样子，喃喃地说起话来——突然，仿佛身不由己地又向拉祖米兴瞥了一眼，这时他已经忍俊不禁了：被抑制着的笑越发不可抑制地爆发出来，于是他抑制得越发厉害。听到这阵“打心底里”发出来的笑声，拉祖米兴心里直冒火，这幕情景因而增添了最真挚的欢乐气氛，主要是自然的气氛。拉祖米兴似乎还在故意加强这种气氛。

“呸，活见鬼！”他把手一挥，大叫起来。手刚巧打在那张摆着一只喝完了茶的玻璃杯的小圆桌上，所有东西都飞了起来，砸得粉碎。

“先生们，干吗要把椅子摔坏呢？这损失可是国家的呀。”[①]波尔菲里·彼得罗维奇乐呵呵地嚷道。

事情是这样的：拉斯柯尔尼科夫还在笑，忘记自己的手被主人握住了；可是他知道分寸，等着这一瞬间快些自然地过去。拉祖米兴因为打翻了桌子，砸碎了玻璃杯，怪不好意思的，愁眉苦脸地看着碎玻璃，吐了一口唾沫，就急遽地转身走到窗前去了，背对着所有的人站在那里，横眉立目，怒气冲冲地望着窗外，但是他什么也看不见。波尔菲里·彼得罗维奇不禁笑了起来，他还想笑出来，但显然等待着解释。扎苗托夫坐在角落里的一把椅子上，看见有两个客人进来，就欠起身子，等待地站着，一边咧着嘴笑；可是他困惑地，甚至仿佛怀疑地看着这幕

---

① 这里是套用果戈理的喜剧《钦差大臣》第一幕第一场里的一句台词，见上海译文出版社 2004 年版《钦差大臣》中译本，第 12 页。

情景，同时忸怩不安地看着拉斯柯尔尼科夫。想不到扎苗托夫会在这里，拉斯柯尔尼科夫不觉一愣，心里感到一阵不快。

“这还得考虑考虑！”他心里想。

“请原谅，”他怪不好意思地开口说。“拉斯柯尔尼科夫……”

“哪里的话，蒙你们光临，我很高兴，很高兴……怎么，他不愿跟人打招呼？”波尔菲里·彼得罗维奇向拉祖米兴点点头。

“天晓得，我不知道他为什么向我发脾气。我不过在路上对他说，他像罗密欧，而……而我也提出了证明，我觉得好像没有别的原因。”

“猪猡！”拉祖米兴没有扭转头来回答道。

“为了一句话，生这么大的气，这一定大有道理，”波尔菲里放声大笑起来。

“哎，你啊！侦探！……去你们的！”拉祖米兴毫无顾忌地说，忽然放声大笑起来，乐不可支，仿佛什么事也没有发生过似的，走到波尔菲里·彼得罗维奇跟前去了。

“够了！我们都是傻瓜；谈正经吧：这是我的朋友，罗季昂·罗曼诺维奇·拉斯柯尔尼科夫。第一，他久仰大名，早已想来请教；第二，有桩小事情要找你商量。咦！扎苗托夫，你怎么在这儿？难道你们是相熟的吗？你们是多年的老朋友吗？”

“这又是怎么回事！”拉斯柯尔尼科夫惊慌不安地思忖道。

扎苗托夫仿佛怪不好意思的，但并不很窘。

“昨天在你那儿相识的，”他随便地说。

“这倒省了我的麻烦；上星期，波尔菲里极力要我介绍他跟你相识，可是你们背着我勾搭上了……你的烟叶放在哪儿？”

波尔菲里·彼得罗维奇像在家里一样，穿着睡袍和很清洁的内衣，脚上蹬一双便鞋。这人三十五岁左右，中等以下身材，体态丰腴，甚至显得大腹便便，脸刮得精光，没蓄唇髭，也没有留连鬓胡子，一头浓发剪得短短的，脑瓜又大又圆，后脑勺特别突出。他那张虚胖的、鼻子有点儿翘的圆脸带几分病容，脸色蜡黄，但是精神饱满，甚至流露出一副嘲讽的神气。要不是那眼神的影响，这甚至是一张和善的脸，那对眼睛闪射出湿漉漉的微弱的光，被不时眨着的、仿佛向谁使着眼色的淡睫毛给掩遮住了。他的眼神同那甚至带几分女人相的整个身形极不相称，因而显得比乍一看就可以猜到的要严肃得多。

波尔菲里·彼得罗维奇一听到客人有桩“小事情”要跟他商量，立刻就请客人在沙发上坐。他自己坐到沙发的另一头，目光定定地看着客人，迫不及待地等着他说明事由。他那么聚精会神地、过分认真地等待着，甚至使人立刻感到难堪和惶窘，尤其是您跟他素昧平生；如果您所述说的事，您自以为并不十分重要，不值得他这么认真对待的话。可是拉斯柯尔尼科夫却用几句简洁而流利的话，就清楚而且准确地说明了事由，他很满意甚至还能相当仔细地打量波尔菲里。波尔菲里·彼得罗维奇也一直目不转睛地看着他。拉祖米兴坐在对面那张桌子旁边，热情而急不可耐地细听着他说明事由，继续不断地并且略微有失礼貌地把目光从这个人身上移到那个人身上，又从那个人身上移到了这个人身上。

“傻瓜！”拉斯柯尔尼科夫暗暗骂道。

“您应当去报告警察局，”波尔菲里郑重其事地回答道。“说您得知这样一个案件，就是说，得知了这件谋杀案，您也要请求通知办理此案的侦查员，有这么几件东西是您所有，您要把它们赎回……或者……不过他们会让您登记的。”

“事情是这样的：现在，”拉斯柯尔尼科夫竭力装出一副尴尬相，“我身边没有钱……连这几件小东西也无力赎回……您要知道，现在我只要声明一下，这些东西是我所有，等到我有了钱……”

“这不要紧，”波尔菲里·彼得罗维奇回答道，神情冷淡地听着他说明经济状况。“不过，如果您愿意的话，您也可以直接写信给我，也是这样写：得知了那个案件，特来声明，这几件东西是我所有，请求……”

“这是不是用普通的纸写？”拉斯柯尔尼科夫赶忙问，话又岔到事情的经济方面去了。

“哦，就用最普通的纸写好了！”波尔菲里·彼得罗维奇忽然眯缝起眼睛，现出露骨的嘲讽的神情看着他，仿佛向他挤眉弄眼似的。或许这不过是拉斯柯尔尼科夫的错觉，因为这只持续了片刻工夫。至少有过这样的情况。拉斯柯尔尼科夫可以起誓，他向他挤过眼，谁知道为什么。

“他知道的！”这个念头在他的脑海里闪电般一闪即逝。

“对不起，为这一些小事情来麻烦您，”他继续往下说，有点儿惶惑了。“我的这些东西只值五个卢布，但是它们对我特别珍贵，是纪念赠给我这些东西的人的。坦白地说，我知道了这个消息，不觉大吃一惊……”

“怪不得我昨天对左西莫夫谈起，波尔菲里在讯问那些押户，你就直跳起来。”拉祖米兴显然有意地插嘴说。

这使人很难堪。拉斯柯尔尼科夫简直忍无可忍了，那对怒火闪烁的乌黑眼睛恶狠狠地瞪了他一下，但立刻压住了心头的激动。

“老兄，你大概在嘲笑我？”他狡猾地装出气愤的样子对他说。“我承认，也许我过分地关心这些在你看来是毫无用处的东西；但不能因此把我当作一个自私自利的人，或是一个吝啬鬼。对我来说，这两件小东西也许不是毫无用处的。刚才我已经对你说过，这只不值钱的银表是我父亲唯一的遗物。你可以嘲笑我，可是我的母亲来看过我了。”他忽然向波尔菲里转过脸去，“要是她知道，”他又向拉祖米兴倏地转过脸来，竭力让声音发抖。“这只表丢了，我可以起誓，她会悲痛绝望的！女人嘛！”

“根本不是这么回事！我压根儿没有这个意思！我绝对不是这个意思！”满不高兴的拉祖米兴叫道。

“这样说好不好呢？自然不自然呢？没有言过其实吧？”拉斯柯尔尼科夫心扑通扑通地直跳着，暗自问。“我为什么说：‘女人嘛’？”

“令堂来看过您了？”波尔菲里·彼得罗维奇不知为什么问道。

“是的。”

“她什么时候来的？”

“昨天晚上。”

波尔菲里不说话了，好像在思索。

“您那些东西决不会丢失的。”他心平气和地冷冷地继续往下说。“要知道，我在这儿等您好久啦。”

好像没有那么一回事似的，他关切地把烟灰缸递给了把香烟灰乱弹在地毯上的拉祖米兴。拉斯柯尔尼科夫不觉一愣，可是波尔菲里似乎没有发觉，他还在关心拉祖米兴的烟灰。

“怎么？你等着他！难道你知道，他也在那儿抵押过东西？”拉祖米兴嚷道。

波尔菲里·彼得罗维奇直接对拉斯柯尔尼科夫说起话来。

“您的两件东西：一枚戒指和一只表，都包在一张纸里押在她那儿。纸上用铅笔清楚地写着您的名字，还写着她收到您这两件押品的月份和日期……”

“您怎么这样细心？……”拉斯柯尔尼科夫不恰当地笑了笑，极力想正眼看他的脸；但他耐不住了，忽然补充说：“我刚才所以这样说，是因为押户大概很多……您把他们的名字全记住一定有困难……可是相反，您却把他们的名字都记得这么清楚，而……而……”

“傻瓜！没用的东西！我说这些话干吗？”

“现在所有押户都搞清楚了。只剩您一个人没有来登记。”波尔菲里用微微可以觉出的讽刺口吻回答道。

“因为我身体不大好。”

“我听说过您有病。我甚至还听说，您的情绪很不好。现在您看起来脸色还很苍白？”

“一点儿也不苍白……相反地，我的健康完全恢复了！”拉斯柯尔尼科夫忽然改变了口吻，粗鲁而又愤怒地、毫无顾忌地说。他心里直冒火，再也压制不住了。“可是我一发怒，就会泄露秘密的！”这个念头又在他的脑海里掠过。“他们为什么折磨我？……”

“他还没有完全恢复健康呢！”拉祖米兴赶快接嘴说。“他完全胡说！直到昨天他差不多还是神志不清，说胡话……波尔菲里，你要相信，他差不多还站不稳呢。我们，我和左西莫夫，昨天一转身——他就穿上衣服悄悄地溜走了，在什么地方几乎胡闹到半夜。我告诉你，这是因为他完全神志不清，这样的事你想象得到吗！多怪啊！”

“真的**完全神志不清**吗？请你告诉我吧！”波尔菲里像个乡下女人似的摇摇头。

“唉，胡说！您别相信他的鬼话！其实我不说，您也不会相信的！”拉斯柯尔尼科夫恼恨地贸然说。可是波尔菲里·彼得罗维奇似乎没有听清楚这些叫人奇怪的话。

“要不是你神志不清，怎么会溜走呢？”拉祖米兴忽然情绪激昂地说。“你为什么溜走？去干什么？……为什么悄悄地溜走？那时你神志清醒吗？现在危险已经过去了，我可以对你直说啦！”

“昨天他们使我非常讨厌，”拉斯柯尔尼科夫脸上浮出一丝厚颜无耻的、挑衅的微笑，忽然转过脸去对波尔菲里说。“我避开他们去租一间屋子，不让他们找到我。我随身带走了许多钱。这些钱那位扎苗托夫先生看见过的。扎苗托夫先生，昨天我神志清醒还是昏迷？请您解决这个争执。”

这时他似乎当真想掐死扎苗托夫。他非常讨厌他的目光和默不作声。

“依我看，您说得很有道理，而且说得很巧妙，只是火气太大，”扎苗托夫冷冷地说。

“今天尼柯季姆·福米奇对我说，”波尔菲里·彼得罗维奇插嘴说。“他昨天很晚还碰到过你，是在一个被马踩死的官吏的家里……”

“就拿这位官吏来说吧！”拉祖米兴赶忙接嘴说。“你在那个官吏家里的行为不是像个疯子吗？你把仅有的几个钱都给了那个寡妇去买棺成殓！是的，你想帮助她——你可以给她十五卢布或二十卢布，你自己至少应该留三个卢布，可是你慷慨为怀，把二十五个卢布全都给了她！”

“或许我在什么地方找到了一座宝库，你不知道吗？昨天我慷慨为怀嘛……扎苗托夫先生知道，我找到了一座宝库！……请你原谅！”他转脸对波尔菲里说，两片嘴唇抖动着。“为了这些小事情，我们打扰了您半个小时，您觉得讨厌吗？”

“哪里的话，很欢迎，很欢迎！但愿您能知道，您多么使我感兴趣！看看，听听，很有意思嘛……说实话，我很高兴，您到底来登记了……”

“请给我一杯茶！我的喉咙干了！”拉祖米兴叫道。

“好主意！或许我们大家都会陪你喝的。要不要……先来些硬货[①]，然后再喝茶？”

“不要！”

波尔菲里·彼得罗维奇走出去叫送茶。

在拉斯柯尔尼科夫的脑海里各种念头像旋风般地旋转起来了。他大为恼火。

“最令人痛恨的是：他们甚至毫不掩饰，不讲礼貌！要是你压根儿不认识我，那你为什么对尼柯季姆·福米奇谈到我呢？这样看来，他们活像一群狗，公然监视着我！他们公然污蔑我！”他气得发抖了。“嗯，直截了当地说吧，别像猫儿玩弄老鼠那样戏弄我。波尔菲里·彼得罗维奇，这是没礼貌的，也许我还不许！……我会站起来，当着你们的面直言不讳；你们会看到，我多么瞧不起你们！……”他好容易舒了口气。“要是这仅仅是我的想象呢？要是这是一种幻景呢？要是我误会了呢？是因为没有经验而生气呢？要是我不配演我这个下贱的角色呢？或许这一切都是没有意图的？他们都随便说说罢了，但是这些话里包含着一种意思……这些话可以经常说，但是包含着一种意思。为什么他直率地说什么我‘上她那儿去过’？为什么扎苗托夫作了补充，说什么我的话说得**很巧妙**？他为什么用这样的口吻说话？是的……这样的口吻……拉祖米兴坐在这儿，为什么他一点觉察不出来？这个天下罕见的笨蛋永远是麻木不仁的！热病又发啦！……刚才波尔菲里向我眨过眼没有？大概这是我的胡思乱想；他眨眼干吗？他们要刺激我的神经，还是戏弄我？或者，这都是幻景，或者他们都**知道**！……连扎苗托夫也很无礼……扎苗托夫无礼吗？扎苗托夫一夜间改变了看法。我也预料

---

①意指伏特加。

到他会改变的！他在这儿，像在自己家里一样，可我还是初次来。波尔菲里并不把他当做客人，背对他坐着。他们串通在一起了！他们一定是由于我而串通在一起的！他们在我们没有来到这儿之前一定议论过我了！……他们知道租屋的事吗？但愿快些！……当我说昨天我跑出去租屋这句话的时候，他没有听到，也没有站起来……我巧妙地把租屋的事插了进去：往后会有用处的！……他们说我神志不清！……哈，哈，哈！昨天晚上的事他全都知道啦！他不知道我的母亲来到了！……那个老妖怪用铅笔写上了日期！……您错了，您抓不住我的把柄！要知道，这还算不上真凭实据。这不过是幻景罢了。不，您提出确凿的证据来吧！租屋并不是确凿的证据，而是我的胡说；我知道对他们该说些什么……他们知道租屋的事吗？我不探听明白，决不走！我来要干什么？可我现在大发脾气，这或许也是个确凿的证据吧！呸，我多么容易发怒啊！但这也许是好事；我在演一个病人的角色……他在摸我的底。他会把我搞糊涂的。我来要干什么啊？”

这一切念头闪电般地在他的脑海里掠过。

波尔菲里·彼得罗维奇一会儿就回来了。不知怎的，他忽然很高兴。

“老兄，昨天在你府上相聚后回去，我的脑袋瓜……我简直支持不住了。”他边笑，边用完全不同的口吻对拉祖米兴说。

“怎么，你很感兴趣吗？昨天我不是在谈到最有趣的问题的时候，离开你们的吗？谁胜利了？”

“当然，没有人获得胜利。我们谈到了一些永恒的问题，大家都想入非非。”

“罗佳，你想想看，昨天我们谈到了犯罪是否存在的问题？我告诉你，我们谈得荒谬透顶。”

“有什么可奇怪的？一个普通的社会问题嘛，”拉斯柯尔尼科夫心不在焉地回答道。

“问题不是这样提出的，”波尔菲里说。

“对，问题不是这样提出的，”拉祖米兴立刻表示同意，他和往常一样又着急又激昂。“喂，罗季昂，你听听，谈谈你的意见吧。我很想听听你的意见。昨天我跟他们争论得很激烈，并等着你来帮忙；我对他们说，你会来的……我们从社会主义者的观点谈起。这个观点众所周知：犯罪是对社会组织的不正常现象的抗议……只能作这样的解释，不能作别的解释。不许用任何别的理由来解释——别的理由是没有的！……”

“你胡说！”波尔菲里·彼得罗维奇叫道。看来，他精神抖擞，眼睛尽望着拉祖米兴，不住地笑，因而使后者的情绪更激昂了。

“不许用别的理由来解释！”拉祖米兴情绪激昂地插嘴说。“我没有胡说！……我可以给你看几本他们的著作：一切问题在他们看来都是‘环境的影响’——再没有别的原因！这是他们爱说的一句话！由此得出结论：如果社会组织是正常的，那么一切犯罪行为一下子就会消灭，因为失去了抗议的对象，一切人立刻都会变为正直的。天性是不被考虑的，天性是被摈弃的，天性被认为是不存在的！他们否认沿着历史发展道路而发展的人类最后会自动组成一个正常的社会。相反，从数学的头脑里产生的社会制度会把全人类立刻组织起来，使他们转眼间就变得正直、纯洁，比任何发展的过程都快，不必经过任何历史发展道路！所以他们本能地厌恶历史：‘历史上只存在着丑恶和愚蠢’——一切只被解释为愚蠢！所以他们厌恶生活的**发展**过程：不需要活的灵魂！活的灵魂需要生命，活的灵魂不服从机械，活的灵魂是可疑的，活的灵魂是顽固落后的。他们需要的虽然是带点儿尸臭，并且可以用橡胶做的，但却是没有生命的，没有意志的，服服帖帖的，不敢反抗的！结果是，他们的全部努力只是用砖砌成墙，设计法伦斯泰尔[①]的走廊和房间！法伦斯泰尔成立了，但你们过法伦斯泰尔生活的性格还没有形成。这需要生活，而生活的过程还未完成，进坟墓还早哩！光靠逻辑是不能超越天性的！逻辑能假定三种可能性，但可能性却有百万种！撇开百万

①法伦斯泰尔（即法朗吉）是法国空想社会主义者傅立叶（1772—1837）幻想要建立的社会主义的基层组织。

种可能性而归结为一个舒适问题！这是最简便地解决问题的办法！这是非常清楚明白的，用不着思索！重要的是用不着思索！人生的全部秘密容纳在两张印刷页上！”

“他精神失常了，大发议论！得阻止他，”波尔菲里笑了起来。“您想想看，”他向拉斯柯尔尼科夫转过脸去说，“像昨天晚上那样，六个人挤在一间屋子里，展开了热烈的争论，而每个人都预先喝饱了朗姆酒——您想象得到吗？不，老兄，你胡说，‘环境’对犯罪是有很大影响的；这点我可以向你证明。”

“我也知道，有很大的影响。请你告诉我：一个四十岁的男人虐待一个十来岁的女孩子，——这是环境迫使他这样干的吗？”

“嗯，严格地说，这或许是环境的影响，”波尔菲里带着令人诧异的傲慢态度说。“虐待女孩子这种犯罪甚至大可以用‘环境’来解释。”

拉祖米兴几乎怒不可遏了。

“嗯，如果你同意的话，我立刻就给你**说出理由**来，”他嚷道。“你所以有两条淡色眉毛，唯一的原因是由于伊凡大帝有三十五沙绳高。[①]我能说出清楚明白的、正确的、进步的，甚至带些自由主义色彩的理由。我来说给你听！你可要打赌！”

“好吧！让我们听听，他能说出些什么理由来！”

“他总是骗人，见鬼！”拉祖米兴霍地站了起来，把手一挥，叫喊道。“跟你说话没意思！罗季昂，他故意这么说，你还不知道他哩！昨天他参加了他们的一方，只想捉弄大家。天哪，昨天他说了些什么话啊！他们都听得津津有味……他能这样谈上两个星期哩。去年他忽然一本正经地对我们说，他要进修道院。两个月来他坚持这个主意！不久以前，他忽然异想天开，说要结婚，举行婚礼的一切东西都已经准备就绪了，甚至还做了一套新衣服。我们都向他祝贺。可是根本没有新娘：全都是他的胡思乱想！”

① 伊凡大帝指莫斯科克里姆林宫内的一座钟楼。81 米高。沙绳，即俄丈，旧俄长度单位，等于 2.134 米。

“你又胡说！我先定做了衣服。因为做了新衣服，我才想哄骗你们。”

“您真的是这样的一个骗子吗？”拉斯柯尔尼科夫随口问。

“您以为我不是吗？您等着吧，我也要哄骗您一下——哈，哈，哈！不，我要把真相告诉您。关于犯罪、环境和女孩子这些问题，我现在记起您所写的一篇论文来了。但是这篇文章总是引起我的兴趣……题目是《论犯罪》……或是别的什么，题目我忘记了，不记得了。两个月前，我在《定期评论》上读得津津有味呢。”

“我的文章发表在《定期评论》上？”拉斯柯尔尼科夫惊奇地问。“半年前，我从大学里退学了，我确实对某一本书写过一篇书评，但是那篇书评我当时投寄给《每周评论》，而不是投寄给《定期评论》的。”

“可是发表在《定期评论》上。”

“因为《每周评论》停刊了，所以当时没有发表……”

“这是事实；但是《每周评论》停刊后，就跟《定期评论》合并了，因此您的那篇文章两个月前在《定期评论》上刊登出来。您不知道吗？”

拉斯柯尔尼科夫确实一无所知。

“哎哟，您可以去向他们要稿费啦！您这个人好奇怪！您过着那么孤独的生活，跟您直接有关的事也不知道。这是千真万确的事实。”

“罗奇卡，那好极了！我也不知道呢！”拉祖米兴叫喊起来。“今天我就跑到阅览室去借阅这一期杂志！两个月前的？第几期？我反正找得到！原来是这么回事！可是他不告诉人！”

“您怎么知道这篇文章是我写的？这篇文章是用一个字母署名的。”

“由于偶然的机会，几天前才知道的。是一位编辑告诉我的；我跟他相熟……我很感兴趣。”

“我研究过的，我记得似乎是分析一个罪犯在犯罪的全部过程中的心理状态。”

“是的，您坚决主张犯罪行为往往会引起一种疾病。这话非常新奇；但是……说实话，引起我兴趣的不是您的文章的这一部分，而是文章结尾所发表的一种见解。可是遗憾得很，您只含糊地暗示了一下这个见解……总之，如果您还记得的话，您作了一个暗示，说什么世界上仿佛有这样一些人，他们能够……就是说，他们不但能够而且有充分权利为非作歹和犯罪，仿佛他们是不受法律约束的。”

拉斯柯尔尼科夫发出一阵冷笑：他故意夸大并且蓄意曲解自己的观点。

“怎么回事啊？这是什么意思？有犯罪的权利？但不是由于‘环境的影响’？”拉祖米兴问，甚至有点儿吃惊。

“不，不，根本不是由于这个缘故，”波尔菲里回答道。“问题在于，在他的文章里，不知怎么，所有的人被分成‘平凡的’和‘不平凡的’两类，平凡的人活着必须俯首帖耳，唯命是从，没有犯法的权利，因为您要知道，他们是平凡的人。但是不平凡的人就有权利干各种犯法的事，各种各样地犯法，归根结底，就是因为他们是不平凡的人。您似乎有这样的见解，如果我没有误解的话？”

“这怎么可能？他不会说这种话！”拉祖米兴大惑不解地说。

拉斯柯尔尼科夫又冷笑一声。他一下子就明白了，这是怎么回事，他们要迫使他干什么；他记起来自己的那篇文章。他决意接受挑衅。

“这根本不是我的论点，”他简单而谦逊地说。“可我承认，您差不多忠实地阐述了我的论点，也可以说，甚至十分忠实……（他仿佛乐于承认这一点。）唯一的区别在于，我根本没有坚持，不平凡的人一定而且必然常常为非作歹，就像您所说的那样。我甚至认为，报刊不应当发表这样的文章。我不过暗示，‘不平凡的人’有权利……也就是说，不是有合法的权利，而是这种人有权利昧着良心去逾越……某些障碍，但只是在为实行他的理想（有时对全人类来说也许是个救星）而有必要这样做的情况之下。您说我的文章写得很含糊，我愿意尽可能给您解释清楚。我认为这似乎是您所希望的，或许我没有猜错吧。那么让我来解释一下。在我看来，如果开普勒①或牛顿的发现，由于某些错综复杂的

① 开普勒（1571—1630），德国天文学家，发现行星运动的三大定律。

原因，没有能够为大家所知道，除非牺牲一个，或者十个，或者百个，或者更多的妨碍者或阻挠者的生命，那么牛顿为使自己的发现能让全人类知道，就有权利，甚至有义务……**消灭**这十个人或者百个人。但绝对不应该由此得出结论，说牛顿有权利随心所欲地屠杀任何人，或有权利每天在市场上盗窃。我还记得，我在文章里引申开去，一切……例如，甚至立法者们和人类社会的建立者们，从远古的时代起，到后来的里库尔果斯[①]、梭伦[②]、穆罕默德[③]和拿破仑等，他们无一例外都是罪犯，唯一的原因是由于他们都制定了新的法律，从而破坏了被社会公认为神圣不可侵犯的、从祖先传下来的古代法律。当然，他们也不怕流血，只要流血（有时十分天真的人们为维护古代的法律而英勇地流血）能对他们有利。甚至值得注意的是，人类社会中绝大多数的这些恩人和建立者都是非常可怕的刽子手。总之，我作出了这样的结论：所有这些人不但都是伟大的，而且与众稍有不同。我的意思是，他们甚至能提出新的见解，就其本性来说，必然是罪犯——当然，只有程度上的差别罢了。要不然，他们就难以显得出类拔萃；而且仍然就其本性来说，他们当然不甘心做平凡的人，而依我看，他们甚至有拒绝的义务。总之，您可以看到，到目前为止，在这方面还没有什么特别的新见解。这种老生常谈在报刊上已经发表过而且看到过千遍了。至于我把人分成平凡的和不平凡的两类，我承认，这样的划分有些武断，但是我也并不坚持数字上的不可变更。我只相信我的主要观点。这个观点是：人按照天性法则，大致可以分成两类：一类是低级的人（平凡的人），也就是，可以说，他们是一种仅为繁殖同类的材料；而另一类则是这样的一种人，就是说，具有天禀和才华的人，在当时的社会里能发表**新的见解**。当然，这样划分是可以分得无限地细的，但是这两类人的区别是相当显著的：第一类人就是一种材料，他们大抵都是天生保守、循规蹈矩、活

---

① 里库尔果斯（公元前 9 世纪—前 8 世纪），古斯巴达的立法者。

② 梭伦（约前 638—约前 559），古雅典政治家和诗人。约公元前 594 年任执政官，立法实行政治、经济改革。

③ 穆罕默德（约 570—632），伊斯兰教的创立者。

着必须服从而且乐意听命于人。在我看来，他们有服从的义务，因为这是他们的使命，而他们也认为，这根本不是什么有损尊严的事。第二类人呢，他们都犯法，都是破坏者，或者想要破坏，根据他们的能量来说。这些人的犯罪当然是相对的，而且有很大的差别；在各种不同的声明中，他们绝大多数都要求为着美好的未来而破坏现状。但是为着实现自己的理想，他甚至有必要踏过尸体和血泊，依我看，他也能忍心去踏过血泊——但这要看理想的性质和理想的规模，——您得注意这点。在我的文章里，我也仅仅在这个意义上来谈他们的犯罪权利的。（您要记住，我们是从法律问题上谈起的。）但不必大惊小怪：群众差不多从来不承认他们有这种权利，会处决或绞死他们（或多或少）。这样的处置是完全公正的，完成了他们那保守的使命；但是到下几代这样的群众又会把被处决的人们供奉在台座上，向他们顶礼膜拜（或多或少）。第一类人永远是现代的主人，而第二类人则永远是未来的主人。第一类人维持着这个世界，增加它的数目；而第二类人推进这个世界，引导它走向目标。这些人或那些人都有同等的生存权利。总之，我认为他们都有同等的权利，*永恒的战斗万岁*[①]，自然，直到我们建立新耶路撒冷[②]！”

“那么您还相信新耶路撒冷吗？”

“我相信，”拉斯柯尔尼科夫意志坚定地回答道；他说这句话的时候，就像他滔滔不绝地发表自己冗长的议论时一样，眼睛尽望着地上，看住了地毯上的一个点。

“您也—也—也相信上帝吗？请原谅我这样好问。”

“我相—相信，”拉斯柯尔尼科夫抬起眼来打量着波尔菲里，又说了一遍。

“您也相信拉撒路复活[③]吗？”

---

① 原文为法文。

② 这儿指《圣经》上一句在人世建立“天国”——新耶路撒冷的预言。

③ 耶稣使拉撒路从坟墓里起死回生，见《新约·约翰福音》第11章。

“我相—相信。您问这干吗？”

“您真的相信？”

“真的相信。”

“真是……我这样好问。对不起。但是，”他回到刚才所说的话题上来了，“要知道，他们不是永远被处死的；有些人却相反……”

“生前取得了胜利？对，有些人生前获得了成功，于是……”

“他们开始处决别人？”

“如果有必要，您要知道，甚至多半是这样。您的看法很有道理。”

“谢谢。可是请您告诉我，怎样区别平凡的和不平凡的这两类人呢？他们出世的时候，有这样的标记吗？我的意思是，这需要更大的准确性，也可以说，需要更显著的外在的明确性；请原谅我这个实事求是的、善良的人所产生的很自然的忧虑，但是能不能，比方说，置办特别的服装，戴上什么东西和打上什么烙印呢？……因为，您也会有这种想法吧，如果发生混淆，这一类中的一个人就会认为他是属于另一类的人，就会开始‘排除一切障碍’，正如您很愉快地所形容的，那么这……”

“啊，这是常有的！您这个看法甚至比刚才的更巧妙……”

“多承夸赞……”

“不必客气；可您要明白，错误可能只在第一类的人方面，就是说在‘平凡的人’方面(我这样称呼他们也许是不恰当的)。尽管他们生来就唯命是从，但是由于某种甚至连母牛也具有的天生的顽皮性格，他们中间有很多人都喜欢以进步人士自居，或者自以为是‘破坏者’，或是‘新言论’的拥护者，而且这没有半点开玩笑的意思。的确，**新人**常常不为他们所注意，甚至把他们看作落后分子或者卑躬屈节的人。但我却认为，这不会有严重危险的，您实在不必担忧，因为他们决不会走得很远。当然，如果他们头脑发热，有时可以把他们揍一顿，让他们想到自己的身份，但不可过分。甚至不需要人去揍他们：他们自己会鞭挞自己的，因为他们都是品行端正的人；有些人会互相帮助，而另一些人会自我惩罚的……同时他们也作各种公开的忏悔——效果甚佳，也富有教育意义；总之，您不必担忧……这是天理嘛。”

“嗯，至少在这方面，您使我稍微放心；可我还有一个忧虑；请您告诉我，这些有权利屠杀别人的‘不平凡的人’很多吗？我当然愿意向他们顶礼膜拜，可是您也会有种想法吧，如果这样的人很多，那是可怕的，对吗？”

“哦，这您也不必担忧，”拉斯柯尔尼科夫用同样的语调继续往下说。“总之，有新思想的人，甚至稍微能发表一些**新见解**的人，生得极少，少得可怜。只有一点很清楚：人的出生规则，这些等级和分类的规则，必须根据自然法则真实而准确地加以确定。当然这个法则现在还不知道，但是我相信，这个法则是客观存在的，以后能够为大家所知晓。芸芸众生，人类中的普通材料，生存在世界上只是为着经过某种努力，通过某种直到现在还是神秘莫测的过程，经过某个种族和血统的交配，而终于生出了多少具有独立自主精神的人，甚至一千人中只有一个。独立自主精神多一些的人也许一万人中出一个(我说个大概的数字，作为证明)。更多些的要十万人中出一个。几百万人中出几个天才，而伟大的天才，人类中的出类拔萃者，也许是世界上有了几十万万人以后才出现的。总之，我没有向产生这一切的蒸馏瓶里张望过。但是一定的法则是必然存在的；这不可能是偶然的。”

“怎么，你们俩在说笑话吗？”拉祖米兴末了叫道。“你们是不是在互相欺骗？他们坐在这儿，彼此开玩笑！罗佳，你不是在开玩笑吗？”

拉斯柯尔尼科夫默然向他抬起那苍白的、几乎是忧闷不乐的脸，不答理。在拉祖米兴看来，跟拉斯柯尔尼科夫那温和而忧郁的脸相比，波尔菲里那露骨的、纠缠不休的、刺激人的和**肆无忌惮**的挖苦似乎使人觉得奇怪。

“哦，老兄，如果这当真不是开玩笑，那么……你当然说得对，这并不新奇，跟我们已经读到过和听到过一千遍的毫无区别；但这里面什么是真正**新奇的**呢，我毛骨悚然地说，的确，就是你一个人所提出的那个主张，就是你毕竟是**昧着良心**主张流血。请原谅我吧，甚至这么狂热……这样看来，这就是你那篇文章的主题思想。要知道，**昧着良心**主张流血，这……这，我认为，比官方或法律准许流血更可怕……”

“一点儿不错，更可怕，”波尔菲里回答道。

“不，你有点儿言过其实了！错误就在这里。我要拜读一下……你言过其实了！你不会这样想……我要拜读一下。”

“文章里根本没有这个主张，文章里只作了一些暗示，”拉斯柯尔尼科夫说。

“对啊，对啊，”波尔菲里坐不住了。“我现在才算弄清楚了您的犯罪观念。但是……请原谅我纠缠不休(多多麻烦，很抱歉！)，您要知道：您刚才使我消除了分不清两类人的忧虑。可是……各种实际情况立刻又使我不安起来！假定说，有个男人或一个青年自认为是里库尔果斯或穆罕默德……——当然是未来的——而且为了这个目的而要排除一切障碍……说他将要远征，而远征需要钱……于是他开始为远征而筹措钱……您懂得我的意思吗？”

扎苗托夫突然从角落里嗤了一下鼻子。拉斯柯尔尼科夫连看也不看他一眼。

“我应当承认，”他沉着地回答道。“实际上，这样的事情一定会发生的。愚蠢和爱虚荣的人尤其会上当；特别是青年。”

“您明白啦。那么怎么办呢？”

“就是这样嘛，”拉斯柯尔尼科夫笑了笑。“这不是我的过错。就是这样嘛，而且永远是这样。他(他向拉祖米兴点点头)刚才说，我主张流血。那又怎么样呢？流放、监狱、法庭和苦役充分保障着社会的安宁，有什么可忧虑的？您只要去捉贼！……”

“要是我们把他逮住了呢？”

“他活该。”

“您的见解的确合乎逻辑。那么他的良心怎样呢？”

“他的良心关您什么事？”

“本着人道精神嘛。”

“有良心的人，如果他认识到犯了错误，就会感到痛苦的。这也是对他的惩罚——苦役以外的惩罚。”

“那么真正的天才，”拉祖米兴脸色阴沉地问。“就是那些取得了屠杀权利的人。那些人即使杀了人，也绝对不应该受苦吗？”

“为什么说‘应该’？这不是一个许可或禁止的问题。应该让他受苦，如果同情被害者的话……精神上和肉体上的痛苦，对于有大智的和深谋远虑的人永远是不可避免的。我觉得，真正的伟大人物应当忧天下之忧，”他突然沉思地补充说，甚至不像是谈话的口气。

他猛然抬起眼来了，沉思地打量了一下所有的人，微微一笑，一边拿起帽子。跟刚才进来时的神气比较起来，他是过于镇静沉着了。他也有这种感觉。所有的人都站起来了。

“嗯，您骂我也罢，不骂我也罢；您生气也罢，不生气也罢，我都受不了，”波尔菲里·彼得罗维奇又断然说。“让我再提一个问题(多多麻烦您！)，我想谈一下一个没有多大意思的想法。我所以要谈一下，只是免得忘记……”

“好吧，谈谈您的没有多大意思的想法吧，”拉斯柯尔尼科夫站在他面前等着，脸色严肃而苍白。

“就是这样……我实在不知道怎样才能说得更清楚……这完全是一种开玩笑的想法，心理上的……您写文章的时候……嗨，嗨！您免不了把自己也看作——哪怕只有一点儿——用您的话来说，一个‘不平凡的’、能发表**新见解**的人……是这样吗？”

“很可能，”拉斯柯尔尼科夫鄙夷地回答道。

拉祖米兴扭动了一下身体。

“要是这样，难道您就决意——因为生活上某些挫折或穷困，或者为了使全人类幸福——去逾越一切障碍吗？……比方说，杀人、抢劫？……”

他不知怎的忽然又向他挤挤左眼，无声地笑了起来，和刚才完全一样。

“如果我逾越了，我当然不告诉您，”拉斯柯尔尼科夫带着挑衅的神气，傲慢而鄙夷地回答道。

“不，我只对这很感兴趣。说实在的，为了弄懂您的文章，而且只限于语言规范方面……”

“呸，这多么露骨和无耻！”拉斯柯尔尼科夫心里厌恶地想。

“请允许我说一句，”他冷冷地回答道。“我并不把自己看作穆罕默德或拿破仑……也不自认为是这一类的人物，因为我不是他们，所以我没法作出使您满意的解释：我会怎样行动。”

“得啦，在我们俄罗斯，现在谁个不认为自己是拿破仑？”波尔菲里忽然用异常亲昵的口气说，连他的声调里这会儿也含有一个十分明显的意思。

“上星期用斧头劈死我们阿廖娜·伊凡诺夫娜的是不是一个未来的拿破仑？”扎苗托夫忽然从角落里唐突地说。

拉斯柯尔尼科夫不作声，目光坚定地凝视着波尔菲里。拉祖米兴忧闷不乐地拧紧了眉头。在这以前，他仿佛已经开始注意到什么。他愤怒地四下望望。一阵极不愉快的沉默持续了片刻工夫。拉斯柯尔尼科夫返身要走。

“您要走啦！”波尔菲里和蔼地说，异常客气地伸过手去。“我十分高兴跟您相识。至于您的请求，那毫无问题。您照我所说的写份请求书来。最好您亲自到那儿去找我……一两天内随便什么时候……明儿也好。十一点钟我一定在那儿。办完一切手续，我们谈一谈……您是上那儿去的最后一个人，也许能告诉我们什么情况……”他态度极和善地补了一句。

“您想要按照法律程序正式审问我？”拉斯柯尔尼科夫厉声问。

“为什么？目前还没有这个必要。您误会了我的意思。要知道，我不放过一个机会……我已经跟所有押户都谈过话……我已经从一些人口中得到了证词……您是最后一个……哦，顺便说说！”他不知为什么忽然高兴起来，叫喊道。“我刚巧记起了我正在思考的一个问题！……”他转身向着拉祖米兴，“要知道，你老是提到这个尼古拉什卡，听得我的耳朵起了老茧……嗯，我知道，我知道，”他又转身向拉斯柯尔尼科夫，“这个人是无辜的。可我有什么办法呢，不得不麻烦一下米杰卡……问题，问题的实质在于：您上楼的时候……请问，您是七点多钟上楼的吗？”

“七点多钟，”拉斯柯尔尼科夫回答道，他心里立刻觉得不满，这句话他可以不说。

“您七点多钟上楼的，可曾看见二楼上门开着的那套房间里——您记得吗？——有两个工匠，或者至少有其中的一个？您看见他们在那儿油漆吗？这对他们是非常重要的！……”

“两个油漆匠？不，我没有看见……”拉斯柯尔尼科夫慢条斯理地仿佛沉浸在回忆中似的回答道。这当儿，他的神经根根紧张起来了，因为想快些猜出圈套设在哪里，有没有疏忽大意，而痛苦得心都揪紧了。“不，我没有看见，也没有注意到开着门的那套房间……可是四楼上（他已经充分了解这个圈套，觉得很得意）——我记得有个官吏在搬家……就是阿廖娜 · 伊凡诺夫娜对门的那一套房间……我记得……这我记得很清楚……几个士兵搬出来了一张长沙发，把我挤到了墙跟前……可是两个油漆匠……不，我记不起有油漆匠……而且似乎没有一家开着门。是的；没有……”

“你说什么啊！”拉祖米兴仿佛清醒过来，领悟了似的，忽然叫道。“在谋杀案发生那一天有两个油漆匠在油漆，而他是在三天前上那儿去的？你问这干什么？”

“哎哟！我弄错了！”波尔菲里拍了一下自己的额门。“该死，我被这件事搞糊涂了！”他对拉斯柯尔尼科夫说，仿佛很抱歉似的。“弄清楚七点多钟有没有人在那套房间里见过他们，这对我们是很重要的。可是现在我以为，您也能告诉我们……我完全搞错了！”

“你应该细心些。”拉祖米兴脸色阴沉地说。

最后几句话是在前室里说的。波尔菲里 · 彼得罗维奇异常客气地送他们到门口。两个人走到了街上，他们都脸色阴沉、愁眉不展，走了好多步路，没有谈过一句话。拉斯柯尔尼科夫深长地舒了口气……

六

“……我不相信！我不能相信！”摸不着头脑的拉祖米兴反复地说，极力要驳倒拉斯柯尔尼科夫的那些理由。他们快走到巴卡列耶夫旅馆了。普尔赫里雅·亚历山大罗夫娜和杜尼雅在那儿已经等候他们好久了。拉祖米兴在热烈的谈话中不时在路上停下来。他惶窘而又激动，因为他们还是头一次坦率地谈论这个问题。

“你不相信！”拉斯柯尔尼科夫脸上露出漫不经心的冷笑回答道。“你总是什么也觉察不出，可我咂摸着每个字眼。”

“你神经过敏，所以咂摸着……嗯……的确，我同意你的意见。波尔菲里说话的口气相当奇怪，尤其是那个坏蛋扎苗托夫！……你说得对，他怀着鬼胎——可是为什么呢？为什么呢？”

“他反复地想了一夜呢。”

“根本不是那么回事，根本不是那么回事！假如他们有这个荒谬的想法，那么他们就会竭力把这个想法掩藏起来，把手里的牌藏起来，为的是往后逮住你……可是现在——这是无耻的、轻率的！”

“如果他们掌握了材料，掌握了确凿的罪证，或者多少有些充分可疑的理由，那么他当真会把这个把戏掩盖起来的：希望得到更大的胜利嘛（而且他们早已去搜查了！），可是他们并没有掌握材料，连一件罪证也没有呢——一切都是幻景，一切都是模棱两可的，只是一种毫无根据的想法。他们这才不择手段极力想把我搞糊涂。但他也许因为没有证据而恼羞成怒了，因恼羞成怒而诬蔑人。但也许有什么意图……他似乎是个有才能的人……佯装他知道，也许是想吓唬我……老兄，这是你的心理作用……可是这一切我不愿意解释。别谈啦！”

“这是侮辱，侮辱！我了解你！可是……因为我们现在坦率地谈起来了（这好极了，我们终于坦率地谈起来了，我很高兴！），现在我向你坦然说，我早已发觉他们有这个想法。当然啰，那时只不过稍作暗示，说得含含糊糊的，可是干吗说得含含糊糊！他们怎么敢？他们有什么根据？我告诉你吧，我是多么气愤啊！这怎么可以呢：仅仅因为一个受贫困和忧郁症的折磨的大学生，在他神志昏迷、严重的疾病发作的头一天，也许病刚刚发作(要注意这点！)，他多疑，自尊心强，高傲，半年来呆在自己斗室里不见任何人，穿着破衬衫和脱落了底的鞋子——在几个卑鄙的警察面前受了侮辱；而且还给他看一张意想不到的借票，七等文官切巴洛夫交来的一张过期的借票；又有难闻的油漆味儿，列氏温标[①]上升到三十度，空气沉闷，一大群人聚集在一起，大谈着一件谋杀案，他头一天上那个被杀害的老太婆家里去过，这一切——何况他肚子又饿！他哪会不昏倒！这便是他们的全部根据！该死！我明白，这是令人愤慨的。可是罗奇卡，我换了你，就会朝着他们的脸哈哈大笑，或者干脆唾他们的脸，啐他们一脸唾沫，再左右开弓猛打他们二十记响亮的耳光，得常常给他们以应有的教训才算出了这口怨气。别放在心上！勇敢些！这是耻辱！”

“他倒说得很对，”拉斯柯尔尼科夫心里想。

“别放在心上？明儿又是审问！”他苦恼地说。“难道我走进去向他们解释吗？我很懊悔，昨天我不该在酒店里跟扎苗托夫扯淡……”

“他妈的！我亲自去找波尔菲里！我以亲戚的身份逼他说出来，叫他原原本本讲给我听。可是扎苗托夫……”

“他到底把他看透了！”拉斯柯尔尼科夫心里想。

“慢着！”拉祖米兴突然抓住他的肩膀叫喊起来。“慢着！你错啦！我考虑再三：你错啦！这算是什么诡计？你说说：问问那两个工匠可算诡计吗？你想想看：如果这是你干的事，你会说，你见过工匠，他们在油漆房间？……反之，你即便看见过，你也会说什么也没看见！谁会承认不利于自己的事？”

“如果**那件事**是我干的，我一定会说，我看见过工匠和那套房间，”拉斯柯尔尼科夫不愿意地、显然厌恶地继续回答道。

“为什么要说不利于自己的话呢？”

---

①法国博物学家列奥米尔于1930年制定的温标(水的凝固点为零度，在标准大气下的沸点为80°)。

“因为只有那些乡巴佬或者最缺乏经验的新手才会在受审时抵赖一切。稍有头脑或经验的人一定会尽可能地承认一切表面的和不可隐瞒的事实；只是他们会找些别的理由来解释这些事实，使这些事实具有独特的和意想不到的特点，因而这些事实就具有完全不同的意义，给人以不同的印象。波尔菲里一定以为我准会这样回答的，准会说我看见过；同时为了使人信以为真，我还会再作一番解释的……”

“可他立刻就会对你说，两天以前那两个工匠不可能在那儿，所以在谋杀案发生那天七点多钟，一定是你在那儿。那你就会在这样的一个细小的问题上上当。”

“这就是他的诡计嘛。他以为我来不及思考，会急忙对他说出较为真实的话来，而且忘记两天以前那两个工匠不可能在那儿。”

“这你怎么会忘记呢？”

“那是最容易忘记的！狡猾的人也极容易在这样的一些细节问题上搞糊涂的。人越狡猾，就越想不到他会在一个普通的问题上上人家的当。在极普通的问题上上人家的当的正是最狡猾的人。波尔菲里根本不像你们所想象的那么傻……”

“如果他这样干，他就是个卑鄙的东西！”

拉斯柯尔尼科夫不禁笑了起来。但那时他却觉得自己作最后一番解释时那种又兴奋又快乐的情绪很奇怪，虽然在这之前他总是怀着忧郁而厌恶的心情跟人谈话，显然这是为了要达到某些目的而不得不如此。

“我对有几点倒很感兴趣！”他暗自想。

但是不知怎的，他几乎同时忽然觉得不安起来，仿佛有个意想不到的、令人惊慌的念头使他猛吃一惊。他的不安情绪增强了。他们已经来到了巴卡列耶夫旅馆的入口。

“你一个人进去吧，”拉斯柯尔尼科夫忽然说。“我马上就回来。”

“你上哪儿去？我们已经到了！”

“我实在没法儿；我有事嘛……半小时后我就回来……你对她们说一声。”

“随你的便，我跟你一块儿去！”

“怎么，你也要使我苦恼吗！”他眼里露出绝望的神色，那么痛苦而愤怒地叫喊起来，使拉祖米兴嗒然若失。他在台阶上站了一会儿，脸色阴沉地望着拉斯柯尔尼科夫快步朝自己所住的那条胡同走去。末了，他咬紧牙关，握紧拳头，发誓说，今天他一定要把波尔菲里像柠檬一样拧干，一边跑上楼去安慰因这么久还不见他们去而焦急不安的普尔赫里雅·亚历山大罗夫娜。

拉斯柯尔尼科夫回到了自己所住的房子，气喘吁吁，两鬓被汗浸湿了。他慌慌忙忙跑上楼去，一走进自己那间没有锁上的屋子，立刻就把门钩扣住。接着他惊慌不安地发疯般地往角落里的壁纸后面藏过东西的那个窟窿扑去，把手伸入窟窿里仔细地掏了一阵，并把壁纸的各个裂缝和褶皱都查看了一遍。他什么也没有找到，于是站了起来，深深地舒口气。刚才他已经走到巴卡列耶夫旅馆的台阶前，忽然想到一件什么东西，一条链子，一个扣子，甚至一张包过这些东西并有老太婆亲手作过记号的纸，可能在什么时候不知不觉地失落了，失落在一条裂缝里，往后会突然成为一件意料不到的和不可反驳的控告他的罪证。

他站立着，仿佛陷入了沉思。他的嘴角上浮现出奇怪的、屈辱的和惘然的微笑。末了，他拿起制帽，悄悄地溜出屋子走了。他心绪烦乱，若有所思地走下楼去，来到了大门口。

“就是他嘛！”一个响亮的嗓音叫喊道；他猛然抬起头来。

看门人站在自己的小屋门口，向一个身量不高的人直指着拉斯柯尔尼科夫。这个人的样子像个小市民，穿着一件睡衣样的长褂和一件背心，远看起来活像个乡下女人。他头上戴着一顶油腻腻的制帽，低低地压在眉毛上。他完全像个驼背；那张布满皱纹的衰老的脸使他看起来有五十开外；那对浮肿的小眼睛阴郁地、严厉而又不满地望着。

“有什么事吗？”拉斯柯尔尼科夫问，一边走到看门人跟前去。

那个小市民皱起眉头瞟了他一眼，凝神而用心地、不慌不忙地打量起来，接着慢慢转过身去，一句话也没说，跨出大门，往街上走去。

“怎么回事！”拉斯柯尔尼科夫高声地叫道。

“有个人来问，有没有一个大学生住在这里，他说了您的名字，问您住在谁的屋子里。您恰好走出来，我就指给他看，可是他走了。就是这么回事。”

看门人也有点儿摸不着头脑，但他并不觉得这是什么了不得的事情，稍微沉吟一下，就返身回到自己的小屋里去了。

拉斯柯尔尼科夫去追赶这个小市民，马上就看见他在大街对面走，照旧迈着匀调的、从容不迫的步子，眼睛尽望着地上，仿佛转着什么念头似的。他不久就追上了这个小市民，尾随着他走了一阵子；末了，拉斯柯尔尼科夫跟他并排走着，打侧面端详着他的脸。后者立刻就发觉了，扫了他一眼，可是又埋下眼睛。他们这样又走了一阵子，虽然并排走着，却没有搭讪过。

“您向看门人……问起过我吗？”拉斯柯尔尼科夫终于问，但不知怎的他的声音很低。

这个小市民不答理，连看也不看他一眼。他们又不说话了。

“您干吗……来打听我……您又不说话……这是什么意思？”拉斯柯尔尼科夫的话音中断了，不知怎的，他不肯把话明白地直说出来。

小市民这会儿抬起眼来，用凶恶的、忧郁的目光打量了一下拉斯柯尔尼科夫。

“凶手！”他突然说，声音低沉，可是很清楚……

拉斯柯尔尼科夫在他身旁行走着。他的两腿突然发软了，一丝力气也没有了，背上也发冷了，心刹那间仿佛揪紧了，接着又突然扑通扑通地直跳起来，好像脱出了钩似的。他们又默然并排走着，这样走了百来步路。

那个小市民却看也不看他一眼。

“您说什么……说什么……谁是凶手？”拉斯柯尔尼科夫声音微弱地喃喃说。

“你是凶手，”那个小市民说得更清楚而且更有力，脸上仿佛浮现出洋洋得意而又带有敌意的微笑，又直瞅着拉斯柯尔尼科夫那苍白的脸和那对目光呆定的眼睛。那时他们两个人已经走到了十字路口。那个小市民向左踅入一条街，头也不回地走了。拉斯柯尔尼科夫却站着不动，朝着他的背影望了很久。他看见那个小市民走了五十来步路，回过头来看了他一眼，而他还是站在原地不动。已经看不清楚了，但是拉斯柯尔尼科夫却觉得，那个小市民这一回又流露出那冷淡而带敌意的、洋洋得意的微笑。

拉斯柯尔尼科夫挪着缓慢的、软弱无力的步子，两膝瑟瑟发抖，仿佛发冷似的折回去，跑上楼走进了自己的斗室。他摘下制帽放在桌上，就一动不动地在桌旁待了十来分钟，过后就乏力地病恹恹地在长沙发上躺下了，两腿伸得笔直，嘴里发出微弱的呻吟；他合上了眼，就这样躺了半小时光景。

他什么也不想了。于是他心里浮起了一些念头，或者各种片断的思想，或者一些混乱而不连贯的印象——他还在童年时代在什么地方见过或只见过一面，但从来没有想起过的人们的脸；教堂的钟楼，一家小酒店的台球台，一个军官在打台球，地下室里的一家烟草铺的雪茄味儿，一家卖酒铺，一条后楼梯，漆黑一片，污水淋漓，蛋壳狼藉，从什么地方传来了星期日的钟声……幻象不断地变换着，旋风般地旋转着。有些幻象他甚至很喜爱，不让它们消逝，可是它们都消失得无影无踪了。他心头总是感到压抑，但不是很强烈的。他有时甚至还感到高兴。那轻微的寒颤还没有消失，这差不多也使他有一种舒服感。

他听到拉祖米兴那急促的脚步声和说话声，就闭上了眼睛，装作睡熟了的样子。拉祖米兴推开门，在门限上站了一会儿，仿佛踌躇不决似的。接着他悄悄地走进屋子，蹑着脚走到长沙发跟前。拉斯柯尔尼科夫听见了娜斯塔西雅轻轻的说话声：

“别惊醒他；让他好好地睡一觉；他才会想吃东西。”

“对啊，”拉祖米兴回答道。

两个人小心翼翼地走出去了，还轻轻地掩上了门。又过了半小时光景。拉斯柯尔尼科夫睁开眼来了，又把两手垫在脑后，仰躺着……

“他是谁啊？这个从地下钻出来的人是谁啊？当时他在哪儿？看见过什么？毫无疑问，他什么都看见了。那时他站在什么地方，从哪儿看见呢？他为什么现在才从地板下面钻了出来？他哪能看见——这怎么可能呢？……哼……”拉斯柯尔尼科夫冷得浑身瑟瑟发抖，继续思忖着。“尼古拉在门后发现的那只盒子，难道这也能引起对我的怀疑吗？这是罪证吗？你只消有一点儿疏忽，就会造成埃及金字塔那么大的罪证！有一只苍蝇飞过，它看见了！难道竟有这样的事吗？”

他忽然非常厌恶地感觉到，他多么衰弱无力啊，他一丝力气也没有了。

“这个我应该知道，”他带着苦笑想，“我怎么敢于，我有自知之明，我自己有过**预感**：我会拿斧头去杀人……我应该预先知道……咳！我不是预先知道了吗！……”他绝望地嘟哝说。

他有时呆愣愣地想着一个念头：

“不，那些人不是这种材料做的：真正的**统治者**①，他才可以为所欲为，攻破土伦，在巴黎进行大屠杀，**忘记**在埃及的一支军队，在莫斯科远征中糟蹋了五十万条人命，却在维尔诺②说了一句语义双关的俏皮话，敷衍了事；他死后，人们还替他塑像——这样看来，他是可以**为所欲为**的。不，大概这些人的身体不是血肉之躯，而是铜铸的！”

突然出现的另一个念头几乎使他放声大笑起来：

“拿破仑、金字塔、滑铁卢③同一个瘦骨嶙峋的、可恶的十四等文官的太太，在床底下放着一只红箱子的放高利贷的老太婆相提并论——哪怕是波尔菲里·彼得罗维奇，能领会这个道理吗！……他怎能领会呢！……这在美学上是不容许的：‘拿破仑会爬入“老太婆”的

---

①指拿破仑一世：1793 年 12 月 17 日波拿巴上尉率领革命军的一支部队，以突袭占领了被认为是不可攻克的土伦（法国城市）。1795 年 10 月波拿巴对保皇党在巴黎的起义实行血腥镇压。1799 年波拿巴将军率领大军远征埃及，丢了一支陷于困境的军队逃回法国，在法国发动政变夺取了政权。法国将军科兰古侯爵曾写道：1812 年在侵俄战争中，拿破仑的军队被击败后，拿破仑皇帝曾经说：“从崇高到可笑只有一步之差，让后世去判断吧。”这句话从此成为一句成语。

②维尔诺是波兰的一座城市，现在立陶宛首都，名为维尔纽斯。

③滑铁卢是比利时的一个村庄，1815 年 6 月 18 日拿破仑在该村附近的战斗中大败。

床底下去！咳，窝囊废！……’”

他时刻觉得，他好像语无伦次：他陷入了热病的兴奋状态。

“老太婆算得了什么！”他紧张而激动地想。“老太婆，这也许是个错误，问题不在于这个老太婆！老太婆只是一种病……我想尽快地跨过……我杀死的不是一个人，而是一个原则！我破坏了一个原则，但跨没有跨过去，还是停留在这一边……我只会杀人。而且我似乎也没有能力干那种事……原则吗？那个傻瓜拉祖米兴刚才为什么骂那些社会主义者？他们也是爱劳动的人，也是买卖人；他们为‘公众谋福利’……不，我只能活一次，不能活第二次，我不愿等待‘普遍的幸福’的到来。我要自力更生，不然的话，还是不活好。那么怎么办呢？我只是不愿等待‘普遍的幸福’的到来，而坐视我的母亲挨饿。说什么‘我搬一块砖头去建立普遍的幸福①，因此我心安理得。’哈——哈！你们为什么让我溜走。要知道，我只能活一次，我也要……唉，从美学上看来，我不过是只虱子，”他补充说，突然疯子般狂笑起来。“对，我当真是只虱子，”他幸灾乐祸地尽想着这个念头，继续往下说，一边把这个念头反复地咂摸，玩弄着取乐，“第一，只因为我现在断定我是只虱子；第二，所以我整整一个月来麻烦着仁慈的上帝，叫他做证人，证明我干这种事并不是为了个人肉体上和性欲上的满足，而是由于一个崇高的和有意义的目的——哈——哈！第三，所以我决意在实行我的计划时做到尽可能公平合理，注意重量和尺度，进行计算：我从所有虱子中挑选出最不中用的一只，杀死了它，决定从她那儿拿走我实行第一个步骤所需要的钱，不多拿也不少拿（这样，余下的钱，可以按照死者的遗嘱捐赠给修道院——哈——哈！）……所以，所以我十足是只虱子，”他又咬牙切齿地补充说。“因为我本人比起那只被杀死的虱子来，也许更可恶、更下流，而且我有**预感：我杀了它后**，会对自己这样说的！难道还有什么事情能跟这种恐怖相比吗！啊，

---

① 套用19世纪30年代法国进步团体所普遍采用的一个公式：“搬来自己的石头建设一个新世界。”

庸俗！啊！卑鄙！……哦，我是怎样理解‘先知者’的，他手执马刀，坐在马背上：安拉[1]吩咐，‘发抖的’畜生，你必须服从！‘先知者’说得对，说得对，当他在当街一处地方架起了一排炮，轰击无辜的和有罪的人时，甚至连解释也不解释一下！发抖的畜生，你只要服从好了，**不要期望什么**，因为这不是你分内的事！……啊，我决不，我决不宽恕那个老太婆！”

他的头发被汗浸湿了，两片颤动着的嘴唇干裂了，那呆滞的目光注视着天花板。

“妈妈，妹妹，从前我多么爱她们！现在我为什么憎恨她们？是的，我憎恨她们，生理上憎恨她们。我讨厌她们站在我身边……刚才我走近去，吻了母亲，我记得……我拥抱她，心里想，如果她知道了，那么……难道那时就告诉她不成？我会这样做的……哼！她大概是和我一样的人。”他补了一句，一边努力思索着，仿佛在跟攫住了他的神志昏迷的状态作斗争。“啊，我现在多么憎恨那个老太婆！如果她还魂，那我就再次杀死她！可怜的丽扎韦塔！她为什么这个时候走进来！……很奇怪，为什么我几乎没有想到她，仿佛我没有杀死她似的？丽扎韦塔！索尼雅！她们都是怪可怜的、温柔的，都长着一对温柔的眼睛……她们都是可爱的人！她们为什么不哭？她们为什么不哼叫？……她们牺牲一切……温和地静悄悄地看着……索尼雅，索尼雅！温柔的索尼雅！……”

他想得出神了；他觉得奇怪，他记不起怎么会来到了街上。时候已经很晚了。天色越来越黑，满月越发明亮；但不知怎的，空气却格外闷热。人们成群地在街上行走；工匠们和职工们都回家去了，另一些人在溜达；有一股石灰、灰尘和死水的气味。拉斯柯尔尼科夫走着，忧心忡忡，闷闷不乐：他记得很清楚，他抱着一个什么目的从家里出来，必须干一件什么事，并且得赶快去干，可是去干什么——他忘记了。他突然站住，看见街道对面人行道上站着一个人，在向他招手。他穿过

---

①伊斯兰教徒也称安拉为真主。

街，走到他跟前去了，可是这个人忽然转身走了，仿佛没有向他招过手似的，低下了头，没有掉转头来，也没有做出喊过他的样子。“他真的喊过我吗？”拉斯柯尔尼科夫心里想，但他追上去了。还没有走十来步路，他忽然认出了这个人，不觉害怕起来：这就是刚才他碰到过的那个小市民，穿着同样的长褂，背也是驼的。拉斯柯尔尼科夫离他很远地行走着；心扑通扑通地直跳；他踅入一条胡同，那个人还是没有掉转头来。“他是不是知道我尾随着他？”拉斯柯尔尼科夫心里想。那个小市民走进一所大房子的大门里去了。拉斯柯尔尼科夫加快脚步走到了大门前，张望起来：他会不会回过头来喊他？真的，那个人跨过门限，走进院子时，忽然扭转头来，又仿佛向他招了一下手。拉斯柯尔尼科夫立刻跨过门限，可是院子里已经看不见那个小市民。这样看来，他此刻一定到了第一级楼梯上了。拉斯柯尔尼科夫奔去追他。真的，在相隔二级的楼梯上传来一个人的均匀的、不慌不忙的脚步声。很奇怪，这条楼梯仿佛很熟悉！那是一层楼的一个窗子：月光透过玻璃射入了凄凉而神秘的光辉；这就是二楼。咦！这就是两个油漆匠油漆过的那一套房间……他怎么没有立刻认出来？走在前头的那个人的脚步声听不见了：“这样看来，他站住了，或者在什么地方躲起来了。”这里是三楼；还要上去不？多么静啊，静得怕人……可是他上去了。听到自己的脚步声，他又害怕又发慌。天哪，多么黑暗啊！那个小市民大概在这儿什么地方的角落里躲起来了。哟！那一套房间朝楼梯的门洞开着；他沉吟了一下，走进去了。前室里黑沉沉、空荡荡的，仿佛一切东西都搬走了；他悄悄地蹑着脚走进了客厅：客厅里照满了月光；这儿一切东西都和以前一样：几把椅子、一面镜子、一张黄沙发和几幅装在镜框里的油画。那又大又圆的红铜色的月亮朝窗子里窥视着。“原来是月光照得屋子里这么静，”拉斯柯尔尼科夫心里想，“它现在大概在给人猜谜语。”他站住了，等待着，等了好久，月光越宁静，他的心越跳得厉害，甚至跳得发痛了。一片寂静。突然传来一阵刹那间就消逝的干裂声。仿佛松明被折断了似的，一切又归沉寂。一只睡醒了的苍蝇突然在玻璃窗上猛撞，一边诉苦似的嗡嗡叫着。这当儿，在角落里、在一口小橱柜和窗户之间，他看见仿佛有一件女人的大衣挂在墙上。“这儿怎么会挂着女人的大衣？”他心里想。“以前没有这件大衣……”他悄悄地走过去，猜疑着，这件女人的大衣里面仿佛躲着一个人。他小心翼翼地把大衣掀开，原来这儿放着一把椅子，这把放在角落里的椅子上坐着一个老太婆，浑身抽搐着，低下了头，所以他怎样也看不清楚她的脸，但这就是她。他站住了，俯下身去看个仔细：“她害怕啦！”他心里想，悄悄地从环圈里拿出斧头，一下又一下地猛击老太婆的天灵盖。但是很奇怪：她挨着斧头的猛击，却一动也不动，像根木头似的。他害怕起来，身子俯得更低，想把她看个清楚；可是她也把头俯得更低。于是他把身子弯到地板上，从下面看她的脸，瞅了她一眼，不觉吓呆了：老太婆坐着发笑——发出了一阵轻轻的、无声的笑，并极力不让他听见她的笑声。他忽然觉得，卧室的门打开了一点儿，那儿仿佛也有人笑起来，在窃窃私语。他要发疯了：他用足力气揍老太婆的脑袋，可是斧头每砍一下，卧室里的笑声和窃窃私语更响更清晰了，而老太婆却笑得前仰后合。他狂奔逃命，可是通道上已经站满了人，楼梯上的门都开得很大。平台上、楼梯上以及下面各处都是人。他们在交头接耳，望着他——可是都躲起来了，等待着，默不作声！……他的心揪紧了。两脚挪不动了，粘合在一起了……他想叫喊，突然醒了。

他深深地舒了口气，可是很奇怪，梦似乎还在继续做下去：他的门被开得很大，门限上站着个陌生人，定睛地看住他。

拉斯柯尔尼科夫还没有完全睁开眼来，立刻又闭上了。他一动不动地仰躺着。“是不是还在做梦，”他心里想，又不知不觉地微微扬起睫毛看了一下：那个陌生人还站在那个地方细瞧着他。他突然小心翼翼地跨过门槛走了进来，并谨慎地带上了门，走到了桌子跟前，等了一会儿——他的目光一直没有从他身上移开过——悄悄地、几乎无声地在长沙发旁边的一把椅子上坐了下来；他把呢帽放在地板上自己的脚边，两手支在手杖上，下巴颏搁在两手上。显然，他准备等很多时候。从睫毛的眨动中，他约略地看出，这个人年纪已经不轻，身体肥胖，有一部浓密的、淡色的、近乎白色的胡子。

十来分钟过去了。天色还明亮，但已经是黄昏时分。屋子里静寂无声。楼梯上甚至没有传来一丝声音。只有一只大苍蝇嗡嗡地飞着，在窗玻璃上猛撞，末了，这叫人不能忍受了，拉斯柯尔尼科夫突然支起半截身子，坐在长沙发上。

"您说吧，您有什么事？"

"可是我知道，您没有睡着，只佯装睡着，"那个陌生人奇怪地回答道，一边沉着地纵声大笑。"我是阿尔卡奇·伊凡诺维奇·斯维德里加依洛夫……"

第四章

一

“难道还在做梦吗？”拉斯柯尔尼科夫又想道。他仔细而又怀疑地端详着这个不速之客。

“斯维德里加依洛夫？真是胡说八道！不可能！”末了，他困惑地大声说。

客人听到这阵叫喊声，似乎并不觉得奇怪。

“我来找您有两个原因：第一，我很想亲自登门求教，因为我久仰大名，早已听到了许多奉承您的很有趣的话；第二，我希望，也许您不会拒绝帮助我做一件跟令妹阿夫多季雅·罗曼诺夫娜有直接利害关系的事。因为她抱有成见，如果不通过您，现在她也许不肯接见我；但是有您的帮助，情况就不同了，我就有希望……”

“您的希望落空了，”拉斯柯尔尼科夫插嘴说。

“请问，她们不是昨天才到的吗？”

拉斯柯尔尼科夫没有回答。

“我知道，她们昨天到的。我自己也是前天才到这里。哦，罗季昂·罗曼诺维奇，关于这件事，我要向您说这么几句话：我认为没有必要替自己辩解，但是请您告诉我，我的意思是，如果不抱成见，公正地加以判断，在这件事情上，我真的犯了这么大的罪吗？”

拉斯柯尔尼科夫还是默然打量着他。

“我在自己家里迫害过一个无力自卫的女子，向她无耻地求婚，借此侮辱她，是不是这样？（我自己先说吧！）但是您只消想一想，我到底也是人，*凡是人所具有的东西*①……总之，我也能被迷住和堕入情网（当然这不是决定于我们的意志的事），那么，一切只能说成是自然而然地发生的了。总的问题是：我是个恶棍，还是个牺牲者？假如我是个牺牲者呢？要知道，当我要求我的情妇跟我双双私奔上美国或瑞士去的时候，我也许是怀着最大的敬意的，而且还打算建立双方的幸福！……理智是爱情的奴隶；我大概更害了自己吧！……”

“根本不是那么回事，”拉斯柯尔尼科夫厌恶地插嘴说。“不管您对不对，您简直使人讨厌。她们不愿跟您交往，您会被撵出来的，走吧！……”

斯维德里加依洛夫忽然纵声大笑起来。

“可是您……可是您倒不会上人家的当，”他坦然大笑说。“我本来想要一下手段，可是，不，却被您揭穿了！”

“您此刻还在要手段。”

“那又怎么样呢？那又怎么样呢？”斯维德里加依洛夫重复地说，坦然大笑。“这就是所谓光明正大的战斗[②]，并且也是可以允许的哄骗！……可您还是打断了我的话；不管怎样，我要再说一遍：要是没有花园里所发生的那件事，那就不会有任何的不愉快了。玛尔法·彼得罗夫娜……”

“据说，玛尔法·彼得罗夫娜也是您害死的？”拉斯柯尔尼科夫粗暴地打断了他的话。

“您也听到了这句话吗？您当然会听到的……嗯，您提出这个问题来，我真不知道该怎样回答您，虽然在这件事情上我问心无愧。我的意思是：您别以为我有什么顾虑；一切都十分正常，无可怀疑的：医生诊断她脑溢血，原因是她把一瓶酒几乎全喝光了，饱饱地吃了一顿午饭后，立刻就去浴疗；而且检查不出别的原因……不，我后来暗自想过，特别是在途中坐在火车里的时候：这件……不幸的事是不是因为我在精神上刺激了她，或者是诸如此类的原因所促成的？可是我得出了结论，这绝对不可能。”

拉斯柯尔尼科夫笑起来了。

---

① 原文为拉丁文，引自古罗马喜剧作家泰伦提乌斯（约前190—前159）的喜剧《自责者》，全句的意思是：我是人，凡是人所具有的东西，我都有。

② 原文为法文。

“您倒觉得这么不安！”

“您笑什么啊？您要知道，我只用小鞭子抽了她两下，身上连一条伤痕也没有。您别把我当作玩世不恭的人；我十分明白：我这是多么恶劣啊，我还有其他恶劣的行径哩；可是我的确也知道，玛尔法·彼得罗夫娜可能非常喜欢我这种所谓的多情。令妹的事完全结束了。玛尔法·彼得罗夫娜已经迫不得已在家里待了两天多；她没有必要再上城里去了。她那封信已经念得大家都听腻了（您听说过她念信的事吗？）。这两鞭子好像从天而降！她第一件事是吩咐套马车！……我且不谈女人有时非常乐于被人玩弄这一点，虽然她们表面上装得似乎十分气愤。每个女人都是如此嘛：人大抵甚至极喜欢被玩弄的，您注意到这点没有？妇女们尤其如此。甚至可以说，这是她们唯一的乐趣。”

有个时候，拉斯柯尔尼科夫想从床上爬起来走掉，摆脱这个客人。但是某种好奇心，甚至仿佛是某种打算，把他暂时留住了。

“您爱吵架吗？”他心不在焉地问。

“不，我不太喜欢，”斯维德里加依洛夫沉着地回答道。“我几乎从来没有跟玛尔法·彼得罗夫娜吵过架。我们夫妻和睦，她对我一向很满意。在我们婚后七年中，我只使用过两次鞭子（如果第三次不计在内，但是这一次是有双关意义的）：第一次是在我们结婚后两个月一到乡下马上就发生的；而现在所说的一次是最后的一次。您以为，我是一个大恶棍、顽固派和农奴制的拥护者吗？嗨—嗨……顺便说说，罗季昂·罗曼诺维奇，您可记得，几年前，还在有良好效果的开放言路的时期[①]，有一个贵族——他的姓名我忘了！——在火车上还用鞭子抽了一个德国女人，因而遭到民众和各报刊的揭发而名誉扫地[②]，您还记得吗？当时，就在那一年，还发生了《世纪》杂志的一个

---

① 指农奴制废除前后的一段时期。

② 1860 年底，各报都报道了地主柯兹里雅英诺夫揍一个里加女人这件令人愤慨的事。陀思妥耶夫斯基主办的《时代》杂志（1861 年第 1 期）不满于“亲手的处罚”而揭发了《北方蜜蜂报》袒护柯兹里雅英诺夫的行为。

可耻的行为①(唔，当众朗诵了《埃及之夜》，您可记得？一对黑眼睛啊，我们青春的黄金时代，你在哪儿！)。嗯，我的意见是这样：我对用鞭子抽一个德国女人的那位先生并不寄予深切的同情，因为这到底……有什么可同情的呢！可我同时也不能不声明，有时有这样一些惹人恼火的‘德国女人’，我觉得，没有一个进步人士能够绝对保证自己不动怒。当时没有人从这个观点来看问题，然而这个观点是真正的人道的观点，确是如此！”

说了这些话后，斯维德里加依洛夫忽然又放声大笑起来。拉斯柯尔尼科夫明白了，这是个主意坚决和胸有城府的人。

“您大概有几天没跟人谈话了吧？”他问。

“差不多是这样。怎么，我这个人这样随和，您大概觉得很奇怪吧？”

“不，我感到惊奇的倒是因为您是个太随和的人。”

“是因为我没有因您提出粗暴无礼的问题而生气吗？是不是这样？可是……为什么要生气呢？您问，我就答嘛。”他带着令人奇怪的天真烂漫的表情补充说。“说实话，我差不多没有什么特别感兴趣的东西，”他不知怎的沉思地继续往下说。“特别是现在，我很无聊……然而，您可以这么想，我奉承您是有用意的，何况我对您说过，我有事要找令妹谈谈。可我坦白地告诉您吧：我很苦闷！特别是最近三天，所以我甚至很高兴来找您谈谈……您别生气，罗季昂·罗曼诺维奇，不知什么缘故，我觉得您这个人非常古怪。不管您怎样认为，您身上确实有古怪的地方；正是现在，其实，我不是指此刻，而是一般地说说，现在……嗯，嗯，我不说，我不说，您别皱眉头！我不是您所想象的那样一头熊。”

---

①在《世纪》杂志上(1861年第8期)发表了卡明-维诺戈罗夫(巴·依·维英别尔格)的一篇文章，作者在文章里愤慨地指出：在彼尔姆举行的一次文艺晚会上，一个五等文官太太“不顾上流社会的体面，恬不知耻地作出挑衅的”姿态，当众朗诵了普什金的《埃及之夜》。这篇文章中那些责难和侮辱的口吻引起了进步报刊的愤慨，陀思妥耶夫斯基主办的《时代》杂志(1861年第3期第109—118页)也发表了专论，指责《世纪》杂志的这种可耻的行为。

拉斯柯尔尼科夫愁眉不展地看着他。

“您也许压根儿不是一头熊，”他说。“我甚至还觉得，您是个很有教养的人，或者至少有时也能够做个正派人。”

“不论是谁的意见，我都不很感兴趣，”斯维德里加依洛夫冷冷地回答道，连口气似乎也有点儿傲慢。“所以，当这种衣服那么适宜于在我们这儿的气候条件下穿的时候，为什么我没有成为鄙俗的人……特别是如果你天生爱穿这种衣服，”他补了一句，又笑起来了。

“可我听说，您在这儿有很多熟人。您倒是个所谓‘不是不善交际的人’。如果您没有目的，那您来找我干什么？”

“您说得很对，我有些熟人，”斯维德里加依洛夫接嘴说，但避不回答主要的问题。“我已经碰到过他们；我闲荡了两天多啦；我去打听他们，他们也会打听我。这是理所当然的事：我穿得体面，人家就不把我当作穷人了；农民改革[1]没有影响到我，因为我的财产多半是森林和牧场，收入没有受到损失；但是……我不会去找他们的；我以前就讨厌他们了：我来到这里已经两天多了，没有去找过谁……这算个什么城市啊！请您告诉我，我的意思是，我们怎么建立了这么一个城市，一座公务员的和各种神学校学生的城市！的确，从前，八年前，我上这儿来的时候，许多东西我没有注意到……说实话，现在我把希望只寄托在解剖学上！”

“寄托在什么解剖学上？”

“至于这些俱乐部、迪索[2]们、你们的这些普安特[3]或者其他文明设施——这些地方咱们都不去，还不是生意兴隆，”他又牛头不对马嘴地继续往下说。“谁愿意做赌棍？”

“从前您也是个赌棍吧？”

“怎么不是呢？八年前，我们有一帮子人，都是最体面的人物；我

---

①指1861年2月19日的改革，在这次改革中俄国废除了农奴制度。

②彼得堡的一家著名饭店的老板。

③新式的游乐场。

们日子都过得很好；要知道，我们都是举止文雅的人物，有诗人，也有资本家。一般地说，在我们俄国社会里，那些常常遭鞭挞的人都有最文雅的举止——这点您注意到没有？当时我在乡下堕落了。我终于因欠一个从涅任市来的希腊人的钱而入狱了。于是玛尔法·彼得罗夫娜挺身而出，跟他谈判，拿出了三万银币赎我出狱。（我一共欠了七万卢布。）我跟她正式结婚，她马上就带我到乡下她家里去，把我当作宝贝。她比我大五岁。她很爱我。有七个年头我没有离开过乡下。您要注意，她一辈子握有一张以别人名义出借的三万卢布的借据来束缚我，所以，如果我想违约——立刻就会落入她的圈套！她会这样干的！女人都认为这并不矛盾。"

"如果没有借据，您会溜吗？"

"我不知道怎样对您说。这张借据几乎没有束缚住我，我什么地方也不想去。玛尔法·彼得罗夫娜因为看到我很无聊，两次邀我出国！这有什么意思呢！我以前出过国，但总是过不惯。我说不出什么理由，但是观日出啊，看那不勒斯海湾和大海啊，不知怎的都会引起我的伤感。最糟的是，你当真感到忧伤！不，还是在祖国好：在这儿你至少可以事事责备别人，而原谅自己。我现在也许要到北极去探险，因为我的醉态很丑[1]，我不喜欢喝酒，但是不喝酒，又很无聊。我试过了。据说，别尔格[2]星期日要在尤苏波夫花园搭一个大气球飞行，出相当数目的钱邀请一个旅伴，这是真的吗？"

"怎么，您想去参加飞行？"

"我？不……我不过问问罢了……"斯维德里加依洛夫喃喃地说，仿佛真的在沉思。

"他到底是什么意思？"拉斯柯尔尼科夫心里想。

"不，这张借据没有束缚住我，"斯维德里加依洛夫沉思地继续往下说，"我自愿待在乡下。大约一年前，玛尔法·彼得罗夫娜在我命名

① 原文为法文。
② 别尔格是几个马戏团的老板，在广告上自称为芭蕾舞教员和航空家。

日把这张借据还给了我，而且还送我一笔数目相当可观的钱。要知道，她有一笔积蓄。‘您可明白啦，我多么相信您，阿尔卡奇·伊凡诺维奇，’她确实是这样说的。您不相信她会这样说吗？要知道：我在乡下变成了一个规规矩矩的主人；这个地方的人都知道我。我也订购了书籍。玛尔法·彼得罗夫娜开头很赞成，可是后来她常常怕我用功过度。”

“您似乎很惦念玛尔法·彼得罗夫娜？”

“我？也许是这样。真的，也许是这样。顺便问问，您相信鬼吗？”

“什么鬼？”

“当然是普通的鬼！”

“您相信吗？”

“也许不相信，为了讨您喜欢[1]……也就是说，我不是完全不相信……”

“常常出现，还是怎的？”

斯维德里加依洛夫不知怎的奇怪地看了他一眼。

“玛尔法·彼得罗夫娜有时出现！”他撇着嘴说，脸上浮出了怪样的微笑。

“有时出现——这是什么意思？”

“她已经出现过三次了。我头一次看见她是在安葬那一天，离开墓地后一小时。这是我动身来这儿前一天。第二次是在前天，在路上天蒙蒙亮的时候，就在小维舍拉车站上；第三次是在两小时前，在我的住所的一间屋子里；我独个儿在那儿。”

“您醒着吗？”

“完全醒着。这三次我都醒着。她来了，说了几句话，就往门口走去；她总是站在门口。甚至仿佛听得到她的话。”

“不知为什么我曾经这么想，您一定会常常发生这一类的事情！”拉斯柯尔尼科夫突然说，并且因为自己说了这样的话而惊讶不置。他非

---

①原文为法文。

常激动。

“真的吗？您这样想过吗？”斯维德里加依洛夫惊讶地问。“真的吗？我不是说过，我们之间有着某种共通之处，啊？”

“您从来没有说过这样的话！”拉斯柯尔尼科夫异常激动地厉声回答道。

“我没有说过？”

“没有！”

“我觉得我说过。刚才进来的时候，我看见您闭上了眼睛躺着，装作睡熟的样子，我就对自己说：‘就是这个人吧！’”

“就是这个人，这是什么意思？您这句话是什么意思？”拉斯柯尔尼科夫大声叫道。

“什么意思吗？真的，我不知道是什么意思……”斯维德里加依洛夫诚恳地喃喃说，他自己也有点儿糊涂了。

他们有片刻工夫都不说话了。两个人都睁大了眼睛面面相觑。

“这都是胡说！”拉斯柯尔尼科夫恼怒地大叫起来。“她来的时候，对您说了些什么？”

“她？您想想看，她只说了些最无聊的话。可是人真是奇怪的东西：这竟然使我恼火了。她头一次走进来(要知道，举行葬仪啦，祭魂啦，接着是安魂祈祷啦，办丧宴啦——这些事情弄得我精疲力竭了。末了，我独个儿坐在书斋里，点了根雪茄抽起来，边抽雪茄，边沉思默想)，走进门里来了，说：‘阿尔卡奇·伊凡诺维奇，今天您辛苦了，饭厅里的钟您忘记开了。’真的，七年来，我每星期亲自开这架钟。如果我忘了，她常常提醒我。第二天我动身上这儿来了。天蒙蒙亮的时候，我进了车站，因为夜里只合了一下眼，精神疲惫，睡眼惺忪。我叫了一杯咖啡，睁开眼一看：玛尔法·彼得罗夫娜竟然坐在我的身边，手里拿着一副纸牌：‘阿尔卡奇·伊凡诺维奇，要不要告诉您旅途的凶吉？’她精通占卦之术。我简直不能原谅自己：事先不占一个卦！我吓得魂不附体，逃跑了。这当儿，的确，铃也响起来了。今天我在一家小饭馆里吃了一顿粗劣的饭后，肚子饱饱的坐着抽烟，玛尔法·彼得罗夫娜忽然又进来了，全身打扮得很漂亮，穿着一条簇新的绿色的绸连衣裙，裙裾长得拖在地上。她说：'阿尔卡奇 · 伊凡诺维奇，您好！我这条连衣裙您喜欢吗？阿尼西卡没有做得这么好。'（阿尼西卡——这是我们乡下的一个女裁缝，从前也是个农奴，在莫斯科学过缝纫活——一个好姑娘。）她站着，在我面前转动起身子来。我打量着她的连衣裙，接着又仔细地端详她的脸，我说：'玛尔法 · 彼得罗夫娜，您倒有兴致为这些小事情来找我，您不放心吧。''唉，天哪，我亲爱的，不能打扰你嘛！'我戏弄她，说：'玛尔法 · 彼得罗夫娜，我想结婚，''这由您自己做主吧，阿尔卡奇 · 伊凡诺维奇；妻子刚死，您马上就结婚，这对您不是很光彩的。即使您选中了一个好对象！可是我知道——不论对她或者对您都没有好处，只会惹好心肠的人们笑话。'她忽然走了，裙裾仿佛窸窣作响。我在胡说八道，对吗？"

"您说的也许全是谎言？"拉斯柯尔尼科夫回答道。

"我难得撒谎，"斯维德里加依洛夫若有所思地回答道，仿佛根本没有注意到他问得那么无礼。

"在这以前，您从来没见过鬼吗？"

"不……不，我生平只见过一次，这是六年以前的事了。菲尔卡是我家的一个农奴；我忘了他刚埋葬，叫道：'菲尔卡，把烟斗拿来！'他进来了，径直地向放着我的烟斗的玻璃橱走去，我坐着，心里想：'这是他向我报复！'因为在他死以前，我们大吵过一场。我说：'你衣服的肘部扯破了，你怎么敢这样进来见我，滚出去，坏蛋！'他转身就走，再也没有来过。当时我没有告诉玛尔法 · 彼得罗夫娜。我想追荐他，我觉得对不起他。"

"您应当去找医生。"

"我身体不好，这您不说，我也知道。虽然我委实不知道害什么病；我认为，我的身体大概要比您好上四倍。我问您的不是您信不信鬼的出现？我问您的是：您信不信有鬼？"

"不，我绝对不相信！"拉斯柯尔尼科夫甚至愤怒地嚷道。

"通常大家是怎么说的？"斯维德里加依洛夫好像在自言自语，嘟嘟囔囔说，稍微低下了头望着一边。“大家都这么说：‘你生了病，你的头脑里就只有一些不切实际的梦想。’但这不是一个严密的逻辑。我同意：病人才会看见鬼；但这只证明，除了病人，谁也看不见鬼，而不是说鬼本身是不存在的。”

“当然是不存在的！”拉斯柯尔尼科夫愤怒地坚持说。

“不存在？您以为不存在吗？”斯维德里加依洛夫慢条斯理地打量他一下，接着往下说：“嗯，如果这样推论，那怎么样呢(请您指教)：‘鬼——这可以说是另一些世界里的碎片和断片，是它们的基础。健康的人，不用说，没有理由看见鬼。因为健康的人完全是这个世间的人，所以为了生活的圆满和合乎风习，只得过尘世的生活。可是一旦得了病，凡人的正常状态一旦遭到了破坏，那么接近另一个世界的可能性立刻就出现了。病得越严重，跟另一个世界的接触就越多。所以，当人临终的时候，他就径直地转入那个世界去了。’我早已作过这样的论断。如果您相信来世，就会相信这个论断。”

“我不相信来世，”拉斯柯尔尼科夫说。

斯维德里加依洛夫若有所思地坐着。

“如果那儿只有蜘蛛网或者这一类的东西，那怎么样呢，”他忽然说。

“这个人神经错乱了，”拉斯柯尔尼科夫心里想。

“我们常常认为永恒是一个不可知的概念，一个硕大无朋的、庞大的东西！为什么一定是硕大无朋的呢？您要知道，它也可能不是这样的东西，而是一间小屋子，像乡下的一间被熏得墨黑的浴室，各个角落里都布满了蜘蛛网，这才是永恒。要知道，我有时觉得永恒就是诸如此类的东西。”

“您怎么，怎么不把它想象成比这更令人宽慰的和正义的东西呢！”拉斯柯尔尼科夫痛苦地叫喊道。

“更正义的？哪能知道。说不定，这也是正义的。您要知道，这是我存心非干不可的！”斯维德里加依洛夫似笑非笑地回答道。

听到这个可怕的回答，拉斯柯尔尼科夫突然打了个寒颤。斯维德里加依洛夫抬起了头凝视着他，忽然放声大笑起来。

“不，您可要考虑考虑这一点！”他叫喊起来。“半小时前，我们彼此还没有见面，彼此当作仇人，在我们之间有一件事情没有解决；我们撇开这件事不谈，却大谈一些空洞的话！嗯，我们是一丘之貉，我说得对吗？”

“对不起，”拉斯柯尔尼科夫恼怒地继续往下说。“劳您屈驾，有何指教，请快说吧……而……而……我有要紧的事儿，没有工夫，我要出去……”

“请吧，请吧。请问令妹阿夫多季雅·罗曼诺夫娜将要嫁给卢仁，彼得·彼得罗维奇先生吗？”

“可不可以不谈舍妹的事，也不要提她的名字。我甚至不明白，即使您真的是斯维德里加依洛夫，您怎么敢在我面前提她的名字？”

“可我就是为谈她的事而来的，怎么可以不提她的名字？”

“好吧；您谈吧，可是请快些！”

“我相信，如果您见过卢仁，哪怕只有半小时，或者已经听说过有关他的确实可靠的话，您对这位卢仁先生，我的内人方面的亲戚，一定有自己的看法吧。他配不上阿夫多季雅·罗曼诺夫娜。依我看，阿夫多季雅·罗曼诺夫娜在这件事情上是为了……为了家庭而不惜慷慨地和毫无价值地牺牲自己。从我所听到的那些关于您的话看来，我觉得，如果这门婚事能够告吹而不损害令妹的利益，您会感到很满意的。现在，我亲自认识了您，我甚至对这点深信不疑了。”

“您这些话说得很天真；恕我说句冒昧的话：无耻，”拉斯柯尔尼科夫说。

“那么您的意思是，我抱着自私的目的。罗季昂·罗曼诺维奇，请放心。如果我只考虑到自己的利益，那我决不会坦率地说这些话了。我可不是一个大傻瓜。让我告诉您这样一桩心理上的奇事。刚才我为自己对阿夫多季雅·罗曼诺夫娜的爱情而辩解，说我是牺牲者。我告诉您，现在我对她已经没有爱情了，一丝感情也没有了。所以，连我自己也觉得这很奇怪，因为我的确有过一种感情……”

“由于懒惰和腐化堕落吧，”拉斯柯尔尼科夫插嘴说。

“不错，我是个腐化堕落的懒汉。但令妹是这么淑贤，不能不在我的心坎里留下了一个深刻的印象。但是我现在才明白，这一切都是枉费心机的。”

“您早已看到了吗？”

“我更早就觉察出了。前天，差不多在到达彼得堡的时候，我才完全相信了。但是在莫斯科的时候，我还想跟卢仁先生竞争，要把阿夫多季雅·罗曼诺夫娜夺过来。”

“恕我打断您的话。劳驾，您可不可以把话说得简短些，直截了当地说出您的来意。我有要紧事儿，我要出去……”

“那好极了。我来到这儿，现在决定作一次……旅行。我想预先作好必要的安排。我的几个孩子都寄养在他们的姨母家里；他们什么也不缺；不需要我亲自照顾。而且我算个什么样的父亲啊！我只拿了一年前玛尔法·彼得罗夫娜给我的一些东西。够我用了。对不起，我马上就要言归正传。在出发旅行之前，这次旅行是可能实现的，我想把卢仁先生的事解决，并不是我不能容忍他；当我知道这门婚事是玛尔法·彼得罗夫娜促成的时候，我跟她吵了一场，可我们是为了他而吵架的。现在我希望通过您或者有您在场能跟阿夫多季雅·罗曼诺夫娜见一次面，我首先要向她说明，卢仁先生不但不会给她丝毫好处，而且甚至可能给她带来显著的损害。然后请她原谅不久前所发生的一切不愉快的事，并请求她允许我送她一万卢布，使她跟卢仁先生决裂不致发生困难。我相信，只要有机会，她是绝对不会反对决裂的。”

“您当真，当真疯啦！”拉斯柯尔尼科夫叫喊起来，甚至与其说感到愤怒，不如说感到惊奇。“您竟敢说这样的话！”

“我料到您会叫喊起来的；可是，首先，我虽然并不富有，但是这一万卢布我闲放着，也就是说，我完全不需要这笔钱用，完全不需要。如果阿夫多季雅·罗曼诺夫娜拒绝接受，那我也许会滥花掉。这是第一桩。其二，我问心无愧，我提出这个建议，没有任何私心，信不信由您，您和阿夫多季雅·罗曼诺夫娜往后会知道的。问题在于，我的确给非常可尊敬的令妹带来一些麻烦和不愉快，所以，我打心底懊悔不迭，并且怀着诚恳的希望，这不是赎罪，也不是因为她遭到了不愉快的事而赔偿她的损失，只是根据我实在没有特权专干坏事这个原则，做一些有益于她的事。如果我送她钱怀有哪怕是百万分之一的私心，那我不会只送她一万卢布，可是仅仅在五星期前，我表示过愿意送她更多的钱。此外，我也许不久就会娶一个年轻的女子，那么我转着阿夫多季雅·罗曼诺夫娜的念头这一切猜疑必然烟消云散。最后，我还要说一句：阿夫多季雅·罗曼诺夫娜如果嫁给卢仁先生，也是拿钱，只不过她拿的是另一个人的钱罢了……可是罗季昂·罗曼诺维奇，您别见怪，心平气和地冷静地考虑一下吧。”

斯维德里加依洛夫说这句话的时候，异常冷静而且心平气和。

“请您别说啦，”拉斯柯尔尼科夫说。“无论如何，这是不可原谅的无礼行为。”

“一点也不。如果是这样，那么在这个世界上，人对人只能干坏事了。相反地，由于一些毫无意义的习俗，人就没有权利做一些好事了。这是荒谬的。比方说，假如我死了，遗嘱上写明这笔钱赠给令妹，难道她也拒绝吗？”

“很可能。”

“这不可能。但是，如果她不要，那就算了，决不勉强。只是一万卢布在必要的时候，到底是一笔可观的数目。无论如何，我请您把我的话转告阿夫多季雅·罗曼诺夫娜。”

“不，我不告诉她。”

“罗季昂·罗曼诺维奇，既然如此，那我不得不设法自己去看她，因此，我要打扰她了。”

“如果我告诉她，那您就不设法自己去找她吗？”

“我真的不知道对您怎么说。我很希望跟她见一次面。”

“别希望啦。”

“很遗憾。可是，您不了解我。我们或许会更接近的。”

“您以为，我们会更接近的吗？”

“为什么不能呢？”斯维德里加依洛夫微微一笑，说，一边站起来拿了帽子。“我并不存心来打扰您。我上这儿来的时候，甚至也没有抱很大的希望。虽然不久前，还在早晨，您的脸色就使我大吃一惊……”

“早晨，不久前，您在哪儿见过我？”拉斯柯尔尼科夫不安地问。

“偶然看见的……我总觉得，您有跟我相似的地方……请您放心，我不会使人讨厌的。我跟赌棍们也相处得很好。斯维尔别依公爵，我的一个远亲，是个大人物，并不觉得我讨厌；我也能在普利鲁柯娃夫人的纪念册里写些关于拉斐尔的《圣母像》[1]的评语。七年来我跟玛尔法·彼得罗夫娜形影不离。从前我常常在干草市场上维亚泽姆斯基的房子里[2]宿夜，也许将同别尔格一道乘气球上天。”

“好极了。请问，您不久将要出门远行？”

“什么出门远行？”

“就是‘旅行’嘛……您自己不是说过。”

“旅行？啊，对了！……不错，我对您谈起过旅行……嗯，这是个范围很广的问题……可惜您不知道您所问的是什么事！”他补充说，忽然短促地放声大笑起来。“我也许不去旅行，将要结婚；有人替我作伐。”

“在这里吗？”

“是的。”

“您哪有时间结婚？”

“可我很希望能跟阿夫多季雅·罗曼诺夫娜见一面。我诚恳地请求您。嗯，再见……啊，对了！我忘记告诉您一件事！罗季昂·罗曼诺维奇，请您转告令妹，在玛尔法·彼得罗夫娜的遗嘱里，她提到送她三千卢布。这是千真万确的。玛尔法·彼得罗夫娜是在死前一星期，当着我的面安排了这件事。过两三个星期，阿夫多季雅·罗曼诺夫娜就可以领

---

①拉斐尔的《圣母像》，是文艺复兴时期意大利著名画家拉斐尔·圣齐奥(1483—1520)的一幅名画。

②在维亚泽姆斯基的房子里开设了一家小客栈。

钱了。”

“您说的是实话吗？”

“我说的是实话。请您转告她。嗯，您的仆人。要知道，我住的地方离您不很远。”

斯维德里加依洛夫出去的时候，在门口跟拉祖米兴撞了个满怀。

二

差不多已经八点；他们急匆匆地赶往巴卡列耶夫旅馆，想要比卢仁早赶到那儿。

“喂，这个人是谁？”一走到街上，拉祖米兴便问。

“这个是斯维德里加依洛夫，就是那个地主，舍妹在他家里当家庭教师的时候受过他的欺侮。因为他向她求爱，舍妹被他老婆玛尔法·彼得罗夫娜给撵了出来。这个玛尔法·彼得罗夫娜后来请求杜尼雅宽恕，可是现在她突然死了。我们刚才谈起过她。不知什么缘故，我很怕这个人。他把妻子安葬后，马上就赶到这儿来了。这个人很古怪，决意要干什么……他好像有点儿知道……应该保护杜尼雅，不让他……这就是我要告诉你的话，听见吗？”

“保护！他会对阿夫多季雅·罗曼诺夫娜干出什么事来？好，罗佳，谢谢你告诉我这样的话……我们要，我们要保护她！……他住在哪儿？”

“我不知道。”

“你为什么不问？哎哟，真可惜！不过我会打听的！”

“你看见他吗？”拉斯柯尔尼科夫沉默了半晌后，问。

“是的，我注意过他；我仔细地注意过他。”

“你真的看见他？看清楚吗？”拉斯柯尔尼科夫坚持地问。

“是啊，我记得很清楚；他混在一千人里面我也认得出。被我看见过的人，我就忘不了。”

他们又不说话了。

“嗯……对啊……”拉斯柯尔尼科夫嘟哝说。“其实，你知道……

我曾经以为……我总觉得……这也许是空想。”

“你说什么？我可不大懂得你的意思。”

“你们都说，”拉斯柯尔尼科夫撇着嘴微露笑意，继续往下说。“我是个疯子；现在我也觉得，也许我真的是个疯子，我只看见了一个幽灵！”

“你这话是什么意思？”

“谁知道啊！说不定，我真的是个疯子。这些日子里所发生的事，也许都是我的瞎想……”

“哎哟，罗佳！他们又使你不安了！……他说了些什么话，来干什么？”

拉斯柯尔尼科夫没有回答。拉祖米兴沉吟了一下。

“好，让我告诉你吧，”他开始说。“我来找过你了，你睡熟了。我回去吃了午饭，过后去找了波尔菲里。扎苗托夫还在他那儿。我本想说，但是说也没用。我没有能够用恰当的话来开头。他们好像不懂，不能理解，可是他们一点儿也不觉得害臊。我把波尔菲里拉到窗前，对他谈起来，可是不知为什么，还是没用：他不看我，我也不看他。末了，我在他面前扬扬拳头，说我要像老子揍儿子一样打烂他的脸。他只是看着我。我啐了一口，拔脚就走。事情就这样完了。真傻。我跟扎苗托夫一句话也没说过。不过，你要知道，我以为坏了事；可是下楼的时候，有个念头兜上了我的心头，我这才恍然大悟：咱们何必自寻烦恼？如果对你有什么不利，或者有诸如此类的事，那当然要这样。可是这跟你有什么关系呢！这跟你毫不相干，所以你不必介意；往后我们可以嘲笑他们，要是我换了你，还会愚弄他们。他们以后会觉得害臊的！去他们的；我们往后也可以揍他们，可是现在我们只能付之一笑！”

“那当然啰！”拉斯柯尔尼科夫回答道。“明儿你会说什么呢？”他暗自想。说来奇怪，直到今天，他从来没有想到过：“等到拉祖米兴知道了，他会怎样想呢！”拉斯柯尔尼科夫沉吟一下，接着定睛地望着他。对拉祖米兴现在所谈起的会见波尔菲里的情形，他不大关心：自从那时以来已经发生了很大的变化！……

他们在走廊上遇见了卢仁：他八点钟准时赶到了，正在找房间，所以他们三个人是一同进去的，但彼此没看过一眼，也没有打过招呼。两个青年走在前头，彼得·彼得罗维奇为了礼貌，在前室里脱去大衣，待了一会儿。普尔赫里雅·亚历山大罗夫娜立刻就出来在门口迎接他们。杜尼雅向哥哥问好。

彼得·彼得罗维奇走进去了，态度相当亲切，虽然加倍矜持地向两个妇女点头行礼，但是看起来好像有点不知所措，还想不出应付的办法。普尔赫里雅·亚历山大罗夫娜好像也很窘，急忙请大家在圆桌旁边坐下，桌上的茶炊沸腾着。杜尼雅和卢仁面对面坐下了。拉祖米兴和拉斯柯尔尼科夫的座位都对着普尔赫里雅·亚历山大罗夫娜——拉祖米兴靠近卢仁，而拉斯柯尔尼科夫坐在妹妹旁边。

片刻的沉默。彼得·彼得罗维奇慢条斯理地掏出一块洒过香水的麻纱手帕，擤起鼻涕来。他虽然保持着绅士风度，但有一副他那人的尊严稍微受了侮辱而坚决要求申辩的神气。还在前室里，他就有这个念头了：不用脱大衣了，走吧，借此严厉而令人难堪地惩罚一下这两个妇女，让她们立刻就理会到这是怎么回事。但他踌躇不决。这个人不喜欢不明不白，何况这必须弄个水落石出：既然他的命令被公然违抗，这样看来，必有原因，所以还是预先弄清楚好；惩罚她们的时间有的是，而且他有这个权力。

“你们一路平安无恙吧？”他打着官腔，口气冷峻地问普尔赫里雅·亚历山大罗夫娜。

“谢天谢地，彼得·彼得罗维奇。”

“我很高兴。阿夫多季雅·罗曼诺夫娜也不累吧？”

“我年富力强，不觉得累。可是妈妈很累，”杜涅奇卡回答道。

“有什么办法呢；我们国家的铁路很长嘛。所谓‘亲爱的俄罗斯’真是幅员辽阔……虽然我非常想赶来看你们，可是昨天怎么也不成。一切都很顺利吧？”

“唉，不。彼得·彼得罗维奇，我们都很懊悔。”普尔赫里雅·亚历山大罗夫娜用异样的口气赶紧声明。“如果昨天上帝不给我们派来德米特里·普罗柯菲依奇，那我们简直一筹莫展。他就是德米特里·普罗柯菲依奇·拉祖米兴，”她补充说，给卢仁介绍。

“可不是，我已经荣幸地……昨天，”卢仁嘟嘟囔囔说，敌视地斜溜了拉祖米兴一眼，接着拧紧了眉头，不作声了。彼得·彼得罗维奇一般地说是属于这一类人的：他待人接物似乎异常和气，尤其希望得到阿谀奉承，可是稍微不合心意，立刻就沉下脸，与其说是个风流倜傥的绅士，不如说是一袋面粉[1]。大家又都沉默了：拉斯柯尔尼科夫固执地一言不发；阿夫多季雅·罗曼诺夫娜暂时无意打破沉默，而拉祖米兴无话可说，因此，普尔赫里雅·亚历山大罗夫娜又着急起来。

“玛尔法·彼得罗夫娜死了，你们可听说？”她又岔到自己主要的话题上来了。

“我当然听说过。我知道得最早。现在我甚至是来告诉你们这个消息的：阿尔卡奇·伊凡诺维奇·斯维德里加依洛夫安葬了亡妻后，马上就赶到彼得堡来了。我这个消息至少是从最可靠方面得来的。”

“他到彼得堡来了？到这儿来了？”杜尼雅不安地问，跟母亲互换了个眼色。

“一点儿不错。如果注意到他的行色匆匆和以前的各种情况，当然，他不无目的。”

“天哪！难道他在这里也不让杜涅奇卡过安静的日子吗？”普尔赫里雅·亚历山大罗夫娜突然叫喊起来。

“我认为，您和阿夫多季雅·罗曼诺夫娜大可不必担忧。当然，如果你们不想同他发生任何关系的话。至于我，我注意着，现在正在打听他的住址……”

“哎，彼得·彼得罗维奇，您不会相信，现在您把我吓成什么样子！”普尔赫里雅·亚历山大罗夫娜接着说下去。“我只见过他两次。我也觉得这个人很可怕，可怕得很！我相信，玛尔法·彼得罗夫娜是他害死的。”

---

①意指举止笨拙的人。

“这还不能妄断。我听到了可靠的消息。他可能促使事情的发展加速，可以说，是由于对她的侮辱产生了精神上的影响，这点我不想争辩；至于这个人的行径和一般的道德品质，我跟你们的意见是完全一致的。我不知道，他现在有没有钱，玛尔法·彼得罗夫娜遗留给他什么，关于这点，在不久的将来，我会知道的；可是，不用说，在彼得堡这个地方，他哪怕只有几个钱，就会立刻故态复萌。在像他那样的人们中间，数他最下流和最恶劣。我有充分理由认为，不幸对他有如此深挚的爱情并在八年前替他还过债的玛尔法·彼得罗夫娜也帮过他别的忙呢：那件残暴的、可以说是离奇的谋杀案一发现就被压下去了，唯一的原因就是由于她的出力和不惜牺牲。犯了这个案，他极可能被流放到西伯利亚去。我告诉你们吧，他就是这样的人。”

“哎呀，天哪！”普尔赫里雅·亚历山大罗夫娜大声嚷道。

拉斯柯尔尼科夫聚精会神地听着。

“您说您的这个消息是可靠的，这是真的吗？”杜尼雅严峻而矜持地问。

“我所说的只是已故的玛尔法·彼得罗夫娜秘密告诉我的一些事情。必须指出，从法律观点看来，这个案件是十分可疑的。有个叫列斯丽赫的外国女人从前在这儿住过，大概现在还住着，她放小额的债，兼做其他营生。斯维德里加依洛夫先生跟这个列斯丽赫早就有了十分密切而神秘的关系。她家里住着一个远亲，大概是个侄女，一个又聋又哑的十五岁的姑娘，甚至还只有十四岁。这个列斯丽赫十分恨她，她每吃一片面包就要挨骂，甚至遭毒打。有一次她被发觉吊死在顶楼上。法院验明她自缢身亡。这个案件被作为一桩普通案件了结了。但是后来有人告密，说这个孩子……遭受过斯维德里加依洛夫残暴的凌辱。这一切的确是令人怀疑的。告密人是另一个下流的德国女人，不能听信她的话；而且由于玛尔法·彼得罗夫娜的出力和贿赂，这个告密实际上没有受理：只被当作谣言。但这个谣言是意味深长的。阿夫多季雅·罗曼诺夫娜，您在他们那儿当然也听说过关于一个叫菲里普的人的事吧。他六年前，还在农奴制时代就被折磨死了。”

“可我听到的消息恰恰相反，说这个菲里普是自缢身亡的。”

“他确实是自缢的，但他是被迫自缢的。或者，不如说，斯维德里加依洛夫先生经常不断的迫害和处罚是他自杀的原因。”

“这我不知道，”杜尼雅冷峻地回答道。“我只听到一些很奇怪的话，说这个菲里普是个害忧郁症的病人，一个家庭哲学家。人们都说，‘他是个书呆子’，又说他自缢是由于斯维德里加依洛夫先生的冷嘲热讽，而不是由于他的鞭挞。但他当着我的面待仆人却很好。他的仆人们甚至都喜欢他，虽然对菲里普的死，他们确实也责怪过他。”

“我明白了，阿夫多季雅·罗曼诺夫娜，您忽然想替他辩护，”卢仁撇着嘴说，脸上浮出了莫名其妙的微笑。“他确实是个老奸巨猾的家伙，勾搭女人的能手，死得这么离奇的玛尔法·彼得罗夫娜便是一个悲惨的例子。因为无疑他又想干什么勾当，我只是想劝告一下您和令堂。至于我，我坚信，这个人无疑又会被拘入债户拘留所的。玛尔法·彼得罗夫娜为了孩子们的利益，决不肯留给他什么东西。如果留给了他一些什么，那准是一些必需的、不值钱的、只能应一时之需的东西。还不够有他那种习气的人用一年哩。”

“彼得·彼得罗维奇，我请求您，”杜尼雅说，“别再提斯维德里加依洛夫先生的事。这只会引起我的烦恼。”

“他刚才上我那儿去过，”拉斯柯尔尼科夫忽然说，第一次打破沉默。

所有的人都惊叫起来，大家都转过脸去看他。连彼得·彼得罗维奇也不安起来。

“一个半小时前，我正在睡觉，他进来了，把我叫醒，自我介绍了一番，”拉斯柯尔尼科夫继续往下说。“他相当放肆，爱说爱笑的，很希望我跟他交朋友。杜尼雅，他还坚决地要求跟你见面，叫我从中帮忙。他对你有个建议；他已经向我谈过了，此外，杜尼雅，他肯定地告诉我，说什么玛尔法·彼得罗夫娜在死前一星期就立了一份遗嘱，要送给你三千卢布，你不久就可以领到这笔钱。”

“谢天谢地！”普尔赫里雅·亚历山大罗夫娜画着十字，大声叫道。“替她祈祷，杜尼雅，替她祈祷吧！”

“这是真的吗！”卢仁脱口而出。

“嗯—嗯，后来怎样呢？”杜涅奇卡催促说。

“后来他说，他自己没有钱，所有田产都分给孩子们了，他们现在都寄养在姨母家里。接着他又告诉我，说他的住处离我不远，可是住在哪儿？我不知道，我没有问……”

“他要向杜涅奇卡提个什么建议，什么建议啊？”惊慌莫名的普尔赫里雅·亚历山大罗夫娜问。“他告诉过你吗？”

“是的，他告诉过我。”

“他告诉你什么？”

“我回头告诉你。”拉斯柯尔尼科夫不说话了，看住了自己的一杯茶。

彼得·彼得罗维奇掏出表来看了一下。

“我有些事情，所以不打扰了，”他带点儿见怪的样子补充说，一边站了起来。

“彼得·彼得罗维奇，您别走，”杜尼雅说。“您不是打算在这儿度过晚上吗。而且您在信上说，您要向妈妈说明一件什么事。”

“一点不错，阿夫多季雅·罗曼诺夫娜，”彼得·彼得罗维奇又坐到椅子上俨然说，但呢帽还拿在手里。“我的确要向您和您那非常可敬的妈妈说明一下，甚至还要谈几点很重要的意见。可令兄不能当着我的面向你们说明斯维德里加依洛夫先生的几点建议，所以我也不愿而且也不能说明……当着别人的面……说明几点十分重要的意见。何况我那个重要的、恳切的要求，你们也没有照办……”

卢仁做出痛心的样子，煞有介事地不说话了。

“您叫家兄不要来参加我们的会面，这个要求我们没有照办，这完全是我的主意。”杜尼雅说。“您在信上说，您受了家兄的侮辱；我以为，这应当立刻解释清楚。你们应当言归于好。如果罗佳当真侮辱过您，他应当而且将会向您道歉的。”

彼得·彼得罗维奇立刻变得傲慢了。

“有点儿侮辱人，阿夫多季雅 · 罗曼诺夫娜，这种侮辱不管您怎样不记恨，也忘不了。一切事情都有一个界限，越过了这个界限是危险的；因为，一旦越过了，那就休想退回。”

“彼得 · 彼得罗维奇，其实我对您说的并不是这个意思，”杜尼雅有点儿不耐烦地打断了他的话。“您要明白，我们的前途现在决定于能不能尽快地解释清楚，以及能不能尽快地和解。我一开始就坦率地说，我不能用另一种观点来看待这件事。如果您多少尊重我的意见，那么这件事今天就得解决，虽然这是困难的。我再对您说一遍，如果家兄冒犯了您，他会向您道歉的。”

“阿夫多季雅 · 罗曼诺夫娜，您这样提出问题，我觉得很奇怪，”卢仁越发恼火了。“我尊重您，可以说，我非常爱您，可我也完全可以不喜欢尊府中的某个人。我虽然希望能跟您结婚，可我不能接受无法同意的义务……”

“彼得 · 彼得罗维奇，您别恼火，”杜尼雅同情地插嘴说。“您应当做个明白事理的高尚的人。我常常认为您是这样的一个人，而且愿意认为您是这样的一个人。我把终身托付给您，我是您的未婚妻；请您在这件事情上信任我，相信我有能力作出公正的判断。我擅自做个公断人，不但您想不到，而且家兄也想不到。接到您的信后，我请他今天一定要来参加我们的会面。当时我并没有把我的用意告诉他。您要明白，如果你们不和好，我应该在你们之间有所抉择：要么您，要么他，问题对他是这样提出的，对您也是这样提出的。我不愿意，也不应当作出错误的抉择。我应当跟哥哥断绝关系；为了哥哥，我应当跟您决裂。现在我想知道而且一定能够知道，他是不是我的哥哥？至于您，看您是不是爱我，看您是不是尊重我，看您是不是我的丈夫？”

“阿夫多季雅 · 罗曼诺夫娜，”卢仁傲然说。“您这些话对于我是太重要了。从我在跟您的关系中荣幸地所处的地位看来，说得严重些，这些话甚至是对我的侮辱。至于您侮辱地而且奇怪地把我……跟一个傲慢的青年相提并论，等量齐观，那更不用说了。您话里表示，您认为有可能破坏您对我所许下的婚约。您说：‘要么您，要么他？’可见，您借此对我表示，我在您心目中是何等卑微……由于我们之间存在着关系……和义务，我可不能容忍。”

“怎么！”杜尼雅满脸绯红。“我重视您的利益，就像重视我的生活中一向加以爱护的一切东西，就像重视直到现在构成我的**整个**生命的一切东西一样。可是您突然恼火了，认为我对您不够尊重！”

拉斯柯尔尼科夫一言不发，挖苦地冷笑一声。拉祖米兴愣了一下；但是彼得·彼得罗维奇拒绝这种反驳；相反地，他的话越来越使人厌恶和愤慨，他对这番争论似乎很感兴趣。

“对未来的生活伴侣的爱，对丈夫的爱，应当超过对兄弟的爱，”他意含教训地说。“不管怎样，我不能同他处于平等地位……虽然我刚才坚持说，当着令兄的面，我不愿意也不能说明我的来意，但是有一个十分重要的带有对我侮辱意味的问题，现在我要请求敬爱的令堂作一番必要的解释。令郎，”他向普尔赫里雅·亚历山大罗夫娜转过脸去，“昨天他当着拉苏德金君(或者……似乎是这个姓吧？对不起，我忘记了您贵姓，他殷勤地向拉祖米兴点点头)侮辱我，因为他曲解了我那次在喝咖啡时跟您个人的谈话。就是说，我认为，从夫妇关系上看来，讨一个饱尝人生痛苦的穷姑娘，要比讨一个过惯优裕生活的姑娘更有益，或者说，在精神上更有好处。令郎故意把这句话的意思夸大到令人可笑的地步，骂我居心叵测。依我看，他是以您的信上的话为依据的，如果您，普尔赫里雅·亚历山大罗夫娜，能够提出相反的意见来说服我，使我心悦诚服，那我将会感到幸福的。请您告诉我，在您给罗季昂·罗曼诺维奇的信里，您把我的话说成了什么样子？”

“我记不得了，”普尔赫里雅·亚历山大罗夫娜不知所措了。“我是照自己所理解的意思告诉他的。我不知道，罗佳是怎样对您说的……他或许把某些话夸大了。”

“不受您的撺掇，他不会夸大的。”

“彼得·彼得罗维奇，”普尔赫里雅·亚历山大罗夫娜保持着尊严说，“我们来到了**这儿**，就足以证明我同杜尼雅没有恶意曲解您的话。”

“你说得对，妈妈！”杜尼雅赞同地说。

“那么这是我的错了！”卢仁气呼呼说。

“彼得·彼得罗维奇，您总是责备罗季昂，可您自己不久前在信上谈到他的话也是不符合事实的。”普尔赫里雅·亚历山大罗夫娜鼓足勇气，补充说。

“我记不得了，我在信上说了些什么不符合事实的话。”

“您在信上说，”拉斯柯尔尼科夫没有向卢仁转过脸去厉声说。“昨天我不是把钱送给一个被马踩死的那个人的妻子，虽然我送过钱是铁的事实，而是送给他的女儿的（昨天我还是头一次见到她）。您在信上说这些话，目的是要挑拨我跟亲人不和。为了达到这个目的，您又用恶毒的言语诽谤这个您不相识的姑娘。这一切都是污蔑，都是下流的行为。”

“请原谅，先生，”卢仁气得发抖了，回答道。“我在信上谈到了您的品行，不过是为了应令堂和令妹的请求，才告诉她们：我怎样找到了您，您给我的印象如何？至于刚才所提到的我在信上所说的话，请您找出哪怕一句不符合事实的话来，也就是说，您没有浪费钱，在那个家庭里，虽然那是一个不幸的家庭，但没有不体面的人？”

“可是依我看，您加上您的全部身价，还抵不上您所指责的这个不幸的女子的一个小指头。”

“那么，您决意让她跟您妈妈和妹妹来往吗？”

“我可以告诉您，我已经这样做了。今天我就让她同我妈和杜尼雅坐在一起。”

“罗佳！”普尔赫里雅·亚历山大罗夫娜嚷道。

杜涅奇卡涨红了脸；拉祖米兴皱眉蹙额。卢仁挖苦而且高傲地微微一笑。

“您看到了吧，阿夫多季雅·罗曼诺夫娜。”他说，“我们能不能和解？现在我希望这件事算结束了，彻底地解释清楚了。我要走了，免得妨碍你们一家人的欢聚和谈心（他从椅子上站了起来，拿了帽子）。可是临走前，恕我冒昧地说句话，我希望今后能避免这样的会面，可以说妥协。我特别请求您，非常可敬的普尔赫里雅·亚历山大罗夫娜夫人，要注意这一点，尤其是我的信是写给您个人的，而不是写给别人的。”

普尔赫里雅·亚历山大罗夫娜有点儿恼火了。

“彼得·彼得罗维奇，我们好像受您的管束了。杜尼雅已经向您说明了原因，对您的要求，我们为什么没有照办：她倒是一片好意。您给我写的信，好像是命令。难道我们应当把您的每个希望都当作命令不成？相反地，我倒要告诉您，现在您应当对我们格外客气，应当体谅我们，因为我们信任您，丢下了一切东西来到了这儿。因此，我们实际上几乎已经在您掌握之中。”

“普尔赫里雅·亚历山大罗夫娜，您这话完全错了，特别是在眼下玛尔法·彼得罗夫娜赠送三千卢布的遗嘱被宣布的时候。从你们从来没有过的跟我谈话的语气看来，这似乎是一个巧合。”他挖苦地补充说。

“从这句话看来，的确可以认为，您指望我们没有依靠，”杜尼雅愤慨地说。

“现在我至少不能抱这样的希望了，尤其是我不愿妨碍你们商量阿尔卡奇·伊凡诺维奇·斯维德里加依洛夫托令兄转达的不可告人的建议。依我看，这个建议对你们具有重大的，也许具有十分令人高兴的意义。”

“哎呀，天哪！”普尔赫里雅·亚历山大罗夫娜嚷道。

拉祖米兴在椅子上坐不稳了。

“妹妹，你现在不觉得害臊吗？”拉斯柯尔尼科夫问。

“罗佳，我觉得害臊，”杜尼雅说。“彼得·彼得罗维奇，请您走吧！”她对卢仁说，气得脸色煞白。

彼得·彼得罗维奇大概完全想不到会有这样的结局。他过于自信，过于相信自己的权力，过于相信手中的牺牲品毫无依靠。现在他不相信了。他脸色惨白，两片嘴唇颤动着。

“阿夫多季雅·罗曼诺夫娜，如果我现在听到您这些话后不辞而别，那么——您可要考虑到这点——我决不再来。您可要好好地考虑一下！我一言既出，驷马难追。”

“蛮不讲理！”杜尼雅嚷道，从座位上霍地站了起来。“我也不希望您再来！”

“怎么，原来是这样！”卢仁大声叫道，直到最后一刻，他还完全不相信会有这样的结局，所以现在他惊惶失措了。“原来是这样！可是，阿夫多季雅·罗曼诺夫娜，您要知道，我也可以提出异议。”

“您有什么权利可以对她说这样的话！”普尔赫里雅·亚历山大罗夫娜激动地袒护女儿。“您能提出什么异议？您有什么权利？唉，我会让我的杜尼雅嫁给像您这样的人？请您走吧，离开我们！是我们自己的错，我们做了错事，首先是我的错……”

“可是，普尔赫里雅·亚历山大罗夫娜，”卢仁又着急又怒不可遏地说，“您许下诺言来束缚我，现在却否认了……我终于……终于上了当，可以说，因此花了许多钱……”

这最后一句怨言正是彼得·彼得罗维奇的性格特征的表现，使得因气愤和竭力克制而脸色发白的拉斯柯尔尼科夫禁不住突然纵声大笑起来。可是普尔赫里雅·亚历山大罗夫娜却怒不可遏了：

“花了许多钱？花了什么钱啊？您是不是说我们的衣箱的运费？这是列车员替您免费运的。天哪，我们束缚住了您！您好好地想一想吧，彼得·彼得罗维奇，是您捆住了我们的手脚，而不是我们捆住了您！”

“够了，妈妈，别说了！”阿夫多季雅·罗曼诺夫娜恳求说。“彼得·彼得罗维奇，请您走吧！”

“我会走的，但还有最后一句话！”他说，几乎完全不能自制了。“令堂似乎忘得干干净净了。我决意娶您，可以说，是在您的坏名声满城飞扬以后。为了您，我不管社会舆论的压力，恢复了您的名誉，我当然可以充分希望得到报答，甚至可以要求您感谢我……不过现在我擦亮了眼睛！我明白了，我不顾公众的意见，这也许是十分轻率的举动……”

“他有两个脑瓜嘛！”拉祖米兴叫道，从椅子上霍地站了起来，准备动手。

“您是个卑鄙毒辣的人！”杜尼雅说。

“别多嘴！别动手！”拉斯柯尔尼科夫边喊，边阻止拉祖米兴；接着他走到卢仁跟前，几乎挨到了他身边：“请您走吧！”他温和地口齿清楚地说。“别再啰唆，要不然……”

彼得·彼得罗维奇端详了他几秒钟，脸色煞白，气愤得扭歪了脸，接着掉转身子走了，不用说，几乎还没有人恨人像这个人恨拉斯柯尔尼科夫那样。他什么都怪他一个人。值得注意的是，他下楼时，还在想，事情也许没有完全失败，至于那两个女人，甚至是“不难”说服的。

三

重要的是，直到最后一刻他也没有想到会有这样的结局。他那唯我独尊的态度发展到了极点，甚至认为这两个贫穷的、无力自卫的女人不能不听他的摆布。虚荣心和大可称做妄自尊大的自负态度助长他滋生了这个信念。从卑微的地位爬上来的彼得·彼得罗维奇近乎病态地习惯于自我陶醉，把自己的智慧和才能看得很高，有时甚至对着镜子洋洋得意地顾影自怜。但是世界上他最喜爱和最重视的东西是靠劳动和使用各种手段赚得的钱：金钱能提高他的身价，使他挤入地位更高的人士之列。

彼得·彼得罗维奇现在痛苦地叫杜尼雅回想一下，从前他怎样不管她的名誉扫地而决心娶她，他说得十分恳切，甚至对这样的“忘恩负义”非常气愤。其实他向杜尼雅求婚的时候，深信这些流言蜚语都非常可笑，因为玛尔法·彼得罗夫娜本人已经公开辟谣，而全城的人也早已不谈这些谣言，并且还热烈地为杜尼雅辩解了。他本人现在也不否认这一切他当时都已经知道了。然而他还是十分珍视让杜尼雅提高到同自己平等的地位这个决心，并认为这是他的一个崇高行为。此刻他对杜尼雅谈到这件事的时候，透露出隐藏在心底里那秘而不宣的、自我欣赏过不止一次的想法；他不明白别人怎么会对自己的这个崇高行为不赏识。当时他去探望拉斯柯尔尼科夫，是以恩人自居，打算去收取丰硕的成果和接受阿谀奉承。不用说，现在他下楼的时候，认为自己受了极大的侮辱，他的功劳没有被承认。

他简直少不了杜尼雅；在他看来，跟她断绝关系简直是不可思议的。很久以前，已经有若干年了，他做着结婚的美梦。他一边积攒钱，一边等待着机会。他在心底深处陶醉地幻想着这样的一个年轻女子：淑贤、贫苦(一定要贫苦的)、年轻、貌美、门第高、有教养、胆小、吃过很多苦，在他面前显得十分卑微——一辈子把他当作恩人，崇拜他，服从他，钦佩他，在她心目中只有他一个人。工余之暇，他在脑海里，以这个动人的有趣的题材，创造出多少场面，多少美妙的插曲啊！多年的幻想差不多快要实现了：阿夫多季雅·罗曼诺夫娜的美貌和学问使他惊叹；她那无依无靠的境况使他万分满意。她身上甚至有着比他所幻想的还要多些的东西：这是一个自豪、刚强、淑贤的女子，教养和学问都超过他(他觉察到这一点)。这样一个女子将一辈子奴仆般地感谢他那崇高的行为，向他卑躬屈膝，而他将有无限的绝对的权力！……好像是个巧合：在这之前不久，经过许久的思考和等待以后，他终于下决心，要大力发展他的事业，扩大活动范围，慢慢地往更上流的社会爬，这是他很久以来梦寐以求的……总之，他决心在彼得堡碰碰运气。他知道，女人有“很大”的用处，一个貌美、淑贤、有学问的女子的魅力能使他飞黄腾达、引人注目、获得荣誉……可是现在呢，他的美梦破灭了！这次意想不到的令人发指的破裂使他受到了严重的打击，好比一个晴天霹雳打在他的头顶上一样。这真是岂有此理，荒谬绝伦！他只是做得稍微过分点儿。他甚至还没有发表自己的意见呢，他只是开开玩笑，一时的感情冲动，而后果却是这么严重！他到底已经按照自己的意思爱着杜尼雅，并且自以为她已经在他掌握之中——万万想不到！……不！明儿，明儿，必须把一切挽救过来，说些好话，重归于好。而重要的是除掉这个高傲自大、乳臭未干的家伙，他是这一切的祸根。可是他怀着悲痛的心情，也不由得想起来，拉祖米兴……可是他一会儿就不把他放在心上了：“这个家伙当然不配做他的情敌！”但他真正害怕的倒是斯维德里加依洛夫……总之，他将会遭到很多麻烦。……

“不，我，首先是我的错！”杜涅奇卡说着，就拥抱母亲并吻她。

“我贪图他的钱财，可是，哥哥，我可以发誓，我万万想不到，这是个那么卑鄙的人。如果我早先看透了他，那就什么也不能打动我的心了。哥哥，别责备我吧！”

“上帝救了我们！上帝救了我们！”普尔赫里雅·亚历山大罗夫娜嘟哝说，但却有点儿不知不觉，仿佛还不十分了解所发生的事情。

大家都高兴起来，五分钟后，他们甚至都笑起来了。只有杜涅奇卡有时回想起刚才所发生的情景，不禁脸色煞白，锁紧了眉头。普尔赫里雅·亚历山大罗夫娜想不到自己也会感到高兴；还在早上她认为跟卢仁的决裂是极大的不幸。但是拉祖米兴却兴高采烈。他还不敢充分流露高兴的情绪，可是他全身打战，像在发热一样，仿佛有个五普特重的砝码从他心上掉下了。现在他有权利把自己的生命献给她们，为她们效劳……谁知道现在还会发生什么事！但是他更害怕往下想，怕胡思乱想。只有拉斯柯尔尼科夫一直坐在那儿，几乎愁眉不展，甚至心不在焉。他刚才极力主张叫卢仁走，但现在他仿佛最不关心所发生的事。杜尼雅不由得想，他还很生她的气，而普尔赫里雅·亚历山大罗夫娜却胆怯地望着他。

“斯维德里加依洛夫对你说了些什么？”杜尼雅走到了他跟前，问。

“啊，对了，对了！”普尔赫里雅·亚历山大罗夫娜叫喊道。

拉斯柯尔尼科夫猛然抬起头来：

“他一定要送你一万卢布，又说希望有我在场能跟你见一次面。”

“见面！那绝对不行！”普尔赫里雅·亚历山大罗夫娜叫喊道。“他怎么敢要送钱给她！”

接着拉斯柯尔尼科夫把他跟斯维德里加依洛夫所谈的话告诉了（口气相当冷峻）她们；但是为了少说废话，他只字不提玛尔法·彼得罗夫娜的鬼魂出现，因为除了最要紧的话以外，他不愿提到任何别的事情。

“你怎样回答他的？”杜尼雅问。

“开头我说，我什么也不告诉你。于是他说，他将会尽力设法自己来跟你见面。他相信，他对你的爱慕是异想天开，但是现在他对你没有什么感情了……他不愿你嫁给卢仁……他说得前言不搭后语。”

“罗佳，你看他是什么意思？你觉得他是个什么样的人？”

“说实话，我不大了解他的意思。他说要送你一万卢布，但又说，他没有钱。他说，他想要往什么地方去，但十分钟后，却忘记了他说过的话。他忽然又说，他要结婚，说什么有人替他作伐……不用说，他抱有目的，而且很可能不怀好意。但他又不知怎的奇怪地说什么如果他对你不怀好意，这样做未免太傻了……我当然干脆替你谢绝了这笔钱。总之，我觉得他很奇怪，而且……甚至于……仿佛有点儿神经错乱的样子。但是我可能看错了；也许，这不过是一个骗局。玛尔法·彼得罗夫娜的死看来严重地影响着他……”

“上帝啊，让她的灵魂安息吧！”普尔赫里雅·亚历山大罗夫娜大声叫道。“我永远、永远为她祈祷上帝！杜尼雅，不要这三千卢布，我们现在怎么过日子啊！天哪，仿佛是从天上掉下来的！哎哟，罗佳，早上我们身边只剩了三个卢布，我跟杜涅奇卡只盼望快些把表在什么地方抵押一下，免得向这个人要钱，除非他自己想到。”

听说斯维德里加依洛夫要送钱给她，杜尼雅不觉大为惊讶。她一直若有所思地站着。

“他想出一个多么可怕的主意啊！”她几乎低声地自言自语，差些儿浑身打颤。

拉斯柯尔尼科夫看出了这种异常恐惧的神态。

“看来，我还得见他几次，”他对杜尼雅说。

“我们要注意他！我去盯他梢！”拉祖米兴热心地叫道。“我密切地注意他！罗佳答应过我。他刚才对我说：‘你可要保护舍妹。’阿夫多季雅·罗曼诺夫娜，您答应吗？”

杜尼雅微微一笑，向他伸过手去，可是她还是满面愁云。普尔赫里雅·亚历山大罗夫娜怯生生地把她打量了一下；但是三千卢布显然使她安心了。

一刻钟后，他们又都热烈地谈起话来。拉斯柯尔尼科夫虽然没有说话，但也聚精会神地听了一会儿。拉祖米兴高谈阔论。

“你们为什么，为什么要走！”他兴高采烈、滔滔不绝地说，“在那个小城里，你们去干什么呢？重要的是，你们都在这儿，大家聚在一起，彼此都需要，多么需要啊——你们可要领会我的意思！虽然只有一点点时间……你们应该把我当作朋友，让我合股，相信我的话！我们大家来筹备创办一个极好的事业。你们听着，我给你们详细地谈一谈整个计划！还在早晨，什么事也没有发生的时候，在我脑海里忽然闪过……是这么回事：我有个舅舅，往后我会介绍给你们；一个很好的可尊敬的老头儿！他有一千卢布积蓄，他靠养老金生活，不需要这笔钱用。一年多前，他几次三番要把这笔钱借给我，每年只要付给他六厘利息。我知道他的意思；他一心想帮助我；可是去年我不需要这笔钱，今年等他一来，我决定借这笔钱来使用。然后你们从三千卢布中拿出一千卢布，开始的时候，这个数目已经够了，我们合股经营。我们搞些什么呢？”

拉祖米兴开始大谈自己的计划，详尽地说明，我们所有的书商和出版商几乎都不懂得他们所经营的业务，所以一般地说他们都是不善于经营的，但是优良的出版物大抵都能赚钱，有时利润丰厚。拉祖米兴也想搞出版事业，他已经在别的出版商那儿干过两年，他通晓三种欧洲语言，尽管六天前他对拉斯柯尔尼科夫说，他的德语“不行”，目的是劝拉斯柯尔尼科夫分担一半翻译工作，可以预支三个卢布稿费：当时他撒了个谎，拉斯柯尔尼科夫也知道他撒谎。

“我们为什么——为什么错过机会呢，既然我们有最重要的手段——本钱？”拉祖米兴兴奋地说。“当然，工作很多，可是我们都能工作。您，阿夫多季雅·罗曼诺夫娜、我、罗季昂……现在某些出版物利润丰厚！干这一行最重要的是我们必须知道应该翻译什么。我们翻译、出版、学习，大家一起搞。现在我能成为一个有用的人了，因为我有经验。我跟各出版商来往已经快两年了，知道他们的内幕：并非只有圣人才能塑瓦罐[1]，你们要相信我的话！为什么，为什么错失机会！

---

①意思是人人都能干。

我知道有两三本书可翻译，我严守秘密，不让人知道。单是翻译出版这几本书的主意每本就值一百卢布。但是哪怕给我五百卢布，我也不肯把翻译其中一本书的主意告诉人。你们想想看，如果我去告诉一个出版商，他还会踌躇不决呢，真是傻瓜！至于印刷、纸张和发售这些业务，你们可以委托我去干！我知道一切秘诀！由小而大，至少可以糊口，本钱无论如何是可以捞回的。”

杜尼雅双目闪闪放光。

“您的话我很喜欢听，德米特里·普罗柯菲依奇，”她说。

“当然，我不懂这一行，”普尔赫里雅·亚历山大罗夫娜回答道，“这也许是个好主意，但又是老天爷知道。一种新事业嘛，我们都是外行。当然，我们必须在这儿住一个时期……”

她打量了一下罗佳。

“哥哥，你觉得怎样？”

“我认为，他的主意很好，”他回答道。“当然，不必先筹备成立公司，但出版五六本书的确有把握，而且一定能成功。 我也知道有一本书可以翻译，一定能畅销。至于他管理事业的本领是无可怀疑的：他是个行家……不过你们还可以商量商量……”

“乌拉！”拉祖米兴叫喊起来。“现在可别忙，这儿有一套房间，也是在这所房子里。房子还是同一房东的。这是一套独立的房间，单独的，跟这个小旅馆不相通，带家具的，有三间小房间，租金便宜。你们先去租下来。明儿我就去替你们抵押表，把钱送来，那么一切问题都可以解决。重要的是你们三个人能住在一起，罗佳可以跟你们……罗佳，你上哪儿去？”

“罗佳，怎么，你要走？”普尔赫里雅·亚历山大罗夫娜甚至愕然问。

“在这样的时候，你要走！”拉祖米兴叫道。

杜尼雅带着怀疑而诧异的神情望着哥哥。他的制帽拿在手里；他要走了。

“我觉得，你们好像在把我埋葬，或者要跟我永别，”他说得有点儿叫人莫名其妙。

他仿佛微微一笑，但这又好像不是微笑。

“谁知道呢，也许是我们最后一次见面，”他突然补充说。

他暗自想着这句话，但不知怎的大声地说了出来。

“你怎么啦！”母亲突然惊叫道。

“罗佳，你上哪儿去？”杜尼雅有点儿叫人奇怪地问。

“我真的该走了，”他含糊其辞地回答道，仿佛拿不定主意要说些什么。但是他那张苍白的脸上流露出十分坚定的决心。

“我想要说……我上这儿来的时候……我想要对您说，妈妈……杜尼雅，也想对你说，我们最好分开一个时期。我不舒服，我心神不定……我以后会来的，我会来的，等到……我可以来了。我记着你们，我爱你们……让我走吧！让我独个儿去过日子！我早已这样决定了……我早已拿定了主意。不管我怎样，我死了或者活着，我要独个儿过日子。你们把我忘了吧。这样好些……你们别来探问我。有必要，我自己会来的，或者……我叫你们去。也许一切都会恢复原状的！……可是现在，如果你们爱我，那就抛弃我吧……要不然，我会恨你们，我觉得……再见！”

“天哪！”普尔赫里雅·亚历山大罗夫娜惊叫道。

母亲和妹妹都吓坏了；拉祖米兴也很惊慌。

“罗佳，罗佳！跟我们和好吧，让我们和以前一样！”母亲脸色煞白，大声叫道。

他慢慢地朝门口转过身去，慢慢地走出房间。杜尼雅追上了他。

“哥哥！你怎么这样对待妈妈！”她喃喃地说，眼睛里充满怒火。

他沉痛地看着她。

“没有什么，我会来的，我要来的！”他嘟嘟囔囔说着，从屋子里走出去了，仿佛头脑糊涂了，不知道要说些什么。

“无情、狠心的自私自利者！”杜尼雅大声叫道。

“他疯—疯了，不是无情！他有点儿神经错乱！难道您看不出吗？您这样指责他，倒是无情！……”拉祖米兴紧紧地捏住了她的手，凑着她的耳朵着急地悄声说。

“我马上回来！”他一边向惊呆了的普尔赫里雅·亚历山大罗夫娜叫喊，一边拔脚往外走去。

拉斯柯尔尼科夫在走廊尽头等着他。

“我知道你定会跑来的，”他说。“你回到她们那儿去吧，跟她们在一起……明儿也待在她们那儿。永远跟她们在一起吧。我……也许会来的……如果可能的话。再见！”

他没有跟他握手就走了。

“你上哪儿去？你这是干什么？你怎么啦？这怎么可以！……”张皇失措的拉祖米兴嘟哝说。

拉斯柯尔尼科夫又站住了。

“我干脆告诉你：请你别再向我问什么。我不再回答你……你别上我那儿去。也许我还会上这儿来……让我走吧，可是她们……你可别离开她们。你懂得我的意思吗？”

走廊里黑沉沉的；他们站在灯旁。他们彼此默默地对看了一会儿。拉祖米兴一辈子也忘不了这个时刻。拉斯柯尔尼科夫那炯炯发亮的呆滞的目光仿佛每时每刻都一个劲儿地想要刺入他的心灵和意识。拉祖米兴蓦地怔了一下。在他们之间仿佛掠过一个奇怪的东西……一种什么思想，像是一个暗示，一闪即逝；双方突然也理会到一种可怕的、丑恶的东西……拉祖米兴脸色白得像死人一般。

“现在你明白了吧？……”拉斯柯尔尼科夫忽然说，脸痛苦地扭歪了。“回去，回到她们那儿去，”他忽然补充说，倏地掉转身子，离开房子走了……

现在我不打算描写那天晚上普尔赫里雅·亚历山大罗夫娜那儿的情况：拉祖米兴怎样回到她们那儿，怎样安慰她们；怎样起誓，说必须让罗佳去养病；又怎样起誓，说罗佳一定会回来的，会每天来的；罗佳心思烦乱，不要刺激他；他拉祖米兴会照料他，给他找个好大夫，找个最好的大夫去诊治……总之，从那天晚上起，拉祖米兴成为她们的儿子和哥哥了。

四

拉斯柯尔尼科夫一径来到了索尼雅所住的河岸上那所房子。这是一幢旧的、绿色的三层楼房。他找到了看门人，从看门人那儿大略地打听到裁缝卡彼尔纳乌莫夫的住处。在院子的一个角落里，他找到了一条又窄又暗的楼梯的入口，他终于跑到了二楼，踅入一条从临院子的那一边绕过二楼的走廊。当他在黑暗中徘徊，不知道卡彼尔纳乌莫夫家的门在哪儿的时候，离他三步路的地方，一道门忽然开了；他不由地拉住了门。

"是谁？"一个女子的声音惊慌地问。

"是我……我来找您了，"拉斯柯尔尼科夫回答道，一边走进那间很小的前室里去了。这儿，在一把破椅上，一个歪斜的铜烛台上插着一支蜡烛。

"天哪！是您！"索尼雅有气无力地叫道，像生了根似的呆立着。

"您住在哪儿？在这边吗？"

拉斯柯尔尼科夫极力不看她，赶快走进屋子里去了。

一会儿后，索尼雅持着蜡烛也进来了，放下蜡烛，便站在他面前，张皇失措，激动得简直无法形容，显然因他突然到来而发慌了。她那苍白的脸突然涨红了，眼里甚至泪光闪闪……她又难受又害臊，也感到高兴……拉斯柯尔尼科夫倏地掉转身去，坐在桌旁一把椅子上。他赶紧扫视了一下屋子。

这是一个大房间，但是非常低，是卡彼尔纳乌莫夫家所出租的唯一的一个房间，左边墙上有一扇门，门锁着，是通卡彼尔纳乌莫夫家的。对面右边的墙上还有一扇门，也老是锁着。后边是比邻的另一个号数的房间。索尼雅的屋子像一个棚子，样子呈很不规则的四边形，显得奇形怪状。临河的一堵墙有三扇窗，稍微歪斜地切断了屋子，因此那个极尖的锐角既深且暗，那个角在微弱的光线下，甚至很难看清楚；另一个角是个极不像样的钝角。在这个大房间里几乎没有家具。右边屋角里摆着一张床；床的旁边靠近门的地方放着一把椅子。在摆着床的那堵墙边，紧靠着通别家的房间的门，放着一张普通的木板钉成的桌子，铺了一块蓝色的桌布；靠桌子放着两把藤椅。对面的墙跟前，离那个锐角很近的地方，摆着一口木料极普通的不大的五斗橱，仿佛失落在荒凉的地方似的。这些东西就是屋子里的全部家具。在每个屋角里，那稍微发黄的、肮脏的、扯破了的壁纸都变黑了；冬天，这里大概很潮湿、烟雾弥漫。贫穷的境况一眼就可以看出来；床上连帐子也没有。

索尼雅默然望着那么仔细地没礼貌地打量着她的屋子的客人，末了，甚至吓得发抖了，好像站在法官和她的命运的决定者面前一样。

“我来迟了……十一点了吗？”他问，还是没有抬起眼来看她。

“是的，”索尼雅喃喃地说。“啊，是的，十一点了！”她忽然慌忙地说，仿佛这句话是她的救星。“房东的钟刚打过……我听见的……十一点了。”

“我是最后一次来看您了，”拉斯柯尔尼科夫脸色阴沉地接下去说，虽然这会儿他还是第一次上这儿来。“我也许再不会看见您……”

“您……要走啦？”

“不知道……事情明儿就会……”

“那么您明儿不上卡杰琳娜·伊凡诺夫娜那儿去吗？”索尼雅的声音发抖了。

“我不知道。一切明天早晨就会……可不是那么回事：我只来对您说一句话……”

他向她抬起眼来，眼神若有所思。他忽然发觉自己坐着，而她还在他面前站着。

“您为什么站着？坐吧，”他忽然改变了声调，轻声而温和地说。

她坐下了。他殷勤地、差不多带着怜悯的神情把她打量了一会儿。

“您多么瘦啊！瞧您的手！几乎是青筋毕露的。指头像死人的一样。”

他握住了她的手。索尼雅乏力地微微一笑。

“我一向是这样，”她说。

“您在家里的时候也是这样吗？”

“是呀。”

“那当然啰！”他断断续续地说，脸上的神色和说话的声音忽然又变了。他又扫视了一下四周。

“这个屋子您是向卡彼尔纳乌莫夫租的吗？”

“是的……”

“他们住在隔壁？”

“是的……他们也有一间这么大小的房间。”

“一家人都住在一个房间里吗？”

“住在一个房间里。”

“如果我住在您的房间里，夜里会害怕的，”他脸色阴沉地说。

“房东夫妇都很好，和蔼可亲，”索尼雅回答道，仿佛她还没有平静下来，还摸不着头脑似的。“这些家具，所有……所有的东西都是房东的。他们都很好，孩子们也常常上我这儿来玩……”

“这些人都口齿不清，是吗？”

“是的……他说话结结巴巴，又是个跛子。他老婆也是……她不但口吃，而且仿佛话也说不清楚。她是个好人，很和气。从前她是一个地主家里的女仆。有七个孩子……只有最大的一个孩子是口吃的，其余的孩子不过有病……并不口吃……您怎么知道他们？”她觉得有点儿奇怪地补上一句。

“令尊那时告诉过我。他常常谈到您……他说，您六点钟出去，八点多钟才回来；又说卡杰琳娜·伊凡诺夫娜在您的床前下跪过。”

索尼雅害臊了。

“我仿佛今天看见过他，”她踌躇地喃喃说。

“看见了谁？”

“父亲嘛。九点多钟，我在街上走，在街角附近，他仿佛在前面行走。模样儿完全像他一样。那时我正要到卡杰琳娜·伊凡诺夫娜那儿去……”

“您在散步吗？”

“是的，”索尼雅断断续续地嘟哝说，又害臊起来，头低了下去。

“您住在父亲家里的时候，卡杰琳娜·伊凡诺夫娜常常虐待您吧？”

“哎，没有的事，您说什么呀，您说这话干什么，没有的事！”索尼雅甚至惊慌地看了他一眼。

“那么您喜欢她吗？”

“喜欢她？可——不——是！”索尼雅悲怆地拖长声音说，忽然痛苦地把两手合在一起。“咳！您不知道她……但愿您能了解她！要知道，她完全像个小孩子……要知道，她痛苦得……几乎像个疯子。从前她是多么聪明……多么慷慨……多么善良啊！您不知道，什么也不知道……咳！”

索尼雅仿佛悲怆绝望地说着这些话，一边激动而又痛苦地绞着手。苍白的两颊又泛起了红晕，眼里流露出痛苦的神情。看来，她激动得很厉害，非常想表示什么，想说话，想辩解。一种**深切**的同情，如果可以这样形容的话，突然在她的面容上表露出来。

“她揍过我！您说这干什么！天哪，她揍过我！即使她揍过我，那又怎样呢！那又怎样呢？您不知道，您什么也不知道……她是多么不幸啊，咳，多么不幸啊！而且还害病……她寻求着正义……她是纯洁的。她那么相信，一切都应该有正义，她要求……即使您让她受苦，可是她不会干非正义的事的。她看不到，叫每个人都主持正义是不可能的，她很气愤……像个小孩子，像个小孩子！她是公正的，公正的！”

“您往后怎么办？”

索尼雅疑问地看了他一眼。

“他们的生活不是都靠您么。真的，过去他们也是依靠您的。那个死了的人从前常常来向您要钱买酒喝。唉，今后可怎么办呀！”

“我不知道，”索尼雅悲怆地说。

“他们还住在那儿吗？”

“我不知道，他们欠了房租；听说，女房东今天要他们搬家，可是卡杰琳娜·伊凡诺夫娜说，她一分钟也不会赖在那儿。”

“她怎么有这么大的勇气，是不是把希望寄托在您身上？”

“咳，不，您别说这样的话！……我们是一家人，我们一块儿过日子，”索尼雅忽然又激动起来，甚至生气了，宛若一只金丝雀或是别的小鸟儿在生气。“她怎么办呢？她能干什么呢？”她焦躁不安地问。“她今天哭了多少次啊！她发疯啦，您没有注意到吗？她发疯啦；一会儿忙乱得像小孩儿，希望明儿弄得很体面，有冷盘和一切东西……一会儿绞手、吐血、掉泪，突然把头在墙上猛撞，好像灰心绝望似的。过后又安慰自己，把希望寄托在您身上：她说，今后您会帮助她，说她要去借些钱，同我一起回到故乡去，办一所寄宿中学，招收贵族出身的女孩子，聘请我当学监，我们将开始过一种新的美好生活。她吻我，拥抱我，安慰我，满怀信心！她多么相信这些幻想！怎么能违抗她呢？今天她成天洗啦、打扫啦、修补啦，力气那么小，还亲自把洗衣盆拖进屋子里去，弄得气喘吁吁，一头扑倒在床上；今天早晨，我跟她还一同去给波列尼卡和廖尼雅买鞋，因为他们的鞋都破了，只是我们所带的钱不够，相差很多，可是她挑中了一双那么可爱的皮鞋，因为她有她的爱好，您不知道……她在铺子里当着伙计大哭起来，钱不够嘛……咳，看着她心里多么难受……”

“我这才明白了，你们……过着这样的日子，”拉斯柯尔尼科夫面露苦笑，说。

“难道您不觉得可怜吗？不觉得可怜吗？”索尼雅又责问道。“我知道，您还没有看到什么，就把仅有的几个钱都给了他们。啊，天哪！要是您能看到这一切就好了。我多少次，多少次引起她掉泪！还是上星期呢。哎哟，我啊！他去世还只有一个星期。我简直是残酷无情！这样的事我干了多少次，干了多少次啊。咳，现在整天回想这些往事多痛苦啊！”

索尼雅痛苦地回忆着，甚至绞着手。

“这是您残酷无情吗？”

“是的，是我，是我！那天我去看他们，”她流着泪，继续往下说，“先父常常对我说：‘你念给我听，索尼雅，我头痛，念给我听……书在这儿，’他有一本什么书，是从安德烈·谢苗内奇·列别兹雅特尼柯夫那儿拿来的，他就住在那儿，他常常弄到这样一些可笑的书。可是我说：'我该走了'，因为我不想念这种书，我上他们那儿去，主要是为了给卡杰琳娜·伊凡诺夫娜看几条领子；丽扎韦塔，那个女掮客，给我送来了一些便宜的领子和套袖，都是很漂亮的，式样时新，绣着花。卡杰琳娜·伊凡诺夫娜很喜欢，她在身上试试，对着镜子照。她非常喜欢，说：'索尼雅，请你送给我吧。'她说了'**请**'字，真想要啊。可是她哪有机会用得着？这不过使她追忆以往的幸福日子罢了！她照着镜子顾影自怜。她什么衣服也没有，什么东西也没有，已经有多少年了！她从来没有向人要过什么东西；她是个硬骨头，宁愿把仅有的一些东西送人，可是这会儿她却要这些东西。这样看来，她多么喜欢这些东西啊！可我不肯送给她，我说：'卡杰琳娜·伊凡诺夫娜，您有什么用？'我是这么说的：'有什么用。'我不应该对她说这样的话！她只是看着我，因为我不肯，她心里难过极了。我简直怕看她……她不是为领子难过，她难过是因为我不肯，我明白她的意思。咳，我现在多么想收回过去所说的话，更改一下……咳，我……我为什么说这样的话！不过在您看来，这算不得什么！"

"您认识那个女掮客丽扎韦塔吗？"

"是的……难道您也认识她？"索尼雅现出带几分惊奇的神色追问。

"卡杰琳娜·伊凡诺夫娜有肺病，肺病很严重；她不久会死的，"拉斯柯尔尼科夫沉默了半晌后说，避不回答她的问话。

"啊呀，不，不，不！"索尼雅不知不觉地抓住了他的两手，仿佛恳求他，不要让她死。

"如果她会死，那倒好了。"

"不，不见得好，不见得好，根本不见得好！"她惊慌地本能地反复说。

"那么孩子们怎么办？您不收留他们，您把他们送到哪儿去？"

"哎呀，我可不知道！"索尼雅抱住头，几乎绝望地叫喊道。大概，这个念头在她的脑海里已经闪过许多次了，他不过又唤醒了这个念头。

“唔，如果现在您在卡杰琳娜·伊凡诺夫娜还活着的时候害了病，被送到医院里去了，那时候怎么办？”他残酷无情地坚持说。

“哎呀，您为什么说这样的话！您为什么说这样的话！这是不可能的！”索尼雅吓得扭歪了脸。

“怎么不可能？”拉斯柯尔尼科夫脸上泛出严酷的微笑，继续往下说。“您没有保险吧？那时他们将会怎样呢？他们一家将会在街头流浪，她会像今天一样咳呛、求乞，头往墙上撞，而孩子们都会号啕大哭……她会倒在街上，被送到警察分局，抬到医院死掉，而孩子们……”

“哦，不会的！……上帝不会让她死的！”末了，索尼雅从郁闷的胸坎里吐出这么一句话来。她听着，恳求地望着他，在默默无言的恳求中合着手，仿佛一切都取决于他。

拉斯柯尔尼科夫站了起来，在屋子里踱起步来。这样过了一分钟。索尼雅站着，垂下了两手，低下了头，心里非常苦闷。

“您不能积攒些钱吗。积蓄些钱，以防万一？”他蓦地在她面前站住了，问。

“积蓄不起来呀，”索尼雅嘟哝说。

“当然，积蓄不起来！您积蓄过吗？”他几乎含讽带讥地补上一句。

“我积蓄过。”

“积蓄不起来！嗯，当然啰！我问这干什么！”

他又在屋子里踱步。又有一分钟过去了。

“您不是每天有收入吗？”

索尼雅比刚才更害臊了，脸又刷地红了。

“没有，”她痛苦地说，尽量说得轻。

“波列奇卡一定也会走上这条路的，”他忽然说。

“不！不！那不可能，她不会！”索尼雅多么悲痛绝望地大声叫道，仿佛她突然间被人用刀扎伤了一样。“上帝，上帝不允许发生这样可怕的事！……”

“那么让别人发生这样的事。”

“不，不！上帝会保佑她，上帝！……”她发狂地反复说。

“也许上帝根本就不存在，”拉斯柯尔尼科夫甚至幸灾乐祸地回答道，一边望着她，笑起来了。

索尼雅的脸色骤然变得很可怕：脸上掠过一阵痉挛。她流露出难以形容的责备的神情，瞥了他一眼，想要说什么，可是一句话也说不出来，只是忽然用手掩住脸，很伤心地哭起来了。

“您说卡杰琳娜·伊凡诺夫娜精神失常，您自己倒是精神失常了，”他沉默了半晌后，说。

又过了五分钟。他还是默默地来回踱步，眼睛不朝她看。末了，他走到她跟前来了；双目炯炯发光。他两手抓住了她的肩膀，直瞅着她那满是泪痕的脸。他的目光冷酷、兴奋、锐利，他的两片嘴唇抖得很厉害……他忽然倏地跪下，伏在地板上吻她的脚。索尼雅吓得连忙避开他，像避开一个疯子一样。他看起来当真像个疯子。

“您怎么啦，您这是什么意思？伏在我的脚下！”她嘟哝说，脸色惨白，她的心突然痛苦地揪紧了。

他马上就站起来了。

“我不是向你膜拜，我是向人类的一切痛苦膜拜。”他有点儿发狂地说着，向窗前走去。“你听着，”他补充说，一会儿又回到她跟前来了。“不久以前，我向一个欺负人的家伙说，他抵不上你的一个小指头……又说，我今天让我妹妹坐在你身旁，让她感到光荣。”

“唉，您为什么对他说这样的话！还当着她的面？”索尼雅愕然叫道。“跟我坐在一起？光荣！可是我……是个卑贱的女人，是个大—大罪人！唉，您为什么说这样的话！”

“我这样谈到你不是因为你卑贱、有罪，而是因为你有伟大的受苦精神。你是个大罪人，这话不错，”他几乎异常兴奋地补充说。“你的最深重的罪是你白白地毁了自己，出卖了自己的灵魂。这还不可怕吗！你过着你那么痛恨的卑贱的生活，这还不可怕吗。你自己也知道（只消睁开眼来看看），你过这种生活对谁都没有帮助，也救不了谁！最后，请你告诉我，”他说，几乎愤怒若狂。“这么大的耻辱和这样的卑贱怎么能在你身上跟另一些与之对立的神圣的感情并存呢？还是投河自尽吧！这会好些，会好上一千倍，明智一千倍！”

“那么他们怎么办呢？”索尼雅有气无力地问，痛苦地瞥了他一眼，但仿佛对他的建议没有感到丝毫惊奇。拉斯柯尔尼科夫奇怪地看了她一眼。

在对她的一瞥中，他什么都看出来了。这样看来，她的确已经有这个念头了。也许她在绝望中已经好多次严肃地考虑过自尽，那么严肃地考虑过，现在甚至对他的建议几乎也丝毫不觉得惊讶了。她甚至没有觉察出他的话是多么恶毒（当然也没有觉察出他的责备的意思和对她的耻辱的一种特别的看法，这点他看得很清楚）。可是他十分明白：她想到自己地位的卑贱和可耻，简直痛苦到极点，并且已经痛苦了很久。他心里想，到底是什么东西，是什么东西使她直到今天还舍不得死？他这才充分明白：这几个可怜的小孤儿和这个不幸的、半疯癫的、害肺病的和用头撞墙壁的卡杰琳娜·伊凡诺夫娜对她有多大的作用啊。

虽然如此，但他心里还是很明白：索尼雅由于自己的性格和所受的教育，绝不会这样过下去的。然而他还有这么一个问题：如果她没有勇气投河自尽，那么她为什么能这么久处于这样的地位而没有发疯？他当然知道：索尼雅的情况是社会上的一种偶然现象，虽然，很不幸，但绝不是孤立的和特殊的现象。然而这种偶然性、一定的文化程度和她以前的生活似乎很可能在她开始走上这条可耻的道路的时候，就会使她萌发自杀之念。到底是什么东西支持着她呢？是不是腐化堕落？这种耻辱显然只机械地触及她；真正的腐化堕落还没有丝毫侵入她的心灵：他意识到这一点；她站在他的面前，这不是在梦境里……

“摆在她面前有三条路，”他心里想：“投河，进疯人院，或者……或者，最后，腐化堕落，这会使她的头脑麻木，心变得冷酷的。”他最痛恨的是最后的一个想法；但他是个怀疑派，他年轻，脱离现实生活，因此，是冷酷无情的，所以他不能不相信，最后一条路，也就是说，腐化堕落是最可能的。

“但是这难道是真实的情况吗，”他暗暗叫道。“难道这个还保持着精神纯洁的人终于有意识地渐渐堕入这个臭气四溢的、罪恶的泥坑？难道她已经开始堕入这个泥坑了吗？难道她能够忍受到今天，只是因为她觉得罪恶已经不是那么令人痛恨了吗？不，不，这是不可能的！”他像索尼雅刚才一样，也扬声说道。“不，是一种关于罪恶的想法使她直到如今没有投河，此外，还有**他们，那些孩子们**……如果她直到今天没有发疯……可是谁说她没有发疯？难道她有健全的理智吗？谁会像她那样说话呢？难道有健全的理智的人会像她那样推论吗？难道她会坐在她正在滑下去的那个臭气四溢的泥坑边上等待毁灭吗？当人家对她说这是危险的时候，她却塞住耳朵不听劝告。她怎么啦，期待着奇迹出现吗？大概是这样吧。难道这一切不是疯癫的征象吗？”

他固执地坚持这个看法。比起任何别的解释来，他甚至更喜欢这个解释。他更聚精会神地对她凝视起来。

“索尼雅，那么你很多次祈祷上帝吗？”他问她。

索尼雅默不作声。他站在她身旁，等待着回答。

“没有上帝，我能做什么呢？”她嘟嘟囔囔说，说得又快又有力，那对闪闪发光的眼睛向他投了一瞥，又紧紧地握住了他的手。

“嗯，一点儿不错！”他心里想。

“那么上帝赏给了你什么呢？”他更逼近一步追问。

索尼雅久久地默然不语，仿佛答不上来似的。她那瘦弱的胸脯激动得不住地起伏。

“别说啦！别问啦！您不配！……”她突然扬声叫道，神色严峻，愤怒地望着他。

“真是这样！真是这样！”他坚持地暗自反复说。

“上帝是万能的！”她喃喃地说得很快，头又低下了。

“这是狡辩！这是找理由狡辩！”他暗自断定说，一边怀着强烈的好奇心打量她。

他怀着从未有过的、奇怪的、几乎是痛苦的心情，细瞧这张苍白而瘦削的、不端正的、颧骨突出的脸庞；细瞧那对能闪射出这么强烈的光芒、含着严肃而热情的眼神的、温柔的、浅蓝色的眼睛；细瞧因不满和愤怒而还在瑟瑟发抖的这瘦小的身躯。这一切，他越来越觉得奇怪，几乎认为是不可能的。“一个狂热的信徒，狂热的信徒！”他暗自反复说。

五斗橱上摆着一本书。他来回踱步的时候，每次经过都看它一眼；现在他拿起书看了起来。这是《新约全书》的俄译本。书是皮面精装，已经破旧了。

“这本书是哪来的？”他从屋子那一边向她叫道。她一直站在那儿，离桌子三步路。

“那是人家拿来给我的，”她仿佛不情愿地回答道，看也不看他一眼。

“谁拿来的？”

“丽扎韦塔拿来的，我向她要的。”

“丽扎韦塔！奇怪！”他心里想。他觉得索尼雅屋子里的一切东西时刻变化着，变得越来越奇怪和不可思议了。他把书拿到亮处，翻阅起来。

“关于拉撒路复活在哪一章？”他忽然问。

索尼雅固执地望着地上，不回答。她把身子稍微侧向桌子站着。

“关于拉撒路复活在哪一章？索尼雅，给我找出来。”

她斜睨了他一眼。

“您翻错了……在第四篇福音里……”她口气严峻地喃喃说，没有向他挪动一步。

“请你找出来念给我听，”他说着，坐了下来，臂肘支在桌上，一只手托住了头，脸色阴沉地向一边凝视着，做出听着的样子。

“三星期后我会被送到七里外的一个地方去的[①]！如果我没有被送到更糟的地方去，那么我大概会在那儿。”他喃喃地自言自语。

---

①意指疯人院。

索尼雅怀疑地听拉斯柯尔尼科夫说完了那奇怪的愿望后，踌躇不决地走到桌边。她终究把书拿起来了。

“难道您没有读过？”她问，隔着桌子，锁紧眉头看了他一眼。她的声音变得越来越严厉了。

“我在学校里念书的时候，早已读过了……你念吧！”

“您在教堂里没有听过吗？”

“我……不上教堂。你常常去吗？”

“不—不，”索尼雅喃喃说。

拉斯柯尔尼科夫微微冷笑了一下。

“我明白……那么你明儿不去参加令尊的葬仪吗？”

“我要去的。上星期我也去过……我去追荐过。”

“追荐谁？”

“追荐丽扎韦塔。她被人用斧头劈死了。”

他的神经被刺激得越来越紧张，头晕起来。

“你跟丽扎韦塔是朋友吗？”

“是的……她很好……难得……来……她不能来。我同她一起看书……聊聊。她会见到上帝的。”

这句书本子里的话，他听起来感到奇怪。又是新闻：她跟丽扎韦塔秘密来往——她们俩都是狂热的信徒。

“我马上也会变成一个狂热的信徒！这是传染性的！”他心里想。“你念吧！”他忽然坚持地怒冲冲地大声说。

索尼雅还是踌躇不决。她的心怦怦直跳。不知为什么她不敢念给他听。他几乎痛苦地望着这个“不幸的女疯子”。

“念给您听干吗？您不是不信吗？”……她温柔地嘟哝说，有点儿上气不接下气。

“你念吧！我要你念！”他坚持地说。“你不是常常念给丽扎韦塔听！”

索尼雅打开书找出那个地方。她双手发抖，发不出音。她接连念了两次，可是连第一个音节也念不出。

“有一个患病的人，名叫拉撒路，住在伯大尼[1]……”她终于费力地念起来，但是念到第三个字，她的声音忽然变得尖细了，就像一根拴得太紧的琴弦断裂了一样。她透不过气来了，胸里郁闷难受。

拉斯柯尔尼科夫这才稍微明白，索尼雅为什么不敢念给他听，他越明白这个原因，仿佛就越粗暴越恼怒地叫她非念不可。他看得太清楚了，现在她觉得泄露**自己**的一切事情让人家知道，这是多么痛苦啊；他明白了，这些感情仿佛确实是她的一个真正的**秘密**，也许从少女时代起，还在家里、在一生贫穷潦倒的父亲和痛苦得疯疯癫癫的继母身边、在忍饥挨饿的弟妹中间、在可怕的叫喊和斥责声中生活的时候，早就蕴藏在她的心底里了。同时现在他知道了，确切地知道了，她现在念诗篇虽然感到苦恼，而且有很大顾虑，但是她心底里却痛苦地想念。不管苦恼和重重顾虑，念给**他**听，愿他听着；现在一定念——“不管后果怎样！”……他从她的眼神里看出了这点，也从她那兴奋的激动中了解到这点……她克制着，压住了喉间那开始念诗篇时打断过她的声音的抽噎，继续往下念《约翰福音》第十一章。她这样念到第十九节：

“有好些犹太人来看马大和马利亚，要为她们的兄弟安慰她们。马大听见耶稣来了，就出去迎接他。马利亚却仍然坐在家里。马大对耶稣说：“主啊，你若早在这里，我兄弟必不死。就是现在，我也知道，你无论向 神求什么， 神也必赐给你。”

她念到这儿又顿住了，害羞地预感到，她的声音又会发抖，又会中断……

“耶稣说：“你兄弟必然复活。”马大说：“我知道在末日复活的时候，他必复活。”耶稣对她说：“**复活在我，生命也在我**。信我的人，虽然死了，也必复活。凡活着信我的人必永远不死。你信这话吗？”

索尼雅仿佛痛苦地舒了口气，又清楚地一个劲地念起来，仿佛在公开忏悔：

“主啊，是的。我信你是基督，是 神的儿子，就是那要临到世

---

[1] 见《新约 · 约翰福音》第11章。

界的。”

她顿住了，连忙抬起眼来看他，但马上就克制自己，继续往下念。拉斯柯尔尼科夫坐着，一动不动地听着，没有扭转脸去，臂肘支在桌上，望着一边。她念到了第三十二节。

“马利亚到了耶稣那里，看见他，就俯伏在他脚前，说：‘主啊，你若早在这里，我兄弟必不死。’耶稣看见她哭，并看见与她同来的犹太人也哭，就心里悲叹，又甚忧愁，便说：‘你们把他安放在哪里？’他们回答说：‘请主来看。’耶稣哭了。犹太人就说：‘你看他爱这人是何等恳切。’其中有人说：‘他既然开了瞎子的眼睛，岂不能叫这人不死吗？’”

拉斯柯尔尼科夫向她转过脸去，激动地望着她： 对，果真如此！她已经浑身发抖了，真正的热病发作了。这是在他意料之中的。她快念到关于最伟大的和闻所未闻的奇迹的话时，心里充满了无限的快乐。她的嗓音变得像金属般铿锵；兴奋和愉快洋溢在她的嗓音里，使她的嗓音变得更有力了。一行行字在她眼前跳动，使她的眼睛发黑了，可她背熟了她所念的诗篇。念到最后一节诗篇：“他既然开了瞎子的眼睛……”的时候，放低了声音，激动地、充满感情地表达了不信仰的人们——那些瞎眼的犹太人的疑惑、责备和诽谤，一会儿后，他们立刻像遭雷击似的震惊，伏倒在地上痛哭，信仰……“**他，他**——也是瞎眼、不信仰——他也会立刻听起来，也会信仰，对，对！现在，立刻，”她这样幻想着，她在快乐的期待中发抖了。

“耶稣又心里悲叹，来到坟墓前。那坟墓是个洞，有一块石头挡着。耶稣说：‘你们把石头挪开。’那死人的姐姐马大对他说：‘主啊，他现在必是臭了，因为他死了已经**四**天了。’”

她把“四”字念得特别有力。

“耶稣说：‘我不是对你说过，你若信，就必看见　神的荣耀吗？’他们就把石头挪开。耶稣举目望天说：‘父啊，我感谢你，因为你已经听我！我也知道你常听我。但我说这话，是为周围站着的众人，叫他们信是你差了我来。’说了这话，就大声呼叫说：‘拉撒路出来！’

那死人就出来了。”

她大声地兴奋地念着，发抖又发冷，仿佛亲眼目睹一样：

“手脚裹着布，脸上包着手巾。耶稣对他们说：‘解开，叫他走！’**那些来看马利亚的犹太人，见了耶稣所作的事，就多有信他的。”**

她不再往下念，她不能念了，合上书，从椅子上霍地站了起来。

“这些就是关于拉撒路复活的故事，”她断断续续地、严肃地喃喃说，脸转向一边，一动不动地站着，不敢而且仿佛羞于举目看他。她那热病的战栗还在发作。插在那个歪斜的烛台上的残烛已经快燃完了，在这个简陋的屋子里暗淡地照着一个杀人犯和一个卖淫妇，他们奇怪地一块儿念着这本不朽的书。五分钟过去了，或者不止五分钟。

“我来告诉你一件事，”拉斯柯尔尼科夫忽然蹙紧眉头大声说，一边站起来，走到索尼雅跟前去了。她默默地抬起眼来看他。他的目光显得特别严峻，表现出一种异常的决心。

“我今天决心离开亲人，”他说。“离开母亲和妹妹。现在我不再上她们那儿去。我跟他们决绝了。”

“为什么？”索尼雅不觉猛吃一惊，问。不久以前她见到过他的母亲和妹妹，那次见面在她的脑海里留下了异常深刻的印象，虽然她自己摸不透她们的心思。听到决绝这句话，她几乎惊呆了。

“现在我只有你了，”他补上一句。“咱们一块儿走吧……我来找你了。我们都是被诅咒的，咱们一块儿走吧！”

他双目炯炯发光。“他像个疯子！”索尼雅也有这个想法。

“上哪儿去？”她恐惧地问，不由地向后倒退。

“我怎么知道？我只知道，我们走的是同一条路，我只知道这一点。我们的目标是一致的！”

她莫名其妙地望着他。她只知道，他非常不幸，不幸至极。

“如果你对他们去说，他们谁也不会懂的。”他继续往下说。“可是我明白。我需要你，所以我来找你了。”

“我不懂你的意思……”索尼雅喃喃说。

“往后你会明白的。你不是也干了那种事吗？你也违犯了……你非违犯不可。你在自杀，你毁了一个生命……自己的生命(这反正一样！)。你本来可以依靠精神和理性生活，可是你往后会在干草市场上毁灭……如果你继续过孤单的生活，会受不了的，会像我一样发疯。你现在已经像个疯子；所以，我们一块儿走吧，走一条路吧！咱们走吧！”

“为什么？您为什么说这样的话！”索尼雅说。他的这些话使她莫名其妙，而且不安起来。

“为什么吗？因为不能这样生活下去——原因就在这里！到底该认真地实事求是地考虑一下啦，别像小孩子般地哭哭啼啼，叫喊，说什么上帝不会答应！如果明儿你真的被送进医院，那怎么办？她神经错乱，害着肺病，不久就会死的，那么孩子们怎么办？难道波列奇卡不会毁灭吗？难道你在这儿没见过母亲叫他们在街头行乞的孩子们吗？我知道，这些母亲住在哪里，她们的境况怎样。在那种环境里，孩子们不再是孩子。七岁的孩子已经堕落了，做了小偷。可是孩子是基督的形象：‘天国是他们的’①。他吩咐我们敬重他们，爱他们，他们是未来的人……”

“怎么办，怎么办呢？”索尼雅歇斯底里地哭了起来，绞着手，反复地说。

“怎么办吗？粉碎必须粉碎的，干脆彻底，只有这么办：决心去受苦！怎么？你不懂吗？往后你会明白的……自由和权力，而主要是权力！统治一切发抖的畜生，统治整个蚂蚁窝！……这就是目的！你要记住这点！这就是我对你的临别赠言！也许，我跟你最后一次说话了。如果我明儿不来，那你会听到一切消息的，那时你会想起我现在对你所说的这些话。以后，几年后的某一天，你就会明白这些话的意义的。如果我明天来了，我会告诉你，丽扎韦塔是谁杀害的。再见！”

索尼雅吓得瑟瑟发抖了。

“难道您知道凶手是谁吗？”她问，吓得浑身发冷了，惊讶地望着他。

---

① 见《新约·马太福音》第5章第10节。

“我知道，我会告诉……你，只告诉你一个人！我选中了你。我不是来请求你宽恕的，我只是来告诉你。我早已选中了你，想把这件事告诉你，还在令尊谈起你的时候，还在丽扎韦塔活着的时候，我就有这个念头了。再见。不要握手了。明儿见！”

他出去了。索尼雅像望着一个疯子一样望着他；可是她自己也像是精神错乱了，并且感觉到这点。她感到一阵头昏。“天哪！他怎么知道谁杀了丽扎韦塔？他说这些话是什么意思？这真可怕！”但这时她的头脑里并没有这个**想法**。决不会！决不会！……“啊，他一定非常不幸！……他离开了母亲和妹妹。为什么呢？这是怎么回事啊？他有些什么意图？他为什么对她说这样的话？他吻了她的脚，而且他说过……他说过，对，他清楚地这样说过，他没有她不能活……天哪！”

索尼雅整夜发烧，神志昏迷。她有时直跳起来。哭泣，绞手，接着又沉入了迷迷糊糊的发热病的梦境中。她梦见了波列奇卡、卡杰琳娜·伊凡诺夫娜、丽扎韦塔，念福音，他……他，他那张苍白的脸，那对怒火闪烁的眼睛……他吻她的脚，哭泣……唉，天哪！……

右边门后，就是将索尼雅的房间和盖尔特鲁达·卡尔洛夫娜·列斯丽赫的房间隔开的那扇门后面，也有一个房间，已经空了很久，是列斯丽赫太太的住宅的一部分，准备出租，大门上已经挂出了招租牌子，在临河的玻璃窗上也贴着招租。索尼雅一向认为这个房间不能住人。但是斯维德里加依洛夫先生在这段时间里却一直躲在这个空屋里站在门旁窃听。等到拉斯柯尔尼科夫走了，他站了一会儿，沉吟了一下，便蹑着脚回到了同这个房间贴邻的自己的屋子里搬来了一把椅子，轻轻地把它搬到了通索尼雅的房间的门边。他觉得这次谈话很有意思，值得注意。他非常感兴趣，他那么感兴趣，所以搬来了一把椅子，以便往后，比方说，明天，就不必再受苦地站立一个钟头，可以舒舒服服地坐着偷听了。

五

翌日早晨十一点整，拉斯柯尔尼科夫走进了某分局侦查科长办公室，要求通报波尔菲里·彼得罗维奇。他很久还没有被接见，这甚至使他感到奇怪：至少过了十来分钟才传他进去。他以为，大概会立刻被抓起来。然而他站在接待室里，人们打他身边来来往往，这些人显然都不是找他的。在隔壁一个像是办公室的房间里，有几个录事坐着抄写，显然他们谁也不知道：拉斯柯尔尼科夫是谁，是个什么样的人？他用焦躁不安的和怀疑的目光注意着周围，留心着周围有没有卫兵或者神秘的目光监视着他，防他逃走？然而根本没有这样的事：他只看见几个管理庶务的公务员，后来又看见了几个人，没有一个人要找他，他现在完全可以自由行动。他越来越深信不疑，如果昨天这个来历不明的人，这个从地下钻出来的幽灵，当真全都知道，什么都看见，那么怎么会让他，拉斯柯尔尼科夫，现在这样站着，这么安静地等着呢？难道他们会在这儿等他到十一点钟去自首吗？那么不是这个人还没有告密，就是……就是他也什么都不知道，他什么也没有看见(他怎么能看见呢？)，这样看来，他拉斯柯尔尼科夫昨天所发生的一切事情，又是他受了刺激的和病态的想象力所夸大了的主观幻想。甚至还在昨天，在最紧张的不安和绝望中，这种猜想已经在他心里增强起来了。现在他把这一切细细地考虑了一番，准备进行一场新的战斗，但却蓦地感觉到他的身子在发抖——一想到他会在那可恨的波尔菲里·彼得罗维奇面前吓得发抖，心里甚至怒火直冒。他最感到可怕的是又要跟这个人见面：他恨透了他，恨之入骨，甚至怕自己的憎恨情绪会暴露自己。他气愤得甚至立刻不再发抖了；他准备做出一副冷淡而大胆的神气走进去，决心尽可能保持缄默，详察细听，这一回不管怎样至少要克制自己那易于激动的反常的脾气。这当儿有个人来传他去见波尔菲里·彼得罗维奇。

原来这时波尔菲里·彼得罗维奇独个儿坐在办公室里。他的办公室是个不大也不小的房间；摆在房间里的是：一张大写字台放在一张包漆布的沙发前面，一张办公桌，一口书橱放在角落里，几把椅子——这些都是公家的家具，都是用光滑的黄木制的。在后壁，或者不如说，在间壁角落，有一扇门锁着；可见，在门的那一边，即在间壁后面，大概还有几个房间。拉斯柯尔尼科夫一进去，波尔菲里·彼得罗维奇立刻就把他进去的那扇门掩上了，房间里只有他们两个人。他显然是用极其快乐而殷勤的态度来接待客人的。几分钟后，拉斯柯尔尼科夫这才从某些迹象上察觉出来，波尔菲里心里似乎很慌乱——仿佛突然被搞糊涂了，或者被人发觉了一个无人知道的秘密。

“啊，最可敬爱的朋友！您也……上我们这个地方来啦……”波尔菲里把两手向他伸了过来，说。“请坐，老兄！难道您，也许您不喜欢叫您最可敬爱的朋友，那就……叫您老兄——这样就亲昵[1]？请您别以为我很亲昵……这边坐，沙发上坐。”

拉斯柯尔尼科夫坐下了，目不转睛地看着他。

“上我们这个地方来啦”，对态度亲昵的抱歉，请求对说法国话“亲昵”的原谅，等等，等等——这一切都是他的性格特征的表现。“他把两手向我伸了过来，可是没有一只手同我握手，却及时缩回去了，”在他心里闪过一个疑窦。他们俩彼此注意着，但他们的目光一接触，双方就闪电般倏地把目光移开了。

“我给您送来了申请书……登记表的申请书嘛……喏，请指教。写得对吗，还是得重写？”

“什么？申请书？对，对……请放心，写得很对，”波尔菲里·彼得罗维奇说，仿佛要赶往什么地方去似的，接过申请书就看起来。“对，写得很对。这样就够了，”他又急忙加以证实，并把申请书放在写字台上。一会儿后，话岔开了，他又从写字台上拿起申请书，放到办公桌上。

“您昨天好像说过，要问我……按照手续……问我跟这个……被谋害的老太婆相识的事？”拉斯柯尔尼科夫又开始说。“我为什么说‘好像’？”另一个思想闪电般地在他的脑海里闪过。“哎，因为说了好像这个词儿，我就这么惴惴不安？”立刻又有一个思想也像闪电般地在他的脑海里闪了一下。

他忽然觉得，仅仅跟波尔菲里接触一下，仅仅跟他谈两三句话，仅

---

①原文为法文。

仅跟他对看了两眼，他的疑心刹那间便加重到了可怕的程度……并且觉得这危险极了，于是神经就紧张起来，越来越着急不安。“糟透啦！糟透啦！……我又说漏嘴了。”

“对——对——对呀！您不必着急！登记还来得及，还来得及的，”波尔菲里·彼得罗维奇嘟哝说，一边在写字台旁边走来走去，但不知怎的没有任何目的，仿佛一会儿奔向窗前，一会儿奔向办公桌，一会儿又奔向写字台，一会儿避开拉斯柯尔尼科夫那怀疑的目光，一会儿忽然在原地站定了，直瞅着他。这时，他那矮小肥胖、圆滚滚的身体看起来异常奇怪，像个奇形怪状的皮球从这边滚到那边，并立刻又从那边或这边墙跟前或角落里滚了回去。

“来得及，来得及！……您抽烟吗？您有香烟吗？那请抽一支吧……”他递给客人一支烟，继续往下说。“要知道，我在这儿接待您，可是我的家就在这边，在间壁后面……公家的房子，可现在我暂住在私人的屋子里。这里需要修理。现在差不多快完工了……公家的房子，您要知道，这挺不错，对吗？您觉得怎样？”

“对，这挺不错，”拉斯柯尔尼科夫回答道，几乎嘲讽地望着他。

“挺不错，挺不错……”波尔菲里·彼得罗维奇反复地说，仿佛突然间想起了一件毫不相关的事。“对！挺不错！”末了，他忽然向拉斯柯尔尼科夫瞥了一眼，在离他两步路的地方站定了，几乎惊叫起来。他多次愚蠢地复述公家的房子挺不错，就其庸俗这一点来说，这跟他现在看着客人的那种严肃、深思和神秘的目光是太不协调了。

但这更加剧了拉斯柯尔尼科夫的愤怒，他对这种嘲讽和相当审慎的挑衅怎么也忍不住了。

“您可知道，”他忽然问，几乎大胆地望着他，仿佛从自己的大胆行为中感到乐趣似的。“我认为有这样的一种司法程序，一种对各种侦查人员都适用的法学上的方法：首先从远处开始，从细小的事情开始，或者，甚至从重要的但毫无关系的事情开始，可以说，为的是鼓励或者不如说分散受审人的心思，使他疏于防范，然后出其不意，突然向他提出最有决定性意义的、关系重大的问题，问得他仓皇失措；是这样吗？直到如今，在所有法律书上似乎还提到这个方法吧？”

“对，对……那么您以为，我对您提到公家的房子就是为了这个……啊？”波尔菲里·彼得罗维奇说了这句话后，就眯缝起眼睛，丢了个眼色；在他的脸上掠过一种快乐而又狡猾的表情，额上的皱纹舒展开来了，小眼睛眯细了，脸拉长了。他忽然发出一阵神经质的大笑，久久不停，激动得全身轻轻摇摆，直瞅着拉斯柯尔尼科夫的眼睛。后者也笑起来了，笑得有点儿不自然；可是波尔菲里看见他也在笑，就大笑不止，笑得几乎脸也红了。拉斯柯尔尼科夫的厌恶情绪忽然压倒了他的谨慎小心：他收起了笑容，锁紧了眉头，对波尔菲里憎恨地望了很久。当他久久地仿佛故意不停地笑着的时候，目光没有从他身上移开过。可是双方显然都不是谨慎小心的：波尔菲里·彼得罗维奇仿佛公然嘲笑着这个非常憎恨这样大笑的客人，而且并不因此感到害臊。在拉斯柯尔尼科夫看来，这是意味深长的：他明白了，波尔菲里·彼得罗维奇刚才的确丝毫不觉得害臊；可是，相反地，他，拉斯柯尔尼科夫本人，也许陷入了圈套；这儿显然存在着一种他不知道的东西，存在着某种目的；此刻也许已经准备停当，立刻就要动手把他抓起来……

他立刻谈到本题上来了，一边从座位上站起来拿了帽子。

“波尔菲里·彼得罗维奇，”他开腔了，话说得很坚决，而且带有相当强烈的怒意。“您昨天表示了一种希望，要我到这儿来受审。（他特别强调**受审**这个词儿。）我来了，如果您要审问，那就审问吧，要不然，请让我走。我没有工夫，我还有事呢……我要去参加那个被马踩死的官吏的葬仪。这个人，您……也知道……”他补充说，并因为作了这个补充而恼火了，接着马上变得更恼怒。“我讨厌这一切，听见吗，我早已……这就是我发病的部分原因……总之，”他几乎大叫起来，觉得谈病更不适宜。“总之，要么审问我，要么马上就让我走……如果要审问，那么一定要按照手续！否则我不答应；我们暂且告别，因为现在我们双方都没事啦。”

“天哪！您这话是什么意思！问您什么呀，”波尔菲里·彼得罗维奇忽然咯咯地笑起来，立刻改变了口气和神态。他的笑声猝然而止。

“请您放心，”他忙碌起来，又一会儿从这边跑到那边，一会儿忽然请拉斯柯尔尼科夫坐下。“别急，别急。这些都是废话！相反地，我很高兴，您终于上我们这儿来了……我把您当作客人来招待。罗季昂·罗曼诺维奇老兄，请您原谅我这阵可恶的笑声。罗季昂·罗曼诺维奇？这是您的名字和父称吧？……我是个神经质的人，您的俏皮话逗得我大笑；真的，我有时会像橡皮一样战栗起来，会这么笑上半小时……我动不动就发笑。就我的体质来说，我甚至怕瘫痪。坐吧，您怎么啦？……老兄，请坐，要不然，我要认为您生气了……”

拉斯柯尔尼科夫默然不语，静静地听着，观察着，还是怒气冲冲地紧蹙了眉头。他坐下了，但是帽子还拿在手里。

“罗季昂·罗曼诺维奇老兄，我告诉您一件事，我自己的事，可以说是解释一下我的性格，”波尔菲里·彼得罗维奇在屋子里跑来跑去，继续往下说，仿佛依然避不跟客人的目光接触似的。“您知道，我是个单身汉，在上流社会里既没有地位，又没有名望。何况我是个没有前途的人。我的发展到了顶，我这一生到此为止了，而……而……而您可注意到，罗季昂·罗曼诺维奇，在我们这儿，就是说，在我们俄罗斯，尤其是在我们彼得堡各界，如果有两个聪明人碰在一起，他们还不十分相熟，但是，可以说，互相尊敬，就像我现在跟您一样，他们就会有半个小时怎样也谈不起来，形成僵持的局面，彼此很尴尬地对坐着。谈话的题目人人都找得到的，比方说，太太们……比方说，上流社会人士，总是有话可谈的，*这是必不可少的*[①]，可是我们这些中等人士都是忸怩不安的，拙于言辞的……我们都是用心思的人嘛。老兄，这是什么缘故呢？我可不知道，是不是缺乏共同的兴趣，或者是因为我们都很正直，不愿互相欺骗。啊？您怎么个想法？把您的帽子放下吧，您好像立刻就要走，我看了实在不舒坦……相反地，我倒很高兴……”

拉斯柯尔尼科夫放下了帽子，但仍然不说话，神态严肃，锁紧了眉头，听着波尔菲里说着空洞的、自相矛盾的废话。“他怎么啦，当真想

---

①原文为法文。

用这些蠢话来分散我的注意力吗?”

“我不请您喝咖啡，因为这儿不方便嘛；可是为什么不跟朋友坐上五分钟解解闷呢，”波尔菲里哓哓不休。“您要知道，这一切公务……老兄，我老是走来走去，您可别见怪；老兄，请原谅，我很怕您见怪，可是踱步对我是十分必要的。我老是坐着，很高兴走动五分钟……我患有痔疾……我打算用做体操来治疗；据说文官，四等文官，连三等文官也喜欢跳跳绳；在我们的时代，科学万能嘛。一点不错……至于这儿的职务、审问和一切手续……老兄，您刚才提到审问……要知道，罗季昂·罗曼诺维奇老兄，这些审问当真有时候弄得审问人比受审人更糊涂……老兄，关于这点，您刚才倒说得一针见血，而且很有道理。(拉斯柯尔尼科夫并没有说过这样的话。)人会搞糊涂的！真的会搞糊涂的！老一套嘛，好比打鼓一样，老一套嘛！改革正在进行，我们至少会把名称换一下，嗨！嗨！嗨！至于我们法学上的方法——就像您俏皮地所形容的——我完全同意您的意见。请您告诉我，所有被告中间，甚至乡巴佬中间，谁不知道，比方说，开头用一些旁的问题来分散他的注意力(如您巧妙地所形容的)，然后来个突然袭击，使他仓皇失措，就像用斧背，嗨！嗨！嗨！用您那巧妙的譬喻来说，猛击他的天灵盖一样！嗨！嗨！您当真以为，我谈公家的房子是想要把您……嗨！嗨！您真是个讽刺家。嗯，我不说了！哎，对呀，顺便说说，一句话引出另一句话，一个念头引出另一个念头——您刚才也提到了手续，要知道，关于审问……谈手续干吗！要知道，在许多场合，手续是没有意义的。不过有时像朋友一样谈谈却好处更大。手续决不可省略。这点请您放心。请问，手续实际上是个什么东西呢？侦查员可不能每步都受手续的束缚。要知道，侦查员的工作——这可以说是一种自由的艺术，一种独特的艺术，或者好像那种……嗨！嗨！嗨！”

波尔菲里·彼得罗维奇停顿了一下，舒了口气。他不知疲乏地哓哓不休，一会儿说些无聊的话，一会儿忽然说了一些令人费解的话，并且立刻又说起无聊的话来。他几乎在屋子里奔跑，越来越快地挪动着他的两条胖腿，老是望着地上，右手放在背后，左手不断地挥动，做出每次跟他的说话极不合拍的各种姿势。拉斯柯尔尼科夫忽然发觉，他在屋子里跑来跑去的时候，有两次仿佛在门边站了一会儿，仿佛倾听着……

“他是不是等待着什么？”

“您的话确实很对，”波尔菲里又赶忙接嘴说，快乐地、带着异常天真的神情望着拉斯柯尔尼科夫（他因而怔了一下，立刻防范起来），“您这么巧妙地讽刺法律手续，的确很对，嗨—嗨！我们这些（当然是某一些）周密的、心理上的方法是极端可笑的，也许是毫无用处的，假如过于受手续的束缚的话。对……我又谈手续了：嗯，如果我坦白地说，或者不如说，如果我怀疑某个人、那个人、另一个人或者第三个人，可以说，把他们当作我所办理的那个案件的嫌疑犯……罗季昂·罗曼诺维奇，您不是要做法学家吗？”

“是的，我学过法律……”

“那么，这个案件，可以说，能供您将来参考。我的意思是，您别以为我竟敢来教导您：您不是发表过论述犯罪的文章嘛！不，我斗胆举这个例子，是作为一个实例。所以，如果我认为，比方说，这个或那个人，或者第三个人是嫌疑犯，请问，我为什么未到时间以前去惊动他呢？虽然我已经掌握了他的罪证。比方说，有个人我应当赶快逮捕，可是另一个人因为情况不同，我为什么不让他在城里溜达呢。嗨—嗨！不，我知道，您不十分懂得我的意思，那么我给您说得清楚些：如果我，比方说，过早地把他拘禁起来，我这样做也许是为了给他以精神上的支持，嗨—嗨！您在笑？（拉斯柯尔尼科夫并不想笑：他咬紧牙关坐着，他那兴奋的目光盯着波尔菲里·彼得罗维奇的眼睛。）然而这样做是对的，特别是对付某个人，因为人是各式各样的，只有通过实践才能知道怎样对付他们。您现在会说：罪证；假定说，掌握了罪证，可是，老兄，罪证大抵可以从两方面来解释，可是我是个侦查员——因此我坦白地说，我是个能力很差的人：可以说，我要使侦查的结果像数学般正确，我要得到像二乘二等于四一样的罪证！我要得到的是铁一般的、无可争辩的罪证！但是如果我不及时把他拘禁起来——虽然我相信，犯人就是**他**——我也许会得不到进一步揭发他的材料。为什么呢？因为可以说，我把他的地位确定了；可以说，心理上使他明确起来，让他自安自慰；他就会避开我，缩进壳里去：最后，他就会明白，他是个囚犯。据说，在塞瓦斯托波尔，阿利马战役[1]刚结束，一些聪明人都吓得要命，唯恐敌人马上就来进攻，立即夺取塞瓦斯托波尔；可是当他们看到敌人宁愿采取包围，正在挖第一道堑壕时，据说，那些聪明人都兴高采烈，都安心了：他们要进行包围，事情至少可以拖延两个月！您又笑啦，您又不相信吗？当然，您也是对的。您是对的，您是对的！这些都是特殊情况，我同意您的意见；我们所谈的情况确实是特殊的！但是，最亲爱的罗季昂·罗曼诺维奇，同时您也应当注意到这点：凡是法律程序和法规所适用的、作为讨论对象的和写入法律书里的普通案件都是虚构的，因为每个案件，甚至，比方说，每一桩犯罪，一旦在现实中发生，立刻就变为完全特殊的案件；有时变为和从前所发生的毫无相似之处的案件。有时也会发生这一类滑稽可笑的案件。如果我让某某先生自由行动：虽然我不逮捕他，不惊动他，但是让他时刻知道，或者至少让他起疑，全部底细我都知道了，我日夜密切地监视着他；如果他经常意识到被人怀疑，提心吊胆，那么他一定会发慌，就会来投案自首，也许又会干出什么事来，这将是一个像二乘二等于四，可以说，有数学般明确的罪证——这是令人高兴的。一个傻头傻脑的乡下人尚且会发生这样的事，何况我们这些人，具有现代的知识，还受过某方面的教育，那更不用说了！所以，亲爱的朋友，了解人受过哪方面的教育是十分重要的。可是神经，神经，您就是忘了神经！要知道，现在人们的神经都有毛病，不健全，易于激动！……动不动就发脾气！可是，我告诉您，在必要的时候，这是一座矿山！我何必怕他在城里自由行动！让他，让他暂时自由行动吧；我已知道，他是在我掌握之中，逃不出我的手掌！他往哪儿逃呀！嗨，嗨！逃往国外吗？有个波兰人要逃往国外，但他逃不了，何况我监视着，防范着。他逃往穷乡僻壤吗？

---

①1854 年 9 月 8 日至 20 日，在克里米亚战争期间，俄军在阿利马河畔一场决战中败北，向塞瓦斯托波尔退却。

但是住在那里的都是农民，地道的土生土长的俄罗斯人；一个有文化修养的现代人宁愿坐牢，都不愿跟像我们农民那样的外国人一同生活，嗨—嗨！可是这些都是废话，都是表面的看法。逃走，这是怎么回事啊！这是形式上的；这不是重要的。不是因为他逃不出我的手掌，无处可逃，而是因为他心理上逃不脱我。嗨—嗨！这怎么说呢！他逃不脱我是由于一种天性法则，即便他有可逃的地方。您见过飞蛾扑烛火吗？往后他就是这个样儿，永远逃不脱我，好比在蜡烛周围盘旋；自由对他将会失去吸引力，他将会陷入沉思，将会不知所措，将会把自己束缚起来，好比堕入了蜘蛛网一样，将会忧闷而死！……不仅如此：他将会供给我数学般正确的、像二乘二等于四一样的证据。只要我在这中间多给他一些时间……他将会在我周围盘旋，越绕越近，终于扑上来！他将会直飞到我嘴里，我把他一口吞下，这是多么令人高兴啊，嗨—嗨—嗨！您不相信吗？”

拉斯柯尔尼科夫不答理。他坐着，脸色煞白，一动也不动，还是那么紧张地端详着波尔菲里的脸。

“上了很好的一课！”他心里想，不觉毛骨悚然。“这甚至不是像昨天那样猫儿玩弄老鼠。他不是徒劳地向我显示本领，而是……在暗示：他在这方面能干得多。这里别有用心，究竟是什么用意呢？哎呀，废话，老兄，你在吓唬我，你在耍手段！你没有证据，昨天的那个人是不存在的！你不过想使我慌乱，想预先刺激我，在这样的状态中压倒我，不过你错了，你办不到，办不到！可是为什么，为什么向我作这样明显的暗示？……他以为我的神经不健全吗！……不，老兄，你错了，你办不到，即使你已经做好了什么圈套……嗯，咱们瞧着吧，你做好了什么圈套。”

他尽力克制着，准备迎接一场可怕的、难以逆料的灾难。有时他想立刻扑过去，当场掐死波尔菲里。他还没有走进这儿来的时候，就已经担心会发这么大的火气。他觉得唇焦舌敝，心怦怦地跳动，嘴唇上的唾沫干了。但他还是决意保持缄默。不到适当的时候不说话。他明白了，处在他的地位，这是一种最好的策略，因为他不但不吐露，相反地，沉默也能激怒敌人，也许还会告诉他什么。他至少抱着这样的希望。

“不，我明白，您不相信我，您老是以为，我对您开着善意的玩笑，”波尔菲里接嘴说，他越来越高兴，高兴得不住地咯咯地笑，又在屋子里兜圈子。“当然，您是对的；我这个上帝所创造的模样儿，只会引起别人的滑稽感；小丑[①]；可是我告诉您，我再重说一遍，老兄，罗季昂·罗曼诺维奇，老兄，您要原谅我这个老头子，您还年轻，可以说，非常年轻，所以，您像所有年轻人一样，把人的智慧看得高于一切。戏谑的机智和理性的抽象论据把您迷惑了。这完全像从前奥地利的御前军事会议[②]，比方，如果我对军事有判断力的话，我认为：他们是在纸上击败了拿破仑，俘虏了他，是在书斋里用最机智的方法策划，作出了结论；可是，请注意，马克将军率领全军投降[③]，嗨——嗨——嗨！我明白，我明白，罗季昂·罗曼诺维奇老兄，您在讥笑我，我，这样一个文官，却常常从军事史上找例子。有什么办法呢，这是我的一个癖好，我爱好军事，我非常爱读这些作战报告……我完全选错了职业。的确，我应当在军队里服务。我或许不能成为一个拿破仑，但我能当个少校，嗨——嗨——嗨！所以，我亲爱的朋友，现在我告诉您那个也就是特殊案件的真实的详细情况。您，我的先生，现实和人的天性是最重要的，有时能使最周密的计划告吹！哎，您听我老头子说，我不是开玩笑，罗季昂·罗曼诺维奇（说这话的时候，恐怕还不到三十五岁的波尔菲里·彼得罗维奇似乎真的忽然变老了：连他的嗓音也变了，不知怎的，他全身抽搐起来），何况我是个直爽的人……我是不是一个直爽的人？您觉得怎样？我觉得，我是十分直爽的：我把这些话无代价地告诉了您，不要任何报酬，嗨——嗨！嗯，所以，我还要说下去：我认为，机智是很奇妙的东西；可以说，这是一种自然美和人生的慰藉，它能要弄多么狡猾的手段啊，所以一个可怜的侦查员有时哪能猜得透，何

---

①原文为法文。

②原文为德文。奥国御前军事会议是以墨守成规和作出愚蠢的决定著称。

③1805年10月20日奥军由马克将军率领向拿破仑投降，三国联盟（奥、英、俄）曾对这支军队寄予了极大的希望。

况他本人也沉溺于幻想中，这是常情嘛，因为他毕竟也是个人！但是犯人的天性使这个可怜的侦查员得救了，该他倒霉！这个沉迷于机智、‘正在跨过一切障碍’的青年哪能想得到这点(正如您最巧妙而又最狡猾地所形容的)。假定说，他也会撒谎，我的意思是说某个人，一件**特殊的案件**，隐姓埋名[1]，他撒谎撒得很巧妙，使用的是最狡猾的方法；这似乎胜利了，他可以享受自己的机智的成果了，可是他突然昏倒了！在最惹人注目的和最容易引起骚动的地方昏倒了。假定说，这是病，屋子里有时也很闷，但不管怎样，他到底使我们产生了一种想法！他的撒谎无比巧妙，然而他没有能够依靠自己的天性。他的狡猾失败了！另一次，由于过分热衷于耍弄自己的机智，他也愚弄起怀疑他的人来，仿佛故意骗人，勃然失色，像在表演，他的失色**过于自然**，太逼真了，然而他又使我产生一种想法！虽然开头他的欺骗得到了成功，但是受骗的人夜里会明白过来的，如果他不是傻瓜的话。每一步都是如此！因为他先发制人，他谈起谁也没有问过他的话来，并且不断地大谈恰恰应该严守秘密的事，而且还作各种譬喻，嗨—嗨！他跑来问，为什么那么久不逮捕他？嗨—嗨—嗨！最机智的人、心理学家和文人也会发生这样的事！人的天性是一面镜子，一面明镜！对镜顾影自怜吧！……罗季昂·罗曼诺维奇，您为什么脸色这么苍白，您不觉得闷吗？要不要打开窗子？”

“哦，请别费心，”拉斯柯尔尼科夫大声叫道，蓦地哈哈大笑起来。“请别费心！”

波尔菲里面对他站着，等待着，突然也跟着他哈哈大笑起来。拉斯柯尔尼科夫从沙发上站了起来，他那真正癫痫性的大笑猝然而止。

“波尔菲里·彼得罗维奇！”他口齿清楚地大声说，虽然两条腿瑟瑟发抖，几乎站不稳。“我到底看清楚了，您肯定怀疑我是杀死这个老太婆和她的妹妹丽扎韦塔的凶手。我告诉您吧，这些话我早已听腻了。如果您认为，有权对我起诉，那就起诉吧；有权逮捕我，那就逮捕吧。

---

①原文为拉丁文。

可不许当面嘲笑我，折磨我。”

他的两片嘴唇突然抖动起来，眼里冒出怒火，一直压抑着的嗓音也响亮起来了。

“我可不答应！”他突然叫道，使出浑身力气用拳头在桌上猛击了一下。“波尔菲里·彼得罗维奇，您听见这话没有？我可不答应！”

“哎呀，天哪，这又是怎么啦！”波尔菲里·彼得罗维奇大声叫道，显然十分惊慌。“老兄！罗季昂·罗曼诺维奇！我亲爱的朋友！我的爹！您这是怎么啦？”

“我可不答应！”拉斯柯尔尼科夫又大声叫道。

“老兄，轻些！他们听见了，会跑来的！请您想一想，我们怎样对他们说呢！”波尔菲里·彼得罗维奇恐惧地嘟哝说，把脸挨近拉斯柯尔尼科夫的脸。

“我可不答应，我可不答应！”拉斯柯尔尼科夫不知不觉地但忽然又用十分低沉的声音反复说。

波尔菲里倏地掉转身子，跑过去打开了窗子。

“让新鲜的空气流通一下！您得喝些水，亲爱的朋友，您的病发作了！”他向门口奔去叫人拿水来，但他在角落里凑巧发现了一只盛满水的细颈玻璃瓶。

“老兄，您喝些吧，”他拿着细颈玻璃瓶跑到他跟前，喃喃说。“也许对您有益……”因为波尔菲里·彼得罗维奇的惊慌和同情是那么自然，拉斯柯尔尼科夫甚至不作声了，带着诧异的好奇心把他打量起来。但他没有喝水。

“罗季昂·罗曼诺维奇！亲爱的朋友！您这样会发疯的，相信我的话，哎——呀！啊——呀！喝些吧！哪怕喝一点儿也好！”

他硬要他拿那杯水。拉斯柯尔尼科夫不知不觉地把那杯水端到嘴边，但他强作镇定，厌恶地把那杯水放在桌上。

“对，您又发病了！亲爱的朋友，您的旧疾复发了，”波尔菲里·彼得罗维奇带着友好的同情嘀嘀咕咕地说道，但还是一副张皇失措的样子。“天哪！您怎么这样不爱惜自己？德米特里·普罗柯菲依奇昨天上我这儿来过，我承认，我承认，我有爱挖苦人的坏脾气，但他们由此得出了什么样的结论啊！……天哪！他昨天来过，您走后，他就来了，我们一块儿吃饭，他谈开了，我大失所望，只好认输；嗯，我想……哎呀，天哪！他是从您那儿来的吗？请坐吧，老兄，看在基督的分上，坐一会儿吧！”

“不，他不是从我那儿来的！可是我知道他上您这儿来过，并且也知道他来干什么，”拉斯柯尔尼科夫断然回答道。

“您知道？”

“我知道，那又怎样呢？”

“罗季昂·罗曼诺维奇老兄，您的崇高行为还有什么我不知道；我什么都知道！我知道天色将晚的时候您**去租过屋**；我知道您拉过门铃，问过那摊血，弄得工匠和两个看门人都摸不着头脑。要知道，我也了解您的心境，那时候……可是说实在的，您这样又会发疯！您晕头转向！您怒火直冒，这是正义感的愤慨，因为您受了侮辱。开头由于命运，后来由于警察分局长，您就一会儿跑到这儿，一会儿又跑到那儿，可以说，叫大家快些说出来，好把事情一下子结束，因为您对这些蠢话和怀疑讨厌透了。是不是这样？我猜透了您的心理吗？……只是您不但会把自己弄得稀里糊涂，而且还会把我的拉祖米兴也弄得稀里糊涂；就这方面来说，您要知道，他是个太忠厚的人。您有病，可他是个好人，您的病传染给了他……老兄，等到您心境平静了，我就告诉您……坐吧，老兄，看在基督的分上！请休息一下，您的脸色很难看；坐一会儿吧。”

拉斯柯尔尼科夫坐下了，他不再发抖，浑身却发热了。他十分惊奇，紧张地听着惊慌而友好地照料着他的波尔菲里·彼得罗维奇的话。但他的话，他一句也不相信，虽然心里奇怪地很想相信。波尔菲里忽然谈起租屋的事来，这使他大吃一惊。“这是怎么回事啊，那么，他知道租屋的事了吗？”他忽然想。“到底是他自己告诉我的！”

“是的，在我们所办理的案件中也有过一桩几乎类似的案件，一桩病态的、心理上的案件，”波尔菲里很快地继续往下说。“有个人也自称为凶手，并且招认了他是怎样谋害的：他造成了一种幻觉，提出了罪证，述说了情况，弄得大家都莫名其妙。为什么呢？他本人完全是无意地与一件谋杀案有些牵连，只不过有些牵连；当他知道，他使凶手们有了借口，于是发起愁来，精神恍惚，胡思乱想，疯疯癫癫，自认为是凶手！最后，枢密院把这个案件审理清楚了，这个倒霉鬼被宣判无罪，交保释放了。感谢枢密院！哎——哎！啊——呀——呀！老兄，这是怎么回事啊？如果您要刺激自己的神经，每夜去拉铃，问那摊血，这样会引起热病的！我在侦查案件中研究过心理学。有时人想从窗口或钟楼上跳下自杀，这种心情也是惹人注意的。拉铃也是如此……罗季昂·罗曼诺维奇，这是病，病啊！您开始太不注意自己的病。应该去找个有经验的大夫诊治一下，这个胖子有啥用！……您在说胡话！这一切都是由于您神志不清的缘故！……”

所有东西刹那间都在拉斯柯尔尼科夫周围旋转起来了！

“难道，难道，”在他脑海里闪过这个念头。“眼下他也在撒谎吗？不可能，不可能！”他驱走了这个念头，心里却产生了一种预感：这个念头会使他怒火直冒，恼怒得发疯的。

“我没有神志不清，我是清醒的！”他大声叫道，一边殚精竭虑地想要揭穿波尔菲里的把戏。“我是清醒的，清醒的！您听见吗？”

“对，我明白，我听见！昨天您也说过，您是清醒的，甚至特别强调说，您神志清醒！我了解您所说的一切话！哎——哎呀！……罗季昂·罗曼诺维奇，我的恩人，听我说，即使情况就是这样。假如您当真犯了罪，或者被牵连在这个该死的案件里，您会强调说，您不是神志不清地，而是神志十分清醒地干这件事吗？而且还特别强调，这么执拗地特别强调——这可能，可能吗？依我看，这完全不是那么回事。假如您觉得自己犯了罪，您应该强调说：我当时一定是神志不清！是这样吗？是不是这样？”

这句问话中带有狡猾的意图。拉斯柯尔尼科夫赶忙仰靠在沙发的靠背上，躲开向他俯着身子的波尔菲里，一言不发，疑惑地直瞅着他。

“说到拉祖米兴先生，我的意思是，昨天他自己来说的呢，还是您叫他来说的？您一定会说，他自己来的，决不肯说，您叫他来的！可是您却直言不讳！您还强调说，您叫他来的！”

拉斯柯尔尼科夫根本没有强调过这点。一丝冷气从他背上溜过。

“您完全是撒谎，”他慢条斯理、有气无力地说，在那歪撇着的嘴角上浮出一丝病态的微笑，“您又想让我知道您知道我的全部把戏，预知我会怎样回答，”他说，几乎感觉到他不再细细地咂摸每个字眼了，“您想吓唬我，还只是嘲笑我……”

他说这些话的时候，依然直瞅着他的脸，在他眼里那无限愤恨的怒火蓦地又闪烁了一下。

“您老是撒谎！”他大声叫道。“您自己清楚地知道，对一个犯人来说，最好的办法是尽可能说出隐瞒不了的事。我可不相信您！”

“您真是个刁钻鬼！”波尔菲里咯咯地笑起来。“老兄，您这个人很难对付；您有偏执狂。那么您不相信我的话吗？可我告诉您，您已经相信了，有几分相信了。我要使您完全相信，因为我由衷地喜欢您，真心诚意地希望您幸福。”

拉斯柯尔尼科夫的两片嘴唇颤动起来。

“是的，我有这个愿望，我最后劝告您，”他继续往下说，友好地轻轻抓住了拉斯柯尔尼科夫的上臂，“我最后劝告您：您要注意您的病。而且您的家属现在也来看您了；您必须想到她们。应该关心她们，让她们过舒服的生活，可您一味吓唬她们……”

“关您什么事？这您是怎么知道的？您为什么这么关心？那么您在监视我，要让我知道这点？”

“老兄！我是从您口里听到的！从您本人口里听到的！您没有注意到，您激动的时候，把一切事情都告诉了我和别人。昨天拉祖米兴先生，就是德米特里·普罗柯菲依奇，也告诉了我许多有趣的事。不，您把我的话打断了，可是我告诉您，您虽然很机智，但由于疑心重重，甚至对事物也丧失了正确的观点。例如，哪怕再拿拉铃一事来说：我，一个侦查员，向您泄露了这么重要的情况，这样一个事实（一个完整的事实！）。可您在这个事实中却没有发现什么东西？如果我对您哪怕只有半点怀疑，我应当这样做么！相反地，我首先应当消除您的疑虑，不让您知道我已经知道了这个事实；这样，就把您的注意力引到另一方面去了，突然，像用斧背猛击您的天灵盖一样（用您的话来说），使您措手不及。我会说：‘先生，晚上十点钟，差不多还不到十一点您在被谋杀的老太婆家里干什么啊？您为什么拉门铃？您为什么问那摊血？您为什么叫看门人把您送到警察局，送到区分局那个中尉那儿去，弄得他们都莫名其妙。’如果我对您哪怕只有半点怀疑，我就应该这样做。我应当按照手续录下您的口供，进行搜查，也许还会把您逮捕……我所以不这样做，只是因为我对您没有半点怀疑！可是您丧失了正确的观点，我重说一遍，而且您什么也看不出！”

拉斯柯尔尼科夫不觉全身一怔，波尔菲里看得十分清楚。

“您老是撒谎！”他叫道。“我不知道您的目的何在，可是您老是撒谎……您刚才所说的不是这个意思，我不可能听错……您撒谎！”

“我撒谎？”波尔菲里连忙接嘴说，显然发急了，但还是保持着一副最快乐的嘲讽的神气，不管拉斯柯尔尼科夫先生对他有什么意见，他似乎毫不在乎。“我撒谎？……嗯，刚才我是怎样对待您的（我是个侦查员嘛），我向您提示了，并且告诉了您各种辩护的方法，向您完全描述了这种心理状态。我说过：‘疾病啊，神志不清啊，受委屈啊，忧郁症啊，警察分局长啊等等，对吗？嗨—嗨—嗨！不过还得说一句——顺便说说，这一切心理上的辩护方法、这一切借口和狡辩都是极端站不住脚的，而且都是模棱两可的。您说：‘病、神志不清、幻想、错觉，我记不得了，’这都是对的，但是，老兄，您在病中、在神志昏迷中，头脑里为什么产生这些幻想，而不产生别的呢？能不能产生别的呢？真是这样吗？嗨—嗨—嗨—嗨！”

拉斯柯尔尼科夫傲慢而鄙夷地望着他。

“总之，”他坚持地大声说，一边站起来，并且稍微推开了波尔菲里。“总之，我想要知道：您**是不是**承认我毫无嫌疑？波尔菲里·彼得罗维奇，您说吧，您肯定地、毫无保留地说吧，快些说，马上就说！”

“这真是瞎担心！您瞎担心，”波尔菲里流露出十分快乐而狡猾的、毫不惊慌的神色叫道。“既然还没有人丝毫惊动过您，那您为什么要知道，为什么要知道那么多！您倒像一个要求玩火的孩子！您为什么这样心神不安？您为什么硬叫我们扣押您，为什么？啊？嗨—嗨—嗨！”

“我重说一遍，”拉斯柯尔尼科夫恼怒地叫嚷道。“我再也不能忍受了……”

“为什么？不知道吗？”波尔菲里打断了他的话。

“别嘲弄我啦！我不要！……我对您说，我不要！……我对您说，我不要！……我受不了，我不要！……听见吗，听见吗！”他叫道，又用拳头猛击了一下桌子。

“轻些，轻些！他们会听见的！我郑重地警告您：您要当心自己的身体。我不是开玩笑！”波尔菲里嘟嘟囔囔说，但这会儿他脸上已经不像刚才那样流露出女性的温柔和惊惶的神色；相反地，现在他直截了当地用**命令的口吻**说话了，严峻地锁紧了眉头，仿佛一下子不再保守秘密，不再含糊其辞。但这只持续了片刻工夫。忽然大惑不解的拉斯柯尔尼科夫真的怒不可遏了；但是很奇怪：他又服从了命令，压低了声音，虽然他怒火直冒。

“我可不能让人折磨，”他忽然像刚才一样压低声音说，刹那间痛苦而憎恨地意识到他不得不服从命令。想到这点，他越发恼火了：“把我扣押起来吧，搜查我吧，但要按照程序办事，可别拿我开玩笑！谅您不敢……”

“程序您不必担心，”波尔菲里和以前一样露出狡猾的微笑，插嘴说，甚至仿佛很高兴地端详着拉斯柯尔尼科夫。“老兄，我现在像在家里一样十分友好地招待您哪。”

“我不要您的友谊，我瞧不起您的友谊！听见吗？瞧：我拿着帽子要走了。好吧，如果您要逮捕我，现在还有什么话说？”

他抓起帽子，往门外走去。

“难道您不想看看一个您意想不到的人吗？”波尔菲里咯咯地笑着，又抓住了他的上臂，在门口把他拦住了。他显然越来越高兴，越来越爱开玩笑，这使得拉斯柯尔尼科夫忍无可忍了。

“什么意想不到的人？到底是怎么回事啊？”他问，忽然站住了，惊慌地看着波尔菲里。

“一个意想不到的人就在这儿，坐在我的门后。嗨—嗨—嗨！（他指指间壁上一扇通公家宅子的锁上的门。）我用锁锁了起来，不让他逃跑。”

“这是个什么样的人啊？在哪里？怎么回事啊？……”拉斯柯尔尼科夫走到了门跟前，想打开门，可是门锁着。

“门锁着，就是这把钥匙！”

他真的从口袋里掏出一把钥匙给他看。

“你老是撒谎！”拉斯柯尔尼科夫叫喊起来，再也按捺不住了。“你撒谎，该死的波利希内尔[①]！”他向朝门口退去但毫不显露畏惧之色的波尔菲里直扑过来。

“我什么都明白了！”他一个箭步跳到了他跟前。“你撒谎，你刺激我，让我自己露马脚……”

“罗季昂·罗曼诺维奇老兄，您再也不会露马脚了。您火气这么大。别叫嚷，我要喊人啦！”

“你撒谎，什么事也不会有的！你喊人吧！你知道我有病，你想刺激我，让我发疯，自己露马脚，这就是你的目的！不，你拿出事实来！我什么都明白了！你没有掌握材料，你不过瞎猜疑，像扎苗托夫那样瞎猜疑！……你知道我的性格，你要把我气得发狂，然后突然叫来神父和我的邻居，吓得我惊惶失措……你等着他们吗？啊？你等待着什么？他们在哪儿？叫他们出来吧！”

“老兄，哪来的您的邻居！您胡思乱想！如果照您所说的那样做是不符合手续的；亲爱的朋友，您不懂法律程序……您自己也知道，程序是不可缺少的！……”波尔菲里嘟嘟囔囔说，一边倾听着门后的动静。

当真，这时在另一个屋子的门口好像传来了一阵吵嚷声。

---

①法国民间戏剧中的丑角。

"啊，他们来了！"拉斯柯尔尼科夫惊叫道。"你打发人去喊他们来的！……你等待着他们！你是有计划的……好啊，叫他们，叫我的邻居和证人都到这儿来吧，随你的便……叫他们来吧！我准备好了，早准备好了！……"

可是这当儿发生了一件奇怪的事，事情是这么突然，在事物通常的发展进程中，不用说，不论是拉斯柯尔尼科夫或是波尔菲里·彼得罗维奇，都料想不到会有这样的结局。

六

后来拉斯柯尔尼科夫回忆起这个时刻的时候，在他的头脑里出现了这样的一个情景：

门后传来的一阵吵嚷声突然很快地增强起来，门也稍微打开了。

"怎么回事啊？"波尔菲里·彼得罗维奇恼怒地叫道。"我不是关照过……"

有一会儿工夫，没有人回答，但门外显然有几个人，他们好像正在把某个人推开。

"什么事啊？"波尔菲里·彼得罗维奇惊慌不安地重说了一遍。

"犯人尼古拉带到了，"传来了不知谁的声音。

"不必啦！带走！等一下！……他来这儿干什么！不懂规矩！"波尔菲里叫喊起来，向门口奔去。

"可是他……"又是那个声音，但蓦地缩住了。

真正的斗争不到两分钟就结束了；接着仿佛有个人突然使劲地把一个人推开了，有个人脸色惨白，紧跟着那个人一径走进波尔菲里·彼得罗维奇的办公室里来了。

乍一看，这个人的样子是很奇怪的。他眼睛望着前面，但好像什么人也没有看见。他的目光充满了决心，可是他脸上笼罩着一片死人的灰白，仿佛被绑赴刑场一样。他那没有一丝血色的两片嘴唇微微发抖。

他还很年轻，穿得像个平民，中等身材，精瘦，头发剪成刘海式，面目清秀，似乎显得很憔悴。一个被他突然推开的人抢先紧跟着他跑进屋子里来了，一把抓住了他的肩膀：这是一个卫兵；但尼古拉猛拉他的手，又挣脱了他。

门口攒聚了几个好奇的人。其中有几个人一个劲地想挤进来。上面所描述的一切差不多是同时发生的。

“带走，还早哪！等到喊你们的时候再进来吧！……为什么没有到时候就把他带来？”波尔菲里·彼得罗维奇极其恼怒地嘟哝说，仿佛被弄糊涂了。但是尼古拉忽然跪下了。

“你这是干什么？”波尔菲里惊叫道。

“我有罪！我犯了罪！我是个杀人凶手！”尼古拉忽然说，仿佛有点儿气急败坏，但声音很响。

沉默持续了十来秒钟，仿佛大家都惊呆了；连那个卫兵也往后退，不再走到尼古拉身边去，他身不由己地退到门边，站住不动了。

“什么事？”波尔菲里·彼得罗维奇叫道，呆了一阵后，才清醒过来。

“我是……凶手……”尼古拉沉默了一会儿后，又说。

“怎么……是你……怎么……你杀了谁？”

波尔菲里·彼得罗维奇显然不知所措了。

尼古拉又沉默了一会儿。

“我杀了阿廖娜·伊凡诺夫娜和她的妹子丽扎韦塔·伊凡诺夫娜，我……杀了人……用斧头杀的。我一时糊涂……”他忽然补了一句，又沉默了。他仍然跪着。

波尔菲里·彼得罗维奇站了一会儿，像在深思，但忽然全身一震，挥手叫几个不请自来的证人走开。那几个证人刹那间不见了，门也掩上了。过后，他打量了一下站在角落里惊讶地望着尼古拉的拉斯柯尔尼科夫，向他走去，但蓦地又站住了，看了他一眼，立刻把目光移向尼古拉，接着又打量拉斯柯尔尼科夫，然后再看看尼古拉，仿佛不能自制了，忽然又骂尼古拉。

“你这个疯子，忙什么呀？”他几乎狂怒地向他叫道。“我还没有问过你哪：你是不是又糊涂了……你说：你是凶手？”

“我是凶手……我可以提出证明……”尼古拉说。

“哎——哎呀！你拿什么东西杀的？”

“用斧头杀的。我准备好的。”

“哎呀，忙什么呀！独个儿吗？”

尼古拉不懂这句话。

“独个儿杀的吗？”

“独个儿杀的。米杰卡是无辜的，他毫无关系。”

“你不必急于谈米杰卡的事！哎——哎呀！……”

“你怎么……嗯，那时你怎么下楼的？两个看门人不是都碰见过你们两个人吗？”

“我这是引开人家的注意……当时……我跟米杰卡一起跑下楼去，”尼古拉仿佛打好了腹稿似的急忙回答道。

“嗯，真是这样！”波尔菲里愤怒地叫喊道。“他招供的是假口供！”他嘟嘟囔囔说，仿佛在自言自语，忽然又看见了拉斯柯尔尼科夫。

他显然太注意尼古拉了，有一会儿工夫甚至忘记了拉斯柯尔尼科夫。现在忽然压住了激动的心情，甚至发窘了……

“罗季昂·罗曼诺维奇，老兄！请原谅，”他疾步向他走去，“这不可能；请吧……这儿没有您的事了……我自己也……您看见啦，多么意想不到的事啊！……请吧！……”

他抓住了他的胳膊，向他指指门。

“这您大概料想不到吧？”拉斯柯尔尼科夫说，当然还不十分明白这是怎么回事，可是已经胆壮起来。

“老兄，您也料想不到吧。瞧，您的手在发抖哪！嗨—嗨？”

“您的手也在发抖，波尔菲里·彼得罗维奇。”

“我也在发抖；我想也想不到呢！……”

他们已经站在门口。波尔菲里不耐烦地等待着拉斯柯尔尼科夫离去。

“您不让我看看那个意想不到的人吗？”拉斯柯尔尼科夫忽然问。

他嘴里这么说，可是牙齿却还在咯咯打战，“嗨—嗨！您是个讽刺家！嗯，再见。”

“我认为，我们应该说**别了**！”

“这是上帝的旨意，这是上帝的旨意！”波尔菲里嘟哝说，撇着嘴微笑。

拉斯柯尔尼科夫经过办公室的时候，发觉有很多人都凝视着他。在前室里一群人中间，他好容易认出了那所房子里的两个看门人，那天夜里他曾经叫他们上区警察局来。他们站着等待什么啊。可是他刚走到楼梯头，突然间听到后面又有波尔菲里·彼得罗维奇的声音。他掉转头去，看见波尔菲里上气不接下气地追上来了。

“罗季昂·罗曼诺维奇，我还有一句话；至于其他一切，那是上帝的旨意，但按照程序，我还得问您一些问题……所以我们还得见一次面，就这样吧。”

波尔菲里脸上挂着微笑，在他面前站住了。

“就这样吧，”他又补了一句。

他似乎还要说什么，但不知怎的他没有说出来。

“波尔菲里·彼得罗维奇，请您原谅我刚才所说的话……我脾气急躁，”拉斯柯尔尼科夫开口说，他已经胆壮得非显示一下他的镇定沉着不可了。

“没有什么，没有什么……”波尔菲里几乎愉快地接嘴说。“我自己也……我的脾气也不好，我承认，我承认！我们还要见面。如果这是上帝的旨意，我们还会见面很多次！……”

“我们能彼此了解吗？”拉斯柯尔尼科夫接嘴说。

“我们能彼此了解的，”波尔菲里·彼得罗维奇附和说，眯细了眼睛，一本正经地打量着他。“您现在去参加命名日吗？”

“去参加葬仪。”

“啊，对了，去参加葬仪！您要爱惜身体，爱惜身体……”

“我可不知道祝您什么！”拉斯柯尔尼科夫接嘴说，他已经下楼去了，可是蓦地又向波尔菲里掉转脸来。“祝您获得很大的成功，要知道，您的职务是多么滑稽有趣啊！”

“为什么滑稽有趣？”波尔菲里·彼得罗维奇也转身要走，立刻警觉起来。

“可不是，您大概用您的一套办法在心理上折磨过这个可怜的米柯尔卡，让他吃些苦头，叫他招认；您大概是日夜向他证明：‘你是凶手，你是凶手……’现在他招认了，您却又拷问他，‘你撒谎，你不是凶手！你不可能是凶手！你招供的是假口供！’这样看来，您的职务怎么不是滑稽有趣的呢？”

“嗨—嗨—嗨！那么您听到了，我刚才对尼古拉说，他‘招供的是假口供’？”

“怎么没有听到呢？”

“嗨—嗨！您很机灵，很机灵。什么都逃不过您！一个地道的幽默家！您富于幽默感……嗨—嗨！据说，在作家当中，果戈理最富于这个特点？”

“是的，果戈理最富于这个特点。”

“是的，果戈理……再见，希望下次的见面是最愉快的。”

“希望下次的见面是最愉快的……”

拉斯柯尔尼科夫一径回家去了。他心绪那么烦乱，一回到家，就倒在长沙发上，坐了一刻钟光景，只是休息一下，尽量把思想集中起来。他不打算考虑尼古拉的问题：他惊呆了；他觉得尼古拉的供词里有一点是无法解释的，令人奇怪的，他现在怎么也搞不清楚；可是尼古拉的供认是铁的事实。这个事实的后果他立刻就明白了：他的假话不可能不被发现，于是他们又会折磨他。但至少到那个时候他会获释的，一定得设法自救，因为危险已经迫在眉睫了。

但是危险有多大呢？情况开始清楚起来。他**大略**而概括地想起了刚才跟波尔菲里见面的情景，不禁又一次吓得瑟瑟发抖。当然，他还不知道波尔菲里的一切目的，还不能了解他刚才的一切打算。但一部分诡计已经暴露，当然，没有人能比他了解得更清楚。在他看来，波尔菲里的诡计中的这一“步”是多么可怕啊。再过些时候，他也可能把自己彻底暴露，实际上已经露了马脚。波尔菲里知道他的性格弱点，并且第一眼就看透了他，采取的行动虽过于大胆，但差不多是蛮有把握的。毫无疑问，拉斯柯尔尼科夫刚才太损害了自己，但还没有给人**把柄**；这一切还只是相对的。可是他现在是不是，是不是完全了解这点呢？他有没有误会呢？今天波尔菲里要得到什么结果呢？他今天当真有什么准备吗？他做了什么准备呢？他是不是当真等待着什么呢？如果没有尼古拉出人意外的出现，他们今天会怎样分手呢？

波尔菲里几乎把全部诡计都暴露了。不用说，他冒着险，但暴露出来了（拉斯柯尔尼科夫觉得是这样），如果波尔菲里当真还有更多的诡计，他也会暴露出来的。这件“意想不到的事”是什么事啊？嘲笑，还是怎样？这有什么意思没有？这里面隐藏着一个事实或者确凿的罪状之类的东西吗？昨天的那个人呢？他到哪儿去了？今天他在哪里？即使波尔菲里有确凿的证据，不用说，这也跟昨天那个人有关……

他坐在长沙发上，低下了头，两个臂肘支在膝上，用手掩住了脸。全身还在神经性地颤栗。末了，他站了起来，拿起制帽，沉吟了一下，就往门外走去。

他微有预感，至少今天他几乎可以肯定地认为自己是安全的。一阵喜悦几乎突然涌上了他的心头。他想快些上卡杰琳娜 · 伊凡诺夫娜那儿去。不消说，去参加葬仪已经迟了，但去吃回丧饭还来得及。在那儿，他立刻就会见到索尼雅的。

他站住，沉吟了一下，嘴角上勉强浮现出一丝病态的微笑。

“今天！今天！”他暗自反复说。“对，今天！应当……”

他刚想开门，门蓦地自动开启了。他战栗起来，往后跳开了。门慢慢地轻轻地开了，突然间出现了一个人——昨天的那个**从地下钻出来**的人。

这个人站在门限上，默然看了拉斯柯尔尼科夫一阵，一步跨进屋子里来了。他和昨天一模一样，就是那个人嘛，衣服也一样，但他的脸色和目光却有很大的变化：现在他有点儿闷闷不乐地望着，站了一会儿，深深地吁了口气。只要他把手掌按在脸颊上，头歪向一边，那就十足像个乡下女人。

“您有什么事？”吓得面如土色的拉斯柯尔尼科夫问。

这个人默然不语，突然把身子几乎弯到了地上，向他深深地鞠了个躬。至少用右手的一个指头触了一下地。

“您这是什么意思？”拉斯柯尔尼科夫叫喊道。

“是我的错，”这个人轻轻地说。

“什么错？”

“我起了坏念头。”

两个人彼此对看了一眼。

“我很恼火。那次您来的时候，您也许有点儿醉，叫看门人到区警察局去，又打听那摊血，我很恼火：他们都不理睬您，还把您当作酒鬼。我恼怒得简直睡不着觉。我们记起了您的地址，昨天到这儿来过，打听过……”

“谁来过？”拉斯柯尔尼科夫打断了他的话，立即回想起来。

“我来过，就是说，我侮辱过您。”

“那么您是从那所房子里来的吗？”

“是的，当时我在那儿，跟他们一起站在大门口，您忘记了吗？我在那里干活已经很多年了。我是个制皮革匠，一个小市民，活拿到家里去干的……我最恼火……”

拉斯柯尔尼科夫忽然清楚地想起来前天在大门口的那幕情景；他想起来了，除了两个看门人以外，当时还有几个人站在那儿，也有几个女人。他想起一个人的声音来，这个人要送他到区警察局去。说这话的人的面貌他记不起了，现在认也认不出了，但他清楚地记得，自己当时曾向他转过脸去，甚至回答过他……

那么，这就是昨天发生恐惧的由来。最可怕的是想到，由于这桩微不足道的事，当真几乎把自己毁了，几乎毁了。这样看来，除了租屋和打听那摊血以外，这个人什么也说不出。所以波尔菲里除了知道他曾经**不省人事**以外，也没有掌握任何材料；他除了知道**不可捉摸的心理状态**以外，也没有什么确凿的证据。这样看来，如果不再有任何罪行暴露出来(一定不会再有罪行暴露出来，一定不会，一定不会！)，那么……那么他们能拿他怎么样？即使逮捕他，他们能控告他什么罪呢？可见，波尔菲里现在才知道租屋的事，刚刚才知道，而先前他并不知道。

“今天您对波尔菲里说……我去过吗？”他叫道，一个突然涌现出来的思想使他愣了一下。

“对哪个波尔菲里？”

“侦查科长嘛。”

“我说过。当时那两个看门人都没有去，我去了。”

“今天？”

“比您早去了一会儿。我全都听见了，全都听见他怎样折磨您。”

“您在哪儿？听见了什么？什么时候？”

“在那个地方嘛，在他的间壁后面，我一直坐在那儿。”

“怎么？那么您就是那个意想不到的人？这是怎么回事啊？请您告诉我吧！”

“情况我知道，”手艺工人说，“看门人听了我的报告后不肯去，他们说时候已经晚了，说不定他又会大发雷霆，他们就回不来，因此我很恼火，睡不着觉，就开始去打听。昨天打听清楚了，今天我就去了。我第一次去——他不在。隔了一个钟头我又去，我没有被接见。第三次再去，这才放我进去。我向他报告了经过情况，他在屋子里跑来跑去，拿拳头捶打自己的胸膛，说：‘你们这些强盗，你们给我干了些什么呀？要是我知道这些事，我就派卫兵去逮捕他！’随后，他就跑出去，叫来了一个人，在角落里跟他谈了一阵，接着又走到我跟前，边问边骂。他把我狠狠地申斥了一顿；我把一切情况都向他报告了，说您不敢回答我昨天问您的话，您没有认出我。他又跑来跑去，不断地捶打自己的胸膛，大发脾气，继续跑来跑去，这时有人来通报，说您来了，于是他说：‘好吧，到间壁后面去，暂且坐一会儿，别动，不要让您听见，他亲自给我推来了一把椅子，把我锁了起来；他说：‘我也许要问你。’尼古拉被带进来了，这时您已经走了，他这才把我放了出来，他说：‘往后我还需要你，还要问你。’……”

“他当着你的面问过尼古拉吗?”

“他放您走后，也立刻放我走了，他就开始审问尼古拉。”

手艺工人顿住了，忽然又鞠了个躬，指头触及了地板。

“请您宽恕我的诽谤和怀恨吧。”

“上帝会宽恕您的，”拉斯柯尔尼科夫回答道，话刚落音，手艺工人便向他鞠了个躬，但不是一躬到地，而只弯了一下腰，就慢慢儿掉转身子，走出屋子去了。“一切都是不可捉摸的，现在一切都是不可捉摸的，”拉斯柯尔尼科夫从来没有那么精神十足地从屋子里走出去了。

“现在我还要斗争，”他露出一副狞笑，说着就下楼去了。他痛恨自己；他鄙夷而羞惭地想起了自己真的“胆小如鼠”。

第五章

一

彼得·彼得罗维奇向杜尼雅和普尔赫里雅·亚历山大罗夫娜作了一番对他有决定命运的解释后，第二天的早晨对彼得·彼得罗维奇还起了促使他清醒的作用。他情绪极端恶劣，不得不逐渐承认，这已经是木已成舟和无法挽回的事实了。昨天他还觉得这件事几乎是他的胡思乱想，虽然事情已经发生了，但到底似乎还不可能。受了刺激的自尊心像一条毒蛇整夜咬着他的心窝。彼得·彼得罗维奇一起床，立即照镜子。他怕一夜间害了黄疸病，但眼下他还没有犯这种病。照了一下自己那张英俊、白净、近来有点儿发胖的脸后，彼得·彼得罗维奇甚至感到片刻的安慰，并且信心十足，他能够在任何别的地方找到未婚妻，说不定还能找到一个更好的呢；但他立刻清醒过来了，使劲地往一边吐了一口唾沫，这引起了住在同一个房间里的年轻朋友安德烈·谢苗诺维奇·列别兹雅特尼柯夫一阵无声的但却含讽带讥的冷笑。彼得·彼得罗维奇发觉了这阵冷笑，心里立刻记下了这个年轻朋友的一笔账。近来他已经记下了这个年轻朋友很多笔账。他忽然想到了，他真不该把昨天的僵局告诉安德烈·谢苗诺维奇，因此心里加倍恼怒。这是他昨天因一时气愤，太不够沉着和易于动怒所铸成的第二个错误……此外，这天早晨又仿佛故意为难似的，不愉快的事接连地发生。连他在枢密院里奔走着的那个案件也有败诉的危险。他因为即将结婚，租下了一套房间，并且自己出钱装修了一下，那个房东尤其叫他生气：他是个发了横财的德国手艺工人，无论怎样也不肯废除刚订立的契约，要求偿付在契约上写明的全部违约金，虽然彼得·彼得罗维奇退还给他的几乎是重新装修过的房屋。同样地，家具店尚未把定购的家具送出，但预付的定金连一个卢布也不肯退还。“难道我买了家具就非结婚不可！”彼得·彼得罗维奇暗自咬牙切齿地说，同时一线已经破灭了的希望又在他的脑海里闪现了一下："难道一切真的无可挽回，就这样完了吗？难道不能再试一下吗？"对杜尼雅的恋念又一次诱人地刺了一下他的心坎。他痛苦地忍受了这个时刻，不用说，假如此刻只要表示一下愿望就能把拉斯柯尔尼科夫杀死，那么彼得·彼得罗维奇真想立刻就表示这个愿望。

"此外，我还犯了另一个错误：一个钱也没有给她们，"他边想，边忧闷地回到列别兹雅特尼柯夫的斗室里去了。"见鬼，我为什么见钱如命？这甚至一点也算不得节约！我想暂时让她们吃些苦头，教她们把我看做天神。咳，可她们竟会这样！……呸！……不，如果当时我在她们身上花一千五百卢布，比方说，在克诺普公司[①]和英国商店里买些嫁妆、礼物、各种化妆品、梳妆盒、光玉髓、料子和诸如此类的东西，那么事情就不会弄得这么僵了，而且……会好些！这会儿她们拒绝我就没有这么容易了！她们是这样一种人嘛；如果拒绝我，她们一定认为理应退还礼物和钱；可是要退还礼物和钱，那是相当困难的，而且会舍不得的！良心也会感到不安的；她们会说，怎么突然把这个一向那么慷慨和殷勤体贴的人赶走了？……唉！我失算了！"彼得·彼得罗维奇又咬牙切齿，管自己叫傻瓜——当然是暗地里叫的。

因为他得出了这样的结论，所以他回到家里的时候要比出去时格外凶恶，格外恼火。卡杰琳娜·伊凡诺夫娜家里正在办丧宴，这多多少少引起了他的好奇心。昨天他就听说要办丧宴；甚至记了起来，他似乎也被邀请过；但是因为自己事忙，别的事情他就无暇顾及了。他赶忙去向李彼韦赫赛尔太太打听，李彼韦赫赛尔太太正在摆开了的桌子跟前张罗，因为卡杰琳娜·伊凡诺夫娜不在家(她到墓地上去了)。他知道丧宴将办得很隆重，全体房客几乎都接到了邀请，有的人连死者也不认识，甚至连安德烈·谢苗诺维奇·列别兹雅特尼柯夫也接到了邀请，虽然他以前和卡杰琳娜·伊凡诺夫娜吵过架。她们不但邀请了他，彼得·彼得罗维奇本人，而且还急不可耐地盼望他光临，因为他差不多是全体房客里面一个最有身价的客人。尽管以前有过不愉快的事，阿玛丽雅·伊凡

---

①开设在彼得堡的一家现代服饰用品商店。

诺夫娜这次也接到了十分尊敬的邀请，所以她现在忙着干活，几乎觉得十分快乐。她虽然一身丧服，但她穿的却是一件簇新的绸衣，打扮得极为华丽，并摆出了一副洋洋得意的神气。所有这些事实和消息都使彼得·彼得罗维奇产生了某种想法！他回到自己的屋子里去了，也就是说，若有所思地回到安德烈·谢苗诺维奇·列别兹雅特尼柯夫的屋子里去了。问题在于：他也知道了，拉斯柯尔尼科夫也是被邀请的客人之一。

不知为什么，安德烈·谢苗诺维奇整个早晨坐在家里。彼得·彼得罗维奇对这位先生的态度很奇怪，其实这也是不足为奇的：彼得·彼得罗维奇几乎从住到他这儿那天起就鄙视他，甚至过分地憎恨他，但同时仿佛也有几分怕他。他到了彼得堡后就住在他这儿，不仅仅是由于省几个钱，虽然这几乎是主要的原因，但还有别的原因哩。还在外省的时候，他就听说安德烈·谢苗诺维奇，这个受过他监护的人，是最进步的青年之一，甚至在某些引起他兴趣的、神话般难以置信的小团体里起着重要的作用。这使得彼得·彼得罗维奇大为惊讶。这些很有势力的、无所不知的、蔑视一切人和揭露一切人的团体早已引起彼得·彼得罗维奇特别的然而茫然的恐惧。当然，他还在外省的时候，对这一类事情不可能有一个正确的哪怕是大略的概念。他和大家一样已经听说过现在有一些什么进步分子、虚无主义者和揭发分子[①]等等，在彼得堡特别多。但是他和许多人一样把这些名称的性质和意义夸大和歪曲到荒谬可笑的地步。几年来，他最怕**揭发**，这是他经常过分惶恐不安的最主要的原因，特别是在他做着到彼得堡来从事律师业务的美梦的时候。他在这方面是所谓受过**惊吓**的，正如小孩子有时受到**惊吓**一样。几年前，他刚在外省开始创业的时候，就碰到了两桩无情地揭发他以前所依附的和当作靠山的省里几个相当显赫的人物的事件。一桩是以被揭发的人大出其丑收场，而另一桩的结局几乎很尴尬。这就是彼得·彼得罗维奇一到达

---

①1860 年至 1870 年间，俄国反动派曾经用这些名称讽刺地称呼俄国的革命民主主义者。

彼得堡决意立刻就要了解情况的缘故。如果有必要，他就去向“我们年轻的一代”阿谀奉承，以防万一。他希望安德烈·谢苗诺维奇在这方面能对他有所帮助，而且，比方说，他去探望拉斯柯尔尼科夫的时候，已经向别人勉强地学会了几句时髦话……

当然，他不久就发觉了，安德烈·谢苗诺维奇是一个十分庸俗的并带几分傻气的人。但这丝毫没有消除彼得·彼得罗维奇的忧虑，也没有使他感到鼓舞。即使他相信所有进步分子都是这样一些傻瓜，那也消除不了他的忧虑。其实他毫不关心这一切学说、思想和制度(安德烈·谢苗诺维奇正是在这些方面攻击过他)。他自有目的。他只想尽快地打听明白：**这儿**发生过什么事，怎样发生的？**这些人**是有势力的，还是没有势力的？他，本人有什么怕人议论之处没有？如果他干起什么事来，会不会被人揭发？如果被人揭发，原因何在？人们现在究竟为什么被揭发？此外，如果他们真是有势力的，难道不能奉承他们，稍微欺骗他们一下？该不该这样做？比方说，能不能利用他们来发展自己的事业？总而言之，摆在他面前的问题有一大堆。

这个安德烈·谢苗诺维奇是个贫血的、生满瘰疬的人，个子矮小，在某处供职，长着一头淡得出奇的淡黄发，留着肉饼般的络腮胡子；因留了这样的胡子而沾沾自喜。此外，他几乎经常患眼疾。心肠相当软，但说话很自负，有时甚至异常傲慢，所以，比起他的外形来，几乎常常显得可笑。但是阿玛丽雅·伊凡诺夫娜却把他看做一个相当可尊敬的房客，就是说，他不酗酒，按时缴付房租。虽然有这些优点，但是安德烈·谢苗诺维奇当真有几分傻气。他参加进步事业和“我们年轻的一代”是一时的热情。他是多得不可计数的各种庸夫俗子、浅薄之辈和一知半解而又刚愎自用的人们里面的一个。他们很快就趋附最时髦的流行思想，为的是马上把它庸俗化，很快地使他们有时也诚心诚意地为之效劳的一切事业漫画化。

虽然列别兹雅特尼柯夫心地十分善良，但是他对自己的同居者、从前受过他监护的人彼得·彼得罗维奇，也开始多少有点儿不满了。双方发生这样的事是有点儿偶然的，互为因果的。尽管安德烈·谢苗诺维奇有点儿傻头傻脑，但他还是逐渐地看清楚了彼得·彼得罗维奇在欺骗他，暗地里鄙视他，说什么“这个人有点儿神经错乱”。他试着向他讲述傅立叶的体系和达尔文的学说，但是彼得·彼得罗维奇特别是近来不知怎的开始显现出过分辛辣的嘲讽的神气听他的讲述，而最近甚至骂起人来了。事情是这样：他本能地开始看透了，列别兹雅特尼柯夫不但是个庸俗的和带几分傻气的人，而且也许还是个撒谎者，甚至在他那个小团体里没有建立任何比较重要的关系，而只是人云亦云；此外，他也许连自己的**宣传工作**也不甚了了，因为他太糊涂了，他怎么能够做个揭发者呢。顺便说说，我们还得注意，彼得·彼得罗维奇在这一个半星期里却乐于接受（特别是在开头）安德烈·谢苗诺维奇那种甚至十分奇怪的赞扬，就是说，比方，如果安德烈·谢苗诺维奇赞扬他愿意资助在平民街某处即将成立的“公社”①；或者，再打个比方，赞扬他，即使杜涅奇卡在婚后头一个月忽然想找个情人，他也不会加以干涉的；或者赞扬他不给自己未来的孩子们受洗礼等等，等等——对诸如此类的话，他都不会反驳，并且加以默认。彼得·彼得罗维奇通常并不反对加在他身上的这些美德，甚至让他这样赞扬自己——各种赞扬他都非常乐于倾听。

由于某些原因，彼得·彼得罗维奇这天早晨把几张五厘债券②兑换了现款，坐在桌旁点着一沓沓钞票和一组组连号的公债券。安德烈·谢苗诺维奇几乎常常不名一文，他在屋子里踱来踱去，装作不把这些钞票放在眼里，甚至露出鄙夷的神气。彼得·彼得罗维奇怎么也不相信，比方说，安德烈·谢苗诺维奇看见这些钱当真不觉得羡慕；而安德烈·谢苗诺维奇也苦恼地想着，彼得·彼得罗维奇对他也许真有这样的看法，而且大概也很高兴有机会用这些摆在桌上的一沓沓钞票来逗惹和揶揄自己的年轻朋友，使后者想到自己是个卑微的人，仿佛他们两人之间存

---

①1860年俄国革命青年在傅立叶思想的影响下创办了“公社”，试行在一所房子里共同生活，实行公有经济。

②五厘债券是沙俄政府发行的一种公债。

在着差别。

这一回彼得·彼得罗维奇发觉，安德烈·谢苗诺维奇表现出从未有过的愤慨和冷淡，虽然他，安德烈·谢苗诺维奇，对自己大谈筹备成立一个新的特种“公社”这个他所津津乐道的话题来了。彼得·彼得罗维奇边噼里啪啦地打着算盘，边简短地反驳他，并发表了自己的意见，脸上流露出十分明显的、有意侮辱人的、无礼的嘲笑；但是“通达人情”的安德烈·谢苗诺维奇却以为昨天跟杜涅奇卡的决裂影响了彼得·彼得罗维奇的情绪，热切地想尽快转入这个话题：他想谈些关于这一方面的进步的和宣传性的话，借此安慰一下这个令人敬爱的朋友，“无疑地”有益于他往后的进步。

“这个……寡妇在办什么丧宴？”彼得·彼得罗维奇突然问，在节骨眼上打断了安德烈·谢苗诺维奇的话。

“您好像还不知道。可昨天我不是已经对您谈起过这件事，并且也发表了我对这些仪式的意见……我听说，她也邀请了您。昨天您同她谈过了……”

“我怎么也想不到，这个傻里傻气的穷女人竟会把另一个傻瓜……拉斯柯尔尼科夫给她的一些钱，全都花在丧宴上。我甚至现在也觉得很奇怪：我经过时，看见那儿准备了那么多的东西，还有酒！……叫来了几个人……天晓得，这是怎么回事！”彼得·彼得罗维奇继续往下说，并且详细地打听起来，仿佛怀着什么目的而故意把话岔到这上面去似的。“什么？您说他们邀请了我？”他猛然抬起头来，忽然补了一句：“这是在什么时候？我可记不得了。不过我不会去的。我去干什么呢？昨天我又顺便对她谈起，作为一个贫寒的官吏的未亡人，她可能领到一年薪俸，作为一次补助。她是不是为了这个缘故邀请我？嘿—嘿！”

“我也不打算去，”列别兹雅特尼柯夫说。

“可不是！您亲手揍过她。您感到了惭愧，这是可以理解的？嘿—嘿—嘿！”

“谁揍过她？我揍谁？”列别兹雅特尼柯夫突然惊慌起来，甚至涨红了脸。

“您嘛，您揍过卡杰琳娜·伊凡诺夫娜，大约在一个月前，对吧！我昨天才听说的……原来您的信念就是这些货色！……妇女问题也处理得不好哪，嘿—嘿—嘿！”

彼得·彼得罗维奇好像得到了安慰，又噼里啪啦地打起算盘来了。

“这是胡说八道，是诬蔑！”列别兹雅特尼柯夫满脸通红，他常常怕提这件事。“根本不是这样！这是另一回事……您听错了；这是诽谤！当时我不过进行自卫。她先张牙舞爪地向我扑过来……把我的络腮胡子都拔掉了……我认为每个人都有权自卫。而且我不容许任何人对我使用暴力……坚持原则嘛。因为这简直是横行霸道。我应该怎么办：难道我不回手让她打不成？我不过推开了她。”

“嘿—嘿—嘿！”卢仁还在恶意地冷笑。

“您在惹我发火，因为您自己不开心，憋了一肚子气……这是胡说，和妇女问题根本不相干！您不了解；我甚至认为，如果妇女在各方面，连体力上也被认为是和男子一样(已经有这样的主张)，那么是应该平等的。当然我后来认为，实际上不应该提出这样的问题，因为根本不应该打架，在未来的社会里打架这种事是不可思议的……在打架中寻求平等当然是怪事。我没有这样蠢，虽然打架还是寻常的事……我的意思是，以后就不会发生。而现在还会发生……呸！见鬼！您把人搞糊涂了。我不去赴丧宴，不是因为有过这桩不愉快的事。我不过是坚持原则才不去，因为我反对办丧宴这种陋习。就是这么回事！但也可以去，那不过是去嘲笑一番……很可惜，没有请神父。要不然，我一定去。”

“那么您坐在人家的酒筵上，心里却鄙视这酒筵，并且还要侮辱邀请您的人。是这样吗？”

“完全不是鄙视，而是抗议。我抱着有益的目的。我能间接促进进步和宣传工作。每个人都有责任促进进步，进行宣传，方法也许越激烈越好。我可以散布思想，播下种子……从这个种子里会生长出真实的东西。我哪里侮辱他们？开头他们受些委屈，以后就会看到，我给他们带来了好处。我们的杰列比耶娃是被人指责过的(她现在参加了公社)，因为她离开了家庭……爱上了一个男人的时候，给父母写去一封信，表示不愿在成见中生活，将不按照宗教仪式[①]跟人自由结婚；据说，这似乎太粗暴了，如果写得婉转些，父母就可以宽恕他们。依我看，这是一派胡言，根本不用写得婉转些，恰恰相反，恰恰相反，需要的是抗议。瓦连茨和丈夫同居七年后，丢下了两个孩子，写了一封信给丈夫，跟他断然决裂：'我认识到了，跟您一起生活不会有幸福的。我永远不会原谅您对我的欺骗，您不让我知道，利用公社成立了另一个社会组织。不久以前，我从一个好人那儿知道了这一切，我已经委身于他，跟他共同创办公社。我直言不讳，因为我认为欺骗您是不老实的。您要怎么办就怎么办吧，别希望我回心转意。您已经晚了。祝您幸福。'这一类信都是这样写的！"

"这个杰列比耶娃，是不是那次您对我说已经自由结婚过三次的那个女人？"

"如果严格地说，一共只有两次！第四次也罢，第十五次也罢，这都算不得什么！如果我曾经为父母的去世而感到惋惜，那当然是在目前。我甚至曾经瞎想过几次，如果他们还活着，我的抗议会使他们多么痛苦啊！我会故意这么干的……要知道，我是'不再需要照管的人[②]'啦！呸！我要让他们瞧瞧！我会使他们大为惊奇的！真的，很可惜，一个也没有活着！"

"使他们大为惊奇！嘿—嘿！好吧，听便，您要怎样就怎样，"彼得·彼得罗维奇打断了他的话。"请您告诉我：您可知道死者的那个女儿？是个多么娇弱的女子！人们议论她的话是完全真实的吗？"

"这是怎么回事啊？依我看，也就是说，依照我个人的信念，这是妇女的正常状态。为什么不是呢？我的意思是，要加以区别[③]。在现今的社会里，这当然不是十分正常的状态，因为是被迫的，而在未来的社

---

① 在帝俄时代，这样的婚姻被认为是非法的。

② 原指已出嫁的女儿。

③ 原文为法文。

会里，这完全是正常的状态，因为是自由的。而且现在她有权利了，因为她吃过苦；而这就是她的基金，可以说是资本，她有充分权利支配这笔资本了。当然，在未来的社会里不需要基金；而她的作用将在另一种意义上表现出来，将会受到合乎逻辑的和合理的约束。至于索菲雅·谢苗诺夫娜本人，现在我把她的行动看作是对社会制度强有力的和具体的抗议，我因此深深地尊敬她；甚至看看她也觉得高兴！”

“人家告诉我说，是您逼她搬出这儿的！”

列别兹雅特尼柯夫甚至气势汹汹。

“这又是诽谤！”他大叫起来。“压根儿、压根儿不是这么回事！完全不是这样！这完全是卡杰琳娜·伊凡诺夫娜造谣，因为她什么也不了解！我根本没有追求过索菲雅·谢苗诺夫娜！我只是提高她的文化，完全是无私的，努力激发她的反抗精神……我需要的只是反抗精神，索菲雅·谢苗诺夫娜本人不能再在这所房子里住下去了！”

“您叫她参加过公社吗？”

“您也老是笑得不恰当。您应当注意这点。您什么也不了解！在公社里没有这样的人。成立公社也是为了使这样的人不再出现。在公社里这样的人就会改变他现有的本质。在这儿是愚蠢的，在那儿就会变得聪明；在这儿，在当前的环境下，是不正常的，在那儿就会变得十分正常。一切取决于人所处的条件和环境，一切取决于环境，而人本身算不得什么。我和索菲雅·谢苗诺夫娜现在也很和睦，这足以向您证明，她从来不把我当作敌人和欺负者。是呀！现在我正在劝她参加公社，只是这个公社是建立在不同的基础上的！您为什么发笑！我们要创立自己的公社，特种公社，只是基础比以前更宽广。我们的信念更前进了一步。我们否定得更多！如果杜勃罗留波夫从棺材里爬起来，那我就跟他争论。我要把别林斯基投入监狱！眼下我继续帮助索菲雅·谢苗诺夫娜提高文化。她有优美的、很优美的性格。”

“那么您利用着这个优美的性格，啊？嘿—嘿！”

“不，不！哦，不，恰恰相反！”

“嗯，恰恰相反！嘿—嘿—嘿—嘿！说来真是怪事一桩！”

“请您相信！请问，我有什么理由要隐瞒您！恰恰相反，连我自己也觉得这很奇怪：她跟我在一起，不知怎的显得又紧张、又羞怯、又贞洁。”

“当然啰，您在提高……嘿—嘿！您在向她证明，这一切羞耻心都是胡说八道？……”

“根本没有这回事！根本没有这回事！啊，您多么粗鲁地，甚至多么愚蠢地——请您原谅——理解提高这个词儿的意义！您什么也不懂，天哪，您还……很浅薄哩！我们寻求着妇女解放的道路，可您头脑里只有一个念头……绝口不谈贞节和女性的羞耻心问题，正如避而不谈本身没有价值的、甚至包含着偏见的问题一样。我完全，完全同意她跟我保持纯洁的关系，因为这是她的愿望和她的权利。当然，如果她亲自对我说：‘我需要你，’那我就认为这是我的最大的成功，因为我很喜欢这个姑娘；可是现在，至少现在，不用说，无论谁对待她决不会比我更有礼貌、更谦恭，比我更尊重她的自尊心……我等待着、盼望着——只能如此而已！”

“您最好送她一件礼物。我敢打赌，这您想也没有想到过吧。”

“我告诉您吧，您什么也不懂！当然，她的处境是这样，但是这儿存在着另一个问题，一个完全不同的问题！您简直瞧不起她。因为看到一件您误认为应受鄙视的事，您就不用人道主义的观点来看人。您还不知道，她是个什么样的人呢！我只是很遗憾，她最近不知为什么不再看书了，也不再来向我借书。从前她常常来借书。她用全副精力坚决地进行反抗的时候——她已经有过一次——似乎还缺乏自主精神，可以说，缺乏独立精神，她的否定态度还没有完全摆脱某些成见和糊涂观念，这也是令人遗憾的。虽然如此，但有些问题她是十分清楚的。譬如，她非常了解吻手问题，就是说，如果男人吻女人的手，这是男人以不平等的态度侮辱女性。这个问题我们已经讨论过了。我立刻就转述给她听了。她也聚精会神地听关于法国工人联合会的事。现在我在给她讲述，在未来的社会里人可以自由地进入别人屋子的问题。”

“这又是个什么问题？”

“最近讨论的就是这个问题：公社社员有没有权利进入别的社员的屋子，在任何时候，进入男社员或女社员的屋子……已经解决了，有权利……”

“噢，如果男社员或者女社员这时候正在大小便，那怎么办，嘿—嘿！”

安德烈·谢苗诺维奇甚至恼火了。

“您老是提这样的事，提这种讨厌的‘大小便’的事！”他厌恶地叫喊道。“呸，我很气愤，很懊恼，在讲述制度的时候，过早地向您谈到这些讨厌的大小便的事！见鬼！对你们这种人来说，这是一块绊脚石；而最糟糕的是，他们还没有弄清楚事情真相以前，就当作笑料来谈论了！仿佛他们是正确的！仿佛他们有什么可自豪的！呸！我好几次坚决地主张，一定得等到新参加的人相信了制度，等到他们提高了觉悟，明确了目的，才能对他们讲述这个问题。请您告诉我，甚至在污水坑里，您也要找这种可耻而又可鄙的东西吗？我情愿头一个去清除任何污水坑！这甚至不要什么自我牺牲！这只是一种工作，一种高尚而有益于社会的活动，这种活动抵得上任何别的活动，甚至，比方说，比一个拉斐尔或一个普什金的活动更崇高，因为这更有益！”

“更高尚，更高尚——嘿—嘿—嘿！”

“更高尚是什么意思？我不懂这些用来确定人类活动意义的用语，‘更高尚’，‘更慷慨’——这都是胡说，都是荒谬的；是我所否定的旧偏见！一切对人类**有益的**活动都是高尚的！我只懂得一个词儿：**有益的**！您咯咯地笑，让您笑吧，可是这没错儿！”

彼得·彼得罗维奇大笑不止。他已经点完钱藏了起来。但不知为什么一部分钱仍旧摆在桌上。这个“污水坑问题”本身虽然是庸俗的，但已经几次成为彼得·彼得罗维奇跟他的年轻朋友决裂和不和的原因。可笑的是，安德烈·谢苗诺维奇当真恼火了，卢仁因此大为高兴，此刻他特别想逗惹列别兹雅特尼柯夫生气。

“昨天您失恋了，所以您这么凶，这么找碴儿，”列别兹雅特尼柯夫终于脱口而出。一般地说，他虽然有“独立自主的”和“反抗的”精神，但不知怎的，不敢反对彼得·彼得罗维奇，总之，对他还保持着已经成为习惯的、先前的恭敬态度。

“您还是这样说吧，”彼得·彼得罗维奇又傲慢又恼火地打断了他的话，“您能不能……或者不如说：您当真跟刚才谈到的这个年轻女子这样亲密，现在可以请她到这儿，到这个屋子里来一下吗？他们大概已经从墓地上回来了……我听见了脚步声……我要见见她，见见这个女子。”

“您有什么事啊？”列别兹雅特尼柯夫惊奇地问。

“我要见见她。今天或明天，我要离开这儿，所以想告诉她……但是，在谈话的时候，请您留在这儿。这样方便些。要不然，天晓得，您也许会瞎想些什么。”

“我不会瞎想什么……我不过这样问问罢了。如果您有什么事叫她来一趟，这是极容易的。我立刻就去，请您相信，我不会妨碍你们。”

当真，过了五分钟，列别兹雅特尼柯夫带着索尼雅来了。她走进来了，流露出异常惊讶的神色，和往常一样，畏畏缩缩的。碰到这样的事情，她总是怯生生的，很怕见不相识的或者初次相识的人，从前也害怕，从小就害怕，而现在何况……彼得·彼得罗维奇“温存而和蔼地”接待她，但带几分快乐的亲昵，而且彬彬有礼。不过，彼得·彼得罗维奇认为，像他这样一个令人尊敬的有地位的人用这样的态度对待这么一个年轻的、从某方面来说是**很有趣**的女子，是恰当不过的。他赶忙“鼓励”她，叫她坐在桌旁自己对面。索尼雅坐下来，看看四周——打量了一下列别兹雅特尼柯夫，还看看摆在桌上的钱，接着突然又看起彼得·彼得罗维奇来，从此目光不再从他身上移开了，好像盯住在他身上似的。列别兹雅特尼柯夫朝门口走去。彼得·彼得罗维奇站了起来，做个手势请索尼雅仍然坐着，并在门口拦住了列别兹雅特尼柯夫。

“这个拉斯柯尔尼科夫在那儿吗？他来了吗？”他悄声问列别兹雅特尼柯夫。

“拉斯柯尔尼科夫？在那儿。怎么样？是的，在那儿……刚进去，我看见的……怎么样？”

“我特地请您留在这儿，同我们在一起吧，别撇下我单独跟这个……姑娘在一起。一些小事情。但是天晓得，他们会怎样想。我不愿意让拉斯柯尔尼科夫在**那儿**瞎说……您懂得我的意思吗？”

“啊，我懂得，我懂得！”列别兹雅特尼柯夫忽然领悟了。“对，您有理由……当然，照我个人的看法，您太谨慎小心，但是……您到底是对的。我不走了。我站在这儿窗前，不会妨碍你们的……依我看来，您是对的……”

彼得·彼得罗维奇回到了长沙发跟前，面对索尼雅坐下来，聚精会神地望着她，忽然现出异常矜持的神气，甚至有点儿严峻。他说：“女士，您别误会。”索尼雅惶窘极了。

“索菲雅·谢苗诺夫娜，首先请您向您那个敬爱的继母表示我的歉意……我想，这没有错吧？卡杰琳娜·伊凡诺夫娜是您的继母吗？”彼得·彼得罗维奇态度十分矜持，但相当亲切地说。看来，他一片好意。

“对，对，她是我的继母。”索尼雅慌急而胆怯地回答道。

“那么您向她表示一下我的歉意。因为我有一件自己做不得主的事情，我不能去了，不能上你们那儿去吃煎饼了……就是说，不能去赴丧宴了，虽然蒙您继母不弃，好意地邀请了我。”

“好吧；我去告诉她；我马上就去。”索涅奇卡急忙从椅子上站了起来。

“等一等，还有话呢，”彼得·彼得罗维奇留住她，看到她天真而又不懂礼貌，不觉微微一笑。“最亲爱的索菲雅·谢苗诺夫娜，如果您以为，我只是由于我个人的这么一桩微小的事情而冒昧地来请像您这样一个女子到我这儿来，那您对我就不够了解了。我还有别的事呢。”

索尼雅连忙又坐下了，还摆在桌上的灰色的和彩虹色的钞票[1]又在她眼前闪耀起来，但她赶快扭转头去，并抬头去看彼得·彼得罗维奇，因为她忽然觉得特别是**她**，看别人的钱太冒失了。她把目光投到彼得·彼得罗维奇拿在左手里那金色的长柄眼镜上去了，同时也投到戴在彼

① 帝俄时代的纸币：灰色的是票面二十五卢布的纸币；彩虹色的是票面一百卢布的纸币。

得·彼得罗维奇左手中指上那个很大的、沉甸甸的、异常漂亮的黄宝石戒指上；但她忽然又把目光从他身上移开了，不知道往哪儿看才好。末了。她又定睛地直瞅着彼得·彼得罗维奇的眼睛。彼得·彼得罗维奇比刚才更矜持地沉默了一会儿后，继续往下说：

“昨天我由于偶然的机会，顺便跟不幸的卡杰琳娜·伊凡诺夫娜谈了两句话。两句话就足以了解她的情绪——反常的情绪，如果可以这样形容的话……”

“是呀……反常的，”索尼雅急忙附和说。

“或者说得简单明白些……她有病。”

“是啊，说得简单明白些……是呀，她有病。”

“对啊。所以，出于人道感，也可以说，由于恻隐之心，我想做些有益于她的事，因为我预料到，她的不幸的命运是不可避免的。这个贫穷的家庭现在大概只有依靠您维持生活吧。”

“请问，”索尼雅突然站起来。“您昨天不是对她说过可以领抚恤金吗？因为还是昨天她对我说的，您在替她设法领抚恤金。这是真的吗？”

“决不是这样，从某一方面来说，这甚至是荒唐的。我只暗示一下；只要有门路，一个在职的去世的官吏的未亡人有可能得到临时补助，但是已故的令尊不但服务没有满期，而且最近根本没有差事。总之，即使有希望，但把握不大，因为在这种情况下，实际上不能享受任何补助的权利，甚至恰恰相反……可是她已经想领抚恤金了，嘿—嘿—嘿！好一个想入非非的太太！”

“是啊，她想领抚恤金……因为她心地善良，容易上当；因为她心地善良，所以她什么都会相信，而……而……而且她有点儿精神错乱……是的……请原谅。”索尼雅说，又站起来要走。

“您还没听完我的话呢。”

“是的，我没听完，”索尼雅嘟哝说。

“那么请坐吧。”

索尼雅怪难为情地又坐下了，这是第三次了。

“因为看到她境况如此，还有几个不幸的幼小的孩子，我想——正如我已经说过的——聊尽一份绵薄的力量，做些有益于她的事，就是所谓量力而行。比方，可以为她募捐，或者，可以说，举办抽彩……或者诸如此类的事——就像亲友们，或者甚至旁人，总之，凡是肯帮忙的人，往往在这种情况下所做的那样。我要告诉您的就是这么回事。这可以办。”

“是啊，很好……做这样的事，上帝会保佑您。”索尼雅嘟嘟囔囔说，定睛地凝视着彼得·彼得罗维奇。

“可以办，不过……我们往后就这么办……就是说，可以从今天开始。晚上我们再碰碰面，商量一下，确定一个办法。请您七点光景上我这儿来。安德烈·谢苗诺维奇，希望您也来一起参加……可是……有一个情况，得预先详细地说明一下。索菲雅·谢苗诺夫娜，我就是为了这件事冒昧地请您到这儿来的。我的意思是这样：不应该，也不妥当把钱交给卡杰琳娜·伊凡诺夫娜本人；今天办丧宴这件事就是证明。可以说，明天连面包皮也没有……也没有鞋，也没有一切东西，今天却买了牙买加糖酒①，甚至还买了马德拉酒②和—和—和咖啡。我经过时看见的。明天一切，直到最后一片面包又会都压在您的身上；这是不合理的。所以，募捐时，依我个人的看法，钱应该不让这个可以说是不幸的寡妇知道，而只有，比方说，您一个人知道。我说得对吗？”

“我不知道。她今天才如此……一辈子只有这么一次……她很想为先父祈祷，纪念他，追悼他……她是很贤惠的。不过，可以照您的意思办，我会很……很……很……他们都会感激您……上帝会保佑您……孤儿们也……”

话还没有说完，索尼雅就呜呜咽咽哭起来了。

“对啊。所以您要记住，为了您的亲属的利益，现在请您收下这笔钱，应一下急……可以说，这是我个人给的，数目有限。因为我自己也

---

①一种用甘蔗制造的烈性酒。

②一种葡萄酒。

有用途，所以不能多给……我十分希望别提我的名字。”

彼得·彼得罗维奇郑重其事地展开一张十卢布钞票，递给了索尼雅。索尼雅接过钞票，满脸绯红，站了起来，嘟嘟囔囔地说着什么，赶快告辞。彼得·彼得罗维奇洋洋得意地送她到门口。她终于走出了屋子，又激动又累，十分惶窘地回到卡杰琳娜·伊凡诺夫娜那儿去了。

当这一幕正在进行的时候，安德烈·谢苗诺维奇一会儿在窗前站定，一会儿又在房间里踱步，不愿打断他们的谈话；索尼雅走后，他忽然走到了彼得·彼得罗维奇跟前郑重其事地同他握手：

“一切我都听见，都**看见了**。”他说，特别强调最后三个字。“这种高尚的行为，我要说，也就是人道主义！我看见了，您不愿人家道谢！我向您坦白地说，虽然从原则上说，我不赞成个人行善，因为这不但不能根除罪恶，反而助长罪恶，然而我不得不承认，看到您的行为，我很高兴，是的，是的，这使我很满意。”

“哎，这一切都是废话！”彼得·彼得罗维奇低声说，心头有点儿激动，而且不知怎的细瞧着列别兹雅特尼柯夫。

“不，不是废话！一个像您这样的人，虽然昨天发生了那件事，受了委屈，憋了一肚子气，但还能想到别人的不幸——这样的人……虽然他的行为造成了一个社会性的错误——但……还是应该受尊敬的！彼得·彼得罗维奇，我想不到您是这样的人，尤其是照您的见解……啊！您的见解还束缚着您！比方，昨天的失意使您多么焦急！”好心的安德烈·谢苗诺维奇感慨地说，对彼得·彼得罗维奇又发生了极大的好感。“最高尚的、最亲爱的彼得·彼得罗维奇，您何必、何必一定要这门**合法**婚姻成功。您何必要婚姻**合法化**？嗯，如果您要揍我，那就揍吧，可我很高兴、很高兴这门婚姻没有成功，很高兴您是自由的，您还能对人类做些事，我很高兴……您要知道：我把心里话都说出来了！”

“因为我不愿在您的所谓自由结婚中戴绿帽子，栽培别人生的孩子，所以我需要合法婚姻，”卢仁勉强地回答道。他正在聚精会神地转着一个什么念头，神情若有所思。

“孩子吗？您是说孩子吗？”安德烈像一匹听到一阵军号声的战

马，不觉一怔。“孩子是个社会问题。我同意，这是一个首要的问题；但是孩子问题可以用别的办法来解决。某些人甚至根本否定孩子，意思是指家庭。关于孩子问题，我们留待以后再谈。现在谈谈绿帽子问题！我向您坦白地说吧，我在这方面是外行。在未来的辞典中，甚至不可能有这个叫人讨厌的、骠骑兵式的、普什金的用语！绿帽子是什么东西呢？啊，多么荒谬啊！绿帽子是什么样的？为什么戴绿帽子？真是胡说八道！恰恰相反，在自由结婚中不会发生戴绿帽子的事！绿帽子——这只是一切合法婚姻的自然产物，可以说，是对这种婚姻的修正，是对这种婚姻的反抗，所以从这个意义上来说，甚至毫不使人受辱……如果我什么时候——做了一件荒唐的事——跟一个女子合法地结了婚，那么我甚至乐意戴您所诅咒的绿帽子；那时候我会对妻子说：‘亲爱的，以前我只是爱你，现在我却尊敬你，因为你敢于反抗！’您发笑？这是因为您无力摆脱成见；见鬼，一个经过合法手续结婚的妻子被人勾搭上了的时候，我知道烦恼的原因何在。这只是下流勾当的不良后果，双方都因此受辱。当戴绿帽子像自由结婚一样公开化的时候，那么戴绿帽子的事就不会有了，绿帽子就不可思议了，这个名称也会取消。相反，您的妻子不过向您证明，她多么尊敬您，认为您不会反对她的幸福，您的修养这么高，不会因为她另嫁丈夫而向她报复。见鬼，我有时也瞎想，如果我娶了妻子，呸！如果我结了婚（自由结婚或合法结婚，反正都一样），如果妻子很久还没有找到情人，那我会给她找一个。‘我亲爱的，’我会对她说：‘我爱你，而且还要你尊重我——就是这样！’我说得对吗，对吗？……”

彼得·彼得罗维奇听得咯咯地笑了起来，但并不特别感到开心。他甚至不大听。他确实在想别的事，连列别兹雅特尼柯夫也终于发觉了。彼得·彼得罗维奇甚至很激动，搓着手，沉思起来。这一切，安德烈·谢苗诺维奇后来才弄明白，想起来……

二

为什么卡杰琳娜·伊凡诺夫娜那错乱的头脑会想到办毫无意义的

回丧饭，这很难说出一个明确的道理来。不错，拉斯柯尔尼科夫为安葬马尔美拉多夫而送给她的二十多个卢布，差不多有十个卢布被花在丧宴上了。卡杰琳娜·伊凡诺夫娜也许认为“隆重地”追悼一下亡夫是做妻子的责任，让所有邻居都知道，特别是要让阿玛丽雅·伊凡诺夫娜知道：他“不但不比他们差，而且说不定还好得多”。他们谁个都没有权利“瞧不起”他。也许这是**穷人们**所特有的**自尊心**起了最大的作用，因此有很多穷人都尽最大的努力，把节省下来的仅有几个钱都花在我们日常生活中每个人所必须遵守的某些社会仪式上，只是为了表现自己“不比别人差”和怕人家“议论”罢了。也很可能是由于这个缘故：正是在这种情况下，正当卡杰琳娜·伊凡诺夫娜似乎被世人抛弃的时候，她却想让这些“卑微的和可恶的邻居”瞧瞧，她不但“善于生活和好客”，而且她所受的教养甚至压根儿不是为了过这样的苦命生活，她是在“高尚的，甚至可以说是在一个贵族的上校家里”长大的，没有受过擦地板和每天夜里洗孩子破衣服的锻炼。最穷苦的和受压抑的人们有时也会产生这种自尊心和虚荣心，他们的这种自尊心和虚荣心有时却转变为一种愤愤不平的和不可克制的渴求。何况卡杰琳娜·伊凡诺夫娜不是一个不敢反抗的人：环境可以把她逼死，但是在精神上**压制**她，就是说吓倒她，使她屈服，那可办不到。此外，索涅奇卡有充分理由可以说，她有点儿神经错乱。诚然，这还不能绝对确定，但是，的确在最近一个时期以来，在这一年当中，她那可怜的头脑受刺激太深了，以致发生了严重的错乱。据医生说，肺病的恶化也能引起神经错乱的。

酒不多，品种也少，**马德拉酒**也没有：这是言过其实的。可是酒是有的。有伏特加、朗姆酒和里斯本酒，质量虽然都十分低劣，但是数量却是足够的。除了蜜粥[①]，还有三、四道菜(其中还有一道煎饼)，都是在阿玛丽雅·伊凡诺夫娜的厨房里做的。此外，桌上一下子摆上了备饭后喝茶的两个茶炊和五味酒。一切东西都是卡杰琳娜·伊凡诺夫娜在一个邻居，一个时运不济的波兰人的帮助下亲自采办的。这个波兰人

① 安葬后飨客的一种食物。

不知道什么缘故住在李彼韦赫赛尔太太的房子里。他立刻跑来听候卡杰琳娜·伊凡诺夫娜差遣，昨天他奔走了一整天，今天又没命地奔走了一个早晨，跑得上气不接下气，大概竭力想使人注意到他的卖力。他时刻跑去找卡杰琳娜·伊凡诺夫娜商量每件细小的事情，甚至跑到商场去找她，不住地管她叫“官太太”，终于像个辣萝卜一样惹她讨厌了，虽然她开头说，没有这个“热心的好人”她会累倒的。卡杰琳娜·伊凡诺夫娜生就这样的性格：喜欢把任何初次相见的人捧上天，甚至恭维得对方脸红，捏造各种事实吹捧他，而且对这一切她都深信不疑，后来忽然一下子失望了，就同他决裂，对他横加侮辱，粗暴地赶走几小时前她还钦佩得五体投地的那个人。她天生爱说爱笑、乐观、平和；但由于屡遭不幸和挫折，她甚至**热切地**渴望和要求大家和和睦睦，快快乐乐，不许破坏和睦的生活，所以生活上稍微发生不和谐或者稍受挫折，她几乎立刻就会发狂，刹那间从光明的希望和幻想中醒悟过来，于是开始诅咒命运，摔破和打毁随手抓起的东西，把头在墙上猛撞。阿玛丽雅·伊凡诺夫娜也忽然不知为什么受到卡杰琳娜·伊凡诺夫娜异常重视和异常尊敬。唯一的原因也许是要办回丧饭，而阿玛丽雅也肯诚心诚意地来帮忙：她摆开了桌子，拿来了桌布、器皿和其他东西，在自己厨房里做菜。卡杰琳娜·伊凡诺夫娜把一切都托付她，她自己到墓地上去了。一切当真都搞得很出色：桌子甚至布置得很整洁，碟子、刀叉、酒杯、玻璃杯、茶杯——这些东西都是向各个邻居借来的，所以是七拼八凑的，式样不同，大小不一；但到时候却摆得很妥帖。阿玛丽雅·伊凡诺夫娜觉得自己把事情做得很出色，甚至带几分自豪感迎接从墓地回来的人们。她穿得很漂亮，戴了一顶系着新的黑纱带的包发帽，穿着玄色的连衣裙。虽然她有这种自豪感是理所当然的，但不知为什么卡杰琳娜·伊凡诺夫娜却不大高兴：“没有阿玛丽雅·伊凡诺夫娜的帮忙，仿佛回丧饭真的会办不成！”她也不喜欢那顶系着新的黑纱带的包发帽：“这个德国蠢货所以这么自豪，恐怕是因为她是房东，出于一片好心才答应来帮穷房客的忙？一片好心！多谢多谢！卡杰琳娜·伊凡诺夫娜的爸爸是个上校，几乎要升为省长了。在他家里有时摆开可坐四十人的筵席，因此像阿玛丽雅·伊凡诺夫娜，或者不如说像柳德维戈夫娜那样的人，连厨房也不许进呢……”但是卡杰琳娜·伊凡诺夫娜决意暂不流露自己的感情，虽然她已经拿定了主意，今天一定得遏制阿玛丽雅·伊凡诺夫娜，让她想到自己的身份，不然的话，天晓得她会把自己看作什么样的人，但暂时对她只持冷淡的态度。另一件不愉快的事也是使卡杰琳娜·伊凡诺夫娜感到气愤的部分原因：在安葬的时候，除了波兰人准时赶到了墓地外，其余邀请过的房客一个也没有去送殡；来赴丧宴的，就是说，来吃冷盘的，都是一些最卑微的穷房客，他们中间有很多人甚至是醉醺醺的，真是一些不体面的人。几个年事较高的和可敬的人，好像故意商量好似的，一个都没有来。彼得·彼得罗维奇·卢仁，可以说，是个最有身价的房客，也没有来，然而还在昨天晚上卡杰琳娜·伊凡诺夫娜却对所有的人，也就是说，对阿玛丽雅·伊凡诺夫娜，对波列奇卡，对索尼雅和波兰人都说过，他是个最高尚最慷慨的人，交游广阔，有财产，是她前夫的知交，到她父亲家里去做过客，答应过要尽力设法给她弄到一笔为数可观的抚恤金。必须注意，如果卡杰琳娜·伊凡诺夫娜称赞某人交游广阔，有财产，这不是她得到了什么好处，也不是她有任何个人的打算，带着一些私心，可以说，是她出于一片热情，只是她喜欢夸赞和抬高那个被她称赞的人的身价罢了。“这个坏蛋列别兹雅特尼柯夫”和卢仁一样也没有来，大概是“学他的样”吧。“这个家伙把自己看成什么样的人啊？我好意邀请他，只因为他和彼得·彼得罗维奇相熟，同住在一间屋子里，不好意思不邀请他。”那个有上流社会风度的太太和她那个“徐娘半老的女儿”也没有来。她们虽然在阿玛丽雅·伊凡诺夫娜的公寓里住了才两个星期，但已经好几次埋怨过从马尔美拉多夫家里传来的吵闹声和叫喊声，特别是当死者醉醺醺地回家的时候。当然，这些话，卡杰琳娜·伊凡诺夫娜早已从阿玛丽雅·伊凡诺夫娜嘴里听到过。她跟卡杰琳娜·伊凡诺夫娜吵架，威胁要赶他们出屋的时候，就大喊大叫，说他们吵得“那两个高贵的房客”不得安宁，“他们给这两个高贵的房客脱靴子还不配呢”。卡杰琳娜·伊凡诺夫娜这次故意邀请这位“她给她们脱靴子还不配”的太太和她的女儿，尤其是因为从前她们邂逅相遇的时候，这位太太就傲慢地不理人——所以，要让这位太太知道这里的人都有“更高尚的思想感情，因为不记恨，才邀请她们”，并让她们知道，卡杰琳娜·伊凡诺夫娜不是一向过这种苦命生活的。在吃回丧饭的时候，一定要向她们解释一下，也要告诉她们，她父亲当过省长，同时也向她们作个暗示：不必在碰见的时候不理睬她——这是非常愚蠢的。那个胖子中校也没有来(实际上他是个退职的上尉)，原来他从昨天早晨起就“烂醉如泥”了。总之，只来了这几个人：头一个是波兰人，接着到来的是个面貌丑陋、身体孱弱、沉默寡言的事务员，他穿了一件油迹斑斑的礼服，满脸粉刺，气味难闻；之后又来了一个耳聋眼瞎的老头，从前在邮政总局里做过事，有个人不知为什么很久以来把他供养在阿玛丽雅·伊凡诺夫娜的家里；又来了一个喝醉的退职中尉，其实他是个军需官，毫无礼貌地哈哈大笑，“你们瞧”，连背心也没穿哪！有一个客人甚至没有向卡杰琳娜·伊凡诺夫娜问好，就在桌旁坐下了。最后到来的那一个因为没有外衣，就穿了睡衣而来，这太不成体统了，阿玛丽雅·伊凡诺夫娜和波兰人费了好大的劲儿才把他推了出去。但那个波兰人带来了两个同胞，他们从来没有在阿玛丽雅·伊凡诺夫娜的房子里住过，房子里的人也从来没有见过他们。这种种使卡杰琳娜·伊凡诺夫娜异常不满。“到底是为谁办的？”桌子已把整个屋子占据了，为了节省座位，甚至不让孩子们上桌，叫他们在后面角落里的一只箱子上吃；并且让两个年幼的孩子坐在长凳上，波列奇卡是大孩子啦，应该照管他们，喂他们，替他们像替“贵族子弟”一样抹鼻涕。总之，卡杰琳娜·伊凡诺夫娜不由地大摆架子，甚至态度傲慢地迎接客人。她用特别严峻的目光看着某几个人，神气高傲地请客人入席。她不知为什么认为许多客人没有到来应该归咎于阿玛丽雅·伊凡诺夫娜，因此对她的态度突然变得极不客气，后者立刻就注意到了，不禁大为生气。这样的开端不会有好结果。大家终于入席了。

拉斯柯尔尼科夫几乎是在他们从墓地上回来的时候进来的。卡杰琳娜·伊凡诺夫娜看见他到来，十分高兴；首先是因为他是唯一的“有教养的客人”，“大家都知道，再过两年他将要在本地一所大学里当教授”；其次，是因为他立刻有礼貌地请她原谅他不能前来送殡，虽然他很想来送殡。她急忙奔到他跟前，拉他坐在自己左边的座位上(坐在右边的是阿玛丽雅 · 伊凡诺夫娜)，尽管她忙得不可开交，却不停地把每道菜递给客人，让他们都能尝到；尽管她咳得很痛苦，这两天她似乎咳得特别厉害，咳呛不时打断她的话，使她呼吸困难，但她还是不断地对拉斯柯尔尼科夫谈话，急于轻声地向他倾吐胸中郁积着的感情和心里因为白办了丧宴而激起的义愤。这种不满情绪时时转变为对在座的客人们的最快乐的和不可抑制的大笑，但主要是嘲笑女房东。

“一切都得怪这只布谷鸟。您可明白我指的是谁。我指的是她，就是她！”卡杰琳娜 · 伊凡诺夫娜用头点点女房东，向拉斯柯尔尼科夫示意。“您瞧，她睁圆着眼睛，感觉出我们在谈论她；但她不懂，瞪着眼。呸，猫头鹰！嘿—嘿—嘿！吭—吭—吭！瞧，她戴着这顶帽子想表现什么呢！吭—吭—吭！您可注意到，她老是想叫大家把她看作我的恩人，她的光临使我增光。我把她当作一个正派女人，请她去邀请几个体面的人物，亡夫的几个熟人。可是您瞧，她请来了些什么人啊：几个小丑！一些邋邋遢遢的家伙！您瞧瞧这个脸肮里肮脏的人：这个长着两条腿的窝囊废！这几个波兰人……嘿—嘿—嘿！吭—吭—吭！谁也从来没有在这儿见过他们，我也从来没有见过他们。我问您，他们来干什么？他们循规蹈矩地坐成一排。喂，先生！”她突然向其中一个波兰人叫道。“煎饼尝过没有？再来些？您喝杯啤酒啊，啤酒！您要喝伏特加吗？您瞧：他霍地站了起来，点着头打招呼。您瞧，您瞧：他们大概都饿坏了，这些穷鬼！没关系，让他们吃吧。至少不吵闹了，不过……不过，真的，我担心房东的那些银匙子！……阿玛丽雅 · 伊凡诺夫娜！”她忽然几乎大声地对她说。“如果您的匙子万一被人偷走，我可不负责，我预先声明！嘿—嘿—嘿！”她又转脸声音响亮地对拉斯柯尔尼科夫说，又用头点点女房东向他示意，为自己的狂妄行为而高兴。“她不懂，又不懂了！张开嘴坐着。您瞧瞧这只猫头鹰，一只地道的猫头鹰，系着新纱带的猫头鹰，嘿—嘿—嘿！”

这时笑声又变为难受的咳呛。接连不断地咳了五分钟光景，手帕上留下了一些鲜血，额上渗出一滴滴汗珠。她默默地让拉斯柯尔尼科夫看看血。稍微停顿了一下，她立刻又对他低声地说起话来，神态异常兴奋，两颊泛起了红晕。

“您要知道，可以说，我委婉地托她邀请过这位太太和她的女儿。您可明白，我指的是谁？这要态度和气、手段极其高明，可是她把事情办得这么糟，以致这个外来的蠢货，这个高傲自大的贱婆娘，毫不足道的外省女人，只因为她是一个少校的未亡人，上京都来设法请求抚恤金，到处奔走，跑得连裙子下摆都磨破了，年纪已经五十五，还涂脂抹粉，描眉毛，搽口红，这是大家都知道的……这样一个贱婆娘，不但不肯来，甚至没有差个人来道歉。既然自己不能来，那么人家邀请了她，理该有最起码的礼貌吧！我可不明白，为什么彼得 · 彼得罗维奇也不来？索尼雅在哪儿？她上哪儿去了？啊，她到底回来了！索尼雅，你在哪儿？真奇怪，父亲安葬连你也没有赶到。罗季昂 · 罗曼内奇，请让她坐在您旁边吧。索涅奇卡……你坐在这儿，你要吃什么，自己拿吧。吃些肉冻吧，这道菜最好吃。煎饼马上就要端来了。给孩子们吃过吗？波列奇卡，各种菜你们都有了吗？吭—吭—吭！嗯，很好。要做个好孩子，廖尼雅。可你，柯里亚，两只脚别摆动，要像贵族子弟那样坐着。你说什么，索涅奇卡？”

索尼雅赶紧向她转述了彼得 · 彼得罗维奇的歉意。她尽量提高嗓音，让大家都能听见，使用最客气的含敬意的词句，这些词句甚至是她特意按照彼得 · 彼得罗维奇的措辞仿造的，并且经过她的润色。她又补充说，彼得 · 彼得罗维奇叫她特地转告，他一有机会立刻就来，要跟她当面谈**几个问题**，商量一下可以做些什么，往后该怎么办，等等。

索尼雅知道，这些话会使卡杰琳娜 · 伊凡诺夫娜得到宽慰，感到满意的，主要是会使她的自尊心得到满足。她在拉斯柯尔尼科夫旁边坐下了，慌忙地向他鞠了个躬，并向他投了好奇的一瞥。但从此以后，不知怎的就避不看他了，而且避不跟他谈话。她甚至好像心不在焉，虽然眼睛看着卡杰琳娜 · 伊凡诺夫娜的脸，讨她欢喜。她和卡杰琳娜 · 伊凡诺夫娜都没有穿丧服，因为她们都没有钱做丧服；索尼雅穿着一件褐色的衣服，颜色较深；可是卡杰琳娜·伊凡诺夫娜却穿着她那仅有的一条连衣裙，就是那条有条子的深色的布连衣裙。从彼得·彼得罗维奇那儿带来的消息真叫人高兴。卡杰琳娜·伊凡诺夫娜认真地听完了索尼雅的话后，又俨然问，彼得·彼得罗维奇身体好吗？接着立刻就几乎大声地对拉斯柯尔尼科夫嘟嘟囔囔说，像彼得·彼得罗维奇那样的可尊敬的有身价的人，发觉自己在这样一伙“罕见”的人中间，确实会感到不习惯的，虽然他尽力帮助着她的一家人，并且跟她爸爸旧交甚笃。

“罗季昂·罗曼内奇，蒙您甚至在这样的情况下，光临舍间便饭，这就是为什么我特别感激您的缘故。”她几乎高声地补充说。“可是我知道，您能够践约，只是因为您对我那可怜的亡夫有着特别的交情。”

于是她又一次傲慢而自尊地打量了一下客人们，突然提高嗓音，隔着桌子特别关切地问一个耳聋的老头儿：“要不要再来些烤肉？喝过里斯本酒没有？”老头儿不答理，虽然邻座的人为了寻开心，甚至推了他一下，但他好久弄不懂人家问他的话。他只张大了嘴，朝四下扫视了一眼，这更引起大家一阵哄然大笑。

“真是个傻子！您瞧，您瞧！带他来干什么？至于彼得·彼得罗维奇，我永远相信他。”卡杰琳娜·伊凡诺夫娜继续对拉斯柯尔尼科夫说。“当然，他不像……”她提高嗓音对阿玛丽雅·伊凡诺夫娜说，神色异常严峻，并且不知为什么甚至使阿玛丽雅·伊凡诺夫娜害怕起来。“不像您那两个穿得很阔气的、长裾拖地的女人，我的父亲家里就不要这样的女人当厨子，可是我的亡夫邀请了她们，是赏她们一个脸，也许只是由于他的一片无限的好意。”

“是的，他爱喝酒；爱喝酒，常常喝！”那个退伍的军需官喝完了第十二杯伏特加，突然叫喊道。

“亡夫确有这个嗜好，这大家都知道。”卡杰琳娜·伊凡诺夫娜突然向他反击。“可他是个善良而高尚的人，爱自己的家，尊敬自己的家，只有一点不好：他心肠太软，相信形形色色生活腐化的人。天晓得，他跟谁没喝过酒，甚至跟那些比他的鞋底还不如的人也一起喝过酒！罗季昂·罗曼诺维奇，您要知道，在他的口袋里常常找到蜜糖姜饼：他醉得像死人，但还是记得孩子。”

“姜——饼？您说：姜——饼？”军需先生叫喊道。

卡杰琳娜·伊凡诺夫娜没有理睬他。她想起一件什么事来了，叹了口气。

“您一定像大家一样，也认为我对待他太严吧，”她对拉斯柯尔尼科夫继续往下说。“其实并不是这样！他尊敬我，非常非常尊敬我！他心地很好！有时我多么可怜他啊！他常常坐在角落里望着我，我不禁可怜起他来，想对他温和些，接着又暗自想：‘你对他温和，他又会去喝酒’，只有用严厉的办法才能管束他。”

“对，你常常揪他头发，揪过不止一次，”军需官又大声叫道，并且又往嘴里倒了一杯伏特加。

“不但揪头发，甚至用布掸子对付某些傻瓜也有好处。现在我说的不是我的亡夫！”卡杰琳娜毫无顾忌地对军需官说。

她脸颊上的红晕越来越鲜明，她的胸部起伏着。再过片刻，她准会吵闹起来。许多人咯咯地笑着，大概觉得这是叫人高兴的。有人把军需官轻轻地推了一下，并且低声地对他说了几句话，显然在撺掇他们吵架。

“请问，您这是什么意思？”军需官开腔了。“我的意思是，您指的是谁……哪一个……您刚才说的……不过，不必啦！真是胡说八道！寡妇！苦命人！我饶恕您……算了！”他又喝干了一杯伏特加。

拉斯柯尔尼科夫坐着，厌恶地默然听着。也许由于礼貌，才吃些卡杰琳娜·伊凡诺夫娜不时放在他盘子里的菜，免得她生气。他目光定定地细瞧着索尼雅。可是索尼雅越来越惊慌，越来越担忧；她也有预感：丧宴不会平安无事地收场的，因此恐惧地注意着越来越恼火的卡杰琳娜·伊凡诺夫娜。同时她也知道，从外省来的那个太太和那个小姐所以蔑视卡杰琳娜·伊凡诺夫娜的邀请，主要就是由于她索尼雅的缘故。她从阿玛丽雅·伊凡诺夫娜的嘴里得知，那个做母亲的接到邀请甚至大发脾气，问：“她怎么能够让自己的女儿去跟**这个女人**坐在一起？”索尼雅还预感到，卡杰琳娜·伊凡诺夫娜已经多少知道了一些，而侮辱她索尼雅，在卡杰琳娜·伊凡诺夫娜看来，要比侮辱她本人，侮辱她自己的孩子，侮辱她的爸爸严重得多，一句话，这是极大的侮辱。索尼雅也知道，卡杰琳娜·伊凡诺夫娜的心情现在已经不平静了，“除非她能够使那两个长裾拖地的女人知道，她们俩是……”等等。有人好像故意地从桌子另一头递给了索尼雅一个盘子，盘子里放着用黑面包做的当中穿了一支箭的两颗心。卡杰琳娜·伊凡诺夫娜涨红了脸，隔着桌子立刻大声说，递盘子的人当然是“一头醉驴”。阿玛丽雅·伊凡诺夫娜也觉出事情不妙。同时卡杰琳娜·伊凡诺夫娜的傲慢态度也使她深感受辱。为了排遣大伙儿的烦闷，并带便抬高自己在别人心目中的身价，她突然无缘无故地谈起一个她的熟人，“药房里的卡尔”来了。有一天夜里他搭了一辆马车，“马车夫想谋害他，卡尔苦苦哀求不要害死他，痛哭流涕，合着两手拜他，神色惊慌，吓得像刀扎着他的心窝一般”。卡杰琳娜·伊凡诺夫娜虽然微微一笑，但立刻反对说，阿玛丽雅·伊凡诺夫娜不应该用俄语讲笑话。阿玛丽雅·伊凡诺夫娜更生气了，反驳说：她的“父亲是柏林人”[①]，他是一个非常重要的人物，走路时双手常常插在口袋里。动不动发笑的卡杰琳娜·伊凡诺夫娜忍不住了，放声大笑起来，阿玛丽雅·伊凡诺夫娜因而大为恼火，勉强克制着。

“真是一只猫头鹰！”卡杰琳娜·伊凡诺夫娜几乎高兴起来，立刻又对拉斯柯尔尼科夫低声说。“她想说：‘他常常把双手插在口袋里’，却说成了‘他常常把双手伸入别人的口袋里’，咳—咳！您可注意到，罗季昂·罗曼诺维奇，这些住在彼得堡的外国人，也就是说，主要是那些从什么地方来到我们这儿的德国人，都比我们愚蠢！您可同意，可不可以让她说：‘药房里的卡尔吓得像刀扎着心窝一般’，他（窝囊废！）这才不把车夫捆起来，而‘合着双手，哀哀哭泣、苦苦央求！’哎呀，这个傻女人！她以为这很感动人，却没有想到她多么愚蠢！在我看来，这个喝得醉醺醺的军需官要比她聪明得多；至少可以看出，他是个醉鬼，喝得酩酊大醉了，可是这些人却那么循规蹈矩，神态严

---

① 原文为德文。

肃……瞧，她坐着，瞪着眼。在生气呢！在生气呢！嘿—嘿—嘿！咳—咳—咳！”

卡杰琳娜·伊凡诺夫娜开心起来，马上津津有味地谈起各种事情来了，忽然说，她一领到抚恤金，一定要在自己的故乡T城开办一所寄宿中学，专收贵族女孩子。卡杰琳娜·伊凡诺夫娜本人还没有向拉斯柯尔尼科夫谈起过这个计划，她立刻陶醉于引人入胜的各种细节。不知怎么搞的，她手里突然出现一张“奖状”。已故的马尔美拉多夫曾经在酒馆里对拉斯柯尔尼科夫谈起过，说他老婆，卡杰琳娜·伊凡诺夫娜，从女子高等学校毕业的时候，“在省长和其他名流面前”跳过披肩舞，在谈话中提到过这张“奖状”。显然，这张奖状现在应该成为一种证据，证明卡杰琳娜·伊凡诺夫娜有资格开办学校；但主要的目的是为了压倒“那两个穿得很阔气的长裾拖地的女人”，倘若她们来赴丧宴，就向她们明确地证明，卡杰琳娜·伊凡诺夫娜出身于高贵的门第，“甚至可以说，出身于贵族家庭，是个上校的女儿，比起近来大批出现的女冒险家来，大概略胜一筹。”这张奖状马上在喝得醉醺醺的客人们手里传阅起来。卡杰琳娜·伊凡诺夫娜并不阻挠，因为这张奖状当真充分[①]表明，她是一个获得过勋章的七等文官的女儿，因此，她实际上差不多是个上校的女儿。卡杰琳娜·伊凡诺夫娜兴致勃勃，立刻大谈将来要在T城过美好平静的生活的各种情景；也谈到她将要聘请来教课的教师们；又谈到一个可尊敬的老人，法国人曼果。他曾经在女子高等学校里教过卡杰琳娜·伊凡诺夫娜法文，现在还在T城度晚年，给他适当的薪俸，他一定肯到她的学校里去教书；末了，她谈到了索尼雅，“她将和卡杰琳娜·伊凡诺夫娜一同到T城去，协助她搞各项工作。”但是这当儿忽然有个人在桌子一头扑哧一笑。卡杰琳娜·伊凡诺夫娜虽然马上竭力装出这样一副神气：鄙夷地不理在桌子那头发出的笑声，但是马上故意提高嗓门，兴奋地谈起索菲雅·谢苗诺夫娜来了，说她毫无疑问一定能够做她的一名助手；又谈到“她的温柔、耐心、自我牺牲精神、高尚的

---

①原文为法文。

气度和教养”，并且爱抚地拍拍索尼雅的脸颊，稍微欠起身子，热烈地把她吻了两下。索尼雅涨红了脸，可是卡杰琳娜·伊凡诺夫娜忽然号啕大哭起来，自言自语：“她是个神经衰弱的傻瓜，既然心烦意乱，丧宴该散席了，而且菜已经上完了，该送茶了。”这时阿玛丽雅·伊凡诺夫娜十分生气，因为她完全没有插嘴的机会，甚至根本没有人在听她的话。她突然冒险做最后一次的尝试，忧心忡忡地斗胆告诉卡杰琳娜·伊凡诺夫娜一个理由充足而且意义深刻的意见，说在她将要开办的寄宿中学里，应该特别注意女生的内衣[①]的清洁，必须聘请一位很能干的太太[②]管理衬衣。其次，“要禁止年轻的姑娘们晚上偷看小说。”卡杰琳娜·伊凡诺夫娜当真心烦意乱，精神疲惫，她懊悔办回丧饭，立刻毫不客气地“打断”阿玛丽雅·伊凡诺夫娜的话，说她“胡说八道”，什么也不懂；关心内衣是老妈子的事，而不是贵族女子寄宿中学校长的事。至于看小说，这简直是不成体统的话，她叫她住口。阿玛丽雅·伊凡诺夫娜满脸通红，十分气愤地说，她不过是“一片好意”，她是“一片极大的好意”，并说：“住了房子，钱[③]已经很久没付给她了。”卡杰琳娜·伊凡诺夫娜立刻向她“反击”，她说，“一片好意”是撒谎，因为还在昨天，她的亡夫还躺在桌上的时候，她还为房子的事受过她的气。对这个反驳，阿玛丽雅·伊凡诺夫娜回答得理由十足，说她“邀请过那位太太和她的小姐，但那位太太和她的小姐不肯来，因为她们都是高贵的太太和小姐，不能上一个卑微的太太那儿来”。卡杰琳娜·伊凡诺夫娜立刻“着重地向她指出”，因为她自己是个不高尚的人，她不可能判断什么是真正的高尚。阿玛丽雅·伊凡诺夫娜忍无可忍了，立刻说，“她的父亲是柏林人，是个非常重要的人物，走路的时候两手插入口袋里，嘴里常常说：呸！呸！”为了更逼真地扮演自己的老父，阿玛丽雅·伊凡诺夫娜从椅子上霍地站了起来，两手插在口袋里，鼓起腮帮，

---

①原文为德文。
②原文为德文。
③原文为德文。

在房客们一片大笑声中，嘴里发出一阵含糊不清的声音，好像在说“呸—呸”。他们故意表示赞许来撺掇阿玛丽雅·伊凡诺夫娜，因为他们预感到将要打架。但是这使卡杰琳娜·伊凡诺夫娜忍无可忍了，为了让大家都能听见，立刻口齿清楚地大声说，“阿玛丽雅·伊凡诺夫娜也许从来没有父亲，她不过是一个喝得醉醺醺的彼得堡的芬兰女人，大概，以前在什么地方当厨娘，或许是个比厨娘还低卑的女人。”阿玛丽雅·伊凡诺夫娜脸红得像虾，尖声地叫了起来，说卡杰琳娜·伊凡诺夫娜也许“根本没有父亲；而她的父亲是柏林人，总是穿着常礼服，老是说，呸，呸，呸”！卡杰琳娜·伊凡诺夫娜鄙夷地说，她的出身大家都知道，在这张奖状上用铅字印着：她的父亲是个上校；可是阿玛丽雅·伊凡诺夫娜的父亲（如果她有个父亲的话），大概是彼得堡卖牛奶的芬兰人；毫无疑问，她根本没有父亲，因为到现在为止大家都还不知道阿玛丽雅·伊凡诺夫娜的父称是什么，是伊凡诺夫娜呢，还是柳德维戈夫娜？阿玛丽雅·伊凡诺夫娜因此大发雷霆；拿拳头猛击桌子，并且尖声地叫喊，说她是阿玛尔-伊凡，不是柳德维戈夫娜，她的父亲“叫约翰，是个市长”，而卡杰琳娜·伊凡诺夫娜的父亲“从来没有当过市长”。卡杰琳娜从椅子上霍地站了起来，严厉地、显然沉着地（虽然脸色煞白，胸部剧烈地起伏）对她说，要是她哪怕再一次敢于把“自己的混账父亲跟她的爸爸相提并论，那么，她，卡杰琳娜·伊凡诺夫娜，就要扯下她的包发帽，踩上一脚”。听到这句话，阿玛丽雅·伊凡诺夫娜便在屋子里奔跑起来，没命地喊叫，说她是房东，叫卡杰琳娜·伊凡诺夫娜“立刻搬走”；接着，她不知为什么猛扑过去把桌上的银匙子一股脑儿收起来。一片吵嚷声和呼喊声。孩子们都哭起来了。索尼雅奔过去拦住卡杰琳娜·伊凡诺夫娜；但是，当阿玛丽雅·伊凡诺夫娜突然说出黄执照这个词儿的时候，卡杰琳娜·伊凡诺夫娜推开了索尼雅，猛冲到阿玛丽雅·伊凡诺夫娜跟前去了，立刻要实现自己所作的扯下她的包发帽这个恫吓。这当儿门开了，彼得·彼得罗维奇·卢仁突然在门口出现。他站着，用严厉的、专注的目光扫视了一下所有的人。卡杰琳娜·伊凡诺夫娜连忙向他奔去。

三

“彼得·彼得罗维奇！”她叫了起来。“您可要保护我啊！让这个蠢货知道，她不能这样对待一个遭到不幸的贵族太太，这事有法院管……我要去见总督大人……她要负责……您可要记着我父亲的好处，保护保护这几个孤儿吧。”

“对不起，太太……对不起，对不起，太太，”彼得·彼得罗维奇挥手叫她走开。“您是知道的，我不曾荣幸地认识令尊……对不起，太太！（有人纵声大笑起来）我无意卷入您跟阿玛丽雅·伊凡诺夫娜这种没完没了的争吵……我有我自己的事呢……我要立刻跟您的继女索菲雅……伊凡诺夫娜……谈几句话，好像是叫这个名字吧？请让我进去……”

彼得·彼得罗维奇侧着身子打卡杰琳娜·伊凡诺夫娜身边向对面的屋角走去，索尼雅就在那儿。

卡杰琳娜·伊凡诺夫娜站在原地没移动过一步，仿佛遭了雷击似的惊呆了。她弄不明白，彼得·彼得罗维奇怎么会否认她父亲的好处。既然她认为有过这个好处，她对这就深信不疑了。彼得·彼得罗维奇那煞有介事的、冷酷的、甚至充满了鄙夷的恫吓的口吻也使她感到惊讶。而且他一进来，所有的人不知怎的都慢慢儿静下来了。此外，这个“精明能干、神态严肃的”人跟其他客人格格不入是太显著了；此外，显而易见，他是为一件重要的事而来的。他肯光临必有特殊的原因，看来，立刻就要发生什么事了。站在索尼雅旁边的拉斯柯尔尼科夫给他让了路；彼得·彼得罗维奇似乎压根儿没有发觉他；一会儿后，列别兹雅特尼柯夫也在门口出现了；他没有进屋子里去，但也怀着强烈的好奇心，几乎流露出惊讶的神气站着；他侧耳谛听着，似乎好久还弄不明白，这是怎么回事。

“对不起，我也许会打断你们的谈话，但是有一件相当重要的事情，”彼得·彼得罗维奇说，仿佛是对大家说的，而不是只对某个人说的。“我甚至很高兴，大家都在这儿。阿玛丽雅·伊凡诺夫娜，我极诚恳地请求您，请您以房东的身份，留心地听听我跟索菲雅·伊凡诺夫娜以下的谈话。索菲雅·伊凡诺夫娜，”他直截了当地对感到异常惊讶并且事先已经害怕起来的索尼雅接下去说。“您走后，我的一张一百卢布的钞票在我的朋友安德烈·谢苗诺维奇·列别兹雅特尼柯夫的屋子里我的桌上不翼而飞了。不管怎样，如果您知道并且告诉我，现在这张钞票在哪儿，那么我拿人格向您担保，并请大家作证，事情就此了结。如若不然，我不得不采取很严厉的手段，那……只好怨您自己了！”

屋子里寂静无声。连孩子的啼哭声也沉寂了。索尼雅站着，面如土色，眼睛看着卢仁，一句话也答不上来。她似乎还弄不懂。几秒钟过去了。

“唔，那怎么办呢？”卢仁目光盯住她问。

“我不知道……我什么也不知道……”索尼雅终于有气无力地说。

“不知道？您不知道吗？”卢仁追问，又沉默了一会儿。“您想一想吧，小姐，”他的口气变得严厉了，但似乎还在劝导：“好好儿想一想吧，我可以再给您些时间去考虑。您要明白：如果我毫无把握，凭我的经验，当然不会这样冒失地当面揭穿您；因为如此这般地、直截了当地、公然指人为贼，如果是诬告，或者甚至弄错了人，那我得负一定的责任。这点我是知道的。今天早晨，我因为需钱用，去把几张五厘债券兑换了现金，票面总额是三千卢布。我在皮夹子里记下了这笔账。我回到家里——安德烈·谢苗诺维奇可以作证——就点钱，点完二千三百卢布，放入皮夹子里，而皮夹子放入了常礼服的侧袋里。桌上大约还剩下五百卢布，其中三张钞票都是票面一百卢布的。这当儿您来了（我叫您去的）——后来您在我那儿总是异常拘束，因此在谈话中间，您甚至起身过三次。尽管我们还没有谈完话，您却不知为什么总是急于要走。这一切安德烈·谢苗诺维奇都可以作证。您自己，小姐，您自己大概也不会否认吧。我是通过安德烈·谢苗诺维奇叫您去的，只是为了要跟您谈谈您的亲属卡杰琳娜·伊凡诺夫娜那孤苦伶仃和无依无靠的境况（我不能上她这儿来赴丧宴），并跟您商量一个妥善的办法，比方说，为她募捐，举行抽彩或者诸如此类的事。您感谢我，甚至流下泪来（我把事情经过原原本本都告诉您，首先是提醒您；其次是让您知道，我什么都记得很清楚)。后来我在桌上拿了一张十卢布的钞票以我的名义送给您，作为对您的亲属第一次的补助。这一切安德烈·谢苗诺维奇都亲眼看见的。接着我送您到门口，您还是很窘。您走后，只剩下了我和安德烈·谢苗诺维奇两个人，我跟他谈了十来分钟，安德烈·谢苗诺维奇便出去了，我又回到摆着钞票的桌子跟前，想把这些钱点一遍后，另外摆开，我事先就有这样的打算，我不禁大吃一惊，其中一张一百卢布的钞票不翼而飞了。您怎么个看法：我决不能怀疑安德烈·谢苗诺维奇，这样设想，我甚至觉得可耻。我也不会点错，因为在您劳驾以前，我已经点完了，总数相符。回想起您的窘态，回想起您急于要走，以及您的两手有时按在桌上这一切情况——对于这一切情况，您自己也不否认吧；最后我又考虑到您的社会地位和与这种地位有关的那些习惯，我，可以说可怕地，甚至违反我的意志，**不得不**认为您有重大嫌疑——当然啰，这是无情的，但却是公正的！我还得补充一句，并重说一遍，虽然我有充分把握，可我知道，我现在说别人偷钱，是要负责的；但是现在您可以明白了吧，我决不罢休，我要干到底。我把原因告诉您，小姐，唯一的原因，唯一的原因是您忘恩负义！怎么？我为了您的那个贫穷潦倒的亲属的利益而邀请您去，我尽力之所及送给您十个卢布，可您立刻当场做出这样的事来报答我！不行，这不行！必须教训教训您。您要考虑考虑；而且，作为您的一个真正的朋友，我请求您(因为目前您不会有更好的朋友)，您要放明白点儿！要不然，我要不客气！您到底怎么说？”

“我在您那儿没有拿过什么东西，”索尼雅吓得低声地说。“您送了我十个卢布，钱都在这儿，拿去吧。”索尼雅从口袋里掏出一条手帕，找出结子，解了开来，拿出一张十卢布的纸币，递给了卢仁。

“那么还有一百卢布您绝对不承认吗？”他表示责备地坚持说，没有接受这张钞票。

索尼雅朝四下看了看。众目睽睽，他们的脸色都是可怕的、严峻的、含讽带讥的、憎恨的。她瞥了拉斯柯尔尼科夫一眼……他站在墙跟前，交叉地抱着两臂，双目闪射出怒火，望着她。

“哎呀，天哪！”索尼雅不由地说。

“阿玛丽雅·伊凡诺夫娜，您必须去报告警察，因此我极诚恳地请求您，差人去叫看门人来，”卢仁轻轻地甚至温和地说。

“仁慈的上帝[1]！我早已知道她是个贼！”阿玛丽雅·伊凡诺夫娜双手一拍说。

“您早已知道啦？”卢仁赶忙接嘴说。“那么以前您至少已经有某些根据可以断定她是个贼。我请求您，最敬爱的阿玛丽雅·伊凡诺夫娜，您要记住您在证人们面前所说的话。”

四下里突然大声地喧嚷起来。所有的人都骚动起来了。

“怎——么！”卡杰琳娜·伊凡诺夫娜突然清醒过来了，叫道，仿佛挣脱了什么似的，向卢仁猛扑过去。“怎么！您叫她贼。这是索尼雅偷的？嘿，你们这些坏蛋！你们这些坏蛋！”她又向索尼雅奔去，张开两条枯瘦的胳臂把她紧紧地抱住，像夹在老虎钳里一样。

“索尼雅！你怎么拿了他十个卢布！傻姑娘！给我！立刻把这十个卢布拿出来给我，喏，在这儿！”

卡杰琳娜·伊凡诺夫娜从索尼雅手里夺过来钞票，把它揉成一团，照准卢仁的脸丢了过去。纸团击中了他的眼睛，掉到了地板上。阿玛丽雅·伊凡诺夫娜跑过去捡起了钞票。彼得·彼得罗维奇勃然大怒。

“你们把这个女疯子抓起来！”他叫道。

这当儿，在门口列别兹雅特尼柯夫旁边又出现了几个人，两个从外省来的妇女也在他们中间张望。

“怎么，我发疯！我是疯子？这个傻瓜！”卡杰琳娜·伊凡诺夫娜失声地叫了起来。“你自己才是傻瓜、恶讼棍、卑鄙的东西！索尼雅，索尼雅拿了他的钱！索尼雅是贼！她还会送钱给人，傻瓜！”接着，卡杰琳娜·伊凡诺夫娜歇斯底里地哈哈大笑起来。“你们见过傻瓜吗？”她从这边奔到那边，指着卢仁，叫大家看。“怎么！你也帮他？”她看

---

①原文为德文。

见了女房东，“你这个卖灌肠的，你也来作证，说她是‘贼’，你这个下流的、穿钟式裙的普鲁士母鸡的腿！嘿，你们！嘿，你们！她没有离开过屋子一步，她从你这个卑鄙东西那儿回来，就坐在罗季昂·罗曼诺维奇旁边！……你们抄她的身吧！她既然没有出去过，钱一定还藏在她身边！抄吧，抄啊，抄啊！假如你抄不出，那么对不起，亲爱的，你要负责！我要去见皇上，要去见皇上，去见慈悲的沙皇本人，伏在他脚下，马上就去，今天就去！我孤苦伶仃！他们会放我进去的！你以为他们不会放我进去吗？你胡说，我可以进去，我可以进去！你以为她老实可欺吗？你想欺侮她？可是我，朋友，不是可欺侮的！你办不到！抄吧！抄啊，抄啊，嘿，抄啊！！”

卡杰琳娜·伊凡诺夫娜发狂地揪住了卢仁，硬要把他拉到索尼雅跟前去。

“我愿意负责……可是您要安静下来，太太，您要安静下来！我非常明白，您不是好欺侮的！……这……这……这怎么办呢？”卢仁喃喃地说。“应当喊警察来……虽然现在已经有足够多的证人……我愿意……但男人到底不方便……因为性别关系……如果阿玛丽雅·伊凡诺夫娜肯协助……虽然不应该这样做……这怎么办呢？”

“随便哪一个！谁愿意，就抄她！”卡杰琳娜·伊凡诺夫娜叫道。“索尼雅，把口袋翻出来让他们看！看呀，看呀！你瞧，恶魔，袋是空的，这儿有一块手帕，看见吗，袋是空的！这是另一只袋，看呀，看呀！你看见吗！你看见吗！”

卡杰琳娜·伊凡诺夫娜不但把两只口袋都翻过来了，而且还把它们拉了出来。可是从第二只右边的口袋里，突然跳出来一张钞票，在空中画了一条抛物线，掉落到卢仁的脚边。这大家都看在眼里；许多人不觉啊的惊叫起来。彼得·彼得罗维奇弯下腰，用两个指头从地板上捡起了钞票，举着钞票让大家看，并把它展了开来。这是一张一百卢布的钞票，折成八层。彼得·彼得罗维奇举着钞票转了一圈，让大家瞧瞧这张钞票。

“女贼！滚出去！喊警察，喊警察！”阿玛丽雅·伊凡诺夫娜大声叫道。“把她们一家流放到西伯利亚去！滚！”

从四面八方飞来了惊叫声。拉斯柯尔尼科夫一言不发，目不转睛地看着索尼雅，间或倏地向卢仁瞥了一眼。索尼雅还是站在原地，好像丧魂落魄似的：她甚至几乎不觉得惊奇了。她脸上突然涨得通红；她惊叫一声，用两手掩住了脸。

“我没有偷，这不是我偷的！我没有拿过！我不知道！”她用撕胆裂肝的声音喊叫起来，一边向卡杰琳娜·伊凡诺夫娜直奔过去。后者把她抱住了，紧紧地拥抱着她，仿佛想用胸膛保护她，不让人欺侮。

“索尼雅！索尼雅！我不相信！你知道的，我不相信！”卡杰琳娜·伊凡诺夫娜(尽管知道事情是清清楚楚的)喊叫道。她抱住了她，像摇小孩般地摇她，狂吻她，抓住她的两手用力地亲吻。“说你偷钱！这些人多么蠢啊！唉，天哪！你们都是蠢东西，你们都是蠢东西，”她转脸向众人叫道：“你们还不知道，还不知道她的心是什么样的，她是个什么样的姑娘！她会拿人家的钱，她！她会脱下自己仅有的一条连衣裙，把它卖掉，光着脚走路，如果您需要，她什么都肯给您，她就是这样的一个姑娘！因为我的孩子们都挨饿，她领了黄执照出卖自己的灵魂来养活我们！……唉，死鬼呀，死鬼呀！唉，死鬼呀，死鬼呀，你知道吗？你知道吗？这是给你办的丧宴！天哪！罗季昂·罗曼诺维奇，您要保护她！您干吗老是站着！您干吗不替她抱不平？您也相信，还是怎么？你们都，都，都，都抵不上她的一个小指头！天哪！保护她吧！”

可怜见儿的、害肺病的、无依无靠的卡杰琳娜·伊凡诺夫娜的痛哭流涕似乎使所有的人都大为感动。在这张痛苦得扭歪了的、憔悴的、害肺病的脸上，在这两片发干的、凝结着鲜血的嘴唇上，在这片喊得嗄哑了的声音里，在这片像孩子啼哭般的、哽噎着的痛哭声中，在这个轻信的、孩子气的同时又是绝望的恳求中，表现得如此可怜和如此痛苦，大家对这个不幸的女人似乎都起了怜悯之心。至少彼得·彼得罗维奇立刻起了怜悯之心。

“太太！太太！”他令人感动地大声叫道。“这不关您的事！没有人能说您是教唆者和同谋者，尤其是您把她的口袋都翻了过来，因此她暴露了。这样看来，您事先是一无所知的。我极愿意同情别人，如果可以这样说，索菲雅·谢苗诺夫娜是为贫穷所逼，但是，小姐，您为什么不肯承认呢？您怕丢脸吗？您第一次干这种勾当吗？也许您发慌了？事情是清清楚楚的；很清楚的……然而您为什么出此下策呢？女士们和先生们！”他转脸对在场的人们说。“女士们和先生们！我很可怜她，可以说，非常同情她，现在我甚至也可以原谅，尽管我个人受了侮辱。小姐，但愿今天的耻辱往后能成为您的教训，”他对索尼雅说。“可我不再追究了，好，就此作罢。算了！”

彼得·彼得罗维奇斜溜了拉斯柯尔尼科夫一眼，他们的目光碰上了。拉斯柯尔尼科夫眼里的火要把他烧成灰。然而卡杰琳娜·伊凡诺夫娜似乎再也没有听到什么，因为她疯狂地拥抱着索尼雅，狂吻着她。孩子们也把索尼雅团团围住。可是波列奇卡还不大懂，这是怎么回事——看来，她脸上泪水纵横，哭得哽哽咽咽的，那张哭肿了的、漂亮的脸蛋靠在索尼雅的肩膀上。

“这是多么卑鄙呀！”门口突然传来了一阵响亮的嗓音。

彼得·彼得罗维奇倏地回头看了一眼。

“多么卑鄙呀！”列别兹雅特尼柯夫凝视着他的眼睛，又说了一遍。

彼得·彼得罗维奇甚至仿佛怔了一下。这个情况大家都看在眼里（后来大家都记起来了）。列别兹雅特尼柯夫一步跨进屋子里去了。

“您敢叫我做证人吗？”他说着，就走到彼得·彼得罗维奇跟前去了。

“安德烈·谢苗诺维奇，这是什么意思？您说什么？”卢仁嘟哝说。

“我的意思是，您……是个诬陷者，我的话就是这个意思！”列别兹雅特尼柯夫激动地说，他那双近视眼严厉地望着他。他非常气愤。拉斯柯尔尼科夫盯着他，仿佛抓住每个字眼咂摸着似的。又是一片寂静。彼得·彼得罗维奇几乎着慌了，特别是在开头一刹那。

“如果您是对我说话……”他结结巴巴地开口说。“您怎么啦？您神志清醒吗？”

“我神志很清醒，您倒是神志不清……骗子！嘿，这多么卑鄙无耻！我全都听见，我故意等待着不走，要弄个明白。因为，我坦白地说，甚至直到现在，我还是觉得这不十分合乎逻辑……您为什么干这种勾当——我可不明白。”

“我干了什么事啊！请您别再说莫名其妙的废话！也许您喝醉了吧？”

“卑鄙的东西，您倒是喝醉了，我可没有喝醉！我从来不喝伏特加，因为这违背我的信念！你们要知道，他，他亲手交给了索菲雅·谢苗诺夫娜这张一百卢布的钞票——我亲眼看见，我是证人，我可以起誓！他，他！”列别兹雅特尼柯夫向每个人重复地说。

“您这个黄口小儿，是不是疯了？”卢仁尖声叫道。“她本人在这儿，站在您面前呢，她本人在这儿，刚才她当着众人证实说，我只给了她十个卢布，除此以外，我没有给过她什么钱。那么我怎么会给她一百卢布呢？”

“我亲眼看见，我亲眼看见！”列别兹雅特尼柯夫大声地证实说。“虽然这违背我的信念，但我愿意此刻在法庭上宣誓，因为我亲眼看到您怎样悄悄地塞入了她的口袋里！只是我很傻，以为您这样做是一片好意！您在门口跟她告别，当她掉转身来而您用一只手跟她握别的时候，您的另一只手——左手就把钞票悄悄地放入她的口袋里。我亲眼看见！亲眼看见！”

卢仁脸上勃然失色了。

“您胡说！”他粗暴无理地叫道。“您站在窗前，怎么看得清楚钞票！这是您近视眼的错觉……您胡说！”

“不，不是我的错觉！虽然我站得远，但我什么都看在眼里，虽然从窗前确实很难看清楚钞票——这话您说得对——可是根据特殊的情况，我可以肯定这是一张一百卢布的钞票，因为当您交给索菲雅·谢苗诺夫娜一张十卢布钞票的时候——我亲眼看见——您那时又从桌上拿了一张一百卢布的钞票（我看见您拿了钞票，因为那时我站在近旁；我头脑里立刻就出现了一个想法，所以我没有忘记您手里拿着一张钞票)。您把钞票折了起来，一直捏在手里。后来我又忘记了，可是当您站起来，把钞票从右手放到左手的时候，差点儿把钞票掉落；于是我立刻又想起来，因为这当儿我又那么想：您想悄悄地瞒着我帮助她。您可以想象，我怎样注意着您，我看到，您神不知鬼不觉地往她的口袋里塞，我亲眼看见，我亲眼看见，我可以起誓！”

列别兹雅特尼柯夫几乎喘不过气来。四下里响起了多半是表示惊讶的各种感叹声；但也传来了带有恫吓的语调的叫喊声。大家都挤到彼得·彼得罗维奇跟前去了。卡杰琳娜·伊凡诺夫娜向列别兹雅特尼柯夫狂奔过去。

“安德烈·谢苗诺维奇！我错看了您！您保护她！只有您一个人保护她！她孤苦伶仃，上帝派您来了！安德烈·谢苗诺维奇，亲爱的，我的爷！”

卡杰琳娜·伊凡诺夫娜几乎不知道自己在做什么，忽然在他面前跪下了。

“一派胡言！”气得发狂的卢仁咆哮如雷。“一派胡言，先生，您胡说八道。‘我忘了，我想起来了，我忘了’——这是什么意思！那么，我故意暗中塞入她的口袋里吗？为什么呢？要达到什么目的呢？我跟这个女人……有什么关系。”

“为什么吗？那我也不知道，可是我说的都是铁的事实，这是铁的事实！我一点儿也没有看错，您是个卑鄙的犯了罪的人，我记得，正是由于这个缘故，当时，就是在我感谢您并跟您握手的时候，立刻就想到了这个问题：您偷偷地塞入了她的口袋里，这究竟是为着什么？就是说，您为什么要偷偷地塞进去？难道这只是因为您想瞒过我吗？您知道，我同您在信念上是有分歧的，我否定根本解决不了问题的私人行善。我以为您当真不好意思在我面前送给她这么多钱；此外，我又想，也许他想送给她一件意想不到的礼物吧，让她在发现口袋里有一张一百卢布钞票的时候，吃一惊。(因为我知道，有些慈善家很喜欢这样来掩饰他们的善举。)后来我还以为，您想试一试她，就是说，当她发现钞票的时候……会不会来向您道谢！接着我又想：您想避免人家道谢，让……正如俗话所说，让右手不晓得，还是怎的……总而言之，就是这一类的事吧……当时我有许许多多想法；因此我决定往后把这一切想法都仔细地考虑一番，但我仍然认为，当着您的面，把我所知道的秘密揭发出来到底不大好。可我立刻又想到一个问题：索菲雅·谢苗诺夫娜在发觉之前说不定会把钱丢失；所以我决意上这儿来，把她叫出去，告诉她有人在她口袋里放入了一百卢布。我顺便先拐到柯贝里雅特柯夫太太家，带给他们一本《实证法概论》①，特别推荐了皮德里特的一篇文章（但也推荐了瓦格纳的文章）；然后再上这儿来，这里恰好发生了一桩多么奇怪的事！如果我真的没有看见您把一百卢布塞入她的口袋里，我会有，会有这些想法和推断吗？”

当安德烈·谢苗诺维奇结束了自己那冗长的议论，并在结束语中作出合乎逻辑的结论的时候，他已经累死了，脸上甚至直淌汗。唉，他几乎不能用俄语正确地表达自己的意思了（可是他又不懂别的语言），所以他一下子就感到筋疲力尽，做了义务律师后，似乎连面容也消瘦了。然而他的这番话却产生了异常强大的效果。他说得这么激昂，充满信心，大家显然都相信他的话。彼得·彼得罗维奇发觉事情对他不利。

“您想到这么多愚蠢的问题，跟我有什么关系！”他叫道。“这算不得证据！您说的都是梦呓，就是那么回事！可我告诉您，先生，您撒谎！您一派胡言，对我进行恶意的诽谤，因为我不同意您那自由思想的、无神论的社会主张而怀恨在心。原来如此！”

但是这一番狡辩救不了彼得·彼得罗维奇。相反，只引起了一片喃喃的不满声。

“你岔到哪儿去啦！”列别兹雅特尼柯夫叫道。“你胡说八道！你去喊警察吧，我可以起誓！我只有一点不明白：为什么他敢于做这样

---

①《实证法概论》是一本翻译的自然科学论文集，尼·聂克留陀夫编辑，1866年在彼得堡出版。这本论文集的作者中有德国作家兼医生特奥多尔·皮德里特和德国经济学家阿道夫·瓦格纳。

卑鄙的事！哎呀，真是个卑鄙无耻的家伙！”

“我可以说明他敢于干这种勾当的真正原因，如果有必要，我还可以起誓！”拉斯柯尔尼科夫坚决地说，终于向前迈了一步。

他似乎坚决而又沉着。只要看一下他的神气，大家就明白了，他当真知道事情的真相，可以弄个水落石出了。

“我现在完全弄清楚了事情的真相，”拉斯柯尔尼科夫直接对列别兹雅特尼柯夫继续往下说。“事情一发生，我就起疑了，这里面有卑鄙的诡计；我所以起疑，是由于某些只有我才知道的特殊的情况，我马上就把这些情况告诉大家：问题就在这里！安德烈·谢苗诺维奇，您这番宝贵的话，使我彻底弄清楚了事情的真相。请大家，大家听我说，这个先生(他指着卢仁)，不久以前，向一个年轻女子，就是向舍妹阿夫多季雅·罗曼诺夫娜·拉斯柯尔尼科娃求过婚。但是他到彼得堡后，前天，我们头一次见面，就跟我争吵起来，我把他撵走了，有两个人可以作证。这个人很毒辣……前天我还不知道他住在这所房子里，同您安德烈·谢苗诺维奇住在一起。怪不得我们吵架那一天，就是前天，他看见我作为已故的马尔美拉多夫先生的朋友，送给他的夫人卡杰琳娜·伊凡诺夫娜几个钱充作殡葬费用，他立刻就给家母捎去一张便条，告诉她，说我把所有的钱不是送给卡杰琳娜·伊凡诺夫娜，而是送给索菲雅·谢苗诺夫娜，并且用最卑鄙的语言谈到……索菲雅·谢苗诺夫娜的品格！就是说，他暗示了我跟索菲雅·谢苗诺夫娜的关系的性质。这一切，现在你们都可以明白了，目的在于挑拨我跟母亲和妹妹不和，向她们暗示，我怀着卑鄙的目的滥花她们帮助我的仅有的几个钱。昨天晚上，我在母亲和妹妹面前，也当着他说明了事情的真相，证明我送钱给卡杰琳娜·伊凡诺夫娜是充作殡葬费用的，而不是送给索菲雅·谢苗诺夫娜的。两天前，我跟索菲雅·谢苗诺夫娜甚至还不相识，连面也没见过一次。同时我还补了一句，他，彼得·彼得罗维奇·卢仁加上他的全部身价，还抵不上被他说得那么坏的索菲雅·谢苗诺夫娜的一个小指头。他问我：是不是让索菲雅·谢苗诺夫娜坐在我妹妹身边？我回答说，那天我就这样做了。因为家母和舍妹不肯听信他的谰言，没有跟我吵架，他就恼羞成怒，对她们逐渐说出不可原谅的粗暴无礼的话来。他们决裂了，他被撵了出来。这还是昨天晚上的事。现在我要请大家特别注意：你们要知道，如果他现在能够证明索菲雅·谢苗诺夫娜是个贼，那么他首先就会向舍妹和家母证明，他的怀疑几乎是对的；就会向她们证明，他因为我把索菲雅·谢苗诺夫娜同舍妹平等看待而恼火也是对的；就会向她们证明，他所以对我大肆攻击，就是为了保护，从而保全舍妹，他的未婚妻的名誉。总之，他以这一切为理由，甚至又能挑拨我跟亲人不和，当然啰，他希望能够跟她们言归于好。至于他向我个人报复，那更不用说了，因为他有理由认为，索菲雅·谢苗诺夫娜的名誉和幸福对我是很重要的。这就是他的如意算盘！我是这样理解这件事的！这就是他的全部动机，不可能有别的原因！”

拉斯柯尔尼科夫这样或者几乎这样结束了自己的这番话，他不时被聚精会神地倾听着他的话的听众们的叹息声打断，尽管他的话不时被打断，但他说得尖锐而又沉着，正确而又清楚，语气坚定。他那愤激的声音，他那充满自信的口吻和严峻的神色使所有的人都产生了一个异常强烈的印象。

“对，对，正是这样！”列别兹雅特尼柯夫欣然证实说。“这一定是这样，因为索菲雅·谢苗诺夫娜一走进我们的屋子，他就问我：‘您是不是在这里？我在卡杰琳娜·伊凡诺夫娜的客人中间看到您没有？’他把我叫到窗前，悄声问我这两句话。这样看来，他一定需要您在这里！正是这样，没有错儿！”

卢仁默不作声，脸上浮出了鄙夷的微笑。但是他脸色煞白。他似乎考虑着脱身之计。他也许一心想溜之大吉，但眼下这几乎是不可能的；这简直是承认人家没有冤枉他，承认他确实诬陷了索菲雅·谢苗诺夫娜。何况喝得差不多了的客人们都太激动了。那个军需官，虽然不十分了解事情的真相，但他叫喊得最响，提出了几个对卢仁十分不利的办法。但也有没喝醉的人；他们都是从各个房间里跑来聚集在这儿的。三个波兰人怒不可遏了，不住地向他叫嚷：“这个先生是个坏蛋！”还用波兰话喃喃地恫吓他。索尼雅神色紧张地倾听着，但似乎也没有完全弄清楚，仿佛从昏迷中醒过来似的。她只是目不转睛地看着拉斯柯尔尼科夫，觉得他是她的唯一的保护人。卡杰琳娜·伊凡诺夫娜声音嘎哑地吃力地喘着气，似乎累极了。阿玛丽雅·伊凡诺夫娜比所有的人都傻，张开嘴站着，什么也弄不明白。她只看见彼得·彼得罗维奇有点儿垂头丧气。拉斯柯尔尼科夫要求再说几句，但没有让他说完：大家都叫嚷起来，紧紧地围住了卢仁，谩骂，恫吓。可是彼得·彼得罗维奇并不害怕。看到冤枉索尼雅的诡计不能得逞，他简直想采取蛮横手段了。

"诸位，让我走，让我走；别挤啦，让我过去！"他边说，边从人丛中挤了出去。"对不起，别吓唬我；我老实告诉你们，这对你们不会有什么好处的，你们得不到什么，我不是胆小鬼，相反，诸位，你们倒要负强迫我隐瞒刑事案的责任。这个女贼被充分揭穿了，我要追究。我们的法官可不是瞎子……也不是醉鬼，不会听信这两个恶劣透顶的无神论者、捣乱分子和自由主义者的话。他们为报私仇而加罪于我，因为他们都是蠢货，对这点连他们自己也承认……让我走！"

"请您立刻离开我的屋子；请您立刻滚，咱们之间算完了！我认为：我已经尽了一切努力，给他讲述了……整整两个星期啦！……"

"安德烈·谢苗诺维奇，我刚才不是对您说过，我要走，可您又留住了我；现在我只要补充一句：您是个傻瓜。希望您治好您的脑筋，治好您的近视眼。女士们和先生们，让我走！"

他勉强地挤了出去；但那个军需官不肯让他那么便宜，只骂几句就放他走：他从桌上抓起一只玻璃杯，猛地一挥，向彼得·彼得罗维奇扔了过去；可是玻璃杯却直飞到阿玛丽雅·伊凡诺夫娜身上。她突然尖叫一声，那个军需官因用力过猛，身体失去了平衡，就沉重地摔倒在桌子底下。彼得·彼得罗维奇回到自己的屋子里去了，半小时后，他已经离去。索尼雅天生胆小，她以前就感觉到了，害她比害任何别的人更容易，每个人都可以侮辱她，而且几乎不受惩罚。但是在这个时刻以前，她依然认为，对任何人小心、和气、顺从是可以消灾免祸的。她太失望了。不用说，她能够耐心地、几乎毫无怨言地忍受一切——连这样的事她也能忍受。可是开头她觉得这太痛苦了。虽然她胜利了，辨明了她是无辜的——等到从来没有经受过的惊吓和恐惧一过去，等到她知道并且明白了事情的真相，一种孤单无助的和受了凌辱的感觉就痛苦地揪紧了她的心。她号啕痛哭起来。她终于忍不住了，从屋子里狂奔出去，跑回家去了。这差不多是在卢仁走后不多久。阿玛丽雅·伊凡诺夫娜被玻璃杯击中，引起了在场的人一阵狂笑，她岂肯代人受过，于是疯狂地尖叫一声，向卡杰琳娜·伊凡诺夫娜直扑过去，把一切都归罪于她：

“搬出去！立刻就搬出去！快滚！”她说着，随手抓起卡杰琳娜·伊凡诺夫娜的东西，往地板上乱丢。卡杰琳娜·伊凡诺夫娜本来已经痛不欲生，几乎不省人事，气喘吁吁，脸色煞白，她从床上直跳起来（她累得躺倒在床上），也向阿玛丽雅·伊凡诺夫娜直扑过去。但是斗争的力量过于悬殊；她被推开了，就像一根羽毛被吹走一样。

“怎么！无法无天地诬蔑人还不够——这头畜生还来向我进攻！怎么！在我丈夫安葬的日子里，受了我的款待，却要撵我出屋，赶我和死了父亲的孩子们到街上去！我上哪儿去啊！”这个可怜的女人数落着，号啕大哭，气喘吁吁。“天哪，”她突然叫喊起来，两眼闪烁着怒火。“难道没有公理了！如果不保护我们，不保护这些死了父亲的孩子，你保护谁啊？咱们等着瞧吧！世界上有法律和正义，我要去找！立刻就去找，你等着吧，无法无天的畜生。波列奇卡，你和弟弟妹妹都留在家里，我就要回来。你们等我回来，哪怕在街上等我也好！咱们瞧着吧，世界上有没有正义？”

卡杰琳娜·伊凡诺夫娜把已故的马尔美拉多夫在谈话中提到过的那块绿呢头巾披在头上，打那些还挤在屋子里的、乱成一团的喝醉的房客中间挤了出去，她号啕痛哭，满面泪痕地跑到街上去了——此刻她并不知道上哪儿去，不管怎样，得马上去寻找正义。波列奇卡带着弟妹们吓得躲到角落里坐在衣箱上，搂着那两个幼小的孩子瑟瑟发抖，等着妈妈回来。阿玛丽雅·伊凡诺夫娜在屋子里跑来跑去，尖声叫喊，边数落，边随手抓起东西摔在地板上，简直是横行霸道。房客们都叫嚷着，各干各的——有些人就自己所知道的谈论着所发生的事；另一些人争吵着、谩骂着；还有一些人唱起歌来……

“现在我也该走了，”拉斯柯尔尼科夫在心里寻思。“喂，索菲雅·谢苗诺夫娜，看您现在怎么说啊！”

他上索尼雅的家去了。

四

拉斯柯尔尼科夫是索尼雅对抗卢仁的一个积极而勇敢的辩护人，尽管他自己心里是那么恐惧和痛苦。这天早晨他真够受了，似乎很高兴有机会变换一下自己那已经非常恶劣的心境。至于他极力保护索尼雅也带有强烈的个人的感情，那更不用说了。此外，特别是他有时想到即将跟索尼雅见面，心里便惶恐起来：他**应该**告诉她，谁杀了丽扎韦塔，他早已预感到了这个可怕的痛苦，但他似乎竭力不去想这种痛苦。所以，他从卡杰琳娜·伊凡诺夫娜那儿出来，就大声喊叫：“索菲雅·谢苗诺夫娜，看您现在怎么说？”这时他表面上显然还是一副情绪激昂的样子：精神十足，现出挑衅的神气，因刚才驳斥了卢仁而洋洋得意。可他却发生了一件很怪的事。当他走到卡彼尔纳乌莫夫家的时候，忽然感觉到一阵突如其来的乏力和恐惧。他踌躇不决地在门前站住了。心里出现了一个奇怪的疑问：“要不要告诉她，谁杀了丽扎韦塔？”这个疑问发生得很奇怪，因为他同时忽然又觉得，不但说不得，而且还得推迟这个时刻，虽然挨延一会儿也不可能了。他还不知道，为什么不可能；他只有这样的**感觉**，并且痛苦地意识到他已经无力做他应该做的事了，这使他痛苦得几乎受不了，他很快地推开了门，站在门口望着索尼雅，免得犹疑和痛苦。她坐着，两个臂肘支在一张小桌上，双手掩住了脸，但是一看见拉斯柯尔尼科夫，她便霍地站了起来，向他迎了上去，仿佛等待着他似的。

“要是没有您，我会怎样呢！”同他走到屋子当中的时候，她不禁脱口而出。显然，她急于要向他说这么一句话。她就是为这个缘故而等待着的。

拉斯柯尔尼科夫走到了桌子跟前，在她刚站起来的那把椅子上坐下了。如同昨天一样，她又站在他面前，只相隔两步路。

“索尼雅，您说什么啊？”他说，忽然觉得他的声音发抖了。“这件事所以会发生，完全是由于‘您的社会地位和与这有关的各种习惯’。您刚才明白这点吗？”

在她的脸上流露出了内心的痛苦。

“只不过您别像昨天那样同我说话！”她插嘴说。“请您别提啦。我已经够痛苦了……”

她赶忙微微一笑，生怕这种指责会使他不高兴。

“我真糊涂，离开了那儿。现在那边怎样了？刚才我本想去看看，可我总是以为您马上就会来的。”

他告诉她，说阿玛丽雅·伊凡诺夫娜逼他们搬家，卡杰琳娜·伊凡诺夫娜跑到什么地方“找正义”去了。

“哎呀，天哪！”索尼雅叫道。“咱们快走……”

她拿了自己的一件短斗篷。

“您老是这个样儿！”拉斯柯尔尼科夫恼怒地叫道。“您心里只惦记着他们！同我一起待一会儿吧。”

“可是……卡杰琳娜·伊凡诺夫娜？”

“卡杰琳娜·伊凡诺夫娜当然不会抛弃您，如果她已经跑出来了，准会上您这儿来的，”他埋怨地补了一句。“如果她碰不到您，您还是不讨好……”

索尼雅痛苦地犹豫不决，又在椅子上坐下了。拉斯柯尔尼科夫半晌不说话，眼睛尽望着地上，心里转着什么念头。

“假定说，这会儿卢仁不想控告您，”他不看索尼雅一眼，开腔说。“可是，如果他要控告您，或者这凑巧是他想要干的，那么，当时没有我和列别兹雅特尼柯夫在场，他就会送您去坐牢！啊？”

“是啊，”她有气无力地说。“是啊！”她心不在焉而且惊慌不安地重说了一遍。

“当时我极可能不上那儿去！列别兹雅特尼柯夫会来，那是根本想不到的。”

索尼雅默然不语。

“要是您去坐牢，那怎么办？您可记得昨天我所说的话吗？”

她又不回答。他等待着。

“可我以为，您又会叫喊起来：‘唉，别谈啊，别再提啦！’”拉斯柯尔尼科夫笑起来了，笑得有点儿勉强。“怎么，又不说话啦？”过了一会儿，他问。“应该谈些什么呢？我很想知道，现在您怎样去解决一个像列别兹雅特尼柯夫所提出的‘问题’。（他仿佛糊涂起来了。）不，我当真不是开玩笑。索尼雅，您要知道，假如您事先知道卢仁的一切意图，并且也知道（就是说确实知道），由于他的这些意图，卡杰琳娜·伊凡诺夫娜就会毁灭，孩子们也会毁灭；您也会连带（因为您决不认为自己会**连带**）毁灭。波列奇卡也会……因为她也会走那条路。嗯，那么，假如现在忽然由您来决定：让这个或那个活在世上，就是说，让卢仁活着作恶，还是让卡杰琳娜·伊凡诺夫娜死？那么您会怎样决定呢？我问您：应该让他们当中哪一个死？”

索尼雅惶恐地望着他：她从这些吞吞吐吐地、转弯抹角地暗示着什么的话语中，听出了一种特别的意思。

“我早已预感到了您会这样问我。”她说，一边探究地打量他。

“那很好，就算您有过预感，可您怎样决定呢？”

“您为什么要问不可能发生的事？”索尼雅极厌恶地问。

“那么，还是让卢仁活着作恶吧！您连这样的事也不敢决定吗？”

“可我没法知道天意……您为什么要问不能问的事？问这些没意思的问题干吗？这由我来决定，哪会有这样的事？谁委我做法官来决定让谁死，让谁活？”

“如果这里面有天意，那你就毫无办法啦，”拉斯柯尔尼科夫愁眉不展地埋怨说。

“您还是把心里的话直说出来吧！”索尼雅痛苦地叫喊起来。“您又岔到什么地方去了……难道您只是为折磨我而来的！”

她忍不住了，忽然痛哭起来。他忧闷地望着她。五分钟过去了。

“索尼雅，你是对的，”末了他轻声地说。他忽然改变了态度：他那佯装的、不害臊的、有气无力的挑衅语调消失了。连嗓音也忽然变得微弱了。“昨天我不是对你说过，我不会来请求你宽恕，可我几乎头一句话就恳求你宽恕……我为自己而谈到卢仁和天意……索尼雅，我是恳求你宽恕……”

他本想笑一笑，可是他那惨淡的一笑却表露出无可奈何和话只说半句的苦恼心情。他低下了头，双手掩住了脸。

他心头突然掠过一阵奇怪的、出乎意外的痛恨索尼雅的感觉。仿佛这种感觉使他感到惊讶而害怕似的。他猛然抬起头来，目光定定地看着她；但他碰上了她那惊慌不安的、对他深为关切的目光，这是爱情；他的憎恨感幻影般地消失得无影无踪了。这不是那种感情，他把一种感情当作另一种感情了。这只是意味着，那个时刻已经来到了。

他又用双手掩住了脸，低下头去。他脸色惨白，从椅子上霍地站了起来，看了索尼雅一眼，一句话也没说，就无意识地坐到她的床上。

他觉得这个时刻非常像他已经从环圈里拿出斧头站在老太婆背后的那个片刻，并且觉得“再也不能错失时机”。

“您怎么啦？”索尼雅吓得什么似的问。

他一句话也说不出来。他决不，决不这样来宣布，也不晓得自己此刻发生了什么事。她悄悄地走到了他跟前，在床上他的身边坐了下来，等待着，一边目不转睛地看着他。她的心怦怦地直跳，快要停止跳动了。他觉得很难受：把那张死人一样苍白的脸转向她，一筹莫展地撇着嘴，竭力想说话。索尼雅不觉害怕起来。

“您怎么啦？”她又说，从他身边稍微让开点儿。

“索尼雅，没有什么，不要怕……胡说！真的，如果想一想，全都是胡说八道，”他嘟嘟囔囔说着，像个不省人事的人。“我来折磨你干吗？”他看着她，忽然补了一句。“真的，为什么？索尼雅，我老是这样问自己……”

一刻钟前，他或许也这样问过自己，可是现在他完全无可奈何地说出来了，几乎不知道自己在说些什么，而且觉得浑身不住地打着哆嗦。

“哎呀，您多么苦恼啊！”她痛苦地说，一边细瞧着他。

“都是胡说！……就是这么回事，索尼雅（他忽然约莫有两秒钟工夫莫名其妙地微微一笑。不知怎的，是惨淡的、无可奈何的一笑），你可记得，昨天我想告诉你的话吗？”

索尼雅不安地等待着。

“我临走的时候说过，说不定我要跟你告别了；但是如果我今天来的话，我将要告诉你……丽扎韦塔是谁杀死的。”

她突然浑身哆嗦起来。

“现在我来告诉你了。”

“那么您昨天说的真的是这个意思……”她费力地喃喃说。“您怎么知道？”她慌忙地问，仿佛突然清醒过来了。

索尼雅开始感到呼吸困难。脸越来越苍白。

“我知道。”

她半晌不说话。

“他被侦查出来了吗？”她胆怯地问。

“不，没有侦查出来。”

“那么**这件事**您是怎么知道的？”她几乎又沉默了半晌后问，声音低得几乎听不清楚。

他向她掉转脸去，目光定定地望着她。

“你猜猜看，”他依然撇着嘴，无可奈何地微笑着说。

仿佛有一阵痉挛通过她的全身。

“您……把我……您干吗这样……吓唬我？”她像小孩般地微笑着说。

“那么我跟他是好朋友……既然我知道，”拉斯柯尔尼科夫接着往下说，依然目不转睛地看着她的脸，仿佛无力移开目光似的。“他把这个丽扎韦塔……无意地杀死了……他……杀害她不是预谋的……他想杀害的是那个老太婆……家里只有她一个人的时候……他来到了她那儿……可是这当儿丽扎韦塔闯了进来……他……就把她杀死了。”

又一个可怕的时刻过去了。两个人彼此对看着。

“那么你猜不着吗？”他突然问，觉得好像从钟楼上跌了下去。

“猜不着，”索尼雅声音轻微地嘟嘟囔囔说。

“好好儿瞧瞧吧。”

话刚落音，以前发生过的那种熟悉的感觉突然又使他的心变冷了：他望着她，忽然在她脸上仿佛看到了丽扎韦塔的脸。他清楚地记起来：当他拿着斧头逼近丽扎韦塔的时候，她脸上是一副什么样的表情。她避开他，向墙跟前退去，一只手向前直伸着，脸上流露出稚气十足的惊慌的神色，活像个小孩儿：当孩子突然对一个什么东西害怕起来的时候，两眼也是呆定而惊慌地望着使他们感到害怕的那个东西，同时身子往后退，小手向前直伸着，做出一副就要哭出来的样子。现在索尼雅差不多也是这个样儿：也是那么无可奈何地、那么恐惧地看了他一会儿，蓦地向前伸出左手，指头轻轻地抵住他的胸口，慢慢地从床上站起来，越来越避开他，目光越来越呆定地看住他。她的恐惧忽然传染给他了：仿佛他脸上也露出那么恐惧的神色，仿佛他也那样看起她来，甚至差不多也带着那么稚气的微笑。

“你猜到了吗？”末了，他悄声问。

“天哪！”从她那胸腔里迸发出一阵可怕的号叫。她乏力地倒在床上，脸埋入了枕头。但过了一会儿，她一骨碌坐了起来，倏地挨到了他身边，用她那纤细的指头抓住他的两手，把它们捏得紧紧的，宛若夹在老虎钳里一样；她又一动不动地望着他的脸，仿佛粘住了似的。她在最后一次的绝望的一瞥中想看出，甚至想抓住最后的一线希望。但是毫无希望了；已经无可怀疑了：事情确是**如此**！甚至后来想起这个时刻，她就感到奇怪和不可思议：为什么当时她一下子就看出无可怀疑了呢？要知道，那时她还不能说，例如，她已经预感到这种事？然而现在，他刚把这件事告诉她，她突然有这样的感觉，仿佛她当真有**先见之明**。

“得啦，索尼雅，够了！别让我痛苦了！”他苦苦地哀求道。

他根本不想、根本不想坦率地告诉她，但结果却发生了这样的事。

她霍地站了起来，绞着手，走到了屋子中央，她自己似乎并不知道要做什么；但她很快就折回去了，又在他身边几乎肩挨肩地坐了下来。仿佛被扎了一下似的，她蓦地全身一怔，并且叫喊起来，她自己不知道为什么，突然在他面前跪下了。

“您，您要对自己干什么啊！”她忧伤绝望地说着，站了起来，向他直扑过去，双手钩住了他的脖子，拥抱他，紧紧地搂住了他。

拉斯柯尔尼科夫赶忙往后一让，脸上浮出了忧郁的微笑，望着她，说：

“索尼雅，你多么奇怪呀，我告诉了你这件事，你就拥抱我，吻我。你自己却不知道在做什么。”

“不，现在世界上再也没有比你更不幸的人了！”她没有听到他的话，发狂似的大声说道，并且像歇斯底里发作一样，突然痛哭起来。

在他的心坎里突然浪潮般地涌起一股已经好久没有过的感情，他的心一下子就软下来了。他没有抑制这股感情：从他的眼眶里滚出来两滴泪水，挂在睫毛上。

“索尼雅，你不离开我吗？”他说，几乎满怀希望地望着她。

“不，决不！我任何时候都不离开你，任何地方都不离开你！”索尼雅大声叫道。“我跟着你走，跟随你到天涯海角！哎呀，天哪！……唉，我这个苦命人！……为什么，为什么我早不认识你！为什么你不早来？啊，天哪！”

“现在我不是来了。”

“现在！啊，现在怎么办呢！……咱们一块儿，一块儿！”她仿佛出神似的反复说，又拥抱他。“我同你一起去服苦役！”他仿佛突然怔了一下，在他的嘴角上勉强地浮现出和以前一样的、痛恨的和近乎傲慢的微笑。

“索尼雅，我也许还不想去服苦役，”他说。

索尼雅倏地把他打量了一下。

对这个不幸的人首次表示了热切的和痛苦的同情以后，那可怕的杀人的念头又使她吃了一惊。在他那改变了的语调里，她突然听出他就是杀人犯。她愕然把他打量了一下。她还什么都不知道，既不知道他为什么杀人，也不知道他怎样杀的，要达到什么目的。现在这一切问题一下子在她的脑海里闪现了一下。她又不相信了：“他，他是凶手！这怎么可能呢？”

“这是怎么回事啊！我在哪儿呀！”她困惑地说，仿佛还没有清醒过来似的。“像您，像您这样的人……会干这样的事？……这是怎么回事啊！”

“嘿，还不是为了抢劫？索尼雅，别提啦！”他有点儿疲劳地、甚至仿佛恼怒地回答道。

索尼雅仿佛惊呆了，忽然叫喊起来：

“你是挨过饿的！你……要帮助母亲，对吗？”

“不，索尼雅，不是，”他掉转身去，低下了头，喃喃地说。“我没有饿到这个地步……我的确想帮助你母亲，不过……不完全是这么回事……索尼雅，别叫我痛苦啦！”

索尼雅双手一拍：

“难道，难道这一切都是真实的么！天哪，这怎么是真实的呢！这谁能相信呢？……您怎么，怎么会把仅有的几个钱都送给人，可是又去杀人抢劫！啊！……”她突然叫起来。“您送给卡杰琳娜·伊凡诺夫娜的那些钱，那些钱……天哪，难道那些钱也是……”

“不，索尼雅，”他连忙打断她的话。“这些钱可不是那笔钱，你放心好了！这些钱是我母亲托一个商人汇寄给我的，那天我在生病收到了这些钱，当天就送给了……拉祖米兴亲眼看见的……钱是他代我收下的……这些钱是我的，是我自己的，确实是我的。”

索尼雅疑惑地听着他的话，竭力想弄个明白。

“可是**那笔**钱……不过，我甚至不知道，那里有没有钱，”他轻轻地补充说，仿佛在思索。“当时我从她的脖子上取下了一只钱袋，麂皮的……里面装得满满的、这样一个鼓鼓的钱袋……可我没有看过钱袋；我大概来不及看了……可是那些东西，一些什么扣子和链子——所有这一切东西和钱袋，第二天早晨，我都埋在B大街别人家的一个院子里，埋在一块石头底下……这一切东西现在还埋藏在那里……”

索尼雅聚精会神地听着。

“那么为什么呢……您怎么说：想抢劫，可是您什么也没有拿？”

她好比抓住了一根稻草赶忙问。

“我不知道……我还拿不定主意呢——这些钱拿还是不拿，”他喃喃地说，仿佛又在思索，但忽然清醒过来了，脸上倏地掠过一阵短促的冷笑。“哎，刚才我说了一大堆多么愚蠢的话啊！”

一个念头在索尼雅的脑海里闪过：“他是不是疯了！”但她立刻就撇开了这个念头：不，这是另一回事。对这她什么—什么也不懂呢！

“索尼雅，你可知道，”他忽然灵机一动，说：“你可知道，我要告诉你什么：如果我只是因为肚子饿才杀人，”他强调着每个字眼，继续往下说，神秘地但真诚地望着她。“那我现在……就**幸福**了！你可要知道这一点！”

“这对你，对你有什么好处呢，”过了一会儿，他甚至悲痛欲绝地叫喊起来，“要是我承认干了坏事，这对你有什么好处呢？你在这种对我毫无意义的胜利中能得到什么呢？哎，索尼雅，难道现在我是为了这个上你这儿来的！”

索尼雅又想说什么，可是她没有说出来。

“昨天我所以叫你跟我一块儿走，那是因为我只有你一个人了。”

“你叫我上哪儿去啊？”索尼雅胆怯地问。

“不是去偷，也不是去杀人，你放心好了，不是去干这种勾当，”他挖苦地冷笑一声。“咱们可不是同一类的人……索尼雅，你要知道，我现在才明白了，我此刻才明白了：昨天我叫你上**哪儿**去？其实，昨天我叫你一块儿走的时候，我自己也不知道上哪儿去。我叫你一块儿走只有一个理由，我来找你只是为了一件事：别离开我。索尼雅，你不离开我吧？”

她紧紧地握了一下他的手。

“我为什么、为什么告诉了她，我为什么坦白地告诉了她！”过了一会儿，他绝望地大声叫道，一边万分痛苦地望着她。“索尼雅，你现在等待着我解释，你坐着，等待着，这我知道；我对你说什么呢？要知道，这你是不能理解的，你只会为我……而伤心痛苦！你看，你在哭，你又拥抱我——你为什么拥抱我？因为我自己受不了，所以我来把痛苦转嫁给别人：‘让你也受些痛苦，这样我就会轻松些！’你能爱这样一个卑鄙的家伙吗？”

“难道你也不感到痛苦吗？”索尼雅叫道。

那股感情又浪潮般地涌上了他的心头，又刹那间使他的心软下来了。

“索尼雅，我的心很毒辣，你要注意到这点：这可以说明许多问题。正因为我的心毒辣，我才来了。有一种人就是不肯来。可我是个胆小鬼……一个卑鄙的东西！可是……别管这些！这一切都算不得什么……现在我该说出来，可我不知道从何谈起……”

他把话咽住了，沉思起来。

“哎——哎呀，咱们不是同一类的人！”他又叫喊起来。“咱们不相配。我为什么，为什么上你这儿来！我永远不能宽恕自己这样做！”

“不，不，你来得很好！”索尼雅大声叫道。“让我知道，这更好！要好得多！”

他痛苦地望着她。

“要是真是这样呢！”他说，仿佛想定了。“要知道，事情确是如此！我告诉你吧：我想做拿破仑，所以我才杀了……现在你懂了吗？”

“不—不，”索尼雅天真而胆怯地喃喃说。“不过……你说吧，你说吧！我会懂的，一切我自己会懂的！”她央求他。

“你会懂吗？好吧，咱们等着瞧吧！”

他不说话了，考虑了很久。

“问题就在于：有一次我向自己提出了这样一个问题：如果，比方说，拿破仑处于我的地位，他既没有土伦，又没有埃及，也没有越过勃朗峰[①]来开创自己的事业。他不干这一切壮丽的和伟大的事业，却只找到了一个可笑的老太婆，十四等文官的太太，而且他还得把她杀死，为的是要从她的衣箱里拿走钱（为了事业，你懂吗？），如果舍此别无他

---

①在1796年至1797年法意战争中，拿破仑曾率大军越过勃朗峰进入意大利西北境内。

途，那么他会下决心干这种勾当吗？因为这件事情太不伟大，而……而且有罪，他会不会退缩呢？让我告诉你吧，为了这个‘问题’，很久以来，我伤透了脑筋。所以，当我终于领悟到了（不知怎的突然领悟到了），他不但不会退缩，而且想也想不到这不是伟大的……因此我感到十分惭愧……他甚至绝不会理解：为什么要退缩？只要他没有别的法子，他就会不假思索地把她掐死，不让她叫喊一声！……嗯，我也……不假思索……把她掐死了……学这个权威的榜样嘛……事情确实是如此！你觉得可笑吗？是的，索尼雅，最可笑的是，事情也许正是这样……”

索尼雅一点儿也不觉得可笑。

“您最好直截了当地告诉我……不要举例子，”她更胆怯地、几乎含糊地请求说。

他向她转过身去，悲怆地望着她，抓住了她的手。

“索尼雅，你又说得对。要知道，这些都是胡说，简直是空谈！你要明白：你不是知道，家母差不多一无所有。妹妹侥幸受了些教育，命运安排她当家庭教师。我是她们唯一的希望。我念过大学，可我无力维持自己念完大学，只好暂时辍学。即便能够拖下去，十年或十二年后（如果情况好转了），我也只能希望当个教员或官吏，领一千卢布的年俸……（他说得好像在背书。）到那时母亲会因操劳和悲痛而变得枯瘦憔悴的，而我还是不能使她安定，而妹妹呢……嗯，妹妹的遭遇可能更惨！……谁能一辈子对一切事情视若无睹，漠然置之，忘记母亲，譬如，甘心情愿地眼看妹妹受人侮辱？为了什么呢？是不是为了埋葬了她们以后，再去养活别人——妻子和孩子，而以后又没有留给他们一文钱一片面包？嗯……嗯，所以我决心要拿到老太婆的钱，作为我头几年的生活费，不让母亲受苦，维持自己念完大学和充作大学毕业后实行第一步计划的费用——大干一番，以便开辟新的前程，走上新的独立的道路……嗯……嗯，就是这么回事……当然啰，我杀了老太婆——这我做得不对……哎，够了！”

他没有力气地勉强把话说完，便低下头去。

“哎呀，这不对，这不对，”索尼雅苦恼地扬声说。“哪能干这种事……不，事情决不是这样，决不是这样！”

“你认为不是这样吗！……可我说的是心里话，是实话！”

“这算是什么样的实话呀！天哪！”

“我不过杀了一只虱子。索尼雅，杀了一只不中用的、讨厌的、有害的虱子。”

“人可不是虱子！”

“我也知道人不是虱子，”他回答道，用奇怪的目光望着她。“索尼雅，可我在胡言乱语，”他补了一句。“我早已胡言乱语了……事情不是这样，这你说得对；完完全全是由于另一些原因！……我已经好久没跟人谈话了，索尼雅……现在我头痛得很厉害。”

他的眼睛里冒着火，像在发热。他几乎说起胡话来了；焦躁不安的微笑在他的嘴边徜徉。从兴奋的状态中，透露出极度的疲乏。索尼雅心里明白，他是多么痛苦呵。她也头晕起来。他说得这么奇怪：有些话好像是可以理解的，可是……“可是怎么可能呢！怎么可能呢！唉，天哪！”她在悲观绝望中绞着手。

“不，索尼雅，这不是那么回事！”他又开腔了，忽然抬起头来，仿佛思路突如其来的转变使他猛吃一惊，并且重又使他振奋起来。“这不是那么回事！你最好……认为，（对！这样当真更好些！）认为我自尊心很强，爱忌妒，毒辣，卑鄙，报复心重；嗯……也许还有点儿精神错乱。（让我一下子都说出来吧！我知道，他们以前说过我发了疯！）我刚才对你说过，我无力维持自己念完大学。你可知道，或许我也能够维持？母亲寄些钱来去缴学费，我自己挣些钱来买靴子、衣服和缴付伙食费；完全可能的！教书工作是可以找到的；人家每小时愿意出半个卢布。拉祖米兴不是在工作嘛！可是我脾气大，不愿干。正是**脾气大**（这个词儿很恰当！）。那时我像只蜘蛛躲在角落里。你不是上我的斗室里去过，看见过……索尼雅，你可知道低矮的天花板和窄小的屋子会束缚人的心灵和智慧！啊，我多么讨厌这间斗室！可我还是不肯离开它。我有意不离开它！我几天不离开屋子一步，也不想工作，连饭也不想吃，老是躺着。娜斯塔西雅端来了——我就吃一点，她不端来——就一天不吃东西；我心里恼恨得故意不向她要！夜里不点火，躺在黑暗里，我不肯去挣钱来买支蜡烛。应该读些书，可我把书都卖了；现在我的桌子上、笔记本上和练习簿上都封满了灰尘，有一个指头厚呢。我最喜欢躺着想心事。我老是胡思乱想……我老是做梦，做各种各样的怪梦，什么样的梦，不必说了！可我那时才开始感觉到……不，这不是那么回事！我又说得不对头了。你要知道，那时我老是自问：我为什么这么蠢，如果别人都很蠢，而我既然确实知道他们都很蠢，那我为什么不聪明些呢？索尼雅，后来我知道了，如果等到所有的人都变得聪明，那要等太久……后来我又知道永远不会有这样的事，人是不会改变的，也没有人能够改变他们，不值得耗费精力！是的，就是这样！索尼雅，这是他们的规律……规律！就是这样！……现在我知道，谁聪明、强硬，谁就是他们的统治者。谁胆大妄为，谁就被认为是对的。谁对许多事情抱蔑视态度，谁就是立法者。谁比所有的人更胆大妄为，谁就比所有的人更正确！自古以来就是如此，将来也永远会如此！只有瞎子才看不清！”

拉斯柯尔尼科夫说这些话的时候，眼睛虽然看着索尼雅，但是已经不管她懂不懂了。热病完全攫住了他。他是在悲观的兴奋中。（真的，他不跟人谈话实在太久了！）索尼雅明白了，这个可怕的信念就是他的信仰和法则。

“我这才领悟了，索尼雅，”他非常兴奋地接着说下去。“权力只给予敢于俯身去拾取的人。这只需要一个条件，仅仅一个条件：只要胆大妄为！于是我想出了一个念头，一辈子还是头一遭，在我之前，从来没有一个人想出过这个念头！谁也没有想出过！我忽然看得像白昼一样清楚：过去从来没有一个人敢于，而现在也没有一个人敢于鄙视这一切荒谬的东西，敢于把这一切东西扔掉，让它们见鬼去吧！我……想显示这种魄力，所以我杀了……我只是想显示这种魄力，索尼雅，这就是全部原因！”

“啊，别说啦，别说啦！”索尼雅双手一拍，叫喊起来。“您离开了上帝，上帝惩罚了您，把您交给了魔鬼！……”

“顺便说说，索尼雅，我在黑暗里躺着的时候，总是觉得有魔鬼诱惑我，啊？”

“您别说啦！不敬上帝的人，您别笑，您什么—什么也不懂！唉，天哪！他什么—什么也不会懂的！”

“别这样说，索尼雅，我根本没有笑。我自己也知道，是魔鬼拉我去的。别说啦，索尼雅，别说啦！”他愁眉苦脸，坚持地重复说。“我全都知道。我在黑暗里躺着的时候，我已经把这一切反复地思考过了，我低声地对自己说过……干这一切，我是经过内心斗争的，没有忽视一个细节。一切我都知道，一切我都知道！那时我很讨厌，很讨厌这一切空谈！索尼雅，我老是想忘掉，重新开始，不再胡言乱语！难道你以为，我像个傻瓜不假思索地去的吗？我去的时候自以为很聪明呢，正因为这个缘故，我被毁了！难道你以为我连这一点也不知道，比方说，如果我反省一下，或者质问一下自己：我有没有权利掌握权力？那么我就会明白，我没有权利掌握权力。或者，如果我提出一个问题：人是不是虱子？那么**我**就不会把人当作虱子。而只有没考虑到这个问题、或者根本没有发生这个问题的人才认为人是虱子……如果说拿破仑会不会去的问题使我苦恼了那么久，这是因为我已经清楚地感觉到，我不是拿破仑……我忍受了这种空谈的痛苦，索尼雅，我很希望摆脱这个痛苦：索尼雅，我毫无理由地杀人，为自己、为我个人而杀人！在这件事情上，我甚至不想欺骗自己！我不是为了帮助母亲而杀人，——这是废话！我杀人不是为了取得金钱和权力，想要做人类的恩人。这是废话！我不过是杀人！我杀人只为了自己，只为了我个人。杀了人后，我会不会成为谁的恩人，或者会一辈子像蜘蛛一样，把一切东西捉到网里，从它们身上吮吸活命的血，在那个时刻，我应当是毫不在乎的！索尼雅，我杀人的时候，我需要的主要不是金钱；我需要的主要不是金钱，而是别的东西……这一切我现在都知道了……你要了解我：如果我那样思考问题，我决不会再杀人。我必须弄清楚促使我出此下策的另一个问题：当时我要知道，要快些知道，我同大家一样是只虱子呢，还是一个人？我能越过，还是不能越过！我敢于俯身去拾取权力呢，还是不敢？我是只发抖的畜生呢，还是我有权利……”

“杀人？您有权利杀人？”索尼雅双手一拍，说。

“哎—哎呀，索尼雅！”他恼怒地叫道，本想反驳她，但却鄙夷地不做声了。“索尼雅，别打断我的话！我只想要向你证明一点：当时是魔鬼拉我去的，后来他对我说，我没有权利上那儿去，因为我同大家一样也是一只虱子！他把我嘲笑了一番，所以我现在上你这儿来了！招待客人吧！要是我不是一只虱子，我会上你这儿来吗？告诉你吧：当时我上老太婆那儿去，不过是去试试……你可要明白这一点！”

“您就把她杀了！就把她杀了！”

“可我是怎样杀的呢？难道人家是这样杀人的吗？难道人家像我当时那样去杀人的吗？往后什么时候我给你讲讲，我是怎样去的……难道我杀死了老太婆吗？我杀死的是我自己，不是老太婆！我就这样一下子毁了自己，永远毁了！……是魔鬼杀死这个老太婆的，不是我……够了，够了，索尼雅，够了！别管我了，”他突然惶恐不安地大声叫道。“别管我了！”

他把两个臂肘支在两膝上，两手像钳子一般抱住了头。

“多么痛苦啊！”索尼雅迸发出一阵痛苦的号叫。

“嗯，你说吧，现在怎么办！”他猛然抬起头来看着她问。由于悲痛绝望，他的脸相变得很难看了。

“怎么办！”她叫道，一边霍地站了起来，泪水一直没有干过的眼睛突然闪闪放光。“你站起来吧！（她抓住了他的肩头；他稍微欠起身子，几乎惊讶地望着她。）立刻就去，现在就走，站在十字街头，双膝跪下，先吻被你玷污的大地，然后向全世界、向四方磕头，对所有的人高声叫喊：‘我杀了人！’那么上帝又会使你获得新生。你去吗？去吗？”她问他，像发病似的浑身哆嗦，抓住了他的两手，捏得很紧，两眼炯炯发光，直瞅着他。

他很惊奇，她那突如其来的一股高兴劲儿甚至使他大吃一惊。

“索尼雅，你是说去服苦役吗？应当去自首，对吗？”他愁眉苦脸地问。

“去受苦赎罪，你应该这样做。”

“不！索尼雅，我不去自首。”

“那你怎样活下去，怎样活下去呢？你靠什么活下去呢？”索尼雅叫道，“现在这怎么行？你怎样跟你妈说呢？（啊，她们，她们现在会怎样呢！）我说什么啊！你已经抛弃了母亲和妹妹。你已经抛弃了，抛弃了，啊，天哪！”她突然叫道。“这一切他自己都已经知道了！怎么能孤单地活下去！现在你会怎么样呢！”

“别孩子气啦，索尼雅，”他低声说。“我对他们犯了什么罪？我为什么要去自首？对他们说什么呢？这一切只是一个主观幻想……他们自己毁灭千千万万生灵，人家还认为他们做了好事。索尼雅，他们都是些骗子和流氓！……我不去。我说什么呢，说我杀了人，但不敢拿钱，藏在石头底下吗？”他讽刺地冷笑一声，补了一句。“那么他们就会嘲笑我，说：傻瓜，你不拿钱。胆小鬼，傻瓜！他们什么—什么也不会懂的，索尼雅，他们不配懂。我去自首干吗？我不去。别孩子气啦，索尼雅……”

“你会痛苦的，你会痛苦的，”她反复地说，在绝望的哀求中向他伸过手去。

“我也许还会诽谤自己，”他愁眉苦脸地说，好像在沉思。“也许，我还是一个人，而不是一只虱子，把自己骂得太早了……我还要斗争。”

在他的嘴角上浮出一丝傲慢的微笑。

“你要忍受这样的痛苦！而且要忍受一辈子，一辈子！……”

“我会习惯的……”他脸色阴沉地沉思地说。“我告诉你吧，”过了一会儿他又说。“哭得够了，该谈正经啦：我来告诉你，现在他们在搜查，要逮捕我……”

“哎呀！”索尼雅叫道。

“嘿，你为什么叫喊！你自己要我去服苦役，现在倒害怕起来啦？不过我告诉你：我不会向他们屈服的。我还要跟他们斗争，他们不会有什么办法。他们没有确凿的证据。昨天我很危险，以为我已经完了；

今天情况好转了。他们所掌握的一切罪证都是模棱两可的，也就是说，我也能使他们控告我的罪状变为有利于我的东西，你懂吗？我会这样做的，因为我现在学会了……可是他们大概会把我关押起来。要不是偶然发生了一件事，他们也许今天就已经把我投入了监狱。大概甚至……今天他们可能还会这样做……索尼雅，不过这没有什么：我在牢房里坐几天，他们就会把我释放……因为他们拿不出一个铁证，往后他们也不会有，我可以保证。光凭他们所掌握的一些罪证，不能定人的罪。嗯，够了……我不过让你知道……我要竭力设法使妹妹和妈妈不再相信，不让她们受惊吓……不过妹妹现在有依靠了……所以妈妈也……嗯，就是那么回事。你可要小心。要是我坐了牢，你会来探望我吗？"

"噢，我会来的，会来的！"

两个人并排坐着，悲痛绝望，仿佛风暴施虐后，他们被孤单地抛弃在荒凉的海岸上。他望着索尼雅，觉得她多么爱他。奇怪的是，他被这么深挚地爱着，心头突然涌起一阵沉重而痛苦的感觉。不错，这是一种奇怪而可怕的感觉！他来找索尼雅的时候，觉得他的一切希望和出路都在她身上；他想至少能稍微解除痛苦；但是现在，当她的心向着他的时候，他却忽然觉得并意识到他是无比地不幸，比原来不幸得多。

"索尼雅，"他说，"如果我去坐牢，你还是不去看我好。"

索尼雅没有回答，她呜呜咽咽地哭了起来。几分钟过去了。

"你身上挂着十字架吗？"她忽然出人意外地问，仿佛突然想起来似的。

开头他被问得莫名其妙。

"没有，没有挂吗？这个给你，拿去吧，是柏木的。我还有一个铜的，是丽扎韦塔的。我跟丽扎韦塔交换过十字架；她把自己的一个十字架送给了我，我把自己的小圣像送给了她。我现在挂丽扎韦塔的一个，把这个给你，拿去吧……这是我的东西！我的东西！"她恳求说。"咱们一块儿去受苦，一同背十字架。"

"给我！"拉斯柯尔尼科夫说，他不愿让她伤心。但他立刻把伸过去拿十字架的手缩回了。

“索尼雅，现在不要给我。还是以后给我吧，”他补了一句，想安慰她。

“对，对，还是以后给你，还是以后给你，”她兴奋地赶忙接嘴说，“等到你去受苦的时候，你就挂上。你要上我这儿来，我给你挂上，咱们祷告一下，一块儿去。”

这当儿有人敲了三下门。

“索菲雅·谢苗诺夫娜，可以进来吗？”传来了谁的很熟识的而且很客气的声音。

索尼雅惊慌地奔去开门，列别兹雅特尼柯夫先生那张有一头淡黄发的脸朝屋子里张望了一下。

五

列别兹雅特尼柯夫神色慌张。

“索菲雅·谢苗诺夫娜，我要找您哪。请原谅……我料到会碰到您，”他忽然掉转脸去，对拉斯柯尔尼科夫说。“也就是说，这种事情……我倒没有什么想法……可我想的是……卡杰琳娜·伊凡诺夫娜在家里发疯了，”他撇下拉斯柯尔尼科夫，忽然毫无顾忌地又对索尼雅说。

索尼雅大叫一声。

“也就是说，似乎情况至少是这样。不过……对您说吧，我们不知道该怎么办！她已经回来了——大概在什么地方被撵了出来……说不定还挨过揍呢……似乎情况至少是这样……她跑去见谢苗·扎哈雷奇的上司，在家里没见到；他也在一位将军家里吃饭……您想想看，她竟然跑到他们吃饭的地方去了……跑到另一位将军家里去了；您想想看，她一定要谢苗·扎哈雷奇的上司出来接见，他大概还在吃饭。结果怎样，您可想而知。她当然被撵了出来；可是她说，她骂了他，并向他扔东西。这甚至是可以想象的……她怎么没有被抓起来——我可不明白！现在她逢人便说，也告诉了阿玛丽雅·伊凡诺夫娜，只是很难弄明白她的意思，她大叫大嚷，乱蹦乱跳……啊哈，对了：她边叫喊边说，什么因为现在她被大家抛弃了，所以她要带一架手风琴领孩子们到街头去，孩子们去唱歌跳舞，她也去唱歌跳舞，向观众讨钱，还要每天到那位将军的窗下去……她说：‘让他们看到，父亲做过官的高贵子弟怎样在街头求乞！’她揍孩子们，他们都在哭。她教廖尼雅唱《小小的农庄》，教男孩子跳舞，也教波里娜·米哈依洛夫娜跳舞，扯碎所有衣服，给他们做一种像给演员戴的帽子；她想带一个面盆去敲打，代替音乐……她什么话也不听……您想想看，怎么可以干这种事啊？这绝对不行！”

列别兹雅特尼柯夫本来还想说下去，可是听得几乎喘不过气来的索尼雅，急忙抓起大披肩和帽子，就往外跑了，边跑边穿戴。拉斯柯尔尼科夫跟着她走了，列别兹雅特尼柯夫紧随着他赶去。

“她一定发疯了，”他们一同走到街上的时候，他对拉斯柯尔尼科夫说。“我只是不愿让索菲雅·谢苗诺夫娜受惊，所以说：‘似乎’，然而这已经是无可怀疑的了。据说，肺结核也会侵入脑子的；可惜，我不懂医学。虽然我劝过她，可是她什么话也不听。”

“您对她谈过结核吗？”

“不完全是谈结核。而且她也不会懂。可我现在说的是这个意思：如果你从理论上去说服一个人，告诉他，实际上没有什么事值得他掉泪，那他就不会再哭了。这是毫无疑问的。可您认为他还会哭吗？”

“要是这样，生活是太容易了，”拉斯柯尔尼科夫回答道。

“请原谅，请原谅；要使卡杰琳娜·伊凡诺夫娜理解，当然是困难的；您可知道，在巴黎已经认真地进行着治疗疯子的试验？不过是用逻辑的信念来治疗的。那儿有一位教授，认为可以用这个方法治疗。他是个严肃的科学家，不久前去世了。他的基本观念是：病人的肌体并没有特殊的失调，发疯可以说是一种逻辑性的错误，一种判断的错误，是由于对事物的看法不正确。他逐渐证明了病人的错误。您要知道，据说，他的研究得到了成果！可是因为他同时使用淋浴治疗，这种治疗方法的效果自然令人怀疑……似乎至少是这样……”

拉斯柯尔尼科夫早已不再听他的话了。他已经到家了，于是向列别兹雅特尼柯夫点点头告别，就拐进大门里去了。列别兹雅特尼柯夫这才明白了，朝四下望望，就往前跑了。

拉斯柯尔尼科夫走进了自己的斗室，在屋子当中站住了。“他回到这儿来干什么啊？”他扫视了一下这些略微发黄的和扯破了的壁纸、那积起的灰尘和自己的长沙发……从院子里传来了一阵猛烈的、连续不断的敲击声，好像有人在什么地方钉什么东西，钉什么钉子……他走到窗前，踮起脚，现出一副异常专心致志的神情，朝院子望了很久。可是院子里空阒无人，望不见谁在敲打。他看见左边厢房有几扇窗子开着，窗台上摆着几盆枯萎了的天竺葵。内衣挂在窗外晾晒……这一切他是司空见惯了的。他转过身去坐到长沙发上。

他从来，从来没有感到过这么可怕的孤独！

对呀，他又一次感觉到了，也许他当真会痛恨索尼雅，现在他更使她不幸。“他为什么要上她那儿去乞求她的眼泪？他为什么那么迫切地要破坏她的生活？啊，卑鄙！”

“我还是孤单单的一个人！”他忽然坚决地说。“她也不会去探监的！”

五分钟后，他猛然抬起头来，怪样地笑了笑。这是一个奇怪的念头。“也许去服苦役当真会好些，”他忽然想。

他记不得在屋子里坐了多久，满脑子是各种模模糊糊的念头。门突然开了，进来的是阿夫多季雅·罗曼诺夫娜。她开头站在门口望着他，就像不久前他望着索尼雅一样；接着她走进来了，在他对面的一把椅子上坐下了，坐在她昨天坐过的那个地方。他一言不发，不知怎的漠然望着她。

“哥哥，你别生气，我只坐一会儿就走，”杜尼雅说。她脸上是一副若有所思的神情，但不是严峻的。她的目光明亮而柔和。他看出了，她是怀着手足之情来找他的。

“哥哥，我现在全都知道了，一切都知道了。德米特里·普罗柯菲依奇什么都对我说了，全都告诉我了。由于愚蠢和卑鄙的猜疑，你遭到了迫害，受尽了折磨……德米特里·普罗柯菲依奇告诉我说，不会发生任何不幸的事的，你不必把这件事看得那么可怕。我可不那么想，我十分了解，你心里多么愤慨，这样的愤慨情绪会在你的心坎里留下永不磨灭的痕迹。这是我所害怕的。我不怪你抛弃我们，也不敢怪你；我以前责备过你，原谅我吧，我也觉得，如果我发生这么大的不幸，我也会离开一切人。我不会把这件事告诉妈妈，可我会常常谈到你，代你转告她，说你很快就会回去，别为她难过；我会安慰她；可你也别使她难过，你哪怕去一次也好；你可要记住，她是母亲啊！这会儿我只是来告诉你(杜尼雅从座位上站了起来)，如果你万一需要我干什么，或者你需要……我的生命或什么……只要你来叫我，我就会来的。再见！”

她急遽地掉转身去，往门外走了。

“杜尼雅！”拉斯柯尔尼科夫叫住她，站起来向她跟前走去，“这个拉祖米兴，德米特里·普罗柯菲依奇是个很好的人。”

杜尼雅微微涨红了脸。

“真的？”等待一会儿后，她问。

“他是一个实事求是的人，爱劳动，正直，能热爱人……别了，杜尼雅。”

杜尼雅脸红到了耳根，接着突然惊慌起来。

“哥哥，你这话是什么意思，难道我们真的要永别啦，所以你留给我……这么几句遗言？”

“反正一样……别了……”

他掉转身离开她，向窗前走去。她站了一会儿，惊慌不安地望着他，过后忧心忡忡地走了。

不，他不是对她表示冷淡。有过一刹那工夫(最后的一刹那)，他非常想紧紧地拥抱她，跟她**告别**，甚至想告诉她，但是连手也不敢跟她握一握：

“往后想起我现在拥抱了她，她也许还会发抖！她会说，我偷吻了她。”

“这她是不是受得了？”过了一会儿，他暗自问。“不，她受不了；**像她这样的人**受不了！像她这样的人决计受不了……”

他又想起索尼雅来了。

窗外吹来了一阵凉爽的风。外边天色已经渐渐暗下来。他忽然拿起制帽出去了。

当然他不能而且也不愿注意自己的病情。但是这一切不断的忧虑和内心的恐惧对他不可能不发生影响。如果说他身上发着高热而还没有躺倒，那也许正是因为这内心的不断的忧虑使他还能支持，保持镇静；但这是人为的、暂时的。

他无目的地徘徊着。夕阳西坠。最近他产生了一个特殊的烦恼。这个烦恼并没有使他受到特别的刺激和痛苦，但是使他产生了一种固定不变的和永恒的感觉，预感到将在这种使人发冷和沮丧的苦闷中消磨无穷尽的岁月，预感到将永远离不开那“一俄尺宽的地位”。在黄昏时分，这种感觉常常使他更痛苦。

“由于身体感到这种能使头脑糊涂的、纯然体力上的虚弱，人难免干出蠢事来！这种虚弱是由于太阳落山所引起的。你不但会去找索尼雅，而且还会去找杜尼雅呢！”他痛恨地嘟哝说。

有人喊他。他回头一看，列别兹雅特尼柯夫急匆匆地奔到他跟前来了。

“您想得到吗，我上您那儿去过了，我找您哪。您想想看，她一定要这样干，带着孩子们走了！我跟索菲雅·谢苗诺夫娜费了好大劲儿才找到了他们。她自己敲着煎锅，强迫孩子们跳舞。孩子们都在哭。他们逗留在十字街头一家小铺子前面。一群傻子跟随着他们。咱们走吧。”

“索尼雅呢？……”拉斯柯尔尼科夫不安地问，赶忙跟着列别兹雅特尼柯夫走了。

“简直发狂了。我说的不是索菲雅·谢苗诺夫娜，而是卡杰琳娜·伊凡诺夫娜。虽然索菲雅·谢苗诺夫娜也疯疯癫癫的。可是卡杰琳娜·伊凡诺夫娜完全发狂了。我对您说，她完全疯了。他们会被带到警察局去的。您可想而知，这会发生什么事……现在他们在某个桥头的河岸上，离索菲雅·谢苗诺夫娜的家不远，近得很呢。”

在离桥不挺远、跟索尼雅所住的房子相隔还不到两幢房屋的河岸上，有一群人簇聚在一起。男孩子和女孩子特别多。从桥上就听得见卡杰琳娜·伊凡诺夫娜那嘶哑的破嗓子。这的确是一个奇观，颇能吸引过路人的注意。卡杰琳娜·伊凡诺夫娜穿着旧衣服，披着一块呢披巾，歪戴着一顶被揉弄得不成样子的破草帽。她是个地地道道的疯婆子，精神疲惫，气喘吁吁。她那痨病鬼的憔悴的脸看起来比以前更痛苦(何况是在街上，肺病病人在阳光下看起来往往比在房子里病得更厉害、更怕人)；但她那激昂的情绪并没有消失，她的怒气每时每刻都在增强。她奔到孩子们跟前，向他们叫嚷，哄他们，叫他们当众跳舞、唱歌，向他们解释，为什么要这样做。因为他们不懂得她的意思，她就大失所望，于是揍他们……她随即向看热闹的人们跑去；如果她发觉有个穿得稍微体面的人站住观看，她立刻就去向他解释，说这几个出身高贵、甚至可以说出身贵族家庭的孩子落到了什么样的地步。如果听到人丛里有谁在发笑或者讥笑他们，她立刻就向这些大胆的人奔去，跟他们吵起架来。有些人当真笑起来了，另一些人摇摇头；人们都好奇地看着这个疯婆子同那几个吓得要命的孩子。列别兹雅特尼柯夫谈起过的那只煎锅不见了，至少拉斯柯尔尼科夫没有看到；虽然卡杰琳娜·伊凡诺夫娜不再敲煎锅了，但当她硬叫波列奇卡唱歌，叫廖尼雅和柯里亚跳舞的时候，却用她那枯瘦的手掌打起拍子来；同时她自己也和唱起来，而每次由于痛苦的咳呛，她唱到第二个音便戛然而止，因此她又失望了，便咒骂自己的咳呛，甚至哭了起来。柯里亚和廖尼雅的哭泣和恐惧最使她生气。她的确把孩子打扮得像街头卖唱的。在男孩子头上扎了一块红白相间的头巾，把他打扮成一个土耳其人。没有服装可给廖尼雅化装了；只给她戴一顶已故谢苗·扎哈雷奇的红绒线帽(或者，不如说，一顶尖顶帽)，帽子上插了一根鸵鸟的白羽毛，这根羽毛还是卡杰琳娜·伊凡诺夫娜的祖母的遗物，一直当作一件传家宝珍藏在衣箱里。波列奇卡穿着日常衣服。她胆怯而张皇失措地望着母亲，跟着她寸步不离，不让人看见自己在掉泪。她心里明白母亲发疯了，焦躁不安地朝四下看望。街上簇聚着这么多人，她非常害怕。索尼雅紧跟着卡杰琳娜·伊凡诺夫娜，边哭边不断地恳求她回家。可是卡杰琳娜·伊凡诺夫娜却无动于衷。

“得啦，索尼雅，得啦！”她又急又快地嚷道，一边喘气、咳呛。“你真像个孩子，你自己也不知道你在恳求什么！我已经对你说过了，我不再回到这个酒鬼德国女人那儿去。让大家看看，让整个彼得堡看看，父亲高贵的孩子们怎样在街头求乞，他们的父亲忠心耿耿、诚诚恳恳地服务了一辈子，可以说，以身殉职。（这是卡杰琳娜·伊凡诺夫娜自己虚构的，并盲目地信以为真。）让，让这个可恶的将军老爷看看。索尼雅，你真傻，你说说，现在拿什么来吃啊？你为我们受尽了苦，我不愿再让你为我们受苦了！嘿，罗季昂·罗曼诺维奇，您来啦！”她看见了拉斯柯尔尼科夫，就大声叫道，一边向他奔去。“请您向这个傻丫头解释解释，没有更好的办法啦！连拉手风琴的也在街头卖艺了，可是人家一眼就看得出，我们跟他们可不一样，他们会看出，我们都是从一个贫穷的、门第高贵的家庭里出来的无依无靠的人，穷途落魄，沦为乞丐；可是这个将军老爷会失去职位的，您等着瞧吧！往后我们每天到他的窗下去，皇上经过，我就跪在地上，让这些孩子跪在我前面，指着他们说：‘父亲，保护保护我们吧！’他是孤儿的父亲，慈悲为怀，会保护他们的，您等着瞧吧，可是这个将军老爷……廖尼雅！立正[①]！柯里亚，你马上又要跳舞。你干吗哭？他又哭啦！你怕什么，怕什么呀，傻瓜！天哪！罗季昂·罗曼诺维奇，我拿他们怎么办！可惜您不知道，他们多么不懂事！拿这些孩子怎么办啊！……”

她指指这些哭着的孩子，自己也几乎哭了。（这没有使她那滔滔不绝的又急又快的话语中断。）拉斯柯尔尼科夫竭力劝她回家，甚至想激起她的自尊心，说她学街头音乐家的样，在街头流浪是不体面的，因为她往后要当贵族女子寄宿中学的校长……

“寄宿中学，嘿—嘿—嘿！这是白日做梦！”卡杰琳娜·伊凡诺夫娜叫道，哭声一停止，她就大咳起来。“不，罗季昂·罗曼诺维奇，梦已经做醒了！人家把我们抛弃了！……可是这个将军老爷……您要知

---

① 原文为法文。

道，罗季昂·罗曼诺维奇，我向他扔过墨水瓶呢——这恰好摆在门房里一张桌子上来客登记簿的旁边，我签了名，向他扔了墨水瓶，就跑掉了。唉，那些流氓，流氓！没关系；现在我自己养活这些孩子，我不恳求任何人！她为我们吃足了苦头！（她指指索尼雅。）波列奇卡，收了多少钱啦，给我看？怎么？只有两个戈比？唉，这些卑鄙的东西！他们一个子儿也不给，只是一个劲儿跟住我们，吐舌头！这个蠢东西笑什么？（她指指人丛里的一个人。）这都是因为这个柯尔卡太不灵活，给我添了很多麻烦！波列奇卡，你要什么？用法语对我说吧，用法语对我说吧[①]。我不是教过你嘛，你知道几句！……要不怎样表现出你们是高贵的子弟，是有教养的孩子呢，跟那些街头音乐家压根儿不一样。我们不是在街头演'傀儡'戏的，而是唱高尚的抒情歌曲的……哦，对了！我们唱什么呢？你们老是打断我的话，可是我们……罗季昂·罗曼诺维奇，要知道，我们逗留在这儿，想找一首什么歌来唱唱——找一首柯里亚会跳舞的歌……因为，您可想而知，我们没练过这首歌，必须商量一下，好好儿排练一番，然后上涅瓦大街去，那儿上流社会的人士要多得多，我们立刻就会引起他们的注意：廖尼雅会唱《小小的农庄》……老是唱《小小的农庄》呀，《小小的农庄》呀。这首歌大家都会唱！我们应当唱一首文雅得多的歌……哦，你想出什么来了，波丽雅，你得帮助妈妈！我的记忆力，我的记忆力很坏哪，要不然，我会想起来的！真的，不应该唱《一个骠骑兵拄着军刀》[②]！唉，咱们用法语来唱《五个苏》[③]吧！我不是教过你们，教过的。重要的是，因为这是用法语唱的，人们立刻就会看出，你们都是贵族子弟，这会更感动人……甚至可以唱：《马尔博鲁格准备远征》，这是法国的一首幽默的流行歌曲[④]，因为这完全是一首儿歌，贵族家庭里都唱这首歌，作为孩子们的催眠曲。"

① 原文为法文。

② 用19世纪初叶诗人康·尼·巴丘什科夫(1787—1855)的诗篇《离别》中的诗句谱成的一首歌。

③④ 原文为法文。

马尔博鲁格准备远征，
不知道他何时归来[1]...

她唱起来了……“可是，不，还是唱《Cinq sous》吧！喂，柯里亚，两只手要插在腰眼里，快些，可你，廖尼雅，也要朝相反的方面转，我跟波列奇卡和唱，打拍子！”

五个苏，五个苏，
安排我们的家计[2]...

咳—咳—咳！（她大咳起来。）“波列奇卡，把衣服拉拉好，襻带都滑下来了。”她气喘吁吁，在咳呛中发觉了。“现在你们的举止特别要文雅大方，让大家看到你们都是贵族子弟。当时我就说，胸衣要裁得长些，而且要用两幅料子来做。索尼雅，可你那时主张‘短些，短些’，现在孩子们穿着多难看……唉，你们又哭啦！你们哭什么啊，蠢东西！喂，柯里亚，快些唱起来，快些，快些——唉，这孩子多么讨厌！……

五个苏，五个苏...

大兵又来了！哎，你来要干什么？”

当真，有个巡警打人丛中挤过来了，但这当儿有个穿文官制服披外套的老爷，五十来岁，神态庄严，脖子上挂着一个勋章（这使卡杰琳娜·伊凡诺夫娜很高兴，并且也影响了巡警），走过来，默默地递给卡杰琳娜·伊凡诺夫娜一张三卢布的绿色纸币。他脸上表现出由衷的同情。卡杰琳娜·伊凡诺夫娜接了钱，并且彬彬有礼地甚至毕恭毕敬地向他鞠了个躬。

---

①②原文为法文。

“谢谢您，先生，”她高傲地说。“使我们落到这个地步的那些原因……波列奇卡，钱拿去。你看，不是有高尚慷慨的人嘛，他们都立刻向一个遭到不幸的穷苦的贵族妇女伸出了援助之手。先生，您要知道，这些贵族的孤儿们，甚至可以说有贵族的亲友……可是那位将军老爷却坐着吃松鸡……对我跺脚，因为我打扰了他……我说：‘大人，请您保护保护这些孤儿吧，您对已故谢苗·扎哈雷奇是很熟识的，因为在他去世那一天，他的亲生女儿遭到了一个最卑鄙的家伙的诬告……’这个大兵又来了！请您保护！”她向那个官吏叫喊起来。“这个大兵到我跟前来要干什么？我们已经在市民街上避开了一个，逃到这儿来……傻瓜，你要干什么！”

“在大街上不许这样。您别妨碍秩序。”

“你自己才妨碍秩序！我不是跟带着手风琴走路一样吗？你要干什么？”

“带手风琴要领执照，可您没有执照，而且你们造成那么多人围观。您住在哪儿？”

“怎么，要领执照！”卡杰琳娜·伊凡诺夫娜大叫起来。“我今天安葬了丈夫。这要领什么执照！”

“太太，太太，您可要安静，”那个官吏说话了。“咱们走吧，我送你们回家……这儿有那么多人围住了你们，这不好，您有病……”

“先生，先生，您不了解情况！”卡杰琳娜·伊凡诺夫娜叫道。“我们就要上涅瓦大街去。索尼雅，索尼雅！她在哪儿呀？她也哭啦！你们都怎么啦！……柯里亚、廖尼雅，你们上哪儿去？”她突然惊愕地大声叫道。“唉，这些傻孩子！柯里亚、廖尼雅，他们都上哪儿去呀！……”

事情是这样：柯里亚和廖尼雅被街上那么多人和疯疯癫癫的母亲的行为给吓坏了，而且又看见那个大兵要把他们抓起来押到什么地方去，他们忽然不约而同地手牵手跑掉了。可怜的卡杰琳娜·伊凡诺夫娜号叫，哭泣，奔去追赶他们。她那狂奔、哭泣和喘息的样子看起来真叫人又难受又可怜。索尼雅和波列奇卡都慌忙地跑去追赶她。

“索尼雅，去把他们叫回来，去把他们叫回来！唉，这些傻孩子，不知好歹的孩子！……波丽雅！去把他们捉回来……我不是为了你们……”

她在狂奔中绊了一跤，摔倒了。

“她跌伤了，流血啦！唉，天哪！”索尼雅大叫起来，弯下腰去看她。

人们都跑拢来了，拥挤地围成了一个圈儿。拉斯柯尔尼科夫和列别兹雅特尼柯夫最先跑到她跟前；那个官吏也赶来了；巡警也跟着跑来了，抱怨说：“哎呀——妈的！”他把手一摆，预料到这是一件麻烦的事。

“走，走！”他驱散挤集在周围的人们。

“她要死了！”有人叫喊起来。

“她发疯了！”另一个人说。

“上帝保佑！”一个女人在胸前画着十字，说。“他们把小姑娘和男孩子抓住了吗？他们被带来了，那个大女儿抓住的……唉，这些不听话的孩子！”

但是人们把卡杰琳娜·伊凡诺夫娜仔细地察看了一下后，发觉她压根儿不是像索尼雅所想象的那样在石头上撞伤的，鲜血从她的胸腔里由喉咙直涌出来，把马路染红了。

“这我知道，我见过，”那个官吏对拉斯柯尔尼科夫和列别兹雅特尼柯夫悄声说。“这是肺病；这样的咯血，人会噎死的。还不多久，我的一个女亲戚也是这样死的，咯了玻璃杯一杯半血……突然……可她马上就会死的，怎么办？”

“这儿来，这儿来，到我家里去！”索尼雅恳求说。“我住在这儿！……就是这所房子，打这儿算起第二所房子，到我家里去，快些，快些！……”她跑到每个人跟前说。“叫人去请大夫……天哪！”

靠那个官吏出力，事情才顺利地解决了。连那个巡警也来帮助抬卡杰琳娜·伊凡诺夫娜。她被抬到索尼雅家里几乎已经奄奄一息。他们把她放在床上。咯血还没有停止，但她似乎清醒过来了。除了索尼雅，一齐走进屋子里去的还有拉斯柯尔尼科夫和列别兹雅特尼柯夫、那个官吏和预先驱散了看热闹的人们的巡警。有几个看热闹的人跟随着他们直到门口。波列奇卡拉着嗦嗦发抖和哭泣着的柯里亚和廖尼雅的手，带他们走进屋子里来了。卡彼尔纳乌莫夫一家人——卡彼尔纳乌莫夫本人、他的妻子和他们的几个孩子也都跑来了。卡彼尔纳乌莫夫是个跛足、独眼和外貌古怪的人，头发粗硬直竖，满脸络腮胡子；他的妻子总是流露出一副惊愕的神色；他们的几个孩子脸上因经常显出惊愕的表情而变得呆板，都张着嘴。斯维德里加依洛夫突然在这些看热闹的人中间出现。拉斯柯尔尼科夫诧异地望着他，觉得在人丛中没有见过他，不知道他是从哪儿来的。

人们都在谈论请大夫和神甫。那个官吏虽然向拉斯柯尔尼科夫悄声说，请大夫似乎已经迟了，但他还是叫人去请。卡彼尔纳乌莫夫自愿效劳。

可是卡杰琳娜·伊凡诺夫娜气喘吁吁。咯血暂时停止了。她那病恹恹的但聚精会神而锐利的目光望着那可怜的哆嗦着的索尼雅，她正在用手帕给她擦去额上的汗珠；末了，她要求把她稍微抬起。他们让她坐在床上，从两边扶住了她。

“孩子们在哪儿啊？”她有气无力地问。“波丽雅，你把他们带来了吗？唉，这些蠢孩子！……你们为什么逃跑……哎哟！”

血还沾在她那发干的嘴唇上。她转着眼珠子朝四下望望，说：

“索尼雅，原来你住着这样的屋子！我一次也没有上你这儿来过……可是命运……”

她痛苦地望着她，说：

“我们把你吸干了，索尼雅……波丽雅、廖尼雅、柯里亚，你们都到这儿来……嗯，索尼雅，他们都在这儿了，你收留他们吧……我把他们交给你了……我做得够了！……我的责任尽了！吭！……让我睡下吧，让我安静地死去吧……”

他们又把她放到枕头上。

“什么？神父？……用不着……你们钱多啦？……我没有罪！……

用不着神父，上帝应当宽恕我……他知道我受了多少苦！……即使他不宽恕我，我也不管！……”

她越来越陷入不安的昏迷状态。她有时打着哆嗦，转着眼珠子向四周扫视一下，把所有的人认一会儿；但她立刻又不省人事了。她声音嗄哑吃力地喘着气，好像喉咙里有个什么东西在呼哧。

“我对他说：‘大人！……’”她叫喊道，每说一句话就喘一下气。“这个阿玛丽雅·柳德维戈夫娜……嘿！廖尼雅，柯里亚！两手插在腰眼里，快些，快些！滑步，滑步，巴斯克人的舞步！[①]用脚打拍子呀……要做个好孩子。

> 你有钻石和珍珠[②]...

下面怎样唱啊？应该唱……

> 你有一双最美丽的眼睛，
> 姑娘，你还需要什么？[③]

嗯，对呀，下面怎样唱啊！你还需要什么——这是他捏造的呀，傻瓜！……啊哈，对了，还有：

> 中午热得难受，在达吉斯坦的山谷里[④]……

哎哟，我多么爱……我非常爱这首抒情歌曲，波列奇卡！……你要知道，你爸爸……还在跟我订婚的时候就唱这首歌了……哦，那些日子啊！我们应该唱，应该唱！啊，怎么唱啊，怎么唱啊……我记不起来

---

① 原文为法文。
②③ 原文为德文。
④ 俄国音乐家米·阿·巴拉基列夫（1836—1910），用莱蒙托夫诗篇《梦》中的诗句谱成的一首抒情歌曲。

了……你们给我提示一下，怎么唱？”她异常激动，用劲地稍微支起身子。末了，她用可怕的、嘎哑的、声嘶力竭的声音唱了起来，大声叫喊着，每唱完一个词儿就喘不过气来，神色越来越可怕：

中午热得难受！……在山谷里！……达吉斯坦！……胸膛里留着一颗子弹！……

“大人！”她突然发出一阵痛苦的号叫，泪水扑簌簌地滚了下来。“您要保护这些孤儿！您受过已故谢苗·扎哈雷奇的款待！……甚至可以说贵族的！……啊！”她愣了一下，忽然清醒过来了，恐惧地打量一下所有的人，但立刻就认出了索尼雅。“索尼雅，索尼雅！”她柔和而亲切地说，看见她站在面前仿佛很惊奇。“索尼雅，亲爱的，你在这儿？”

她又稍微支起身子。

“够了！……是时候了！……别了，苦命人！……我是一匹被骑得精疲力竭的马儿！……我完了！……”她绝望而痛恨地叫道，头沉重地倒在枕头上。

她又失去了知觉，但是这最后一次的不省人事没有延续多久。她那灰白、发黄而憔悴的脸往后一仰，嘴张开来，两腿抽搐地伸得笔直。她深深地咽了一口气，就死了。

索尼雅扑到她的尸体上，双手抱住她，头贴在死人那瘦弱的胸脯上，就这样不动了。波列奇卡跪在母亲的脚边，吻她的两脚，哽哽噎噎地哭了起来。柯里亚和廖尼雅还不懂这是怎么回事，但是预感到事情是很可怕的，他们彼此勾肩搭背，目不转睛地对看着，突然不约而同地一下子张开嘴叫喊起来。这两个孩子还是化装着：一个扎着头巾，另一个戴着一顶插了一根鸵鸟羽毛的小圆帽。

这张“奖状”怎么会突然出现在床上卡杰琳娜·伊凡诺夫娜的身边？它放在这儿枕头旁边；拉斯柯尔尼科夫看见了奖状。

他走到窗前去了。列别兹雅特尼柯夫赶忙跑到他跟前来了。

“她死了！”列别兹雅特尼柯夫说。

“罗季昂·罗曼诺维奇，我要向您说两句要紧话儿，”斯维德里加依洛夫走到跟前来了。列别兹雅特尼柯夫立刻让开了，彬彬有礼地悄悄地走了。斯维德里加依洛夫把猛吃一惊的拉斯柯尔尼科夫拉到远一些的一个角落里去了。

“这一切事情，也就是说殡葬等一切事宜，都由我来料理吧。您知道，这需要钱。我不是对您说过，我有一笔闲置着的钱。这两个孩子和这个波列奇卡由我送到一个比较好的孤儿院去，我要给每个孩子存一千五百卢布，到成年时交给他们，免得索菲雅·谢苗诺夫娜操心。我还要救她出火坑，因为她是个好姑娘，对吗？嗯，所以请您转告阿夫多季雅·罗曼诺夫娜，我就是这样花掉她的一万卢布的。”

“您做这桩善事有什么目的？”拉斯柯尔尼科夫问。

“嘿—嘿！真是个多疑的人！”斯维德里加依洛夫笑起来了。“我不是说过，这笔钱我不用。这不过是出于人道，您不承认，还是怎的？因为她不是‘虱子’（他指指躺着死人的那个角落），像那个放高利贷的老太婆那样。您不否认吧，‘是不是真的应该让卢仁活着作恶，还是应该让她死？’如果我不帮忙，那么，‘波列奇卡，比方说，就得走同一条路……”

他说这些话时露出一副**丢眼色**和开玩笑的神气，一边目不转睛地看住拉斯柯尔尼科夫。拉斯柯尔尼科夫听到这就是他自己对索尼雅所说的话，不禁吓得面无人色，浑身发冷。他倏然避开了，惊愕地望着斯维德里加依洛夫。

“怎么……您也知道？”他喃喃地说，好容易舒了口气。

“我就住在这儿，住在隔壁列斯丽赫太太的屋子里。这里是卡彼尔纳乌莫夫的家，那边是列斯丽赫太太的家，她是我的一个最忠实的多年女朋友。我们是邻居。”

“您？”

“我，”斯维德里加依洛夫继续往下说，笑得前仰后合。“亲爱的罗季昂·罗曼诺维奇，我可以拿人格担保，请您相信，您引起了我很大的兴趣。我不是说过，我们会做朋友的，我对您预言过，——现在咱们已经交朋友了。您会知道，我是个多么谦和的人。您会知道，跟我还可以相处……”

第六章

一

对拉斯柯尔尼科夫来说，一个不正常的时期开始了：仿佛突然遇到了一片大雾，他被包围在走投无路和痛苦的孤独中。隔了好久以后，他回想起这个时期，这才恍然明白，他有时好像神志模糊，这种情况一直延续到最后的悲惨收场，虽然有时他的神志还是清醒的。他确信，当时他犯了很多错误。比方说，他搞错了某些事件的日期和时间。至少后来他回忆经过的情况并殚精竭虑地想要弄个明白的时候，他从旁人那儿得知的消息中，知道了不少有关他本人的事。例如，他把一个事件同另一个事件混淆起来；他认为另一个事件的发生是只存在于他想象中的那个事件所产生的后果。有时他感觉到病态的痛苦的不安，这种不安心理甚至转变为心惊胆战的恐惧。但是他记得往往有这样的时刻，甚至也许往往还有这样的一些日子，在那些日子里，他心情十分冷漠——仿佛是一种不同于以前的恐惧的心理攫住了他——犹如某些临终的人所有的病态的冷漠。总之，这些天，他自己好像也完全不想知道自己的处境。某些对他有切身利害关系、得立即加以阐明的事实尤其使他烦躁不安；但是，假如有些忧虑他可以撇开的话，那是多么令人高兴啊。不过，处在他的境地，把这种种忧虑置于脑后，就有不可避免地整个儿遭到毁灭的危险。

斯维德里加依洛夫尤其使他惶恐不安：甚至可以说好像他念念不忘斯维德里加依洛夫似的。自从斯维德里加依洛夫在索尼雅家中，后来又在卡杰琳娜·伊凡诺夫娜断气时说了一些对他威胁性极大而且十分露骨的话以后，拉斯柯尔尼科夫那平日的思潮似乎被破坏了。虽然这件新的事情使他异常不安，但他不知怎的并不急于要弄明白这个事实。有时，他突然发觉自己来到了城市的一个遥远的偏僻地方，独个儿坐在一家下等小饭馆里的一张桌子旁沉思，几乎不知道他是怎样来到这个地方的，但却忽然想起了斯维德里加依洛夫：他忽然十分清楚而不安地意识到，必须尽快地跟这个人取得妥协，并要尽可能彻底解决。有一次，到城外某处去，他心里甚至想象着，他在这儿等候着斯维德里加依洛夫，他们约定在这儿会面。另一次，他躺在一片灌木丛里的地上，天还没有亮就醒来了，几乎弄不清他怎样来到了这个地方。但是，自从卡杰琳娜·伊凡诺夫娜死后，这两三天中，他已经跟斯维德里加依洛夫碰见过两次了，差不多总是在索尼雅的家中，他没有目的地上那儿去，差不多总是只逗留片刻。他们往往简短地交谈几句，一次也没有谈及过重要的问题，仿佛他们彼此有过约定，暂且不谈这个似的。卡杰琳娜·伊凡诺夫娜的遗体还没有安葬。斯维德里加依洛夫料理着丧事，忙得不可开交。索尼雅也很忙。在最近一次见面时，斯维德里加依洛夫对拉斯柯尔尼科夫说，他已经给卡杰琳娜·伊凡诺夫娜的孩子们找到了安身之所，一个好地方；说他通过某种关系找到了几个人，在他们的帮助下，可以把三个孤儿立刻送到对他们很合适的地方去；又说为他们存钱也有很多好处，因为有存款的孤儿进这个孤儿院要比穷苦的孤儿容易得多。他也谈到了索尼雅，并答应最近几天就去看拉斯柯尔尼科夫，还提到了："他想请教他；有些事情，他很需要谈谈……"这番话是在过道里楼梯旁边说的。斯维德里加依洛夫凝视着拉斯柯尔尼科夫的眼睛，沉默了半晌后，忽然放低了声音，问：

"罗季昂·罗曼内奇，您怎么啦，您好像心不在焉？真的！您听着，看着，但您似乎一点也不懂。您要打起精神来啊。来，咱们谈谈：不过很抱歉，我的事情很多，有别人的，也有我自己的……哎哟，罗季昂·罗曼内奇，"他忽然补了一句。"所有人都需要空气、空气、空气……首先需要空气！"

他忽然让到了一边，给上楼来的神父和朗诵《圣经》的职员让了路。他们是来祭祷的。照斯维德里加依洛夫的吩咐，每天按时祭祷两次。斯维德里加依洛夫径自走了。拉斯柯尔尼科夫又站了一会，沉吟了一下，就跟着神父回到了索尼雅的屋子里去了。

他站在门口，祭祷庄严肃穆地、哀痛地开始了。从童年时代起，想到死和有死神，他总觉得很难受，神秘可怕；他已经好久没有听到祭祷了。这里还使人有一种十分可怕的和令人不安的感觉。他望着孩子们：他们都跪在棺木跟前，波列奇卡呜呜咽咽地哭着。索尼雅站在他们后面轻轻地做着祷告，仿佛在胆怯地哭泣。“这几天来，她没有朝我看过一眼，也没有对我说过一句话，”拉斯柯尔尼科夫忽然想道。阳光把屋子照得很明亮；香炉里的烟袅袅升起；神父念着：“上帝啊，让她安息吧。”拉斯柯尔尼科夫一直站到祭祷完毕。神父祝了福就告辞了，他有点儿奇怪地朝四下望望。祭祷完毕后，拉斯柯尔尼科夫走到索尼雅跟前去了。她忽然握住了他的双手，把头靠在他肩上。这种亲昵姿态，甚至使拉斯柯尔尼科夫也大惑不解，因而感到惊讶；甚至很奇怪：是怎么回事啊？对他竟然丝毫不觉得厌恶，也一点儿不觉得讨厌，她的手一点也不发抖！这是极端自卑的表现。至少他是这样理解的。索尼雅一句话也不说。拉斯柯尔尼科夫握了握她的手，就走了。他非常痛苦。如果此刻他能够远走高飞，去过孤独的生活，哪怕这样过一辈子，他也认为自己是个幸福的人。但问题在于：虽然近来他差不多时常是孤单的，但是他怎样也不觉得自己是孤单的。有时他走到郊外的一条大道上，有一次他甚至来到了一座小树林里；但地方越是偏僻，他越强烈地感觉到，好像有个人站在他身边，因而觉得惶恐起来。他倒不是觉得可怕，而是不知怎的感到很烦恼，于是他快些回到城里去，混入了人堆里，溜进了一家小饭馆或一家小酒店，走进旧货市场或干草市场。在这里他似乎觉得心神安定些了，甚至觉得除了他旁若无人。一天傍晚，一家小酒店里有人在唱歌；他足足坐了一个钟头听着唱歌，记得他甚至听得很高兴。可是他终于忽然又觉得不安起来；仿佛良心的谴责突然又使他痛苦起来：“我现在坐着听唱歌，难道我应该这样吗！”他心里仿佛这样想着。可是他立刻就恍然大悟了，使他惶恐不安的何止这点；还有一件事也要求他立刻加以解决，可是他搞不清这是怎么回事，也不能用言语来表达它。一切都纠结成一团了。“不，不如再作斗争！倒不如再去找波尔菲里……或者斯维德里加依洛夫……如果又有什么挑衅或者有人来攻击，但愿快些……对呀！对呀！”他在心里寻思。他一走出小酒店，就几乎疾奔而去。对杜尼雅和母亲的惦念不知为什么在他心里仿佛突然引起了一阵心惊胆战的恐惧。这天夜里，天还没有亮，他在克列斯托夫斯基岛上灌木丛里醒来了，浑身打战，发烧；他回家去了，清晨才回到了家里。他睡了几个钟头后，热病霍然痊愈了，但他醒来的时候已经不早了：是下午两点光景。

他想起来了，这一天是卡杰琳娜·伊凡诺夫娜安葬的日子，他很高兴没有去参加。娜斯塔西雅给他端来了饭；他食欲大振，几乎狼吞虎咽地吃喝着。他的头脑清醒些了，他的心神比最近三天安定些了。有一忽儿工夫，他甚至觉得奇怪：前天他为什么感到心惊胆战的恐惧。门开了，进来的是拉祖米兴。

“啊，他在吃饭，这样看来，他没有病！”拉祖米兴说，随手挪来一把椅子，靠桌子面对着拉斯柯尔尼科夫坐下了。他心里烦躁不安，但并不竭力掩盖这种心情。他说话了，心里显然很烦躁，可是话说得从容不迫，也没有特别提高嗓音。可想而知，他怀着一个特别的、甚至坚定不移的意图。“喂，”他开始坚决地说，“我不管你的事，可是就我现在所看到的情况来说，我自知没法理解；请你别以为我来盘问你。我才不干！我不想知道！如果你现在把你的一切秘密全都告诉我，也许我还不愿听呢。我会吐一口唾沫跑掉。我上这儿来不过要亲自弄个明白：首先，你发疯是不是事实？要知道，大家对你都有一种看法（嗯，不论什么地方），认为你也许发疯了，或者很像是发疯。我坦白地告诉你吧，我自己也十分同意这种看法：第一，从你那种傻里傻气的和多多少少惹人反感的行为（简直叫人莫名其妙）来看；第二，从你不久前对待令堂和令妹的行为来看。如果不是疯子，只有恶魔和坏蛋才会像你那样对待她们；可见，你一定是个疯子……”

“你见到她们很久了吗？”

“刚才见着她们。你从那个时候起就没有见着她们吗？请你告诉我，你在哪儿游荡，我已经来找过你三次了。从昨天起，令堂就病得很厉害。她打算来看你；阿夫多季雅·罗曼诺夫娜不让她来；但她什么话也不愿听，她说：‘如果他病了，如果他精神失常了，母亲不去照顾他，谁去照顾他？’我们一同到这儿来过，因为我们不能让她独个儿来。我们一路上直到你门口劝她要安静。我们进了你的屋子，可是你不在家；她坐在这里，坐了十来分钟，我们都默然站在她身边。随后她站了起来，说：‘如果他出去了，可见他身体健康。他既然忘记了母亲，那么做母亲的站在门口，求施舍般地恳求他的爱，是不成体统的，丢脸的。’她回到家里就病倒了；现在她在发烧，她说：‘我明白了，他会见**女朋友**倒有工夫。’她认为，你的女朋友就是索菲雅·谢苗诺夫娜。她是你的未婚妻，还是情人，我不知道。我刚才上索菲雅·谢苗诺夫娜家去过，因为，老兄，我想把事情弄个明白——我一进门就看见：停放着一具棺木，孩子们都在哭。索菲雅·谢苗诺夫娜在给他们试穿丧服。没有找到你。我看了一下，道了个歉，就走了，把情况告诉了阿夫多季雅·罗曼诺夫娜。这样看来，这是胡说：你没有什么**女朋友**；最可信的倒是你精神失常。可你却坐在这儿狼吞虎咽地吃熟牛肉，仿佛有三天没吃东西了。假定说，疯子也吃东西，虽然你没有跟我谈过一句话，可是你……不是疯子，我可以起誓。首先你不是疯子，总之，我才不管你的事，因为这是一个什么秘密，一个不可告人的秘密；我可不打算为你的秘密伤脑筋。所以我只是来骂你一顿，”他说完，就站了起来，“发泄发泄心头的怒气，. 我知道现在该怎么办！”

“现在你要干什么？”

“我现在要干什么，关你什么事？”

“看来，你想去喝酒。”

“为什么……这你怎么知道？”

“嗯，这是明明白白的！”

拉祖米兴沉默了半晌。

“你向来是个头脑清醒的人，你从来没有、从来没有发过疯，”他忽然激动地说。“你说得对：我要去喝酒，再见！”他拔脚走了。

“拉祖米兴，我大概前天跟妹妹谈起过你。”

“谈起过我！哦……前天你在哪儿能见着她？”拉祖米兴忽然站住了，脸甚至有点儿失色。可想而知，他的心慢慢地紧张地跳动起来了。

“她上这儿来过，她独个儿坐在这儿，跟我谈话。”

“她！”

“是的，她。”

“你说什么……我的意思是，你谈起过我？”

“我告诉过她，说你是个很好的、正直的和爱劳动的人。我没有对她说你爱她，因为这，她自己也知道。”

“她自己也知道？”

“嗯，可不是！不管我上哪儿去，不管我发生什么事，你要跟她们在一起，照顾她们。拉祖米兴，我可以说，把她们托付给你了。我这样说是因为我完全知道，你是多么爱她，而且我也相信，你心地纯洁。我也知道，她也会爱你，甚至也许已经爱上了你。现在你自己决定吧，你知道得最清楚，——你该不该去喝酒。”

“罗奇卡……你要明白……唔……哎哟，见鬼！你要上哪儿去？当然啰，如果这一切是秘密，那就不必说了！可是我……我会知道这个秘密的……我也相信，这一定是什么胡说八道，是一些可怕的蠢话，都是你自己编造出来的。可你是一个最好的人！一个最好的人！……”

“我本想再对你补充一句，可你把我的话打断了。我要补充的是，你刚才决定不打听这个秘密，这个不可告人的秘密，是很对的。你暂且别问，你别着急。一切到时候你都会知道的，就是说，到必要的时候。昨天有个人对我说，人需要空气、空气、空气！我想立刻就去找他，弄个明白，他这话是什么意思。”

拉祖米兴沉思地站着，心里忐忑不安地想着什么。

“这是个政治阴谋家！一定是的！他即将采取一个决定性的步骤——一定是这样！不可能是别的……杜尼雅也知道……”他忽然暗自想。

“这样看来，阿夫多季雅·罗曼诺夫娜常常来看你，”他说，一字一句都说得很清楚。“你要去看一个说什么更需要空气、空气的人……这样看来，这封信……也跟这件事有关的了。”他仿佛自言自语地断定说。

“一封什么信？”

“今天她收到了一封信，弄得她坐立不安，很不安，甚至烦恼极了。我谈起了你的情况——她要求我别说，后来……后来她说，也许，我们很快就要分手，接着她为一件什么事而热烈地感谢我；过后她走到自己屋子里去了，锁上了门。”

“她收到了一封信？”拉斯柯尔尼科夫沉思地追问一句。

“是的，一封信；你不知道吗？嗯……”

他们俩都不说话了。

“罗季昂，再见。老兄，我……有一个时候……可是，再见啦。要知道，有一个时候……嗯，再见啦！我也该走了。我不会去喝酒的。现在不必去喝酒了……你胡说！”

他急匆匆地走了；可是，当他已经走出来，并且差不多已经带上了门的时候，他忽然又把门打开了，眼睛望着一边，说：

“顺便说说！你可记得这件谋杀案？嗯，就是波尔菲里在办理的那个案子：被杀的是个老太婆？你要知道：这个凶手查出来了，他已经招认了，提供了各种证据。这是一个工人，油漆匠，你想想看！你可记得，我还为他们辩护过？你相信吗，当那几个人——一个看门人和两个证人，上楼去的时候，他跟一个同伴打架，在楼梯上哈哈大笑，他要这种把戏原来是要故意转移人们的视线。这个狗崽子好刁滑，他多么镇定啊！简直叫人难以置信；但他自己作了解释，这一切他都招认了！我上当了！嗯，我认为，这不过是一个善于故弄玄虚、随机应变、逃避法律制裁的家伙——因此，这是不足为奇的！难道不会有这样的人吗？可是他不能坚持到底，招认了，因此我更相信是他干的，更合情理嘛……可我，我那时上当了，我曾经为他们愤愤不平！”

“请你告诉我，这你是怎么知道的，为什么你对这件事发生那么大的兴趣？”拉斯柯尔尼科夫显然很着急地问。

“还有比这更荒唐的事呢！为什么使我发生兴趣！你已问过我了！……可我是从波尔菲里那儿知道的，别的人也告诉过我。不过，差不多全都是他告诉我的。”

“波尔菲里告诉你的？”

“波尔菲里告诉我的。”

“嗯……他说了些什么？”拉斯柯尔尼科夫愕然问。

“他把这个案件给我作了一番出色的解释。按照他的观点，从心理上来解释的。”

“他解释过？他给你解释过？”

“是呀，是呀；再见！回头我还要告诉你一件事，可是现在我有事……有个时候，我以为……嗯，不要紧；以后再谈吧！……现在我为什么去喝酒！你没有请我喝酒，已经使我醉了。罗奇卡，我已经醉了！现在我没有喝酒已经醉了，再见；我很快又要来。”

他走了。

“他，他是个政治阴谋家，一定是个这样的人，一定！”拉祖米兴暗自断定说，一边慢吞吞地走下楼去。“他把妹子拉了进来；从阿夫多季雅·罗曼诺夫娜的性格看来，这是非常可能的。他们见过面了……她也向我作过暗示。从她的许多话中……从她的片言只语中……从她的各种暗示听起来，都有这个意思！要不然，这种错综复杂的情况怎样解释呢？哼！可我还以为……唉，天哪，我那时竟然这么想。这是一时糊涂，我对不起他！那次他在走廊上灯光下把我弄糊涂了。呸！我转着多么可恶、猥亵和卑鄙的念头啊！尼古拉，好样儿的，他供认了……现在怎样解释以前的事呢？他那时候的病、他那些奇怪的行径，甚至以前，以前，还在大学里的一切行动，他总是那么闷闷不乐、愁眉不展……可是现在这封信有什么目的吗？大概这也有什么目的吧。这封信是谁写来的？我怀疑……嗯……不，我要把这一切打听明白。”

他回忆着并且考虑着关于杜涅奇卡的一切话。他的心揪紧了。他霍地站起来，拔脚就跑。

拉祖米兴一走，拉斯柯尔尼科夫便站了起来，转身向窗前走去，走到了一个角落里，仿佛忘记了自己斗室的窄小，接着……他又坐到长沙发上。他仿佛获得了新生；再进行斗争——那么，就有办法了！

“对呀，那么，就有办法了！要不然叫人太窒闷啦，使人感到走投无路，逼得人痛苦难受，令人昏迷。自从在波尔菲里那儿演出了米柯尔卡那一幕以后，他开始感觉到走投无路和陷入了绝境的苦闷。继米柯尔卡之后，当天在索尼雅家里又发生了那幕情景；那幕情景的经过全然不是他先前所想象的，它的结局也是如此……他变得虚弱乏力了，就是说，一刹那间就没有一丝力气了！一下子！他当时不是同意了索尼雅的意见嘛，他同意了，由衷地同意了，心上搁着这么一件事，他是不能孤独地活下去的！可是斯维德里加依洛夫呢？斯维德里加依洛夫是个谜……斯维德里加依洛夫使他心神不安，这是事实，但似乎不应该光从这方面来考虑。跟斯维德里加依洛夫也许还得进行一场斗争。斯维德里加依洛夫或许能帮助他逃走；但波尔菲里却是另一回事。”

这样看来，波尔菲里还亲自向拉祖米兴解释过，向他进行过心理上的解释！又为他那该死的心理学找根据了！波尔菲里呢？既然在米柯尔卡未出现之前，他们之间发生过那件事，既然他们当面密谈过，对这次密谈除了一种解释外，不能找出切合实际的解释，那么，波尔菲里一刻也不会相信米柯尔卡是有罪的吗？（这些天，拉斯柯尔尼科夫头脑里好几次闪过并想起了会见波尔菲里的情景中的几个细节；回忆全部情景他是受不了的。）那时他们之间谈过这样一些话，做过这样一些动作和姿势，他们互换过这样一些眼色，话是用这样的声调说的，事情弄到了这样的地步，以致米柯尔卡（波尔菲里从开头的一言一行就看透了他）不能使他那坚定的看法发生丝毫的动摇。

“怎么啦？连拉祖米兴也怀疑起来了！在走廊上灯光下的那一幕也不是枉然的。他跑去找过波尔菲里了……但是这个人为什么这样欺骗他呢？他使拉祖米兴的视线转移到米柯尔卡身上，这有什么目的呢？他一定打着什么主意；这是有意图的，可是这是一种什么样的意图呢？对，自从那天早晨以来，已经过了很多时候，——太久啦，太久啦；但是波尔菲里方面却毫无消息。嗯，这当然不是好兆……”拉斯柯尔尼科夫拿起制帽，沉吟了一下，便从屋子里走出去了。在这段时间里，他头一天感觉到至少自己的神志是清爽的。“必须跟斯维德里加依洛夫取得谅解。”他在心里寻思。“无论如何，要尽可能快些：这个人大概也等着我去找他。”在这一刹那间，他那衰竭的心里突然涌起了这么一股强烈的憎恨感，或许他会杀死这两个人当中的一个：斯维德里加依洛夫或者波尔菲里。他至少觉得，如果不是现在，那么以后他就会这样干的。“我们瞧着吧，我们瞧着吧，”他暗自反复说。

但是刚打开通过道的门，他突然跟波尔菲里本人相遇了。后者找他来了。有一会儿工夫，拉斯柯尔尼科夫呆若木鸡。说来奇怪，他看见波尔菲里并不感到很惊讶，几乎不怕他。他只怔了一下，但是很快地一刹那间就做好了准备。“也许这是收场吧！但是他怎么像猫儿般地悄悄地走近来，我却一点儿也没有听见？难道他在窃听吗？”

“罗季昂·罗曼内奇，您想不到有客人来吧！”波尔菲里·彼得罗维奇笑着叫道。“我早就想来了；我路过这儿，心里想：为什么不进去坐上五分钟呢。您要上哪儿去？我不会耽误您的时间的。只坐一支烟工夫，如果您答应的话。”

“请坐，波尔菲里·彼得罗维奇，请坐，”拉斯柯尔尼科夫请客人坐下，他的神态显然是蛮高兴的、友好的。真的，如果他能瞧见自己，一定会很惊奇的。最后的时刻来到了，事实澄清了！有时一个人遇到强盗在半小时内会吓得要命，但刀一旦搁在他的脖子上，他就毫无惧色了。他面对着波尔菲里坐下了，眼睛一眨也不眨看着他。波尔菲里眯缝起眼睛，点支香烟抽了起来。

“嗯，你说吧，说吧！”话好像要从拉斯柯尔尼科夫的心里跳出来了。“哎，你怎么啦，怎么啦，怎么不说话呀？”

二

“唉，这些香烟！”波尔菲里·彼得罗维奇点了支香烟抽起来，吐出几口烟后，终于开腔了。“很有害，实在有害，可我却戒不掉！我常常咳嗽，喉咙发痒，呼吸困难。您知道，我是个胆小鬼，前几天我到布医生那儿去看病——每个病人他最少[①]检查半小时；医生打量着我，甚

---

① 原文为拉丁文。

至放声大笑起来：他敲敲，听听，说，烟草对你的身体很有害；肺门扩大了。可是，我怎样戒烟呢？拿什么来代替呢？我又不喝酒，这就没有办法，嗨—嗨—嗨，我不喝酒，这就没有办法！一切事情都是相对的，罗季昂·罗曼诺维奇，一切事情都是相对的！”

“他这话是什么意思！他又在耍老一套把戏，还是怎的！”拉斯柯尔尼科夫厌恶地想。他突然记起不久前他们最后一次见面的情景，当时心里的那种感觉又像潮水般地涌上了他的心头。

“前天晚上我来找过您；您不知道吗？”波尔菲里·彼得罗维奇继续往下说，一边打量着屋子。“我走进了屋子，就是这间屋子嘛。像今天一样，也是路过。我想，去回访他一下。我上楼来了，屋子的门洞开着；我四下看看，等了一会儿，我没有告诉您的女仆，就走了。您不锁门吗？”

拉斯柯尔尼科夫的脸色越来越阴沉。波尔菲里仿佛猜透了他的心思。

“罗季昂·罗曼内奇，亲爱的朋友，那次我是来向您解释的，向您解释的！我必须而且应当向您解释，”他微露笑意，继续往下说，甚至用手掌轻轻地拍了一下拉斯柯尔尼科夫的膝头，但几乎同时他的脸突然沉下了，罩上了阴云，甚至好像蒙上了忧郁的神色；拉斯柯尔尼科夫不觉猛吃一惊。他从来没有见过这样的脸色，而且从来不觉得他有这样的一副脸色。“罗季昂·罗曼内奇，最近我们之间发生过一幕奇怪的情景。或许我们初次见面的时候也发生过；可是那时……哦，现在事情接踵而来！告诉您吧：我也许有很对不起您的地方。这点我感觉到的。您可记得我们是怎样分手的：您的神经很紧张，两膝打战；我也是神经很紧张，两膝打战。您知道，当时我们甚至彼此态度很不好，缺乏绅士风度。但是我们毕竟是君子；也就是说，无论如何，我们首先都是高尚的人；这点必须明白。您可记得，我们弄到了什么地步……甚至完全不成体统。”

“他这话是什么意思，把我当作什么人？”拉斯柯尔尼科夫稍微昂起了头，瞪着眼看波尔菲里，惊愕地自问。

“我想过了，我认为现在咱们最好能真诚相见，”波尔菲里·彼得罗维奇继续往下说，把头稍微向后一仰，埋下了眼睛，仿佛不愿再用自己的目光使以前的受害者发窘，并且仿佛也鄙视自己以前所使用的那些手段和诡计；“是呀，这样的猜疑和这一类的事情是不能长久地继续下去的。当时米柯尔卡给我们解决了，不然的话，我实在不知道，我们之间会弄到什么样的地步。这个该死的小市民，当时坐在我那儿的间壁后面——这您想象得到吗？当然，您已经知道这件事；而且我也知道，后来他来找过您；但是您当时瞎猜疑：我没有差遣过什么人，当时我还没有布置什么。您会问，为什么不布置？怎样对您说呢：当时这一切似乎使我自己也大吃一惊。好容易派人去叫来了看门人。（您出去的时候，大概看见了那两个看门人吧。）当时在我的脑海里闪过一个念头，只有这么一个，像闪电般一闪即逝；您要知道，罗季昂·罗曼内奇，当时我有坚定的信心。让我告诉您吧，我想，虽然我暂时放走一个，可我会把另一个抓住的——至少不会放走自己的一个，自己的一个。罗季昂·罗曼内奇，您很容易激动，天生如此吧；从您性格上和心情上的其他主要特点看来，您甚至是太容易激动了。我因为多少了解您的这些特点而自慰。当然，甚至当时我也能想到，一个人肯站起来向您泄露全部底细是罕见的事。虽然这样的事有时也会发生，特别是当一个人丧失了耐心的时候，但这无论如何是罕见的。这点我也想得到。不，我想，要是我掌握了一个证据就好了！哪怕是一个微不足道的证据，只要有一个就行，不过要有一个用手抓得住的东西，具体的东西，而不是一个心理上的东西。因为我认为，如果一个人犯了罪，不用说，无论如何能从他口中得到非常重要的东西；甚至也可以希望得到最出人意外的结果。我当时对您的性格，罗季昂·罗曼内奇，对您的性格寄予了极大的希望！当时我对您的希望可大呢。”

“可是您……现在您为什么总是说这样的话？”末了，拉斯柯尔尼科夫嘟嘟囔囔说，甚至不大理解这句问话的意思。“他这话是什么意思，”他暗自惊慌起来。“难道他真的认为我是无辜的吗？”

“我为什么这样说吗？我是来作解释的，可以说，我认为这是我的神圣的职责。我想把整个情况全都告诉您，事情的经过是怎样的，当时这一场可以说是误会，是怎样发生的。罗季昂·罗曼内奇，我使您很痛苦吧。我可不是恶魔。要知道，我也明白，对于一个像您那样非常不幸但却骄傲、独断、性情急躁的人，特别是对于一个性情急躁的人，遭到这样的冤屈是怎么回事！不管怎样，我认为您是个最高尚的人，甚至还带有一些豪爽的性格。虽然我并不同意您的一切信念，可我认为预先坦率而十分真诚地把这个告诉您，就是我的职责，因为我首先不愿欺骗人。认识了您后，我对您就有着恋恋不舍的感情。您也许听到我的话会放声大笑吧？您有权利这样做。我知道，您第一眼就不喜欢我，其实是因为我没有什么讨人喜欢的地方。不管您认为怎样，可我现在希望用一切办法来消除我给您的印象，并向您证明，我是一个有良心的和有责任感的人。我说的都是真心话。”

波尔菲里·彼得罗维奇自尊地停顿了一下。拉斯柯尔尼科夫觉得心头又涌起了恐惧的感觉。波尔菲里把他当作无辜的人这个念头忽然使他害怕起来。

“大概没有必要逐一详细地述说当时这是怎样突然发生的，”波尔菲里·彼得罗维奇继续往下说。“我认为这甚至是多此一举。而且我也未必能够说得清楚。因为怎样来详细地说明这个情况呢？开头传说纷纭。至于这是什么样的谣言，是谁散布的，什么时候发生的……究竟为什么牵涉到您——我也认为不必细说了。对我个人来说，是偶然发生的事情，完全是偶然的偶然，这样偶然的事情是极可能发生的，但也可能不发生——是什么样的偶然的事情呢？嗯，我认为也不必说了。当时，这一切以及那些谣言和那些偶然的事情使我产生了一种想法。我坦白地承认，因为，既然已经承认了，那就承认到底——当时我的确首先怀疑您。至于老太婆在押品上所做的记号等等——这一切都不重要。这样的物证多得数以百计。当时我也是由于偶然的机会而得知区警察局里所发生的那一幕的详情细节，虽然也是偶然的，但不是道听途说的，而是由一个特别的、重要的证人告诉我的，他无意中生动地述说了这一幕。要知道，这一切事情是接连发生的，接连发生的，罗季昂·

罗曼内奇，我亲爱的朋友！这哪能不使我的注意力移向某一方面去呢？英国不是有一句俗语：一百只家兔决不能当作一匹马，同样，一百个疑点决不能构成一件证据。这不过是一种理智的说法，可是强烈的感情是难以控制的，因为侦查员也是人啊。我又记起您发表在杂志上的那篇文章来了，您可记得，还在您头一次来找我的时候，我就详细地谈到过这篇文章。当时我讽刺了一番，但这是为了要使您作进一步的发挥。我重说一遍，罗季昂·罗曼内奇，您是火暴性格，身体又很不好。您大胆、骄傲、严肃……您有感触，感触很多，这些我早已知道了。我也有这些感触，我读了您的文章，觉得很熟悉。这篇文章是在不眠之夜和发狂中构思的吧，您一定是情绪激昂，心怦怦地直跳，洋溢着压抑的狂热。青年有这种压抑的、自豪的狂热是危险的！我当时讽刺了一番，可是现在我告诉您吧，就是说，作为一个爱好者，我非常爱读这篇洋溢着青春气息的和火一样热烈的处女作。这是烟，是雾，是琴弦在迷雾中弹奏。您的文章是荒诞不经的、想入非非的，但也闪烁着真挚的感情，闪烁着青春的骄傲和坚定的意志；闪烁着在绝望中的大胆行为；这篇文章是悲观的，但这是一篇好文章。我拜读了您的这篇文章后，就放在一边……我把它放在一边的时候，心里这样想过：'这个人野心勃勃！'因为有过上面所说的这样一件事，请问，后来所发生的事情怎么不惹我注意呢！哎，天哪，难道我在述说一件什么事吗？难道我现在在证实什么吗？我当时才注意到。我想，这算得了什么？这算不得什么，也就是说，完全算不得什么，也许根本不足为奇。我，一个侦查员，这么热衷甚至是绝对不应该的：米柯尔卡已经在我的手掌之中，而且我已经掌握了各种材料——不管您怎么个看法，但这些都是证据！他也为自己的心理学找寻根据。我们得在他身上花些工夫，因为这是一个关系到生死的问题。现在我为什么要向您解释这些呢？我要让您知道，并且使您在理智上和良心上都不责备我当时那种恶意的行为。我说的是心里话，这不是恶意的，嗨—嗨！您以为，我当时没有来搜查过您的屋子吗？我来搜查过的，来搜查过的，嗨—嗨，当您在这儿卧病在床的时候，我来搜查过的。我非正式地，不是以侦查员的身份来搜查的。但是来搜查过的。甚至根据初步的迹象在您的屋子里仔细地察看过，没有放过任何一件东西；可是徒劳[①]！我心里想：现在这个人会来的，他自己会来的，不久就会来的；既然他犯了罪，那他一定会来投案的。别的人不会来，可是这个人会来的。您可记得，拉祖米兴先生向您泄漏了消息？这是我们布置的，目的是要让您发急，所以我们也故意散布谣言，让他来告诉您，但拉祖米兴先生是个缺乏涵养的人。扎苗托夫先生头一个亲眼看到您的愤慨和您那毫不掩饰的大胆行为：嗯，怎么突然在小饭馆里贸然说：‘我杀了人！’太大胆啦，太鲁莽啦。我想，如果他犯了罪，那么这是个可怕的对手。我当时就这么想。我等着！我耐着性子等着，可是扎苗托夫那时候简直被您吓坏了……问题在于，这种该死的心理是不可捉摸的！嗯，我等待着您，我留心着，可是上帝把您送来了——您跑来了！于是我的心就怦怦直跳。哎呀！当时您来干什么啊？您进来的时候哈哈大笑，您可记得，像透过玻璃一样，我当时就识破了一切，但是，如果我不是特地等着您，那就不会在您的大笑中发觉什么。您看，精神上有所准备是多么重要啊。于是拉祖米兴先生——啊哈！什么石头啊，石头啊，您可记得，什么石头啊，那些东西还藏在石头底下？嗯，我现在仿佛看见了这块石头，在菜园里一个什么地方——您不是对扎苗托夫说埋在菜园里，后来，在我那里又说过一次？当我们开始分析您的文章，而您作了一番说明的时候——您的每个字眼都是具有双重意义的，仿佛每个字眼背后都隐藏着另一种意义！所以，罗季昂·罗曼内奇，我这样地走进了死胡同，脑门撞了一下，这才清醒过来。我说，不，我这是怎么啦！这一切，直到细枝末节，如果您愿意，都可以用另一种意义来解释，这甚至会更自然些。脑筋伤透了！我想：‘不，我最好能掌握一个证据！……’当时我听人说起拉门铃，连心也停止跳动了，甚至浑身打颤起来。我想：‘这就是证据嘛！就是这个！我当时也没有仔细考虑，简直不想考虑了。那时我愿意拿出一千卢布，我自己出钱，只要能亲眼看看您那时怎样同那个手艺工人并肩行走了百

---

①原文为德文。

来步路，后来他怎样当面管您叫‘凶手’，在这百来步中您不敢问他一句话！……嗯，那么脊髓里的那股冷气呢？既然有病，神志不大清爽，那您为什么拉门铃？总之，罗季昂·罗曼内奇，既然如此，我当时对您开了这样一些玩笑，您怎么也感觉到惊讶呢？那时您来干什么？当着上帝说，好像有人推着您来的。如果米柯尔卡没有使我们分手，那就会……那时您可记得米柯尔卡吗？您记得很清楚吗？这真是个晴天霹雳！从乌云里滚出来的一声霹雳，一道闪电！我是怎样接待他的？我一点儿也不相信他，您自己明白的！我怎么能相信呢！后来，您走后，他开始很有条理地回答了某几点，因此我觉得惊奇，后来我对他的话甚至一点儿也不相信了，他像金刚石一般坚实，这是怎么回事。不，我心里想，你休想！①这跟米柯尔卡有什么相干！”

“拉祖米兴刚才对我说，现在您也认为尼古拉是罪犯，而且使拉祖米兴也这样相信……”

一个喘不过气来，没有把话说完。另一个听着，心里急得像热锅上的蚂蚁，这个对他有透彻了解的人却放弃了自己的看法。他不敢相信，而且也不相信。他贪婪地从这些有双关意义的话语里寻找并抓住了更真实的和确凿的东西。

“拉祖米兴先生嘛！”波尔菲里·彼得罗维奇叫道，仿佛很高兴听到一直没有开腔过的拉斯柯尔尼科夫竟然提出问题来了，“嗨！嗨！嗨！叫拉祖米兴先生可别管闲事啦：两个人结成了伴侣，第三者不得插足。跟拉祖米兴先生可不相干，他是个局外人，他脸色煞白跑到我这儿来了……上帝保佑他，这事不要他管！至于米柯尔卡，您要不要知道，他是个什么样的人，也就是说，在我的心目中，他是哪一种人？首先，他还是个未成年的孩子，不是说他是个胆小鬼，而是说，他倒像个艺术家。真的，您别笑我这样形容他。他淳朴天真，对一切事物都很敏感。他有良心，是个幻想家。他会唱歌，又会跳舞，又会讲故事，据说，他讲得那么娓娓动听，人们都从别处跑来听他讲故事。他也上学

---

①原文为德文，原意是“明晨”。

校，人家拿指头点点他，他会大笑不止。他也会喝得烂醉如泥，这不是由于腐化堕落，而有时是被人灌醉的，他还像孩子般不会喝酒哩。于是他也偷窃起来，可是他自己并不知道这是偷窃；因为‘他既然是从地上拾得的，这算偷窃吗？’您可知道，他是个分裂派教徒[1]，不但是个分裂派教徒，而且还是别的教派的信徒呢[2]；他的家族中有几个逃亡教派[3]信徒，他自己还在最近的两年里受过村里一个长老的精神熏陶。这一切都是米柯尔卡和他的同乡告诉我的。而且他还一心想跑到荒凉地方的小修道院去！他很诚心，每天夜里祈祷上帝，读古书，‘真正的’古书，读得入迷了。彼得堡对他发生了严重的影响，尤其是女人，嗯，还有酒。他易于受环境的影响，把长老和一切都忘得一干二净了。我知道，这里有个艺术家很喜欢他，常常去找他，可是这件事发生了！他害怕了——畏罪自缢！潜逃！老百姓对我们的法律有这么一个观念，那有什么办法呢！有些人害怕‘审判’这个词儿。这是谁的过错呀！且看新式法庭会怎么判。哎哟，愿上帝保佑！嗯，现在他在牢房里大概想起了这个正直的长老。《圣经》又出现了。罗季昂·罗曼内奇，您可知道，在他们当中有些人看来，‘受苦’是怎么回事？这不是说为某人而受苦，而只是人‘应当受苦’，就是说，在当局的手里受苦——那更好。在我服务期间，有个最温顺的犯人整年每天夜里坐在牢房里炉灶上读《圣经》，他读得着迷了，您要知道，他着迷到这样的程度，甚至无缘无故地抓起一块砖头向典狱长丢去，他并无伤害他的意思。他是这样丢的：故意丢得偏一些，在离他身边一俄尺的地方飞过，免得伤害他！大家都知道，一个用武器袭击典狱长的犯人会受到什么样的惩罚：就是说，‘他要受苦了’。所以，我现在怀疑米柯尔卡也想要‘受苦’，或者诸如此类的事。这我确实知道，甚至有事实可据。不过他并不晓得我知道。怎么，您不认为在这种人里面有古怪的人吗？有的是呢。现在

---

① 分裂派教徒或旧教徒是脱离了正统的东正教会的教派的拥护者。分裂派教徒曾受到沙皇政府的迫害。

② 指脱离了正统的东正教会的教派或宗教团体的成员。

③ 18 世纪后半期俄国正教旧礼仪派中反教堂派的一个教派。

长老又开始起作用了，特别是在米柯尔卡上吊以后。可是他自己会来把全部情况告诉我的。您以为他能坚持到底吗？您等着吧，他会翻供的。我时刻等着他来翻供。我喜欢这个米柯尔卡，正在仔细地研究他。您觉得怎样！嗨！嗨！对有些问题，他向我回答得很有道理，显然，他掌握了必要的材料，精心地做过准备；但是对另一些问题他却茫然了，一点儿也不知道，不知道，而且他并不觉得自己不知道！不，罗季昂·罗曼内奇老兄，这跟米柯尔卡可不相干！这是一桩离奇的、凄惨的、现代的案件，在我们的时代才会发生的案件，因为现在人心变得糊涂了；因为现在人们常常引用换新鲜'血液'这句话；舒适被宣传为人生的目的。这是书本上的空想；这是被一种理论所扰乱的心。这里可以看出实行第一步的决心，但这是一种特别的决心——一种像要从山上或钟楼上跳下去的决心，而且犯这个罪仿佛是被迫的。他忘了掩上门，根据一种理论，他杀了，杀了两个人。他杀了人，但不敢拿钱，把来得及拿到的东西都埋藏在石头底下。他待在门后忍受了痛苦还不够，又闯进门去，拉门铃——不，他后来又走进一套空房间里去，几乎不省人事，回想着这阵门铃声，想再尝尝背上溜过一丝冷气的滋味……假定说，他有病，但还有这样的事呢：他杀了人，却自以为是正直的人，鄙视别人，并且自以为像天使一般纯洁——不，罗季昂·罗曼内奇，这跟米柯尔卡有什么相干，亲爱的朋友，这跟米柯尔卡可不相干！”

听到他以前所说的像是否认的话以后，这最后的几句话是太出人意外了。拉斯柯尔尼科夫不觉浑身哆嗦起来，仿佛被扎了一下似的。

“那么……是谁……杀的呢？”他禁不住用上气不接下气的声音问。波尔菲里·彼得罗维奇，甚至急忙闪开，往椅背上一靠，仿佛冷不防这一着，被问得愕然了。

“怎么是谁杀的？……”他说，仿佛不相信自己的耳朵似的。“罗季昂·罗曼内奇，是**您**杀的！就是您杀的……”他几乎悄声地用十分确信的语调补了一句。

拉斯柯尔尼科夫从长沙发上霍地站了起来，站了几秒钟，又坐下了，一句话也不说。他脸上忽然掠过一阵轻微的痉挛。

“嘴唇又像那时一样颤动起来，”波尔菲里·彼得罗维奇甚至仿佛同情地嘟哝说。“罗季昂·罗曼内奇，您似乎误会了我的意思，”他沉默了半晌后，补了一句，“您为什么这么吃惊。我正是来告诉您全部情况的，把事情公开。”

“不是我杀的，”拉斯柯尔尼科夫嗫嚅地说，像闯了祸而被当场捉住吓得要命的小孩儿。

“不，这是您干的，罗季昂·罗曼内奇，是您，不是别人，”波尔菲里严峻而坚信地低声说。

他们俩都不作声了，沉默甚至延续了很久，叫人奇怪地长久，约莫有十来分钟。拉斯柯尔尼科夫把两个臂肘支在桌上，默然用指头抓乱了头发。波尔菲里·彼得罗维奇温和地坐着等待。拉斯柯尔尼科夫忽然鄙夷地看起波尔菲里来。

“波尔菲里·彼得罗维奇，您又耍老一套把戏啦！又使用您的老法子啦：这一套您真的不觉得厌倦吗？”

“哎，得啦，我现在使用这些法子干吗！要是有证人，那么情况就不同了；可是咱们是私下谈谈。您要知道，我不是为了像捉兔子一样追捕您而来的。您承认也罢，不承认也罢——此刻对我反正一样。即使您不承认，可我心里还是深信不疑的。”

“既然如此，那您来干什么？”拉斯柯尔尼科夫愤然问。“我向您重提从前的一个问题：如果您认为我是罪犯，那您为什么不把我抓起来？”

“啊，是这个问题嘛！我可以逐点来回答您：第一，直接把您抓起来，对我不利。”

“怎么会对您不利！既然您深信不疑，那您就应该……”

“哎，我深信不疑，那又怎样呢？这一切暂时还是我的幻想。我为什么让您安静地坐在牢房里？如果您自己要求，那您自己知道这是怎么回事。如果我，比方说，把这个手艺工人带来揭发您，您会对他说：‘你是不是喝醉了？谁同你一起看见过我？我不过把你当作醉鬼，你那时已经喝醉了，’那时我怎么对您说呢，尤其是您的话比他的话更真实，因为在他的供词里只有心理上的东西——这些话甚至不配他说——可是您说得很对，一针见血，因为这个坏蛋甚至是尽人皆知的酒鬼。而且我自己已经好几次向您坦白地说过，这种心理上的东西可以有两种解释，而第二种解释往往更可信，而且要真实得多。此外，眼下我也没有什么不利于您的证据。虽然我还是要把您抓起来，甚至我亲自来（完全不合乎常情）向您预先说明一切，可我还是向您直说了（也是不合乎常情的），这将会不利于我。其次，我所以来找您……”

“嗯，其次呢？”（拉斯柯尔尼科夫仍然喘不过气来。）

“因为我刚才已经声明过了，我认为向您说明是我的职责。我不希望您把我当作恶魔，何况我由衷地对您有好感，信不信由您。因此，第三，我来找您是为了坦率而直截了当地劝您去投案自首。这对您将会有无穷的好处，而且对我也有利——因为我可以卸责了。怎么样，我直爽不直爽？”

拉斯柯尔尼科夫沉吟了片刻。

“喂，波尔菲里·彼得罗维奇，您自己不是说：只有心理上的东西，然而您岔到数学上去了。如果您现在搞错了，那怎么办？”

“不，罗季昂·罗曼内奇，我没有搞错。我掌握了材料。那时我已经掌握了这个材料，上帝赐给我的！”

“什么样的材料？”

“罗季昂·罗曼内奇，什么样的材料嘛，我可不告诉您。而现在我无论如何没有权利再拖延了；我要把您抓起来。您考虑考虑吧：现在对我反正一样，所以，我只是为您着想。说实在的，这样会好些，罗季昂·罗曼内奇！”

拉斯柯尔尼科夫发出了一阵狞笑。

“要知道，这不但可笑，甚至是可耻的。嗯，即使我有罪（我绝对不承认），嗯，我何必去向你们自首？因为您不是说，我在你们的牢房里将会**安安定定地过日子**。”

“哎呀，罗季昂·罗曼内奇，您别完全相信我的话；也许，您根本不可能过**安定的日子**！要知道，这不过是一种理论，而且还是我的理论呢，在您看来，我算什么权威啊？我甚至现在也许还瞒着您什么。我可不能不管什么都告诉您，嗨，嗨！第二，您怎么问，有什么好处？您可知道，这么着，您就可以减刑？您什么时候去，几点钟去？不过这点您要考虑！因为已经有人认了罪，他把案情搞乱了。我在上帝面前向您发誓，我将在‘那儿[①]，有意安排得让您的自首成为一件仿佛完全是出人意外的事。我们要消除所有这些心理，也要扫除对您的一切怀疑，因此您的犯罪好像是由于一时糊涂，说实话，的确是一时糊涂。我是个正直的人，罗季昂·罗曼内奇，我决不食言。”

拉斯柯尔尼科夫忧伤地不说话了，低下了头；他沉思了很久，末了，又冷笑一声，但这一笑是短促而悲哀的：

“哎呀，不用啦！”他说，仿佛对波尔菲里已经绝对不能隐瞒了。“不值得！我压根儿不需要你们减刑！”

“我害怕的正是这点！”波尔菲里兴奋地仿佛身不由己地嚷道，“我害怕的正是您不需要我们减刑。”

拉斯柯尔尼科夫忧伤地而且意味深长地把他打量了一下。

“哎哟，您别厌世！”波尔菲里继续往下说。“您还大有前途呢。怎么不需要减刑，怎么不需要！您这个人没耐心！”

“大有什么前途？”

“生活嘛！您算是什么预言家，您知道得很多吗？凡祈求的，就得着[②]。也许这正是上帝对您的期望。您不会坐一辈子牢……”

“会减刑……”拉斯柯尔尼科夫笑起来了。

“怎么，您害怕的原来是资产阶级的耻辱？这也许是，您自己并不知道您害怕的是什么——因为您还年轻！可是您还是不应该害怕或者羞于自首。”

“哎——呀，这算得了什么！”拉斯柯尔尼科夫鄙夷而厌恶地嘟哝说，仿佛不屑一谈似的。他又稍微欠起身子，好像要上什么地方去，但

---

①意指法庭。

②见《新约·马太福音》第7章第8节。

显然很失望地又坐下了。

“的确算不了什么！您丧失了信心，您以为我粗俗地恭维您；您已经活得很久了吗？您懂得很多事情吗？您想出了一套理论，但是您害臊了，因为这个理论破产了，而且也不是很新奇的！结果证明这是卑鄙的，事实如此嘛；但是您到底不是一个无可救药的坏蛋。您压根儿不是这样的坏蛋！至少您没有把自己哄骗很久，您一下子就碰了壁。我把您当作什么人呢？我认为您也是一个这样的人：哪怕挖出他的肠子，他还是站着不倒，含笑地望着刽子手——只要找到信仰或上帝。您找到，就能活下去。第一，您早该换一下空气了。嗯，受苦也是一件好事。您去受苦吧。米柯尔卡想要受苦，这也许是对的。我知道，您不信上帝——可您别卖弄聪明了；投身到生活中去吧，别考虑啦；别担心啦——会把您送到岸上，让您站稳脚跟。送到什么岸上吗？我怎么知道呢？我只是相信，您还大有前途。我知道现在您会把我的话当作训诫记在心里的；您以后也许会想起来的，有一天会对您有用处的；我是为这个缘故才说的。幸好，您只杀死了一个老太婆。如果您想出另一套理论，也许您会干出要坏一万万倍的事来！您也许还得感谢上帝呢；您怎么知道：也许上帝正是为某件事而保护着您。可您有一颗伟大的心，不必那么害怕。您害怕即将到来的伟大的赎罪吗？不，害怕是可耻的。您既然做到了这一步，那就得坚强起来。这是正义。您要干正义所要求的事。我知道，您不信上帝，可是，说实在的，生活会带您前进的。以后您会恢复自尊心的。现在您需要的只是空气、空气、空气！”

拉斯柯尔尼科夫甚至怔了一下。

“您到底是什么人，”他叫道，“您算是什么预言家？您站在什么样的庄严肃穆的高处向我郑重地宣布大智大慧的预言？”

“我是什么人啊？我是个没有前途的人了，再也没有什么希望了。我也许是个有感情的和有同情心的人，也许有某些学问，但已经到了顶啦。可是您——那是另一回事：上帝给您安排了生活（可是谁知道呢，或许您的一生也会像过眼烟云，不留一丝痕迹）。如果您变为另一类的人，那又怎么样呢？您有那样一颗心，不会留恋舒适的生活吧？嗯，也许很久没有人会看见您。问题不在于时间，而在于您本人。您要做个太阳，大家就会看见您。而太阳首先应该是个太阳。您干吗又笑啦：我说话像席勒吗？我敢打赌，您以为，现在我在恭维您！嗯，也许我当真在恭维您。嗨！嗨！嗨！罗季昂·罗曼内奇，您大概不相信我的话吧，甚至永远不会十分相信的——我承认，这是我的怪脾气；不过我要补充一句：我这个人卑鄙到什么程度，正直到什么程度，您大概能够判断吧！”

“您想什么时候逮捕我？”

“我能够让您再自由行动一天半或两天。您想一想吧，亲爱的朋友，您要祷告上帝。对您会更有好处，真的，会更有好处。”

“万一我逃跑了呢？”拉斯柯尔尼科夫问，不知怎的，怪模怪样地笑起来。

“不，您不会逃跑的。村夫俗子才会逃跑，时髦的教派信徒才会逃跑——他们都是别人思想的奴隶——因此只要让他瞧瞧指尖，像海军准尉窦尔卡[①]那样，不管您要他怎样，他都会相信您一辈子。可是您不会再相信您自己的理论了——您带什么东西逃跑呢？您在逃亡中干什么呢？逃亡是卑劣的而且困难重重。可是您首先需要生活和一定的地位，需要适当的环境。您会有什么样的环境呢？如果您逃跑，您会回来的。**没有我们，您就不能活下去**。假如我把您抓起来——您坐一个月、两个月或三个月牢，会突然间记起我的话来，您会招认的，连您自己也会觉得出乎意外。一小时前您自己也不知道，您会来自首。我甚至相信您‘决心要受苦’；您现在不会相信我的话，可是您会得到同样的结论的。因为，罗季昂·罗曼内奇，受苦是伟大的事；您别看我发胖了，这没有关系，一切我还是知道的；在受苦中会产生一种理想，这话您可别讥笑。米柯尔卡是对的。不，罗季昂·罗曼内奇，您不会逃跑的。”

---

①陀思妥耶夫斯基在这儿误引了果戈理的喜剧《婚事》中所提到的海军准尉窦尔卡，其实是指可笑的海军准尉佩图霍夫(第2幕第8场)。

拉斯柯尔尼科夫拿了制帽，站起来了。波尔菲里·彼得罗维奇也站起来了。

“您去散步吗？将会是一个很好的夜晚，只要不下雷雨。不过下雷雨，天气就会转凉爽，那更好……”

他也拿起制帽。

“波尔菲里·彼得罗维奇，请您别以为，”拉斯柯尔尼科夫严肃而倔强地说，“今天我向您招认了。您这个人很怪，我只是由于好奇才倾听着您的意见，可我什么也没有向您招认……您可要记住这点。”

“嗯，我知道，我会记住的——瞧，他甚至在发抖。亲爱的朋友，请您放心。悉听尊便。稍微走动一下吧；只是不能走得太远。如果有必要，我对您还会有个小小的请求，”他压低声音补了一句，“这个请求是容易引起误会的，但是很重要，也就是说，如果有必要（不过，对这点我还不相信，我认为您绝对不会这样干的），假如万一，嗯，万一在这四十或五十小时内，您愿意用另一种方法，用一种异想天开的方法主动地把事情结束（这个假定是荒谬的，请您原谅我作出这样的假定），请您留下一张简短而明确的便条。写上两行，只要写上两行，要提到那块石头：那就更好。嗯，再见……希望您好好地考虑一下，想出些好主意来！”

波尔菲里不知怎的哈着腰，仿佛避而不看拉斯柯尔尼科夫似的走了。拉斯柯尔尼科夫走到了窗前，愤怒而急不可耐地等待着，等到按照他的计算这个人已经走到了街上，并且已经走得稍远了，他这才急匆匆地从屋子里走出去了。

三

他急匆匆地找斯维德里加依洛夫去了。他对这个人能指望什么呢——他自己也不知道。但是这个人对他有一种潜在的权力。一经意识到这点，他就心神不定了，何况现在时机已经成熟了。

在路上，有一个问题特别使他苦恼：斯维德里加依洛夫去找过波尔菲里没有？

就他所能判断的来说，他敢起誓——不，他没有去过！他想了又想，回想起波尔菲里来找他的情景，于是他恍然明白了：不，他没有去过，他当然没有去过！

但是，假如还没有去过，那么他会不会上波尔菲里那儿去呢？

现在，直到现在他还是觉得他不会去的。为什么？理由他可说不上来；但是，如果他说得出理由，那么现在他就不必为这件事而大伤脑筋。这一切使他苦恼着，同时他也顾不上这个了。奇怪的是，也许这种情况谁也不会相信，但是他对自己迫在眉睫的当前命运似乎不大关心，简直是漫不经心。还有一件重要得多的、异常重要的事也使他苦恼着。这是一件有关他本人的事，而与别人不相干；但这是另一件事，也是一件重要的事。此外，他还感到精疲力竭，虽然这天早晨他的思考力比这些天要好得多。

既然已经发生了这样的事，现在值不值得花费力气去克服这一切新的微不足道的困难呢？譬如说，值不值得花费力气设法不让斯维德里加依洛夫去见波尔菲里；值不值得为一个斯维德里加依洛夫而去研究、打听和浪费时间！

啊，这一切使他多么厌烦啊！

然而他还是急匆匆地找斯维德里加依洛夫去了；他是不是希望从他那儿得到新消息、指示或逃跑的方法？真是抓住一根稻草不放！是不是命运，是不是什么本能使他们两个人结合在一起？也许这不过是疲劳和绝望；也许他需要的不是斯维德里加依洛夫，而是另一个人；而斯维德里加依洛夫不过偶然在这儿出现。索尼雅呢？他现在去找索尼雅干什么？再去乞求她的眼泪吗？但是他觉得索尼雅很可怕。在他看来，索尼雅是个不可挽回的判决，是个不可改变的决定。现在——不走她的路，就得走他的路。特别是在这个时刻，他不能去见她。不，去试试斯维德里加依洛夫不是更好吗：这是个什么样的人呢？他心里不能不承认，由于某个原故，他仿佛当真早已需要这个人了。

但是他们有什么共通的地方呢？甚至他们所干的坏事也不可能是一样的。何况这个人使人很讨厌，他的生活显然异常腐化，一定是个滑头和骗子，也许还很毒辣。人家都在这样议论他。不错，他设法安置了卡杰琳娜·伊凡诺夫娜的孩子们；但是谁知道，这有什么目的？有什么动机？这个人总是有所打算，有所企图的。

这些天，在拉斯柯尔尼科夫的头脑里还经常闪现着一个念头，他因此异常不安，虽然他甚至努力驱除这个念头，因为这个念头使他很痛苦！他有时觉得：斯维德里加依洛夫老是在他身边打转，而且现在还在他身边打转；斯维德里加依洛夫知道了他的秘密；斯维德里加依洛夫对杜尼雅是有企图的。如果他现在还在她身上打什么主意呢？差不多可以肯定地说，他还在**打主意**。如果现在因为知道了他的秘密而可以要挟他，那么他会利用这个机会来对付杜尼雅吗？

这个念头有时甚至在梦中也使他苦恼着，但是像现在他去找斯维德里加依洛夫的时候那样清楚地在他的头脑里出现，还是第一次。光是这个念头已经使他闷闷不乐，怒火直冒。第一，既然一切都已经发生了变化，连他自己的情况也变化了，他应该立刻把这个秘密坦白地告诉杜涅奇卡。也许应当去自首，以免杜涅奇卡采取某种轻率的行动。那封信呢？今天早晨杜尼雅接到了一封信！在彼得堡有谁会写信给她呢？（难道是卢仁吗？）不错，拉祖米兴在那儿保镖；但是拉祖米兴什么也不知道。或许也应该向拉祖米兴坦率地说出？拉斯柯尔尼科夫极其厌恶地这么想。

不管怎样，必须尽快去见斯维德里加依洛夫，他暗自拿定了主意。谢天谢地，他需要知道的不是详情细节，而是事情的实质；但是，如果斯维德里加依洛夫对杜尼雅不怀好意，只要他做得到，那就……

拉斯柯尔尼科夫在这个时期里，在这一个月当中，已经精疲力竭，现在他甚至只有一个办法去解决这样一些问题："那就把他杀死，"他思忖道，心里涌起了冷酷而绝望的感觉。他心头感到了沉重的压抑；他在街心站住了，朝四下望望：他走着哪条路，上哪儿去啊？他是在某大街上，离他经过的干草市场有三十或四十步路。左面的一所房屋的二楼是一家小饭馆。全部窗子都开着；从打窗前走过的人影看来，这家小饭馆里挤满了人。大厅里歌声荡漾，黑管吹出悠扬的调子，提琴在演奏，土耳其鼓敲得咚咚响。也传来了一阵妇女的尖叫声。他本想折回，同时心里觉得很奇怪，为什么又回到某大街上来了。小饭馆尽头的窗子都开着，突然间他在一扇窗子里看见了斯维德里加依洛夫，他靠窗口坐在一张茶桌旁，嘴里叼着一个烟斗。这使他不觉大吃一惊，几乎惊呆了。斯维德里加依洛夫注意地望着，默然打量着他，这也立刻使拉斯柯尔尼科夫感到惊讶：斯维德里加依洛夫似乎想站起来，打算在没有被发觉之前赶快悄悄地溜走。拉斯柯尔尼科夫立刻装出一副仿佛没有看见他的样子，沉思地望着一边，但是还在打眼梢注视着他。拉斯柯尔尼科夫慌得心怦怦直跳。果真如此：斯维德里加依洛夫显然不愿让人看见。他从嘴里拿出烟斗，已经想要藏起来；可是，他站起来推开椅子后，大概忽然发觉拉斯柯尔尼科夫看见了他，而且还注意着他。他们之间发生了一幕同他们在拉斯柯尔尼科夫家里初次见面时一样的情景，当时拉斯柯尔尼科夫还在睡觉。斯维德里加依洛夫脸上浮现出狡狯的微笑，笑容越来越扩大。双方都知道，他们都看见了对方，并且彼此注视着。斯维德里加依洛夫终于放声大笑起来。

“喂，喂！如果您要来，那就上来吧；我在这儿！”他从窗口叫喊道。

拉斯柯尔尼科夫登楼上小饭馆去了。

他在一个跟大厅毗连的很小的后房间里找到了他，有个小窗可以望见大厅，大厅里摆着二十张小桌，几个歌手一个劲儿声嘶力竭地在合唱，有商人、官吏和许多各色各样的人在喝茶。从那儿传来了打台球的声音。在斯维德里加依洛夫面前的那张小桌上摆着一瓶开过的香槟和一只盛着半杯酒的玻璃杯。在小房间里还有一个带了一架小型手风琴的少年街头乐师和一个体态健美、脸颊红润的姑娘，她那条子花裙掖在腰里，头上戴了一顶系着带子的蒂罗尔式帽子。她是个卖唱的姑娘，约莫十八岁，用相当嗄哑的低沉的胸音，在手风琴伴奏下唱歌，唱着一支下等歌曲，尽管别的房间里在合唱……

“够了！”拉斯柯尔尼科夫一跨进门，斯维德里加依洛夫就叫她停止。

姑娘立刻停住了，恭恭敬敬地等待着。她唱的也是一支押韵的下等歌曲，脸上的神色是严肃而恭敬的。

“喂，菲里普，拿一杯来！”斯维德里加依洛夫喊道。

“我不喝酒，”拉斯柯尔尼科夫说。

“随您的便，我不是给您喊的。卡佳，喝吧！今天不要再唱了，你走吧！”他给她满满地斟了一杯酒，并拿出了一张黄色的钞票[1]。卡佳像一般妇女喝酒一样，也就是说，把一玻璃杯酒接连地用二十来口喝光了。她拿了钞票，并吻了一下斯维德里加依洛夫很严肃地让她吻的手，便走了。那个少年带着手风琴，也跟着她慢吞吞地走出去了。这两个人是从大街上被带进来的。斯维德里加依洛夫在彼得堡还没有住上一个星期，可是他周围的一切已经具有古代族长的遗风了。堂倌菲里普也已经是他的“熟人”了，非常巴结他。通大厅的门上了锁；这个小房间像是自己的家，斯维德里加依洛夫也许成天逗留在这儿。这家小饭馆很脏，是一家下等饭馆，连二等饭馆也够不上。

“我上您那儿去找过您了，”拉斯柯尔尼科夫开口说。“但是不知为什么，现在我突然从干草市场折回到某大街上来了！我从来不拐到这儿来，也不走这条路。我总是从干草市场向右拐弯。而且上您那儿去也不走这条路。我只拐个弯，原来您在这儿！这真奇怪！”

“您为什么不直截了当地说，这是奇迹！”

“因为这也许是一个偶然的巧合。”

“你们这些人都有这个脾气！”斯维德里加依洛夫哈哈大笑起来。“即便心里也相信奇迹，但却矢口否认！您不是说，‘也许’不过是偶然的巧合。这里的人都不敢发表自己的见解，罗季昂·罗曼诺维奇，您想象不到吧！我指的不是您。您有自己的见解，也不怕有自己的见解。正是由于这个缘故，您才引起了我的好奇心。”

“没有别的话了吗？”

“这已经够了。”

---

①票面一卢布的纸币。

斯维德里加依洛夫的情绪显然是兴奋的，但只有几分；他只喝了半杯酒。

“我觉得，您是在知道了我能够有您所谓自己的见解之前来找我的，”拉斯柯尔尼科夫说。

“啊，那时候情况可不同。各人有各人的打算嘛。至于奇迹，我告诉您吧，您似乎把最近两三天的时间都在睡眠中错过了。我对您谈起过这家小饭馆。您一径上这儿来了，这不是什么奇迹；我向您指点过路程，也告诉过您这家小饭馆的地址以及可以在这儿找到我的时间，您记得吗？”

“我忘了，”拉斯柯尔尼科夫诧异地回答道。

“我相信您的话。我对您说了两次。这个地址就不知不觉地印在您的头脑里了。您是不知不觉地拐到这儿来的，然而您毫厘不爽地按着地址找来，虽然您自己并不知道这个地址。我告诉您的时候，并不希望您理解我的意思。罗季昂 · 罗曼内奇，您大露马脚了。啊，我还要告诉您：我坚决认为，彼得堡有许多人在走路的时候都喃喃地自言自语。这是一座半疯子的城市。如果我们有科学的话，那么医生、法律家和哲学家们都能按照自己的专业在彼得堡进行一次极有价值的调查研究。很少有地方像彼得堡那样使人的精神受到这么大悲观的、强烈的和奇怪的影响。光是气候的影响就那么大！然而这是全俄的行政中心，它的特征必定会影响全国。可是现在问题不在这方面，而在于我已经几次对您冷眼观察。您从家里出来——还昂起了头。走了二十步路，您就把头低下了，两手反剪在背后。您望着，显然没有看见前面的东西，也没有看见两旁的东西。末了，您翕动起嘴唇自言自语，有时您把一只手挥舞起来，像在朗诵。末了，在街心站了很久。这很不好。也许除了我，还有别的人注意着您哪。这对您是不利的。其实对我毫不相干，我不会叫您革除这个习惯的，可是我的意思，您当然明白。”

“您知道有人监视着我吗？”拉斯柯尔尼科夫问，一边探究地打量他。

“不，我什么也不知道，”斯维德里加依洛夫似乎诧异地回答道。

“哦，那您别管我，”拉斯柯尔尼科夫脸色阴沉地嘟哝说。

“好吧，我不管您。”

“您最好谈谈，既然您上这儿来喝酒，并约我两次到这儿来找您，那您现在，当我在街上朝窗口眺望的时候，为什么躲起来要溜走？这我看得很清楚。”

“嗨！嗨！那次我站在您的门口，您为什么躺在长沙发上闭上眼睛装睡觉？您那时根本没有睡熟。这我也看得很清楚。”

“我有……理由……这您自己知道的。”

“我也有我的理由，虽然您不知道这些理由。”

拉斯柯尔尼科夫把右臂肘支在桌上，用手指托住了下巴，凝神地望着斯维德里加依洛夫。他打量了一会儿他的脸，从前，这张脸也常常使他感到诧异。这是一张奇怪的脸，像个假面具：白净、红润，两片嘴唇鲜红，一把色泽光亮的淡黄色大胡子，一头还相当浓密的淡黄发。眼睛不知怎的太蓝了，他的目光不知怎的过于沉郁而呆滞。在这张漂亮的、就年龄来说还异常年轻的脸上有一副叫人非常不舒坦的表情。斯维德里加依洛夫衣着考究，穿了一套又轻又薄的夏装，他的内衣特别雅致。一个指头上戴了个镶一颗贵重宝石的粗大的戒指。

“难道您又要来找我的麻烦啦！”拉斯柯尔尼科夫突然急不可耐而又直截了当地说，“虽然您说不定也是个危险的人。如是您要害我，那我可不愿意再让自己受人欺侮。我马上就让您瞧瞧，我可不是像您所想的那么爱惜自己，您大概这样想吧。您要知道，我来找您是要直截了当地告诉您，要是您对舍妹还是打着从前的主意，要是为了这个目的，您想利用您最近所发现的那件事，那我会在您把我投入牢狱之前杀死您。我的话说了算数：您要知道，我说到做到。其次，如果您要对我说什么话——因为在这些日子里，我总觉得，您好像要对我说什么话——那您快些说吧，因为时间是很宝贵的，说不定，很快就会晚了。”

“您这么匆忙上哪儿去啊？”斯维德里加依洛夫问，一边好奇地打量他。

“各人有各人的事嘛，”拉斯柯尔尼科夫忧郁而急不可耐地说。

“您自己刚才要求我们真诚相见，可是头一个问题，您就拒绝回答，”斯维德里加依洛夫微露笑意说。“您总是认为我抱着一些什么目的，因此您用怀疑的目光看我。嗯，处在您的境地，这是完全可以理解的。尽管我很想跟您交朋友，可我还是不打算消除您的疑虑。真的，这是得不偿失的，我不打算同您谈任何跟您有特殊关系的事。”

“那么您要我干什么呢？您不是想跟我接近吗？”

“我不过把您当作一个有趣的观察对象罢了。我很喜欢您的处境的神秘性——就是这个缘故嘛！此外，您又是我很关心的一个女子的哥哥，这个女子从前常常对我谈起您，谈到过许多有关您的事，所以我认为，您对她有很大的影响；难道这还不够吗？嗨—嗨—嗨！可是我承认，在我看来，您的问题是很复杂的，我很难对您回答这个问题。比方，您现在来找我不但抱有一定的目的，而且还要打听新消息吧？是不是这样？是不是这样？”斯维德里加依洛夫带着诡谲的微笑坚持地说。“所以，您要知道，我还在上这儿来的路上，在火车里就打着您的主意了：您也会告诉我什么新消息的，并且能够从您身上得到些什么好处！我们都是些什么样的人啊！”

“得到些什么好处？”

“我对您怎么说呢？那我怎么知道？您要知道，我成天待在这样一家小饭馆里，已经觉得心满意足了。不是说我心满意足了，而是说，必须有个地方坐坐。哪怕是这个可怜的卡佳——您看见她了吗？……嗯，比方，从前我虽然是个贪吃的人，俱乐部里的一个吃客，可是这样的东西我也能够吃！（他指指一个角落，在那儿的一张小桌上摆着一只铁盘子，盘子里盛着吃剩的叫人难以下咽的土豆煎牛排。）顺便问问，您吃过午饭了吗？我稍微吃过一些，再也不想吃了。比方，我根本不喝酒。除了香槟，我再也没有喝过什么酒，而且整个晚上只喝了一杯香槟，虽然如此，还是感到头痛。我现在叫这杯酒，是想提提精神，因为我打算到一个地方去，您以为我有着特别的心情吧。刚才我所以像小学生一般躲起来，是因为我以为您会妨碍我；可我觉得（他掏出表来），我可以同您谈一个钟头；现在是四点半。您可相信，要是我是个什么人：或者是个地主，或者是个神父，或者是个枪骑兵，或者是个摄影师，或者是个新闻记者，那就好了……可我什么也不是，我没有什么特长！有时我甚至感到苦闷。真的，我还以为您会告诉我什么新消息呢。”

“那么您是个什么人呢，您为什么上这儿来？”

“我是个什么人吗？您是知道的：我是个贵族，在骑兵队里服役过两年，然后在这儿彼得堡闲荡，再后来娶了玛尔法·彼得罗夫娜，就住在乡下。这就是我的履历！”

“您大概是个赌徒吧？”

“不，我算什么赌徒，我是赌棍，不是赌徒。”

“您是个赌棍？”

“是的，我是赌棍。”

“那么，您挨过揍？”

“挨过揍。那又怎样呢？”

“哦，那么您可以要求决斗……总的说来，您倒很活跃。”

“我不反对您的看法，此外，我也不是擅长哲学的。我坦白地对您说吧，我多半是为了女人而赶到这儿来的。”

“一安葬玛尔法·彼得罗夫娜，您就赶来了？”

“正是这样，”斯维德里加依洛夫带着令人感动的坦率微微一笑，“那又怎么样呢？您大概以为，我这样谈女人是不道德的吧？”

“您的意思是，我是不是认为生活腐化是坏事？”

“生活腐化！原来您是这个意思！可我按顺序来回答您，首先一般地谈谈女人；您知道，我爱说空话。请您告诉我，我为什么要克制自己？我既然爱女人，那我为什么要抛弃女人呢？至少有些事情可做做。”

“那么您在这儿不过想过腐化生活！”

“想过腐化生活，那又怎么样呢！您老是惦记着腐化生活。至少我喜欢直截了当地提问题。在这种腐化生活中至少有一种永远不变的东西，它甚至是以天性，而不是以幻想为基础的；这是存在于血液中的东西，像一块经常燃烧着的煤，永久地燃烧着，还要燃烧很久，而且随着年龄的增大而越烧越旺，大概不会很快就熄灭的。您可同意，就某一点说，这怎么不是一项工作呢？”

“这有什么可高兴的？这是一种病，危险的病。”

“啊，原来您是这个意思？我同意这是一种病。凡是过了度的都是病——而在这样的事情上一定会过度——但首先各人的情况不同；其次，不用说，一切事情都要有个分寸，要有节制，虽然这是下流的，可是有什么办法呢？如果不在这方面寻欢作乐，我也许会拿手枪自杀。我有同样的想法：一个规规矩矩的人应该不怕寂寞，可是……”

“您会用手枪自杀吗？”

“哎呀！”斯维德里加依洛夫厌恶地阻止道。“请您别谈这个啦，”他赶忙加了一句，甚至不像从前那样吹牛了。连他的神色似乎也变了。“我承认有这个不可原谅的弱点，可是有什么办法呢：我怕死，不喜欢人家谈死。您可知道，我有点儿像神秘派①！”

“啊！玛尔法·彼得罗夫娜的鬼魂！怎么，还常常出现吗？”

“别提鬼魂啦；在彼得堡还没有出现过；去它的！”他流露出一副恼怒的神情喊道。“不，咱们还是谈谈这个吧……不过……嗯！哎呀，时间不多了，我不能很久地同您待在一起。很可惜！我本想告诉您一件事。”

“您有什么事啊，去找女人吗？”

“是的，去找女人，一个意想不到的机会……不，这我可不想谈。”

“那么这个环境的肮脏对您不发生影响了吗？您已经无力自拔了吗？”

“您也希望获得这种力量吗？嘿—嘿—嘿！罗季昂·罗曼内奇，刚才您真使我奇怪，虽然我早已知道，一定是这么回事。您向我大谈腐化生活，大谈美学！您是个席勒，您是个理想主义者！不用说，这一切一定是这样。如果不是这样，那才怪。但是实际上这到底是叫人奇怪的……哎呀，很可惜，时间不多了。所以您本人就是一个十分有趣的角

① 指相信超自然的、神秘的力量的人。

色！顺便问问：您喜欢席勒吗？我倒非常喜欢他。”

“可您真是个吹牛大王！”拉斯柯尔尼科夫带几分厌恶的情绪说。

“唉，老天为证，我可不是这样的人！”斯维德里加依洛夫哈哈大笑着回答道。“不过，我不争辩，就算我是个吹牛大王；但是为什么不吹牛，如果这对别人没有害处。我在乡下跟玛尔法·彼得罗夫娜同居了七年，所以，现在碰到像您这样一个聪明人——聪明而又饶有趣味的人，我真高兴聊聊。此外，我喝了这半玻璃杯酒，酒力已经有几分发作了。重要的是，有一件事情使我惊惶不安，可我……不想谈这件事……您上哪儿去？”斯维德里加依洛夫忽然惊愕地问。

拉斯柯尔尼科夫站起来了。他感到又难受又窒闷，觉得在这儿有点儿拘束。他亲眼看到了，斯维德里加依洛夫是世间一个最浅薄的和最卑鄙的恶棍。

“哎——哎呀！请坐，待一会儿吧，”斯维德里加依洛夫恳求说。“您无论如何要叫杯茶喝喝。请坐下，好吧，我再也不说废话了，也就是说，我再也不谈自己的事了。我要告诉您一件事。如果您要听，我就告诉您，有个女人怎样，照您的说法，‘救了’我？这甚至将是对您的第一个问题的答复，因为这个女人就是令妹。可以对您谈谈吗？而且咱们可以消磨些时间。”

“您讲吧，可我希望，您……”

“啊，请您放心！而且连阿夫多季雅·罗曼诺夫娜到底也使得——我这样的一个品德恶劣而又浅薄的人感到极大的尊敬。”

四

“您知道，也许（对了，其实，我自己告诉过您），”斯维德里加依洛夫谈起来了，“因为欠了人一笔巨款，一个子儿也没有归还的希望，我坐过这儿的债务拘留所。当时玛尔法·彼得罗夫娜怎样把我赎出来，这不用细述了；您可知道，爱情有时能使一个女人糊涂到什么程度？这是一个正直的很通情达理的女人（虽然根本没有受过教育）。您要知道，这个最爱吃醋的和正直的女人发狂似的大吵大闹，埋怨我许多次后，决意迁就我，跟我订立了一个合同，在我们的婚后生活中她一直履行着这个合同。问题在于：她的岁数比我大得多，此外，她嘴里经常含着丁香。虽然我的内心这么卑鄙，可我也有诚实的地方，所以我能够坦率地告诉她，我不能完全忠诚于她。这个自白使她气得发狂了，但她似乎也有些喜欢我那粗鲁而老实的态度，她说：'既然他预先声明！这样看来，他不愿哄骗我，'对一个爱吃醋的女人说来，这是首要的事。她哭了很久，于是我们之间订立了一个口头协定：第一条，我决不遗弃玛尔法·彼得罗夫娜，一定跟她白头偕老；第二条，没有得到她的许可，我什么地方也不去；第三条，我决不找固定情妇；第四条，玛尔法·彼得罗夫娜让我有时跟女仆勾勾搭搭作为交换条件，但是一定得让她暗中知道；第五条，不许我爱同一阶层的女人；第六条，万一我又发生深挚的爱情——这是不允许的——我应该向玛尔法·彼得罗夫娜直言不讳。至于最后一条，玛尔法·彼得罗夫娜一直很放心。这是个聪明的女人，因此她一定把我看作一个浪荡子和淫棍，没有真挚的爱情。但是聪明的女人和爱吃醋的女人是两类人，麻烦就在这里。不过，要对某些人作出公正的评判，那就得预先抛弃一些先入的偏见，改变对待常在我们周围的人们和事物的习惯态度。我有理由认为您的见解比任何其他人的见解更可信。关于玛尔法·彼得罗夫娜，您也许已经听到了很多可笑的和愚蠢的流言。的确，她有一些很可笑的习惯；但我对您直说吧，她无数次感到伤心，原因都在我身上，我打心底里感到懊悔。我觉得，一个最体贴的丈夫为他最温柔的妻子写一篇很合适的祭文[①]就够了。如果我们吵起嘴来，我多半不做声，也不恼火，这种君子风度差不多常常生效；甚至也影响到她，她竟然很喜欢；她甚至还常常因为有我这样一个丈夫而自豪。但是她还是不能容忍令妹。不知道这是怎么回事。她冒险请这么一个漂亮的女子到自己家里来当教师！我是这样解释的：玛尔法·彼得罗夫娜是个热情而敏感的女人，她自己简直爱上了——的确爱上了——令妹。而阿夫多季雅·罗曼诺夫娜也喜欢她！我心里十

① 原文为法文。

分明白，第一眼就看出事情不妙——您怎么想？——所以我坚决不抬眼看她。可是阿夫多季雅·罗曼诺夫娜自己迈出了第一步——您信不信！还有，玛尔法·彼得罗夫娜因为我总是绝口不提令妹，因为她对阿夫多季雅·罗曼诺夫娜热爱地赞不绝口，而我却淡然置之，开头甚至大生我的气，这您也相信吗？我自己也不明白，她要干什么！不用说，玛尔法·彼得罗夫娜把我的全部底细都告诉了阿夫多季雅·罗曼诺夫娜。她有一个坏脾气：不顾一切地把家里的各种秘密告诉一切人，并且不断地逢人诉说我的坏处；对这么一个非常好的新朋友哪会例外？我认为，她们所谈的一定是我的事情。毫无疑问，阿夫多季雅·罗曼诺夫娜一定知道了那些归咎于我的令人伤心的秘密……我敢打赌；您也已经听到这一类的话了吧？……”

“我听说过。卢仁把一个孩子的死甚至归咎于您，这是真的吗？”

“对不起，别提这些卑鄙的事啦，”斯维德里加依洛夫厌恶而埋怨地推托说。“如果您一定要知道这桩没意义的事，那我可以特别安排一个日子告诉您，可是现在……”

“我也听到过关于乡下您的一个仆人的话，您似乎也是这件事的祸根。”

“请别再说了！”斯维德里加依洛夫又带着显然不耐烦的神情打断了他的话。

“这是不是死后来给您装过烟斗的那个仆人……还是您自己告诉我的吧？”拉斯柯尔尼科夫越发恼火了。

斯维德里加依洛夫聚精会神地打量着拉斯柯尔尼科夫，他觉得，在这样的目光里，刹那间像闪电般地闪过了一阵狞笑，可是斯维德里加依洛夫忍住了，很客气地回答道：

“就是这个人嘛。我明白，您对这一切事情也异常感兴趣，一有适当的机会，我认为有义务逐一告诉您来满足您的好奇心。见鬼！我明白，我的确可能被某些人看作浪漫人物。您可想而知，这以后，我是多么感激亡妻玛尔法·彼得罗夫娜啊，因为她向令妹谈了那么多我的秘密的和饶有趣味的事。我不敢想，她会产生什么印象；但是无论如何这对我是有利的。阿夫多季雅·罗曼诺夫娜自然讨厌我了。尽管我常常有一副忧闷不乐和令人讨厌的样子，但她到底对我起了怜悯之心，可怜我这个不可救药的人了。当一个姑娘起了**怜悯之心**的时候，不用说，这对她是最危险的。这时她一定想要‘救他’，劝导他，叫他重新做人，促使他走向更崇高的目标，让他重新开始新的生活，从事新的活动——嗯，如所周知，可能想出很多这一类的事。我立刻就明白了，鸟儿自投罗网来了，我也有所准备。罗季昂·罗曼内奇，您好像在皱眉头？用不着，正如您所知道的，一无结果。（见鬼，我喝了多少酒啦！）您知道，起初，我常常感到惋惜，令妹没有能够在公元二世纪或三世纪出世，做个某王公，或某省长，或小亚细亚总督的千金。她无疑也是一个会忍受殉难痛苦的人。不用说，她被用烧红了的钳子烫胸脯的时候，也会面带笑容的。她甘愿去受苦嘛。而她生在四世纪或五世纪，就会到埃及的沙漠去，在那儿住上三十年，靠草根、欢乐和幻想过活。她自己只渴望并要求快些去为某个人受苦。如果不让她受苦，她也许会从窗口跳下自杀的。我听说有一位拉祖米兴先生。据说，他是个年轻的小伙子，很懂事（从他的姓就可以知道，大概他是神学校里的学生），让他保护令妹吧。总而言之，我觉得我了解她，并且以此为荣。可是那时，就是说，在刚相识的时候，您是知道的，不知怎的人常常会变得更轻率更愚蠢，错误的观点会使人看不清问题。真奇怪，她为什么长得这么美？这不是我的过错！一句话，在我这方面，是从不可克制的性欲冲动开始的。阿夫多季雅·罗曼诺夫娜非常贞洁，真是闻所未闻，见所未见。（您要注意，我对您所说的关于令妹的话都是事实。她是贞洁的，也许这是病态现象，虽然她很聪明，但这反而有害于她。）那时我家里来了一个姑娘，叫巴拉莎，黑眼睛的巴拉莎，她刚从别的村子来，是个婢女，我从来没见过她——长得很漂亮，但蠢得使人难以置信：流着泪，哭号得到处都听见，这就闹出乱子来了。有一次，吃过午饭，阿夫多季雅·罗曼诺夫娜特地到花园的小径上来找我，两眼闪闪发光，**要求**我别再对可怜的巴拉莎纠缠不清。这大概是我们俩头一次谈话。自然，我认为满足她的愿望是光荣的，竭力装出诧异和害臊的样子。总之，这个角色我演得很不错。于是便开始了会晤啦，秘密谈话啦，规劝啦，开导啦，恳求啦，哀求啦，甚至还流下泪来——您可相信，甚至还流下泪来！某些女子的传道热情达到何等程度啊！当然，我认为这一切都是命中注定的，我装作一个冀求者和一个渴望光明的人。最后，我采取了最有效的和可靠的办法去征服女人的心，这个办法永远不会使人失望的，对每个人都会产生决定性作用的，无一例外。这是一种尽人皆知的办法——阿谀奉承嘛。世界上没有比说真心话更困难的事了，但也没有比阿谀奉承更容易的事。说真心话时，只要有百分之一的假音调，立刻就会发生不和谐，麻烦就会随之而来。如果是阿谀奉承，哪怕从头至尾所有音调都是虚假的，但还是令人高兴的，人听到了不会不高兴；虽然感到肉麻，但到底还是令人高兴的。不管阿谀奉承是怎样肉麻，至少有一半是真实的。这颇受社会上各等级和各阶层的人们的欢迎。连贞洁的少女也能用阿谀奉承这一套去引诱。普通的人更不用说了。我回想起，有一次勾搭上了一个忠于丈夫、爱孩子并严守妇道的太太，禁不住笑了起来。这是多么开心，多么不费力气啊！可是这位太太当真是淑贤的，至少她自以为是这样。我的全部策略是完全屈服，对她的贞洁钦佩得五体投地。我厚颜无耻地阿谀奉承，常常只要她握一握我的手，甚至看我一眼，我就责备自己，说这是我用暴力强迫她这样做的，她抗拒过，猛力地抗拒过；如果我不是那么恶劣，大概什么也得不到；又说什么因为她淳朴天真，没有提防诡谲的行为，无意中失了身，她自己是不知不觉的，等等。总而言之，我达到了目的。但是我的太太还是十分相信，她是淳朴的、贞洁的、履行着自己的职责和义务，而她的死完全是意外的。我最后向她说明，我深信，她也像我一样寻欢作乐，她就大生我的气！可怜的玛尔法·彼得罗夫娜也非常爱听恭维话。只要我想要，不用说，她活着时就会把她的全部财产交给我。（但是此刻我酒喝得太多了，废话也说得太多了。）如果现在我谈到，对阿夫多季雅·罗曼诺夫娜也会发生同样的效果，我希望您别见怪；可是我很蠢，没有耐性，把事情整个儿搞坏了。阿夫多季雅·罗曼诺夫娜先前也有过几次（特别是有一次）非常讨厌我的眼神，这您相信吗？一句话，一种爱情的火焰越来越旺地、越来越不谨慎地在我的眼睛里闪烁，这把她吓坏了，并且终于惹起了她的憎恶。不用细说，可是我们分离了。于是我又干了蠢事。我极其粗暴地嘲笑这一切说教和呼吁。巴拉莎又登场了，而且不止她一个人——总而言之，闹出一场大乱子来了。哎哟，罗季昂·罗曼内奇，要是您一辈子哪怕只有这么一次能看到令妹那对有时会闪闪放光的眼睛就好了！现在我喝醉了，已经喝了一玻璃杯酒，这不要紧，我说的是实话；老实告诉您，我在梦里见过这样的目光；而且她衣服的窸窣声也终于使我受不了。真的，我心里想，我会发癫痫的，我愤怒到这个地步，决非我意料所及。总而言之，必须和解；但这已经不可能了。您想想看，我那时干了些什么啊？疯狂会使人糊涂到什么程度！罗季昂·罗曼内奇，人发疯了，就不会有办法。我考虑到，阿夫多季雅·罗曼诺夫娜实际上是个穷苦的女子(咳，请原谅，我并不想这么说的……但是，如果表现的是同一概念，那不是一样吗？)，一句话，她靠双手劳动过活。令堂和您都靠她养活(哎呀，见鬼，您又皱眉头啦……)，我已经决定了把我所有的钱都送给她(那时我可以送她三万卢布)，只要她能够跟我私奔，哪怕到这儿彼得堡来也行。自然，我会立刻起誓奉献一生的爱情和幸福，等等。您可相信，当时我那么热恋着她，如果她对我说：你杀死或者毒死了玛尔法·彼得罗夫娜后再来同我结婚，——我立刻就会照办！但是结局很不幸，这您已经知道了。当时，我知道了玛尔法·彼得罗夫娜找到了一个最卑鄙的律师卢仁，几乎替她做成了媒，我是多么愤慨啊，这您可想而知。其实这和我求婚还不是一样。对不对？对不对啊？是这样吗？我发觉，您开始聚精会神地听起来……好一个有趣的青年……”

斯维德里加依洛夫不耐烦地用拳头敲了一下桌子。他脸红了。拉斯柯尔尼科夫清楚地看出，斯维德里加依洛夫喝下的、不知不觉地一口一口地喝下的一玻璃杯或一杯半的香槟在他身上发生了病态的作用——拉斯柯尔尼科夫决意利用这个机会。他觉得斯维德里加依洛夫很可疑。

“听了您这一番话后，我完全相信，您上这儿来，是打舍妹的主意，”拉斯柯尔尼科夫对斯维德里加依洛夫直截了当地、毫不隐讳地说，想更惹他恼火。

“哎呀！得了吧，”斯维德里加依洛夫突然间仿佛想了起来，“我不是对您说过……此外，令妹现在不会容忍我。”

“她不会容忍您，这我也相信，但是现在的问题却不在这方面。”

“您相信她不会容忍我吗？（斯维德里加依洛夫眯缝起眼睛，脸上浮出了嘲讽的微笑。）您说得对，她不爱我；但是夫妻之间或者情人之间的事您可保证不了。这儿总是有个小小的地方，对世人仍是一个秘密，只有他们俩才知道。您能保证；阿夫多季雅·罗曼诺夫娜把我看作眼中钉吗？”

“从您所谈的话里我觉察到，现在您对杜尼雅仍旧打着什么主意，还有一些最迫切的意图，不用说，是卑鄙的意图。”

“怎么！我吐露过这样一些话吗？”斯维德里加依洛夫忽然非常天真地惊慌起来，丝毫没有注意到加在他的意图前面的那个形容词。

“您现在还在说这样的话。那么，您为什么，比方说，这样害怕？您现在为什么突然惊慌起来？”

“我害怕？我惊慌？我怕您？还不如说，您应该怕我，亲爱的朋友[1]。真是胡说八道……可我明白，我喝醉了；几乎又说漏了嘴。可恶的酒，喂，拿水来！”

他拿起酒瓶，随便地往窗外摔去。菲里普端来了水。

“这都是废话，”斯维德里加依洛夫说，把毛巾浸湿，按在头上，“我一句话就能使您哑口无言，消除您的一切疑虑。您可知道，比方说，我要结婚？”

“这您从前也对我说过。”

“我说过吗？我忘了。但那时我还没有把握，因为连未婚妻还没有见过面哩；我只是有这个打算罢了。哦，现在我有一个未婚妻了，事情已经办妥了。要是我没有要紧事儿，一定马上就带您去见他们，因为我

---

①原文为法文。

想要请教您，哎呀，见鬼，只有十来分钟了。喏，您看看表；不过我要讲给您听听，因为我的婚事，就某一点来说，是一件有趣的事。您上哪儿去？又要走啦？”

“不，现在我不会走。”

“您不会走？咱们等着瞧吧！我要带您上那儿去，这是真的，让您见见我的未婚妻，不过现在不去，因为现在您也就要走了。我要跟您分道扬镳了。您知道这个列斯丽赫吗？就是我现在住着她的房子的那个列斯丽赫，啊？您听说过吗？不，我知道您在想些什么，就是那个女人嘛，据说她的一个女儿在冬天投河自杀了——嗯，您听说过吗？听说过吗？是她给我做的媒；她说，你很无聊，要设法消磨消磨时间。我本来是个抑郁寡欢的人。您以为我很乐观吗？不，我是个悲观的人：我不做坏事，可是常常在角落里闷坐；有时我三天不跟人谈一句话。可是这个列斯丽赫是个缺德的女人。我告诉您，她转着这样一个念头：我厌倦了，就会撇下妻子出走，我的妻子就会落入她的手里，她就可以利用她。当然是在我们的阶层里，或者是在更高的阶层里。她说：对方有一个年迈力衰的父亲，一个退休的官吏，坐在圈椅里有两年多没走动过一步。她又说，还有一个母亲，是个通情达理的太太，一个好妈妈。儿子在县城里一个什么机关里供职，不供养他们。女儿出嫁了，也不来看他们，他们还带着两个幼小的侄儿(好像自己的子女还不够多)，他们不让最小的一个女儿念完中学，中途退学了，再过一个月她才满十六岁，就是说，再过一个月她可以出嫁了。嫁给我的就是这个姑娘。我们上他们家去过；这是多么可笑啊；我自我介绍了一番：地主、鳏夫、望族、交游广阔、有财产——我五十岁，对方还不满十六岁，那有什么关系呢？谁会注意到这点？嗯，难道不令人羡慕吗？这是令人羡慕的，嘿！嘿！可惜您没有见到我怎样跟她爸爸妈妈谈话！要看看我这个时候的样子，您就得付钱。她进来了，行了个屈膝礼，您可想而知，她还穿着短裙呢，一个含苞未放的花蕾，脸儿绯红，红得像一抹朝霞(当然告诉过她)。我不知道，您对女人的脸有怎样的感觉；但是，依我看，这十六岁的年纪，这双还是小娃娃的眼睛，这羞怯的神态、害羞的眼泪——依我看，这胜过美，而且她还像一张画画儿呢。浅色的头发梳成一绺绺小卷子，两片丰满的小嘴唇是鲜红的，一双小脚——可爱极了！……嗯，我们相识了。我声明说，我因家里事务忙不能多耽搁，翌日，即第三天，我们就订了婚。从此以后，我一到她家，立刻就让她坐在我的膝上，不让她下来……嗯，她脸儿红得像一抹朝霞，我一刻不停地吻她。她妈妈当然提醒她，说这是你的丈夫，应该如此。总而言之，这太好了！真的，现在未结婚的时候，也许比结了婚更好。这就是所谓又自然又真挚[①]！嘿，嘿！我跟她谈过两次话——这个姑娘一点不傻；有时她偷偷地看我一眼——简直使我神魂颠倒。您要知道，她那张小脸蛋活像拉斐尔的《圣母像》。要知道，西斯廷教堂[②]里的《圣母像》的脸是富于幻想的，像一张悲伤的狂热的信徒的脸，这您没见过吧？嗯，她有几分相似。我们一订婚，第二天我就送去了价值一千五百卢布的礼物：一件是钻石饰物，另一件是一串珍珠和一个银制的妇女梳妆盒——这么大，里面装着各种东西，连她那像圣母的小脸蛋也涨红了。昨天我让她坐在膝上，大概我很放肆——她脸儿红到了耳根，泪水扑簌簌掉下来，但她不愿表露出激动的心情。所有的人都走开了一会儿，只剩下了我和她两个人，她忽然搂住了我的脖子（她还是头一次），两只小手搂住我吻起来，并起誓说，她要做我百依百顺的、忠诚的贤妻；说她要使我幸福；又说她愿意把自己的一生——自己一生的每分钟都献给我，不惜牺牲一切，而她所希望的报答是**只要我尊重她**。她说，'她不再需要别的什么，不需要任何礼物！'您同意吧，面对面地听这样一个脸上泛出少女的羞怯的红晕、眼里噙着狂热的泪水的十六岁小天使的这一番自白——您同意吧，这是十分迷人的。难道这不是迷人的吗？这些钱值得花吗？嗯，值不值得？嗯……嗯，那您听我说……嗯，咱们往后一块儿上我的未婚妻家里去……不过此刻不去！"

---

① 原文为法文。

② 西斯廷教堂以意大利文艺复兴时期雕刻家兼画家米开朗琪罗的天顶画及其他艺术家们的壁画著称。

“总之，这个年龄上和发育上的极大差别引起了您的情欲！难道您真的要娶这样的妻子吗？”

“那又怎么样呢？我一定要娶她。每个人都为自己打算，谁最会哄骗自己，谁才能生活得最快乐。嘿！嘿！您为什么一心想做善事？宽恕我吧，老弟，我是个有罪的人！嗨！嗨！嗨！”

“可是您安顿了卡杰琳娜·伊凡诺夫娜的几个孩子，不过……不过您这样做是有原因的……我现在完全明白了。”

“我向来喜欢孩子，我很喜欢孩子，”斯维德里加依洛夫不禁哈哈大笑起来。“我甚至可以告诉您关于这方面的一件很有趣的事，这件事直到现在还没有结束。我到这儿头一天就去逛各种下等场所，七年没上那些地方去了，简直是狂奔而去的。您大概察觉出了，我并不急于去找我的一伙人——从前的一些朋友和熟人。我尽可能久地挨延着不去找他们。您要知道：我同玛尔法·彼得罗夫娜同住在乡下的时候，对这些神秘的地方和场所，简直留恋难忘。熟悉这些地方的情况的人能够在那儿发现很多东西。见鬼！人们都酗酒，受过教育的青年们由于无聊，都沉湎于不可实现的梦境和幻想之中，他们被各种理论所迷惑，变成了理论上的残废者；不知从哪儿涌来了一批犹太人，他们都把钱积蓄起来，而其余的人都过着花天酒地的生活。从头几个钟头起，这座城市就使我闻到了一股熟悉的气息。我偶然来到了一个所谓跳舞晚会——一个可怕的地方(可是我喜欢的正是这种有娼妓在活动的地方)，当然是康康舞[1]，这种舞从来没见过，在我的青年时代也没有过。对，这就是文明嘛，我忽然看见一个十三岁小姑娘，装束入时，在同一个舞艺精湛的人跳舞；那个人跟她是脸对着脸的。她的母亲坐在墙跟前的一把椅子上。嗯，您可想而知，康康舞是一种什么样的舞！小姑娘害臊了，脸儿绯红，终于感觉到自己受了凌辱，哭了起来。这个跳舞能手搂住了她，把她旋转起来，在她面前，装腔作势，周围的人都哈哈大笑——在这样的时刻，我很喜欢你们的观众，即使是康康舞的观众——他们都哈

①游乐场中一种下流的舞。

哈大笑，叫嚷：‘做得对，应该如此！不应该带孩子们来！’他们的自我安慰是不是合理，我毫不介意，这跟我不相干！我立刻选定了一个座位，坐到她母亲身边攀谈起来，说我也是从外地来的，这里的人都是粗野的，他们不懂得人的真正的尊严，要给人以应有的尊重；我让她知道，我有很多钱；我请她们搭我的马车回家；我送她们回到了家里，跟她们相识了(她们刚到彼得堡不久，住在向二房东租来的一间斗室里)。她们对我说，她和女儿认为跟我相识是很荣幸的，我打听到她们一无所有，是为了打官司才到这儿来的；我表示愿意效劳，给予经济上的帮助；我还打听到，她们是误入那个晚会的，以为那儿是真正学习跳舞的地方：我表示愿意教这个年轻的姑娘法文和跳舞。她们高兴地接受了，认为这是很荣幸的。我直到现在还跟她们交往……如果您愿意，咱们往后一块儿去——不过此刻不去。”

“得啦，腐化堕落的、下流的色鬼，听够了您那些下流庸俗的故事！”

“一个席勒，我们的席勒，席勒！到处都有好人？[①]您要知道，我故意把这些事情告诉您，想听听您的叫喊。多开心啊！”

“可不是，难道此刻我不觉得自己可笑吗？”拉斯柯尔尼科夫愤愤地喃喃说。

斯维德里加依洛夫纵声大笑起来；末了，他叫来菲里普，付了账，就站起来了。

“嗯，我喝醉了，闲扯得够了！[②]”他说，“真开心啊！”

“您还会不开心！”拉斯柯尔尼科夫嚷道，也站了起来。“对一个肉欲放纵的淫棍来说，怀着这么一种奇怪的意图讲述这些奇遇，怎么会不开心呢。何况是在这样的情况之下，讲给一个像我这样的人听……起了刺激作用。”

“啊，要是这样，”斯维德里加依洛夫甚至流露出几分惊奇的神色回答道，一边打量着拉斯柯尔尼科夫，“要是这样，那您也是一个最不

---

①②原文为法文。

要脸的东西，至少您大有希望成为这样的家伙。您能懂得很多，能懂得很多……您也能做得很多。哦，可是，够了。我没有跟您谈个痛快，心里总觉得很遗憾，您不会离开我的……不过请您等一会儿……”

斯维德里加依洛夫从小饭馆里走出去了。拉斯柯尔尼科夫跟随而去。但是斯维德里加依洛夫并不醉得很厉害：酒力发作一阵，就渐渐消散了。他有着一桩什么心事，一桩异常重要的心事，锁紧了眉头。他显然因为等待着什么而焦躁不安。在这几分钟里，也不知怎的对拉斯柯尔尼科夫的态度突然变了，变得越来越粗暴，越来越冷嘲热讽。这一切拉斯柯尔尼科夫都看在眼里，也惶恐不安起来。他开始觉得斯维德里加依洛夫很可疑，决心跟踪他。

他们走到了人行道上。

“您往右走吧，可我却要往左走，或者，也许相反，不过——再见，*我亲爱的*[1]，但愿我们能愉快地再见！”

他往右向干草市场走去。

五

拉斯柯尔尼科夫跟随着他。

“这是怎么啦！”斯维德里加依洛夫掉转头来叫道。“我好像说过……”

“这就是说，我现在不会离开您。”

“什么——么？”

两个人都站住了，彼此对看了一会儿，仿佛在估量对方似的。

“听了您那些似醉非醉的话后，”拉斯柯尔尼科夫毫无顾忌地厉声说，“我可以**肯定**地说，您不但没有放弃对我妹妹的各种最卑鄙的意图，而且甚至比以前进行得更积极了。我知道，今天早晨我妹妹接到了一封信。您总是坐立不安……或许您会在路上找到一个妻子；可是这也不会使您改变主意。我要亲自弄个水落石出……”

---

①原文为法文。

拉斯柯尔尼科夫本人未必能够说得清楚，他现在要干什么，他要亲自弄个水落石出的是什么。

“原来是这样！您要我立刻喊警察吗？”

“喊吧！”

他们又面对面站了一会儿。斯维德里加依洛夫终于变了脸。他这才相信了，拉斯柯尔尼科夫是不怕恫吓的，忽然装出一副最愉快和友好的样子。

“好家伙！我故意不跟您谈起您的事，虽然，不用说，好奇心使我很痛苦。一件咄咄怪事。我下次告诉您，的确，您也能惹死人恼火……好，咱们走吧，不过我得预先向您说明：现在我只回家片刻，去拿些钱；然后把屋子锁上，雇一辆马车，往岛上去消磨整个晚上。您跟我一同上那儿去吗？”

“我现在到你们的住所去，不是上您那儿去，我去找索菲雅·谢苗诺夫娜，向她道个歉，因为我没有去送殡。”

“随您的便，不过索菲雅·谢苗诺夫娜不在家。她带着孩子们到一位太太那儿去了。那是一个显贵的老太太，我很久以前的一个熟人，几个孤儿院的管理人。我给她送去了卡杰琳娜·伊凡诺夫娜三个孩子的存款，此外，我还捐了些钱给孤儿院，我因此把这位太太迷惑了。我也把索菲雅·谢苗诺夫娜的情况告诉了她，什么都告诉了她，丝毫也没有隐瞒。这就使她产生了一个难以形容的好印象。所以，索菲雅·谢苗诺夫娜今天被直接邀请到某旅馆里去了，我的这位太太从别墅回来就暂住在那里。”

“那没有关系。我还是要去。”

“随您的便，不过我不同您一块儿走；跟我可不相干！我们现在到家啦。我相信，您用怀疑的目光看我，是因为我这么有礼貌，直到现在没有向您打听过什么。告诉我，是不是这样……您明白我的意思吗？您觉得这是一件怪事吧；我敢打赌，一定是这样！所以您也得对我有礼貌。”

“您在门后窃听！”

“啊，您说这个！”斯维德里加依洛夫笑起来了。“是的，咱们谈了这许多话后，如果您不提那件事，我倒觉得奇怪了。嘿！嘿！虽然我有点儿知道，您那时……在那儿……胡闹并亲自告诉了索菲雅·谢苗诺夫娜的那件事，可是这到底是怎么回事啊？也许我完全落在时代后面了，什么也不能理解。亲爱的朋友，看在上帝的分上，请您告诉我，用最新的理论来启发启发我吧。”

“您什么也听不到的，您胡说！”

“我不是说那个，不是说那个（虽然我也听到了一些），不，我说的是，您总是唉声叹气！您心里的一个席勒时刻在骚动。可是现在又不许人家在门后窃听。既然如此，那您去报告警察吧，说如此这般，我发生了一件意外的事：理论上出了一个小差错。如果您一定认为在门后不能偷听，而可以用随手抓起的东西任意杀死一个老太婆，那么您赶快逃到美国去吧！年轻人，逃走吧！也许还来得及。我说的是真心话。没有钱吗？我来供给您盘费。”

“这我根本没有想到，”拉斯柯尔尼科夫很有反感地打断了他的话。

“我明白（不过您不必使自己为难：如果您不愿意，那我不多谈了）；我明白，您心里苦恼着的是些什么问题：道德问题，对吗？是做一个国民和人的问题吗？您抛开这些问题吧；现在您何必关心这些问题？嗨，嗨！因为您还是一个国民和人吗？如果是这样，那就不用您管；不必去干跟您不相干的事。您拿支手枪自杀吧；还是您不想自杀？”

“您似乎故意撩我恼火，使我现在就离开您……”

“真是个怪人，我们已经到了，请上楼吧。喏，这就是索菲雅·谢苗诺夫娜家的门。您瞧，一个人也没有呢！您不相信吗？您去问卡彼尔纳乌莫夫吧；她常常把钥匙放在他们那儿。这就是她本人，太太[1]卡彼尔纳乌莫夫，啊？什么？（她有点耳聋）她出去了吗？上哪儿去啦？现

---

①原文为法文。

在您听见了吧？她不在家，也许要到晚上很迟才回家。嗯，现在到我家里去吧。您不是也要到我家里去吗？嗯，我的家到了。太太列斯丽赫不在家。这个女人老是忙得不可开交。请您相信，她是个好人……要是您稍微聪明点儿，她也许会帮您的忙。现在，您瞧，我从写字台里拿了这张五厘债券(我还有好多张哩！)，今天我要拿到钱庄里去兑现。嗯，您明白了吧？我再也没有时间可浪费了。把写字台锁上，把屋子也锁上；咱们再下楼去。咱们要不要雇一辆马车？我要往岛上去。您要坐马车不？我要雇这辆马车上叶拉金去，怎么样？您不去吗？您吃不消吗？咱们坐车走，没关系。大概要下雨，不要紧，咱们可以把车篷放下……”

斯维德里加依洛夫已经坐上了马车。拉斯柯尔尼科夫认为，至少此刻他猜疑是不对的。他一句话也不回答，转身就折回到干草市场去了。如果他在路上回头看一眼，那就会看到，马车还没有行驶一百步路，斯维德里加依洛夫就下车了，付了车资，在人行道上走。可是拉斯柯尔尼科夫已经什么也看不见了，他已经拐过街角了。厌恶的心情使他不能再跟斯维德里加依洛夫待在一起。“对这个粗俗的恶棍，对这个淫棍和下流东西，我能抱什么希望呢，哪怕是片刻的希望！”他不由地叫道。的确，拉斯柯尔尼科夫过于匆忙而轻率地作出了自己的判断。斯维德里加依洛夫这个人有个特点，如果不算神秘，那么至少有点儿不同寻常。至于妹妹，拉斯柯尔尼科夫仍然坚信，斯维德里加依洛夫不会让她安宁的。可是这一切事情他反复地思忖着，想得太苦恼，以致不能忍受了。

走了大约二十来步路，只剩下他一个人的时候，照常又陷入了沉思之中。他走上桥，在栏杆旁站定眺望起河来。可是这当儿阿夫多季雅·罗曼诺夫娜在他旁边站住了。

他在桥头就遇见她了，但是打她身边走过了，看也没看她一眼。杜涅奇卡从来没有在街上这样碰见过他，不觉吃了一惊。她停下来，不知道要不要叫他？她忽然发觉从干草市场方面急匆匆走近来的斯维德里加依洛夫。

可是那个人似乎神秘而又小心翼翼地走过来了。他没有走上桥来，而在一边，在人行道上站定了，竭力不让拉斯柯尔尼科夫看见他。他早已发觉了杜尼雅，向她做起手势来。她觉得，他做这种手势是叫她不要喊她的哥哥，别惊动他，而叫她走到他跟前去。

杜尼雅这样做了，她悄悄地打哥哥身边走过，走到斯维德里加依洛夫跟前去了。

“咱们快走，”斯维德里加依洛夫对她悄声说。“我不愿让罗季昂·罗曼内奇知道我们的会面。我预先告诉您，我曾经跟他一同坐在这儿不远的一家小饭馆里，他在那儿找到了我，我费了好大的劲才摆脱他。不知什么缘故，他知道我写信给您，并且起了疑，当然不是您告诉他的？不过，如果不是您，那么是谁呢？”

“我们已经转过了拐角，”杜尼雅插嘴说，“现在哥哥不会看见我们。我对您说吧，我不再跟您往前走了。您有什么话就在这儿对我说吧；这些话都可以在街上说的。”

“首先，这些话无论如何不能在街上说；其次，您也应当听听索菲雅·谢苗诺夫娜是怎样说的；第三，我要让您看些物证……嗯，最后，如果您拒绝上我家去，那我什么也不对您说，并且立刻就走。同时我请您别忘记，您那亲爱的哥哥有一个不寻常的秘密完全落入了我的手中。”

杜尼雅犹豫不决地站住了，目光锐利地望着斯维德里加依洛夫。

“您怕什么啊！”斯维德里加依洛夫沉着地说，“城市不比乡下。就是在乡下，您对我所做的不利的事，要比我对您做的更多，可是在这里……”

“索菲雅·谢苗诺夫娜知道了吗？”

“不，我没有对她说过一句话，我甚至绝对不相信现在她在家里。不过也可能在家里。今天她安葬了继母，她不会在这样的日子里去做客的。我暂时不想把这件事告诉任何人，我告诉了您，甚至有点儿懊悔呢。在这种事情上，极微小的疏忽就等于告密。我住在这儿，住在这所房子里，咱们就要到啦。这个就是我们房子里的看门人；看门人跟我很熟；瞧，他在向我点头招呼呢；他看见我跟一位女士一块儿走，当然，他已经注意您的脸了，这对您是有利的，如果您很害怕，怀疑我。对不起，我说得这么粗鲁。我的屋子是向二房东租来的。索菲雅 · 谢苗诺夫娜就住在我的隔壁，只隔一堵墙，也是向二房东租下的。整层都住着人。您为什么吓得像小孩儿一般？难道我是那么可怕吗？”

斯维德里加依洛夫宽恕地微笑着，笑得脸也扭歪了；可是他哪里有心情笑啊。他的心怦怦地直跳，胸里郁闷。他故意把话说得响些，想掩饰他那越来越激动的心情；但是杜尼雅没有能够发觉这种特殊的激动；什么她像小孩儿一般怕他，什么她觉得他很可怕——这些话已经惹得她怒火直冒了。

“虽然我知道，您不是一个……正直的人，可我一点儿也不怕您。您带路吧，”她说，显然很镇定，可是她脸色煞白。

斯维德里加依洛夫在索尼雅的屋子前站住了。

“让我去问一下，她是不是在家里……不在家里。很不凑巧呀！可是我知道，她很快就会回来的。如果她出去了，一定是为那几个孤儿的事去找一位太太。他们的妈妈死了。我也帮着料理过丧事，并且把他们都安顿好了。如果索菲雅 · 谢苗诺夫娜十分钟后不回来，今天我就叫她来见您，要是您同意的话；这就是我的房间。我住了两间屋子。隔壁是我的房东列斯丽赫太太住的。现在请您往这边看，我让您看看几件重要的物证：我的卧室的这扇门通向将要出租的两间空屋。就是这两间屋子……您可要稍微看得仔细些……”

斯维德里加依洛夫租了两间带家具的、相当宽敞的屋子。杜涅奇卡怀疑地扫了一眼，但没有发觉房间里的摆设和布置有什么特别的地方，虽然也可以发现什么。比方，斯维德里加依洛夫的房间是介于两间差不多空着的屋子之间的。他的房间不是直接打走廊走，而是穿过房东的两间几乎是空荡荡的屋子进去的。斯维德里加依洛夫打开了卧室里的一扇锁着的门，又让杜涅奇卡看一间将要出租的空屋。杜涅奇卡在门口站住了，不明白，为什么请她看这间房子，可是斯维德里加依洛夫赶忙解释说：

“请您看看这里，看看这个第二个大房间。您看看这扇门，门锁着。门旁放着一把椅子，在两间屋子里只有一把椅子。这是我从自己的屋子里搬来的。让我窃听起来舒服些。索菲雅·谢苗诺夫娜的桌子正好摆在门后；她坐在那儿跟罗季昂·罗曼内奇谈话。可我就坐在这把椅子上偷听，接连听了两个晚上，每次听了两小时——我当然多少能够知道一些，您觉得怎样？”

“您偷听过？”

“是的，我偷听过；现在到我的屋子里去吧；这儿没有坐的地方。”

他带着阿夫多季雅·罗曼诺夫娜回到了他当作客厅的第一间屋子里，请她坐在椅子上。他自己坐在桌子另一边，至少离开她有一俄丈，但是他眼里还闪射出从前使杜涅奇卡感到过害怕的光芒。她不觉一怔，又怀疑地四下望望。她装腔作势；她大概不愿意表露自己的怀疑。但是斯维德里加依洛夫的房间很幽僻，终于使她害怕起来。她想问，他的女房东是否在家，可是由于自尊心，她没有问……此外，她心里还有一种比为自身安全而产生的恐惧严重得多的痛苦。她难受地苦恼着。

“这是您的信，”她把信放在桌上，开始说。“您在信上所说的真有其事吗？您暗示，好像我哥哥犯了罪。您的暗示太明显了，您现在不敢否认吧。您要知道，我比您更早就听说过这个愚蠢的谣言，我可一句也不相信。这是可恶而又可笑的猜疑。我知道这件事，也知道这是怎样捏造的，为什么捏造。您不可能有任何的证据。您答应给我看，您说吧！可我预先向您声明：我可不相信您的话！我不相信！……”

杜涅奇卡把话说得又急又快。她的脸刷地红了。

“要是您不相信，那您怎么会冒险只身到我这里来呢？您来要干什么？只是由于好奇吗？”

“别让我痛苦啦，您说吧，说吧！”

“您真是个勇敢的女子，没话说。说实话，我以为您会请拉祖米兴先生陪您同来的。可是他没有和您一同来，也不在您的周围，我到底注意着：这是很勇敢的。看来，您想饶恕罗季昂·罗曼诺维奇。可是您的一切行动都是神圣的……至于令兄，我对您怎么说呢？现在您亲眼见到他了。他怎么样？”

“您不是以这点为根据吧？”

“不，我不是以这点为根据，而是以他自己的话为根据的。他接连两个晚上到这儿来找索菲雅·谢苗诺夫娜。我已经让您看过了他们坐过的地方。他完全向她坦白了。他是凶手。他杀死了一个年老的官太太，放高利贷的，他向她抵押过东西；他还杀死了她的妹妹，一个掮客，名叫丽扎韦塔，她在姐姐被杀害的时候，无意中闯了进去。他用随身带去的斧头杀死了这两个女人。他是为了谋财而杀死她们的，他抢了一票；他拿了钱和一些东西……他把经过情况都详详细细地告诉了索菲雅·谢苗诺夫娜，这个秘密只有她一个人知道，但是她不仅在口头上而且在行动上都不是这件谋杀案的同谋者，相反，她吓得和您现在一样。放心好了，她不会把他出卖的。”

“这也不可能！”杜涅奇卡嘟哝说，嘴唇发白，毫无血色；她喘不过气来了。“这不可能，没有任何原因，没有丝毫原因，没有任何理由……这是谎言！谎言！”

“他抢了一票，这就是原因。他拿了钱和东西。确实，据他自己供认，他没有用过钱，也没有用过那些东西，而把它们埋在什么地方的一块石头底下，现在还放在那儿。但这是因为他不敢使用。”

“他会偷盗，这怎么可能呢？他会动这样的脑筋？”杜尼雅惊叫道，从椅子上霍地站了起来。“您不是认识他，见过他？难道他会做强盗？”

她仿佛恳求着斯维德里加依洛夫；她完全忘记了自己的恐惧。

“阿夫多季雅·罗曼诺夫娜，这要进行几千几百万次综合和分类。一个强盗抢劫，可是他心里明白，他是个坏蛋；然而我也听说过有一个高尚的人抢劫邮车；谁知道他，或许他也真的认为，他干了一件正当的事！当然，我自己也像您一样不相信，假如这是旁人告诉我的。可我相信自己的耳朵，他也向索菲雅·谢苗诺夫娜说明了一切原因；但是她开头也不相信自己的耳朵，她终于相信了眼睛，相信了自己的眼睛，要知道，是他本人告诉她的。”

“那么是些什么……原因呢！”

“说来话长，阿夫多季雅·罗曼诺夫娜。这对您怎么说呢。是一种理论嘛，我的结论就是根据这种理论得出的，比方说，若是主要的目的对头，那么干坏事也是可以允许的。干一桩坏事，完成百件好事！对一个有自尊心和太自负的青年来说，例如，知道只要有三千卢布，那么在他生活的目标中，整个事业和前途就会迥然不同，但是他却没有这三千卢布，这当然也是使人感到委屈的。何况又因为挨饿，屋子窄小，衬衫破烂，明确地意识到自己的社会地位以及妹妹和母亲的处境太好[1]而愤然不平。特别是虚荣心、自尊心和虚荣心，然而谁知道他，也许还有高尚的志向呢……我不责备他，请您别那么想；而且也不关我的事。这也是他自己的理论——一种平凡的理论——按照这种理论，您要知道，人被分为普通材料和特殊人物两类，也就是说，有这样一些人，对于他们，由于他们地位高，可以不受法律约束，相反，他们自己却为其余的人们，为普通的材料和废料制定法律。算不了什么，一种平凡的理论；任何理论都一样。[2] 拿破仑使他钦佩得五体投地，也就是说，使他最心驰神往的是，有许多天才干一桩坏事满不在乎，而且毫不踌躇地破坏法律。他大概也自以为是天才——也就是说，在某一时期里，他有过这样的自信。由于想到自己能够创造理论，但却不能毫无顾虑地破坏法律——这样看来，他不是一个天才，他曾经感到很痛苦，而现在还感到痛苦。对一个自负的青年来说，这是有损尊严的，特别是在我们的时代……”

“可是良心的谴责呢？那么您不承认他有任何的道德观念吗？难道他是这样的人吗？”

“唉呀，阿夫多季雅·罗曼诺夫娜，现在一切都是乱糟糟的，也就是说，从来不是有条有理的。阿夫多季雅·罗曼诺夫娜，一般地说俄罗斯人都是胸襟宽广的人，像他们的国土一样广阔，异常爱好幻想，爱好

---

①这是一句反话。

②原文为法文。

杂乱无章；然而胸襟宽广而无特殊的才能是一种不幸。您可记得，我同您每天晚上吃罢晚饭坐在花园里露台上好多次交谈过这一类问题和这个题目。您还责备过我的这种宽宏大量。谁知道呢，或许我们正在谈论的时候，他正好躺在这儿考虑着自己的计划。阿夫多季雅·罗曼诺夫娜，在我们知识界里尤其缺乏那些神圣的传统：难道有什么人将会想方设法根据书本编出……或者从编年史上推论出什么。但这多半是有学问的人干的事，您要知道，从某一点来看，他们也是头脑简单的人，所以上流社会人士甚至都不屑为之。其实，您大体上知道我的意见；我决不指责任何人。我是个不爱劳动的人，我决不改变这个宗旨。关于这点，我们已经谈过不止一次了。您对我的意见很感兴趣，我甚至感到荣幸……阿夫多季雅·罗曼诺夫娜，您的脸色很苍白！”

“我知道他的这个理论。我读过他在杂志上发表的一篇论述有权为所欲为的人物的文章……是拉祖米兴带给我看的……”

“拉祖米兴先生？您读过令兄的文章？在杂志上发表的？有这样一篇文章吗？我倒不知道。这一定很有趣！阿夫多季雅·罗曼诺夫娜，您上哪儿去？”

“我要去看看索菲雅·谢苗诺夫娜，”杜涅奇卡用有气无力的声音说。“上她那儿去怎样走？她也许回来了；我一定要立刻见到她。让她……”

阿夫多季雅·罗曼诺夫娜没有能够把话说完：她真的喘不过气来了。

“索菲雅·谢苗诺夫娜要到夜里才回家。我认为是这样。她应该很快回来，如果不回来，那么一定要很晚才……”

“啊，那么你在撒谎！我知道……你撒过谎……你老是撒谎！……我不相信你的话！不相信！不相信！”杜涅奇卡当真发狂地叫喊起来，完全惊慌失措了。

她几乎不省人事地倒在斯维德里加依洛夫赶忙给她挪到跟前的一把椅子上。

“阿夫多季雅·罗曼诺夫娜，您怎么啦，醒醒吧！水端来了。您喝一口吧……”

他向她身上洒些水。杜涅奇卡哆嗦了一下，便醒来了。

“很有效！”斯维德里加依洛夫皱紧眉头，暗自低声说。“阿夫多季雅·罗曼诺夫娜，您放心吧！您要知道，他有几个朋友。我们会救他的，会把他救出来的。您希望我把他送往国外吗？钱我有的是；船票我三天内就能弄到。至于他杀了人，他还可以做许多好事来赎罪。您放心好了。他还能成为一个伟大的人物，哦，您怎么啦？您身子觉得怎样？”

“好毒辣的人！他还在讥笑。让我走吧……”

“您上哪儿去？您要上哪儿去？”

“我去找他。他在哪儿？您知道吗？这扇门为什么锁上了？我们是从这扇门里进来的，可是现在锁上了。您什么时候把它锁上的？”

“不能大声叫嚷，让所有房间里的人都听见我们在这儿的谈话。我根本没有讥笑；这种话我简直不愿说。您这副模样上哪儿去？还是您要出卖他？您会使他发疯的，他会去自首。您要知道，已经有人监视他，盯他的梢。您只是把他出卖罢了。等一等：我见到过他，刚才跟他谈过话；还可以救他。您稍待一会儿，请坐吧，咱们一块儿想个办法。我是为这件事才叫您来的。我要跟您单独地谈一谈，好好儿想个办法。请坐吧！”

“您能用什么办法救他？难道能救他吗？”

杜尼雅坐下了。斯维德里加依洛夫也在她旁边坐下来。

“这件事取决于您，取决于您，取决于您一个人……”他双目炯炯放光，几乎嗫嚅地说。他不知所措了，甚至激动得说不出别的话来。

杜尼雅害怕起来，赶忙躲开他一点。他也浑身哆嗦起来。

“您……只要您说一句，他就得救了！我……我会救他。我有钱，又有朋友。我马上送他走，我去弄护照，去弄两张。他一张，我自己一张。我有朋友；我也有会办事的人……您愿意吗？我还要给您弄护照……也给令堂弄一张……您要拉祖米兴干什么？我也爱您……我无限地爱您！让我吻一下您的衣服的边吧，让我吻一下吧！让我吻一下吧！我不能听见您的衣服的窸窣声。只要对我说：去做那件事，我就会去做！我什么都会去干的。不能做到的事我也会去做。您信仰什么，我也会信仰什么。我什么，什么都会干！您别看，别这样看我！要知道，您这是杀死我……”

他甚至说起糊涂话来了。他突然不知怎么了，仿佛他的脑袋被猛击了一下。杜尼雅霍地站了起来，向门口奔去。

“开门！开门！”她隔着门叫道，喊着什么人，一边用两手摇着门。“开门！难道没有人？”

斯维德里加依洛夫站了起来，清醒了。侮慢的狞笑在他那还在打颤的嘴角上慢慢地浮现出来。

“屋子里一个人也没有，”他不慌不忙地悄声说，“女房东出去了，您这样大喊大叫白费力气：只不过徒然使自己激动。”

“钥匙在哪儿？立刻开门，立刻开门，下流东西！”

“钥匙我丢了，找不到了。”

“啊？你要强奸！”杜尼雅大声叫道，脸色煞白像死人，慌忙向屋角奔去，赶紧把身边的一张小桌拖过去作掩护。她没有喊叫，但目光盯住折磨她的人，警惕地注视着他的每个动作。斯维德里加依洛夫也没有走动过一步，在屋子那一头面对她站着。他甚至保持着镇静，至少外表上是这样。可是他的脸还是煞白的。侮慢的微笑没有从他的脸上消失。

“阿夫多季雅·罗曼诺夫娜，您刚才说‘强奸’，如果是强奸，那您自己可以看出，我就采取手段了。索菲雅·谢苗诺夫娜不在家；离卡彼尔纳乌莫夫家还很远，得穿过五间上了锁的屋子。而且我的力气至少比您大一倍。此外，我也不用害怕。因为往后您也不能控告我：您不是不愿出卖令兄吗？而且谁也不会相信您：一个女子独个儿上一个单身汉的家里去干什么？所以您即使牺牲令兄，这也不能证明什么：阿夫多季雅·罗曼诺夫娜，要证明我强奸是很困难的。”

“卑鄙的东西，”杜尼雅怒气冲冲地低声说。

“随您的便，可是您要注意，我的话还不过是作为一个建议。按照我个人的看法，您是完全对的：强奸是卑鄙行为。我只是向您指出，您的良心不会受谴责的。即使……即使您照我向您所作的建议自愿地去搭救令兄。就是说，您也不过是为环境所迫，或者屈服于暴力，如果不能不使用这个词儿的话。这点要请您考虑一下：令兄和令堂的命运都操在您的手里。我一辈子……愿做您的奴仆……我会在这里等待着……”

斯维德里加依洛夫坐到沙发上，跟杜尼雅相隔八步。杜尼雅觉得他那不可动摇的决心已经没有丝毫可怀疑的了。何况她知道他……

她突然从口袋里掏出一支手枪，扳着扳机，把拿着手枪的手放在小桌上。斯维德里加依洛夫直跳起来。

“嘿！原来是这样！”他惊讶地叫道，可是脸上露出了狞笑，“啊，这会使情况整个儿改变的！阿夫多季雅·罗曼诺夫娜，您会使事情十分有利于我！这支手枪您从哪儿来的？是不是拉祖米兴先生的？咦！这是我的手枪！好熟悉！那时我把它找得好苦呢！……我很荣幸在乡下教过您射击，不是白教的了。”

“这不是你的手枪，是玛尔法·彼得罗夫娜的。她是你杀死的，凶手！在她家里可没有你的东西。我疑心你会用手枪打死她，所以我把它拿走了。只要你敢走近一步，我起誓，我就打死你！”

杜尼雅发狂了。她准备开枪。

“哦，那么令兄呢？我出于好奇心才问您，”斯维德里加依洛夫问，还是站在原地。

“如果你要告密，那就去告吧！不许动！别走过来！我要开枪啦！你毒死了妻子。我知道，你就是凶手！……”

“那么您肯定，玛尔法·彼得罗夫娜是我毒死的？”

“是你！你自己向我暗示过；你对我谈起过毒药……我知道，你坐车去买的……你早有准备……这一定是你干的……坏蛋！”

“即使这是事实，那也是由于你的缘故……祸根归根到底还是你。”

“你胡说！我向来，向来……恨你。”

“唉，阿夫多季雅·罗曼诺夫娜！看来，您忘记了，您在狂热的说教中怎样向我表示了好感，显得很温柔……我从您的眼神里察觉出的；您可记得，晚上，在月光下，夜莺还在唱歌？”

“你撒谎！（杜尼雅眼睛里闪烁着怒火。）你撒谎，你造谣中伤！”

“我撒谎？嗯，也许我撒谎。我撒过谎。不该对女人重提这些事情。（他冷笑了一声。）我知道，你会开枪，你这头美丽的小野兽。你开枪吧！”

杜尼雅举起手枪，脸白得像死人，下唇失了血色，颤抖着，那双乌黑的大眼睛闪射出火一样的光，直盯着他。她下定了决心，估计着距离，等待着对方的第一个动作。他从来还没见过她如此美丽。当她举起手枪的时候，她眼里闪射出来的火仿佛把他燃烧起来，他的心痛苦地揪紧了。他走上一步，枪声砰的一声响了起来，子弹在他的头发上擦过，打穿了后面的墙。他站住了，轻轻地笑起来：

“被黄蜂咬了一口！对准着我的脑袋……这是什么？血！”他掏出手帕去擦掉血，一条细细的血从右边太阳穴上直淌下来；子弹大概稍微擦伤了头皮。杜尼雅放下了手枪，直瞅着斯维德里加依洛夫，不是恐惧，而是一种大惑不解的心情。她仿佛自己也弄不懂，她干了什么，发生了什么事！

“啊，您没有打中！再开一枪，我等着，”斯维德里加依洛夫悄声说，还在冷笑，但脸色显得有点儿忧郁。“大概在您扳动扳机以前，我来得及把您抓住！”

杜涅奇卡打了个寒颤，赶快扳住扳机，又举起了手枪。

“不用你管！”她绝望地说，“我起誓，我又要开枪……我要……打死！……”

“好吧……只相隔三步路，应当把我打死。您打不死……那就……”他双目炯炯放光，又向前走上两步。

杜涅奇卡开了一枪，枪没有响！

“您把子弹装得不对头。不要紧！您的手枪里还有底火。摆摆准，我等着。”

他站在她面前，离她两步远等待着，抱着非凡的决心直瞅着她，眼睛发红，眼神充满了情欲和痛苦。杜尼雅明白了，他宁死也不放她走。“那……那当然，相隔两步路，现在她会把他打死的……”

她忽然扔掉了手枪。

“扔掉啦！”斯维德里加依洛夫惊讶地说，深长地舒了口气。仿佛有个什么东西一下子从他心上掉落了，也许，这不仅仅是死亡的恐惧。这当儿，他未必会有这种感觉。他自己也不能完全确定这是一种什么感觉，这是摆脱了另一种更悲哀和更忧郁的感觉的心情。

他走到了杜尼雅跟前，一只手轻轻地搂住了她的腰。她没有反抗，但身子像一片树叶般地索索发抖，用恳求的目光瞅着他。他本想说什么，但只歪撇着嘴，一句话也说不出。

“让我走！”杜尼雅恳求说。

斯维德里加依洛夫不觉一愣：**你**这句话说得和刚才不一样。

“你不爱我吗？”他温和地问。

杜尼雅拒绝地摇摇头。

“那么……你不能？……永远不？”他失望地低声说。

“永远不！”杜尼雅喃喃地说。

在斯维德里加依洛夫心里发生了片刻无声的剧烈的斗争。他用难以形容的目光打量着她。他忽然放开了手，掉转身子，快步向窗口走去，在窗前站住了。

又过了片刻。

“这是钥匙！（他从外衣左边口袋里掏出一把钥匙，放在身后的桌子上，没有回过头来看杜尼雅。）拿去吧；快走！……”

他固执地望着窗外。

杜尼雅走到桌子跟前拿了钥匙。

“快走，快走！”斯维德里加依洛夫重复地说，还是一步不动，也没有掉转头去。但是“快走”这个词儿听起来像是一个可怕的音调。

杜尼雅明白这个调子的意义，她拿了钥匙，就急忙向门口走去，倏然打开门，便夺门而出。一会儿后，她发狂似的跑到了河岸上，向某桥飞奔而去。

斯维德里加依洛夫在窗前又站了三分钟；末了，他慢慢地转过身来，朝四下看看，并用手掌轻轻地摸了一下前额。一阵怪异的微笑扭歪了他的脸，这是一阵可怜的、伤心的和无力的微笑，绝望的微笑。血沾满了他的手掌，已经干了。他愤怒地看看血，接着把一条手巾浸湿，抹去了鬓角上的血迹。被杜尼雅直丢到门跟前的那支手枪突然又投入了他的眼帘。他拾起手枪，察看了一下。这是一支旧式的可以放在口袋里的小型三发手枪，里面还剩有两发弹药和一根底火。还可以发射一次。他沉吟了一下，便把手枪放入了口袋里，拿起帽子就走了。

六

这天晚上，他从一个地方跑到另一个地方，在各处小饭馆里和下等场所鬼混到十点钟。卡佳又在某处出现了，她又在唱另一支下等歌曲，歌词是说有个人，“一个流氓和恶霸”，

吻起卡佳来了。

斯维德里加依洛夫请卡佳喝酒，也请一个街头乐师喝酒，又请歌手们、堂倌们和两个录事喝酒。他跟这两个录事交起朋友来了，特别是因为这两个人都有一个歪鼻子：一个录事的鼻子是向右歪的，另一个录事的鼻子是向左歪的。这使斯维德里加依洛夫感到十分奇怪。他们还带他到一个游乐园去玩儿，他替他们买了门票。这个游乐园里有一棵种植了三年的细小枞树和三丛小灌木。此外，还建造了“沃克扎尔”①，实际上这是一家酒店，但那儿也可以品茗，而且还摆着几张绿色的小桌和几把椅子。有几个蹩脚歌手的合唱和一个喝得醉醺醺、鼻子红彤彤但不知为什么神气异常沮丧、像个小丑似的来自慕尼黑的德国人的表演，给顾客助兴。那两个录事跟另外几个录事争吵起来，要动打了。他们公推斯维德里加依洛夫做调解人。他已经替他们调解了一刻钟光景，但是

①19 世纪上半叶，游乐园里的音乐厅和音乐台都称作“沃克扎尔”。

他们都大叫大嚷，以致他简直没法弄清楚他们的争执。最确切的事实是其中一个偷了东西，甚至已经在这儿卖给了一个邂逅相遇的犹太人；可是卖掉东西后，他不肯分赃款给伙伴。事情终于弄明白了，卖掉的东西原来是“沃克扎尔”的一把茶匙。如果“沃克扎尔”发现遗失一把茶匙追查起来，事情就麻烦了。斯维德里加依洛夫赔了茶匙，就站起来，离开游乐园走了。已经是十点钟光景。他本人始终没有喝过一滴酒，只在“沃克扎尔”喊了一杯茶，而且这多半也是因为这里的规矩如此。但是晚上郁热难受，天色阴沉，到十点钟，可怕的乌云从四边合拢来了；雷声隆隆，大雨倾盆。雨不是成点子地而是如注地倾泻在地上的。天空不断打着闪电，每次持续时间可数到五那么久。他回到家里，浑身湿透，像只落汤鸡，锁上了门，打开那张写字台，取出了钱，还撕碎了两三张纸。接着他把钱放入了口袋里，本想换去身上的衣服，但往窗外一望，听了一下雷声和雨声，就打消了这个主意，拿起帽子，没有把屋子锁上便走了。他一径去找索尼雅。她在家里。

不止她一个人：卡彼尔纳乌莫夫家的四个小孩子团团地围住了她。索菲雅·谢苗诺夫娜在请他们喝茶。她沉默而尊敬地迎接斯维德里加依洛夫，用惊讶的目光打量他那身湿淋淋的衣服，可是一句话也没有说。孩子们都吓得不得了，马上一溜烟似的跑掉了。

斯维德里加依洛夫走到桌子跟前坐了下来，请索尼雅坐在他旁边。她胆怯地准备恭听。

“索菲雅·谢苗诺夫娜，我说不定要上美国去，”斯维德里加依洛夫说，“所以我跟您见面大概是最后一次了，我来交代一下。唔，今天您见着这位太太了吗？我知道，她对您说了些什么，不必转达了。（索尼雅把身子动了一下，脸刷地涨红了。）这种人有个大家所熟悉的脾气。至于您的弟妹们，他们当真有了安身的地方，应该为他们付的钱，我都照章付给了可靠的人，取得了收据。这几张收据还是由您保存吧，以备万一。给您，收下吧！唔，现在这件事可算结束了。这里是三张五厘债券，共值三千卢布。这笔钱您也收下吧，是给您的，这是我们两人之间的事情，别让人知道，不管您听到什么话。您需要这些钱，因为，

索菲雅 · 谢苗诺夫娜，照老样子生活下去——那不好，而且您再也不必这样做了。”

“我非常感激您，孤儿们和我那个已故的继母也都很感激您，”索尼雅慌忙说，“如果到现在我还没有好好地感谢您，那么……请您别以为……”

“哎，得了，得了。”

“阿尔卡奇 · 伊凡诺维奇，我很感谢您送我这些钱，可我现在不需要这些钱。我这一辈子能够养活自己，您别以为我不识好歹：既然您这么好心，那么这些钱……”

“给您，给您，索菲雅 · 谢苗诺夫娜，请别多说了，因为我也没有工夫。您需要钱。罗季昂 · 罗曼诺维奇有两条路：或者照准脑门打一枪，或者被流放到西伯利亚去。（索尼雅羞怯地望着他，哆嗦起来。）您别惊慌，我全都知道，他亲自告诉我的，我可不是爱说废话的人；我不会告诉任何人。那时您劝过他去自首，这做得对。这对他会有益得多。唔，如果被流放到西伯利亚去——他上那儿去，您跟他去吗？真是这样吗？真是这样吗？嗯，如果是这样，那就需要钱。为了他，您就需要钱，明白吗？我送钱给您，也就是送给他。而且您也答应过阿玛丽雅 · 伊凡诺夫娜偿还欠她的钱；我听说的。索菲雅 · 谢苗诺夫娜，您怎会这么轻率地认了这笔债，答应归还？这个德国女人的钱是卡杰琳娜 · 伊凡诺夫娜借的，不是您借的，您不必理睬那个德国女人。您这样是活不下去的。嗯，如果什么时候有人来问您——明天或后天——问起我或者我的事（会有人来问您的），您可别说我现在来看过您，决不要拿这些钱给任何人看，也决不要告诉任何人，说我送过钱给您。唔，现在再见了。（他从椅子上站了起来。）请向罗季昂 · 罗曼内奇问好。顺便说说：您暂时把钱托拉祖米兴先生保管也好。您认识拉祖米兴先生吗？您当然认识的。这小伙子还不错。明天就把钱送到他那儿去，或者……等到那个时候。在那个时候以前，您得妥为保管。”

索尼雅也从椅子上站了起来，一边害怕地望着他。她很想说些什么，问问什么，可是开头她不敢，而且也不知道打哪儿说起。

“您怎么啦……您怎么啦。下着这么大的雨，您现在要走？”

“嗯，我要上美国去，还怕雨嘛，嗨！嗨！再见吧，亲爱的，索菲雅·谢苗诺夫娜！您要活下去，要长久地活下去，那您就会有益于别人。顺便说说……请您告诉拉祖米兴先生，说我向他致意。您这样对他说吧：阿尔卡奇·伊凡诺维奇·斯维德里加依洛夫向您致意。一定要告诉他。”

他撇下索尼雅走了。她惊讶、恐惧，心里是一片模模糊糊的令人痛苦的疑团。

原来这以后，在当天晚上十一点多钟，他又作了一次十分反常的出人意外的拜访。雨还是下个不停。他浑身淋得透湿，在十一点二十分走进了瓦西里岛第三条马路小街上他的未婚妻娘家的一所窄小的宅子。他好容易敲开了门，开头他的到来引起了巨大的惊慌，可是阿尔卡奇·伊凡诺维奇，只要他愿意，就能做出很迷人的姿态，所以未婚妻那通情达理的父母开头猜疑起来(他们的猜疑虽然是很机智的)：阿尔卡奇·伊凡诺维奇莫非在什么地方灌饱了酒，以致不知道自己干着什么——这个疑团马上就烟消云散了。那软心肠的明达的丈母娘把年迈力衰不离圈椅的丈人推到了阿尔卡奇·伊凡诺维奇跟前来了，像往常一样，立刻提出了一连串毫不相关的问题。(这个女人从来不直截了当地提问题，而常常开头微微一笑，搓搓手，然后，如果一定需要知道什么，比方：阿尔卡奇·伊凡诺维奇愿意什么时候举行婚礼，那她常常首先问些关于巴黎和那儿的宫廷生活的最有趣的和差不多急欲知道的问题，然后逐渐把话岔到瓦西里岛第三条马路上来。)在别的时候，这一切当然会引起极大的敬意，但是这会儿阿尔卡奇·伊凡诺维奇不知怎的似乎特别急不可耐，坚决要见未婚妻，虽然开头已经告诉了他，说未婚妻已经睡了。不用说，未婚妻出来了，阿尔卡奇·伊凡诺维奇坦率地告诉她说，因为有一件很要紧的事，他必须暂时离开彼得堡，所以给她送来了一万五千银卢布票面不同的钞票，请作为他的礼物收下这些钱吧，因为他早已打算在结婚前送她这笔数目微小的钱。不用说，这些话丝毫没有说明这个礼物跟立刻要出门和必须冒大雨深更半夜登门辞行有什么特别的逻辑关系，但是事情却很顺当。连必不可免的“啊呀”和“哎哟”的叹息声、穷根究底的探问和惊奇的表情不知怎的也忽然异常少，并被克制着；那个最懂道理的母亲向他表示了最热烈的感谢，甚至感激得热泪盈眶。阿尔卡奇·伊凡诺维奇站起来了，脸上堆起笑容，吻了一下未婚妻，拍拍她的脸颊，说他不久就要回来的。虽然在她的眼神里察觉出一种稚气的好奇，但同时也发觉有一个很严肃的问题藏在她心底里。他沉吟了一下，又把她吻了一下，想到这笔礼物立刻要锁起来归这个最懂道理的母亲保管，他打心底里感到不愉快。他撇下这几个异常兴奋的人走了。可是这个软心肠的母亲立刻用近乎耳语的声音急促地解答了几个最重要的疑问，说阿尔卡奇·伊凡诺维奇是个大人物，干大事业的，交游广阔，很有钱——谁知道他打着什么主意，忽然想要出门，忽然想起送钱来，因此，这没有什么可大惊小怪的。当然，他浑身湿淋淋的，这很奇怪，但是，例如，英国人更古怪，而且这些上流社会人士都不怕人家议论，也不拘礼节。说不定，他甚至是故意这样做的，让人家瞧瞧，他谁也不怕。而重要的是，别对任何人谈及这件事，因为谁知道这会招致什么样的后果，而钱得快些锁起来，当然，菲陀西雅一直待在厨房里是最好不过的，重要的是决不可，决不可，决不可告诉列斯丽赫这个诡计多端的女人，等等。他们坐在一起窃窃地谈到两点钟。但是未婚妻感到惊异，有点儿伤心，老早就去睡觉了。

斯维德里加依洛夫走过了某桥，朝彼得堡方面走去，这时已经是深更半夜。雨住了，而风还呼呼地怒号着。他打起哆嗦来，有一会儿工夫，他特别好奇地，甚至疑问地望着小涅瓦河里那片黝黑的水。可是他不久就觉得站在河边很冷。他转身往某大街走去。他循着望不到头的某大街已经走了很久，差不多走了半小时光景了，在黑暗中，不止一次地在那条用木块铺成的马路上绊跤，但还是怀着好奇心在大街右边寻找什么东西。不久以前，有一次他打这儿经过，在这儿某处，已经是在大街尽头，发现一家木结构的但很宽敞的旅馆，它的名称，他记得好像是阿德里阿诺波尔。他没有记错：这家旅馆坐落在这么偏僻的地方是那么显眼，甚至在黑夜里也不难找到它。这是一座长长的发黑的木房子。

时间虽然很晚，房子里却还有灯火，看得出还有人在活动。他走了进去，向一个在走廊上碰到的衣服破烂的人借个房间。那个衣服破烂的人向斯维德里加依洛夫投了一瞥，不觉一怔，马上就领他到很远的一个房间里，这儿郁闷而又窄小，是在走廊尽头楼梯底下的一个角落里。可是别的房间没有了；旅馆已经客满。那个衣服破烂的人探询地望着。

“有茶吗？”斯维德里加依洛夫问。

“有。”

“还有些什么？”

“小牛肉、伏特加、冷盘。”

“给我拿小牛肉和茶来。”

“不再需要别的什么了吗？”那个衣服破烂的人问，甚至有点儿纳闷。

“不要什么啦，不要什么啦！”

衣服破烂的人走了，样子十分失望。

“大概是个好地方。”斯维德里加依洛夫心里想。“这个地方我怎么不知道。我的样子大概也像是从什么地方的夜总会里来的，路上已经出过什么事。可是我倒很想知道在这儿过夜的是些什么人？”

他点了蜡烛，把房间更仔细地打量了一下。这个房间是那么低矮，斯维德里加依洛夫甚至几乎不能站直，只有一扇窗，床铺很脏，一张油漆过的普通桌子和一把椅子差不多占据了整个空间。四壁好像是用木板钉成的，壁纸都很旧了，又脏又破，它们的颜色(黄色)还能勉强地猜出来，可是花纹已经丝毫辨别不出了。跟一般的顶楼一样，一部分壁和天花板是斜的，楼梯就在这个斜面上通过。斯维德里加依洛夫放下蜡烛，坐到床上沉思起来。可是在隔壁的一个小房间里，那奇怪的和不断的低语有时响得差不多像在喊叫，终于引起了他的注意。自从他走进屋子以来，这阵低语没有停止过。他倾听起来：有个人谩骂着，差不多是边哭边责备着另一个人，但是只听到一个声音。斯维德里加依洛夫站起来了，用手遮住了蜡烛，壁上的一条裂缝里立刻透出来一条灯光；他走过去张望起来。在那个比他的稍大的房间里住着两个人。其中一个不穿常礼服，有一头异乎寻常的鬈发和一张红扑扑的神情激昂的脸，摆出演说家的架势站着，叉开两腿来保持身体的平衡，一只手捶打着胸膛，气势汹汹地责骂着另一个人，什么那个人是要饭的，连官衔都没有；什么他从泥坑里把他救了出来，什么时候他想要撵走他，就可以把他撵走；什么这一切只有上帝才知道。被斥责的那个朋友坐在椅子上，他的神气活像一个非常想打喷嚏但怎样也打不出的人。他偶尔用那对浑浊的羊眼睛打量这个演说家，但是显然弄不懂他在说些什么，大概甚至什么也没有听见呢。桌上的蜡烛快燃完了，摆着一只差不多是空的伏特加细颈瓶，还摆着几只酒杯，一些面包，几只玻璃杯，几根黄瓜和一个早已喝完了茶的茶具。斯维德里加依洛夫聚精会神地看了一会儿这个情景，就淡漠地从这条隙缝前走开了，又在床上坐下来。

那个端来了茶和小牛肉的衣服破烂的人禁不住又问：“还要什么东西吗？”听到了又是否定的回答后，他就走了。斯维德里加依洛夫大口地喝起茶来，让身子暖和一下，喝了一玻璃杯茶，可是牛肉却一块也吃不下，因为他的胃口完全倒了。大概他发热了，他脱去外套和上装，就在床上用被子裹住身子躺下了。他很烦恼：“这会儿不生病多好，”他心里想，不禁冷笑一声。屋子里郁闷难受，烛光黯淡，院子里风声怒号，老鼠在角落里又抓又咬，而且整个屋子里似乎有一股老鼠和皮革的气味。他躺着，仿佛在做梦：思前想后，思绪如潮。他似乎很想把思想集中在一件事情上。“窗外大概是个什么花园吧，”他心里想，“树木簌簌作响；我多么不喜欢听夜间树木在狂风暴雨和一片漆黑中簌簌作响，叫人讨厌！”他想起刚才经过彼得罗夫公园的时候，甚至厌恶地想到这种声音。这当儿他也联想到某桥和小涅瓦河，他仿佛又觉得发冷了，像刚才站在河边时一样。“我这一辈子向来不喜欢水，即使是在风景优美的地方，”他又在心里寻思，想到这个奇怪的念头突然又冷笑一声：“现在似乎不应该考虑关于这种美学和舒适的问题；可是，正是在这个地方，我却变得爱挑剔了，宛若一头在这样的场合，一定要给自己挑个地方的野兽……我刚才应当回到彼得罗夫公园去！我大概觉得黑，觉得冷吧，嗨！嗨！大概我要寻找快乐！……哎，我为什么不吹灭蜡烛呢？（他把蜡烛吹灭了。）隔壁屋子里的人都睡了，”因为看不见隙缝里的刚才那条烛光，他心里便想道。“玛尔法·彼得罗夫娜，现在您该出现了：天黑了，地点很合适，而且正是时候。可是现在您却不来……”

不知为什么他忽然想了起来，不久以前，就是在他要对杜涅奇卡下手前的一小时，向拉斯柯尔尼科夫建议过，把她交给拉祖米兴保护。“真的，我当时说这番话，正如拉斯柯尔尼科夫所猜想的，主要是为了嘲弄自己。可是这个拉斯柯尔尼科夫是个坏蛋！他受尽了痛苦。往后，等到他那荒谬绝伦的言论实行了，他可能成为一个大坏蛋，可是现在他过于想活命！就这一点来说，这种人是卑鄙的。去他的，不管他怎么样，与我可不相干。”

他总是睡不着。杜涅奇卡刚才的形象渐渐地在他眼前浮现出来，他突然打了个寒颤。“不，现在应该抛开这个念头了，”他清醒过来了，想，“应该考虑别的事啦。真是又奇怪又可笑：我对任何人从来没有深仇大恨，甚至从来不想报复；但这是个坏兆头，是个坏兆头！我也不喜欢争论，也不发脾气——这也是个坏兆头！可我刚才对她许了多少诺言啊，呸，见鬼！也许她会使我的性格改变的……”他又不说话了，咬紧了牙关：杜涅奇卡的形象又在他的眼前浮现出来，和她头一次开枪的时候一模一样，她也是神色惊慌，扔掉了手枪，面如土色，望着他，因此他两次都能搂住她，而她不会举手自卫的，如果他不提醒她的话。他记起来了，在那一瞬间，他仿佛对她起了怜悯之心，仿佛觉得心揪紧了……“哎，见鬼！又是这些念头，应该把这一切抛开，抛开！……”

他已经想得打起盹来了：热病的战栗停止了；忽然，仿佛有个什么东西在被子下面他手上和脚上爬过。他不觉一怔：“见鬼，这大概是只老鼠！”他心里想，“这盘小牛肉我还摆在桌上呢……”他极不愿意掀开被子跳下床来，让身子冻僵，可是忽然又有一个使人讨厌的东西在脚上沙沙地爬过；他掀开被子，点了蜡烛。他因热病的寒颤而哆嗦起来，俯下身去察看床铺——什么东西也没有；他把被子抖了一下，一只老鼠突然跳到床单上。他扑过去捉老鼠；老鼠没有跳下床来逃走，却东钻西窜，一会儿在他的指头下面溜走了，一会儿又在他手上跑过，突然又钻进枕头下面去了；他扔掉枕头，但一刹那间他觉出，有个什么东西跳进了他的怀里，在衬衫里面他身上乱爬，爬到背上去了。他不寒而栗，并且苏醒过来了，屋子里暗沉沉的，他躺在床上，像刚才一样，裹在被子里，窗外风声怒号。“真可恨！”他恼怒地想。

他一骨碌爬了起来，坐在床沿上，背对着窗。“索性不睡了，”他下定了决心。可是从窗户那边袭来了一股冷风和潮气；他没有站起来，而把被子拉到身上裹了起来。他没有点蜡烛。他什么也不想，而且也不愿想；但是幻想却一幕接一幕地出现，一个个片断的思想没头没尾地不连贯地在脑海里闪过。他仿佛陷入了神思恍惚中。是寒冷，还是黑暗，是潮气，还是在窗外呼啸着和摇曳着树木的风，在他心里唤起了对幻想强烈的爱好和渴望——可是在他眼前浮现出鲜花来了。他想象着一片风光优美的景色；是一个阳光灿烂、暖洋洋的、几乎很热的日子，一个节日，即三一节[①]。一所英国式的富丽堂皇的乡村别墅，花坛都盛开着清香四溢的花朵，宅子四周是一条条田畦；门廊上爬满了蔓藤，摆满了一丛丛玫瑰；一条明亮而凉爽的楼梯铺着一条华丽的地毯，周围也摆满了插着奇花异葩的中国瓷瓶。他特别注意摆在窗口的那些盛着水的花瓶，花瓶里面都养着一束束洁白娇嫩的水仙，水仙花从那碧绿、肥壮的长茎上垂了下来，香气浓郁。他甚至不想离开这些水仙。但他上楼去了，走进了一个高敞的大厅，这儿又到处——在窗口、在通往露台的那扇敞开着的门边、在那个露台上——到处都是鲜艳的花卉。地板上都撒满了刚割下的香草，窗子都开着，一阵阵清新、凉爽的微风吹进屋子里来了，鸟儿在窗下啁啾，在大厅中间，在那些铺着白缎台布的桌上停放着一具棺木。棺木包着白绢，边缘镶着白色的厚绉边。用鲜花和叶子扎成的花缆环绕着棺木。在棺木里鲜花堆中躺着一个少女，她穿着一件白纱连衫裙，仿佛用大理石雕成的两手叠放在胸上。可是她那披散的头发，一头淡黄发，是潮湿的；头上戴着一个用玫瑰编成的花冠。她那

① 教会的一个夏季节日，即耶稣复活节后第五十天。

严峻的已经僵硬的脸部侧面也仿佛是用大理石雕刻的，但是浮现在她那惨白的嘴角上的微笑洋溢着失去了稚气的、无限地悲哀和沉痛地哀诉的表情。斯维德里加依洛夫认识这个少女；这具棺木旁边没有圣像，也没有点蜡烛，也听不见诵经的声音。这个少女自杀身亡——投河自尽了。她只有十四岁，可是她的心却已碎了，这颗心因受尽凌辱而毁了，这样的凌辱吓坏了那还未成熟的、幼稚的灵魂，使她那天使般纯洁的心灵充满了不应受的耻辱，逼使她迸出最后一声绝望的喊叫。这阵喊叫在黑夜里、在一片漆黑中、在严寒砭骨中、在灰沉沉的冰雪融化的天气里、在狂风的怒号中，虽然听不清楚，但遭到了横蛮的辱骂……

斯维德里加依洛夫醒来了，一骨碌爬下床来，一步跨到了窗前。他摸到了窗栓，打开了窗。一阵狂风吹进他那窄小的斗室，就像一片寒冷刺骨的霜贴住了他的脸和用一件衬衫掩盖着的胸脯。窗外大概当真像个花园，看来，也是个游乐园；大概，这儿白天也有歌手在唱歌，还有茶座。现在有水珠从树木和灌木丛上飞进窗子里来，外面一片漆黑，像在地窖里一般，所以，只能勉勉强强分辨出一些标示什么东西的黑点。斯维德里加依洛夫弯下腰，两个手肘支在窗台上，目不转睛地朝这片黑暗望了五分钟，在漆黑的夜色里传来了一阵阵隆隆炮声，接着又传来了一阵。

"啊，放号炮了！河水暴涨了，"他在心里寻思。"到早晨水就会淹没低洼的地方，泛滥到街上，淹没地下室和地窖，地下室里的老鼠都会泅出来，人们会在凄风苦雨中咒骂，浑身湿淋淋的，把自己一些破烂东西搬上顶层……现在是什么时候啦？"他一想到时间，在附近什么地方，一架壁钟仿佛一个劲儿地匆匆忙忙地滴答作响，打了三下，"哎哟，一小时后天要亮了。还等什么呢？立刻就走，一径上彼得罗夫公园去：在那儿什么地方选择一丛给雨水淋湿的大灌木，只要用肩膀一挨，千万颗水珠就会洒在你的头上……"他关上窗子走开了，点了蜡烛，穿上坎肩和外套，戴上呢帽，持着蜡烛往走廊走去，想找到睡在什么地方的一间斗室里废物和蜡烛头堆中的那个衣服破烂的人，把房金付给他，就离开旅馆。"这是最好的时间啦，没法选择更好的了！"

他在那条狭窄的长廊上走了很久，找不到一个人，他已经想大声喊叫，突然，在一个阴暗的角落里，在一口旧柜子和门之间看见了一个稀奇古怪的、好像活的东西。他持着蜡烛俯下身去，看见了一个孩子——才五岁光景的女孩子，衣服湿淋淋的，像一块湿抹布，哆嗦着，哭泣着。她仿佛并不害怕斯维德里加依洛夫，但她那对目光惊疑而呆滞的乌黑的大眼睛望着他，有时像哭了很久的孩子那样抽噎着，但是她已经不再哭泣了，甚至感到高兴了，可是，不—不，她又会突然呜呜咽咽啜泣起来的。小姑娘的脸蛋苍白而憔悴，她冻僵了，可是“她怎么会上这儿来呢？看来，她躲在这儿，已经一夜没睡觉了”。他开始盘问她。小姑娘突然变得活跃了，用儿童的语言急促地向他咿咿呀呀说起话来，说什么“妈妈”啊，什么“妈妈打”啊，什么一只茶杯被她“扎（砸）碎了”啊。小姑娘说个没完；从这些话里可以猜想到，这是个失了母爱的孩子，她的妈妈大概就是这个旅馆里的一个经常喝得醉醺醺的厨娘，她揍过她，吓唬过她；这个小姑娘把妈妈的茶杯打碎了，她吓得要死，还在晚上就逃了出来；大概在院子里什么地方躲了很久，淋着雨，最后溜到这儿来了，就躲在柜子后面，在这儿的角落里坐了一夜。由于潮湿，由于黑暗，由于怕现在她会因犯了这个过失而挨一顿揍，她哭泣着、哆嗦着。他把她抱到自己的房间里去了，让她坐在床上，给她脱去衣服。她那双赤脚上的破鞋湿得仿佛在水塘里泡了一夜似的。给她脱去了衣服后，就把她放在床上，替她盖上被子，连头都裹在被子里。她马上就呼呼地睡熟了，这以后，他又闷闷不乐地沉思起来。

“我又想管闲事了！”他断然说，突然涌起一阵痛苦而愤怒的情感。“多么荒唐！”他恼怒地拿起蜡烛，无论如何要找到这个衣服破烂的人，快些离开这儿。“哎呀，小姑娘！”他心里诅咒地想，已经打开了门，但又回头望了望小姑娘，她是不是睡熟了，睡得怎样？他小心翼翼地把被子稍微掀开。小姑娘睡得很熟，做着甜蜜的梦。她裹在被子里就暖和了，她那苍白的脸颊已经泛上了红晕。可是很奇怪：这种红晕仿佛比一般孩子脸上的红晕显得更鲜艳、更浓郁。“这是发热的红晕，”斯维德里加依洛夫心里想；这仿佛是酒后的红晕，仿佛给她喝过满满一杯酒。两片鲜红的嘴唇像火在燃烧，散发出一股热气，可这是怎么啦？他忽然觉得，她那乌黑的长睫毛仿佛在颤抖、眨动，仿佛扬起来，而那对狡猾、锐利、没有半点孩子气的眨巴着的小眼睛从睫毛下面窥视着，仿佛小姑娘并没有睡熟，而是佯装的。是的，果真如此：她咧开嘴微笑了；两边嘴角在颤动，仿佛还忍住着。可是现在她再也忍不住了；这是露齿的笑，毫不掩藏的笑；在那张毫无孩子气的脸上流露出一种无耻的、撩人的东西；这是淫荡，这是风流女子的脸，这是法国妓女的无耻的脸。瞧，那双小眼睛睁开来了：向他丢了一个火样热的无耻的眼色，在喊他，在笑……在这种笑里，在这双眼睛里，在小女孩的脸上的这种下流表情中，含有一种无限丑恶的、侮辱性的东西。“怎么！一个才五岁的小姑娘！”斯维德里加依洛夫不觉大吃一惊，低声说。“这……这是怎么回事啊？”现在她那红喷喷的脸整个儿向他扭过来了，伸出两臂……“啊，该死的东西，”斯维德里加依洛夫惊叫道，举手要揍她……可是这当儿他醒了。

他仍然躺在那张床上，还是裹在被子里；蜡烛没有点过，窗子明亮了，已经是白天了。

“做了一夜噩梦！”他恼怒地稍微支起身子，觉得浑身乏力，骨头酸痛。户外大雾弥漫，什么东西也看不清。五点钟快到了；他睡过了头！他一骨碌爬下床来，穿上还湿的短上衣和外套。他在袋里摸到了手枪，拿了出来，摆正了底火；接着又坐下来，从口袋里拿出一本笔记簿，用大写字母在惹人注目的标题页上写了几行大字。他念了一遍，就把臂肘支在桌上沉思起来。手枪和笔记簿都放在桌上手肘旁边。几只睡醒了的苍蝇停在桌上一盘没有吃过的小牛肉上。他久久地看着苍蝇，末了，用那只空着的右手去捉一只苍蝇。他捉了很久，弄得精疲力竭了，但怎么也没捉到。他终于发觉自己在干这种好笑的事，他清醒了，不觉愣了一下，站了起来，毅然决然地离开屋子走了。一会儿后，他来到了大街上。

城市上空笼罩着一片白蒙蒙的大雾。斯维德里加依洛夫循着滑溜而肮脏的用木块铺成的马路，向小涅瓦河走去。他觉得小涅瓦河里的水在夜里涨高了，仿佛看到了彼得罗夫岛、那些潮湿的小径、湿淋淋的青草、湿淋淋的树木和灌木丛，最后仿佛看到了那丛灌木……他恼怒地看起一所房子来，为的是想转移思想。大街上阒无人迹，也没有遇见一辆马车。那些色泽鲜艳的黄色小木屋看起来凄凉而又肮脏，都关上了百叶窗。寒气和潮湿侵入了他的身子，他觉得浑身发冷了。他有时看到铺子和蔬菜铺的招牌，用心地把每块招牌念了一遍。这条用木块铺成的马路已经到了尽头。他来到了一所很大的石头房子前面。一条肮脏的、冷得索索发抖的狗夹着尾巴，挡住了他的路。一个烂醉如泥的酒鬼穿着军大衣，合扑地横躺在人行道上。他把这个酒鬼打量了一下，就往前走了。他的左边隐约地闪现出一个高耸的瞭望台。“咦！”他心里想，“就是这个地方嘛，干吗到彼得罗夫岛上去？至少要有个正式的证人……”想到这个新念头，他几乎冷笑一声，就拐到某街上去了。那所有瞭望台的大房子就在这儿。在房子的那扇紧闭着的大门旁站着一个身材矮小的人，肩膀靠在大门上，裹在一件灰色的士兵大衣里，头上戴了一顶阿喀琉斯[①]式的铜盔。他那睡眼惺忪的目光冷冷地斜溜了一下走过来的斯维德里加依洛夫。他脸上显露出一种永远爱抱怨的悲伤的神情，犹太民族的人们脸上无一例外地都阴郁地笼罩着这样的一种神情。他们俩，斯维德里加依洛夫和阿喀琉斯，有几分钟时间都默然不语，彼此打量着。末了，阿喀琉斯觉出情况不妙：这个人并没有喝醉，却站在离他三步远的地方，一句话也不说，直瞅着他。

“哎哟，您在这儿要干什么？”他说，还是一动不动的，没有改变他的姿势。

“什么也不干，朋友，你好！”斯维德里加依洛夫回答道。

“你找错地方啦。”

“朋友，我要出国去。”

“出国去？”

---

①古希腊史诗《伊利亚特》中的英雄。陀思妥耶夫斯基在这儿借用这个名字意含讽刺。

“上美国去。”

“上美国去？”

斯维德里加依洛夫掏出手枪，扳住扳机。阿喀琉斯扬起了眉毛。

“哎哟，您要干什么，这儿可不是干这种玩意的地方！”

“为什么不是地方？”

“因为，你找错地方啦。”

“哦，朋友，这反正一样，这个地方很好；如果有人问起你来，你就回答说，我上美国去了。”

他把手枪抵住自己的右边太阳穴。

“哎哟，这儿不成，你找错地方啦！”阿喀琉斯慌乱起来，他的瞳孔越来越扩大。

斯维德里加依洛夫放了一枪。

七

同一天，但已经是晚上六点多钟，拉斯柯尔尼科夫来到了母亲和妹妹的住处，即巴卡列耶夫房子里的一套房间，这套房间是拉祖米兴替她们找的。从街上登楼。拉斯柯尔尼科夫来到了门口，但还是趑趄不前，仿佛还犹豫不决：要不要进去？但他决不折回去；他已经下了决心。“况且反正一样，她们还什么也不知道呢，”他在心里寻思，“人家已经习惯于把我当作一个怪人……”他的衣服很可怕：淋了一夜雨，弄得肮里肮脏，破破烂烂的。由于疲劳，气候恶劣，体力衰弱和差不多一昼夜的内心斗争，他的脸几乎变得十分难看。谁知道这一夜他独个儿在哪儿过的。但是，至少他已经下了决心。

他敲了门；母亲替他开了门。杜涅奇卡不在家。这时恰巧连女仆也不在。普尔赫里雅·亚历山大罗夫娜开头高兴和惊讶得发呆了；接着她拉住了他的手，把他拉进屋子里去了。

“啊，你到底来了！”她开始说，高兴得讷讷地说不出话来。“罗佳，我多傻，流着泪迎接你，你可别见怪：我在笑，没有哭。你以为，我在哭吗？不，我很高兴哪，可我已经养成了这么一个傻里傻气的坏习惯：常常流泪。你父亲死后，我就有了这个习惯，什么事情我都要哭。坐吧，亲爱的，你累了，一定累了，我看得出。哎哟，你多么脏啊。”

“昨天我淋了雨，妈妈……”拉斯柯尔尼科夫开腔了。

“哦，不，不！”普尔赫里雅·亚历山大罗夫娜急忙打断了他的话。“你以为，我又会照女人的老习惯马上要盘问你。你放心好了。我明白，我全都明白，现在我已经学会了这儿的规矩，真的，我亲眼看到了，这儿的规矩比较好。我断然决定了：我怎能了解你的想法，怎能要求你解释呢？谁知道，说不定你思考着一些什么事情和计划，或者有些什么思想正在孕育中；所以，我不应该老是推推你的臂肘，问你在想些什么？可是……唉，天哪！我不停地跑来跑去干什么呀……罗佳，我已经是第三遍读你在杂志上发表的那篇文章了，是德米特里·普罗柯菲依奇拿来给我看的。我一看到，就啊的叫了起来；我真是个傻瓜，我常常暗自想，他在研究这个问题，这就是谜底！也许他现在有些新思想；他正在思考这些思想，可我使他痛苦，打扰他，我的孩子，我读着，当然有许多地方不懂；不过这是理所当然的：我哪能懂呀！”

“妈妈，让我看看。”

拉斯柯尔尼科夫拿起杂志，大略地看了一下自己的文章。尽管这跟他的处境和心情是如何矛盾，可是他也有作家头一次看到自己的作品被发表时那种不可思议的、又苦又甜的感觉，何况他只有二十三岁。这种心情只持续了片刻工夫。他读了几行后，就蹙紧了眉头，一阵可怕的烦恼揪紧了他的心。最近几个月来内心的斗争，他一下子都想起来了。他厌恶而恼怒地把杂志丢在桌上。

“罗佳，不管我是多么傻，不过我还是能够看出，你不久就会成为一个第一流人物，即使还不是我们学术界的头号人物。他们竟然认为你疯了。嘿—嘿—嘿！你不知道——他们都有这种想法呢！哎呀，这些卑贱的东西，他们哪能懂得才智呢！杜涅奇卡几乎也相信了——你觉得怎样！你父亲曾经向杂志投过两次稿——头一次是一首诗（我还保存着笔记本，往后给你看看），后来又投去一部中篇小说（我曾经要求他让我誊抄），我们一同祈祷；但愿能够采用，可是没有被采用！罗佳，六七天前，我看到你的衣服，你的生活，你吃的和穿的，我心里十分难过。可是现在我明白了，我依然很傻，因为，只要你愿意，你现在靠智力和才能立刻就能得到一切东西。这样看来，你暂时不想要，因为你现在正在从事一些重要得多的工作……”

“妈妈，杜尼雅不在家吗？”

“罗佳，她不在家。家里经常看不见她，让我独个儿待在家里。多谢德米特里·普罗柯菲依奇，他常常来陪我坐坐，谈谈你的情况。我的孩子，他喜欢你，尊敬你。我不是说，你妹妹不孝顺我。我不是诉苦。她有她的性格，我有我的脾气；她近来有些什么秘密；可我对你们从来没有什么秘密。当然，我坚决相信，杜尼雅是十分能干的，而且她爱我，也爱你……可我不知道，这一切将会招致怎样的后果。罗佳，现在你来了，使我十分愉快。可是她出去了；她回来，我就告诉她：哥哥在你出去的时候来过了，这些天你在哪儿啊？罗佳，你不必满足我的要求：你能来就来，假如不能来——那也没有办法，我可以等待。我还是会知道你是爱我的，对我这就够了。我会读你的文章，会听到大家谈到你，哦，不—不，你自己来探望我，还有比这更好的事吗？你现在不是来安慰母亲了，我知道……”

说到这里，普尔赫里雅·亚历山大罗夫娜忽然啜泣起来。

“我又哭了！别管我这个傻瓜！唉，天哪，我坐着干吗，”她大声叫道，一边霍地站了起来，“有咖啡呢，可我不去烧咖啡给你喝！这就是老年人的自私。我立刻，立刻就去烧！”

“亲爱的妈妈，不要去烧，我马上就要走。我不是来喝咖啡的。请您听完我的话吧。”

普尔赫里雅·亚历山大罗夫娜怯生生地走到了他跟前。

“亲爱的妈妈，不管发生什么事情，不管您听到过关于我的什么消息，不管人家对您谈起过关于我的什么话，您会和现在一样爱我吗？”他忽然真诚地问，仿佛他没有考虑过自己的这些话，也没有斟酌过字句似的。

“罗佳，罗佳，你怎么啦？你怎么会问这样的话！谁会对我谈你的事？而且我也不会相信人家的话。不管谁上我这儿来，我会把他撵出去。”

“我来是要使您相信，我是始终爱您的，现在我很高兴，只有我们两个人；我甚至也高兴杜涅奇卡不在家，”他带着同样的激动心情往下说，“我来坦率地告诉您，虽然您将会遭到不幸，但您还是应该知道，您的儿子现在爱您胜过爱他自己，您老是以为我很冷酷，不爱您——这全都不是事实。我决不会不爱您……嗯，够了；我觉得，我应该这么办，就这样开始……”

普尔赫里雅·亚历山大罗夫娜默然拥抱他，把他紧紧地搂在自己胸前，一边轻轻地啜泣。

“罗佳，我不知道你怎么了，”她终于说话了。“我总是以为，我们简直使你讨厌，可是现在我从各方面看来，有一件极悲痛的事将临到你的头上，因此你在发愁。罗佳，这我早已预见到了。原谅我这么说；我常常想起这件事，每夜睡不着觉。昨天夜里，你妹妹整夜说着梦话，想念着你。我听到了一些，可我一点也不明白。我一早好比将要受死刑一样，等待着什么，预感到将要发生什么事，现在等到了！罗佳，罗佳，你上哪儿去？你到什么地方去啊？”

“我要走了。”

“我料到你要走！我也能跟你一起去，如果你需要我的话。杜尼雅也要去；她爱你，她很爱你。还有索菲雅·谢苗诺夫娜，让她也同我们一起去吧，如果你需要她的话；要知道，我甚至乐意收她做干女儿。德米特里·普罗柯菲依奇会帮助我们一同准备行装的……可是……你上哪儿……去啊？”

“别了，妈妈。”

“怎么！今天就要走！”她大声叫道，仿佛会永远失去他似的。

“我不能，我该走了，我必须……”

“我不能同你一起走吗？”

“不，您跪下为我祷告上帝吧，您的祈祷也许上帝会知道的。”

“来，让我在你身上画个十字，给你祝福！这就对了，这就对了。啊，天哪，我们这是干什么啊！”

是的，他觉得高兴了，他觉得很高兴，因为家里没有别人，只有他跟妈妈两个人。在这些可怕的日子里，他仿佛还是头一次心软。他在她前面伏倒了，吻她的脚，母子俩拥抱着痛哭。这会儿她并不感到惊讶，也不详细地问他。她早就明白了，儿子发生了可怕的事，可是现在，对他来说可怕的时刻已经到来了。

“罗佳，我亲爱的，你是我的长子，”她说着，就痛哭流涕，“现在你正像小时候一样走到了我跟前，也是那样地拥抱我，吻我；我跟你爸爸一起过着苦日子的时候，你跟我们在一起。就使我们得到安慰；我安葬你爸爸的时候——我们多少次像此刻一样拥抱，一起在他坟上痛哭。我所以早就在哭泣，是因为做娘的这颗心预知有这场灾难。你可记得，我们刚到这里那天晚上，我头一次看见你，从你的目光里就猜到了这是怎么回事，所以，当时我的心就一怔；而今天，我给你开门，我瞥了一眼，就想到了，大概决定命运的时刻到来了。罗佳，罗佳，你现在不走吧？”

“不。”

“你还来吗？”

“是的……我要来的。”

“罗佳，你别生气，我也不敢详细问你。我知道，我不敢，可是你只要对我说一句：你要去的地方远不远？”

“很远。”

“那儿怎样，你去干什么工作，什么职业？”

“听天由命……不过您要替我祈祷……”

拉斯柯尔尼科夫向门外走去，可是她把他拉住了，用悲痛绝望的目光直瞅着他的眼睛。她吓得脸也变样了。

“亲爱的妈妈，够了，”拉斯柯尔尼科夫说，深悔想到上这儿来。

“不会永久吧？还不会永久吧？你不是还要来，你明天来吗？”

“我要来的，要来的，再见。”

他终于跑掉了。

这一天傍晚清新、暖和而又明朗；天气一早就放晴了。拉斯柯尔尼科夫回到自己家里去了；他急匆匆地走着。他想在日落以前把事情解决。在那个时候以前，他不愿碰见任何人。他登楼上自己的屋子里去时，发觉娜斯塔西雅从茶炊旁走开，定睛凝视着他，目送他上楼。“我那里有没有人？”他心里想。他极其厌恶地仿佛看到了波尔菲里。可是走到自己屋子跟前打开门时，他看见了杜涅奇卡。她独个儿坐着，陷入了深思，大概已经等候他很久。他在门口站住了。杜涅奇卡吃惊地从长沙发上站起来，直挺挺地站在他面前。她定睛凝视着他，流露出恐惧和无限悲痛的神情。光从这种眼神看来，他一下子就明白了，她已经全都知道了。

“我应该进去呢，还是跑掉？”他踌躇不决地问。

“我在索菲雅·谢苗诺夫娜那儿坐了整整一天；我们两个人都等着你去。我们都以为，你一定会上她那儿去的。”

拉斯柯尔尼科夫走进屋子去了，疲劳地往椅子上坐下了。

“杜尼雅，我感到精疲力竭；我很累；我只希望此刻能够控制住自己。”

他怀疑地向她投了一瞥。

“你在哪儿过夜的？”

“我记不得了；要知道，妹妹，我想要下最后的决心，好多次走近涅瓦河；这我记得。我想在那儿了结此生，可是……我的决心不够……”他嗓音低沉地说，又疑心地瞥了杜尼雅一眼。

“谢天谢地！我和索菲雅·谢苗诺夫娜两人担心的就是这件事！这样看来，你对生活还有信心：谢天谢地，谢天谢地！”

拉斯柯尔尼科夫苦笑了一下。

“我没有信心了，可我刚才跟妈妈拥抱一起，痛哭了一场；我没有信心，我要求她为我祈祷。天晓得这是怎么的，杜涅奇卡，我一点也不明白。”

“你上母亲那儿去过啦？你告诉她了吗？”杜尼雅惊恐地叫道。

“难道你决心告诉她了吗？”

“不，我没有对她……说过；可是她多半知道。她夜里听到过你的梦话。我相信，她已经有一半知道了。也许我不应该去看她。甚至于为什么去看她，我也不知道。杜尼雅，我是个卑鄙的人。”

“卑鄙的人，可你甘愿去受苦！你不是要去受苦吗？”

“我甘愿去受苦。立刻就要去。是的，为了免受这个耻辱，我也想过投河自尽。杜尼雅，可我已经站在河边的时候，心里想，如果直到如今我自认为是个坚强的人，那我现在就不应该怕受耻辱，”他抢先说。“杜尼雅，这是自尊心吗？”

“罗佳，这是自尊心。”

在他那暗淡的目光里，仿佛有一道光在闪烁；他好像很高兴，因为他还有自尊心。

“妹妹，你想不到吧，我简直怕水？”他堆起一脸苦笑，瞥了一下她的脸，问。

“啊，罗佳，得了吧！”杜尼雅痛苦地扬声说。

沉默持续了两分钟光景。他埋下了头坐着，眼睛尽望着地上；杜涅奇卡站在桌子的另一头，痛苦地望着他。他霍地站了起来。

“晚了，该走了。我马上要去自首。可我不知道，我为什么要去自首。”

大滴泪珠从她两边脸颊上滚了下来。

“妹妹你哭啦，你能跟我握一握手吗？”

“你连这点也有怀疑吗？”

她紧紧地拥抱他。

“你要去受苦，难道这不是已经赎了你的一半罪吗？”她大声叫道，紧紧地拥抱他，吻他。

“犯罪？犯了什么罪？”他忽然狂怒起来，大声叫道。“我杀了一只可恶的、有害的虱子，一个放高利贷的老太婆，她对谁也没有益处，她吸穷人的血，杀了她可以赎四十桩罪，这算犯罪吗？我可不认为这是犯罪，也没有想去赎罪，为什么大家都指着我说：‘犯罪，犯罪！’现在我才明白，我的胆怯是愚蠢的，现在我已经下了决心要去受这种不该受的耻辱！只是由于自己的卑鄙和无能，也许只是为了自己的利益，我才下了这个决心，就像这个……波尔菲里所建议的！……”

“哥哥，哥哥，你说什么啊！要知道你杀了人？”杜尼雅悲痛绝望地大声叫道。

“大家都杀人，”他几乎发狂地接嘴说，“现在世界上正在流血，从前也常常血流成河，他们杀人如麻，鲜血像香槟酒一样流淌，这些人因杀人如麻竟然在卡庇托林[①]举行加冕，以后又被称作人类的恩人。你只要较为用心地观察一下，就能看清楚！我想为大众造福，往后做成百成千件好事来弥补这样一桩傻事，这甚至不是傻事，而只是一种笨拙的行为，因为这个主意根本不是像现在失败了的时候看起来那么傻……（一切事情一旦遭到失败，看起来都是愚蠢的！）我干这桩傻事，只不过想使自己取得一个独立自主的地位，完成第一步，弄到钱，以后一切事情就能用无比的利益来弥补……可是我，我连第一步也做不到，因为我是个卑微的人！问题就在这里！但我还是不愿用你们的观点来看问题：如果我成功了，那我就能戴上桂冠，享受荣誉，可是现在我堕入了陷阱！”

“可这不是那么回事，根本不是那么回事！哥哥，你在说些什么啊！”

“啊！这只是方式不同罢了，从美学上来看，这个方式不那么体面！嗯，我根本不明白：为什么对人们进行轰炸，进行正规的包围，是更值得尊敬的方式？胆怯在美学上是无能的初步征象！……这我从来，从来没有像现在这么清楚地意识到过，并比过去任何时候都更不理解我的犯罪！我从来，从来没有比现在更坚强、更充满自信！……”

血甚至涌上了他那苍白的、倦态可掬的脸，但是发出最后一阵感叹的时候，他无意中跟杜尼雅的目光碰上了，在她的目光里，他看出她为

---

①罗马城发源地的七丘之一，上有卡庇托林神殿，是元老院和民众大会聚会场所。

他这么痛苦，不由地抑制住心头的激动。他感觉到，他到底使这两个可怜的女人都很不幸。这无论如何是他引起的……

“杜尼雅，亲爱的！如果我有罪，请原谅我吧(虽然我是不能宽恕的，假如我有罪)。再见啦！我们不要争吵啦！我该走了，是该走的时候了。我恳求你，你别跟我走，我还得到别的地方去……现在你走吧，立刻去陪伴母亲。这是我对你的恳求！这是我对你最后的、也是最大的请求，永远不要离开她；我使她惊慌不安。她大概会受不了的：她会死掉，或者会发疯，你要陪伴她！拉祖米兴会跟你们在一起；我跟他说过了……你别为我哭：我要一辈子努力做个勇敢而正直的人，虽然我是个凶手。也许你有一天会听到我的名字，我不会使你们蒙受耻辱的，你瞧着吧；我还要让人瞧瞧……现在暂别，”他赶忙结束说，当他说着最后几个字并许下他的诺言的时候，又发觉杜尼雅的眼里含有一种奇怪的眼神。“你为什么哭得这么伤心？别哭啦，别哭啦；我们决不会永别的！……啊，对了！等一等，我忘了！……”

他走到了桌子跟前，拿起一本厚厚的蒙着灰尘的书，打开书，取出了夹在书页里用水彩颜料画在象牙上的一个小小的肖像，这就是女房东的女儿，他从前的死于热病的未婚妻，也就是那个脾气古怪、一心想进修道院去做尼姑的姑娘的肖像。他端详了一会儿这张富于表情、病容满面的小脸蛋，吻了一下肖像，就交给了杜涅奇卡。

“**关于这件事**，我已经跟她谈过很多次，只跟她一个人谈的，”他沉思地说，“后来那么荒唐地实现了的事，我多半告诉过她。你别担心，”他对杜尼雅说，“她跟你一样，也没有表示赞同。我很高兴她已经不在人世。重要的，重要的是在于，现在一切会发生新的变化，会折成两半，”他忽然叫道，又烦恼不安起来。“一切的一切都会发生变化，我对那种变化有准备吗？这是我自己的愿望吗？他们说，我必须去受苦！为什么、为什么去受这些没意义的苦？服完二十年苦役后，苦难和痴愚会把我毁掉，身体会衰弱得像老头儿一样，那时我会比现在更清楚地意识到，受苦是为什么？当时我为什么要活命？为什么我现在同意去过那种生活？啊，今天，天蒙蒙亮，我站在涅瓦河畔的时候，我知道了，我是个卑鄙的东西！”

兄妹俩终于走出来了。杜尼雅很痛苦，可是她爱他！她回去了，但是走了五十来步路，又回头看了他一眼。还看得见他。可是，他走到街角上，也回过头来了；他们的目光最后一次碰上了；但是，发觉她望着他，他不耐烦地甚至恼怒地把手一挥，叫她走，而他自己就急遽地转过街角走了。

“我可恶，这我知道，”他暗自想，过了一会儿，他因为向杜尼雅做了个恼怒的手势而惭愧起来。“可是他们为什么这样爱我，既然我不配他们爱！啊，如果我是孤单单的一个人，谁也不爱我，那我决不会爱任何人！**这一切事情就不会发生了**！可是我很想知道，难道在未来的十五年或二十年中，我会变得很柔顺，会对人们低首下心，会在话语里常常自称为强盗吗？对，正是这样！正是这样！就是因为这个缘故，他们现在要把我流放，他们非这样做不可……现在他们在街上来来往往，就其本性来说，他们个个都是坏蛋和强盗；更糟的是，他们也是白痴！如果我的流刑获得赦免，那就会引起他们的义愤而骚动起来！啊！我多么憎恨他们啊！”

他深思起来：“有什么办法能使他终于对他们都服服帖帖地低首下心、心悦诚服！嗯，为什么不应该呢？当然，应该如此。难道二十年不断的压迫不会把我折磨死吗？水也会把石头滴穿的。既然如此，还活着干吗？既然我知道，这一切完全会像书本里所描写的那样，那么我现在去自首干吗！”

从昨天晚上起，他向自己提出这个问题也许已经有百来次，但他还是去了。

八

他走进索尼雅屋子的时候，天色已经黑下来了。索尼雅等他整整一天了，心里万分焦急。她同杜尼雅一块儿等着。想起斯维德里加依洛夫昨天所说的话，什么索尼雅“知道这件事”，杜尼雅一早就来找她。至于她们谈了些什么，这两个女子如何流泪，彼此何等亲热，我不想转述了。杜尼雅在这次会面中至少得到了一些安慰，知道她哥哥不会孤单无依的：他来找过她索尼雅了，首先向她坦白了；当他需要友谊的时候，他在她身上找到了；不管命运叫他上哪儿去，她都愿意跟他走。她没有问过，可她知道这将是怎么回事。她甚至怀着敬佩的心情望着索尼雅，开头，杜尼雅对她所表示的这种敬佩的心情使她发窘了，索尼雅甚至差点儿要哭出来：相反，她认为自己连看杜尼雅一眼也不配。她们在拉斯柯尔尼科夫家里初次见面的时候，杜尼雅这么彬彬有礼、满怀敬意地向她行礼，她那优美的形象从此就成为她一生中所见到的一个最美的不可及的幻影，永远铭刻在她的心坎里了。

杜涅奇卡终于等得不耐烦，离开索尼雅，上哥哥那儿去等他。她总是觉得，他会先上这儿来的。索尼雅只剩下一个人的时候，想到他也许真的会自杀，立刻就害怕起来，心里很痛苦。杜尼雅害怕的也是这点。可是她们俩终日想出各种理由来争先恐后地互相劝慰，要使对方相信，这是不可能的。当她们在一起的时候，她们心里较为安定。现在刚刚分离，这两个女人就只想到这一点。索尼雅想起了昨天斯维德里加依洛夫对她所说的话，什么拉斯柯尔尼科夫只有两条路——不是被流放到西伯利亚，就是……何况她还知道他的虚荣心、他的骄傲、他的自负和不信上帝。“难道只是由于怯懦和怕死，他才活着吗？”末了，她绝望地想。那时夕阳已经西下。她伤心地站在窗前，凝眸望着窗外——但是在窗外只看到隔壁一幢房子的一堵没有刷白的基墙。最后，她深信这个不幸的人一定死了，可是这当儿他却走进她的屋子里来了。

一阵欢乐的呼喊声从她的胸腔里迸发出来。可是凝视了一下他的脸后，她勃然失色了。

“是呀！”拉斯柯尔尼科夫冷笑着，说。“索尼雅，我来拿你的十字架了。你曾经叫我到十字街头去；怎么，现在真要干起来，你却害怕啦？”

索尼雅愕然望着他。她觉得这种口气很奇怪；她不禁打了个寒颤；可是一会儿后，她明白了，这种口气和这些话都是假的。他跟她说着话，眼睛却望着角落里，仿佛避免直视她的脸。

“索尼雅，你要知道，我认为这样也许会好些。有一件事情……嗯，说来话长，而且也没有什么可说的。你可知道，我为什么恼火？我恼火是因为这些愚蠢的和凶恶的脸立刻就会围住我，就会向我直瞪眼，就会向我提出各种非回答不可的愚蠢的问题，——他们会拿指头点着我……呸！告诉你吧，我不会上波尔菲里那儿去的，我讨厌他。我宁愿去找我的朋友火药中尉，让他猛吃一惊，我会引起怎样的轰动啊！应该冷静点儿；近来我的脾气太急躁了。你要知道，我刚才几乎拿拳头威吓过妹妹，只是因为她回过头来最后瞥了我一眼。这种行为可恶至极！唉，我怎么会变成这个样儿？哦，十字架在哪里啊？”

他仿佛不知道自己在做什么。他甚至不能在一个地方站立一分钟，不能把注意力集中在一个事物上；他百感交集，语无伦次；双手微微发抖。

索尼雅从一只箱子里默默地拿出来两个十字架，一个是柏木的，另一个是铜的，她在自己身上画了个十字，又在他身上画了个十字，然后把那个柏木的十字架挂在他胸前。

“这就是我背十字架的象征，嗨！嗨！仿佛我直到现在苦还吃得不够！那个柏木的，也就是平民的；那个铜的——这是丽扎韦塔的，你自己挂——让我瞧瞧吧？那么这个十字架那时她挂在身上？……我知道两个也像这样的十字架，一个银的和一个小圣像。那时，我把它们丢在老太婆胸上。那两个十字架现在倒可以派用场，真的，我应该挂上那两个十字架……可是，我尽说些废话，忘记了正经事儿；我有点儿心不在焉！……索尼雅，你要知道，说实在的，我来通知你……让你知道……嗯，就是这么回事……我只是为着这件事而来的。（嗯，不过，我想过了，我还有些话要说。）你自己不是也要我去，现在我就会坐牢，你的愿望要实现了；你为什么哭啊？你也哭？别哭啦，算了吧；啊，这一切使我多么难受！”

但是他动起感情来了；他望着她，心揪紧了。“她为什么伤心？”他暗自问。“我是她的什么人？她为什么哭？她为什么像母亲或杜尼雅一样为我准备行装？她将做我的保姆！”

“你画个十字吧，至少得做一次祷告，”索尼雅声音发抖，怯生生地请求说。

“啊，好吧，我听你的话！真心诚意的，索尼雅，真心诚意的……”

可是他要说的却不是这个意思。

他几次在身上画十字，索尼雅拿了自己的头巾，披在头上，这是一块绿呢头巾——大概就是马尔美拉多夫那时提起过的那块“全家合用的”头巾。这个念头在拉斯柯尔尼科夫的脑海里闪过。但是他没有问。真的，他自己已经开始感觉到，他非常心不在焉，并且不知怎的心慌意乱。这是他所害怕的。听到索尼雅要跟他一起走，他不觉猛吃一惊。

“你怎么啦！你上哪儿去啊？你别去，你别去！我独个儿去！”他叫道，又胆怯又恼怒，几乎愤恨地往门外走了。“为什么带一个人去？”他嘟嘟囔囔说，一边往外走了。

索尼雅在屋子当中站住了。他甚至没有跟她告别，他已经把她忘了；他心里涌现出一个挖苦的和表示反对的疑问。

“真是这样吗？这一切真是这样吗？”他一边下楼，一边又在寻思。“难道不能再等一等，重新考虑一下……不去？”

但是他仍然走了。他忽然明白过来，不必再向自己提问题了。走到街上时，他想起来了，他没有跟索尼雅告别。她站在屋子当中，披着绿头巾，被他的一声吆喝给吓住了，动也不敢动一下，于是他停留了一会儿。在这一刹那间，有个念头仿佛等着机会要使他猛吃一惊似的，忽然使他开了窍。

“刚才我为什么来找她？抱着什么目的？我对她说，有事；可是有什么事呢？根本没有事！我说，我要去；这是为什么？难道非去不可！我爱她，还是怎的？没有，没有吧？刚才我像赶一条狗似的把她撵走。我真的需要她的十字架吗？啊！我堕落到多么卑鄙的地步啊！不——我曾经需要她的眼泪，我曾经需要看她那恐惧的神情，看她怎样伤心和痛苦！甚至需要找借口拖延时间，瞧瞧她！我竟敢这样信赖自己，这样自命不凡，我是个卑鄙的东西，没有价值的人；我是个坏蛋，坏蛋！”

他沿着河岸走去，他不用走很多路了。可是走到桥头，他站住了，忽然拐弯走上桥，朝干草市场走去。

他贪婪地向左右观看，神情紧张地细瞧着每个东西，但他的注意力怎么也不能集中在一个东西上；一切东西都悄悄地溜过了。“再过一星期，再过一个月，我将会坐在囚车里驶过这座桥，被押解到什么地方去，那时我会怎样看这条河呢？最好记住它。”这个念头在他的脑海里闪过。“这是一块招牌，那时我会怎样念这些字母呢？这上面写着：‘合伙公司’字样，嗯，记住这个a，字母a，一个月后，再看它，看这个字母a：那时我会怎样看呢？那时我会有什么感想，有什么想法呢？……天哪，我现在这些……忧虑，大概是微不足道的！当然，就某一点来说……这一切大概也很有趣……（嘿—嘿—嘿！我在想什么啊？）我变成一个小孩了，我在向自己卖弄；我为什么要使自己感到害臊？呸！人多么拥挤啊；这个胖子，大概是个德国人，他推了我一下：嗯，他可知道，他推了什么人？一个乡下女人抱着一个小孩儿在求乞；她认为我比她幸福，这倒很有趣。给她几个钱来寻一下开心。咦，袋里还剩五个戈比了，这是哪来的？给你，给你……拿去吧，老大娘！”

“上帝保佑你！”一个女乞丐带哭地说。

他向干草市场走去。他心里不高兴，很不高兴碰见人，但却向人更多的地方走去。只要周围没有人，他什么都肯牺牲；但是他自己觉得，周围总是有人。有个醉汉在人丛里大出其丑：他一心想跳舞，但总是摔倒。人们都围着他看热闹。拉斯柯尔尼科夫挤进人丛里去了，对那个醉汉看了一会儿，忽然短促而断断续续地哈哈大笑起来。一会儿后，他已经把他忘了，甚至看不见他了，虽然眼睛还看着他。末了，他走开了，甚至不记得他是在什么地方；但是他一走到市场中心，内心忽然冲动起来，一种感情一下子攫住了他，把他整个儿——他的身心——都攫住了。

他忽然想起了索尼雅的话：“到十字街头去，向人们跪下磕头，吻土地，因为你对它们也犯了罪，大声地告诉所有的人：‘我是凶手！’”想起这些话，他不觉浑身哆嗦起来。在这一段时间里，特别是在最后几小时里；他心里这么强烈地感觉到束手无策的苦闷和惊慌不安，所以他紧紧地抓住了这个涌现出那纯洁的、从未有过的和丰满的感情的机会。这种感情像疾病发作一样，在他心里骤然涌现出来：像一星火花在心灵里燃烧起来，突然像火一样燃遍了全身。他一下子浑身瘫软了，泪如泉涌。他立即在地上伏倒了……

他跪在广场中央，在地上磕头，怀着快乐和幸福的心情吻了这片肮脏的土地。他站了起来，又跪下磕头。

“哟，他喝醉了！”站在他旁边的一个小伙子说。

一阵笑声哄然而起。

“朋友们，他要上耶路撒冷去了，在跟孩子们和祖国告别，向全世界磕头，吻着京都圣彼得堡和它的土地，”一个喝醉的小市民加了一句。

“还是个年轻人哩！”第三个插嘴说。

“一个高尚的人哪！”有个人用严肃的声调说。

“如今不知道他们谁个是高尚的，谁个不是。”

这些叫喊声和对话使拉斯柯尔尼科夫不敢叫喊“我是凶手”，可是这句话也许要从他嘴里跳出来，但及时缩住了。他沉着地忍住了这些叫喊，不朝四下看一眼，径直地穿过胡同向警察局走去。路上有个幻影在他眼前晃了晃，但他丝毫不觉得惊奇；他已经预感到这是不可避免的。当他走到干草市场的时候，他又跪下磕头，头向左边扭过去，看见了索尼雅站在离他五十步远的地方。她躲在广场上一排木棚后面，不让他看见——这样看来，在这悲痛的路途中她一直伴随着他！这当儿，拉斯柯尔尼科夫一下子就觉出并明白了，索尼雅现在永远跟他在一起了，甚至要跟着他到天涯海角，不管命运叫他到什么地方去。他心里痛苦极了……但是他已经来到了决定命运的地方……

他毅然决然走进院子里去了。得走到三楼。“到三楼还有些时间呢，”他心里想。他总是觉得，离开决定命运的时刻还远呢，还有很多时间，还可以好好地考虑一下。

在那螺旋形的楼梯上又是垃圾和果壳狼藉，又是各个房间的门敞开着，又是那些厨房，从里面飘出来一阵阵烟气和臭味。自从那天以后，拉斯柯尔尼科夫没有上这儿来过。他的两腿麻木了，发软了，但他继续上楼。他停留了一会儿，歇口气，整了整衣服，弄得像个人的样子走进去。“为什么？去干什么？”他忽然想，要想弄清楚自己行动的意义。“这一杯反正要喝，还不是一样吗？越叫人恶心越好。”这一刹那间，他的脑海里闪过了火药中尉伊里亚·彼得罗维奇的形象。“难道真的去找他吗？不能去找别人吗？不能找尼柯奇姆·福米奇吗？立刻回去，到家里去找分局长？至少可以私下进行……不，不！去找火药中尉，去找火药中尉！要喝，那就一口气喝下去……”

他浑身发冷，几乎不知道自己在干什么，打开了办公室的门。这会儿办公室里只有寥寥几个人，有个看门人站着，还有一个老百姓。警卫没有从间壁后面探出头来，拉斯柯尔尼科夫走进隔壁房间里去了。“也许还可以不讲，”这个念头在他的脑海里闪了一下。这儿有个穿着普通的常礼服的录事站在一张写字台旁边摆出要写什么东西的架势；还有一个录事坐在角落里。扎苗托夫不在。尼柯奇姆·福米奇当然也不在。

“没有人吗？”拉斯柯尔尼科夫问站在写字台旁的那个人。

“您要找谁？”

“啊——啊——啊！真是闻所未闻，见所未见！可是俄罗斯精神……这在童话里怎么说，我忘了！您——您好！”忽然有个熟悉的声音叫道。

拉斯柯尔尼科夫哆嗦起来。火药中尉站在他面前；他突然从第三个房间里走了出来。“这是命运吧，”拉斯柯尔尼科夫心里想，“他为什么在这儿？”

“您来看我们啦？有什么事吗？”伊里亚·彼得罗维奇扬声说。（他显然非常高兴，他的精神甚至有点儿兴奋。）“如果有事情，那您来得早了些。我是碰巧在这儿……不过我可以帮忙。我向您说实话……您姓什么？姓什么？对不起……”

“拉斯柯尔尼科夫。”

“啊，对了：拉斯柯尔尼科夫！难道您以为我忘了！请您别把我看做这样的人……叫罗季昂，罗……罗……罗季昂内奇，对吗？”

“罗季昂·罗曼内奇。”

“对，对——对！罗季昂·罗曼内奇，罗季昂·罗曼内奇！我正要找您哪。我甚至打听过您许多次。我对您说老实话，当时我们这样接待您，自从那天以后，我心里确实很难过……后来有人告诉我，我才知道，您是个年轻的作家，甚至还是个学者……可以说，是在开始阶段……唉，天哪！哪一个文人或学者不在开头做出异想天开的行动！我和我的妻子——我们俩都尊重文学，我的妻子简直热爱……热爱文学和艺术！要是这个人是高尚的，那么其他一切都可以靠才能、知识、理性和天才获得！比方说，帽子，帽子算得了什么？帽子是和薄饼一样的东西，我可以在齐默尔曼买到；可帽子所保护的东西和帽子掩盖着的东西，我买不到！……说真的，我甚至想来找您解释，我想，也许，您……可我还没有问：您真有什么事吗？听说，您的亲人来了？”

“是的，我的妈妈和妹妹来了。”

“我甚至荣幸地见到了令妹，她是个很有教养的漂亮女子。我承认，当时我们对您不够冷静，我很懊悔！意想不到的事嘛！因为您晕倒了，我当时就用某种眼光来看您——后来事情彻底弄清楚了！极端残暴而又狂热！我了解您的愤慨。因为亲人来了，您也许要搬家吧？”

“不，我不过是……我顺便来问问……我以为，我会在这儿找到扎苗托夫的。”

“啊，对了！你们是好朋友；我听说过。哦，扎苗托夫不在我们这儿了——您碰不到他了。是的，亚历山大·格里戈里耶维奇离开这儿了！昨天他已经不在这儿了；他调职了……他调职的时候，甚至跟每个人都吵一架……简直粗暴无礼……他只是个轻浮的家伙；他本来还有希望；您看，他们，我们这些优秀的青年怪不怪！他要去参加什么考试，但只是空谈，说大话，考试的事也就这样过去了。可是，比方说，您或者那位拉祖米兴先生，您的朋友，那就不同啦！您进行学术研究，失败不会使您气馁！在您看来，人生的一切美，可以说——毫无价值[1]，您

① 原文为拉丁文。

是个禁欲主义者、僧侣、隐士！……对于您，书本，夹在耳朵后边的笔和学术研究——这是您的心灵翱翔的地方！我自己也稍微……您读过利文斯敦的游记[①]吗？”

“没有。”

“可我读过。不过，现在有很多虚无主义者；这是可以理解的；请问，这是什么时代啊？可是我跟您……您当然不是虚无主义者！您坦率地、坦率地回答吧！”

“不——不是……”

“不，听我说，您坦率地对我说，您别害臊，就像对您自己说话一样！公事是另一回事，公事是另一回事！您以为，我要说：**友谊**，不，您猜错了！不是友谊，而是国民和人的感情，人道和对上帝之爱的感情。在执行职务的时候，我能够做个官员，但我应当永远感到自己是个国民，是一个人，并且应当意识到……您刚才提到了扎苗托夫。扎苗托夫，他在一家妓院里喝了一玻璃杯香槟或顿河葡萄酒后，就学法国人的习气，闹出了一出丑剧——您的好朋友扎苗托夫就是这样的一个家伙！可我，也许，可以说，由于忠诚和有崇高的感情，此外，我还有身份、官衔和地位！我有妻室和子女。我履行着国民和人的义务，可是请问，他是个什么人呢？我把您当作一个受过熏陶的高尚人士。还有这些接生婆[②]也多得不得了。”

拉斯柯尔尼科夫表示疑问地扬起了眉毛。显然，刚才从桌子后面走出来的伊里亚·彼得罗维奇所说的话在他听起来多半是一连串没意义的声音。但有些话他还是能理解的；他探询地打量着他，不知道他怎样收场。

“我谈到这些剪短头发的女子，”爱唠叨的伊里亚·彼得罗维奇继续往下说，“我管她们叫接生婆，我认为这个绰号是十分恰当的。嗨！

---

①大卫·利文斯敦(1813—1873)，英国“旅行家”，传教士。这里是指他的著作《赞比西河游记》，该书于1865年在伦敦出版。

②在19世纪60年代的俄国，妇女受了教育，只能得到两种职业：助产士或教师。

嗨！她们进医学院，学解剖学。请问，我害起病来，去请一个年轻的女子治病吗？嗨！嗨！”

伊里亚·彼得罗维奇哈哈大笑，对自己的这些俏皮话感到十分满意。

“假定说，这是对教育的过分渴望；那么得到知识就够了。何必滥用呢！为什么像坏蛋扎苗托夫那样，侮辱高尚人士呢？请问，他为什么侮辱我？这种自杀案又发生了多少件啊——您简直不能想象。有个人花完了仅有的一些钱，就自杀了。女孩子啊，男孩子啊，老年人啊……今天早晨据报告，有一位先生刚到这儿不久。尼尔·巴甫雷奇，尼尔·巴甫雷奇！这位先生叫什么名字？据报告，不多久，他在彼得堡区用手枪自杀了。”

“斯维德里加依洛夫，”另一个房间里有个人声音嗄哑地、冷淡地回答说。

拉斯柯尔尼科夫不觉一怔。

“斯维德里加依洛夫！斯维德里加依洛夫用手枪自杀了！”他喊叫道。

“怎么！您认识斯维德里加依洛夫吗？”

“对……我认识……他到这儿还不多久……”

“嗯，是啊，他到这儿来还不多久，他丧了妻，是个行为不检的人，突然用手枪自杀，干出这样丢脸的事，简直不能想象……在他的笔记本里写了几句遗言，说他自杀时神志清醒，请别以为是什么人逼死他的。据说，这个人很有钱，您怎么知道他？”

“我……跟他相识……舍妹在他家里当过家庭教师……”

“噢—噢—噢……那么您可以对我们谈谈他的情况。您也想不到吧？”

“昨天我见过他……他……喝了酒……可我什么也不知道。”

拉斯柯尔尼科夫觉得，仿佛有个什么东西落在他身上，把他压住了。

“您的脸好像又失色了。我们这个地方很窒闷……”

“是啊，我该走了，”拉斯柯尔尼科夫嘟嘟囔囔说，“对不起，我打扰了……”

“啊，哪里的话，请常常来！很欢迎，我很高兴这样说……”

伊里亚·彼得罗维奇甚至伸过手来。

“我只想……去找扎苗托夫……”

“我明白，我明白，很欢迎。”

“我……很高兴……再见……”拉斯柯尔尼科夫微露笑意说。

他走了，身子摇摇晃晃的。他头晕目眩。连他自己是不是站着也觉不出。他下楼去了，右手扶着墙。他觉得，有个看门人手里拿着一本簿子，迎面上楼来往办公室去，把他撞了一下；在底层的一个地方有条狗在狂吠，有个女人把一根擀面杖向那条狗扔过去，一边惊叫起来。他走到楼下，就向院子走去。索尼雅站在院子里，离入口处不远，她脸色煞白，呆愣愣的，十分羞怯地望着他。他在她面前站住了。她脸上流露出痛苦、惊讶和失望的神色。她双手一拍。在他的嘴角上浮现出非常难看的、惊惶失措的微笑。他站了一会儿，冷笑了一下，就转身上楼，又到办公室去了。

伊里亚·彼得罗维奇坐着在公文堆里翻寻。他面前站着刚才上楼的时候撞了一下拉斯柯尔尼科夫的那个看门人。

“啊—啊—啊？您又来啦！忘记了什么吗？……您怎么啦？”

拉斯柯尔尼科夫嘴唇发白，目光呆滞，悄悄地向他走去；走到了桌子跟前，一只手撑在桌上，想说什么，但说不出来；只听到一阵不连贯的声音。

“您不舒服吧，有椅子哪！这里坐，坐吧！拿水来！”

拉斯柯尔尼科夫在椅子上坐下了，但目不转睛地看住伊里亚·彼得罗维奇那流露出不愉快的和惊讶的神色的脸，他们彼此对看了一会儿，等待着。水端来了。

“是我……”拉斯柯尔尼科夫开腔了。

“喝水吧。”

拉斯柯尔尼科夫推开了端来的水，轻轻地、从容不迫地，可是口齿清楚地说：

“是我当时用斧头砍死了那个年老的官太太和她的妹妹丽扎韦塔，抢了东西。”

伊里亚·彼得罗维奇惊讶得目瞪口呆。人们从四面八方跑拢来了。

拉斯柯尔尼科夫把自己的口供又述说了一遍。

尾声

一

西伯利亚。在宽阔、荒凉的河岸上有一座城市，这是俄罗斯行政中心之一。城市里有个要塞，要塞里有个监狱。二级流放苦役犯罗季昂·拉斯柯尔尼科夫，在这个监狱里已经关了九个月。自从他犯罪以来，差不多已经一年半过去了。

审判他的案件没有遇到多大困难。犯人确切地毫不含糊地坚决不改变自己的口供，不搞乱案情，不狡辩，也不歪曲事实，没有忘记一个最微小的细节。他毫无遗漏地供述了谋杀的经过：说明了在被杀害的老太婆手里发现的一件押品的秘密(一块木片和一块薄铁)；详细地供述了，他怎样拿到她的钥匙，说明了这些钥匙和那只箱子的式样，箱子里装满了什么东西，甚至还列举了箱子里的几件东西；解释了丽扎韦塔被杀害的谜；供述了柯赫是怎样来的，怎样敲门，而继他之后又来了一个大学生，重述了他们的谈话；他，一个罪犯，后来怎样跑下楼去，听见了米柯尔卡和米季卡的尖叫声；他怎样躲在一套空房间里，怎样回到了家里，最后，他指出那块石头在沃兹涅先斯克大街上一个院子的大门附近。东西和一个钱袋都在石头底下找到了。一句话，案情是明白清楚的。然而他把钱袋和东西都藏在石头底下，没有动用过，这却使侦查员和法官感到很惊奇。他们最觉得奇怪的是，他不但记不得这些他自己抢来的赃物是些什么东西，甚至弄不清楚有多少件。他一次也没有打开过钱袋，甚至不知道里面放着多少钱(钱袋里有三百十七个银卢布和三个二十戈比的铜币；由于在石头底下藏了很久，面上几张票面最大的钞票已损坏得很厉害)，说实在的，这种情况是不可思议的。他们努力侦查了很久：被告对其他一切都直认不讳，为什么唯独在这一点上撒了谎？末了，有几个人(特别是一些心理学家)甚至认为这是很可能的：他确实没有看过钱袋，所以不知道钱袋里藏着什么东西。因为他不知道里面藏着什么东西，所以他把钱袋埋藏在石头底下；但是他们立刻由此得出了结论：他犯这桩罪一定是由于一时精神错乱，可以说，由于病态的杀人狂和抢劫狂，没有更进一层的目的或谋财企图。这恰好跟最近流行的一时精神错乱的理论相吻合。在我们的时代，这个理论常常被用来解释某些犯罪者的犯罪原因。而且有许多证人、医生左西莫夫、他从前的同学、女房东和一个女仆都一致详细地证明拉斯柯尔尼科夫很久以来就患着忧郁症。这一切使这个结论得到了充分的根据：拉斯柯尔尼科夫压根儿不像一般的凶手，不像一般的强盗和抢劫犯，但是这里必有另外的原因。使坚持这个意见的人感到极大遗憾的是，罪犯本人几乎并不试图为自己辩护；是什么动机促使他杀人和抢劫的，对这个最后的质问他回答得毫不含糊，完全符合实际情况，说原因是他的境况恶劣、贫穷和无依无靠；是他希望在被杀害者那里至少要抢劫到三千卢布来保障自己初入社会的生活。由于自己那轻率的和犹豫畏缩的性格，加上贫困和失意，他决意杀人。问到什么是他自首的原因，他直率地回答说，他彻底悔悟了。这些话差不多说得很粗鲁……

但是就他所犯的罪来说，判决比意料之中的更宽大，也许正是由于犯人不但不想申辩，而且甚至仿佛故意夸大了自己罪状的结果。这些奇怪的和特殊的情况都被考虑进去了。犯人在犯罪前那病态的心理和贫困的状况都是无可置疑的。他没有使用赃物被认为一部分是由于有悔悟之意，另一部分是由于犯罪时精神失常。无意中杀死丽扎韦塔这个案情甚至成为证实这个最后假说的例证：一个人犯了两桩谋杀案，同时他忘记门开着！最后，正当案件被一个精神沮丧的狂热信徒(尼古拉)自称为凶手的假供词搞得异常混乱，此外，对真正的凶手不但没有掌握确凿的证据，而且甚至几乎没有任何可疑之处(波尔菲里·彼得罗维奇信守诺言)的时候，他去投案自首了，这一切大大有助于对被告的从轻判刑。

此外，又完全意想不到地出现了十分有利于被告的其他事情。前大学生拉祖米兴不知从哪儿打听到并提出了证据，证明犯人拉斯柯尔尼科夫在大学里念书的时候，曾经拿自己仅有的一些钱帮助过大学里一个穷苦的害肺病的同学，维持他的生活几乎达半年之久。当那个同学病故的时候，拉斯柯尔尼科夫又照顾这个亡友（后者几乎从十三岁起就出卖劳动力来养活自己的父亲）还活着的体弱多病的老父，后来又送这个老人进医院去治病，他死后，又替他料理后事。这些事情对拉斯柯尔尼科夫命运的决定发生了某种有利的影响。拉斯柯尔尼科夫以前的女房东，已经病故的未婚妻的母亲，寡妇扎尔尼采娜也作证说，他们还住在五角街附近另一所房子里的时候，有一天夜里失火了，拉斯柯尔尼科夫从一个已经着火的房间里救出了两个幼儿，因此被火烧伤了。这个事实曾经过详细调查，许多人已予以充分证实。总之，考虑到他投案自首和一些有助于减刑的事实，犯人只被判服二级苦役八年。

还在开始审讯的时候，拉斯柯尔尼科夫的母亲就病了。杜尼雅和拉祖米兴设法在开庭期间让她离开彼得堡。拉祖米兴选择了沿铁路的一个离彼得堡不远的市镇，以便能经常注意开庭的一切情况，同时争取尽可能多的机会去跟阿夫多季雅 · 罗曼诺夫娜会面。普尔赫里雅 · 亚历山大罗夫娜的病是一种奇怪的神经病，同时还发生了一种类似精神错乱的现象，如果不是全部，那么至少是部分。杜尼雅跟哥哥见了最后一面后回到家里，就发觉了母亲病势严重，身子发烧，不省人事。当天晚上，她跟拉祖米兴商量好，如果她问起哥哥来，应该怎样回答，甚至跟他共同编了一套谎言来哄骗母亲，说拉斯柯尔尼科夫出远门去了，到边疆去了，他受私人的委托去办理一件事，往后会得到金钱和名誉的。可是他们感到惊异的是，普尔赫里雅 · 亚历山大罗夫娜本人不论当时或以后都没有问起过拉斯柯尔尼科夫。相反，她自己却谈起儿子突然出门的事来；她流着泪告诉他们说，他怎样来向她告别过；她又暗示，说什么只有她才知道许多很重要的秘密；什么罗佳有许多强大的敌人，所以他甚至不得不躲藏起来。至于他的前程，她也认为只要某些仇视的情况不复存在，无疑是光明的。她要拉祖米兴相信，她的儿子将来甚至会成为一个政治家。他那篇文章和他那杰出的文才就是证明。她把那篇文章反复阅读，有时甚至大声朗读，连在睡觉的时候也几乎不离手；可是现在罗佳在哪儿，她几乎不问，大家显然都跟她避而不谈这件事——光是这一点就足以引起她的怀疑了。有几件事，普尔赫里雅·亚历山大罗夫娜奇怪地绝口不谈，这终于引起了他们的忧虑。比方说，她甚至并不埋怨他不给她写信，可是从前她住在县城里的时候，终日希望和期待的是快些接到爱子罗佳的来信。这种情况简直不便说明，杜尼雅因此十分不安；她有一种想法，认为母亲大概预感到儿子发生了什么可怕的事，她害怕问，免得知道更可怕的事。不管怎样，杜尼雅已经清楚地看到，普尔赫里雅·亚历山大罗夫娜精神失常了。

不过，这样的事已经发生过两次：她自己把话岔到这上面去了，因此回答她时，不能不提到罗佳现在在什么地方；当他们迫不得已回答得大概不能使她满意并引起了她的怀疑的时候，她忽然变得异常伤心、忧闷不乐、沉默寡言，这样的心情持续了很久。杜尼雅终于看出，很难瞒过她了，于是得出了一个结论，认为某些事情最好绝口不谈；但是情况越来越清楚：可怜的母亲猜疑到一件可怕的事了。同时杜尼雅也想起哥哥的话来，说什么在最后决定命运的前一天，也就是跟斯维德里加依洛夫发生了那一幕后的夜里，母亲听到了她的梦话：当时她有没有听出什么来呢？有时经过几天甚至几个星期忧闷不乐、沉默寡言和暗自流泪之后，不知怎的，病人常常歇斯底里地活跃起来，她忽然大声地说话，几乎不停地谈到自己的儿子，谈到自己的希望和未来……她的幻想有时是很怪的。他们都安慰她，附和她（说不定她自己也已经看得很清楚，他们都在附和她，不过安慰安慰她罢了），但她还是谈下去……

自首后，过了五个月，犯人被判决了。拉祖米兴一有机会，就去探监。索尼雅也去探监。离别的日子终于到来了。杜尼雅向哥哥发誓，说这次离别不会是永久的；拉祖米兴也这么说。这个计划在拉祖米兴那年轻而狂热的头脑里确定下来了：决心在三四年内尽可能打下未来的社会地位的基础，甚至要积蓄些钱，迁到西伯利亚去，那里天然资源很丰富，但工人、办事人员和资本很缺少；在罗佳将去的那个城市里定居下来……他们一同开始过新的生活。他们离别时都哭了。拉斯柯尔尼科夫在最后几天陷入了沉思中，他详细地探问母亲的情况，经常为她忧虑不安。他甚至为她十分烦恼，这使杜尼雅不安起来。他得知母亲心情反常的详细情况后，变得忧闷不乐了。不知为什么，他对索尼雅总是不大说话。索尼雅利用斯维德里加依洛夫送给她的一笔钱，早已置办了行装，准备跟随一批包括拉斯柯尔尼科夫在内的流放犯同行。她从来没有跟拉斯柯尔尼科夫谈起过这件事；但是双方都知道，事情将会是这样。临别时，妹妹和拉祖米兴都热烈地证明，以后他出狱时他们在一起将会多么快乐啊。他对这些话只报以怪异的微笑，并预料母亲的病情不久会恶化。末了，他和索尼雅一同上路了。

两个月后，杜涅奇卡跟拉祖米兴结婚了。婚礼冷冷清清的。但是来宾中间有波尔菲里·彼得罗维奇和左西莫夫。最近一个时期以来，拉祖米兴的神态像是一个意志坚决的人。杜尼雅盲目地相信，他能够实现自己的一切计划，而且不能不相信：这个人显示了铁的意志。顺便说说，他又上大学去听课，以便修毕大学课程。他们俩都不断地作出未来的计划；他们俩决定于五年后迁到西伯利亚去。在那个时候以前，他们把希望寄托在索尼雅身上……

普尔赫里雅·亚历山大罗夫娜兴高采烈地为女儿跟拉祖米兴结婚祝福；可是他们结了婚后，她似乎变得更抑郁、更忧虑了。为了使她快乐，拉祖米兴还顺便告诉她关于拉斯柯尔尼科夫帮助过一个大学生及其年迈体弱的父亲的事；又告诉她，罗佳去年为了救两个幼儿而被火烧伤了，甚至还害了一场病。这两个消息使得普尔赫里雅·亚历山大罗夫娜本来已经失常的精神几乎异常兴奋。她不断地谈到这两件事，而且在街上还逢人便说(虽然杜尼雅经常伴随着她)。在公共马车上、在铺子里，只要有人听，她就大谈自己的儿子，大谈他的文章，大谈他怎样帮助过一个大学生，怎样在失火时被火烧伤了，等等。杜涅奇卡甚至没法阻止她。这除了引起这种病态的精神兴奋的危险外，也有使人想起在受审中的拉斯柯尔尼科夫的姓名和议论这一案件之虞。普尔赫里雅·亚历山大罗夫娜甚至打听到了从烈火中救出的两个幼儿的母亲的地址，一定要去拜访她。她的忧虑不安终于达到了极点。她有时突然哭了起来，经常患病，高烧发得神志模糊。有一天清晨，她直截了当地说，照她算来，罗佳不久应该回来了；又说，她记得，跟她分别时他说过，九个月后，得等待他回来。她把屋子里的一切东西都收拾了一下，准备迎接他，把准备给他住的屋子（她自己住的一间）腾了出来，抹家具啦，擦地板啦，换上新的窗帷啦，等等。杜尼雅心里很担忧，但是她默不作声，甚至帮助母亲布置屋子来迎接哥哥。在不断的幻想中、在欢乐的梦中流着泪度过了不安的一天后，夜里她病了，到第二天早晨发高烧，神志模糊。热病发作了。过了两星期，她死了。她在昏迷中吐露了一些话，从这些话中可以得出结论，她对儿子的可怕的命运的猜疑甚至要比他们所想象的严重得多。

拉斯柯尔尼科夫过了很久才知道母亲去世的消息，虽然从他来到西伯利亚的时候起，就跟彼得堡通信了。这是由索尼雅来处理的。她每月按时写信给在彼得堡的拉祖米兴，而且每月按时接到从彼得堡寄来的回信。杜尼雅和拉祖米兴开头都觉得索尼雅的信写得枯燥乏味，不能令人满意；但是后来他们俩都认为，她的信写得不能再好了，因为从这些来信中，他们到底对不幸的哥哥的命运有了全面而正确的了解。索尼雅在信上所说的都是一些日常的生活琐事，最简单明了地描写了拉斯柯尔尼科夫的苦役生活的全部情况。信上没有谈过她本人的希望，也没有预测过未来，更没有流露过自己的情感。她并不想解释他的精神状态和他一般的内心生活，只写了一些事实，也就是他本人的话，他的健康状况，在见面时他有什么愿望，要求她干些什么，托她办一些什么事，等等。这一切事情她都写得异常详细。不幸的哥哥的形象到底显现出来了，被描绘得正确而又清楚；这不会有错儿，因为全都是可信的事实。

杜尼雅和她的丈夫从这些消息中看不出有什么可高兴的事，特别是在开头。索尼雅屡次告诉他们，说他常常忧闷不乐，沉默寡言，她每次接到信，把信上所写的一切消息都告诉他，但他几乎一点也不感兴趣；他有时问起母亲；当她看到他已经觉察出真相的时候，她终于把母亲去世的消息告诉了他。使她感到惊异的是，母亲的噩耗甚至似乎没有使他感到巨大的震惊，她觉得从外表上看来至少是这样。她顺便还告诉他们说，虽然他似乎常常深思得出神，并且好像跟一切人隔绝了似的，但是对自己的新生活却抱着十分坦率和实事求是的态度；他十分了解自己的处境，并不希望在不久的将来会有改善的可能，也不抱任何不切实际的幻想(处在他的境地，必然如此)，虽然置身于跟从前大不相同的环境中，但几乎没有一件事使他感到奇怪。她在信上说，他的健康状况尚佳。他去干活，不偷懒，也不多做。他对饭菜毫不在乎，但是，除了星期日和节日，平日的饭菜是十分粗劣的，所以他终于乐意接受索尼雅给他的几个钱，以便每天能喝杯茶；至于其余的事情，他请求她不必操心，他坚决地说，为他这一切操心只有使他不快。此外，索尼雅还说，他在监狱里跟其余囚犯同住一个牢房，她没有见过他们牢房内部的情形，但是她断定，那儿一定很挤、凌乱、不卫生；并说，他睡在板床上，身子下面垫了一条毛毡，他再也不要别的东西了。但他过着这么简单而贫苦的生活，根本不是按照某种预定的计划或意图，只不过是由于对自己的命运不关心和表面上的冷淡而已。索尼雅坦率地写道，特别是在开头，他不仅不喜欢她去探望，甚至几乎讨厌她，不高兴说话，而且对她态度粗暴，但她的探望到底使他习惯了，甚至差不多成为一件不可缺少的事了，所以有几天她因病不能去探望他，他甚至感到很苦闷。每逢节日，她在监狱大门口或在警卫室跟他见面，他被带到那儿跟她会见几分钟；平日他出去干活，她就到干活的地方或到工场里，或到砖厂里，或到额尔齐斯河上的棚子里去看他。至于她自己，索尼雅说，她在城市里甚至已经有了几个熟人和几个可依靠的人；她在做裁缝，因为城市里几乎没有做时装的女裁缝，所以……她在许多家庭里甚至成为一个不可缺少的人了；只是她没有提到，通过她，拉斯柯尔尼科夫也得到了长官的照顾，他的苦役被减轻了，等等。最后传来了一个消息(杜尼雅在索尼雅最近几次的来信中甚至察觉出某种特别的焦虑和不安)，说什么他避开一切人，又说什么监狱里的苦役犯都不喜欢他；他一连几天不说话，脸色很苍白。忽然，在最近的一封来信里，索尼雅说，他病势严重，躺在医院的囚犯病室里……

二

他已经病了很久；但是摧残他的健康的不是苦役生活的恐怖，不是苦工，不是粗劣的饭菜，不是剃光头，不是用布片缝成的囚衣。啊，对他来说，这些苦难和折磨算得了什么！相反，他甚至高兴干活：活干得疲劳了，他至少可以得到几小时安宁的睡眠。对于他，饭菜——这些浮着蟑螂的清水菜汤，那又算得了什么？从前，当他还是大学生的时候，常常连清水菜汤也喝不到呢。他的衣服是暖和的，适合于他的生活方式。他甚至感觉不到身上的镣铐。他因为剃光了头和穿着用两种料子拼做成的囚衣而觉得害臊吗？可是他没脸见谁呢？他没脸见索尼雅吗？索尼雅很怕他，他没脸见她吗？

那么为什么呢？他见到索尼雅，甚至也觉得害臊，因此他用鄙薄而粗暴的态度对待她，使她很痛苦。可他不是因为剃光了头和戴上了镣铐而感到害臊，而是因为他的自尊心受了重创；使他害病的也是那受了重创的自尊心。假如他能够认为自己有罪，他会感到何等幸福啊！那时他什么都能忍受，甚至于羞耻和屈辱也能忍受。但是他严格地检查了自己的行为，他那颗变得冷酷的良心在他以前的行为中，除了人人都能发生的极平常的**失策**以外，找不出任何特别可怕的罪行。他所以觉得害臊，正是因为他拉斯柯尔尼科夫，由于非人的意志所能左右的命中注定，才这么无缘无故地、不可挽救地、麻木地、糊里糊涂地毁灭了。如果他多少想要使自己良心上过得去，那他就得服从或屈服于某种“荒谬的”判决。

如今无端的、没有目的的忧虑，往后一无所获的不断牺牲——这就是他在这个世界上所面临的命运。再过八年，他才三十二岁，又能够开始新的生活，这对他有什么意义呢！他为什么要活下去？抱着什么目的？为什么要努力奋斗？活着是为了求生存吗？可是从前他无数次甘愿为一个理想，为一个希望，甚至为一个幻想而献出生命。他总是觉得仅仅求生存是不够的；他往往有更高的要求。也许只是由于自己那些欲望的力量，当时他就把自己看做比别人能享有更多权利的人。

要是命运能赐给他悔恨——一种撕心的、驱走睡眠的沉痛的悔恨——就好了！这种悔恨难以忍受的痛苦，使他心里产生自缢和投河的念头。啊，他多么愿意这样干啊！痛苦与眼泪——难道这也是生活。但是他对自己的犯罪并无悔悟之意。

至少他能恨自己的愚蠢，如同他恨自己以前使他身入囹圄的那些荒唐而又最愚蠢的行为一样。可是如今在狱中，在空闲的时候，他又检查并深刻地反省了自己以前的一切行为，却根本否认这些行为像他以前在决定命运的时刻所感觉到的那么愚蠢和荒唐。

“在哪一点上，在哪一点上，”他心里想，“我的思想要比这个世界诞生以来所产生的为数不少、互相抵触的其他思想和理论更愚蠢？只要抱不偏不倚的、目光远大而不囿于习俗的观点来看问题，那么，不消说，我的思想根本就不是那么……奇怪的了。唉，否定者和不值几文钱的哲人们，你们为什么半途而废呢！”

“为什么他们认为我的行为是那么荒唐呢？”他自言自语。“这是因为我的行为是暴行吗？暴行这个词儿是什么意思啊？我问心无愧。当然，我犯了刑事罪；不错，我犯了法，杀了人，那么你们就依法惩办我好啦！……当然，如果是这样，那么许多不能继承权力而自己夺取了权力的人类的恩人们甚至一开始行动，就应该被处死了。可是那些人成功了，所以他们是正义的；可是我失败了，因此，我没有权利让自己采取这个行动。”

他仅仅在这一点上服罪了：他失败了，所以他去自首了，仅仅在这一点上他服罪了。

他也由于有这种想法而感到痛苦：他当时为什么不自杀？当时他为什么站在岸边不投河，而宁愿去自首？难道活命的愿望是这么强烈，以致难以克服吗？怕死的斯维德里加依洛夫不是克服了吗？

他常常苦恼地这样自问，而且不能理解，也许，当他站在河边的时候，他对自身和自己的信念深刻的虚假已经有了预感。他不知道这种预感可能就是他一生中未来的转变、日后再生和日后会产生新的人生观的预兆。

他宁愿认为这也许仅仅是一种本能的重负，他不能卸除这种重负，也无力越过它(由于意志薄弱和卑微)。他瞧瞧同一监狱里的苦役犯们，不觉奇怪起来；他们也多么爱生活，多么珍惜生活啊！他觉得，正是在监狱里，他们比在自由时更爱、更珍惜、更重视生活。其中有些人，比方说，那些流浪汉，什么样的可怕的痛苦和残酷的折磨没有经受过！对于他们，一道阳光、一座蓊郁的森林、一股藏在没人知道的荒僻地方的冷泉，难道有很重大的意义吗？一个流浪汉在两年多前发现了这股冷泉，他会像要会见情人那样梦想再见这股冷泉吗？他会梦见这股冷泉、它四周那绿油油的草地和在树丛里啭鸣的鸟儿吗？他继续观察，看到了许多更难解释的事例。

当然，在监狱里他周围的人们中间，他没有看到的事情还很多呢，而且他压根儿不愿看到。他似乎眼睛朝下过着日子；他极其厌恶地不忍看。但是有许多事情到底使他感到了惊奇，他似乎不由地注意到了他先前没有猜想到过的事情。总之，使他最感惊奇的是，他和这些人中间横着一条不可逾越的鸿沟。他和他们似乎不是同一类的人。他和他们彼此互不信任，并以仇人相见。他知道并了解这种隔阂的一般的原因：但是这些原因还不是真的这么深刻而且显著的时候，他决不肯承认。在狱中也有一些波兰籍流放犯，他们都是政治犯。这些波兰籍流放犯简直把那些人看做无知的奴仆，并且瞧不起他们；可是拉斯柯尔尼科夫却不能这样看待他们：他清楚地看到，这些无知识的人在许多方面都要比这些波兰人聪明得多。这里也有俄罗斯人——一个前军官和两个神学校学生，他们也十分鄙视这些人；拉斯柯尔尼科夫也清楚地看出了他们的错误。

他本人也不是受人欢迎的，他们都对他敬而远之。后来他们甚至对他发生了恶感——为什么呢？原因他可说不上来。那些罪比他严重得多的人都鄙视他，嘲笑他，嘲笑他犯罪。

“你是个老爷！”他们对他说。“你带着斧头去的吧；这压根儿不是老爷干的事。”

大斋期[①]第二周轮到他跟同牢房的许多囚犯一起去戒斋。他同别的囚犯们一起上教堂做祷告去了。他自己也不知道为了什么——有一次

① 复活节前的斋期，教会的春季节日。

竟然发生了争执；众人都动怒起来，一齐攻击他。

“你是个无神派！你不信上帝！”他们向他吆喝道。“应该杀死你。”

他从来不跟他们谈上帝和宗教，但是他们却要把他当作一个无神派加以杀害；他不作声，也不反驳他们。有一个苦役犯怒不可遏地向他猛扑过来；拉斯柯尔尼科夫沉着而默不作声地等着他：他没有扬过一下眉毛，脸上的肌肉也没有抖动过一下。看守赶紧把他和行凶的人们隔离了——要不然真的会发生流血惨剧。

还有一个问题他也没有解决：为什么他们都那么喜欢索尼雅？她并不奉承他们；他们都难得见到她，有时只在干活的时候才见着她；为了看看他，她常常上干活的地方去逗留一会儿。然而大家都已经认识她了，知道她是跟随他而来的，知道她怎样过着日子，住在哪儿。她没送过钱给他们，也没有特别为他们效劳过。只有一次，在圣诞节，她给监狱里的囚犯们送去了馅饼和白面包。但是他们和索尼雅之间逐渐建立起了某些更为密切的关系：她代他们给他们的亲属写信，并代他们把信寄出。他们的亲属上城里来，照他们的嘱咐，把带给他们的东西，甚至金钱都交给索尼雅。他们的妻子或情人都知道她，都来找她。当她到干活的地方去找拉斯柯尔尼科夫的时候，或者跟出发去干活的一批囚犯在路上相遇的时候，他们都脱帽向她招呼：“索菲雅·谢苗诺夫娜，妈妈，你是我们的母亲，温柔的、可爱的母亲！”那些粗野的、脸上刺了印的苦役犯对这个瘦小的女子说。她微笑着，向他们鞠躬行礼，大家都喜欢她对他们微笑，爱看她的步态，回过头来看她怎样走路，夸赞她，甚至夸赞她那瘦小的身材，甚至不知道夸赞她什么。他们害了病，甚至去找她治疗。

斋期的最后几天和复活节周，他都卧病在医院里。病已经痊愈时，他记起了他还在发烧和昏迷中所做的梦。他在病中梦见，仿佛全世界遭了一场可怕的、闻所未闻、见所未见的鼠疫，这是从亚洲内地蔓延到欧洲大陆的。所有的人大概都要死亡，只有几个，很少几个特殊人物才能幸免。发现了一种侵入人体的新的微生物——旋毛虫，但是这些微生物是天生有智慧和意志的精灵。身体内有了这种微生物的人马上就会鬼魂附体，疯疯癫癫的。可是从来、从来没有人像这种病人那样把自己看作聪明而且坚信真理的人。从来没有人把自己的判断、自己的科学结论、自己的道德信念和信仰看做不可动摇的真理。成批的村庄、成批的城市和人民都被传染了，发疯了。大家都惶恐不安，互不了解。每个人都以为只有自己掌握了真理，看着别人而感到难受，捶打自己的胸膛，哭泣、痛心。他们不知道如何判断，对于什么是恶，什么是善的问题，意见不一。他们不知道，谁有罪，谁无辜。人们怀着一种无法理解的仇恨，互相残杀。他们调集了大批军队互相火并，可是军队还在行军途中，突然自相残杀起来，队伍乱了，战士们都互相殴斗，刺啊、砍啊、咬啊、吃啊。在所有城市里都成天警钟大鸣：召集所有的人，但是谁召集他们，召集他们来干什么，却无人知道，人心惶惶。日常的活计都停顿了，因为每个人都提出自己的意见，提出自己的改良计划，他们的意见都不一致；农业荒废了。人们在某处聚成一堆，大家同意干一件什么事，一致发誓：生死与共，决不分离——可是他们立刻干起完全违反刚才所建议的事来，彼此开始归罪于对方，互相殴斗和厮杀。发生了火灾和饥荒。所有的人和一切东西都毁了。瘟疫流行起来，蔓延得越来越广。全世界只有几个人能获救，这是几个纯洁的特殊人物，他们负有创造新的人种的新生活的使命，使大地更新和净化，但是谁也没有在什么地方见过这些人，谁也没有听到过他们的话语和声音。

拉斯柯尔尼科夫所以感到苦恼，是因为这种荒谬的谵语这么令人悲怆和痛苦地在他心里萦回，以致在热病中所梦见的这一切情景那么长久地不能消失。已经是复活节后的第二周；是暖和而明朗的春天了，囚犯病室的窗子都打开了(窗子上都装了铁栅栏，看守在窗下巡逻)。在他患病期间，索尼雅只能在囚犯病房里探望过他两次；每次都必须请求批准，而这是很困难的。但她常常到医院院子里去，站在窗下，特别是在傍晚；有时只在院子里站立片刻，甚至老远望着囚犯病房的窗口。一天傍晚，差不多已经完全恢复了健康的拉斯柯尔尼科夫睡着了；醒来后，他无意中走到了窗前，突然远远地看见索尼雅站在医院大门口。她站着，仿佛等待着什么似的。这当儿仿佛有个什么东西猛扎了一下他的心窝，他不觉一怔，急忙从窗前走开了。第二天，索尼雅没有来，第三天也没有来；他发觉自己不安地在等她。他终于出院了。回到了监狱，囚犯们都告诉他，说索菲雅·谢苗诺夫娜病了，躺在家里，不能出来。

他心里焦躁不安，托人去探问她的病。他不久就得知，她的病并无危险。索尼雅也知道他在惦念她，关怀她，就给他捎去了一张用铅笔写的便条，告诉他，说她的病好得多了，她不过稍微受了些凉，不久，不多久就会到他干活的地方去看他。当他读着这张便条的时候，他的心剧烈而痛苦地跳动着。

又是一个晴朗而暖和的日子。大清早，六点钟，他到河岸上干活去了。在那儿一座棚子里砌了一个烧雪花石膏的窑，他在那儿捣石膏。去那儿干活的共有三个人。一个囚犯同看守一道上要塞领什么工具去了；另一个囚犯准备着木柴，并把它们堆在窑里。拉斯柯尔尼科夫从棚子里走了出来，往岸边走去，坐在棚子旁边一堆圆木上面，开始眺望那条宽阔、荒凉的河流。从高高的岸上望去，周围一片广大的土地尽收眼底。一阵歌声远远地从对岸飘来，隐约可闻。那儿，在一片沐浴在阳光里的一望无际的草原上，牧民的帐篷像一个个隐约可见的黑点。那里是自由的，居住着另一种人，他们同这儿的人完全不一样，在那儿时间仿佛停滞不前，仿佛亚伯拉罕的时代[①]和他的畜群还没有过去。拉斯柯尔尼科夫坐着，目不转睛地凝望着，他的心思进入了梦境和深思中；他没有想什么，但是一种忧虑使他不安而又痛苦。

索尼雅忽然在他身边出现了。她悄悄地走到了他跟前，在他旁边坐了下来。时间还很早哪。清晨的寒气还没有消散。她披了一件寒碜的、带风帽的旧斗篷，扎着一块绿头巾。她还是病容满面，消瘦、苍白、清癯。她亲切而愉快地对他微微一笑，像往常一样，怯生生地向他伸过手去。

---

① 亚伯拉罕时代是远古的“幸福的”原始时代，据《圣经》上记载，亚伯拉罕是古代犹太人的族长，带领族人和畜群在巴勒斯坦放牧。

她总是怯生生地向他伸过手去，有时甚至根本不跟他握手，仿佛害怕他会拒绝她似的。他总是好像厌恶地握她的手，仿佛见到她，总是觉得不愉快似的。她来看望他的时候，他有时顽固地一言不发。有时她非常怕他，怀着沉痛的心情回去了。可是现在他们的手不分开了；他倏地瞥了她一眼，一句话也没说，埋下眼睛尽望着地上。只有他们两个人，没有人看见他们。这当儿看守掉转脸去了。

这是怎样发生的呢，他自己也不知道；可是突然仿佛有个什么东西攫住了他，仿佛把他扔到了她的脚边。他哭了起来，抱住了她的双膝。在开头一刹那间，她吓得要死，面无人色。她跳开了，望着他，哆嗦起来。但是，在那一刹那间，她立刻全都明白了。在她眼睛里闪射出无限幸福的光辉；她明白了，她已经毫不怀疑了，他爱她，无限深挚地爱她，这个时刻终于到来了……

他们都想说话，可是都说不出来。他们眼眶里都含着泪水。他们俩都脸色苍白，身体瘦弱；但是在这两张病容满面、苍白的脸上已经闪烁着新的未来和充满再生和开始新生活的希望的曙光。爱情使他们获得了再生，对那一颗心来说，这一颗心蕴藏着无穷尽的生命的源泉。

他们决心等待，决心忍耐。他们还得等待七年；而在那个时候以前，还会有多少难受的痛苦和多少无限的幸福啊！但是他获得了再生。他知道这点，作为一个再生的人充分地体会到这点，而她呢——她只是为着使他活下去而活着。

那天晚上，牢房的门已经锁上了，拉斯柯尔尼科夫躺在板床上想念她。这一天他甚至觉得，仿佛从前所有跟他敌对的苦役犯都用另一种目光看他了。他自己甚至跟他们谈起话来，他们都亲切地回答他。他现在记起了这些事，不是应当这样吗：现在一切不是都应当改变了吗?

他想念她。他回想起来了，他怎样老是使她痛苦，伤她的心；他想起了她那苍白、消瘦的脸，但是现在这些回忆几乎没有使他感到痛苦：他知道，他现在应当用什么样的无限深挚的爱情来补偿她所受的一切痛苦。

这一切、**一切**过去了的痛苦算得了什么呢！现在，在初次的精神振奋中，他觉得一切，甚至他的犯罪，甚至判刑和流放都是身外的、奇怪的，甚至仿佛不是他亲身的遭遇。可是这天晚上，他不能久久地不断地想任何事情，也不能全神贯注地想一件什么事；而且现在他不可能有意识地解决什么；他只有这样的感觉。生活代替了理论，一个完全不同的东西应该在意识里形成了。

在他的枕头底下放着一本《新约》。他无意识地把它拿了出来。这是她的书，就是她曾经念拉撒路复活一章给他听的那本书。刚开始服苦役的时候，他以为，她会向他宣传宗教而使他痛苦，会对他讲述《新约》，会把书硬塞给他。可是她一次也没有讲述过《新约》，甚至一次也没有劝过他读《新约》，这使他大为诧异。在患病之前不久，他自己向她要求过这本书。她默默地给他带来了书。直到现在他还没有把它打开过。

现在他也没有打开过书，可是在他的脑海里闪过了一个念头："难道现在她的信仰不能成为我的信仰吗？她的感情、她的愿望至少……"

这一天她也很激动，在夜里她甚至又病了。可是她是那么幸福，几乎为自己的幸福而惊慌不安。七年，**只不过**七年！在他们的幸福的开头，有时他们俩都愿意把这七年当作七天。他甚至不知道，他不可能无代价地得到新的生活，必须为它付出重大的代价，往后必须为它作出重大的功绩……

可是一个新的故事，一个人逐渐再生的故事，一个他逐渐洗心革面、逐渐从一个世界进入另一个世界的故事，一个熟悉新的、直到如今根本还没有人知道的现实的故事正在开始。这个故事可以作为一部新的小说的题材——可是我们现在的这部小说到此结束了。

译文名著精选书目

傲慢与偏见	〔英〕简·奥斯丁 著 王科一 译
简·爱	〔英〕夏洛蒂·勃朗特 著 祝庆英 译
基督山伯爵	〔法〕大仲马 著 韩沪麟 周克希 译
少年维特的烦恼	〔德〕歌德 著 侯浚吉 译
茶花女	〔法〕小仲马 著 王振孙 译
呼啸山庄	〔英〕艾米莉·勃朗特 著 方平 译
悲惨世界	〔法〕雨果 著 郑克鲁 译
堂吉诃德	〔西班牙〕塞万提斯 著 张广森 译
红与黑	〔法〕司汤达 著 郝运 译
雾都孤儿	〔英〕狄更斯 著 荣如德 译
欧叶妮·葛朗台／高老头	〔法〕巴尔扎克 著 王振孙 译
莎士比亚四大悲剧	〔英〕莎士比亚 著 孙大雨 译
泰戈尔抒情诗选	〔印〕泰戈尔 著 吴岩 译
乱世佳人	〔美〕玛格丽特·米切尔 著 陈良廷等 译
鲁滨孙历险记	〔英〕笛福 著 黄杲炘 译
安娜·卡列尼娜	〔俄〕列夫·托尔斯泰 著 高惠群等 译
十日谈	〔意〕薄伽丘 著 方平 王科一 译
福尔摩斯探案精选	〔英〕柯南·道尔 著 梅绍武 屠珍 译
老人与海	〔美〕海明威 著 吴劳等 译
漂亮朋友	〔法〕莫泊桑 著 王振孙 译
巴黎圣母院	〔法〕雨果 著 管震湖 译
双城记	〔英〕狄更斯 著 张玲 张扬 译
最后一片叶子	〔美〕欧·亨利 著 黄源深 译
瓦尔登湖	〔美〕梭罗 著 徐迟 译
一九八四	〔英〕奥威尔 著 董乐山 译
复活	〔俄〕列夫·托尔斯泰 著 安东 南风 译
三个火枪手	〔法〕大仲马 著 郝运 王振孙 译
苔丝	〔英〕哈代 著 郑大民 译
变色龙	〔俄〕契诃夫 著 汝龙 译
钢铁是怎样炼成的	〔俄〕奥斯特洛夫斯基 著 王志冲 译
浮士德	〔德〕歌德 著 钱春绮 译
太阳照常升起	〔美〕海明威 著 赵静男 译
莎士比亚喜剧五种	〔英〕莎士比亚 著 方平 译
理智与情感	〔英〕简·奥斯丁 著 武崇汉 译
罪与罚	〔俄〕陀思妥耶夫斯基 著 岳麟 译
羊脂球	〔法〕莫泊桑 著 郝运 王振孙 译
鼠疫	〔法〕加缪 著 刘方 译
青年艺术家画像	〔爱尔兰〕乔伊斯 著 朱世达 译

我是猫	〔日〕夏目漱石　著　刘振瀛　译
神曲	〔意〕但丁　著　朱维基　译
红字	〔美〕霍桑　著　苏福忠　译
到灯塔去	〔英〕伍尔夫　著　瞿世镜　译
格列佛游记	〔英〕斯威夫特　著　孙予　译
大卫·考坡菲	〔英〕狄更斯　著　张谷若　译
道连·葛雷的画像	〔英〕王尔德　著　荣如德　译
童年／在人间／我的大学	〔俄〕高尔基　著　高惠群等　译
城堡	〔德〕卡夫卡　著　赵蓉恒　译
汤姆·索亚历险记	〔美〕马克·吐温　著　张建平　译
九三年	〔法〕雨果　著　叶尊　译
铁皮鼓	〔德〕格拉斯　著　胡其鼎　译
卡拉马佐夫兄弟	〔俄〕陀思妥耶夫斯基　著　荣如德　译
远大前程	〔英〕狄更斯　著　王科一　译
马丁·伊登	〔美〕杰克·伦敦　著　吴劳　译
名利场	〔英〕萨克雷　著　荣如德　译
嘉莉妹妹	〔美〕德莱塞　著　裘柱常　译
细雪	〔日〕谷崎润一郎　著　储元熹　译
哈克贝里·芬历险记	〔英〕马克·吐温　著　张万里　译
儿子与情人	〔英〕劳伦斯　著　张禹九　译
野性的呼唤	〔英〕杰克·伦敦　著　刘荣跃　译
牛虻	〔英〕伏尼契　著　蔡慧　译
包法利夫人	〔法〕福楼拜　著　周克希　译
达洛卫夫人	〔英〕伍尔夫　著　孙梁　苏美　译
永别了，武器	〔美〕海明威　著　林疑今　译
喧哗与骚动	〔美〕福克纳　著　李文俊　译
猎人笔记	〔俄〕屠格涅夫　著　冯春　译
圣经故事	〔美〕阿瑟·马克斯威尔　著　杨佑方等　译
希腊神话	〔俄〕库恩　编著　朱志顺　译
格林童话	〔德〕格林兄弟　著　施种等　译
月亮和六便士	〔英〕毛姆　著　傅惟慈　译
失乐园	〔英〕弥尔顿　著　刘捷　译
海底两万里	〔法〕凡尔纳　著　杨松河　译
丧钟为谁而鸣	〔美〕海明威　著　程中瑞　译
安徒生童话	〔丹麦〕安徒生　著　任溶溶　译
了不起的盖茨比	〔美〕菲茨杰拉德　著　巫宁坤等　译
虹	〔英〕劳伦斯　著　黄雨石　译
摩格街谋杀案	〔英〕爱伦·坡　著　张冲　张琼　译
坎特伯雷故事集	〔英〕乔叟　著　黄杲炘　译
战争与和平	〔俄〕列夫·托尔斯泰　著　娄自良　译
环游地球八十天	〔法〕凡尔纳　著　任倬群　译
人生的枷锁	〔英〕毛姆　著　张柏然　张增健　倪俊　译